Dietrich Schulze-Marmeling
Hubert Dahlkamp

Die Geschichte der
Fußball-Europameisterschaft

1960 Sowjetunion
1964 Spanien
1968 Italien
1972 Deutschland
1976 Tschechoslowakei
1980 Deutschland
1984 Frankreich
1988 Niederlande
1992 Dänemark
1996 Deutschland
2000 Frankreich
2004 Griechenland

Dietrich Schulze-Marmeling
Hubert Dahlkamp

Die Geschichte der Fußball-Europameisterschaft

VERLAG DIE WERKSTATT

Bibliografische Information der Deutschen Bibliothek:
Die Deutsche Bibliothek verzeichnet diese Publikation in der
Deutschen Nationalbibliografie; detaillierte bibliografische Daten
sind im Internet über http://dnb.ddb.de abrufbar.

Copyright © 2007 Verlag Die Werkstatt GmbH
Lotzestraße 24a, D-37083 Göttingen
www.werkstatt-verlag.de
Alle Rechte vorbehalten
Satz und Gestaltung: Verlag Die Werkstatt, Göttingen
Druck und Bindung: Westermann Druck Zwickau

ISBN 978-3-89533-553-2

Inhalt

Einleitung:
Vom schwierigen Spätstart zum weltweit besten Länderturnier. 9

Die Turniere

EM 1960: Der Osten dominiert. 43

EM 1964: Spaniens einsamer Triumph 63

EM 1968: Azzurri, runderneuert 89

EM 1972: Spiele für die Ewigkeit 111

EM 1976: Freude in Osteuropa 137

EM 1980: Tristesse in Italien 163

EM 1984: Eine neue Fußballmacht 185

EM 1988: Hollands zweite Befreiung 215

EM 1992: Sensation durch „Danish Dynamite" 245

EM 1996: Football comes home 277

EM 2000: Im Zeichen der Offensive 313

EM 2004: Der Star ist das Team 349

EM 2008: Fußball in den Alpen 391

Namen und Daten

Lexikon der wichtigen EM-Spieler 417

Statistik der EM-Turniere 435

EM-Spieler mit den meisten Einsätzen / Toren 445

EM-Ländertabelle 1960-2004. 446

Zu den Autoren / Fotonachweis 447

Mit Griechenland gewann 2004 ein Außenseiter das Turnier. Es war nicht der erste Überraschungssieger in der EM-Geschichte. Auch Dänemark (1992) und die Tschechoslowakei (1976) zählten nicht zu den Favoriten.

Sie waren die Köpfe des DFB-Teams, das 1972 mit grandioser Spielweise Europameister wurde: Franz Beckenbauer und Günter Netzer. Mit drei EM-Titeln und zwei Vizemeisterschaften ist Deutschland der bislang erfolgreichste EM-Teilnehmer.

EINLEITUNG

Vom schwierigen Spätstart zum weltweit besten Länderturnier

Seit ihrer 12. Austragung im Jahre 2004 gilt die Europameisterschaft der Nationen bei Experten als weltweit „zweitbester Fußballwettbewerb" – noch vor der Weltmeisterschaft. Was die Qualität des gebotenen Fußballs angeht, wird lediglich die UEFA Champions League höher eingestuft. Dabei wurde die Europameisterschaft erst relativ spät eingeführt und stieß in ihren Anfangsjahren bei einigen großen Fußballnationen nur auf wenig Gegenliebe. Augenhöhe mit anderen internationalen Wettbewerben erlangte die EM erst im Zuge der 1980er Jahre. Das war ein langer Anlauf, wenn man bedenkt, dass die Wurzeln des europäischen Nationenmessens weit in die Gründerjahre des Fußballs zurückreichen.

Erste Nationalmannschaften, erste Länderspiele

1863 wurde im Londoner Gasthaus Freemason's Tavern mit der Football Association (FA) der weltweit erste nationale Fußballverband gegründet. Da das Unternehmen weder Konkurrenz durch andere fußballspielende Länder kannte, noch die Absicht bestand, das Spiel zu exportieren, verzichtete man bei der Namensgebung auf eine Länderbezeichnung. 1873 folgte die Gründung der Scottish Football Association (SFA), 1876 wurde die Wales Football Association (WFA) aus der Taufe gehoben, und 1880 zog auch die irische Nachbarinsel mit der Irish Football Association (IFA) nach.

Bereits am 30. November 1872 fand in Glasgow das erste offizielle Länderspiel statt, bei dem sich Schottland und England gegenüberstanden und sich torlos trennten. Schauplatz war der Hamilton Crescent, der dem West of Scotland Cricket Club gehörte. Zuvor hatten die Schotten für dieses Spiel das Regelwerk der FA übernommen und anerkannt. Zum ersten Länderspiel kamen immerhin 3.500 Zuschauer, das waren fast doppelt so viele wie beim erstmals ausgetragenen FA-Cup Finale in London im selben Jahr.

Auf der britischen Insel entwickelte sich nun ein reger internationaler Spielverkehr, der zunächst nur England und Schottland, ab 1876 auch Wales und von 1882

> **■ Metropole des Weltfußballs: Glasgow**
>
> Glasgow war im frühen 20. Jahrhundert die Fußballmetropole der Welt. Die Stadt am Clyde besaß mit Hampden Park, Ibrox Park und Celtic Park die drei größten Stadien der Welt, die addiert über 300.000 Menschen aufnehmen konnten. In den 1930ern wuchs Hampden Parks Fassungsvermögen auf 150.000 und war damit bis zur Eröffnung des Maracaná-Stadions in Rio de Janeiro (1950) die weltweite Nummer eins. Ibrox Park und Celtic Park konnten in den 1930ern 80.000 bzw. 92.000 Zuschauer aufnehmen. Noch heute ist Glasgow weltweit die einzige Stadt, die mit Hampden Park (52.000), Celtic Park (60.832) und Ibrox (50.407) über drei moderne Fußballstadien mit einer Kapazität von jeweils über 50.000 verfügt.

an schließlich auch die irische Insel einschloss. Wales bestritt sein erstes Länderspiel am 25. März 1876 in Glasgow, wo es Schottland 0:4 unterlag. Englands erste Begegnung gegen Wales wurde am 18. Januar 1879 in London angepfiffen und endete mit einem 2:1-Sieg für die Erfinder des modernen Fußballs. Irland, damals noch politisch wie fußballerisch eine Einheit, aber unter britischer Herrschaft, feierte seine Länderspielpremiere am 18. Februar 1882 in Belfast, wobei es aus Sicht der Hausherren nicht viel zu bejubeln gab. Die englischen Gäste gewannen 13:0.

Bis zum 6. Juli 1906, als die englische Nationalmannschaft nach Wien reiste, wo sie gegen Österreich mit 6:1 gewann, hießen Englands Gegner in seinen bis dahin bereits 94 offiziellen Länderspielen ausschließlich Schottland (37-mal), Wales (30-mal) und Irland (27-mal). Zwar hatte bereits im November 1899 eine FA-Auswahl vier Spiele auf dem Kontinent absolviert, doch da die gegnerische deutsche Mannschaft kein offizielles Verbandsteam bildete, wurden diese Spiele nur inoffiziell geführt; dies galt auch für die beiden Rückspiele des deutschen Teams im September 1901 auf der Insel.

Die britischen Verbände verstanden sich keineswegs als internationale Fußball-Missionare und fokussierten ihren Blick lange Zeit auf das eigene Königreich. Insbesondere das Derby England gegen Schottland entwickelte sich zum Zuschauermagneten. 1878, als der Glasgower Hampden Park erstmals seine Tore öffnete, fanden sich 20.000 auf den Rängen ein. 1894 kamen 46.000 in den Celtic Park von Glasgow Celtic, um das britische Derby zu sehen. 1902 wurde die Begegnung im Ibrox Park des Lokalrivalen Rangers ausgetragen, verfolgt von 68.114. Kurz nach dem Anpfiff brach eine Holztribüne ein. 26 Zuschauer wurden getötet, 500 verletzt. Nach dem ersten Ausbau des Hampden Parks kamen 1906 erstmals über 100.000 zum britischen Derby, genauer 102.000. 1907 wurden sogar 121.452 gezählt.

In Schottland erfolgte die soziale Ausbreitung des Spiels schneller als in England, und in Glasgow, der am dichtesten besiedelten Stadt Großbritanniens und „second city" des Empire, kannte der Fußball keine Konkurrenz. In der Industriemetropole am Fluss Clyde frönten nicht nur die Arbeiterschaft und das Kleinbürgertum dem Fußball, sondern auch die mittleren und oberen Schichten; Rugby und Golf spielten hier kaum eine Rolle. So existierte neben den professionellen „Giants" Rangers und Celtic auch noch der noble Queen's Park Football Club, 1867 gegründet und somit Schott-

Mutter aller europäischen Wettbewerbe: Das erste europäische Länderspiel zwischen Schottland und England wurde 1883 in Glasgow ausgespielt und endete 0:0.

lands ältester Fußballklub und Pionier des schottischen Flachpassspiels. Beim ersten Spiel zwischen Schottland und England bestand das Team der Schotten ausschließlich aus Akteuren von Queen's Park. Queen's Park war ein Gralshüter des Amateurgedankens und Hausherr des Hampden Parks, dem „spiritual home of scottish football", über den ein Fanzine einmal schrieb: „Andere Nationen haben ein Parlament, wir haben Hampden Park." Das Stadion befindet sich auch noch heute im Besitz des berühmtesten Amateurklubs der Welt und ist als offizielles „Nationalstadion" sowohl Austragungsort der Länderspiele der SFA-Auswahl wie des schottischen Pokalfinales.

Das weltweit erste Länderturnier: Home International Championship

1883 führten die Verbände Englands, Schottlands, Wales und Irlands mit der Home International Championship, besser bekannt als British Championship, das weltweit erste Länderturnier ein. Erster Sieger war 1884 Schottland.

Die Idee einer Britischen Meisterschaft war eine logische Folge der regelmäßigen Freundschaftsspiele zwischen den vier Nationalmannschaften. Das Turnier korrespondierte mit der Gründung des International Football Association Board (IFAB), der ersten supranationalen Institution des Fußballs. Bis dahin existierte noch kein vereinheitlichtes Regelwerk, das über die nationalen Grenzen hinaus Geltung besaß. Spielte England gegen Schottland in London, wurde nach den Regeln der FA gekickt. Trafen die beiden Länder in Glasgow aufeinander, hatten die Engländer die Vorgaben der SFA zu befolgen. 1882 lud die FA nun Schotten, Waliser und Iren ein, um ein gemeinsames Regelwerk zu diskutieren. Tatsächlich konnte am 6. Dezember 1882 in Manchester auf der jährlich stattfindenden Tagung der vier Verbände ein solches Regelwerk verabschiedet werden. 1886 wurde der IFAB gegründet, um ein Gremium für die Überwachung der Einhaltung der Regeln und für etwaige Regeländerungen zu haben. Die Einrichtung war gewissermaßen ein Vorläufer der Fédération Internationale de Football Association (FIFA) und Großbritanniens „eigener Weltfußballverband". Denn daran, dass eines Tages auch auf dem Kontinent nationale Verbände entstehen und fußballerisch zu den Briten aufschließen würden, dachte man damals in London noch nicht.

Zunächst bestand der IFAB nur aus je zwei Vertretern von FA, SFA, WFA und IFA. 1904 wurde die Autorität des IFAB auch von der frisch gegründeten FIFA anerkannt, die damit um die Anerkennung durch die britischen Verbände buhlte. Denn die waren der Gründung des Weltverbandes ferngeblieben und hatten seine Existenz zunächst ignoriert. Seit 1913 ist auch die FIFA im erlauchten IFAB-Gremium vertreten, das heute acht Mitglieder zählt: Die vier britischen Verbände verfügen über jeweils eine Stimme, die FIFA über vier.

Mit der Formulierung eines gemeinsamen Regelwerks war die Basis für den ersten internationalen Länderwettbewerb geschaffen. Die Home International Championship wurde in Form einer Mini-Liga durchgeführt, d.h. jeder traf auf jeden, und das Heimrecht wechselte von Jahr zu Jahr. Die Britische Meisterschaft wurde bis zu ihrem Ende 1984 insgesamt 88-mal ausgespielt. Die Bedeutung, die der Wettbewerb für England lange Zeit besaß, wird daraus ersichtlich, dass bis 1984 fast ein Drittel, nämlich 266 der insgesamt 821 Länderspiele des „Mutterlands", auf die Home International Championship entfielen.

Da die britischen Verbände die ersten drei WM-Turniere 1930, 1934 und 1938 verschmähten und von 1928 bis 1946 auch der FIFA den Rücken kehrten, war die eigene Meisterschaft lange Zeit konkurrenzlos. Insbesondere die Duelle zwischen Schottland und England mobilisierten gigantische Zuschauermassen. Das Derby war viele Dekaden für Engländer wie Schotten der Höhepunkt der internationalen Fußballsaison. In Schottland erinnert man sich besonders gerne an den 31. März 1928, als die Schotten England auf dem „heiligen Rasen" des Wembleystadions mit 5:1 abfertigten. Daheim in Schottland ging das Team als „Wembley Wizards" in die Annalen ein.

Der höchste Zuschauerzuspruch bei einem Spiel der Home International Championship wurde am 17. April 1937 registriert, als im Glasgower Hampden Park offiziell 149.547 Zuschauer einen 3:1-Sieg der Heimmannschaft über England sahen. Angeblich sollen sich sogar 160.000 im Stadion befunden haben, denn Tausende von Zuschauern verschafften sich ohne Eintrittskarte Zutritt.

Erst Anfang der 1950er verlor die Britische Meisterschaft an Bedeutung. Vorübergehend aufgewertet wurde sie dadurch, dass sie zugleich als Qualifikation zur Teilnahme an den WM-Endrunden 1950 und 1954 diente. Bei der WM 1950 in Brasilien war England also erstmals dabei, blamierte sich allerdings mit einer 0:1-Niederlage gegen die

USA und musste vorzeitig die Heimreise antreten. Ein weiterer Schock erfolgte am 25. November 1953, als England auf dem heiligen Rasen des Wembleystadions dem ungarischen „Wunderteam" mit 3:6 unterlag. Die Magyaren um Puskas und Co. zerstörten den Wembley-Nimbus, vor allem aber den Glauben an die unsterbliche Überlegenheit des „Mutterlandes". England hatte – aufgrund seiner isolationistischen Politik – den Anschluss an die Entwicklung auf dem Kontinent verloren. Viele Jahre galt der Sieger der Home International Championship als „heimlicher Weltmeister", doch dieser Mythos war längst nicht mehr zu verteidigen.

1964 nahm England erstmals an der EM teil, womit die Home International Championship neben der WM einen weiteren Konkurrenten hatte. Bei der EM 1968, für die aufgrund der hohen Zahl von Meldungen erstmals Qualifikationsgruppen eingerichtet wurden, diente die Britische Meisterschaft dann als Qualifikation für das Viertelfinale. Dieser Schritt war weniger ein Versuch, die Home International Championship attraktiver zu gestalten als ein Tribut an den überfrachteten Terminkalender im englischen Fußball.

1964: „Mutterland" bei der EM

Ausgenommen vom Bedeutungsverlust der Britischen Meisterschaft blieb das Derby zwischen England und Schottland, das weiterhin große Massen mobilisierte. So kamen am 14. April 1956 132.817 Zuschauer in den Glasgower Hampden Park, wo sich Schotten und Engländer 1:1 trennten. Doch England und Schottland verspürten zusehends weniger Lust, gegen Wales und Nordirland zu spielen. Die Gegner, mit denen man sich in WM- und EM-Endrunden messen musste, waren aus einem anderen Holz geschnitzt und spielten einen anderen Fußball, weshalb sie die Spiele gegen Waliser und Nordiren nicht weiterbrachten. Zudem standen die Begegnungen gegen diese beiden „Zwerge" alternativ zu finanziell lukrativeren und sportlich interessanteren Freundschaftsspielen beispielsweise gegen Deutschland oder Brasilien. Heimspiele gegen Wales oder Nordirland lockten inzwischen nicht einmal 30.000 Zuschauer an. 1983 erklärte die FA, man sei nicht länger bereit, gegen Nordirland und Wales zu spielen. Auch die schottische SFA plädierte für ein Ende. Seit den 1960ern war es bei den Meisterschaften wiederholt zu Ausschreitungen gekommen, insbesondere beim englisch-schottischen Derby, was die Entscheidung zur Abschaffung der Home International Championship erleichterte. Letztmalig wurde sie 1983/84 ausgespielt. Der Sieger hieß Nordirland, das in diesen Jahren ein starkes Team und einen guten Lauf hatte, weshalb die Trophäe auch noch heute in den Räumen der IFA im Belfaster Windsor Park zu besichtigen ist.

Mit dem Ende der britischen Meisterschaft verlor die Fußballrivalität zwischen England und Schottland ihre Bühne und Brisanz, wenngleich zunächst als Nachfolgeprojekt der Rous Cup aus der Taufe gehoben wurde. Erstmals 1985 angepfiffen, bestand dieser nur aus dem Spiel England gegen Schottland. Da beide Nationen die Britische Meisterschaft u.a. mit dem Wunsch nach stärkeren Gegnern begründet hatten, wurde der Wettbewerb ab 1987 um ein Team aus Südamerika erweitert und im Ligaformat

> **■ Home International Championship**
>
> Eingeführt: 1883
> Erstmals ausgetragen: 1884
> Letztmalig ausgetragen: 1984
>
> Sieger:
> England: 54
> Schottland: 40
> Wales: 12
> Nordirland: 8 (5 „gesamtirisch")
>
> Rekordspieler:
> Pat Jennings (Nordirland): 48
> Billy Meredith (Wales): 48
> Billy Wright (England): 38
>
> Bester Torschütze:
> Steve Bloomer (England): 28
>
> Ältester Spieler: Billy Meredith (45)
>
> Höchste Siege:
> Wales - Irland 11:0 (1888)
> England - Irland 13:2 (1899)
> Schottland - Irland 11:0 (1901)

ausgespielt. 1987 war dies Brasilien, das auch prompt gewann, 1988 Kolumbien und 1989 Chile. Anschließend wurde das Drei-Länder-Turnier abgeschafft. Als Begründung dienten u.a. Ausschreitungen zwischen englischen und schottischen Hooligans. Dies bedeutete auch das Ende des alljährlichen britischen Derbys. 1990 fand erstmals seit 1872 kein Länderspiel zwischen England und Schottland statt. Nur während des Ersten und Zweiten Weltkrieges hatten sich die beiden Länder nicht jährlich auf dem Fußballfeld getroffen. Seither traten die beiden ältesten Fußball-Nationen nur zu drei Pflichtspielen gegeneinander an: in der Vorrunde der EM 1996 sowie den Play Offs der Qualifikation zur EM 2000.

Erste Länderspiele auf dem Kontinent

Auf dem Kontinent entstanden die ersten nationalen Fußballverbände in der Schweiz (1895: Schweizerischer Fußballverband / SFV), Belgien (1895: Union Royale Belge des Sociétés de Football / Association Koninklijke Belgische Voetbalbond) und Dänemark (1899: Dansk Boldspil-Union / DBU). Dies waren in jenen Jahren auch die kontinentaleuropäischen Länder mit dem höchsten Bruttosozialprodukt pro Kopf. Der Historiker Christian Koller: „Für die industriellen Eliten auf dem Kontinent repräsentierte der Fußball im ‚Fin de Siècle' den bewunderten ‚English Way of Life'. Mit seinen universellen Regeln und seinem offenen Wettbewerb verkörperte er für die aufstrebende technisch-merkantile Jugend auf dem Kontinent eine Modernität, die sich an den Prinzipien des Freihandels, des Kosmopolitismus und des Wettbewerbs orientierte. Es vermag deshalb kaum erstaunen, dass der Fußball zuerst in den industriell am weitesten fortgeschrittenen Staaten Fuß fassen konnte."

Die Wiege des kontinentalen Fußballs stand in den elitären Privatschulen am Genfer See, die in größerer Zahl von Söhnen britischer Industrieller besucht wurden. Koller: „Im Genfer ‚Institut du Chateau de Lancy' wurde bereits in den 1840ern und 1850ern ein Ballspiel mit unklaren Regeln gespielt. Im ‚Institut de la Chatelaine', ebenfalls in Genf, spielten die Zöglinge 1869 Fußball – zunächst vermutlich nach den Regeln von Rugby." 1879 formierten englische Studenten den FC St. Gallen, und 1886 wurde in Zürich der Klub Grasshoppers gegründet, der seinen Namen einem englischen Biologiestudenten zu verdanken hatte.

Im November 1899 gastierte eine englische FA-Auswahl erstmals auf dem Kontinent und schlug in Berlin ihre deutschen Lehrlinge mit 13:2.

Die britischen Schüler übertrugen den Fußball-Virus auf ihre Schweizer Mitschüler, die nun ebenfalls als Vereinsgründer und Multiplikatoren des Spiels tätig wurden – auch jenseits der Landesgrenzen, vor allem in Katalonien, Norditalien und Südfrankreich. So waren 15 der 25 Gründer des FC Torino Schweizer. In Mailand kam es beim Milan Cricket and Football Club 1908 zu einem Disput zwischen Einheimischen und Ausländern. Unter Letzteren befand sich auch der Schweizer Enrico Hintermann, der nun zum Motor einer Abspaltung avancierte, die sich bezeichnenderweise FC Internazionale – kurz: Inter – nannte. Als Inter 1910 die nationale Liga gewann, standen neun Schweizer im Team. Stade Helvétique Marseille, zwischen 1909 und 1913 dreimal Französischer Meister, wurde von einem Kreis Schweizer Geschäftsleute in der südfranzösischen Hafenstadt aus der Taufe gehoben. Der Schweizer Einfluss reichte bis hoch nach Paris, wo ein Klub mit dem Namen Union Sportive Suisse zu den führenden Adressen gehörte. In Katalonien wurde 1899 vom Schweizer Hans Kamper, der sich später Juan Gamper nannte, der FC Barcelona ins Leben gerufen.

Auch der deutsche Fußballpionier Walther Bensemann verdankte seine erste Kontaktaufnahme mit dem „englischen Spiel" dem Besuch einer Bildungseinrichtung am Genfer See. Der Sohn eines Berliner Bankiers wurde im Alter von zehn Jahren auf eine englische Schule in Montreux geschickt, wo er 1883 erstmals Zeuge eines Football-Matches englischer Mitschüler wurde, die allerdings die Rugby-Variante praktizierten. 1887 gründete der nun 14-jährige Bensemann mit englischen Mitschülern den Football Club Montreux. Wenig später wechselte er auf ein Gymnasium in Karlsruhe und begann nun „eine etwa zehn Jahre währende Missionsarbeit, in der er sich mit Tatendrang, Sprachgewandtheit, charmanter Großspurigkeit und Streitlust den herrschenden Vorurteilen gegen die ‚englische Modetorheit' stellte", wie Bensemann-Biograf Bernd M. Beyer schreibt.

Bensemann war an der Gründung zahlreicher Klubs beteiligt, so u.a. in Karlsruhe, München, Straßburg und Frankfurt, sowie Initiator des ersten Fußball-Länderspiels auf dem Kontinent, bei dem sich am 23. November 1899 in Berlin eine als „Deutschland" firmierende Berliner Stadtauswahl und eine aus Amateuren und Profis komponierte Auswahl der englischen FA gegenüberstanden. Vor ca. 1.000 Schaulustigen gewannen die Gäste aus dem „Mutterland" mit 13:2.

Das erste offizielle Länderspiel wurde auf dem Kontinent erst 29 Jahre nach der schottisch-englischen Premiere angepfiffen, als sich am 12. Februar 1902 in Wien Österreich und Ungarn miteinander maßen. Die Gastgeber gewannen mit 5:0. Das zweite offizielle Länderspiel sah am 5. April 1903 Ungarn und Böhmen/Tschechien als Gegner. Die Magyaren gewannen mit 2:1. Die dritte Begegnung führte am 10. Juni 1903 in Wien erneut Österreich und Ungarn zusammen (3:2 für Ungarn), wie auch die vierte am 11. Oktober 1903 in Budapest (4:2 für Österreich). Der erste offizielle kontinentale Länderspielverkehr fand somit ausschließlich zwischen den Ländern der Donaumonarchie statt. Erst 1904 kam es auf dem Kontinent erstmals außerhalb dieser Region zu einem Ländervergleich, als am 1. Mai 1904 in Brüssel Belgien und Frankreich aufeinandertrafen und sich unentschieden trennten (3:3).

Die Schweiz stieg am 12. Februar 1905 in den internationalen Spielverkehr ein, (0:1 gegen Frankreich in Paris), die Niederlande am 30. April 1905 (4:1 gegen Belgien in

1908 trat die deutsche Nationalmannschaft zu ihrem ersten offiziellen Länderspiel gegen die Schweiz an.

Antwerpen), Deutschland am 5. April 1908 (3:5 gegen Schweiz in Basel), Schweden am 12. Juli 1908 (11:3 gegen Norwegen in Göteborg), Dänemark am 19. Oktober 1908 (9:0 gegen Frankreich in London) und Italien am 15. Mai 1910 (6:2 gegen Frankreich in Mailand).

Die internationalen Begegnungen konzentrierten sich in den ersten Dekaden des 20. Jahrhunderts vor allem auf die Spiele zwischen Nachbarländern; aufgrund der beschwerlichen Anreise und hohen Kosten bildeten Fahrten in weiter entfernte Regionen die Ausnahme. Österreich spielte in den ersten Jahren ausschließlich gegen Ungarn. Nach zehn Begegnungen mit den Magyaren bot der Juni 1908 dann erstmals Abwechslung. Binnen von drei Tagen wurde in Wien zweimal gegen den Lehrmeister England und einmal gegen Deutschland gespielt. Gegen den Lehrmeister holte man sich mit 1:6 und 1:11 zwei Abfuhren, die Deutschen wurden mit 3:2 geschlagen. Im letzten Länderspiel des Jahres 1908 traf man dann erneut auf Ungarn. In den 46 Länderspielen, die Österreich nun bis Ende des Jahres 1919 absolvierte, hieß der Gegner 33-mal Ungarn, viermal Italien, dreimal Schweiz und zweimal Deutschland. Die Spiele gegen Norwegen und Niederlande fanden im Rahmen des olympischen Fußballturniers 1912 in Stockholm statt.

Deutschlands Premierengegner Schweiz blieb mit insgesamt sechs Begegnungen bis zum Ersten Weltkrieg der häufigste Spielpartner des DFB-Teams, gefolgt vom westlichen Nachbarn Niederlande (fünf Spiele). Auch die Schweizer *Nati* maß sich zunächst am liebsten mit den umliegenden Nationen. Frankreich blieb zusammen mit Deutschland bis 1920 mit insgesamt sechs Begegnungen der häufigste Gegner der Eidgenossen. Gegen Italien, einem weiteren Nachbarn, trat man fünfmal an.

Etwas anders begann Dänemarks Länderspielgeschichte, da die Skandinavier erstmals mit dem olympischen Fußballturnier von 1908 in London ins internationale Geschehen eingriffen. Die ersten Gegner waren deshalb mit Frankreich und England Länder außerhalb der eigenen Region. Anschließend maß man sich noch zweimal mit dem Lehrmeister, bevor sich auch die Dänen fast ausschließlich der heimischen Region zuwandten. Erster skandinavischer Gegner war am 30. Juni 1912 Norwegen, das in Stockholm mit 7:0 abgefertigt wurde. Von den folgenden 25 Länderspielen entfielen zwölf auf Schweden und neun auf Norwegen. In den verbleibenden vier Spielen war zweimal der südliche Nachbar Deutschland der Gegner.

Zum Standardrepertoire fast aller Länder gehörten sporadische Begegnungen gegen den Lehrmeister England, wobei die FA in der Regel nur eine Amateurauswahl schickte. Erst in den 1920ern kam es häufiger zu Spielen gegen Staaten, die weiter entfernt lagen; dominant blieben aber weiterhin regionale Treffen.

Österreich bestritt von seinen 74 Länderspielen im Zeitraum Januar 1920 bis Dezember 1929 21 gegen Ungarn, neun gegen die Schweiz und acht gegen die Tschechoslowakei. Die Schweiz spielte im gleichen Zeitraum zehnmal gegen Italien und jeweils neunmal gegen Deutschland und Österreich. Für die Deutschen fielen ab 1925 für einige Jahre Österreich, Ungarn und die Tschechoslowakei als Gegner aus, da der DFB Begegnungen mit Profiteams untersagte. Der blamable Auftritt beim olympischen Fußballturnier 1928 führte dann dazu, dass ab Anfang 1930 wieder gegen die Länder des „Donaufußballs" gekickt werden durfte. So blieben die Schweiz (neunmal) sowie Niederlande und Schweden (jeweils sechsmal) die häufigsten Gegner. Dänemark behielt Norwegen (elfmal) und Schweden (zehnmal) als liebste Gegner, Belgien die Niederlande (18-mal) und Frankreich (elfmal).

Entsprechend begrenzt gestalteten sich auch die Versuche, erste internationale Turniere zu installieren. Die britischen Nationen hatten ihre erwähnte Home International Championship, und auf dem Kontinent etablierten sich ähnliche Regionalturniere (von denen noch ausführlicher die Rede sein wird). Die Länder der ehemaligen Donaumonarchie plus die an Österreich angrenzenden Italien und Schweiz spielten den International Cup aus, die Skandinavier ihre skandinavische Meisterschaft, die Balten kickten um den Baltic Cup und die Balkanstaaten um den Balkan Cup. Nur Deutschland, Frankreich, Belgien, die Niederlande sowie die iberische Halbinsel mit Spanien und Portugal waren nicht in regionale Länderwettbewerbe eingebunden.

Südamerika vorn

Die erste kontinentale Meisterschaft wurde auf dem südamerikanischen Subkontinent veranstaltet, wo sich bereits früh ein reger internationaler Spielverkehr entwickelt hatte. Am 16. Mai 1901 trugen Uruguay und Argentinien in Montevideo ihr erstes offizielles Länderspiel aus, das die „Urus" mit 3:2 gewannen. Es war zugleich das erste Länderspiel außerhalb Großbritanniens. Das Aufeinandertreffen der beiden südamerikanischen Führungsmächte wurde nun zu einer kontinuierlichen Angelegenheit. Zwischen den Hauptstädten Montevideo und Buenos Aires, die lediglich 110 Meilen trennen, entwickelte sich ein reger Spielverkehr und Sporttourismus. Als die erste WM 1930 das Finale Uruguay gegen Argentinien bescherte, war dies bereits die 112. Begegnung zwischen *Celeste* und *Albiceleste*, die auch schon das Finale der Olympischen Spiele 1928 bestritten hatten. Die Begegnung Uruguay gegen Argentinien löste England gegen Schottland als meist gespielte Länderbegegnung ab. 1905 stiftete der in Glasgow geborene schottische Teebaron, „sportsman" und Philanthrop Sir Thomas Lipton eine Trophäe für den Sieger des Derbys, das jährlich an einem Feiertag in Montevideo oder Buenos Aires ausgetragen wurde.

1910 veranstaltete der argentinische Verband ein internationales Turnier. Anlass war der 100. Jahrestag der Etablierung der ersten autonomen Regierung in Argentinien. Neben Argentinien und Uruguay nahm auch noch Chile teil, während Brasilien der Einladung nach Buenos Aires nicht nachkam. Uruguay besiegte die im internationalen Fußball noch unerfahrenen Chilenen mit 3:0, und dem uruguayischen Spieler Jose Oendibene von Penarol Montevideo wurde die Ehre zuteil, den ersten Treffer in einem Turnier zu erzielen, das später als erste inoffizielle Südamerikameisterschaft in die Annalen Einzug hielt. Eine Woche später besiegte Argentinien Chile mit 5:1, sodass die dritte Begegnung zwischen dem Gastgeber und Uruguay die Entscheidung bringen musste. Zum „Finale" erschienen 40.000 Zuschauer auf dem Gelände des Gimnasia Clubs in Buenos Aires. Fanatische Fans brannten eine der Tribünen nieder, auch von Schießereien wird berichtet. Das Spiel wurde abgesagt und auf den folgenden Tag verschoben, dieses Mal im Stadion des Racing Club Buenos Aires. Dort sahen am 12. Juni 1910 10.000 Zuschauer einen 4:1-Sieg Argentiniens, das damit erster inoffizieller Südamerikameister war.

1916 veranstaltete der argentinische Verband ein weiteres internationales Turnier. Dieses Mal diente als Anlass der 100. Jahrestag der Unabhängigkeit Argentiniens von Spanien, und der Pokal wurde vom argentinischen Außenministerium gestiftet. Außer den Teilnehmern von 1910, Argentinien, Uruguay und Chile, war bei der zweiten inoffiziellen Südamerikameisterschaft auch Brasilien dabei. Die sechs Begegnungen mobilisierten im Schnitt rund 22.000 Zuschauer. Sieger wurde Uruguay.

Bereits 1912 hatte es in Argentinien und Uruguay Überlegungen gegeben, eine River-Plate-Föderation zu bilden. Als treibende Kraft der Bildung eines Dachverbandes für den südamerikanischen Fußball profilierte sich in den folgenden Jahren Hector R. Gómez, Lehrer, Mitglied des uruguayischen Parlaments, Präsident der Montevideo Wanderers und zeitweise Vorsitzender der uruguayischen Fußballliga. Im August 1915 hatte Gómez in der Zeitschrift El Hogar einen Beitrag veröffentlicht, in dem er vehement für die Bildung eines südamerikanischen Fußballverbandes plädierte. 1916 wurde mit der Confederación Sudamericana de Futbol (CONMEBOL) der erste kontinentale Fußballverband der Welt aus der Taufe gehoben. Und schon 1917 war Montevideo Schauplatz der ersten offiziellen Südamerikameisterschaft, bei der Uruguay erneut triumphierte.

Seit dem Ende der British Championship ist die Südamerikameisterschaft der weltweit älteste internationale Länderwettbewerb. Von 1917 bis 1927 sowie einige Jahre nach dem Zweiten Weltkrieg wurde die Meisterschaft jährlich ausgetragen, zeitweise lagen vier Jahre zwischen den Veranstaltungen. 1975 waren erstmals alle zehn CONMEBOL-Mitglieder vertreten. Seit 1987 wird der Südamerikameister im Zwei-Jahres-Rhythmus ermittelt.

„Europameister" Schweiz

Das vierte olympische Fußballturnier 1924 in Paris war mit 22 Teilnehmern bereits eine recht imposante Veranstaltung. Die ersten drei Auflagen (London 1908 und Stockholm 1912 jeweils mit Sieger England, Antwerpen 1920 mit Sieger Belgien) waren rein europäische Angelegenheiten gewesen (mit der Ausnahme Ägyptens 1920); in der französischen Hauptstadt war nun mit Uruguay erstmals auch Südamerika vertreten. Als

1924 gewann das Schweizer Team die Silbermedaille bei den Olympischen Spielen. Da man lediglich gegen Uruguay verloren hatte, nannte man sich „Europameister".

weitere außereuropäische Teilnehmer meldeten die USA und Ägypten, europäische Teilnehmer waren Italien, Spanien, Tschechoslowakei, Frankreich, Schweden, Ungarn, die baltischen Staaten Litauen, Lettland und Estland, Polen, Jugoslawien, Rumänien, Belgien, Türkei, Spanien, Niederlande und Schweiz. Von den bedeutenderen europäischen Fußballnationen fehlten somit lediglich England, Schottland, Österreich und Deutschland. Das Turnier von Paris war die bis dahin hochkarätigste internationale Fußballveranstaltung. Da zu diesem Zeitpunkt noch keines der teilnehmenden Länder den Professionalismus offiziell eingeführt hatte (wenngleich einige Akteure zweifellos bereits de facto Profis waren), ging auch jeweils die erste Garnitur an den Start.

Überraschender Finalteilnehmer wurde die Schweiz, die sich zuvor gegen die europäischen Konkurrenten Litauen (9:0), Tschechoslowakei (1:1, 1:0), Italien (2:1) und Schweden (2:1) durchgesetzt hatte, wobei die Begegnung gegen die Skandinavier als die schönste in die Geschichte des Turniers von 1924 einging. Im Finale unterlagen die Eidgenossen den uruguayischen Ballkünstlern um Stürmerstar Andrade vor 60.000 Zuschauern im Stade des Colombes mit 0:3. Als bester europäischer Teilnehmer bekamen die Schweizer anschließend den Titel eines inoffiziellen Europameisters verliehen. Im Bahnhof von Basel bereiteten Tausende von Fans den zurückkehrenden Spielern einen begeisternden Empfang. Es war bis heute der größte Erfolg einer Schweizer Fußballnationalmannschaft.

Skandinavische Meisterschaft

Ebenfalls 1924 erfolgte der Startschuss zu einer skandinavischen Meisterschaft nach dem Vorbild der britischen Home International Championship. Initiator war Louis Ostrup, Vorsitzender des dänischen Fußballverbandes DBU. Die dänische Pionierrolle hatte eine gewisse Tradition: Im Mai 1889 war Dänemark das erste Land auf dem europäischen Kontinent gewesen, das einen nationalen Fußballverband gründete. Dänemark gehörte auch zu den sieben Ländern, die an der Konstituierung der FIFA beteiligt waren.

Das erste Turnier zog sich über nahezu fünf Jahre hin, von 1924 bis 1928. Jeder Teilnehmer spielte gegen jeden anderen in einem Ligasystem zweimal zu Hause und zweimal auswärts. Erster Sieger wurde Dänemark. Es blieb bis 1980 der einziger Triumph der Dänen in diesem Wettbewerb, der zunächst als Drei-Länder-Turnier (Dänemark, Schweden, Norwegen) begann, bevor nach dem ersten Durchgang auch Finnland dazustieß. Dominiert wurde der Wettbewerb zumeist von den Schweden, die achtmal den Titel holten. Wie die Britische Meisterschaft wurde auch die skandinavische Ausgabe Opfer des durch WM und EM sowie internationalen Klubverpflichtungen überfrachteten Terminplanes. 1983 – und damit fast zeitgleich mit der Home International Championship – wurde die skandinavische Meisterschaft eingestellt.

■ Sieger der Skandinavischen Meisterschaft	
1924-28	Dänemark
1929-32	Norwegen
1933-36	Schweden
1937-47	Schweden
1948-51	Schweden
1952-55	Schweden
1956-59	Schweden
1960-63	Finnland
1964-67	Schweden
1968-71	Schweden
1972-77	Schweden
1978-80	Dänemark
1981-83	Dänemark

Europa-Pionier Hugo Meisl

Am 27. Oktober 1926 fand in Prag am Rande des Länderspiels Tschechoslowakei gegen Italien eine Konferenz statt, auf der Vertreter Österreichs, Italiens, Ungarns und der Tschechoslowakei über die Einrichtung internationaler Wettbewerbe berieten. Die Anwesenden beschlossen die Austragung eines mitteleuropäischen Cups für Vereinsmannschaften (Mitropa Cup) sowie die Planung eines Internationalen Cups für Nationalmannschaften.

Motor dieser Projekte war Hugo Meisl, seit 1913 Verbandskapitän beim Österreichischen Fußball-Verband (ÖFV) und in dieser Funktion verantwortlich für das Nationalteam. Der 1881 im böhmischen Maleschau (Malesov) geborene Sohn einer jüdischen Kaufmannsfamilie verfügte über eine ungeheure Fußballkompetenz und war gewissermaßen der Erfinder des modernen Fußballs auf dem Kontinent; ein energetischer Visionär, der die Fußballgemeinde ständig mit neuen, die Organisation des Spiels vorantreibenden Ideen beglückte. Vor allem war Meisl der erste Fußballfunk-

■ Wien, die internationale Stadt

Vor dem Ersten Weltkrieg war Wien, die Wirkungsstätte des europäischen Fußballpioniers Hugo Meisl, zur ersten internationalen Stadt des Kontinents aufgestiegen. Aus Böhmen hatte ein regelrechter Exodus in die Metropole stattgefunden. Die Meisl-Biografen Andreas und Wolfgang Hafer: „Die Zahl der böhmischen Einwanderer ging in dieser Epoche in die Hunderttausende, sodass im Jahr 1910 bereits die Hälfte aller Wiener tschechische Wurzeln hatte! Die Ursache dafür lag in der außerordentlich liberalen Nationalitätenpolitik der kaiserlichen Verwaltung, die seit 1867 den verschiedenen Völkerschaften – vor allem auch den Juden – volle Gleichberechtigung und Freizügigkeit zugestand. So entwickelte sich Wien seit Mitte des 19. Jahrhunderts von einer eher beschaulichen, nahezu rein deutschsprachigen Residenzstadt zu einer dynamischen mitteleuropäischen Metropole, einem Schmelztiegel mit einem bunten Völkergemisch, zu einer mehrfachen Millionenstadt, in der vor allem Tschechen, aber auch Slowaken, Polen, Ukrainer, Rumänen, Ungarn, Slowenen und Italiener sowie eine erhebliche Zahl jüdischer Zuwanderer zusammen und nebeneinander lebten – ein Völkergemisch, in dem vor allem die Juden in kurzer Zeit einen prägenden Einfluss auf das kulturelle und wissenschaftliche Leben gewannen."

tionär, der in europäischen Dimensionen dachte. Bereits 1922 äußerte er die Überzeugung, die Entwicklung des Fußballs werde im Wesentlichen durch den internationalen Spielverkehr bestimmt. Die Historiker und Meisl-Biografen Andreas und Wolfgang Hafer über ihren Großvater: „Sein Denken war von der Internationalität der Sportbewegung geprägt, von einem gleichberechtigten, friedlich konkurrierenden und sich gegenseitig anregenden europäischen Sportverkehr. (…) Hugo Meisl hatte sich Fußball als internationale Angelegenheit vorgestellt, insbesondere als europäische."

Meisls Heimatstadt Wien bot einen passenden Nährboden für seine Pläne. Sie war sowohl eine multikulturelle Metropole wie auch die erste Fußballhochburg auf dem Kontinent. Schon vor dem Ersten Weltkrieg waren in Wien 10.000 Zuschauer bei großen Spielen keine Seltenheit. In der Berichterstattung der Tageszeitungen war der Fußballsport bereits fest etabliert. Nach dem Krieg und dem Zusammenbruch der K.u.K.-Monarchie avancierte der Fußball hier zu einem Massenphänomen. 1914 waren beim Österreichischen Fußball-Verband (ÖFV) ca. 14.000 Spieler registriert, 1920 wurden allein in Wien 182 Vereine mit 37.000 Spielern gezählt. Am 15. April 1923 verzeichnete das Stadion „Hohe Warte", zu diesem Zeitpunkt das größte auf dem Kontinent, beim Länderspiel Österreich gegen Italien mit 85.000 Besuchern einen Zuschauerrekord. In keiner anderen Stadt auf dem Kontinent spielten so viele Menschen Fußball, gab es so viele Fußballinteressierte und wurde so viel und intensiv über das Spiel diskutiert.

Doch nicht nur in Wien, auch in Budapest und Prag, samt und sonders Hauptstädte ohne Hinterland, hatte der Fußball ein hohes Niveau erreicht. Ein spezifisch mitteleuropäischer Spielstil firmierte als „Calcio Danubia" („Donaufußball") und Gegenentwurf zum englischen „kick and rush". Hierfür zeichnete nicht zuletzt ein Engländer verantwortlich: Jimmy Hogan, den Meisl vor dem Ersten Weltkrieg nach Wien geholt hatte. Der Trainer war ein Anhänger des schottischen Flachpassspiels, das eine gute

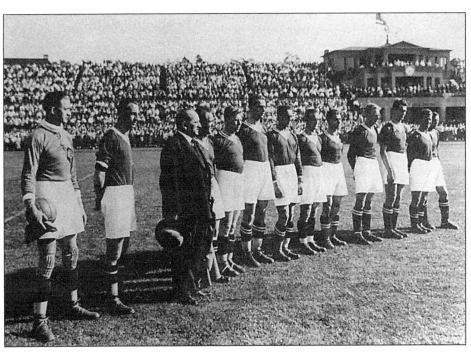

Hugo Meisl, der Vater des österreichischen Wunderteams (unteres Foto: beim Spiel 1931 in Berlin) war ein wichtiger Wegbereiter für die europäischen Wettbewerbe.

Technik voraussetzte und auch als „wissenschaftlicher Fußball" firmierte, weshalb schottische Trainer auch als „scotch professors" bezeichnet wurden. Schottlands Beitrag zur Fußballgeschichte erinnert an seine Einflüsse in der technischen Revolution, bei der der Norden der britischen Insel ebenfalls eine führende Rolle gespielt hatte.

Metropole des „Calcio Danubia"

Wien avancierte zur Metropole des „Calcio Danubia", auch weil die Stadt fußballerisch von der politisch, sozial und ökonomisch begründeten Immigration ungarischer und tschechischer Kicker profitierte. In Ungarn war im November 1919 die Räte-Republik Bela Kuns niedergeschlagen worden. Die Macht lag fortan in den Händen des autoritären und antisemitisch gestimmten Admirals Miklós Horthy und der Armee. Zahlreiche technisch starke Kicker, viele von ihnen Juden, verließen das Land und schlossen sich der Wiener Fußballszene an, insbesondere der Austria und dem exklusiv-jüdischen SK Hakoah. Und Wien wies noch eine weitere Besonderheit auf. In der Hauptstadt der jungen Republik Österreich kam es zu einer in dieser Form historisch einmaligen Verschmelzung von Fußballer- und Literatenszene, von Populär- und Hochkultur. Ort dieser Verschmelzung war das Wiener Kaffeehaus, wo auch Hugo Meisl häufig zu sehen war und Hof hielt.

1924 führte Österreich als erstes Land auf dem Kontinent und im Alleingang den Professionalismus ein. In den Jahren davor existierte bereits ein sogenannter „Scheinamateurismus", weshalb Wien schon frühzeitig zu einer interessanten Adresse für alle avancierte, die mit fußballerischen Qualitäten ihren Lebensunterhalt bestreiten wollten. Die Legalisierung des Profifußballs folgte einer Initiative Meisls; er wollte der Struktur des mitteleuropäischen Fußballs eine tragfähige wirtschaftliche Basis verleihen. Die Tschechoslowakei folgte 1925, Ungarn 1926. In den 1920er Jahren verbreiteten Trainer und Spieler aus Wien und Budapest ihr Wissen und Können wie Missionare auf dem Kontinent und lösten diesbezüglich die Engländer und Schotten ab. In Deutschland wurde der FC Bayern München bis zum Ersten Weltkrieg vornehmlich von Engländern und Schotten trainiert. Ihnen folgten in den 1920ern Botschafter des „Donaufußballs" wie der ehemalige Weltklassespieler Kalman Konrad (MTK Budapest, Austria Wien), Dori Kürschner, Konrad Weiß und Richard Dombi, der den heutigen Rekordmeister 1932 zu seinem ersten nationalen Meistertitel führte.

Am 16. Mai 1931 gastierte die schottische Nationalmannschaft an der „Hohen Warte" in Wien. Die österreichische Nationalelf schlug nun die Schotten, die mehr als die Engländer das kontinentale Spiel beeinflusst hatten, nach einer berauschenden Vorstellung mit 5:0. In den folgenden eineinhalb Jahren verbuchte Meisls Team 15 Siege und drei Unentschieden. In den wichtigsten sieben Länderspielen gegen die besten Mannschaften Europas erzielte das „Wunderteam" fünf Siege und ein Torverhältnis von 37:9. Deutschland wurde in Berlin mit 6:0 und in Wien mit 5:0 abgefertigt, aber auch Italien (1:2 in Wien) und Ungarn (2:3 in Budapest) zogen den Kürzeren. Die Serie fand ihr Ende mit einer knappen 3:4-Niederlage gegen England am

7. Dezember 1932 an der Londoner Stamford Bridge, dem 60.000 Zuschauer beiwohnten. Für Jimmy Hogan hatte das Spiel gezeigt, „dass Englands Fußballsport gegenüber dem mitteleuropäischen nicht mehr aufzukommen vermag. Es hat zwar das englische Team gesiegt, besser, schöner und auch erfolgreicher waren die Österreicher. (…) Das heutige Spielsystem der Engländer kann sich auf die Dauer nicht behaupten, es kann auch das Publikum nicht befriedigen, dem das einfallsreiche Spiel der Österreicher wie eine Offenbarung vorkam." Schiedsrichter der Begegnung war der legendäre Belgier John Langenus, der zwei Jahre zuvor auch das erste WM-Finale geleitet hatte. Langenus noch 20 Jahre später: „Den schönsten Kampf meiner Laufbahn habe ich in Stamford Bridge erlebt." Am 29. November 1933 gelang dem „Wunderteam" ein weiterer Achtungserfolg, als man den Schotten vor 62.000 Zuschauern in Glasgow ein 2:2-Remis abtrotzte. Österreich war damit die erste Ländermannschaft vom Kontinent, die auf britischem Boden nicht verloren hatte.

Der International Cup

Mit dem Projekt des International Cup verfolgte Hugo Meisl drei Ziele. Während für die Vereinsmannschaften bereits ein reger (nationaler) Wettbewerbsverkehr existierte, trafen die Nationalmannschaften nur in Freundschaftsspielen aufeinander, was sie gegenüber den Vereinen sportlich abwertete. Als österreichischer Verbandskapitän musste Meisl immer wieder erfahren, dass die Profi-Vereine ihre Spieler für die Auswahlmannschaft nur ungern abstellten. Mit dem Startschuss zum Mitropa-Cup mussten die Auswahlteams eine weitere sportliche Abwertung befürchten.

Ein internationaler Wettbewerb für Nationalmannschaften sollte dieser Entwicklung entgegenwirken und die Bedeutung von Länderspielen stärken. Auch erhoffte sich Meisl von Länderspielen, bei denen es um etwas ging, einen höheren Zuschauerzuspruch. Und last but not least sollte der Wettbewerb engere Beziehungen zwischen den verschiedenen nationalen Verbänden fördern, auch im Sinne der Völkerverständigung.

Meisls Projekt sah zunächst die Beteiligung aller europäischen Verbände vor. Erstmals wurde hier der Gedanke einer „echten" Europameisterschaft ausgesprochen. Anstatt einer Meisterrunde waren Hin- und Rückspiele in den beteiligten Ländern vorgesehen. Meisl war der Auffassung, dass sich mit einem solchen Modus die Stadien besser füllen ließen. Seine Rechnung sollte aufgehen. Der addierte Zuschauerzuspruch bei den Spielen des International Cup lag später tatsächlich deutlich über den Vergleichswerten eines Turniers mit festem Austragungsort, etwa den WM-Turnieren 1934 in Italien oder 1938 in Frankreich. Auch lagen die Zahlen deutlich über denen vergleichbarer Freundschaftsspiele. Bei seiner ersten Austragung wurden die vier Heimspiele Österreichs im Schnitt von gut 50.000 Zuschauern verfolgt.

Bei der FIFA stieß der Plan einer Europameisterschaft zunächst auf wenig Gegenliebe. Man sah darin eher eine Konkurrenz zum eigenen Projekt einer Fußball-Weltmeisterschaft. Meisl war jedoch überzeugt, dass eine Europameisterschaft – schon aus verkehrstechnischen Gründen – leichter zu realisieren sei als eine WM, die tatsächlich diesen Namen verdiene. Das erste WM-Turnier 1930 in Uruguay sollte ihm hinsichtlich des Teilnehmerfeldes Recht geben. Von den europäischen Topadressen trat kein einziges Team die beschwerliche Reise nach Südamerika an.

Aber nicht nur die FIFA, auch England, Frankreich, Belgien und die Niederlande reagierten auf den Vorschlag einer Europameisterschaft negativ. Auf dem FIFA-Kongress im Dezember 1926 in Paris wurde die Durchführung des International Cup abgelehnt. Und ohne den Segen der FIFA war die Veranstaltung eines internationalen Turniers nicht gestattet.

Derweil hatte Meisl mit dem Franzosen Henri Delaunay, seit 1919 Generalsekretär des französischen Fußballverbandes und enger Mitstreiter seines Landsmannes und FIFA-Präsidenten Jules Rimet, einen wichtigen Verbündeten gefunden. Im Februar 1927 legten Meisl und Delaunay einen neuen Vorschlag vor. Die Europameisterschaft sollte demnach nicht in Konkurrenz zur WM treten, vielmehr sollte sie alle zwei Jahre zwischen die Weltturniere eingeschoben worden. Als Vorbild diente die Kontinentalmeisterschaft der Südamerikaner.

Für diesen modifizierten Plan erteilte die FIFA schließlich grünes Licht. Die „große Lösung", wie sie Meisl zunächst angestrebt hatte, ließ sich allerdings nicht realisieren. Der International Cup blieb auf die Länder Österreich, Italien, Tschechoslowakei, Ungarn und Schweiz beschränkt. Seine weitere Entwicklung stand unter schwierigen Vorzeichen. Die FIFA konzentrierte sich weiterhin auf die WM, deren Premiere 1930 trotz dünner europäischer Beteiligung zum Erfolg geworden war. Die kommenden beiden Turniere würden in Europa stattfinden und hier die Aufmerksamkeit absorbieren. Zudem existierte – anders als in Südamerika – noch kein europäischer Regionalverband, der das Projekt einer EM hätte organisieren können. Doch trotz dieser Widrigkeiten und trotz des eingeschränkten Teilnehmerfeldes besaß der International Cup eine große sportliche Bedeutung, allein schon aufgrund der fußballerischen Qualität seiner Teilnehmer. Österreicher, Italiener, Tschechoslowaken und Ungarn gehörten zu den führen Fußballnationen Europas.

Der International Cup wurde jeweils über einen Zeitraum von zwei Jahren in einer losen Folge von Länderspielen ausgetragen. Gespielt wurde im Liga-Format, also jeder spielte gegen jeden in Hin-und Rückspiel, sodass jedes Land acht (beim letzten Durchgang zehn) Spiele zu absolvieren hatte. Als erster Sieger wurde 1930 Italien gekrönt, das Ungarn am 11. Mai 1930 im entscheidenden Spiel in Budapest vor 40.000 Zuschauern mit 5:0 abkanzelte. Für die *Squadra Azzurra* traf Guiseppe Meazza dreimal. Mit Torwart Combi, Meazza, Orsi, Ferraris und Monzeglio standen fünf Spieler im Team, die vier Jahre später Weltmeister wurden. Bei der zweiten Auflage hieß der Sieger Österreich, das am 20. März 1932 vor 63.000 Zuschauern im Wiener Praterstadion Italien durch zwei Tore von Matthias Sindelar mit 2:1 bezwang. 1935 waren erneut die Italiener an der Reihe, denen die Revanche gegen Österreich gelang. Am 24. März 1935 gewann das Team von Trainer Vittorio Pozzo vor 60.000 Zuschauern im Wiener Praterstadion mit 2:0. Zweifacher Torschütze war Piola. Die vierte Auflage (1936-37) musste aufgrund der politischen Entwicklung vorzeitig beendet werden. Italien näherte sich politisch

■ **Sieger im International Cup / Dr. Gerö-Cup**
1927-29   Italien
1931-32   Österreich
1933-35   Italien
1948-53   Ungarn
1955-60   Tschechoslowakei

mehr und mehr dem nationalsozialistischen Deutschland an, das sich im März 1938 Österreich und zehn Monate später Böhmen und Mähren einverleibte. Hugo Meisl weilte zu diesem Zeitpunkt schon nicht mehr unter den Lebenden. Der Vater des International Cup und der Idee einer Europameisterschaft war am 17. Februar 1937 einem Herzschlag erlegen.

Nach dem Zweiten Weltkrieg wurde der Wettbewerb wieder aufgenommen; die beiden noch ausgespielten Turniere erstreckten sich jeweils über einen Zeitraum von fünf Jahren. Die sechste und letzte Auflage (1955-60), an der nun auch Jugoslawien teilnahm, gewann die Tschechoslowakei. Zum Spiel gegen den späteren Zweiten, Ungarn, waren am 20. Mai 1956 90.000 Zuschauer ins Budapester Nep-Stadion gekommen, die einen 4:2-Sieg der Tschechoslowaken sahen, bei denen u.a. Josef Masopust mitwirkte, der 1962 Europas „Fußballer des Jahres" wurde. Bei seiner letzten Auflage hieß der Wettbewerb Dr. Gerö-Cup, zu Ehren des 1954 verstorbenen Präsidenten des Österreichischen Fußball-Bundes (ÖFB). Josef Gerö, wie Meisl ein Wiener Jude, war während der NS-Jahre ins Konzentrationslager verschleppt worden. Nach dem Zweiten Weltkrieg wurde er Justizminister in Österreich. Als Präsident des ÖFB (1945 - 54) war Gerö eine der treibenden Kräfte bei der Gründung der UEFA.

Der International Cup war der ernsthafteste, populärste und sportlich gewichtigste Vorläufer der heutigen Europameisterschaft. Erst deren Start brachte das Ende des International Cup. Seine Teilnehmer zählten zu den besten Teams ihrer Zeit. Zwischen 1930 und 1958 verbuchten die Teilnehmer des International Cup beim WM-Turnier immerhin zwei erste (Italien 1934, 1938), drei zweite (Tschechoslowakei 1934; Ungarn 1938, 1954), einen dritten (Österreich 1954) und einen vierten Platz (Österreich 1934). Jugoslawien erreichte 1930 das Halbfinale sowie 1954 und 1958 jeweils das Viertelfinale. Ungarn wurde zudem 1952 Olympiasieger. Einzig die Schweiz zählte nicht (mehr) zu den Großen in Europa und belegte bei allen sechs Cup-Turnieren den letzten Platz.

Balkan Cup und Baltische Meisterschaft

Nach Skandinavien und Zentraleuropa folgten weitere europäische Regionen mit regionalen Wettbewerben. 1929 schlug in Bukarest die Geburtsstunde des Balkan-Cup. An der ersten Auflage waren Rumänien, Bulgarien, Jugoslawien und Griechenland beteiligt, später auch noch Ungarn und Albanien, das hier 1946 seine bis heute einzige

■ Sieger im Balkan-Cup / Balkan-Zentraleuropa-Pokal

1929-31	Rumänien
1932	Bulgarien
1933	Rumänien
1934	Jugoslawien
1934-35	Bulgarien
1936	Rumänien
1946	Albanien
1947	Ungarn
1973-76	Bulgarien
1977-80	Rumänien

■ Sieger in der Baltischen Meisterschaft

1928	Lettland
1929	Estland
1930	Litauen
1931	Estland
1932	Lettland
1935	Litauen
1936	Lettland
1937	Lettland
1938	Estland

internationale Trophäe gewann. Der Wettbewerb wurde zunächst im K.o.-System mit Hin- und Rückspiel ausgetragen, später im Ligaformat, allerdings mit einfacher Punktrunde. Erster Sieger war 1931 Rumänien, der letzte 1947 Ungarn. In den 1970er Jahren wurde der zwischenzeitlich eingestellte Wettbewerb wiederbelebt und hieß nun „Balkan-Zentraleuropa-Pokal". Mit dabei waren nun auch noch Polen und die Tschechoslowakei. Die letzte Austragung des Wettbewerbs erfolgte 1977-80 und wurde von Rumänien gewonnen.

Eine historische Kuriosität stellte die Baltische Meisterschaft mit Litauen, Lettland und Estland dar, die erstmals 1928 ausgetragen wurde, als die beteiligten Länder noch politisch eigenständig waren. Die Meisterschaft wurde binnen weniger Tage in einer der Hauptstädte ausgespielt. Der Wettbewerb mobilisierte über die betroffenen Länder hinaus keine Aufmerksamkeit, da die baltischen Staaten zu den fußballerisch schwächeren Nationen in Europa gehörten. Die Veranstaltung fand letztmalig 1938 statt. Ihr Ende kam, als die baltischen Staaten ihre Eigenständigkeit verloren. Nach dem Zerfall der Sowjetunion und der erneuten Unabhängigkeit der baltischen Staaten wurde der Wettbewerb wiederbelebt, blieb allerdings international bedeutungslos. Auch für die Zuschauer in Lettland, Estland und Litauen sind die Spiele der EM- und WM-Qualifikation weitaus attraktiver.

Die Europameisterschaft kommt

Mitte der 1930er Jahre waren immerhin 20 europäische Nationen an regionalen Turnieren beteiligt: England, Wales, Schottland, Nordirland, Österreich, Ungarn, Italien, Tschechoslowakei, Schweiz, Rumänien, Bulgarien, Griechenland, Jugoslawien, Schweden, Dänemark, Norwegen, Finnland, Lettland, Estland, Litauen. Die diversen Wettbewerbe symbolisierten die fußball politische Zerrissenheit Europas, in der die Briten im eigenen Saft schmorten und Länder wie Deutschland im Abseits standen. Der Zweite Weltkrieg unterbrach dann alle Turniere; auch Henri Delaunay konnte seine Idee einer Europameisterschaft nicht weiterverfolgen.

Erst einige Jahre nach dem Zweiten Weltkrieg war es wieder möglich, über einen europäischen Länderwettbewerb nachzudenken und entsprechende Schritte einzuleiten. Am 27. Mai 1952 fand in Zürich unter Federführung von Henri Delaunay, des italienischen Verbandspräsidenten Dr. Ottorino Barassi und des Belgiers José Crahay eine informelle Zusammenkunft statt, auf der die Gründung eines europäischen Verbandes nach südamerikanischem Vorbild diskutiert wurde. Ein wesentliches Motiv der Pioniere war es, endlich die Europameisterschaft für Nationalmannschaften ins Leben zu rufen. Das Trio sowie Dr. Josef Gerö (Österreich), Sir George Graham (Schottland), Ebbe Schwartz (Dänemark) und Gustav Sebes (Ungarn) konstituierte sich am 15. Juni 1954 in Basel zu einem Ausschuss, der sich „Groupe des Associations Européennes" nannte. Schwartz übernahm die Präsidentschaft, Gerö wurde Vizepräsident und Delaunay Generalsekretär.

Der Vater der Europameisterschaft: Henri Delaunay.

Ziel war die Gründung einer Union des Associations Européennes de Football, kurz UEFA. In den folgenden Monaten brütete man über einen entsprechenden Statutenentwurf. Im ersten Paragraphen hieß es zunächst vorsichtig, „Die Union besitzt vorläufig keinen offiziellen Charakter." Doch bereits auf der ersten Generalversammlung am 3. März 1955 im Schloss Schönbrunn in Wien, zu der 29 der 31 europäischen Nationalverbände Delegierte entsandt hatten, votierte eine große Mehrheit der Anwesenden für eine juristische Bestätigung der UEFA. Der vom Ausschuss erarbeitete Statutenentwurf wurde bestätigt und das erste Exekutivkomitee gewählt. Ermutigt wurde das rasche Vorgehen durch den 1953 in Paris tagenden außerordentlichen FIFA-Kongress, der erstmals die Bildung kontinentaler Konföderationen billigte. Die Gründung der UEFA erfolgte somit gewissermaßen auf „Anordnung" (Fußball-Historiker Hardy Grüne) des Weltverbandes.

Schwierige Diskussionen gab es um die geplante Europameisterschaft und insbesondere um den Modus, in dem das Turnier ausgetragen werden sollte. Während Schwartz, Crahay und andere einen europäischen Länderwettbewerb mit einer Qualifikation zur WM koppeln wollten, sprach sich Italiens Vertreter Dr. Barassi vehement dagegen aus und fand damit große Unterstützung. Doch das Thema sollte noch einige weitere Male auf die Tagesordnung gelangen.

So mussten sich die EM-Befürworter noch etwas gedulden, zumal zunächst ein anderes europäisches Projekt an der Reihe war, das eine erheblich stärkere Dynamik entwickelte und größere Attraktivität versprach: ein Wettbewerb der besten Klubteams Europas. Die Idee hierzu war in den Redaktionsstuben der französischen Sporttageszeitung *L'Equipe* entstanden. Genauer: am Schreibtisch von *L'Equipe*-Fußballchef Gabriel Hanot. Sein vehementester Mitstreiter war Santiago Bernabéu, Präsident von Real Madrid, dessen Team die Idee eines europäischen Klubwettbewerbs durch großartige Auftritte im Ausland vorantrieb. Der Europapokal korrespondierte mit der Idee von Flutlichtspielen unter der Woche. Flutlicht sowie die inzwischen deutlich verbesserten Verkehrsmöglichkeiten machten einen internationalen Vereinswettbewerb neben dem

Die neue Trophäe: Coupe d'Europe

nationalen Ligabetrieb möglich. Bereits mit der Saison 1955/56 erfolgte der Startschuss zum Europapokal der Landesmeister. Anderswo wurden zu dieser Zeit weitere kontinentale Länderwettbewerbe installiert: 1956 in Asien, 1957 in Afrika.

Auf dem Gründungskongress in Wien hatten mit dem zwischenzeitlich verstorbenen Dr. Josef Gerö und Henri Delaunay zwei vehemente Streiter für eine Europameisterschaft gefehlt. Doch insbesondere Henri Delaunays Sohn Pierre sorgte dafür, dass das Thema weiter akutell blieb. 1956 wurde eine Kommission ins Leben gerufen, die auf dem 2. offiziellen UEFA-Kongress am 8. Juni 1956 in Lissabon einen Vorschlag präsentierte, der einen Wettbewerb auf K.o.-Basis und ohne Rückspiel vorsah. 14 der 30 Delegierten mochten der Idee nicht folgen, woraufhin ein neues Gremium gebildet und mit der Überarbeitung des Vorschlags beauftragt wurde.

Inzwischen ließen sich zwei Lager ausmachen: Uninteressiert bis ablehnend zeigten sich Nationen, die bereits internationale Erfolge gefeiert hatten, wie die Weltmeister Italien und Deutschland, aber auch Belgien, die Schweiz und die Niederlande. Zu den Einwänden zählten beispielsweise: Die Vorbereitung auf die WM-Turniere würde erschwert, ebenso der Aufbau neuer Teams zwischen den WM-Turnieren; zudem werde der Wettbewerb zu Lasten von Freundschaftsspielen gehen, die damals noch ein großes Interesse erweckten und eine lukrative Einnahmequelle darstellten.

Die UEFA-Mitgliedsländer aus dem „Ostblock" hingegen dachten anders und betrachteten die EM als große Chance, sich auf internationaler Bühne sportlich und politisch profilieren zu können. Pro und contra Europameisterschaft war also teilweise eine Ost-West-Frage.

Auf dem 3. UEFA-Kongress am 28./29. Juni 1957 in Kopenhagen wurde den Delegierten ein neuer Vorschlag vorgelegt, der nun einen über zwei Kalenderjahre ausgespielten Wettbewerb im K.o.-System, aber mit Hin- und Rückspiel und einem Endturnier der vier besten Mannschaften vorsah. Der Vorschlag wurde schließlich mit 14 Ja- bei 7-Nein-Stimmen sowie fünf Enthaltungen angenommen. Allerdings wurde eine Klausel eingebaut: Der Anpfiff des Wettbewerbs sollte nur erfolgen, wenn bis zum 16. Februar 1958 mindestens 16 Mitgliedsverbände ihre Teilnahme verbindlich angemeldet hatten. Doch bei Ablauf der Deadline lagen lediglich 15 Anmeldungen vor. UEFA-Präsident Ebbe Schwartz zeigte sich empört: „19 haben beim letzten Mal dafür gestimmt, nun sind es vier weniger. Man weiß wirklich nicht, was los ist!" Ein klares „Nein" war aus Deutschland (DFB), England, Schottland, Belgien, den Niederlanden, Schweiz, Albanien, Finnland, Island und Luxemburg eingetroffen. Ein klares „Ja" kam aus dem

Ostblock, wo sich die UdSSR, Tschechoslowakei, Ungarn, Rumänien und die DDR für die EM aussprachen. Italien, Wales, Nordirland, Portugal, Jugoslawien und Schweden hatten sich noch zu keiner Entscheidung durchringen können, weshalb UEFA-Sekretär Delaunay die Meldefrist bis zum 6. August 1958 verlängerte. Auf dem folgenden UEFA-Kongress am 4.-6. Juni in Stockholm wurden dann die Anmeldungen Nr. 16 und Nr.17 eingesammelt. Mit 15:13 Stimmen wurde die Durchführung des ersten Nationencups beschlossen – das Projekt war also nach wie vor stark umstritten und spaltete die europäische Funktionärskaste. Unter diesen Umständen mochte die UEFA nicht die direkte Verantwortung für den Wettbewerb übernehmen. Zunächst galt er noch als „inoffizielle" Europameisterschaft und firmierte als „Coupe Henri Delauny".

Sowjet-Fußball und „Kalter Krieg"

Europa war der Hauptschauplatz des Ost-West-Konfliktes, was das Projekt einer europäischen Meisterschaft nicht gerade erleichterte. Allerdings wandelte sich die Haltung der UdSSR zu den internationalen Institutionen des Fußballs. Bis dahin hatten sich die Sowjets vom „bürgerlichen" Fußballbetrieb des Westens ferngehalten.

Seit 1936 gab es eine sowjetische Fußballliga, die sich wachsender Zuschauerzahlen erfreute. Drei Jahre nach Gründung der Liga kamen im Schnitt 19.000 Zuschauer zu den Begegnungen. Die Zentren des Fußballsports hießen Moskau, Odessa, Leningrad, Kiew und Tiflis. In Moskau mobilisierte die Rivalität zwischen Spartak und Dynamo große Massen. Dynamos Spiel wurde durch präzises Passspiel, viel Bewegung und lange Bälle geprägt, Spartak stand für Ballkontrolle und präzises Kurzpassspiel.

Schon seit 1925 verzichtete die UdSSR auf Länderspiele gegen FIFA-Verbände. Internationale Begegnungen konnten nur gegen politisch befreundete Teams der internationalen Arbeitersportbewegung stattfinden. 1927 beispielsweise bestritt eine sowjetische Auswahl in Leipzig und Hamburg zwei Spiele gegen Teams des deutschen Arbeiter-Turn- und Sportbundes; jeweils zwischen 20.000 und 30.000 Menschen sahen zu. 1934 reiste eine Stadtauswahl Moskaus auf Einladung der Kommunistischen Par-

> **■ Politische Säuberung im Moskauer Fußball**
>
> Spartak Moskau war die erste nicht-paramilitärische und freiwillige Sportgemeinschaft für Arbeiter und geriet Ende der 1930er ins Visier des neuen sowjetischen Geheimdienstchefs Lavrentij P. Berija. Der Georgier, in seiner Jugend ein mittelmäßiger Kicker, wollte Dynamo zum Aushängeschild des Sowjetfußballs machen und ließ zu diesem Zweck erst einmal fast die komplette Vereinsführung beseitigen. Spartak-Präsident Aleksandr Kosarev, Klub-Mitbegründer und Spitzenspieler Nikolaj Starostin sowie dessen drei Brüder Andrej, Aleksandr und Petr wurden verhaftet, Kosarev und die Starostins der „Förderung des bürgerlichen Sports" bezichtigt. Kosarev wurde erschossen, Nikolaj Starostin zu zehn Jahren Zwangsarbeit im Gulag verurteilt. Auch seine Brüder mussten ins Lager. Erst 1955 wurden die Starostins rehabilitiert.

tei der Tschechoslowakei nach Prag, um gegen Teams der Roten Sportinternationale anzutreten. Der letzte internationale Gast der Sowjets vor dem Beginn des Zweiten Weltkrieges war 1937 eine baskische Auswahlmannschaft, die durch Europa tingelte, um Geld und Solidarität mit der republikanischen Sache im spanischen Bürgerkrieg zu mobilisieren. Zum Team gehörte auch der Mittelstürmer Isidro Lángara, der in diesen Jahren zu den Besten seines Fachs in Europa zählte.

Im November 1946 bat der sowjetische Verband dann doch um Aufnahme in die FIFA. Zwischen den Kriegen hatten sich namentlich Jules Rimet und der deutsche FIFA-Generalsekretät Ivo Schricker emsig um die Mitgliedschaft des riesigen Staates bemüht. Mit dem Ende der organisierten internationalen Arbeitersportbewegung gingen den Sowjets die Gegner aus.

Die sportpolitische Öffnung gegenüber dem Westen hatte unmittelbar nach Kriegsende begonnen. Im November 1945 tourte Dynamo Moskau durch Großbritannien, auf Einladung der britischen Regierung, um den gemeinsamen Sieg über den Faschismus zu feiern. Am 13. November 1945 wurde an der Londoner Stamford Bridge der erste internationale Auftritt einer sowjetischen Fußballmannschaft nach dem Zweiten Weltkrieg angepfiffen. Vor 85.000 Zuschauern trennten sich Hausherr Chelsea und Dynamo Moskau unentschieden. Der *Manchester Guardian* attestierte den Gästen, sie hätten auf höchstem internationalen Niveau gespielt und eigentlich einen komfortablen Sieg einfahren müssen. Die Zuschauer waren so begeistert, dass Tausende von ihnen nach dem Schlusspfiff aufs Spielfeld strömten und die sowjetischen Akteure auf den Schultern zu den Umkleidekabinen trugen. Auch von den Glasgow Rangers trennte man sich unentschieden. Gegen Arsenal London gab es im Stadion Highbury bei starkem Nebel einen knappen 4:3-Sieg, Cardiff City wurde mit 10:1 deklassiert.

Die Nationalmannschaft hatte seit dem 15. Mai 1925, als man die Türkei in Ankara mit 2:1 schlug, kein richtiges Länderspiel mehr absolviert. Der Eintritt in die „normale Fußballwelt" erfolgte am 15. Juli 1952: Beim olympischen Fußballturnier bezwang man Bulgarien im finnischen Kotka mit 2:1, schied dann aber gegen Jugoslawien – nach einem Wiederholungsspiel – aus. Das Team verschwand dann zunächst einmal wieder von der internationalen Bühne und betrat diese erst wieder am 8. September 1954 mit einem eindrucksvollen 7:0-Sieg über Schweden in Moskau. Ein Jahr später, am 21. August 1955, empfing die UdSSR in der sowjetischen Hauptstadt den amtierenden Weltmeister Deutschland. Gute zehn Jahre nach dem Ende des Zweiten Weltkrieges, den die Sowjetunion mit 22 Millionen Toten bezahlte, bereitete Moskau den westdeutschen Gästen einen herzlichen und bewegenden Empfang. Das Spiel korrespondierte mit einer „Tauwetterperiode" im „Kalten Krieg". Die Sowjets, die laut DFB-Nationalspieler Hans Schäfer stürmten, „als wollten sie Berlin noch einmal erobern", gewannen mit 3:2. Wenig später reiste auch Deutschlands Bundeskanzler Konrad Adenauer erstmals nach Moskau.

Die Mehrzahl der Gegner der UdSSR waren in diesen Jahren sozialistische „Bruderländer" oder neutrale Staaten. In der Qualifikation zur WM 1958, die erste, für die

20.000 Zuschauer sahen den 4:1-Sieg der Sowjetunion gegen die deutsche Auswahl der Arbeitersportler 1927 in Hamburg.

sich die UdSSR (erfolgreich) bewarb, spielte man gegen Polen und Finnland, freundschaftlich davor und dazwischen gegen Bulgarien, Rumänien und Ungarn. Am 18. Mai 1958 maß man sich dann erneut mit einem Großen aus dem Westen. In ihrem ersten Länderspiel gegen das Mutterland England erreichte die UdSSR in Moskau ein 1:1-Remis. Es war zugleich der letzte Test vor dem WM-Start in Schweden, wo man Österreich und England in den Gruppenspielen besiegte, dann aber im Viertelfinale am Gastgeber scheiterte (0:2).

Mit der UdSSR war nun auch die Führungsmacht des Ostblocks zu einem festen Bestandteil des europäischen Fußballsystems geworden, womit eine wichtige Voraussetzung für einen wahrhaft europäischen Wettbewerb geschaffen war. Dennoch wurde auch der Fußball von den Folgen des „Kalten Krieges" in Europa heimgesucht. Die Niederschlagung des Ungarn-Aufstands von 1956 hatte zur Folge, dass einige sich im Ausland befindliche ungarische Spitzenfußballer, u.a. der berühmte Ferenc Puskas, nicht in die Heimat zurückkehrten und bei Klubs im Westen anheuerten. Und beim ersten EM-Turnier 1960 zog die UdSSR kampflos in die Endrunde ein, nachdem Spaniens antikommunistischer Diktator Franco seinen Kickern die Reise in die „Hauptstadt des Weltkommunismus" untersagt hatte. 1988 sollte der „Kalte Krieg" die EM ein letztes Mal einholen.

1960 bis 1968: Ein zäher Beginn

In ihren Anfangsjahren war die EM eine Domäne der „sozialistischen Welt". Das erste Finale zwischen der UdSSR und Jugoslawien führte zwei sozialistische Länder zusammen. Dieser Premiere wohnten im Pariser Prinzenpark lediglich 17.000 Zuschauer bei. Das Interesse am Europapokal der Landesmeister war 1960 noch deutlich größer als an der EM. So waren am 18. Mai 1960, sieben Wochen vor dem ersten EM-Finale, 134.000 in den Glasgower Hampden Park gepilgert, wo sie Zeugen eines fantastischen Spiels

Wenig Interesse in Frankreich

und 7:3-Sieges von Real Madrid über Eintracht Frankfurt wurden. Das waren achtmal so viele wie beim EM-Finale.

Die Ursachen für die mangelnde Zuschauerresonanz lag zum einen im Fehlen von Spielern, die auch im Westen große Namen hatten – vor allem Italiener oder Engländer –, sowie an der höchst begrenzten Fußballbegeisterung im Endrundenland Frankreich. DFB-Funktionär Hans Körfer: „Wer konnte auch ahnen, dass Fußball-Paris sich nicht einmal für die Begegnung UdSSR - Jugoslawien interessieren würde, die in Moskau und Belgrad ausverkaufte Häuser gebracht und jedes große deutsche Stadion bis zum Platzen gefüllt hätte?"

Die zweite Finalrunde 1964 in Spanien mobilisierte bereits ein größeres Interesse, vor allem bedingt durch den Siegeszug des gastgebenden Teams. Nun waren auch die Engländer vertreten, die allerdings bereits in der Vorrunde scheiterten. Auch Italien gab beim zweiten Durchgang seinen Einstand, sodass von den fünf großen Ländern Westeuropas nun vier dabei waren. Nur die Bundesrepublik Deutschland verharrte noch in der Schmollecke.

Bei der dritten Auflage 1968 waren dann erstmals alle bedeutenden europäischen Fußballnationen an Bord, nachdem auch die Bundesrepublik ihre Abstinenz aufgegeben hatte. DFB-Präsident Dr. Hermann Gössmann begründete den Gesinnungswandel mit dem nun offiziellen Charakter der Veranstaltung. Aus dem „Europacup der Nationen" bzw. „Coup Henri Delaunay" wurde eine offizielle Europameisterschaft unter dem Briefkopf der UEFA. Deren Präsident Gustav Wiederkehr: „Der ‚Henri-Delaunay-Pokal' ist ein würdiges Glied in der Kette der Wettbewerbe unseres Erdteils geworden. Nicht anders wird es sich mit der Europameisterschaft verhalten. Diese Spiele bieten über das normale Länderspiel-Programm hinaus einen Anreiz, der seine Wirkung nicht verfehlt. Ich bin sicher, dass die UEFA damit einen weiteren Beitrag leistet, um ihrer eigentlichen Aufgabe nachzukommen, nämlich: den Fußballsport im Raume unseres Kontinents zu fördern, die begründeten Interessen der ihr angeschlossenen Verbände zu verteidigen und den internationalen Spielbetrieb in geordnete Bahnen zu lenken."

Die erste offizielle Europameisterschaft wurde von einer neuen Diskussion um die Austragungsmodalitäten begleitet. Bei der EM 1964 hatte sich das damals bestenfalls zweitklassige Dänemark dank leichter Gegner in die Endrunde „mogeln" können. Deshalb forderte Gustav Sebes, Mitbegründer der UEFA und ehemals Trainer des ungarischen „Wunderteams", die Aufteilung der europäischen Fußballnationen in drei Gruppen mit jeweils etwa gleichstarken Mannschaften. Die schwächeren Teams sollten zunächst eine Vorrunde ausspielen, um anschließend auf die gesetzten großen Fußballnationen wie Deutschland, Italien Ungarn und England zu treffen. Ein anderer Vorschlag plädierte für eine „Europaliga" der Nationalmannschaften. In der Diskussion blieb auch die Idee einer Verkoppelung der EM mit der Qualifikation für die WM, um so die Attraktivität des Turniers zu erhöhen und den internationalen Spiel-

UEFA-Präsident Gustav Wiederkehr überreicht dem spanischen Mannschaftskapitän nach dem Finale 1964 den Coupe Henri Delaunay.

plan zu straffen. Eine radikal andere Position bezog Gustav Wiederkehr, der EM-Turniere im Zweijahresrhythmus vorschlug. Diese Idee wurde allerdings mit Verweis auf die Überbelastung der Spieler verworfen. Die nach wie vor beliebten Freundschaftsspiele wären unter diesen Bedingungen kaum noch auszutragen gewesen. Letztmalig wurde die Idee 1969 diskutiert, und auch dieses Mal abgelehnt.

Die EM-Endrunde 1968 in Italien sah zwar mit fast 40.000 den bis dahin höchsten Zuschauerschnitt, aber so richtig zufriedenstellen konnte die Veranstaltung noch immer nicht. Fehlerhafte Schiedsrichterentscheidungen und die einschüchternde Atmosphäre in den Stadien weckten unangenehme Erinnerungen an die „Skandal-WM" von 1934. Als problematisch erwies sich aber auch das Turnier-Format. Wer jeweils die Endrunde austrug, hing davon ab, wer sich hierfür qualifizierte, und wurde daher erst spät entschieden. Eine ausreichende Vorbereitung und Einstimmung der Öffentlichkeit war dann kaum noch möglich. Als Konsequenz erwog man, auf die Endrunde ganz zu verzichten und nur das Finale an einem neutralen Platz auszutragen.

1972 bis 1992: Sportliche Konsolidierung, politische Umbrüche

Die EM blieb bis 1976 ein Wettbewerb, in dem die sozialistischen Staaten eine große Rolle spielten. Allein die UdSSR stand bei den ersten vier Wettbewerben dreimal im Finale. Von den 20 Endrundenteilnehmern 1960 bis 1976 waren elf Teams aus der „sozialistischen Welt". Zweimal – die UdSSR 1960 und die CSSR 1976 – stellten diese Länder den Europameister, dreimal – Jugoslawien 1960, UdSSR 1964 und 1972 – den Vize-Europameister. Das EM-Finale 1980 war überhaupt das erste, das ohne ein Team aus der „sozialistischen Welt" stattfand.

Die EM stand viele Jahre im Schatten der WM, zumal diese in jener Zeit noch eine sehr europäische Angelegenheit war. Mit Ausnahme Brasiliens dominierten europäische Teams bei den WM-Turnieren, die zudem zwischen 1954 bis 1974 viermal (von sechs) in Europa stattfanden. Die EM-Endrunden 1968 und 1972 brachten einen gewissen Statusgewinn, weil die Europameister Italien und Deutschland bei den anschließenden Weltturnieren ihre Position als europäische Nummer eins bestätigen konnten.

1980 wurde die Endrunde auf acht Teams erweitert, womit das Austragungsland erstmals automatisch qualifiziert war. Einen kräftigen Schub erfuhr das Turnier mit der Endrunde 1984 in Frankreich. Die Franzosen organisierten das Turnier so engagiert und professionell, wie man es bis dahin nur von Weltturnieren kannte. Außerdem erwiesen sich die wiedereingeführten Halbfinals als äußerst attraktiv. 601.404 Zuschauer kamen zu den 15 Spielen, im Schnitt also 40.093 pro Begegnung. Mit Frankreich sah das Turnier einen Sieger, der unterhaltsamen Champagner-Fußball spielte und Fußball-Europa begeisterte. Das Turnier brachte einen erheblichen Popularitätsschub für Fußball in Frankreich, aber auch für das Projekt EM.

Bei der folgenden EM 1988 in Deutschland wuchs der Zuschauerschnitt auf 55.912, ermöglicht durch große Arenen, die einst für die WM 1974 gebaut worden waren und weiträumige Stehplatzbereiche aufwiesen. Die EM 1988 war die letzte vor der europäischen „Stadionrevolution", die zu reinen Sitzplatz-Arenen und damit zu einer Verringerung des Fassungsvermögens führte. Das 88er Turnier markiert somit auch die Spitze bei den Zuschauerzahlen. Nur zwei WM-Turniere – Brasilien 1950 mit dem riesigen Maracaná-Stadion und USA 1994 – konnten einen höheren Zuschauerschnitt registrieren.

Die Europameisterschaft von 1988 war die letzte vor dem Zusammenbruch des Ostblocks, der die politische und staatliche Landschaft Europas gravierend verändern sollte – und damit auch die Mitgliederzahl und -struktur der UEFA. Für das Turnier 1992 beispielsweise hatte sich die UdSSR sportlich qualifiziert, existierte allerdings beim Anpfiff der Endrunde nicht mehr, und ihr Restbestand trat als GUS an. Auch die Tschechoslowakei war 1992 letztmalig mit einem gemeinsamen Team dabei, während Jugoslawien zehn Tage vor Beginn der Endrunde von der UEFA ausgeschlossen wurde. Zuvor hatte die UNO gegen Belgrad ein Embargo verhängt und hatte die FIFA das Land für internationale Spiele gesperrt.

Das Auseinanderbrechen der Sowjetunion, Jugoslawiens und der Tschechoslowakei führte zu einem erheblichen Anstieg in der UEFA-Mitgliedschaft, denn zu den ersten souveränen Akten der neuen Staaten gehörte es, einen nationalen Fußballverband zu gründen und die Aufnahme in die internationalen Fußballverbände zu beantragen. Anstelle des alten UdSSR-Teams meldeten nun die Nationalmannschaften Russlands, Weißrusslands, Moldawiens, Estlands, Lettlands, Litauens, Armeniens, Georgiens, Aserbaidschans und der Ukraine für die EM 1996; und anstelle der ehemaligen Tschechoslowakei liefen die Nationalteams von Tschechien und der Slowakei auf. Das ehemalige Jugoslawien schickte Mazedonien, Kroatien und Slowenien ins Rennen, später kamen noch Rest-Jugoslawien (ab 2003: Serbien-Montenegro) und Bosnien-Herzegowina hinzu. Alles in allem wurden im Zeitraum 1992 bis 2006 aus ehemals drei Nationalteams 18. Einen Abgang hatte die politische Entwicklung in Europa allerdings auch zu vermelden: Mit der DDR verschwand deren Nationalmannschaft.

Mit Israel zählte auch ein außereuropäisches Land zu den Neuen. 1976 war Israel vom asiatischen Verband ausgeschlossen worden. Es folgte eine 15-jährige Odyssee, die die *Nivchéret* zur weltweit einzigen Nationalmannschaft verurteilte, die auf allen Kontinenten WM-Qualifikationsspiele spielen musste. 1991 fand Israel mit der UEFA eine neue Heimat, seither dürfen israelische Klubs an den europäischen Vereinswettbewerben teilnehmen. 1994 wurde dem Land auch die Teilnahme an der EM-Qualifikation gestattet.

1996 bis 2008: Auf dem Weg zum Mega-Event

Für die EM 1996 meldeten 48 Länder, weshalb die UEFA die Ausweitung der Endrunden von acht auf 16 Teilnehmer beschloss. Dadurch nahm die Endrunde endlich ein „WM-Format" an. Dem Turnier tat dies gut. Durch die größere Zahl an Spielen wuchs die Bedeutung der EM im öffentlichen Bewusstsein und in der Medienberichterstattung. Das Turnier 1996 fand im Mutterland England statt, fiel in die Zeit eines neuen Fußballbooms und wurde in der damals weltweit modernsten und besten Stadionlandschaft ausgespielt. Mit 1.276.174 Zuschauern wurde erstmals bei einer Endrunde die Millionengrenze überschritten. Der Schnitt lag allerdings mit 41.167 deutlich unter dem von 1988, was der „Versitzplatzung" der Arenen geschuldet war. Die Gesamtzahl der Zuschauer – einschließlich der Qualifikationsspiele – hatte sich gegenüber 1992 nahezu verdoppelt. 1992 verfolgten 2.643.412 Zuschauer seinerzeit 138 Spiele; 1996 waren es – bedingt durch höhere EM-Meldungen – in nun 262 Spielen 5.248.693 Zuschauer. Bei der EM 2000 wurden in 259 Spielen 5.645.305 Zuschauer registriert, 2004 nach „nur" 241 Begegnungen sogar 5.856.247.

Mit der Ausweitung des Turniers erhöhte die UEFA die Anforderungen an die Infrastruktur des Austragungslandes. Bis 1992, als die Endrunde letztmalig mit acht Teilnehmern ausgetragen wurde, konnte die Kapazität von drei der vier erforderlichen Stadien lediglich 20.000 betragen. Nur so konnte auch ein Land wie Schweden 1992 in den Genuss einer EM-Endrunde kommen. Nun forderte die UEFA sechs Stadien mit einem Fassungsvermögen von mindestens 30.000 Zuschauern und eines für mindestens 40.000. Außerdem sollten alle Zuschauer sitzen. Für die meisten Länder war dies finanziell und organisatorisch im Alleingang nicht zu bewältigen. Die UEFA ließ daher Doppelbewerbungen zu. Die EM 2000 wurde mit Belgien und den Niederlanden erstmals von zwei Ländern ausgerichtet.

Litt die Qualität des Turniers in seinen Anfängen darunter, dass die „Großen" aus dem Westen nicht komplett dabei waren, so ist die EM heute das weltweit beste Länderturnier. Die sportliche Qualität der EM 2004 lag deutlich über der des WM-Turniers von 2002. Für Gerald Houllier ist es schwieriger, Europameister zu werden als Weltmeister. Franz Beckenbauer äußerte anlässlich der EM 2004: „In Portugal spielt Saudi-Arabien nicht mit. (…) Wenn jetzt noch Argentinien und Brasilien dabei wären, hät-

■ Wenig wert: Das Heimrecht

Das Heimrecht spielt bei einer EM-Endrunde offensichtlich nur eine geringe Rolle. Lediglich bei den Turnieren 1964 (Spanien) und 1968 (Italien), als die Endrunde nur von vier Ländern gespielt wurde, sowie 1984 (Frankreich) gewann der Gastgeber. Seit der Ausweitung auf 16 Teilnehmer in der Endrunde von 1996 stand der Gastgeber erst einmal wenigstens im Finale (2004 in Portugal).

ten wir eine komplette Weltmeisterschaft." Tatsächlich sind bei einer EM keine fußballerisch drittklassigen Länder am Start. Die Ausweitung des WM-Turniers auf 32 Mannschaften hatte aus globaler Sicht gute Gründe. Zumindest in der Vorrunde jedoch gingen sie auf Kosten der sportlichen Substanz. Sportlich ist lediglich die Champions League höher anzusiedeln als die EM. Im europäischen Vereinswettbewerb treten homogenere und kontinuierlich trainierende Teams an, bei denen auch südamerikanische und afrikanische Spitzenkicker mitwirken.

Der hohe sportliche Wert eines EM-Turniers wird auch von den Fernsehzuschauern honoriert. Die EM 2000 wurde in den sechs größten TV-Märkten Europas – Deutschland, Großbritannien, Frankreich, Italien, Spanien und Niederlande – von 617 Millionen Menschen gesehen. 2004 waren es 854 Mio., was eine Steigerung um mehr als 20% bedeutete. Obwohl die Deutschen bereits nach der Vorrunde ausschieden, blieb das Interesse in Deutschland unverändert hoch. Die ZDF-Übertragung des Finales Griechenland gegen Portugal, nicht gerade ein Kracher, wurde von fast 25 Millionen verfolgt. Auch global lässt sich die EM inzwischen vermarkten. So wurde das Turnier 2004 weltweit von 217 TV-Sendern in 199 Ländern übertragen. Das Finale war 2004 weltweit das TV-Ereignis mit der größten Resonanz – vor der Eröffnungszeremonie der Olympischen Sommerspiele und dem Super Bowl in den USA.

Die Europameisterschaft 1996 in England unter dem Motto „Football comes home" bedeutete für das Turnier den endgültigen Durchbruch zum großen Event. Klinsmann jubelte, und selbst die Queen lächelte huldvoll.

Go East

Im Januar 2007 wurde der ehemalige französische Weltklassespieler Michel Platini zum neuen UEFA-Präsident gewählt. Zu den ersten Gratulanten gehörte Frankreichs Staatspräsident Jacques Chirac. Platinis Wahl würde „das Strahlen des französischen Sports in den internationalen Instanzen verstärken", meinte Chirac. Die Zeitung *Le Parisien* spürte „einen Wind der Erneuerung durch die Fußballwelt wehen".

Der 51-jährige Platini, Held der EM 1984, hatte sich in einer Kampfabstimmung gegen den seit 1990 amtierenden 77-jährigen schwedischen Amtsinhaber Lennart Johannson durchgesetzt. Er war der erste ehemalige Fußballer an der Spitze der UEFA und hatte seine Wahl „nach französischer Diplomatenschule auf den Feldern Politik, Verbände und Wirtschaft knapp zwei Jahre lang akribisch vorbereitet" (Michael Horeni in der *FAZ am Sonntag*). Platinis Wahl markierte nicht nur einen Generationswechsel. Der Franzose gerierte sich als Anwalt der „wahren Werte" des Fußballspiels, der gegen dessen Vereinnahmung durch Politiker und Wirtschaftskonzerne sowie für die Interessen der kleinen Nationen eintrat: „Fußball ist nicht nur ein Business, sondern es ist ein Schatz, den man schützen muss. Das Spiel sollte im Vordergrund stehen, nicht das Geschäft. (...) Fußball ist ein Spiel und kein Produkt, es ist ein Sport und kein Markt, ein Spektakel, nicht ein Geschäft. (...) Es gibt keine verschiedenen Arten von Fußball, den der kleinen Nationen und den der großen oder den der kleinen und den der großen Klubs. Es gibt nur einen Fußball."

FC-Bayern-Boss Karl-Heinz Rummenigge schimpfte Platini ob derartiger Aussagen einen „übertriebenen Sozialisten" und „Träumer". Auch DFB-Präsident Theo Zwanziger belächelte Platinis Vorstellungsrede als „Sozialromantik" und behauptete anschließend, am Jubel nach der Wahl habe man gesehen, „dass Platini Stimmen aus Ländern bekommen hat, die nicht einmal 100 Einwohner haben". Tatsächlich kamen viele der Platini-Befürworter aus den kleineren Nationen des Ostens und Südens, wenngleich diese keineswegs geschlossen für den Franzosen stimmten.

Platinis Gegner saßen im DFB, aber auch in den Verbänden Englands und Spaniens. Auch die 18 in der G-14 organisierten reichen und führenden Klubs Europas versuchten einen UEFA-Boss Platini zu verhindern. Für Platini stimmten schließlich 27 Verbände, 23 gegen ihn, zwei der zu diesem Zeitpunkt 52 UEFA-Mitglieder gaben ungültige Stimmzettel ab. Bereits am Vorabend der Abstimmung war es erstmals seit 15 Jahren wieder zu einem Treffen der osteuropäischen Verbände gekommen. Dazu waren Vertreter von 24 Verbänden erschienen, was ein englischer Delegierter mit den Worten kommentierte: „Die UEFA rückt nach Osten."

Der europäische Fußball erfuhr die Kopie eines Prozesses, den der Weltverband FIFA bereits mehr als 30 Jahre zuvor durchlebt hatte. Als Folge der Dekolonialisierung und der Gründung neuer Nationalstaaten hatte die Zahl der FIFA-Mitglieder in Afrika und Asien drastisch zugenommen. In den 40 Jahren von 1904 bis 1944 hatte

Unter dem Franzosen Platini steuert die UEFA auf neuem Kurs – gen Osten.

der Weltverband 60 Mitglieder gewonnen; in den nur zwei Dekaden zwischen 1944 und 1964 wuchs die Mitgliedschaft mit 63 Neuzugängen um mehr als das Doppelte. Das Wachstum zeitigte einschneidende Folgen für die Zusammensetzung des FIFA-Kongresses. Die Mehrheit der FIFA-Mitglieder stellten nun Afrika und Asien. Gegen die Stimmen dieser Länder war kein FIFA-Präsident mehr durchzusetzen.

1974 rückte mit dem 57-jährigen Brasilianer Joao Havelange erstmals ein Nicht-Europäer an die Spitze des Weltverbandes. Havelange setzte sich dabei gegen den 79-jährigen englischen Amtsinhaber Sir Stanley Rous durch. Während es Rous in seiner Amtszeit primär um die Wahrung englischer Interessen und europäischer Dominanz gegangen war, setzte Havelange nicht nur auf die Stimmen aus seiner südamerikanischen Heimat, sondern auch Afrikas und Asiens. In einer Mischung aus sinnvollen Fördermaßnahmen und korrupter Günstlingswirtschaft sicherte er sich die Unterstützung dieser Verbände. Auch sein Nachfolger Blatter setzte weniger auf die europäische als auf die globale Karte. Es war kein Wunder, dass Blatter und Platini sich in ihren Kandidaturen gegenseitig unterstützten.

Platinis Wahlversprechen zielten auf eine Förderung kleinerer Fußballnationen. Die Teilnahme an der Champions League sollte auf maximal drei Klubs pro Land beschränkt werden, um stattdessen die kleineren Länder an diesem Wettbewerb stärker zu beteiligen. Mit der gleichen Absicht sollte ab 2012 die Teilnehmerzahl bei den EM-Endrunden erhöht werden. Vorbild waren die WM-Endrunden, deren Ausweitung auf 32 Teilnehmer vor allem afrikanischen und asiatischen Verbänden mehr Startplätze gebracht hatte. Allerdings stoppte das UEFA-Exekutivkomitee Platinis Erweiterungspläne.

Dennoch konnte der Franzose einen ersten Erfolg verbuchen, denn am 18. April 2007 vergab das Exekutivkomitee erstmals eine EM „neuen Formats" nach Osteuropa, genauer: Ukraine und Polen. Abgesehen vom EM-„Vierer-Turnier" 1976 in Jugoslawien waren Ost- und Südost-Europa bei der Vergabe großer Turniere bis dahin unberücksichtigt geblieben. Mitbewerber waren Italien und Ungarn / Kroatien. Weltmeister Italien wurde der Skandal um die Manipulation von Spielen sowie die ausfernde Gewalt in den Stadien zum Verhängnis. Acht der zwölf Mitglieder des Exekutivkomitees votierten für Ukraine / Polen, nur vier für Italien. Nicht eine einzige Stimme erhielten Ungarn / Kroatien, deren Kandidatur auch nur halbherzig wirkte.

Die Entscheidung pro Osteuropa war zweifelsohne auch eine politische. Auch im Osten Europas werden nun moderne Stadien entstehen, und im Westen Europas wird sich das öffentliche Interesse am Fußball geografisch in Richtung Osten erweitern.

Die EM als Champions League?

Längst wird die EM von ähnlichen Diskussion heimgesucht wie Anfang der 1990er Jahre der europäische Klubfußball. Damals wurde schließlich die Champions League eingeführt, die den Meistern der kleineren Nationen eine Vorqualifikation aufbürdete und sie weitgehend aus dem Wettbewerb verdrängte. Auch in Sachen EM waren es nun zuvörderst die neuen „Großfürsten" im internationalen Fußball, die eine Reform forderten. Die großen Klubs, insbesondere die Champions-League-Dauerbrenner mit ihrem vollen Terminplan, klagten über die hohe Zahl an Qualifikationsspielen.

So behauptete Arsenal Londons Trainer Arsène Wenger nach Englands 5:0-Sieg über Andorra in der Qualifikation zur EM 2008, dass 80 Prozent der Qualifikationsspiele uninteressant seien. Dies führe zum „Kollaps der Qualität" und „zerstört das Interesse der Zuschauer". Karl-Heinz Rummenigge, Vorstandsvorsitzender der Bayern München AG, stieß ins gleiche Horn und empfahl eine Vor-Qualifikation für die „Kleinen": „Dann fliegen einige Teams raus, und man hat Gruppen mit vier Teams, nicht mit sieben oder acht wie derzeit."

Die Sichtweise der kleinen Länder fällt naturgemäß anders aus. Für sie stellen Begegnungen gegen England, Frankreich, Italien, Spanien oder Deutschland nicht nur sportliche Highlights in ihrer Fußballgeschichte dar, sondern auch eine wichtige Einnahmequelle, insbesondere durch den Verkauf der Übertragungsrechte. Liechtensteins Ex-Trainer Ralf Loose: „Die Partien gegen die Großen sind überlebenswichtig. Wir professionalisieren damit den Nachwuchsbereich." Für San Marino gegen Liechtenstein interessierte sich hingegen keine TV-Anstalt, geschweige denn, dass sie viel Geld dafür bezahlt hätte. Als San Marino die Kicker aus Liechtenstein mit 1:0 schlug – im übrigen der erste Sieg überhaupt in der Geschichte des Verbands – sahen gerade einmal 700 Zuschauer zu. Bei San Marino gegen Deutschland sah das Interesse im Stadion und an den Bildschirmen anders aus.

Ex-Bundestrainer Berti Vogts unterbreitete deshalb noch einen anderen Vorschlag. Dieser sieht eine eigene europäische Rangliste vor; die ersten 30 oder 40 dieser Liste müssen an einer Vorqualifikation nicht teilnehmen. Über einen Fonds sollen die „Kleinen" für den Fortfall der Spiele gegen die „Großen" finanziell entschädigt werden. Für die Einnahmen des Fonds sollen Klassiker wie Deutschland gegen England sorgen, ausgetragen zu den Terminen, an denen die „Kleinen" ihre Vorqualifikation spielen. Doch auch in diesem Vorschlag fehlt das „große Spiel", das den „Kleinen" im bisherigen System alle zwei Jahre bei den WM- oder EM-Qualifikationsrunden serviert wurde. San Marinos Torhüter Gasperoni: „Vor 40.000 in Spanien oder Schweden – wenigstens für 90 Minuten träumst du, im großen Geschäft zu sein." Und ein bisschen Platz zum Träumen sollte auch in der heutigen Fußballwelt noch bleiben.

1960

■ Europameisterschaft 1960

Gemeldete Länder: 17

Austragungsmodus: 1 Qualifikationsspiel zur Ermittlung des 16. Teilnehmers am Achtelfinale. Achtelfinale und Viertelfinale mit Hin- und Rückspiel. Endrunde der 4 Halbfinalisten mit Halbfinals, Spiel um den 3. Platz, Finale.

Spiele Qualifikation / Achtelfinale / Viertelfinale: 24
Zuschauer: 1.035.175 (= 43.132 im Schnitt)
Tore: 91 (= 3,79 im Schnitt)

Endrundenspiele: 4
Zuschauer: 78.985 (= 23.393 im Schnitt)
Tore: 17 (= 4,25 im Schnitt)

EM-Spiele insgesamt: 28
Zuschauer: 1.114.160 (= 39.791 im Schnitt)
Tore: 108 (= 3,85 im Schnitt)

Austragungsland der Endrunde: Frankreich (6. - 10. Juli 1960)

Austragungsorte: Paris (Stade Vélodrome du Parc des Princes, 40.000), Marseille (Stade Vélodrome, 40.000)

Die besten Torschützen der Endrunde:
Galic, Jerkovic (beide Jugoslawien), Heutte (Frankreich), Iwanow, Ponedjelnik (beide Sowjetunion), je 2 Tore

Finale: Sowjetunion - Jugoslawien 2:1 n.V. (0:1, 1:1)
10. Juli 1960, Stade Vélodrome du Parc des Princes, Paris

Sowjetunion: Jaschin – Tschocheli, Masljonkin, Krutikow – Woinow, Netto – Metreweli, Iwanow, Ponedjelnik, Bubukin, Meschi (Trainer: Katschalin)
Jugoslawien: Vidinic – Durkovic, Miladinovic, Jusufi, Zanetic – Perusic, Matus – Sekularac, Jerkovic, Galic, Kostic. (Trainier: Tirnanic / Nikolic / Lovric)
Tore: 0:1 Galic (43.), 1:1 Metreweli (49.), 2:1 Ponedjelnik (113.)

Schiedsrichter: Arthur Ellis (England)

Zuschauer: 17.966

EM 1960
Der Osten dominiert

Beinahe wäre die Premiere noch geplatzt. Nur 17 Länder hatten für den ersten Europa-Nationenpokal gemeldet – gerade mal ein Land mehr, als vom UEFA-Kongress als Mindestzahl gefordert. Mit dem „Fußball-Mutterland" England und den anderen drei britischen Verbänden, außerdem den Weltmeistern Deutschland und Italien sowie dem amtierenden Vize-Weltmeister Schweden fehlten gleich eine Reihe attraktiver Fußballnationen. Immerhin waren Frankreich, Dritter der WM 1958, und Spanien dabei.

Der DFB erteilte dem Wettbewerb mit Blick auf die WM 1962 und die entsprechende Qualifikation eine Absage. Bundestrainer Sepp Herberger: „Zwischen zwei Weltmeisterschaften ist der Neuaufbau einer starken Nationalelf die erste Aufgabe. Ein Europaturnier stört." Ein weiterer Grund war das rückständige Ligaspielsystem. Die Einführung einer zentralen Liga erfolgte erst mit der Saison 1963/64, weshalb der Deutsche Meister von 1960 allein 37 Meisterschaftsspiele (erst in der Oberliga, dann in der Endrunde) absolvieren musste, das letzte davon am 25. Juni 1960. Die hohe Zahl der Vereinsspiele belastete die Spieler umso mehr, als sie ja nebenbei arbeiten mussten – das Vollprofitum war noch verboten. So musste man ausgerechnet die Zahl der Länderspiele in Grenzen halten. Hans Körfer, der Spielausschussvorsitzende des DFB, schrieb im *Kicker*: „Die 12er-Kommission des DFB hat sehr deutlich herausgestellt, dass auf der Grundlage des Vertragsspieler-Statuts die Ausübung des bürgerlichen Berufes als klarer Grundsatz anerkannt werden müsse. Sie fordert deshalb, dass Vereine und Verbände (dazu zählt auch der DFB) in Zukunft ihre Spieler nur insofern in Anspruch nehmen, als diese nicht an der ordnungsgemäßen Ausübung des Berufes gehindert werden. Die logische Folge ist zwar ein Ja zur Weltmeisterschaft, aber keine zusätzliche Länderspielserie." Von einer Isolation des DFB wollte Körfer nichts wissen, denn ohne Deutschland, England, Italien etc. würde es „immer nur eine europäische Rumpfmeisterschaft geben, in der Länder fehlen, die nun einmal dabei sein müssten."

Kicker-Chefredakteur Dr. Friedebert Becker kommentierte die DFB-Entscheidung anlässlich der Auslosung der 1. Runde des Nationenpokals nicht ohne Bedauern: „Europapokal der Nationen findet statt, aber ohne DFB. (...) Deutschland hat sich im Europa-Rat der FIFA, der sogenannten UEFA, zur Zeit insofern isoliert, als es sich zusammen mit England, Italien und Österreich selbst aus der nunmehr beschlossenen Meisterschaft der Nationalmannschaft ausgeschlossen hat. Der Standpunkt des auch international arg beengten DFB wird nicht zuletzt durch sein rückständiges Liga-

> **■ Miserabler Start: die Auslosung**
>
> Die Auslosung der Paarung für die Vorqualifikation und des Achtelfinales erfolgte auf einem Kongress der UEFA vom 4.- 6. Juni 1958 in Stockholm. Nur zwei Tage später wurden in Schweden die ersten Spiele der 6. Fußball-Weltmeisterschaft angepfiffen, weshalb die Öffentlichkeit vom Unternehmen „Europäischer Nationencup" kaum Notiz nahm – ein miserabler Start. Da die Zahl der attraktiven Teilnehmer begrenzt war, kam es auch kaum zu spektakulären Vorrunden-Paarungen. UdSSR gegen Ungarn galt schon als „Kracher".

spielsystem diktiert." Nun sehe man „mit Wehmut, wie inzwischen die erste Runde der ‚Europa-Meisterschaft' ausgelost wurde, mit attraktiven Paarungen, aber ohne Deutschland."

Anders als viele große westeuropäische Fußballnationen war das „sozialistische Europa" hingegen fast komplett vertreten: mit dem Olympiasieger von 1956 Sowjetunion, Tschechoslowakei, Ungarn, Polen, Rumänien, Jugoslawien und der DDR. Nur das abgeschlossene und strikt stalinistisch regierte Albanien fehlte.

Die Länderspielgeschichte des „anderen deutschen Staates" hatte am 21. September 1952 mit einer 0:3-Niederlage gegen Polen begonnen. Den ersten Sieg gab es erst beim 7. Auftritt am 18. September 1955 in Bukarest mit einem 3:2 über Rumänien. Animiert durch den WM-Triumph der Bundesrepublik 1954, der auch im Osten eine spürbare Euphorie ausgelöst hatte, meldete die DDR ihr Auswahlteam für die WM 1958 und konnte am 19. Mai 1957 in Leipzig mit einem 2:1 gegen Wales ihren ersten Pflichtspielsieg verbuchen. Doch die folgenden drei Qualifikationsspiele gingen verloren, sodass aus der Reise nach Skandinavien nichts wurde. Das Fehlen spielstarker westeuropäischer Mannschaften zwei Jahre später bei der EM-Premiere stärkte die Hoffnungen, dieses Mal erfolgreicher zu sein.

Anpfiff in Dublin

Da 17 Mannschaften gemeldet hatten, musste zwischen der Republik Irland und der Tschechoslowakei eine Vor-Qualifikation fürs Achtelfinale stattfinden. Das erste Spiel in der Geschichte der Europameisterschaft wurde also am 5. April 1959 in Dublin angepfiffen, Hauptstadt der Republik Irland.

Der Süden der Insel lag damals fußballerisch im Schatten des zum Vereinigten Königreich gehörenden Nordens. In dessen Metropole Belfast hatte einst die Wiege des irischen Fußballs gestanden. Im Süden musste sich das Spiel hingegen der Konkurrenz der gälischen Sportarten erwehren, deren Anhänger den Fußball als Zeitvertreib der englischen Kolonialisten verhöhnten, von dem wahre irische Nationalisten gefälligst die Füße zu lassen hatten.

Bereits 1888 war in Belfast die Irish Football Association (IFA) gegründet worden, der weltweit viertälteste nationale Fußballverband. Die Teilung der Insel 1921 machte auch vor dem Fußball nicht halt. Im gleichen Jahr wurde in Dublin die Football Association of Ireland (FAI) aus der Taufe gehoben, die im August 1923 in die FIFA aufgenommen wurde. Die nordirische IFA betrachtete sich aber weiterhin für die gesamte irische Insel zuständig. Wenig später wurde ein höchst komplizierter Kompromiss zwischen der FAI und den vier britischen Verbänden erzielt. Für die nächsten 13 Jahre hieß der südirische Verband „Football Association of the Irish Free State", um seine Beschränkung auf die 26 Grafschaften des Südens zu dokumentieren. Der IFA wurde indes gestattet, auch in Zukunft die Bezeichnung „Ireland" im Namen zu tragen und für Spiele der Britischen Meisterschaft, dem British Home Championship, gesamt-irisch zu rekrutieren. Im November 1946 liefen bei der Begegnung zwischen Schottland und Nordirland im Glasgower Hampden Park sieben südirische Akteure für die IFA-Auswahl auf. 1949 verließ der Irish Free Staate den britischen Commonwealth und wurde zur Republik. In Dublin begann man nun verstärkt das Mitwirken südirischer Spieler in der IFA-Auswahl zu hinterfragen. 1950 weigerte sich Celtic Glasgows Sturmstar Sean Fallon, in einem Testspiel für Nordirland aufzulaufen: Gegner war eine britische Militärauswahl. Im März 1950 spielte Nordirland in der Britischen Meisterschaft in Wrexham gegen Wales. Die Begegnung endete mit einem torlosen Remis. Entscheidender war indes, dass die FAI anschließend ihren Spielern untersagte, das Trikot Nordirlands zu tragen.

Trotz der Dominanz des Nordens konnte sich die FAI-Auswahl dieser Jahre durchaus sehen lassen. Im November 1956 hatten die Republik Irland die Bundesrepublik Deutschland in Dublin glatt mit 3:0 geschlagen. Im Mai 1960 behielt man auch auf deutschem Boden die Oberhand. Die Herberger-Elf verlor in Düsseldorf mit 0:1. In der WM-Qualifikation 1958 belegte Irland in einer Dreier-Gruppe zwei Punkte hinter England, gegen das man in Dublin immerhin ein Remis erkämpft hatte, Platz zwei – vor Dänemark, das der Republik in beiden Begegnungen unterlag. Der Norden war allerdings noch erfolgreicher: Für Schweden hatten sich – zum ersten und bis heute letzten Male in der Geschichte des WM-Turniers – alle vier britischen Verbände qualifiziert, aber allein Nordirland überlebte dort die Gruppenphase.

Irlands EM-Qualifikationsgegner-Gegner Tschechoslowakei war ebenfalls in Schweden dabei gewesen. Vom amtierenden Weltmeister Deutschland hatte man sich in den Gruppenspielen unentschieden getrennt (2:2). Im Entscheidungsspiel um den Einzug ins Viertelfinale zogen die Tschechoslowaken dann allerdings gegen Nordirland mit 1:2 n.V. den Kürzeren.

Am 5. April 1959 schlug die FAI-Auswahl nun die Tschechoslowakei vor 37.000 Zuschauern im Dubliner Dalymount-Stadion durch ein Tor von Tuohy und einen von Cantwell verwandelten Strafstoß mit 2:0. Noel Cantwell, der in England für West Ham United und Manchester United spielte, war vielleicht der erste Star der irischen Nationalelf. Das Turnier hatte seine erste kleine Überraschung. Doch das 2:0 von Dublin sollte sich für die Iren als zu wenig erweisen, denn das Rückspiel gewann die CSSR klar mit 4:0. 41.000 Zuschauer in Bratislava zeugten davon, dass man dem neuen Wettbewerb hinter dem „Eisernen Vorhang" großes Interesse entgegenbrachte.

Achtelfinale: Ost-West-Duelle

Das Topspiel des Achtelfinales war mit **UdSSR** gegen **Ungarn** eine osteuropäische und „sozialistische" Angelegenheit. Mit dem „Wunderteam" der Jahre 1950 bis 1954 hatte die Elf der Magyaren nichts mehr zu tun. Von der Elf, die im Finale von Bern 1954 dem DFB-Team mit 2:3 unterlag, war nur noch Keeper Gyula Grosic dabei, der allerdings nur im Rückspiel das Tor hütete. Grosic hatte für die Niederlage hart bezahlen müssen: Der Keeper stand 15 Monate unter polizeilicher Beobachtung, wurde von Budapest zum Bergarbeiterklub Tatabanya abgeschoben und durfte 23 Länderspiele nicht das Tor der Magyaren hüten. Anderen seiner ehemaligen Mitspieler war es besser ergangen. Zu Beginn des Ungarn-Aufstands 1956 befanden sich die Teams von MTK und Honved Budapest auf Auslandstourneen. Einige Spieler blieben nun im Westen, so Sandor Kocsis und Zoltán Czibor, die sich dem FC Barcelona anschlossen, sowie „Superstar" Ferenc Puskas, der Real Madrid verstärkte.

Die UdSSR hatte zwar das olympische Turnier von 1956 gewonnen, doch in Melbourne waren lediglich elf Teams gestartet – die schwächste Besetzung des Turniers seit 1912. Die „Staatsamateure" aus den sozialistischen Ländern waren bei dieser Veranstaltung die einzigen „Profis" und machten die Angelegenheit unter sich aus. Die einzig namhaften Teilnehmer, die nicht dem sozialistischen Lager angehörten, aber halt nur mit Amateuren antraten, waren Deutschland, das gleich zum Auftakt gegen die UdSSR mit 1:2 unterlag, und England, das von Bulgarien mit 6:1 abgekanzelt wurde. Gold-Gewinner UdSSR benötigte gegen Indonesien zwei Spiele zum Weiterkommen, und im Halbfinale stand neben den Sowjets, Bulgaren und Jugoslawen noch Indien, dessen Akteure teilweise barfuß spielten. Über die Qualität der sowjetischen Mannschaft sagte der Olympiasieg somit wenig aus.

Zum Hinspiel zwischen UdSSR und Ungarn kamen über 100.000 Zuschauer ins riesige Leninstadion von Moskau. Beim Halbzeitpfiff führten die Russen durch Tore von Iljin, Metreweli und Iwanow bereits mit 3:0. In der 84. Minute gelang Göröcs noch eine Ergebniskorrektur zugunsten der Ungarn. Auch im Rückspiel vor 78.000 Zuschauern im Budapester Nep-Stadion behielten die Sowjets die Oberhand. Das Tor des Tages schoss in der 59. Minute Woinow.

Das attraktivste von insgesamt drei Ost-West-Duellen fand zwischen **Polen** und **Spanien** statt. Klare Sieger waren die Iberer. In Chorzów gewann Spanien mit 4:2, und 71.000 Zuschauer durften Spieler wie Francisco López Gento und die jeweils zweifachen Torschützen Luis Suárez und Alfredo di Stéfano bestaunen. Alfredo di Stéfano, genannt „La Saeta Rubio" (der blonde Pfeil), war Real Madrids Schlüssel zum Aufstieg an die europäische Spitze gewesen. Di Stéfano paarte wie kaum ein anderer in der Geschichte des Weltfußballs traumwandlerische Treffsicherheit mit überragender Spielkunst. In Buenos Aires als Sohn italienischer Einwanderer geboren, sollte di Stéfano sowohl das Nationaltrikot Argentiniens wie Spaniens überziehen. Di Stéfano

Alfredo di Stéfano, die spanische Fußball-Legende, traf auch gegen Polen in zwei Spielen dreimal.

hatte Argentinien nach dem Streik der Fußballprofis 1948 verlassen. Über Kolumbien führte ihn der Weg nach Madrid, wo er an allen fünf Europapokalgewinnen Reals 1956 bis 1960 beteiligt war und in jedem Finale ins gegnerische Tor traf. 1957 und 1959 wurde di Stéfano zum europäischen Fußballer des Jahres gewählt. Ein Jahr später wurde diese Ehre seinem Nationalmannschaftskameraden Luis Suarez zuteil, der für den FC Barcelona kickte.

Beim Rückspiel vor 62.000 Zuschauern in Madrid, das Spanien durch Treffer von di Stéfano, Gensana und Gento mit 3:0 gewann, stand in der *Selección* auch Ladislao Kubala, einer der größten Spieler und schillerndsten Figuren des europäischen Fußballs der 1950er und frühen 1960er Jahre. Was der 32-jährige Kubala zu diesem Zeitpunkt noch nicht wissen konnte: Es war sein letztes Pflichtspiel für die *Selección*. Der in Budapest geborene Kubala hatte zunächst in Ungarn für Ganz Torna und Ferencvaros Budapest gespielt. 1946 wechselte er in die Tschechoslowakei zum SK Bratislava, 1948/49 kehrte er nach Budapest zu Vasas zurück. Es folgte der Wechsel in den Westen, zunächst in die USA und nach Kanada. Von 1951 bis 1961 kickte der geniale Fußballer dann für den FC Barcelona, wo man ihn noch heute als besten Barça-Spieler aller Zeiten verehrt. Kubala war der erste Kicker, der für drei Nationen antrat: Sechsmal trug er das Nationaltrikot der Tschechoslowakei, dreimal das der Ungarn. Für Spanien lief Kubala 19-mal auf und erzielte dabei elf Tore.

Das von Bela Guttmann trainierte **Portugal** gewann gegen ein schwerfällig wirkendes und zusammenhanglos operierendes **DDR**-Team im Glutkessel des Ost-Berliner Walter-Ulbricht-Stadions durch zwei Treffer von Matateu mit 2:0. 23.400 Zuschauer sahen den Sieg der Portugiesen, die von den vorausgegangenen acht Länderspielen nur eines gewonnen hatten. Zum Rückspiel in Porto kamen nur 19.000 Zuschauer, was möglicherweise auch an den drastischen Eintrittspreisen im armen und wirtschaftlich rückständigen Land lag. Gegenüber dem Hinspiel hatte DDR-Trainer Fritz Gödicke seine Elf auf sechs Positionen neu besetzt. Die Ostdeutschen verkauften sich dieses Mal besser und unterlagen nur knapp mit 2:3, aber nichtsdestotrotz markierten diese Jahre den Tiefpunkt des DDR-Fußballs. Die Auswahl des Deutschen Fußball-Verbandes (DFV) bestritt 1959 sechs Spiele, verließ den Platz aber nur einmal als Sieger, als man eine aus vielen unbekannten Talenten bestehende Olympiaauswahl der Tschechoslowakei mit 2:1 schlug. Dem „Fußballzwerg" Finnland unterlag man in Helsinki mit 2:3, gegen Indonesien musste man sich in Djakarta mit einem 2:2-Remis begnügen.

Das Scheitern der DDR bei der EM hatte Folgen: Einige Spieler wurden „wegen mangelnder Leistungsbereitschaft" aus dem Kader geworfen, und Fritz Gödicke musste Heinz Krügel Platz machen, dem Károly Soos, Mitglied des ungarischen Trainerstabs bei der WM 1954, zur Seite gestellt wurde. 1961 übernahm Soos dann die alleinige Verantwortung.

Für **Dänemark** begann das Abenteuer Europa zunächst verheißungsvoll. In Kopenhagen führte man gegen die **Tschechoslowakei** nach nur 20 Minuten bereits mit 2:0, doch die Gäste konnten noch vor der Pause ausgleichen. Bei diesem Spielstand blieb es bis zum Schlusspfiff. Auch beim Rückspiel in Brünn, geleitet vom DDR-Schiedsrichter Helmut Köhler, gingen die Dänen zunächst in Führung, doch am Ende stand ein klarer 5:1-Sieg für die Tschechoslowaken, für die Bubernik und Scherer jeweils zweimal trafen.

Keine Mühe hatte **Frankreich** mit **Griechenland**. In Paris siegte vor 37.000 Zuschauern die *Équipe Tricolore* mit 7:1, der höchste Sieg überhaupt bei dieser EM; das Rückspiel in Athen endete 1:1. Beim 7:1 hatte zweimal Just Fontaine getroffen, mit 13 Treffern Torschützenkönig der WM in Schweden, was bis heute Rekord ist. Auch der legendäre Raymond Kopa konnte sich in die Torschützenliste eintragen. Fontaine wie Kopa besaßen einen „Migrationshintergrund". Fontaine wurde in Marokko geboren, und seine Mutter war Spanierin. Der Torjäger spielte bis 1953 für AS Marrakesch und Casablanca. Anschließend heuerte er bei OGC Nizza und Stade Reims an. Raymond Kopa, Frankreichs bester Spieler in den 1950ern, war der Sohn polnischer Immigranten, hieß ursprünglich „Kopaszewski" und wuchs in der französischen Bergbaugemeinde Noeux-les-Mines in der Region Calais auf. Aufgrund seiner polnischen Herkunft durfte Kopaszewski nicht in der französischen Junioren-Nationalmannschaft mitwirken, weshalb er im Alter von 21 die französische Staatsbürgerschaft beantragte. Aus „Kopaszewski" wurde Kopa, der nun seinen polnischen Hintergrund mehr oder weniger leugnete. Die ungeliebte Herkunft und die Aussicht auf ein Leben als Bergmann unter Tage spornten seinen fußballerischen Ehrgeiz an: „Wäre ich der Sohn einer wohlhabenden Familie gewesen, hätte es Raymond Kopa niemals gegeben. Ohne den Bergbau, wäre ich ein guter Spieler gewesen – mehr aber nicht. Aber es gab den Bergbau. Meine Name war Kopaszewski, und um daraus zu kommen, hatte ich nichts anderes als den Fußball." Mit Stade Reims stand Kopa 1956 im ersten Finale des Europapokals der Landesmeister und wechselte anschließend zum Sieger Real Madrid. 1958 wurde er zum

Kopaszewski wird zu Kopa

besten Spieler des WM-Turniers und europäischen „Fußballer des Jahres" gewählt. Das Mitwirken von Kopa wie die „multikulturellen" Einflüsse im französischen Team waren umstritten. Seine größten Bewunderer besaß Kopa unter den Journalisten der Zeitungen *Miroir-Sprint* und *Miroir de Football*, die mit der kommunistischen Partei sympathisierten und einen spektakulären Fußball favorisierten. Anderen Journalisten, vornehmlich solchen, die für *L'Equipe* und *France Football* schrieben, war Kopas Individualismus und Flair hingegen suspekt. Nach Frankreichs schwacher Vorstellung bei der WM 1954 wurde Kopa Opfer rassistischer Schmähungen.

Eng wurde es zwischen **Rumänien** und der **Türkei**. In Bukarest gewann Rumänien vor 67.000 Zuschauern klar mit 3:0. Die Türken gaben sich nicht geschlagen, schossen aber im Rückspiel beim 2:0 ein Tor zu wenig, um wenigstens eine Verlängerung zu erzwingen.

Jugoslawien schlug **Bulgarien** durch ein Blitztor von Galic in der 1. Minute und einen weiteren Treffer von Tasic drei Minuten vor dem Abpfiff mit 2:0. Der 21-jährige Milan Galic von Partizan Belgrad sollte mit 31 Toren in 51 Länderspielen zu einem der größten Spieler in Jugoslawiens Fußballgeschichte avancieren. Im Rückspiel trennten sich die beiden Balkanstaaten unentschieden (1:1).

Viertelfinale: Dreimal Fußball ...

Nach dem Achtelfinale stand es zwischen Ost und West unentschieden, denn für das Viertelfinale hatten sich vier Ost- und vier Westteams qualifiziert. Der „Kalte Krieg" sollte allerdings noch eine Korrektur zugunsten der „sozialistischen Welt" bewirken. Doch dazu später.

Frankreich nahm die Hürde **Österreich** problemlos. In Paris gewannen die Franzosen vor 45.000 begeisterten Zuschauern im Stade de Colombes mit 5:2, wobei Just Fontaine drei Treffer gelangen. Das Rückspiel in Wien ging mit 4:2 ebenfalls an die *Équipe Tricolore*. Aufgrund der klaren Hinspielniederlage waren die Erwartungen der österreichischen Fans nur gering: Mit 38.000 Zuschauern war das anlässlich der Arbeiterolympiade von 1931 errichtete riesige Praterstadion nur zur Hälfte gefüllt.

Nicht minder eindeutig verlief die Angelegenheit zwischen **Rumänien** und der **Tschechoslowakei**. Zum Hinspiel in Bukarest waren 61.000 ins Stadion gekommen, die größte Kulisse aller Viertelfinalbegegnungen. Sie sahen einen 2:0-Sieg der Gäste, die bereits in der 9. Minute durch Josef Masopust in Führung gegangen waren. Kurz vor dem Halbzeitpfiff erhöhte Bubnik auf 2:0. Im Rückspiel stand es nach nur 18 Minuten bereits 3:0 für die Hausherren, bei denen Bubernik schon nach 25 Sekunden erstmals traf. In der 15. Minute erhöhte derselbe Spieler auf 2:0, drei Minuten später markierte Bubnik das 3:0, was auch der Endstand war.

Etwas enger ging es zwischen **Portugal** und **Jugoslawien** zu. Im Hinspiel führten die Luisitaner mit den aufstrebenden Benfica-Stars Coluna und Germano vor 50.000

Zuschauern in Lissabon bis zur 81. Minute durch Tore von Santana und Matateu souverän mit 2:0, dann gelang Kostic noch der Anschlusstreffer. Im Rückspiel wurden die Portugiesen vor 55.000 Zuschauern in Belgrad von der jungen Mannschaft Jugoslawiens mit 5:1 überfahren, wobei Kostic gleich zweimal traf.

Das „Topspiel" aber war zweifelsohne der „Ost-West-Showdown" zwischen der **UdSSR** und dem Titelanwärter **Spanien**. Auf Vereinsebene bot Spanien damals den besten Fußball in Europa. Real Madrid gewann den Europapokal der Landesmeister von seiner Premiere in der Saison 1955/56 bis 1960 fünfmal in Folge. Erster Sieger im Messe-Pokal (später UEFA-Pokal) war 1958 eine Stadtelf Barcelonas; 1960 gewann der FC Barcelona diesen Wettbewerb, 1962 und 1963 der FC Valencia, 1964 Real Saragossa. Atletico Madrid holte 1962 den Europapokal der Pokalsieger. Aber auch Spaniens Nationalmannschaft dieser Jahre war wohl eine der besten in der Fußballgeschichte des Landes, wenngleich das Team der „cuatro leyendas" (vier Legenden: Kubala, di Stéfano, Gento und Suárez) die Qualifikation für die WM 1958 verpasst hatte.

… und einmal „Kalter Krieg"

Doch dieses mit Spannung erwartete Ost-West-Duell zwischen der Sowjetunion und Spanien fiel politischen Umständen zum Opfer.

Am 26. Mai 1960 stand die *Selección* zum Abflug bereit auf dem Madrider Flughafen, wohin sich das Team und sein argentinischer Nationaltrainer Helenio Herrera direkt aus dem Vorbereitungslager begeben hatten. Zwei Stunden vor dem Abflug ereilte die Offiziellen die Nachricht, dass die politische Führung des Landes einen Boykott der Begegnungen mit den Sowjets angeordnet habe. Ein aufgebrachter di Stéfano fragte nach dem Grund, erhielt aber als Antwort nur: „Befehl von Vega", womit der spanische Innenminister gemeint war. Die französische Presseagentur AFP schrieb tags darauf unter der Überschrift „Fußballländerspiel fällt Kaltem Krieg zum Opfer": „Der spanische Innenminister, General Vega, hat, unterstützt vom Informationsminister Salgado, Franco auf die Folgen eines solchen Vergleichs aufmerksam gemacht. Eine Gefährdung der öffentlichen Ordnung beim Rückspiel sei das entscheidende Argument gewesen, demzufolge sich Franco für ein Verbot entschieden habe." Auch eine kurzfristig anberaumte Audienz von Verbandspräsident Lafuente Chaos beim faschistischen Diktator und dessen Außenminister Castiella konnte die Herrschenden nicht umstimmen. Spanien unterhielt keine diplomatischen Beziehungen mit der UdSSR und den anderen sozialistischen Staaten, und bereits die Begegnungen mit Polen hatten Franco nicht gerade begeistert.

In diesem politischen Konflikt mischten sich der aktuelle Kalte Krieg zwischen Ost und West sowie der besonders militante Antikommunismus des diktatorischen spanischen Regimes. Am 17. Juli 1936 hatte sich eine vom General Franco geführte Koalition aus Militärs und anderen erzkonservativen Kräften gegen die Zweite Republik erhoben, die von einer „Volksfront" aus Republikanern, Sozialisten und Kommunisten regiert wurde. Beide Seiten ersuchten um die Hilfe des Auslands. Franco erhielt Unterstützung vom nationalsozialistischen Deutschland und faschistischen Italien, die den Aufstand der Militärs als Beitrag zum Kampf gegen den „internationalen Kommunismus" interpretierten. Großbritannien, Frankreich und die USA hielten sich aus dem Konflikt heraus, lediglich die Sowjetunion stellte sich offen auf die Seite der republikanischen Regierung, allerdings um den Preis politischer Einflussnahme. Der spanische Bürgerkrieg wurde so zu einem internationalen Bürgerkrieg.

In den ersten Monaten des Jahres 1939 brach der republikanische Widerstand zusammen. Am 1. April 1939 verkündete Franco das Ende des Bürgerkriegs, der über 200.000 Tote gefordert hatte. Nach dem Ende des Bürgerkriegs wurden noch ca. 270.000 Menschen in Stierkampfarenen und Fußballstadien unter unwürdigen Bedingungen gefangen gehalten. Bis 1945 wurden noch ca. 100.000 Anhänger der republikanischen Sache Opfer von Massenerschießungen.

Der Fußball blieb vom Bürgerkrieg nicht unberührt. Joseph Sunyol, Präsident des FC Barcelona und Mitglied einer linksgerichteten katalanischen Partei, wurde im August 1936 in den Guadarrama-Bergen außerhalb Madrids von falangistischen Truppen ermordet. Sunyol war auf dem Weg zu einem Treffen mit republikanischen Verbänden; angeblich ging es um die Verpflichtung eines Spielers, der sich dort aufhielt. Anschließend avancierte der Klub zum Symbol des Widerstands gegen Franco und seine Konsorten. Der Krimi-Autor Manuel Vazquez Moltaban schrieb später: „Francos Besatzungstruppen betraten die Stadt. Auf dem vierten Platz der Organisationen, die nun verfolgt wurden, stand hinter den Kommunisten, Anarchisten und Seperatisten der Barcelona Football Club.(…) Barça ist die epische Waffe eines Landes ohne Staat. Barças Siege sind wie die Athens über Sparta."

Doch auch Real Madrid hatte Opfer zu beklagen. Sein republikanischer Präsident Rafael Sánchez Guerra wurde verhaftet und ging anschließend ins Exil nach Frankreich, wo er eine bedeutende Rolle in der Exil-Regierung spielte. Vize-Präsident Gonzalo Aguirre geriet ebenfalls in die Fänge der Franco-Kräfte und wurde ermordet, Schatzmeister Valero Rivera erlitt das gleiche Schicksal. 1937/38 leistete sich Real mit Antonio Ortega sogar einen kommunistischen Präsidenten, Offizier in einer linken Miliz und an der Verteidigung Madrids gegen die Belagerung durch Francos Truppen beteiligt. Sein Schicksal ist unbekannt. 1937 führte der Bürgerkrieg zur Spaltung des nationalen Fußballverbandes, als die Franco-nahen Kräfte in San Sebastian einen eigenen Verband gründeten. Die FIFA ließ den etablierten und von Anhängern der Republik dominierten Verband im Regen stehen und erteilte beiden Organisationen ihre Anerkennung. Nach dem Sieg der Franco-Truppen akzeptierte die FIFA nur noch den Franco-nahen Verband, und zwar auf Betreiben von Giovanni Mauro, dem Delegierten des faschistischen Italiens im Exekutivkomitee des Weltverbandes.

1944 wurde Santiago Bernabéu Präsident von Real Madrid. Bernabéu hatte im Bürgerkrieg auf Seiten Francos gefochten und war dafür dekoriert worden. Unter der Regentschaft des Franco-Bewunderers avancierte Real nun zum „Regime Team", das mit der Einführung des Europapokals der Landesmeister eine wichtige außenpolitische Funktion erfüllen sollte. Franco, ein erklärter Fan von Real Madrid (sein Lieblingsspieler war Linksaußen Gento), benutzte die „Königlichen" als diplomatische Brücke für sein diskreditiertes Regime, das nach Ende des Zweiten Weltkriegs international isoliert dastand. Sein Außenminister Fernando de Castiella pries Real als „den besten Botschafter, den wir jemals hatten". Tatsächlich bot der hochmoderne Fußballklub mit seinem erfolgreichen multinationalen Team ein starkes Kontrastprogramm zur sonstigen Rückständigkeit des Landes und belieferte so das Ausland mit einem völlig anderen Image Spaniens.

Die Feindschaft gegenüber den realsozialistischen Staaten allerdings wurde weiter gepflegt. Franco hatte Moskau seine Einmischung in den spanischen Bürgerkrieg auch 1960 noch nicht verziehen, und der aktuelle „Kalte Krieg" versorgte seinen militanten Antikommunismus beständig mit frischer Nahrung. So kam es zum Verbot des Viertelfinalspiels gegen die Sowjetunion.

Die UEFA versuchte zwischen den alten Widersachern zu vermitteln. Schließlich drohte das Ansehen des neuen Wettbewerbs bereits bei seiner Premiere schweren Schaden zu erleiden. Auch stand die Handlungsfähigkeit der UEFA im gespaltenen Europa zur Disposition. Beiden Verbänden wurde die Austragung der Spiele auf neutralem Boden angeboten. Die spanische Regierung stimmte dem Vorschlag zu, nicht so die UdSSR, denn für sie bestand ja die Alternative im kampflosen Einzug in die Endrunde. Dazu kam es dann auch, denn die UEFA disqualifizierte schließlich Spanien und verurteilte den spanischen Verband obendrein zu einer Geldstrafe von 2.000 Schweizer Franken. In der europäischen Sportöffentlichkeit traf das Verhalten des Franco-Regimes auf wenig Verständnis. Nebenbei bedeutete es auch noch den Verzicht auf die Austragung der Endrunde, an der Madrid Interesse gezeigt hatte.

Die Endrunde: Franzosen ohne Sturm

Die Endrunde der ersten Europameisterschaft fand in Frankreich statt, genauer in Marseille und Paris. Die Austragungsstätten der Spiele, Stade Vélodrome du Parc des Princes (Paris) und Stade Vélodrome (Marseille), waren, wie der Name erkennen lässt, ursprünglich für den Radsport errichtet worden. Im Pariser Stadion sollte die erste Halbfinalbegegnung zwischen **Frankreich** und **Jugoslawien** stattfinden.

Die Aussichten des Gastgebers wurden durch den Ausfall des kompletten Innensturms Fontaine – Kopa – Piantoni getrübt. Torjäger Just Fontaine hatte bis dahin fünf der insgesamt 17 französischen Tore auf dem Weg in die Endrunde geschossen. Die Franzosen waren damit der torhungrigste aller EM-Teilnehmer. Doch Frankreichs

Rekordschütze hatte einen komplizierten Beinbruch erlitten. Auch den Strategen Raymond Kopa verurteilte eine Verletzung zu einer dreimonatigen Zwangspause. Zum Zeitpunkt der Endrunde war Kopa erst gerade auf den Trainingsplatz zurückgekehrt. Piantoni laborierte an einem Schaden des Kniegelenks.

Mit ihrem Halbfinalgegner Jugoslawien hatte die *Équipe Tricolore* noch einige Rechnungen offen. 1949 hatten sich Frankreich und Jugoslawien in der Qualifikation zur WM 1950 in Brasilien gleich dreimal gegenübergestanden. Die Begegnungen in Belgrad und Paris endeten

> ### ■ Jugoslawische EM-Kicker für die Bundesliga
>
> Im EM-Kader der Jugoslawen befanden sich eine Reihe junger Akteure, von denen man einige Jahre später in der deutschen Bundesliga hören sollte. So wurde Zeljko Pesusic (23 Jahre) 1966 mit dem TSV 1860 München Deutscher Meister; Zvedzan Cebinac (20 Jahre) gewann diesen Titel 1968 mit dem 1.FC Nürnberg; der Keeper Milutin Soskic (22 Jahre) wurde 1968 mit dem 1.FC Köln Deutscher Pokalsieger. Fahrudin Jusufi (20 Jahre) kickte von 1966 bis 1970 für Eintracht Frankfurt; Vladimir Durkovic (21 Jahre) gab in der Saison 1966/67 ein einjähriges Gastspiel bei Borussia Mönchengladbach.

jeweils mit einem 1:1-Remis, weshalb ein Entscheidungsspiel notwendig wurde, das die Balkankicker in Florenz nach 120 Minuten mit 3:2 gewannen. Bei der WM-Endrunde 1954 in der Schweiz unterlag man den Jugoslawen mit 0:1, vier Jahre später in Schweden mit 2:3. Trotzdem wurden die Franzosen beide Male Gruppensieger.

Die Chancen für eine erfolgreiche Revanche standen trotz der Ausfälle nicht schlecht. Jugoslawien hatte sein Team notgedrungen einer radikalen Verjüngungskur unterzogen. Spieler wie Beara, Cajkovski, Horvat, Mitic, Milutinovic, Vukas und Bobek standen nicht mehr zur Verfügung. Von der alten Garde war nur noch der 31-jährige FIFA-Weltauswahlspieler Branco Zebec dabei, der 1961 seine Nationalspielerkarriere beenden sollte und mit 65 Einsätzen für lange Zeit Jugoslawiens Rekordnationalspieler blieb. Zur Endrunde war Jugoslawien mit vielen 18- bis 22-Jährigen angereist, von denen später viele ins europäische Ausland gingen. Diese Emigration jugoslawischer Kicker war nicht neu, sondern begann bereits in der zweiten Hälfte der 1920er Jahre; also zur gleichen Zeit, als auch Fußballer aus Österreich, Ungarn, der Tschechoslowakei sowie die ersten Südamerikaner durch Europa kreuzten, um sich als Profis zu verdingen.

Nach dem Zweiten Weltkrieg beförderte die besondere politische Situation in dem Balkanstaat die fußballerische Entwicklung. Im Frühjahr 1948 war es zum Bruch zwischen dem jugoslawischen Tito-Regime und Stalin gekommen. Jugoslawien hielt sich zum sowjetischen Modell auf Distanz und begann eine Politik der Blockfreiheit und des „Dritten Weges" zu entwickeln, die sich auch im Fußball manifestierte. So spielte die Nationalmannschaft in den Jahren 1949 bis 1957 nicht ein einziges Mal gegen ein kommunistisches Land in Europa. Stattdessen standen Ägypten, Israel, Indonesien, später auch Marokko, Tunesien, Japan, Hongkong und Äthiopien auf dem Spielplan. Hajduk Split spielte 1949 in Frankreich und tourte durch das Saarland, Belgien und

Australien. Dynamo Zagreb reiste in die Schweiz und nach Österreich, Roter Stern Belgrad nach Malta und Lokalrivale Partizan nach Schweden.

Die Qualität jugoslawischer Fußballer wird auch daraus ersichtlich, dass sich das Land von 1950 bis 1962 viermal in Folge für die WM-Endrunde qualifizieren konnte und von 1948 bis 1960 ebenfalls viermal in Folge im Finale des olympischen Fußballturniers stand. In Rom 1960 gewann der Balkanstaat endlich Gold.

Jugoslawien öffnete sich bereits in der zweiten Hälfte der 1950er dem „kapitalistischen Fußballmarkt" Westeuropas. 1957 erhielt Bernard Vaduk, Kapitän von Hajduk Split und des Nationalteams, die Erlaubnis, in Italien beim FC Bologna einen Profivertrag zu unterschreiben. Wenig später wechselte auch Bencic zu Bologna. 1958 wurde Brocic und Ciric ein Wechsel zu Juventus Turin bzw. Lazio Rom gestattet. Insgesamt „emigrierten" in den 1950ern allerdings nur zwölf jugoslawische Kicker in die westeuropäischen Profiligen.

Dies sollte sich nach der Konferenz der blockfreien Staaten in Belgrad 1961 ändern, die die ideologische Basis für eine andere Haltung gegenüber Professionalismus schuf. Bis 1965 verließen ungefähr 50 jugoslawische Profis ihre Heimat, um Engagements bei westeuropäischen Profiklubs – insbesondere in den Niederlanden, Österreich und der Bundesrepublik Deutschland – einzugehen. Und ihre Zahl sollte weiter wachsen. Doch der Westen war nicht nur an jugoslawischen Fußballern interessiert, sondern auch an Trainern. Bayern München stieg mit Zlatko Cajkovski 1965 in die Bundesliga auf. Unter seinem Landsmann Branco Zebec gewann der spätere deutsche Rekordmeister 1969 das erste „Double" in seiner Vereinsgeschichte.

Obwohl auf den französischen Gastgeber also ein starker Gegner wartete, hielt sich das Zuschauerinteresse in Grenzen. Nur 26.370 Besucher kamen in den Pariser Parc des Princes, und das sollte noch die größte Kulisse der insgesamt vier Endrundenspiele bleiben. Die Zuschauer wurden Zeugen des torreichsten Endrundenspiels in der Geschichte des europäischen Nationenwettbewerbs – dank zweier ziemlich unsortierter Abwehrreihen. Zwar gerieten die Gastgeber bereits in der 11. Minute durch ein Tor von Galic mit 0:1 in Rückstand, doch nur eine Minute später gelang Vincent der Ausgleich. Zwei Minuten vor dem Halbzeitpfiff schoss Heutte die Franzosen mit 2:1 in Führung. Wiesnieski baute diese in der 52. Minute auf 3:1 aus, allerdings konnte Zanetic nur drei Minuten später verkürzen. In der 62. Minute stellte Heutte mit seinem zweiten Treffer den alten Abstand wieder her. Die Jugoslawen protestierten beim schwedischen Schiedsrichter Grandain, da der Torschütze deutlich im Abseits gestanden hatte. Das Spiel schien gelaufen, doch die Jugoslawen gaben nicht auf und schafften binnen vier Minuten drei Treffer! Die französische Abwehr um den 21-jährigen Stopper Herbin ging im Sturmwirbel des exzellenten leichtfüßigen jugoslawischen Innensturmtrios Jerkovic-Galic-Sekularac förmlich unter. In der 75., 77. und 78. Minute erzielten Knez und zweimal Jerkovic die Treffer zum sensationellen 5:4.

Im Halbfinale zwischen UdSSR und CSSR konnte auch der gute tschechoslowakische Torhüter Schrojf die 0:3-Niederlage nicht verhindern.

Derweil schlug die **Sowjetunion** die **Tschechoslowakei** vor 25.184 Zuschauern im Stade Vélodrome in Marseille in brütender Hitze klar mit 3:0. Für die CSSR war es die erste Niederlage im Jahr 1960. Die drei Länderspiele gegen Österreich (4:0) und zweimal gegen Rumänien (2:0 und 3:0) hatte man souverän gewonnen. Nach der Niederlage von Marseille sollte das Team wieder in die Erfolgsspur zurückkehren. Die folgenden fünf Spiele gestaltete man siegreich, und bei der WM 1962 in Chile scheiterte die CSSR erst im Finale an Brasilien.

Der schweigsame UdSSR-Trainer Katschalin musste in Marseille auf seinen routinierten Verteidiger Kessarew verzichten, der am Vorabend des Spiels über starke Leibschmerzen geklagt hatte, ins Krankenhaus eingeliefert und am Blinddarm operiert wurde. Doch wurde Kessarew vom Debütanten Tschocheli gut vertreten. Die Tschechoslowaken waren zu behäbig für die blitzschnellen Meschi und Metrewelli, den technisch nicht sonderlich begabten, aber engagierten und kopfballstarken Sturmtank Viktor Ponedjelnik von ASK Rostow und den großartigen Techniker und Dribbelkünstler Valentin Iwanow von Spartak Moskau, dem geistigen Lenker der sowjetischen Offensive. Letzterer war es dann auch, der die Sowjets in der 34. Minute in Führung brachte, wobei er um zwei Verteidiger herumkurvte, Keeper Schrojf austrickste und dann den Ball ins leere Tor schob. In der 56. Minute erhöhte derselbe Spieler auf 2:0. Den Schlusspunkt setzte in der 65. Minute Ponedjelnik. Keeper Lew Jaschin

Spiel um Platz 3 zwischen Frankreich und CSSR: Masopust, Schrojf und Novak (v.l.) vereilten eine Chance der Franzosen. Ihr Team siegt 2:0.

verlebte relativ ruhige 90 Minuten, denn die recht ansehnlichen Kombinationen der CSSR wurden bereits weit vor seinem Tor von Masljonkin und Tschocheli gestoppt. Die französische Abendpresse zeigte sich vom Spiel in Marseille angetan: „Obwohl keine französische Elf spielte, herrschte unter den Dreißigtausend eine enthusiastische Stimmung. Die Oststaaten boten eine wirklich feine spielerische Leistung."

Spiel um Platz drei

Die Werbung nutzte wenig. Zum „kleinen Finale" zwischen **Frankreich** und der **CSSR** fanden sich lediglich 9.438 Zuschauer in Marseille ein. Die Tschechen gewannen in einer einseitigen Begegnung durch Treffer von Bubnik (58.) und Pavlovic (88.) problemlos und hochverdient mit 2:0. Bei den Franzosen hütete für den gegen die Jugoslawen enttäuschenden Lamia Taillandier das Tor, der allerdings gegen Pavlovic' 30-Meter-Granate auch nichts ausrichten konnte. Die *Équipe Tricolore* bot eine schwache Vorstellung und wurde nach dem Ende der Partie vom eigenen Publikum gnadenlos ausgepfiffen. 0:4 Punkte und 4:7 Tore lautete die ernüchternde Bilanz des Gastgebers der ersten Europameisterschaft.

Finale: Überragender Lew Jaschin

Auch zum Finale in Paris kamen nur knapp 18.000 Zuschauer, deutlich weniger als bei den Halbfinalpaarungen. Das Spiel fand unter Flutlicht statt. Im Parc des Princes waren die Lampen erstmals im April 1952 beim Länderspiel Frankreich gegen Schweden eingeschaltet worden. Das WM-Turnier sollte seine Flutlichtpremiere erst 1982 in Spanien feiern, also 22 Jahre später als die EM.

Während **UdSSR**-Coach Katschalin exakt dieselbe Elf auflaufen ließ, die vier Tage zuvor die Tschechoslowaken geschlagen hatte, hatte **Jugoslawiens** Verbandstrainer Tirnanic einige Umstellungen vorgenommen. Anstelle von Soskic hütete Vidinic das Tor. Und für den verletzten Routinier Branco Zebec kam Miladinovic zum Einsatz.

Sowjets und Jugoslawen lieferten sich ein temporeiches, turbulentes und hartes (aber nicht unfaires) Spiel, das den englischen Schiedsrichter Arthur Ellis schwer beschäftigte. Insbesondere die sowjetischen Abwehrspieler langten gegen das gefürchtete jugoslawische Innensturmtrio mächtig zu. Im ersten Durchgang hatte das junge jugoslawische Team mit dem Publikumsliebling und Ballartisten Sekurarac dennoch mehr vom Spiel und ging in der 43. Minute durch einen Schuss von Galic völlig verdient in Führung. UdSSR-Kapitän Igor Netto hatte den Ball noch abgefälscht. Die Jugoslawen stellten die feineren Balltechniker, agierten aber zuweilen zu verspielt. Laut *L'Equipe* hätten die Jugoslawen zum Pausentee gut und gerne 3:0 führen müssen. Dass dem nicht so war, lag nicht zuletzt am 31-jährigen sowjetischen Keeper Lew Jaschin von Dynamo Moskau, auch „die schwarze Spinne" genannt. *L'Equipe*: „Er hält jeden Vergleich mit einem Zamora, Hiden oder Planicka aus. Jaschin hätte vermutlich jeden Angriff der Welt zur Verzweiflung gebracht."

Jugoslawien geht in Führung

Vier Minuten nach dem Wiederanpfiff ließ Jaschins Gegenüber Vidinic einen überraschenden Schuss von Bubukin nur abprallen. Rechtsaußen Metreweli war zur Stelle und glich für die Sowjets aus. Erst jetzt fand die UdSSR zu ihrem kraftvollen und geradlinig durchdachten Spiel und konnte auf dem regendurchtränkten und völlig aufgeweichten Boden ihre physischen Vorteile ausspielen. Tore fielen in der regulären Spielzeit allerdings nicht mehr, sodass das erste EM-Finale in die Verlängerung ging. Sechs Minuten vor dem Abpfiff gelang Ponedjelnik per Kopf der Siegtreffer für die konditionsstärkere UdSSR.

Als die Sowjets als erste Nationalelf den Henri-Delaunay-Coup in Empfang nehmen durften, war es bereits nach Mitternacht. Der Gewinn der EM 1960 war der größte Erfolg in der goldenen Dekade der *Sbornaja*, die mit dem Olympiasieg 1956 begann und einem 4. Platz bei der WM 1966 endete.

L'Equipe über das erste EM-Finale: „Beide Mannschaften verblüfften das Publikum durch ihre Vitalität, Hartnäckigkeit und dauernden Rhythmuswechsel." Die in der DDR erscheinende *Fußball-Woche* stieß ins gleiche Horn und blickte optimistisch in die Zukunft: „Dieser Pokalwettbewerb, dessen darf man sich ganz sicher sein, wird nach dem dramatischen Pariser Finale ebenso seinen Weg machen wie der Pokal der Meister, den ebenfalls die UEFA vor fünf Jahren ins Leben rief."

Zuschauerinteresse: Erst Topp, dann Flop

Im Achtel- und Viertelfinale mobilisierte das Turnier ein durchaus ansehnliches Zuschauerinteresse. Die 24 Spiele bis zur Endrunde (einschließlich der beiden Qualifikationsspiele) wurden von insgesamt 1.035.175 Zuschauern besucht, was einem Schnitt von 43.132 pro Spiel entsprach. Dabei war das Interesse im Osten stärker als im Westen, insbesondere in der Sowjetunion, Ungarn, Polen und Rumänien. Zu den fünf Heimspielen in diesen Ländern kamen addiert 377.500 Zuschauer, also im Schnitt 75.500. Die höchsten Zuschauerzahlen wurden bei den Achtelfinalbegegnungen zwischen der UdSSR und Ungarn verzeichnet: 100.500 in Moskau und 78.000 in Budapest übertrafen bei Weitem die Erwartungen der „Macher" des Wettbewerbs. Polen gegen Spanien sahen 71.000 Zuschauer in Kattowitz, die beiden Heimspiele Rumäniens wurden in Bukarest von 67.000 bzw. 61.000 besucht. Im Westen waren die 62.000, die in Madrid Spanien gegen Polen sahen, die höchste Zuschauerzahl. Der Zuschauerschnitt der Viertelfinalspiele wäre sicherlich noch höher ausgefallen, hätte das Ost-West-Duell UdSSR gegen Spanien stattgefunden.

Die Zuschauerresonanz bei der Endrunde war dagegen eine große Enttäuschung. Addiert sahen nur 78.958 die vier Spiele, was einem Schnitt von lediglich 19.739 pro Spiel entsprach. Der Zuschauerschnitt lag hier somit um 23.393 unter den vorherigen Begegnungen. Frankreich war gleich in mehrfacher Hinsicht der falsche Austragungsort: Fußball war hier nicht im gleichen Maße populär und ein Zuschauersport wie in Deutschland, Italien oder Spanien. Frankreich war das einzige kontinentaleuropäische Land, wo auch Rugby im bedeutenderen Ausmaß Fuß fassen konnte. Und vor dem Fußball hatte sich bereits der Radsport als „Arbeitersport Nr. 1" etabliert.

Dieser Nachteil wurde noch dadurch verstärkt, dass drei der vier Endrundenteilnehmer aus dem Ostblock kamen, selbst kaum Anhänger mitbrachten und bei den Franzosen nur wenig Interesse weckten. Dass der Gastgeber nicht das Finale erreichte, ließ Stimmung und Interesse weiter sinken. Bezeichnenderweise erschienen zu den Halbfinalpaarungen mehr Zuschauer als zu den Finalspielen. Das „kleine Finale" wurde von vielen als überflüssige Veranstaltung betrachtet, das große war ein reines „Ost-Duell" und überschattet von der Enttäuschung der Franzosen, nicht dabei zu sein. Auch die unglückliche Terminierung des Turniers spielte eine Rolle, denn nach einer langen Saison herrschte in Frankreich im Juli eine gewisse Fußballmüdigkeit. Das Wetter spielte ebenfalls nicht mit. Mal war es unerträglich heiß, mal regnete es in Strömen.

Disziplinierter Abgang der Sieger: So sah 1960 die Ehrenrunde der sowjetischen Spieler im Pariser Parc des Princes aus. Zweiter von rechts: der legendäre Torhüter Lew Jaschin.

In Deutschland widmete der *Kicker* dem ersten EM-Finale nicht einmal eine ganze Seite. Unter der Überschrift „Paris sah keinen Europameister" stand zu lesen: „Abzulehnen ist die Bezeichnung Europameisterschaft, da immerhin Länder von fußballerischer Bedeutung fehlten."

Deutschland ignoriert das neue Turnier

Da die sportliche Qualität der ersten EM dennoch kaum Angriffsflächen bot, widmeten sich die Gegner des Turniers vor allem den leeren Rängen bei der Endrunde. Der Tenor in einigen westeuropäischen Zeitungen und die Äußerungen einiger westeuropäischer Funktionäre suggerierten ein baldiges Ende des Projekts. DFB-Funktionär und EM-Gegner Hans Körfer: „Hunderttausend insgesamt – so viel bringt jedes Länderspiel zwischen Deutschland und Frankreich auf die Beine. Es ist kaum anzunehmen, dass die Nationen, die bei der Austragung des ersten Turniers gefehlt haben, mit einem Schlag das Bedürfnis haben sollten, sich in den Vordergrund zu drängen. Mit jedem Länderspiel ist ohne jegliches Risiko mehr Geld zu verdienen." Doch bekanntlich kam es anders. Bereits beim folgenden Turnier sollte der DFB mit seiner ablehnenden Haltung hoffnungslos in die Isolation geraten.

1964

■ Europameisterschaft 1964

Gemeldete Länder: 29

Austragungsmodus: 1. Runde, Achtelfinale, Viertelfinale (jeweils Hin- und Rückspiel), Endrunde mit Halbfinals, Spiel um den 3. Platz, Finale

Spiele 1. Runde / Achtelfinale / Viertelinale: 50
Zuschauer: 1.695.954 (= 33.919 im Schnitt)
Tore: 161 (= 3,22 im Schnitt)

Spiele Endrunde: 4
Zuschauer: 156.253 (= 39.063 im Schnitt)
Tore: 13 (=3,25 im Schnitt)

EM-Spiele insgesamt: 54
Zuschauer: 1.852.207 (= 34.300 im Schnitt)
Tore: 174 (= 3,22 im Schnitt)

Austragungsland der Endrunde: Spanien (17. - 21. Juni 1964)

Austragungsorte: Barcelona (Estádio Camp Nou, 90.000), Madrid (Estádio Santiago Bernabéu, 124.000)

Die besten Torschützen der Endrunde:
Pereda (Spanien), Bene (Ungarn), Novák (Ungarn), je 2 Tore

Finale: Spanien - Sowjetunion 2:1 (1:1)
21. Juni 1964, Estádio Bernabéu, Madrid

Spanien: Iribar, Rivilla, Olivella, Calleja, Zocco, Fusté, Amancio, Pereda, Marcelino, Suárez, Lapetra (Trainer: Villalonga)
Sowjetunion: Jaschin, Schustikow, Mudrik, Anitschkin, Schesternjew, Kornejew, Woronin, Chussainow, Iwanow, Ponedjelnik, Tschislenko (Trainer: Beskow)

Tore: 1:0 Pereda (6.), 1:1 Chussainow (8.), 2:1 Marcelino (84.)

Schiedsrichter: Holland (England)

Zuschauer: 79.115

EM 1964
Spaniens einsamer Triumph

Die zweite Auflage der Europameisterschaft wurde, gemessen an der Teilnehmerzahl, sehr viel erfolgreicher als die Premiere. 29 der damals 33 UEFA-Mitglieder meldeten sich an, darunter nun auch der zweifache Weltmeister Italien, das „Fußball-Mutterland" England und die skandinavische Führungsmacht Schweden. Von den namhaften europäischen Fußballnationen fehlten lediglich Schottland, das Probleme mit seiner Verbandssatzung sah, und Deutschland. Außerdem hatte Zypern in den Wirren des Bürgerkrieges seine Meldung vergessen, und Finnland fehlte aus finanziellen Gründen. Die eindeutige Aufwertung des Turniers wurde dadurch aber nicht beeinträchtigt.

In Deutschland lehnte Bundestrainer Sepp Herberger das europäische Turnier immer noch ab, eine Haltung, die zunächst auch von seinem Nachfolger Helmut Schön übernommen wurde. Herberger und Schön waren der Auffassung, dass die Zeit zwischen zwei WM-Turnieren sinnvoller zu nutzen wäre – für Freundschaftsspiele, die damals noch einen erheblich größeren Stellenwert besaßen als heute, sowie für die Vorbereitung auf das kommende WM-Turnier. Insbesondere nach dem enttäuschenden Abschneiden in Chile 1962, wo man bereits im Viertelfinale gescheitert war, betrachteten Herberger, Schön und die DFB-Funktionäre eine EM lediglich als Störfaktor im Umbau des Nationalteams für das prestigeträchtige WM-Turnier 1966 in England. Doch anders als vier Jahre zuvor trafen die Verantwortlichen mit ihrer Entscheidung auch im eigenen Land auf wenig Verständnis. So überschrieb der *Kicker* seine Berichterstattung über die Auslosung der EM-Qualifikationsrunde mit „Deutschland steht abseits!".

Die Auslosung der ersten Runde erfolgte am 10. Januar 1962, sechs Monate vor der WM in Chile. Doch nur acht Tage später wurde auch die Gruppeneinteilung für das WM-Turnier gezogen, weshalb der Nationencup erneut in den Schatten der FIFA-Veranstaltung geriet.

Als Austragungsland der Endrunde wurde Spanien bestimmt, das sich vier Jahre zuvor als Kandidat selbst hinausgeworfen hatte. In sportlicher Hinsicht war die Visitenkarte der Iberer vom Feinsten. Real Madrid hatte den Europapokal der Landesmeister von 1956 bis 1960 fünfmal in Folge gewonnen und 1962 immerhin noch das Finale erreicht. Lokalrivale Atletico Madrid sollte 1962 den Europapokal der Pokalsieger gewinnen, und im Messepokal kam der Sieger 1958 bis 1964 fünfmal aus Spanien: 1958 gewann eine Stadtelf Barcelona, 1960 der FC Barcelona, 1962 und 1963

■ Albanien: Zweifelhafter Erfolg

Der realsozialistische Block wurde bei der zweiten EM durch das bis dahin auch fußballerisch völlig abgeschottete Albanien komplettiert. Bis zu seiner ersten WM-Begegnung gegen Dänemark bestritt Albanien seine Länderspiele ausschließlich gegen osteuropäische Staaten: Jugoslawien, Rumänien, Ungarn, Polen Tschechoslowakei und DDR. Hinzu kamen noch einige Begegnungen gegen China, neben Albanien der zweite „Hardliner" in der kommunistischen Welt. Diese Spiele aber tauchten in den FIFA-Annalen nicht auf und zählten somit nicht als offizielle Länderspiele, da die Asiaten zu diesem Zeitpunkt noch nicht dem Weltverband angehörten.

Albanien durfte mit dem Einzug unter die „letzten 16" der Europameisterschaft 1964 den bis dahin größten Erfolg in seiner Fußballgeschichte verbuchen. Dafür sorgte allerdings kein sportliches Resultat, sondern politisches Gerangel. Qualifikationsgegner Griechenland sagte die Begegnungen aufgrund der seit dem Ersten Weltkrieg existierenden Spannungen zwischen den beiden Ländern ab.

der FC Valencia. 1964 kam der Nachfolger mit Real Saragossa ebenfalls aus Spanien. Die Jahre 1956 bis 1962 waren die goldenen Jahre des iberischen Klubfußballs, denn auch Nachbar Portugal sorgte für Furore: Benfica Lissabon gewann 1961 und 1962 den Europapokal der Landesmeister und trat damit das Erbe der „Königlichen" aus Madrid an. Die prestigeträchtigste aller europäischen Klub-Trophäen blieb die ersten sieben Jahre nach ihrer Einführung auf der iberischen Halbinsel.

Weniger sauber gestaltete sich die politische Visitenkarte der iberischen Halbinsel. Spanien wurde unverändert vom Diktator Franco regiert, weshalb es gegen das Austragungsland Bedenken gab. Im Nachbarland Portugal sah es nicht anders aus, das Pendant zu Franco hieß hier António de Oliveiro Salazar. Die beiden Staaten hatten den Zweiten Weltkrieg dank ihrer Neutralitätspolitik überstanden. Von der Neuordnung Europas nach dem Weltkrieg war die iberische Halbinsel auf seltsame Weise unberührt geblieben und befand sich deshalb viele Jahre in einem Zustand gesellschaftlicher, politischer und wirtschaftlicher Erstarrung. Beide Länder wurden zwar zur westlichen Welt gezählt, waren aber wegen ihrer autoritären Regime zugleich isolierte „Schmuddelkinder".

Vorrunde: Pleite für England, Erfolg für die DDR

Titelverteidiger UdSSR, Österreich und der Fußballzwerg Luxemburg durften direkt ins Achtelfinale einsteigen. Die anderen 26 gemeldeten Ländern mussten zunächst in eine Qualifikationsrunde, die mit Schweden gegen Norwegen und DDR gegen Tschechoslowakei zwei Nachbarschaftsderbys parat hielt. Mit besonderer Spannung wurde indes das Aufeinandertreffen von **England** und **Frankreich** erwartet. Deren erste Begegnung endete im Oktober 1962 in Sheffield mit einem 1:1-Remis. Vor gut 35.000 Zuschauern waren die Gäste sogar zunächst in der 8. Minute durch Goujon in Führung gegangen. In der 58. Minute verwandelte Flowers ein Elfmetergeschenk zum Ausgleich. Aus Sicht der Gastgeber ein glückliches Remis, denn die Engländer kamen mit der Taktik der jungen Garde um den knapp 31-jährigen Kopa nicht zurecht. Die Franzosen waren das bessere Team und spielten den moderneren Fußball, in dem sie das brasilianische 4-2-4 kopierten.

Es war Englands letztes Spiel unter der Leitung des legendären „Kreidefingers" Walter Winterbottom, den die FA 1946 zum Direktor für das „Coaching" ernannt hatte und der zu den Pionieren der Leibeserziehung in England zählte. Winterbottom wurde in die Wüste geschickt, neuer England-Manager wurde Alf Ramsey, der für eine neue Generation britischer Fußballtrainer stand. Ramsey und Co. waren ehemalige Profifußballer, die nun den Vorständen ein hohes Maß an Handlungsspielraum abrangen. Ihre Trainingsmethoden waren innovativ, Taktik besaß einen hohen Stellenwert. Ramsey hatte Ipswich Town 1961 in die 1. Division geführt. Eine Saison später war der Aufsteiger englischer Meister. Weitere Repräsentanten dieser Trainergeneration waren Bill Nicholson (Tottenham Hotspur), Ron Greenwood (West Ham United) sowie die Schotten Bill Shankly (FC Liverpool) und Matt Busby (Manchester United). Busby reformierte die Nachwuchsarbeit seines Klubs und führte 1956 ein junges Team zur Meisterschaft. Doch Busbys eigentliche Ambitionen galten der bis dahin vom englischen Fußball verschmähten europäischen Bühne. In der Saison 1956/57 war Manchester United der erste englische Klub, der am Europapokal der Landesmeister teilnahm – gegen den Willen der Football League. In der folgenden Saison 1957/58 erreichten die „Busby Babes" hier das Halbfinale, doch ein Flugzeugunglück auf dem Flughafen München-Riem zerstörte den Traum vom europäischen Triumph. Acht United-Spieler, darunter der 21-jährige Nationalspieler Duncan Edwards, Englands hoffnungsvollster Fußballspieler in diesen Jahren, und United Klub-Sekretär Walter Crickmer wurden getötet. Manchester United benötigte einige Jahre, um sich von der Katastrophe zu erholen. Die Fackel der Modernisierung wurde nun vorübergehend von Tottenham Hotspur übernommen, das 1962 mit dem Europapokal der Pokalsieger als erste englische Mannschaft eine europäische Trophäe gewann.

Englands neue Trainergeneration

Im Nationalteam war unter Winterbottom von diesem frischen Wind noch nichts zu spüren. Nach seiner Inthronisierung zum neuen Manager der Nationalmannschaft erklärte Ramsey jedoch forsch: „Wir können 1966 die Weltmeisterschaft gewinnen." Wenngleich England bei der folgenden WM das Heimrecht reklamieren konnte, hielten doch nicht wenige seiner Landsleute Ramsey für einen Aufschneider.

Das Rückspiel zwischen Frankreich und England war für den 27. Februar 1963 terminiert. Doch dem französischen Verband drohte just für diesen Tag ein Spielerstreik, zu dem WM-Rekordtorschütze Just Fontaine aufgerufen hatte. Fontaine und seine Mitstreiter forderten eine soziale Sicherstellung der Profis im Verletzungsfall und Alter. Der Franzose wusste, wovon er redete. Ein komplizierter Beinbruch hatte ihn über Nacht arbeits- und mittellos gemacht. Fontaine lieferte sich über Jahre einen erbitterten und erfolglosen Streit mit den Versicherungskonzernen und lebte noch

1963 ausschließlich von der Unterstützung durch die Spielergewerkschaft und seinen Ersparnissen. Fontaines Anliegen fand bei seinen Kollegen offene Ohren. Fünf Minuten vor zwölf willigte die Liga ein, und Nationaltrainer Verriest konnte seine Einladungen zum Länderspiel in Paris verschicken. Raymond Kopa musste allerdings absagen, da sein vierjähriger Sohn wenige Tage vor der Begegnung im Parc des Princes an einer heimtückischen Krankheit starb.

Als die Begegnung vor lediglich 23.000 Zuschauern angepfiffen wurde, blieb der französische Anhang stumm. Eine Protestaktion gegen die schwachen Darbietungen der *Équipe Tricolore*, die keines ihrer zehn letzten Spiele gewonnen hatte. Sechs Niederlagen und vier Remis lautete die niederschmetternde Bilanz. Der letzte Sieg datierte vom 28. September 1961, als man Finnland mit 5:1 bezwungen hatte. In der Qualifikation zur WM 1962 war man an Bulgarien gescheitert. Der Protest hielt nicht lange an, denn die Fans der Blauen sollten ihr Kommen nicht bereuen. Bereits in der 3. Minute erzielte Wiesnieski die Führung für seine Farben, Douis (32.) und Cossou (43.) legten noch vor der Pause nach. Im Gefühl des sicheren Drei-Tore-Vorsprungs ließen es die Gastgeber im zweiten Durchgang etwas lockerer angehen und die Engländer kommen, sodass Smith (56.) und Tambling (73.) auf 2:3 verkürzen konnten. Doch die Schlussphase gehörte erneut den Franzosen, für die erneut Wiesnieski (74.) und Cossou (81.) trafen. Die Medien feierten den deutlichen 5:2-Sieg als Sensation.

Alf Ramsey ließ sich durch die Niederlage nicht beirren: „Ich mache den Job, aber auf meine Weise." Als Erste bekamen dies die greisen Funktionäre des *selection committee* zu spüren, ein Gremium der FA, das seit 1872 für die Aufstellung der Nationalmannschaft verantwortlich war. Damit war es nun vorbei, und Ramsey wurde später zugute gehalten, dass er für die Einführung professioneller Verhältnisse bei der FA gesorgt habe, die strukturell den Top-Klubs deutlich hinterherhinkte. Englands Rückkehr in die internationale Spitzengruppe setzte erst einige Monate nach dem Debakel von Paris ein, dem noch eine weitere schmachvolle Niederlage in der Britischen Meisterschaft gegen Schottland (1:2) folgte. Gegen Weltmeister Brasilien gab es im Mai 1963 ein respektables 1:1-Remis. Anschließend tourte die Nationalmannschaft auf dem europäischen Kontinent, wo sie drei Siege in drei Spielen feierte – 4:2 gegen die Tschechoslowakei, 2:1 gegen die DDR und 8:1 gegen die Schweiz.

Im skandinavischen Derby behielt **Schweden** gegenüber **Norwegen** die Oberhand. In Oslo gewann die skandinavische Führungsmacht durch zwei Tore von Martinsson mit 2:0. Im Rückspiel gingen die Norweger zwar zunächst vor nur 10.000 Zuschauern in Malmö in der 60. Minute durch Krogh in Führung, doch bereits vier Minuten später gelang Eriksson der Ausgleich, was zugleich der Endstand war. **Dänemark** fertigte **Malta** in Kopenhagen mit 6:1 und in La Valetta mit 3:1 ab. **Irland** konnte sich mit einem 4:1-Sieg in Dublin und einem 1:1-Remis in Reykjavik gegen **Island** durchsetzen. Noch souveräner trumpfte der Norden der Insel auf: Gegen **Polen** gewann **Nordirland** in Chorzów und Belfast jeweils mit 2:0, sodass sich beide irische

Teams für das Achtelfinale qualifizieren konnten. Die **Niederlande** gewann gegen die **Schweiz** vor 60.000 Zuschauern in Amsterdam mit 3:1, im Rückspiel in Bern trennte man sich unentschieden (1:1).

Spanien kam gegen **Rumänien** in Madrid zu einem 6:0-Kantersieg, wobei Guillot für seine Farben gleich dreimal traf. Trotz dieser aus rumänischer Sicht hoffnungslosen Ausgangsposition kamen zum Rückspiel in Bukarest 72.000 Zuschauer, um u.a. Stars wie Francisco López Gento zu bestaunen. Allerdings war es die Heimmannschaft, die den Ton angab. Rumänien besiegte den Favoriten mit 3:1, was zwar bei Weitem nicht zum Weiterkommen reichte, aber Balsam auf die im Hinspiel zugefügte Wunde war.

Jugoslawien war bei der WM 1962 Vierter geworden, die beste Platzierung in der WM-Geschichte dieses Landes, und hatte damit an die guten Vorstellungen bei der EM 1960 angeknüpft. Verbandskapitän Ljubomir Lovric prophezeite: „Wenn diese veranlagten jungen Burschen zusamenbleiben, dann werden sie 1966 in England bei der Titelvergabe ein ernsthaftes Wörtchen mitreden." Gegen **Belgien** konnte sich Jugoslawien mit einem 3:2-Sieg in Belgrad und einem 1:0 in Brüssel durchsetzen.

Ungarn behielt gegen **Wales** die Oberhand. Ungarns bekanntesten Akteure dieser Jahre waren der nur 1,62 Meter „große" 34-jährige Rechtsaußen Károly Sándor, WM-Teilnehmer 1958 und 1962, sowie seine Sturmkollegen Florian Albert (21) und Lajos Tichy (28). Diese Spieler waren es auch, die den Magyaren den Einzug in die nächste Runde sicherten. Beim 3:1-Sieg in Budapest trafen alle drei, beim 1:1 in Cardiff war es Tichy, der vom Elfmeterpunkt den Endstand von 1:1 markierte. Im Hinspiel hatte eine spielfreudige ungarische Mannschaft ihre beste Leistung seit Monaten geboten.

Eng wurde es zwischen **Portugal** und **Bulgarien**. In Sofia gingen die Portugiesen zunächst in der 48. Minute durch den in der portugiesischen Kolonie Mosambik geborenen 20-jährigen Eusebio in Führung. Bei der WM 1966 sollte Eusebio mit neun Treffern die Krone des Torschützenkönigs erringen und mit seinem Team den dritten Platz. Doch dieses Team befand sich zum Zeitpunkt der Begegnung in Sofia noch in der Entwicklung, weshalb der 19-jährige Georgi Asparuchov (65., 69.), später zum „Jahrhundertfußballer" Bulgariens gekürt, und Dijev (83.) noch einen 3:1 Sieg für die Bulgaren herausschießen konnten. In Lissabon führten die Portugiesen zur Halbzeit durch zwei Treffer von Hernani (4., 26.) mit 2:0. Coluna konnte in der 53. Minute auf 3:0 erhöhen, was das Weiterkommen bedeutet hätte, aber in der 83. Minute gelang Kolev eine entscheidende Ergebniskorrektur zugunsten der Bulgaren. Erstmals wurde ein Entscheidungsspiel notwendig, das Bulgarien in Rom vor der Geisterkulisse von 3.000 Zuschauern durch ein Tor von Asparuchov in der 79. Minute mit 1:0 gewann.

Eine klare Angelegenheit war die Begegnung **Italien** gegen die **Türkei**. In Bologna gewann die *Squadra Azzurra* mit 6:0. Vierfacher Torschütze war Orlando, dem zwischen der 22. und 36. Minute ein lupenreiner Hattrick gelang. Die anderen beiden Treffer erzielte Giovanni Rivera. Im Rückspiel in Istanbul begnügten sich die Italiener mit einem 1:0-Sieg.

Sensation in Berlin: Die DDR-Auswahl schlägt den amtierenden Vizeweltmeister CSSR mit 2:1. Hier Kurt Liebrecht (links) im Zweikampf gegen Masopust.

Die größte Sensation der Qualifikationsrunde war wohl das Weiterkommen der **DDR**, die es immerhin mit dem amtierenden Vize-Weltmeister **Tschechoslowakei** aufnehmen musste, der allerdings mit dem überraschenden Einzug ins 62er WM-Finale auch seinen Zenit überschritten hatte. In Ostberlin sahen 50.000 Zuschauer im Walter-Ulbricht-Stadion einen 2:1-Sieg der DDR, für die Erler (60.) und Liebrecht vom Elfmeterpunkt (80.) erfolgreich waren. Den Gästen gelang der Anschlusstreffer erst in der 90. Minute. Die Schützlinge des ungarischen Trainer Károly Soos hatten eine taktische Meisterleistung vollbracht. Im Rückspiel in Prag gingen Masopust und Co. zwar in der 65. Minute durch Masek in Führung, doch fünf Minuten vor dem Abpfiff gelang Mittelstürmer Peter Ducke der Ausgleich. Bester Mann auf dem Platz war der 34-jährige Manfred Kaiser, der folgerichtig 1963 in der DDR zum „Fußballer des Jahres" gewählt wurde.

Achtelfinale: UdSSR kickt Italien raus

Zu den attraktivsten Begegnungen des Achtelfinales zählte die zwischen **Schweden** und **Jugoslawien**. 1948 hatten die Skandinavier olympisches Gold geholt. Bei der WM 1950 ging Schweden als Dritter über die Ziellinie, acht Jahre später im eigenen Land scheiterte man erst im Finale an Brasilien. Binnen einer Dekade hatte das bevölkerungsmäßig kleine Land eine erstaunliche Anzahl hochklassiger Fußballer hervorgebracht, die aber regelmäßig nach großen Turnieren dem heimischen Amateurismus entflohen, um die lukrativen Angebote aus den Profiligen Frankreichs, Spaniens und vor allem Italiens anzunehmen. In den spätern 1940ern, frühen 1950ern hatte die Sturmreihe Gunnar Gren, Gunnar Nordahl und Nils Liedholm – kurz „Gre-No-Li" genannt – für Furore gesorgt. 1949 wurde das Trio vom AC Mailand unter Vertrag genommen. Da der Fußball in Schweden zu dieser Zeit erklärtermaßen Amateursport war, durften „Gre-No-Li" bei der WM 1950 nicht einmal mitwirken. Mit Nacka Skoglund, Kurt Hamrin und Ange Simonsson wechselten nun weitere Akteure in das Lira-Paradies. Bevor Schweden 1958 die WM ausrichtete, wurde der Bann gegen die Legionäre geliftet. Eric Persson, langjähriger Generalsekretär des schwedischen Verbandes: „Drei Dutzend unserer Elitefußballer, wenn Sie wollen, drei komplette Nationalmannschaften, verloren wir seit 1948 nach Italien, Frankreich und Spanien."

Dem erfolgreichen WM-Auftritt von 1958 folgte 1962 die Ernüchterung: In der WM-Qualifikation scheiterte Schweden an der Schweiz. Die Tage schwedischer Fußballherrlichkeit schienen endgültig der Vergangenheit anzugehören, doch bereits im Mai 1963 ließ das Team von Nationaltrainer Lennart Nyholm erneut aufhorchen, als man die UdSSR in Moskau mit 1:0 besiegte. Im November 1963 zog auch Deutschland gegen Schweden in Stockholm den Kürzeren (1:2).

Die erste EM-Begegnung zwischen Jugoslawen und Schweden in Belgrad endete torlos. Die stämmigen und hart agierenden schwedischen Abwehrspieler bildeten eine regelrechte Mauer vor ihrem Gehäuse und ließen den technisch überlegenen Jugoslawen keine Möglichkeit zum Durchschlupf. Beim Gastgeber machte sich das Fehlen von Regisseur Dragoslav Sekularac bemerkbar. Der quirlige Halbstürmer verbüßte eine zweijährige Sperre, nachdem er bei einem Meisterschaftsspiel den Schiedsrichter tätlich angegriffen hatte.

Die Fans der Jugoslawen schöpften Hoffnung, als Sekularac vor dem Rückspiel per Gnadenerlass für spielberechtigt erklärt wurde. Der Sünder hatte sich bei der Armee mit Hilfe eines Spezialtrainers fit gehalten. Doch sein Mitwirken scheiterte an einer Klausel in den Bestimmungen der EM, die von den nationalen Verbänden verlangte, dass sie den Kader für die Spiele der UEFA vier Wochen vor dem Anpfiff meldeten. Trainer Lovric musste beim Rückspiel außerdem auf Jerkovic und Jusufi verzichten, die wegen ihres Militärdienstes nicht zur Verfügung standen. Beim Warmmachen verletzte sich auch noch Kovacevic.

Der ansonsten so brillante Keeper Milutin Soskic erwischte in Malmö einen rabenschwarzen Tag. Der per Weitschuss erzielte 3:2-Siegtreffer der Schweden ging aufs Konto der „Katze". Ein frustrierter Trainer Lovric: „So einen Schuss darf ein Klassemann nicht einmal im Schlaf verfehlen." Jugoslawiens Höhenflug war damit vorübergehend gestoppt. In der Qualifikation zur WM 1966 wurde man hinter Frankreich und Norwegen nur Dritter.

Fußballzwerg **Albanien** verlor sein erstes Kräftemessen mit einem westlichen Land, **Dänemark**, in Kopenhagen mit 0:4, weshalb sich die Skandinavier im Rückspiel vor 28.000 Zuschauern in Tirana eine 0:1-Blamage erlauben konnten.

In einer schweren Krise befand sich **Österreichs** einst so grandioser Fußball. Nach der WM 1958 hatte mit Karl Decker erstmals wieder seit dem „Wunderteam"-Spieler Walter Nausch, der mit Österreich 1954 WM-Dritter geworden war, ein prominenter Ex-Internationaler das Traineramt der Nationalmannschaft übernommen. Eine erstaunliche Siegesserie ließ einige Journalisten bereits von einem „zweiten Wunderteam" schwärmen. Die Erfolge mobilisierten enorme Zuschauermassen ins Wiener Praterstadion. 83.000 sahen 1960 einen 3:0-Sieg über die UdSSR, gar 91.000 bejubelten im gleichen Jahr den 3:1-Sieg über Spanien. 1961 wurden jeweils 90.000 Zeugen der Siege gegen England (3:1) und Ungarn (2:1). Das Ende der vermeintlichen Neuauflage des „Wunderteams" markierte ein 0:6-Debakel gegen den frischgebackenen Vize-Weltmeister Tschechoslowakei am 16. September 1962 in Wien, dem 78.000 beiwohnten. Im Mai 1963 unterlag man den Schotten in Glasgow mit 1:4. Anschließend nahm die Kritik am Trainer und seinen Spielern deutlich zu. Decker und sein Team hatten die taktischen Entwicklungen im internationalen Fußball verpasst, genauer den Übergang vom 4-2-4 zum 4-3-3. Deckers Außenverteidiger begannen nun zwar ebenfalls zu stürmen, doch seine Stürmer beteiligten sich nicht an den Defensivaufgaben. Der Auswahltrainer sah hingegen in der Einkaufspolitik der führenden Klubs eine Ursache für den plötzlichen Niedergang: „Unser Fußball ist krank, weil sich die Klubs den festen Boden durch riskante, kopflose Einkäufe selbst entziehen." Anstatt auf heimische Talente zu setzen, gab vor allem die Wiener Austria große Summen aus, um ihre Elf durch Jugoslawen, Portugiesen, Brasilianer und Deutsche aufzurüsten. Im Übrigen ohne Erfolg. Die Presse schrieb, Austrias „Kanonenelf" habe sich als „Rohrkrepierer" entpuppt. Decker empfand es als schwierig, ein schlagkräftiges Nationalteam zu formen, „wenn unsere Auswahlspieler bei Austria und dem Sportklub in der Reserve spielen".

Ein neues „Wunderteam"?

Der offenkundige Niedergang dämpfte das zuvor so gewaltige Zuschauerinteresse. Zum Achtelfinale gegen **Irland** kamen lediglich 27.000 Zuschauer ins riesige Wiener Praterstadion, von denen viele die Arena bereits vor dem Schlusspfiff enttäuscht verließen. Verpasst hatten sie nichts, denn die Partie blieb bis zum Schlusspfiff torlos. Bei den Gastgebern fehlte bereits seit einigen Monaten der Regisseur und ehemalige FIFA-Auswahlspieler Georg Hanappi, der sich mit Decker überworfen hatten. Die österreichischen

■ **Österreichs „Nationalelf des Volkes"**

Österreichs Bundestrainer Karl Decker, der nach einigen Niederlagen unter Druck geraten war, beschritt den unkonventionellen Weg, die Fußballfreunde zur Wahl einer „Nationalelf des Volkes" aufzurufen. Die Maßnahme entsprach seinem in einer TV-Plauderei verkündeten Motto: „Jeder sein eigener Bundeskapitän." Die Fußballfreunde sollten Vorschläge einreichen; die Spieler, die die meisten Stimmen auf sich vereinigten, würden nominiert. Ausgezahlt hat sich der PR-Gag im EM-Achtelfinale allerdings nicht.

Angriffsbemühungen scheiterten immer wieder am dichten irischen Abwehrblock um den zähen Stopper Hurley. Dabei waren die Iren nur mit zwölf Spielern angereist, da die englischen Profiklubs die vom irischen Verband angeforderten Akteure nicht freigegeben hatten. In Wien angekommen, erkrankten auch noch zwei Nationalspieler, weshalb Masseur Traynor im Praterstadion mit auflaufen musste. Der bereits etwas beleibte Traynor spielte in England noch ab und an für den Drittdivisionär Milwall.

Das Wiedersehen in Dublin geriet vor 40.000 Zuschauern zu einer spannenden wie hektischen Angelegenheit. Österreich ging in der 42. Minute durch Kolesnik in Führung, Fogarty glich pünktlich zum Pausentee aus. In der 64. Minute erzielte Cantwell das 2:1 für die Gastgeber, doch sieben Minuten vor dem Abpfiff sorgte Flögel erneut für einen Gleichstand Die Entscheidung fiel in der 89. Minute, als Cantwell einen Elfmeter zum 3:2 für die Iren verwandelte. Die Österreicher beklagten skandalöse Umstände. Tatsächlich waren nach jedem Tor der Iren zahlreiche Zuschauer auf den Rasen geströmt, von denen einige mit Spazierstöcken nach den Beinen der Österreicher angelten. Außerdem hatte Fogarty seinen Gegenspieler Gechner nach einem verbalen Disput mit einem Faustschlag niedergestreckt. Der dänische Schiedsrichter Poulsen bewies Mut, als er sich im österreichischen TV seinen Kritikern stellte. Poulsen ließ aber an der Berechtigung der österreichischen Niederlage keine Zweifel aufkommen ließ: „Gewiss, das Publikum war undiszipliniert, aber es offenbarte keinen böswilligen, eher einen gutmütigen Charakter."

Für eine der bis heute größten Sensationen in der Geschichte der EM sorgte **Luxemburg** im kleinen BeNeLux-Derby mit den **Niederlanden**. Deren Nationalelf befand sich zum Zeitpunkt der Spiele eigentlich in einem gewissen Aufschwung. Im April und Mai 1963 hatte man in freundschaftlichen Begegnungen gegen Frankreich und Brasilien jeweils mit 1:0 die Oberhand behalten. Zwischen Juni 1949 und April 1955 hatten die Niederländer nur zwei ihrer 27 Länderspiele gewinnen können – beide Male handelte es sich um Testspiele mit dem Nachbarn und Rivalen Belgien. Da der

Koninklijke Nederlandsche Voetbalbond (KNVB) seine Akteure zum Amateurdasein verdonnerte, zog es die Top-Spieler ins Ausland, womit sie für das Nationalteam nicht mehr verfügbar waren. Denn die harschen Amateurregeln des Verbands untersagten den Einsatz von Legionären. Als 1953 ein Team von niederländischen Auslandsprofis die Nationalmannschaft Frankreichs in einem Benefizspiel mit 2:1 besiegte, dämmerte es den KNVB-Funktionären langsam, dass sie mit ihrer Politik den Anschluss an die europäische Spitze verloren hatten und erhebliches Potenzial verschenkten. Eine zweijährige Auseinandersetzung zwischen dem Verband und dem Projekt einer unabhängigen Profiliga (NBVB) endete schließlich mit der Legalisierung des Profifußballs. Anschließend kehrten die meisten der Legionäre in die Heimat zurück, um dort ihre Karriere zu beenden. In den 1960ern begann dann der internationale Aufstieg von Ajax Amsterdam und Feyenooord Rotterdam. Beide Klubs gaben der Ausbildung junger Eigengewächse gegenüber dem Einkauf fertiger Akteure den Vorzug.

In der Vergangenheit hatten die Niederlande gegen das kleine Großherzogtum Luxemburg häufig nur eine B-Elf aufgeboten. Nichtsdestotrotz las sich die Bilanz gegenüber Luxemburg vor dem EM-Achtelfinale wie folgt: 6 Spiele, 5 Siege, 1 Niederlage, 26:10 Tore.

In sportlicher Hinsicht hegten die Luxemburger keinerlei Hoffnungen, aber wenigstens das Verbandssäckel sollte von den Spielen gegen den großen Nachbarn profitieren. Da man in Luxemburg mit höchstens 6.000 Zuschauern rechnete, bot man den Niederländern an, beide Spiele auf ihrem Boden auszutragen. Eine Rechnung, die dann nicht nur finanziell aufging. Zum „Heimspiel" Luxemburgs kamen 48.000 Zuschauer ins Amsterdamer Olympiastadion. Die Niederländer liefen in Bestbesetzung auf; ihr Team bestand vornehmlich aus Akteuren von Ajax Amsterdam. Luxemburgs deutschem Trainer Robert Heinz war es gelungen, einige im Ausland tätige Akteure für die Begegnungen loszueisen, so u.a. Ady Schmit und Louis Pilot vom belgischen Erstligisten Standard Lüttich. Erwartungsgemäß gingen die „Gäste" bereits in der 5. Minute durch Nuninga in Führung. Alles schien nach Plan zu laufen, doch in der 35. Minute konnte May für Luxemburg ausgleichen. Bei diesem Spielstand blieb es bis zum Abpfiff. Einige „Experten" munkelten, die Niederländer hätten sich in Amsterdam bewusst nicht sonderlich gestreckt, da man noch Zuschauer für das Rückspiel bzw. Heimspiel benötige.

Wie Luxemburg Holland besiegte

Aufgrund des zweifachen Heimrechts machte man sich in den Niederlanden wenig Sorgen und betrachtete das Remis lediglich als Ausrutscher. Mahnende Stimmen, die an Luxemburgs überraschenden 4:2-Sieg über Portugal in der WM-Qualifikation 1962 erinnerten, blieben ungehört. Schließlich hatten die Luxemburger das Hinspiel in Lissabon mit 0:6 verloren. Und gegen England mussten sie sich daheim sogar mit 0:9 geschlagen geben.

Auch im Rückspiel vor 42.000 Zuschauern im Rotterdamer Stadion De Kuip agierten die vom Ungarn Elek Schwartz betreuten Niederländer allzu behäbig. Schwartz

Pleite für die Azzurri: Im Achtelfinale vor 102.000 Zuschauern in Moskau siegen die Gastgeber mit 2:0. Hier Tschislenko (r.) beim entscheidenden Treffer; Italiens Keeper Negri hat keine Chance.

hatte sein Team gegenüber dem Hinspiel umgebaut und setzte nun vornehmlich auf Akteure von Feyenoord Rotterdam. Die Luxemburger aber hatten eine starke Defensive aufgebaut; vier Verteidiger und drei Läufer fingen die niederländischen Angriffe immer wieder ab. In der 19. Minute brachte Dimmer Luxemburg in Führung, Kruiver konnte in der 34. Minute ausgleichen. Doch in der 68. Minute war es erneut Dimmer, der für Luxemburg traf. Der kampfstarke und taktisch klug agierende Fußballzwerg brachte den Vorsprung über die Zeit und sorgte damit für die größte Sensation der EM 1964. In den Niederlanden gelten die beiden Begegnungen mit Luxemburg noch heute als Tiefpunkt der Geschichte der *Oranjes*.

Der spätere Europameister **Spanien** tat sich gegen die starken **Nordiren** schwer. Im baskischen Bilbao reichte es vor 28.000 Zuschauern lediglich zu einem 1:1-Remis. Zum Rückspiel im Belfaster Windsor Park waren 46.000 gekommen. Ein Tor von Gento in der 66. Minute sicherte den Iberern schließlich den Einzug ins Viertelfinale.

Das Schlagerspiel des Achtelfinales war allerdings das Aufeinandertreffen des amtierenden Europameisters **Sowjetunion** und des zweifachen Weltmeisters **Italien**. Die Begegnungen wurden auch als „vorweggenommene Finalspiele" apostrophiert.

Sowohl in der UdSSR wie in Italien war man mit dem Abschneiden bei der WM 1962 nicht zufrieden gewesen. Die Sowjets waren im Viertelfinale am Gastgeber Chile gescheitert. Der junge Trainer Konstantin Beskow, ein ehemaliger Klassespieler jener Mannschaft von Dynamo Moskau, die 1945 u.a. durch England tourte, versprach eine leichte Abkehr vom nivellierenden und die Kreativität tötenden Kollektivismus: „Der Ausbildung von Persönlichkeiten, nicht zu verwechseln mit Stars, wird von uns künftig größere Bedeutung beigemessen. Erst sie vermögen ja die Leistung einer verschworenen Gemeinschaft, eines Kollektivs, durch entschlossenes, selbstbewusstes und überraschendes Handeln zu krönen." Buskow baute das Team um, experimentierte mit neuen Spielern, doch die Vorbereitung auf die Begegnungen mit Italien stimmte eher skeptisch. Im Mai 1963 unterlag man Schweden in Moskau mit 0:1. Gegen Ungarn reichte es im September desselben Jahres an gleicher Stelle nur zu einem 1:1-Remis.

Italien hatte in Chile 1962 bereits in der Vorrunde die Segel streichen müssen – nach einer Niederlage gegen den Gastgeber (0:2), einem torlosen Remis gegen Deutschland und einem Sieg über die Schweiz (3:0). Nach der WM übernahm Edmondo Fabbri die *Squadra Azzurra*. Er begann nun, die südamerikanischen Stars, die sich angesichts verlockender Angebote von italienischen Topadressen ihrer italienischen Vorfahren erinnerten, aus dem Kader zu verbannen. Einer der letzten „Südamerikaner" war Mittelstürmer José Joao Altafini, der bei der WM 1958 noch unter dem Namen „Mazzola" für Brasilien aufgelaufen war. Gegen die UdSSR war dann aber auch Altafini nicht mehr dabei. Der massive Widerstand gegen die neue Verbandspolitik ließ erst nach, als die Resultate stimmten: Neben den beiden Siegen über die Türkei in der EM-Qualifikation sind noch Siege gegen Brasilien (3:0 und Österreich (1:0) im Mai bzw. Juni 1963 zu nennen.

Zu den neuen Hoffungsträgern der Italiener zählte der 21-jährige Alessandro „Sandro" Mazzola von Inter Mailand, Sohn von Valentino Mazzola, dem Kapitän jener legendären Elf des AC Turin, die 1949 bei einer Flugzeugkatastrophe ums Leben gekommen war. Unter den Opfern hatten sich zehn Nationalspieler der *Squadra Azzurra* befunden, die nun durch das Unglück um Jahre zurückgeworfen wurde.

Die Mannschaft, die sich im Achtelfinale mit der UdSSR maß, verfügte über einen Altersdurchschnitt von nur 22 Jahren. Jüngster Mannschaftsteil war der Innensturm mit Bulgarelli, Mazzola und Rivera. In Moskau gewann die UdSSR vor 102.000 Zuschauern im ausverkauften Leninstadion durch Tore von Ponedjelnik (22.) und

Tschislenko (42.) mit 2:0. Beim Rückspiel vor 70.000 im Olympiastadion in Rom bereiteten Bulgarelli, Mazzola und Rivera der sowjetischen Deckung erhebliche Probleme. Dass die Sowjets mit einem Remis davonkamen und ins Viertelfinale einzogen – Gusarow hatte die Gäste in der 33. Minute in Führung gebracht, Rivera in Minute 90 ausgeglichen –, hatten sie in erster Linie ihrem einmal mehr phantastisch aufgelegten 34-jährigen Keeper Lew Jaschin zu verdanken, der u.a. einen Strafstoß von Mazzola parierte. Die *Gazetto dello Sport* titelte in ihrer Länderspielausgabe im Ton der Verzweiflung: „Der furchtbare Jaschin".

„**Furchtbarer Jaschin**"

Edmondo Fabbri nahm das Ausscheiden gelassen: „Die UdSSR-Elf ist reif, vor allem in technischer und physischer Beziehung, wir sind es noch nicht." Die *Gazetto dello Sport* tröstete ihre Leser mit der Aussicht auf eine rosige Zukunft: „Wir warten, bis sie erwachsen sind. Das Alphabet hat viele Buchstaben. Wir sind im Alphabet der Entwicklung erst am Anfang. Doch schon dieser Beginn birgt viel Gutes, wenn wir an den großartigen Gegner UdSSR denken und an das ehrenvolle Resultat." Die Zeitung sollte Recht behalten, wenngleich die WM 1966 zunächst noch den Tiefpunkt in der italienischen Länderspielgeschichte bereithielt, als man gegen den krassen Außenseiter Nordkorea mit 0:1 unterlag und erneut bereits nach der Vorrunde in die Heimat zurückreisen musste, wo ein Hagel von Tomaten auf die Spieler wartete.

Frankreich bot sich gegen **Bulgarien** die Gelegenheit zur Revanche für den peinlichen Hinauswurf in der WM-Qualifikation 1962. Doch zunächst einmal musste man in Sofia eine 0:1-Niederlage hinnehmen, die die Kritik an Frankreichs Coach Verriest verstärkte. Entsprechend nervös sah man dem Rückspiel entgegen. In Paris mussten die Bulgaren auf Kapitän Ivan Kolev und Keeper Georgi Najdenov verzichten, die beide vom bulgarischen Verband suspendiert worden waren. Die Kicker von CDNA Sofia hatten während eines Punktspiels ihre Mannschaftskameraden vom Spielfeld geführt und damit einen Spielabbruch provoziert – aus Protest gegen einen ihres Erachtens unberechtigten Strafstoß. Beim Rückspiel stand zwar trotzdem ein Najdenov im bulgarischen Kasten, doch dieser hieß mit Vornamen Ivan und konnte eine 1:3-Niederlage nicht verhindern. Für die *Équipe Tricolore* trafen zweimal Goujon (44., 81.) sowie Herbin (78.).

Die **DDR** traf auf **Ungarn** und damit erneut ein „sozialistisches Bruderland". In Ostberlin kamen die Magyaren zu einem schmeichelhaften 2:1-Sieg. Der Siegtreffer durch Rákosi fiel erst in der 88. Minute nach einem Fehler der DDR-Abwehr. Auch beim Rückspiel in Budapest verkaufte sich das DFV-Team gut. Dreimal gingen die Hausherren in Führung, dreimal konnte die DDR durch Heine (12.), Roland Ducke (26) und Erler (81.) ausgleichen, sodass am Ende ein 3:3-Remis stand. Dem Team von Trainer Károly Soos blieb die positive Erkenntnis, dass man zur europäischen Spitze aufgeschlossen hatte. Anschließend konnte man sich für die Olympischen Spiele 1964 qualifizieren, wo man in Tokio Bronze gewann.

Viertelfinale: Aufbegehren eines Fußballzwergs

Der Einzug der Republik **Irland** ins Viertelfinale galt als Überraschung. Gegen **Spanien** war für die Iren indes das Ende der Fahnenstange erreicht. Die *Selección* hatte mit den Südiren erheblich weniger Probleme als eine Runde zuvor mit den Nordiren. Allerdings musste das Team der Republik mit Noel Cantwell und Tonny Dunne auf zwei wichtige Leistungsträger verzichten, denen ihre englischen Vereine die Freigabe verweigert hatten. 5:1 hieß es nach 90 Minuten vor 27.000 Zuschauern im andalusischen Sevilla für ein neu formiertes spanisches Team, in dem mit Zoco und Amancio nur zwei Akteure von Real Madrid standen und im Tor der Baske José Angel Cortujarena Iribar sein Debüt feierte. Amancio und Marcelino trafen für die Gastgeber jeweils zweimal. Auch im Rückspiel vor 38.000 Zuschauern in Dublin hatten die Spanier keine Probleme. Zaballa sorgte mit zwei Treffern für einen ungefährdeten 2:0-Sieg.

Luxemburg befand sich nach den sensationellen Resultaten gegen die Niederlande in Aufbruchstimmung. Dies bekamen nun auch die eigentlich gewarnten **Dänen** zu spüren, obwohl Luxemburgs Coach Robert Heinz in den Begegnungen mit den Skandinaviern auf seinen verletzten Torjäger Camille Dimmer verzichen musste. In Luxemburg verfolgten 7.000 Zuschauer das Hinspiel – mehr konnte die kleine Arena nicht aufnehmen. Zweimal ging der krasse Außenseiter gegen die Skandinavier in Führung, erstmals nur eine Minute nach dem Anstoß. Doch am Ende mussten sich die Kicker aus dem Großherzogtum mit einem 3:3-Remis begnügen. Dreifacher Torschütze der Dänen war der Amateur Ole Madsen vom dänischen Drittligisten Hellerup. Ausgeschieden war Luxemburg damit noch lange nicht. Auch in Kopenhagen gingen die Underdogs vor 36.000 Zuschauern zunächst durch Leonard (12.) in Führung. Madsen konnte für die Heimmannschaft nur zwei Minuten später ausgleichen. In der 70. Minute war es erneut Madsen, der das 2:1 für die Dänen markierte. Doch der Fußballzwerg gab sich noch immer nicht geschlagen und kam in der 84. Minute durch Ady Schmit zum Ausgleich. Bei Schmits 30-Meter-Gewaltschuss war auch eine gehörige Portion Wut im Spiel. Zuvor waren der Stürmer und Luxemburgs Keeper Nico Schmitt von dänischen Fans mit Flaschen beworfen worden.

Durch das erneute Remis wurde eine dritte Begegnung auf neutralem Boden erforderlich. Die Wahl fiel auf das Amsterdamer Olympiastadion, das den Luxemburgern noch in allerbester Erinnerung war. Doch am Ende hatten die Dänen vor nur 6.000 Zuschauern mit 1:0 die Nase vorn. Ein glücklicher Sieg. Das Tor des Tages markierte in der 43. Minute natürlich Madsen, der damit sämtliche sechs dänischen Treffer in den drei Spielen des Viertelfinales erzielte. Von ihren fünf EM-Auftritten hatten die Luxemburger nur einen verloren. Eine stolze Bilanz und bis heute die erfolgreichsten Monate in der Fußballgeschichte des kleinen Landes.

War das Weiterkommen von Spanien und Dänen in den Expertenkreisen bereits vor dem Anpfiff des Viertelfinales mehr oder weniger beschlossene Sache, so wurden die Aufeinandertreffen von Franzosen und Ungarn sowie Sowjets und Schweden mit großer Spannung erwartet und als offene Angelegenheit betrachtet.

Im Pariser Parc des Princes gewann **Ungarn** vor 35.000 Zuschauern gegen **Frankreich** überraschend souverän mit 3:1. Frankreichs große Sturmhoffnung Combin, ein gebürtiger Argentinier, war bei Meszöly bestens aufgehoben. Auf der anderen Seite versetzten Florian Albert und Lajos Tichy die französische Abwehr mit blitzschnellen und überraschenden Direktkombinationen in helle Aufregung. Albert traf in der 14. Minute zum 0:1, nur zwei Minuten später erhöhte Tichy auf 0:2. In der 69. Minute sorgte Tichy mit seinem zweiten Treffer für klare Verhältnisse. Den Franzosen gelang nur noch der Anschlusstreffer zum 1:3 durch Coussou in der 74. Minute. Für Frankreichs Verbandspräsidenten geriet das Rückspiel damit zur bloßen Formsache. Trotzdem kamen 80.000 ins Budapester Nep-Stadion, wo Combin bereits in der 2. Minute Ungarns Keeper Szentmihályi zum 1:0 für die von Trainer Verriest neu formierte *Équipe Tricolore* überwand. Die Angelegenheit schien wieder offen zu sein, doch in der 25. Minute konnte Sipos für die Ungarn ausgleichen, als er in seinem 60. Länderspiel einen Freistoß über die französische Mauer neben dem verdutzten Bernard ins Netz setzte. In der 55. Minute zerstörte der wieselflinke 19-jäh-

Geschlagen, aber nicht frustriert: Schwedens Stürmerstar Kurt Hamrin (links) schoss zwar in Moskau ein Tor, seine Elf aber unterlag im Viertelfinale den Sowjets 1:3.

■ Symbolträchtige Stadien

Die Finalspiele wurden in den beiden größten Stadien Spaniens, dem Éstádio Santiago Bernabéu in Madrid und Estádio Camp Nou in Barcelona, ausgetragen, deren Fassungsvermögen 124.000 (Bernabéu) bzw. 90.000 (Camp Nou) betrug. Die momumentale Größe der Stadien von Real Madrid und FC Barcelona schüchterte nicht nur deren Gegner ein, sondern versorgte die beiden Klubs auch mit enormen Einnahmen, die sie in den Aufbau ihrer mit ausländischen Akteuren gespickten Starensembles investieren konnten. Für die Spanier besaßen beide Arenen auch eine politische Bedeutung. Real Madrids Großstadion war 1947 eingeweiht worden und hieß zunächst Chamartín, nach dem noblen Stadtteil, in dem es sich befand. Initiator des Projekts war der Anwalt Santiago Bernabéu, der im Bürgerkrieg auf Seiten Francos gekämpft hatte und 1944 Präsident der „Königlichen" geworden war. Bernabéu, der dem Klub bis 1978 vorsitzen sollte, holte politische Gesinnungsfreunde in den Klub, kappte dessen letzte Verbindungen zum republikanischen Lager und führte Real an die Seite des Franco-Regimes. Das Estádio Camp Nou, Heimat des FC Barcelona, war 1957 errichtet worden und zum Parlament des katalanischen Widerstands gegen Diktator Franco und den kastilischen Zentralismus avanciert. In den Jahren der Diktatur existierte Katalonien nur noch im Camp Nou.

rige Mittelstürmer Ferenc Bene mit dem 2:1 die letzten Hoffnungen der Franzosen auf die Endrunde, zumal die Gäste nun konditionell nachließen. In Budapest träumte man hingegen von einer zweiten „Wunderelf".

Mit der Tschechoslowakei, Jugoslawien und Frankreich waren nun drei der vier Endrundenteilnehmer von 1960 ausgeschieden. Einzig der **UdSSR** sollte es gelingen, erneut ins Halbfinale vorzudringen. Dabei erwischten sie mit **Schweden** als Gegner wohl den härtesten Brocken. Vor der ersten Begegnung am 13. Mai 1964 im Stockholmer Rasunda-Stadion war das „Drei-Kronen-Team" seit 13 Spielen ungeschlagen und firmierte als „Europameister 1963", weshalb die Paarung das Schlagerspiel des Viertelfinals schlechthin war. Die letzte schwedische Niederlage datierte vom 16. September 1962, als man in Oslo Norwegen mit 1:2 unterlag. Seither hatte man u.a. Ungarn (2:1), die Sowjetunion (1:0), Jugoslawien (3:2) und Deutschland (2:1) in die Schranken verwiesen. Das Prunkstück der Blau-Gelben war ihre routinierte Abwehr, die in diesen 13 Spielen nur zehn Tore zuließ und sechsmal „zu null" spielte. Die Schweden überstanden auch das 14. Spiel in Folge ungeschlagen, mussten sich aber vor 37.000 Zuschauern mit einem 1:1-Remis begnügen. Schwedens berüchtigtes Sturmtrio Hamrin-Bild-Simonsson fand in der UdSSR erst vier Minuten vor dem Abpfiff eine Lücke, als Hamrin, allerdings aus abseitsverdächtiger Position, den Ausgleich erzielte. Iwanow hatte die Gäste in der 63. Minute in Führung gebracht.

Vor dem Anpfiff des Rückspiels im Moskauer Lenin-Stadion, das mit fast 100.000 Zuschauern erneut gut gefüllt war, überreichte Max Uribine, Chefredakteur von *France Football*, UdSSR-Keeper Lew Jaschin den „Goldenen Ball". Europas Fachjournalisten hatten den überragenden Keeper des letzten Jahrzehnts zum europäischen „Fußballer des Jahres" 1962 gewählt – als ersten Torwart und Osteuropäer. In den folgenden 90

Minuten fand Jaschin kaum Gelegenheit, die Auszeichnung zu bestätigen. Das Spiel bestimmte das sowjetische Dreigestirn Iwanow-Chussainow-Woronin. Ponedjelnik (28., 57.) und Woronin (83.) schossen drei Bilderbuchtore zum 3:1-Sieg der UdSSR. Für die Schweden traf erneut nur Hamrin (78.).

Endrunde: Hechtsprung ins Glück

Spaniens Qualifikation für die Endrunde befreite die Macher des Nationencups von schlaflosen Nächten. Denn was wäre gewesen, wenn Spanien im Viertelfinale ausgeschieden wäre? Vermutlich hätte man die Endrunde in ein anderes Land verlegen müssen.

Dieses Mal war das Mitwirken der UdSSR für das Franco-Regime kein Problem, sondern eher ein willkommener Anlass zur Image-Korrektur. Spanien war von der Marshallplanhilfe für den Wiederaufbau des kriegszerstörten Westeuropa ausgeschlossen geblieben und hatte nach dem Zweiten Weltkrieg zunächst eine Autarkiepolitik betrieben, die ein Absinken des Lebensstandards zur Folge hatte. Ab Mitte der 1950er hatte sich das Land, auf Drängen und mit Unterstützung der USA, die auf der iberischen Halbinsel strategische Interessen verfolgten, allmählich dem Weltmarkt geöffnet. 1962 setzte ein wirtschaftlicher Aufschwung ein, und das Land vollzog den

Halbfinale zwischen Spanien und Ungarn im imposanten Santiago-Bernabéu-Stadion von Madrid. Die Spanier siegen nach Verlängerung 2:1.

endgültigen Übergang von der Agrar- zur Industriegesellschaft. Zugleich suchte sich das Franco-Regime vom Makel des rechten Parias zu befreien. Für die Imagepflege kam die Endrunde des Nationencups zum richtigen Zeitpunkt.

Die Paarungen des Halbfinales lauteten Spanien gegen Ungarn und UdSSR gegen Dänemark. Die dänischen Amateure galten in diesem Quartett als krasse Außenseiter und hatten ihren überraschenden Einzug in die Endrunde vornehmlich drittklassigen Gegnern (Malta, Albanien, Luxemburg) zu verdanken.

Spaniens Trainer José Villalonga hatte in seine Elf den für Inter Mailand kickenden Luis Miramantes Suárez als Regisseur eingebaut. Suarez hatte zunächst aber einige Probleme, die Rolle effektiv wahrzunehmen, denn die Spielweisen von Inter, wo Trainer Helenio Herrera den „Catenaccio" zelebrierte, und der spielfreudigen und angriffslustigen *Selección* waren höchst unterschiedlich. Ein anderer Italien-Legionär, Luis Cascajares Del Sol von Juventus Turin, fiel vor dem Anpfiff des Halbfinales beim Trainer in Ungnade. Del Sol war erst wenige Stunden vor dem Spiel in Madrid eingetroffen, weshalb ihn Villalonga auf die Tribüne setzte, um dem jungen Marcelino aus Saragossa den Vorzug zu geben.

Das Spiel gegen **Ungarn** wurde vor 75.000 Zuschauern im Estádio Santiago Bernabéu angepfiffen. In der 35. Minute brachte Pereda Spanien in Führung, doch fünf Minuten vor dem Abpfiff erzielte Bene mit einem Abstaubertor – Iribar hatte einen Schuss von Tichy nur abklatschen können – den Ausgleich für die Magyaren. Das Tor stellte den Spielverlauf auf den Kopf, denn bis dahin hatte vor allem Iribars Gegenüber Szentmihály im Mittelpunkt gestanden. Trotz der Abendstunden herrschten auf dem Rasen noch 30 Grad im Schatten. Beide Teams wirkten in der Verlängerung völlig ausgelaugt, die Ungarn noch etwas mehr als die Hausherren. In der 112. Minute wurden die Fans der *Selección* durch einen Zufallstreffer von Amancio erlöst. Der Schütze des 2:1-Siegtores war einer der wenigen Akteure von Real Madrid, die den nach der WM 1962 erfolgten Umbruch des Teams überlebt hatten.

Die **UdSSR** maß sich vor 50.000 Zuschauern im Estádio Nou Camp in Barcelona mit dem Außenseiter **Dänemark**. Woronin (22.), Poneldjelnik (43.) und Iwanow (89.) sorgten für den erwarteten klaren 3:0-Sieg, wobei die Sowjets im zweiten Durchgang gegen die resignierenden Skandinavier nicht mehr taten als unbedingt notwendig. Lew Jaschin blieb an diesem Abend nahezu beschäftigungslos. Ein Journalist bemerkte, der Keeper der Sowjets hätte sich nach 20 Minuten auch unbemerkt ins Hotel zurückziehen können.

Spiel um den dritten Platz

Das „kleine Finale" zwischen **Ungarn** und **Dänen** lockte lediglich knapp 4.000 Zuschauer in die riesige Schüssel von Camp Nou, die ihr Kommen aber nicht bereuen sollten. Immerhin wurden sie Zeugen von 120 spannenden Minuten und vier Toren. Die Magyaren gingen in der 20. Minute durch Bene in Führung. Doch in der 81. Minute wurden die Bemühungen der Dänen, den Ausgleich zu erzielen, verdientermaßen von Erfolg gekrönt, als

Rechtsaußen Bertelsen für die Skandinavier einnetzte. Die Ungarn mussten zum zweiten Mal in Folge in die Verlängerung, behielten aber trotzdem am Ende die Oberhand: Zunächst traf Novak in der 107. Minute vom Elfmeterpunkt. Die endgültige Entscheidung fiel nur wenig später (110.), als derselbe Spieler einen Freistoß direkt verwandelte. Die Dänen waren nun mit ihren Kräften am Ende, sodass die Ungarn sich damit begnügen konnten, ihren Zwei-Tore-Vorsprung zu verwalten. Alles in allem war es aber ein glücklicher Sieg für die Magyaren, die sich letztlich aufgrund ihrer größeren Spielstärke durchsetzen konnten. Vier Monate später gewann Ungarn bei den Olympischen Spielen in Tokio Gold, nicht zuletzt dank Ferenc Bene, der bei diesem Turnier zwölf Tore erzielte.

Finale: Klasse, Tempo und Dramatik

Die Finalpaarung **Spanien** gegen **UdSSR** entsprach den Wünschen vieler Fußballexperten, auch weil diese Paarung beim ersten Nationencup aus politischen Gründen nicht zustande gekommen war. In Anbetracht der damaligen Ereignisse bemühten sich der spanische Verband und die UEFA darum, das Ereignis auf ein reines Fußballfest zu reduzieren. Rund um das Estádio Santiago Bernabéu patrouillierten Polizei und Guardia Civil. Die spanische Presse, ansonsten alles andere als zimperlich mit ausländischen Gegnern, rief zu Besonnenheit und Fairness im Umgang mit den Sowjets auf.

Der sowjetische Torhüter Lew Jaschin fängt einen spanischen Angriff ab. Den 2:1-Finalsieg der Spanier können auch seine Fangkünste nicht verhindern.

Gegenüber der Ehrentribüne im Estádio Santiago Bernabéu, auf der natürlich auch Diktator Franco saß, flatterte sogar die rote Fahne der UdSSR.

Laut inoffiziellen Angaben befanden sich bis zu 130.000 Zuschauer in der riesigen Arena, die damit erstmals seit Jahren wieder bis auf den letzten Platz gefüllt war. Aber „nur" 79.115 hatten tatsächlich ein Ticket erworben. Die verbleibenden ca. 40.000 Plätze wurden mit einer Unzahl von Journalisten und Ehrengästen gefüllt. Nahezu alle europäischen Länder übernahmen die TV-Direktübertragung.

Beim Titelverteidiger UdSSR waren mit Jaschin, Iwanow und Ponedjelnik noch drei Akteure aus der Endspielelf von 1960 dabei. In Spanien hatte Trainer José Villalonga die *Selección* einer Verjüngungskur unterzogen und die Real-Altstars Gento, Puskas und di Stéfano ausgemustert. Zudem berücksichtigte er ausschließlich Spieler, die in Spanien geboren und aufgewachsen waren. Mit Zoco und Amancio ließ Villalonga im Finale erneut nur zwei Akteure von Real Madrid auflaufen. Pereda, Fusté und Olivella spielten für den FC Barcelona, Calleja und Rivilla für Atlético Madrid, Marcelino und Lapetra für Real Saragossa und Keeper Iribar, der Jüngste im Kader und der baskischen Sache verpflichtet, für den baskisch-nationalistischen Klub Atlético Bilbao. Der elfte Spieler war Inter-Mailand-Legionär Suarez.

Die Zuschauer im Stadion und vor den TV-Geräten sahen in den ersten 45 Minuten eine Klassepartie mit Tempo, Dramatik und blitzschnellen Kombinationen, bei der sich beide Seiten nicht lange im Mittelfeld aufhielten, sondern den direkten Weg zum gegnerischen Tor suchten. Aufgrund der ausgefeilteren Technik, größeren Frische und Schnelligkeit erarbeiteten sich die Spanier ein leichtes Übergewicht. Bereits in der 5. Minute erzielte Rechtsaußen Pereda mit einem fulminanten Schuss, der halbhoch neben dem rechten Pfosten im sowjetischen Gehäuse einschlug, die Führung für die *Selección*. Doch nur zwei Minuten später nutzte der sowjetischen Linksaußen Chussainow ein Missverständnis zwischen den spanischen Abwehrspielern Rivilla und Olivella zum Ausgleich, wobei der Torschütze Keeper Iribar „tunnelte". Das Publikum peitschte die Hausherren nun unablässig in Richtung sowjetisches Tor, das von Lew Jaschin wie gewohnt exzellent gehütet wurde. Hingegen zeigte sich die spanische Abwehr bei den automatisiert anmutenden Kombinationen der Sowjets wiederholt wackelig, aber auch der junge Iribar machte seine Sache gut.

Nach dem Seitenwechsel verlor die Partie etwas an Niveau, auch bedingt durch den Übergang vom Nieselregen zum Gewitter, wodurch der Boden zusehends tiefer und schwerer bespielbar wurde. Die Spanier drängten mit kontrolliertem Spielaufbau, doch die Abwehrreihe der Sowjets, die sich auf Konter beschränkten, stand sehr sicher. In der 71. Minute war es erneut Pereda, der den Ball hinter Jaschin versenkte, doch der englische Schiedsrichter Holland erkannte auf Abseits. In der 80. Minute zog sich Holland ein weiteres Mal den Zorn des heimischen Publikums zu. Pereda war im sowjetischen Strafraum zu Fall gebracht worden, doch der Engländer entschied auf „Weiterspielen" – eine klare Fehlentscheidung.

**Überschwänglicher Jubel im Bernabéu-Stadion:
Spanien ist Europameister 1964!**

■ Spanischer „Importstopp"

Beim spanischen Europameister wurden nur Spieler eingesetzt, die in Spanien geboren und aufgewachsen waren. 1965 sollte der spanische Fußballverband Real Federación Espanola de Fútbol (RFEF) beschließen, dass auch in der Liga ausschließlich Spieler mit spanischen Wurzeln spielen dürften, womit aus dem Ausland fast nur noch Südamerikaner verpflichtet werden konnten. Der „Importstopp" hielt bis 1973, als mit dem zum FC Barcelona gewechselten Niederländer Johan Cruyff wieder ein „echter" Ausländer in der spanischen Liga kickte. Doch der Versuch, über eine strenge Nationalisierung des Ligabetriebs den heimischen Nachwuchs zu fördern, half der Nationalelf nicht. Bei der WM 1966 scheiterte Spanien bereits in der Vorrunde, für die WM 1970 konnte es sich gar nicht erst qualifizieren, und auch bei den weiteren EM-Turnieren blieb die *Selección* ohne große Erfolge.

In der 85. Minute fiel dann doch noch die Entscheidung zugunsten der Spanier. Pereda war auch an dieser Szene beteiligt, indem er auf dem rechten Flügel seinem Bewacher Mudrik davonlief und eine Flanke halbhoch vor das sowjetische Tor schlug, wo sich der nicht gerade hoch gewachsene Marcelino mit einem kühnen Hechtsprung in die Flugbahn des Balles warf und diesen am machtlosen Jaschin vorbei zum 2:1 einköpfte. Die UdSSR bäumte sich noch einmal auf, doch die Hausherren retteten den knappen Vorsprung über die verbleibenden Minuten.

Trainer Villalonga: „Unser Sieg gewinnt an Bedeutung, da er nicht der Schwäche des Partners, sondern unserer Stärke entsprach." Sein sowjetischer Kollege Beskow sprach von einem verdienten Sieg der Gastgeber: „Spaniens Fußball ist schneller, originell und phantasievoll. Sie spielten temperamentvoller, technisch vollendeter und gelöster. Viele unserer Jungs erreichten nicht die beste Form. Ihnen fehlen ganz einfach noch die eisernen Nerven, in einem solchen Hexenkessel unbeeindruckt von der Kulisse aufspielen zu können."

Der Gewinn des Nationencups 1964 sollte bis heute der einzige Triumph der *Selección* bleiben. Für einen Moment konnte die Nationalelf aus dem Schatten der großen Klubs heraustreten. Nach dem Sieg gab das regimetreue Spanien seine diplomatische Zurückhaltung auf. Die konservative Zeitung *ABC* veröffentlichte einen Cartoon, auf dem Franco zu sehen war, wie er dem spanischen Team mit den Worten gratulierte: „Sie und ich haben sich als Sieger erwiesen. Wir haben beide die Roten geschlagen." Für *ABC* waren die Begeisterung im Stadion und auf Madrids Straßen Ausdruck des „größten Enthusiasmus", den das Volk „dem Staat, der aus dem Sieg über den Kommunismus hervorging, in diesem Vierteljahrhundert entgegengebracht hat".

Wie schon vier Jahre zuvor war der Zuschauerzuspruch sehr uneinheitlich. Mit 39.063 lag der Schnitt zwar deutlich über dem der Endrunde 1960, wofür der Austragungsort und das gute Abschneiden der Heimelf ausschlaggebend waren: Auf das Finale entfielen über 50% des gesamten Zuschaueraufkommens, aber selbst das Endspiel war nicht ausverkauft. Beim Halbfinale der Heimmannschaft war das riesige Estádio Santiago Bernabéu sogar nur zu einem Viertel gefüllt. Als völlig unattraktiv erwies sich einmal mehr die Entscheidung um Platz drei.

Die Selección von 1964 holte den bislang einzigen internationalen Titel für Spanien.

In der Vorrunde kamen im Schnitt 28.107 Zuschauer zu den Spielen, wobei die meisten Zuschauer das Duell Rumänien gegen Spanien (72.000 in Bukarest, 52.000 in Madrid) mobilisierte. Im Westen verbuchten in der Vorrunde die Niederlande mit 60.000 gegen die Schweiz den höchsten Zuschauerzuspruch. Im Viertelfinale stieg der Zuschauerschnitt auf 39.250, was nicht zuletzt dem Einstieg der UdSSR zu verdanken war, die mit 102.000 Besuchern gegen Italien den höchsten Zuschauerzuspruch bei dieser EM überhaupt verbuchte. Die 70.000, die das Rückspiel in Rom sahen, waren der beste Besuch bei diesem Turnier im Westen (ausgenommen dem Finale in Madrid), sodass das Duell des amtierenden Europameisters gegen den zweifachen Weltmeister die meisten Zuschauer überhaupt anzog. Die Viertelfinalpaarung Ungarn gegen Frankreich brachte 80.000 ins Nep-Stadion, zum Spiel in Paris waren 35.274 erschienen. Auch bei der zweiten EM war das Zuschauerinteresse im Osten also größer als im Westen. Nichtsdestotrotz hatte sich das Turnier nun auf beiden Seiten des „Eisernen Vorhangs" etabliert.

1968

■ Europameisterschaft 1968

Gemeldete Länder: 31

Austragungsmodus: 8 Qualifikationsgruppen. Die Gruppensieger qualifizierten sich für das Viertelfinale (Hin- und Rückspiel). Endrunde der 4 Halbfinalisten: Halbfinals, Spiel um den 3. Platz, Finale

Qualifikationsspiele / Viertelfinale: 98
Zuschauer: 3.467.214 (= 35.379 im Schnitt)
Tore: 304 (=3,10 im Schnitt)

Endrundenspiele: 5
Zuschauer: 260.936 (= 52.187 im Schnitt)
Tore: 7 (= 1,4 im Schnitt)

EM-Spiele insgesamt: 103
Zuschauer: 3.728.150 (= 36.195 im Schnitt)
Tore: 311 (= 3,01 im Schnitt)

Austragungsland der Endrunde: Italien (5. - 10. Juni 1968)

Austragungsorte: Rom (Stadio Olimpico, 90.000), Neapel (Stadio Sao Paolo, 70.000), Florenz (Stadio Communale, 40.000)

Bester Torschütze der Endrunde: Dragan Dzajic (Jugoslawien), 2 Tore

Finale: Italien - Jugoslawien 1:1 n.V. (0:1, 1:1)
8. Juni 1968, Stadio Olimpico, Rom
Italien: Zoff, Burgnich, Facchetti, Guarneri, Castano, Ferrini, Juliano, Domenghini, Lodetti, Anastasi, Prati (Trainer: Valcareggi)
Jugoslawien: Pantelic, Paunovic, Pavlovic, Damjanovic, Fazlagic, Trivic, Petkovic, Holcer, Dzajic, Acimovic, Musemic (Trainer: Mitic)
Tore: 0:1 Dzajic (36.), 1:1 Domenghini (80.)
Schiedsrichter: Gottfried Dienst (Schweiz)
Zuschauer: 68.817

Italien - Jugoslawien 2:0 (2:0)
10. Juni 1968, Stadio Olimpico, Rom
Italien: Zoff, Burgnich, Facchetti, Rosato, Guarneri, Salvadore, Domenghini, de Sisti, Mazzola, Anastasi , Riva (Trainer: Valcareggi)
Jugoslawien: Pantelic, Paunovic, Pavlovic, Damjaniovic, Fazlagic, Trivic, Acimovic, Holcer, Dzajic, Hosic, Musemic (Trainer: Mitic)
Tore: 1:0 Riva (12.), 2:0 Anastasi (32.)
Schiedsrichter: Ortiz de Mendebil (Spanien)
Zuschauer: 32.886

EM 1968
Azzurri, runderneuert

Bei der Europameisterschaft 1968 gab nun auch die Bundesrepublik Deutschland ihre Vorbehalte gegen das Turnier auf. Mit dem Start der Bundesliga 1963 hatte sich der bisher ausufernde Ligabetrieb dem Standard der anderen europäischen Fußballnationen angeglichen, so dass ein wesentlicher Grund für eine Nicht-Teilnahme entfallen war. Zudem hatte sich das Turnier so etabliert, dass ein Fernbleiben dem westdeutschen Fußballvolk nicht mehr hätte vermittelt werden können.

Da auch Schottland mitmachte, waren nunmehr alle traditionsreichen europäischen Fußballländer vertreten. Insgesamt 31 UEFA-Mitglieder hatten für die EM 1968 gemeldet, lediglich Island und Malta fehlten. Die Mittelmeerinsel war 1964 noch dabei gewesen, verzichtete nun aber aus finanziellen Gründen. Erstmals stand das Turnier unter den Fittichen des europäischen Fußballverbandes, aus dem Europacup der Nationen (bzw. Coupe Henri Delaunay) wurde nun eine offizielle „Europameisterschaft".

Die erneut gestiegene Zahl der Teilnehmer erforderte einen neuen Modus. Die Qualifikation wurde erstmals in Gruppen durchgeführt, wodurch sich die Zahl der EM-Spiele nahezu verdoppelte: von 52 bei der EM 1964 auf nun 103 (einschließlich der Wiederholung des Finales). Das Achtelfinale fiel weg, die acht Gruppensieger qualifizierten sich für das Viertelfinale, das – wie gehabt – im Hin- und Rückspiel ausgetragen wurden. Auch in Sachen Endrunde blieb alles beim alten, nämlich beim „Mini-Turnier" im Lande eines der Halbfinalisten.

Wie beim WM-Turnier basierte die Zusammensetzung der Qualifikationsgruppen auf einer Mischung aus Losen und Setzen. Die zehn europäischen WM-Teilnehmer von 1966 – England, Deutschland, Portugal, UdSSR, Spanien, Italien, Schweiz, Bulgarien, Ungarn, Frankreich – waren gesetzt. Sieben von ihnen bildeten den ersten Topf, zwei – Italien und Bulgarien – füllten mit fünf als stark eingeschätzten WM-Nichtteilnehmern (DDR, Tschechoslowakei, Österreich, Jugoslawien, Belgien) Topf zwei, der Rest landete im dritten Topf. Weltmeister England bildete mit Schottland, Wales und Nordirland eine „britische Gruppe", mit der zugleich auch die britische Meisterschaft ausgetragen wurde. Die britischen Verbände hatten der UEFA mitgeteilt, dass sie anderenfalls wegen Terminüberlastung auf die EM-Teilnahme verzichten müssten. In Großbritannien siedelte man die British Home Championship noch immer höher an als die EM und war nicht bereit, auf das eigene Turnier zu Gunsten des europäischen Projekts zu verzichten.

Gruppenspiele: Deutsche Blamage gegen Albanien

Gruppe 1: Spanien

In der Gruppe 1 kämpften Titelverteidiger **Spanien** und die **Tschechoslowakei** um den Einzug ins Viertelfinale. Auch nach dem Gewinn der EM 1964 hielt sich die Begeisterung für die *Selección* in Grenzen. Spaniens Kampagne begann holperig, in Irland und der Türkei musste man sich jeweils mit einem torlosen Remis zufrieden geben. Als die Tschechoslowaken und Spanier erstmals aufeinandertrafen, besaßen die Iberer zwar einen Zwei-Punkte-Vorsprung, hatten aber auch zwei Spiele mehr als der Gegner absolviert. In Prag gewann das von Trainer Jozef Marko neu formierte CSSR-Team hochverdient mit 1:0. Den Siegtreffer markierte Horváth kurz nach dem Seitenwechsel mit einem Schuss aus 30 Metern Entfernung. Vor dem Anpfiff war es zu einem Eklat gekommen, erneut bildete der spanische Bürgerkrieg den Hintergrund dafür: Statt der spanischen Nationalhymne ließ der Gastgeber die republikanische „Hymno do Riego" spielen.

Zwischen Spanien und dem CSSR-Team bestand nun Gleichstand, aber während die *Selección* nur noch maximal zwei Punkte holen konnte, waren es bei den Tschechoslowaken deren sechs. Zwar gewann Spanien das Rückspiel in Madrid mit 2:1 und führte so erneut mit zwei Punkten Vorsprung, musste nun aber, zur Tatenlosigkeit verurteilt, auf die Schützenhilfe der Türken und Iren hoffen. In Istanbul trennten sich die **Türkei** und Tschechoslowaken torlos, womit Markos Elf vor ihrem letzten Auftritt bis auf einen Punkt an Spanien herangerückt war und über das bessere Torverhältnis verfügte (7:2 gegenüber 6:2). Daheim gegen **Irland** genügte folglich ein Remis zum Einzug ins Viertelfinale. Angesichts des miserablen Wetters und der für sicher geglaubten Qualifikation fanden lediglich 7.615 Zuschauer den Weg ins Prager Slavia-Stadion. Dort ging die Heimelf in der 58. Minute durch ein Eigentor des Iren Dempsey mit 1:0 in Führung. Doch das nasskalte Wetter schien die Gäste zu beflügeln. In der 63. Minute markierte Treacy den Ausgleich. Bis zur 86. Minute stand die CSSR trotzdem im Viertelfinale, dann nutzte O'Connor einen Fehlpass von Popluhár zum 2:1-Siegtreffer für die irische Auswahl. In Spanien, wo man das Viertelfinale bereits abgehakt hatte, konnte man sein Glück kaum fassen.

Gruppe 2: Bulgarien

In der Gruppe 2 setzte sich **Bulgarien** souverän gegen den WM-Dritten **Portugal** durch, der an seine starken Leistungen beim WM-Turnier in England nicht anknüpfen konnte. Im direkten Aufeinandertreffen verbuchten die Bulgaren in Sofia einen 1:0-Sieg und in Lissabon ein torloses Unentschieden. Die Qualifikation war der Anfang einer langen Durststrecke des portugiesischen Fußballs, der in den Jahren zuvor neben dem überraschenden dritten Platz bei der WM 1966 auch noch zwei Siege von Benfica Lissabon im Europapokal der Landesmeister (1961, 1962) verbuchen konnte. Von 1960 bis 1968 stand Benfica insgesamt fünfmal im Finale des europäischen Meisterwettbewerbs, Lokalrivale Sporting Lissabon konnte 1964 den Europapokal der Pokalsieger gewinnen. Die nächste Erfolgsmeldung für den

Österreich brachte die Sowjetunion in Bedrängnis. In Wien gewann man 1:0, im Moskauer Lenin-Stadion kassierte man ein hart umkämpftes 3:4. Hier fighten vor dem österreichischen Kasten: Poichler, Tschislenko, Woronin, Wartusch und mit akrobatischer Einlage Byschewez.

portugiesischen Fußball ließ nun bis 1984 auf sich warten, als man sich erstmals für die EM-Endrunde qualifizieren konnte. 1968 aber war Portugals Auswahl von Chaos und Zerfall geprägt. Trainer Otto Gloria pendelte zwischen Nationalelf und Atlético Madrid, die Spieler Torres und Simoes, bei der WM 1966 Stammpersonal, mussten ihre Karriere verletzungsbedingt beenden. Verteidiger Vicente, ebenfalls in England dabei, war bei einem Autounfall ums Leben gekommen. Eusebio, mit neun Treffern Torschützenkönig des WM-Turniers und 1965 zum europäischen Fußballer des Jahres gewählt, sorgte mehr neben als auf dem Spielfeld für Schlagzeilen – dank einer Dame aus seiner Heimat Mosambik, mit der er eine glamouröse Liebschaft pflegte.

Hingegen registrierte Bulgariens Fußball einen Aufschwung. Die Saison 1966/67 geriet für den bulgarischen Vereinsfußball zur bis heute erfolgreichsten in Europa. CSKA Sofia erreichte das Halbfinale des Europapokals der Landesmeister, wo man sich Titelverteidiger Inter Mailand erst nach drei Spielen knapp beugen musste. Auch im Pokalsiegerwettbewerb gab es mit Slavia Sofia einen bulgarischen Halbfinalisten. Bulgariens Trainerduo Taschkov/Boskov betrachtete die EM lediglich als Übungsfeld. Das eigentliche Ziel hieß WM 1970. In Mexiko waren die Bulgaren dann tatsächlich dabei, schieden aber bereits in der Vorrunde aus.

In der Gruppe 3 dominierte der WM-Vierte **UdSSR**, der von sechs Spielen fünf gewann und 16 Tore schoss. Einzig **Österreich** musste man sich in Wien mit einem 0:1 beugen. Zu diesem Zeitpunkt war der Einzug ins Vier-

Gruppe 3: UdSSR

> **■ EM als WM-Qualifikation?**
>
> UEFA-Präsident Gustav Wiederkehr wollte die Vorrunde der EM 1968 zugleich als europäische Qualifikation für die WM 1970 laufen lassen. Nach den Vorstellungen des Schweizers sollten sich die acht Gruppensieger der EM-Vorrunde automatisch für die WM 1970 qualifizieren. Neben der Verschlankung des Terminkalenders erhoffte sich Wiederkehr hiervon eine Steigerung der Attraktivität des Turniers. Diese Regelung hätte allerdings bedeutet, dass Europa seine WM-Teilnehmer bereits im Dezember 1967, also gute zweieinhalb Jahre vor Beginn des WM-Turniers, benannt hätte – ein Zeitraum, in dem sich die Kräfte zwischen den Fußballnationen durchaus verschieben können. Der Vorschlag des UEFA-Präsidenten wurden ebenso wenig realisiert wie seine spätere Idee, das EM-Turnier alle zwei Jahre stattfinden zu lassen.

telfinale allerdings bereits in trockenen Tüchern. Das Hinspiel hatten die Sowjets nach spannenden 90 Minuten mit 4:3 gewonnen. Nach 36 Minuten hatte die Heimelf durch Treffer von Malofejew und Byschewez bereits mit 2:0 geführt, aber dann ging es munter hin und her. In der 38. Minute gelang Erich Hof der Anschlusstreffer zum 1:2. Tschislenko konnte zwei Minuten vor dem Halbzeitpfiff den alten Abstand wiederherstellen, doch Wolny verkürzte in der 54. Minute auf 2:3, und Siber gelang in der 71. Minute sogar der Ausgleich für Österreich. Das letzte Wort hatten aber die Sowjets, für die Strelzow in der 80. Minute zum 4:3 traf.

Die Spiele zwischen Österreich und **Griechenland** wurden vom Putsch der griechischen Militärs überschattet. Die erste Begegnung sollte im April 1967 in Athen über die Bühne gehen, doch nach dem Staatsstreich der Obristen reiste die österreichische Nationalelf wieder ab, ohne eine Minute gespielt zu haben. Die UEFA setzte das Spiel daraufhin neu an. Sechs Monate später fertigten die Griechen Österreich in Piräus mit 4:1 ab. Dreifacher Torschütze war Sideris. Im Rückspiel in Wien, bei dem es nur noch um den wertlosen zweiten Platz in der Gruppe ging, trat eine von der nationalistischen Führung ihres Landes aufgeputschte griechische Elf nach allem, was sich auf dem Rasen des Praterstadions bewegte, und provozierte außerdem diverse Schlägereien. Negativer Höhepunkt war eine Attacke des griechischen Verteidiger Gaitatis, der einem österreichischen Betreuer mit beiden Beinen in den Bauch sprang und damit das Fass zum Überlaufen brachte. Einige Zuschauer stürmten nun das Spielfeld, um den österreichischen Akteuren zu Hilfe zu eilen. Schiedsrichter Gere blieb nichts anderes übrig, als die Partie nach 86 Minuten und beim Stand von 1:1 abzubrechen. Das Spiel wurde nicht gewertet.

Gruppe 4: Jugoslawien

In der Gruppe 4 blieb Vize-Weltmeister **Deutschland** bei seiner ersten EM-Teilnahme überraschend auf der Strecke. In der einzigen Dreier-Gruppe hießen die Gegner **Jugoslawien** und **Albanien**. Die Jugoslawen waren nicht nur ein alter, sondern auch unangenehmer Bekannter, und hieran sollte sich nichts ändern. Bei der WM 1958 hatte das DFB-Team die Balkankicker im Viertelfinale mit 1:0 besiegt. Vier Jahre später kam es in Chile zu einer Neuauflage, und erneut trafen die beiden Teams im Viertelfinale aufeinander. Doch dieses Mal behielten die Jugoslawen die Oberhand, mit dem gleichen Ergebnis wie die Deutschen vier Jahre zuvor. Da jeder Teilnehmer in Gruppe 4 nur vier Spiele zu absolvieren hatte, durfte man sich keinen Ausrutscher erlauben. Schon die Anzahl der gegen Fußballzwerg Albanien erzielten Tore könnte über das Weiterkommen entscheiden. Dass es sogar die Punkte aus diesen Spielen sein sollten, daran mochte niemand glauben.

Die DFB-Elf gab ihr EM-Debüt am 8. April 1967 in Dortmund mit einem verheißungsvollen 6:0-Sieg über die Kicker aus dem Land der Skipetaren. Vier Tore gingen auf das Konto des jungen Gerd Müller vom FC Bayern München, der sich in dieser Saison anschickte, erstmals die Auszeichnung für den besten Torschützen der Bundesliga zu gewinnen. Keeper Hans Tilkowski gab im heimischen Stadion Rote Erde seinen Ausstand. In Belgrad endete die Begegnung zwischen Jugoslawen und Deutschen mit dem üblichen Ergebnis von 1:0. Den Siegtreffer für die Hausherren erzielte Josip Skoblar, der sich dabei gegen seinen Bewacher und DFB-Elf-Debütan-

Sepp Maier kann klären, doch in Belgrad verliert das DFB-Team im Mai 1967 mit 0:1 gegen Jugoslawien.

Blamage in Albanien: Deutschlands Starensemble kann den Fußballzwerg nicht besiegen und verpasst die Qualifikation für die EM-Endrunde.

■ Günter Netzer und das Debakel von Tirana

Der Gladbacher Spielgestalter Günter Netzer zählte zum bundesdeutschen Team, das in Tirana ein 0:0 hinnehmen musste. 26 Jahre später erinnerte er sich an die erste große Nachkriegsblamage der DFB-Elf: „Es war eine einzigartige Katastrophe. Wir waren damals eine große Nation im Fußball, Albanien war ein Zwerg. Damals gab es noch richtige Zwerge im Fußball. Die Bedingungen dort waren schlimm. Das Wort Fußballplatz möchte ich gar nicht benutzen. Das trifft es gar nicht. In Tirana gab es nur ein einziges Hotel, wir hatten kaum etwas zu essen." Bei der Rückkehr nach Deutschland sei auf dem Flughafen außer dem Flughafenpersonal niemand anwesend gewesen. „Und von denen mussten wir uns auch noch beschimpfen lassen, rüde beschimpfen, wie ich mich erinnere."

ten Berti Vogts durchsetzte. Wenig später heuerte Skoblar in der Bundesliga bei Hannover 96 an. Neu-Goalgetter Gerd Müller brach sich den Unterarm, war aber beim Rückspiel wieder dabei und erzielte beim 3:1-Sieg auch ein Tor. Mit 70.575 Zuschauern war das Hamburger Volksparkstadion ausverkauft, die EM wurde von der bundesdeutschen Fußball-Öffentlichkeit angenommen. Nun kam dem Rückspiel in Albanien tatsächlich die entscheidende Bedeutung zu. Konkurrent Jugoslawien hatte in Tirana mit 2:0 und in Belgrad mit 4:0 gewonnen und führte mit 6:2 Punkten und 8:3 Toren die Tabelle an, hatte aber auch bereits das volle Programm absolviert. Um weiterzukommen, musste das DFB-Team sein letztes Spiel in Albanien unbedingt gewinnen. Eine Aufgabe, die nicht nur in der Bundesrepublik für selbstverständlich erachtet wurde, wo Bundesligatrainer Max Merkel tönte: „Da können auch der 1. FC Nürnberg oder Eintracht Braunschweig hinreisen, ohne dass etwas passieren wird.

Doch es kam zur Sensation. Von 27.000 Zuschauern im proppenvollen Quemal-Stafa-Stadion leidenschaftlich angefeuert, ließen die „aufopfernd kämpfenden" (Bundestrainer Helmut Schön) Albaner den Vize-Weltmeister kaum zur Entfaltung kommen und erzwangen ein torloses Remis. Für Schön, der in den folgenden Jahren noch Welt- und Europameister werden sollte, war es der „schwärzeste Tag als Bundestrainer". In Tirana stand kein Akteur des FC Bayern auf dem Platz. Schön verzichtete auf die komplette Bayern-Achse Maier, Beckenbauer und Müller. Das Scheitern des Vize-Weltmeisters beim Fußballzwerg, der im Übrigen als einziger Teilnehmer der EM-Qualifikation ohne Torerfolg blieb, war die bis dahin größte Sensation der EM-Geschichte. Und mit dem Gruppensieger Jugoslawien deutete sich bereits die Überraschungsmannschaft des Turniers an.

In der Gruppe 5 konnte die Auswahl der **DDR** zwar ihren Aufwärtstrend bestätigen, musste aber am Ende den spielstarken **Ungarn** um Regisseur Florian Albert von Ferencvaros Budapest, 1967 zum europäischen „Fußballer des Jahres" gewählt, den Vortritt lassen. Der erste Auftritt der DFV-Elf gegen die **Niederlande** geriet zu einem der denkwürdigsten Spiele in der Geschichte des DDR-Fußballs. In Leipzig deutete vor 40.000 Zuschauern zunächst alles auf einen klaren Sieg der Niederländer hin, für die Mulder (10.) und Keizer (12.) eine frühe 2:0-Führung herausschossen. Zur zweiten Halbzeit kam die Elf von Trainer Kárdy Soos wie verwandelt auf das Feld. In der 50. Minute konnte Eberhard Vogel, Linksaußen vom FC Karl-Marx-Stadt (heute Chemnitzer FC), auf 1:2 verkürzen. In der 62. Minute gelang Henning Frenzel sogar der Ausgleich zum 2:2. Nur drei Minuten hatten die Niederländer durch einen weiteren Treffer von Keizer wieder mit 3:2 die Nase vorn, doch die DFV-Auswahl ließ sich durch den erneuten Rückstand nicht entmutigen, sondern blies nun zu einem famosen Sturmlauf in Richtung *Oranje*-Tor. In der 78. Minute markierte Frenzel den Ausgleich zum 3:3, zwei Minuten später gelang dem Mittelstürmer vom 1. FC Lokomotive Leipzig mit seinem dritten Tor an diesem Tag auch noch der Siegtreffer zum 4:3. Soos: „Es war ein Spiel, das ich nie vergessen werde."

Gruppe 5: Ungarn

Das direkte Duell zwischen DDR und Ungarn endete unentschieden. In Budapest gewann Ungarn vor 69.871 Zuschauern durch drei Tore von Farkas mit 3:1, im Rückspiel vor 48.872 Zuschauern in Leipzig behielt die DDR durch ein Tor von Frenzel, sein fünftes und letztes in diesem Wettbewerb, mit 1:0 die Oberhand. Allerdings besaß die zweite Begegnung nur noch statistischen Wert, da die Magyaren bereits als Gruppensieger feststanden. Ausschlaggebend für das Scheitern der DDR waren die Auftritte in Kopenhagen und Amsterdam, aus denen man nur einen Punkt holte (1:1 gegen Dänemark, 0:1 gegen Niederlande), die Ungarn hingegen drei.

Italien galt als Favorit der Gruppe 6. Allerdings litt die *Squadra Azzurra* seit dem Zweiten Weltkrieg unter notorischer Erfolglosigkeit. Bei der WM 1950 scheiterte man in der Vorrunde an Schweden, 1954 unterlag man im Entscheidungsspiel um den Einzug ins Viertelfinale dem Gastgeber Schweiz mit 1:4.

Gruppe 6: Italien

1958 reichte es für die Italiener nicht einmal zur Endrundenteilnahme – statt des zweifachen Weltmeisters fuhr das kleine Nordirland nach Schweden. 1962 scheiterte man in der Vorrunde an Deutschland und Gastgeber Chile, mit dem sich man das vielleicht brutalste Spiel der WM-Geschichte geliefert hatte. Der Tiefpunkt wurde allerdings erst bei der WM 1966 in England erreicht, als man dem krassen Außenseiter Nordkorea in Middlesborough mit 0:1 unterlag, bis heute die größte Sensation in der Geschichte des Weltturniers, und erneut vorzeitig nach Hause musste.

Die Schwäche der *Squadra Azzurra* stand in einem scharfen Kontrast zum internationalen Abschneiden der führenden Klubs Italiens. Von 1963 bis 1965 befand sich der Europapokal der Landesmeister in den Trophäenschränken der Mailänder Klubs Inter (1964, 1965) und AC (1963), zuvor hatten in diesem Wettbewerb bereits der AC Florenz (1957) und AC Mailand (1958) das Finale erreicht, wo man jeweils Real Madrid unterlag. Der AC Florenz gewann 1961 den erstmals ausgespielten Europapokal der Pokalsieger, der AS Rom im gleichen Jahr den Messepokal. Das erfolgreiche Abschneiden der Klubs gründete nicht zuletzt auf der Verpflichtung ausländischer Stars, worunter nach Auffassung vieler Beobachter die eigene Nachwuchsarbeit litt. Bereits 1953 hatte der damalige Staatssekretär Giulio Andreotti gefordert, allen ausländischen Spielern die Aufenthaltsgenehmigung zu verweigern. Nur die Nachkommen italienischer Arbeitsemigranten sollten davon ausgenommen bleiben. 1964 erließ der italienische Fußballverband tatsächlich einen Bann gegen die weitere Verpflichtung ausländische Akteure, der über 20 Jahre Bestand haben sollte.

Für die EM-Qualifikation hatten die Italiener zunächst den aus Argentinien stammenden Helenio Herrera als Trainer verpflichtet, der als „Vater des Catenaccio" galt und mit seinem stark defensiv orientierten Inter-Mailand-Team international sehr erfolgreich gewesen war. Herrera sollte dieses Amt allerdings nur für kurze Zeit ausüben, bis Ferrucio Valcareggi aus Triest übernahm. Valcareggi gelang es nun, die Nationalmannschaft

> ■ **Nord-Süd-Balance bei den Azzurri**
>
> Bei der Auswahl der Spielorte und der Zusammensetzung der *Squadra Azzurra* spielte immer auch ein politischer Aspekt mit, nämlich die fragile Einheit der italienischen Republik. Brigitte Schönau schrieb dazu im Jahre 2005 in ihrem Buch „Calcio – Die Italiener und der Fußball": „Im Bewusstsein der meisten Fans ist die Nationalmannschaft mindestens so wichtig wie ihr Lieblingsklub. Für die Politiker ist sie ein Aushängeschild der italienischen Einheit, vor allem zu Zeiten, in denen diese nicht so gefestigt erscheint. (…) Es ist ein Königsblau, das die Squadra Azzurra trägt – das Blau des Königshauses, das die Einheit Italiens vorangebracht hat. Deren Symbol ist die Mannschaft bis heute. Peinlich genau wird darauf geachtet, dass Spieler aus möglichst vielen Regionen vertreten sind, denn von einer Mannschaft nur aus Norditalienern würde sich womöglich der Süden nicht vertreten fühlen. Die umgekehrte Gefahr bestand noch nie, stets kommen mehr Spitzenspieler aus dem Norden als aus dem wirtschaftlich rückständigen Mezzogiorno. Die Azzurri veranstalten ihre Freundschaftsspiele gern in den Stadien des Südens, auch das eine politische Geste."

gegen die Einmischungsversuche der großen Klubs abzuschirmen und ihr Teamgeist zu vermitteln.

Zum Auftakt der Gruppenspiele empfingen die Italiener **Rumänien**, das sich als hauptsächlicher, aber nicht ernsthafter Widersacher erweisen sollte. Als Schauplatz hatte man bewusst Neapel mit seinem Stadion Sao Paolo gewählt. Wann immer sich die Nationalelf in einer Krise befand, besann man sich auf das fanatische süditalienische Publikum. Zwar gingen die Rumänen bereits in der 7. Minute durch Dobrin in Führung, doch 75.000 Tifosi peitschten Herreras Auswahl, die aus neun Akteuren von Inter Mailand sowie zwei Neapolitanern bestand, noch zu einem 3:1-Sieg. Zweifacher Torschütze war Inters „lombardischer Zauberstürmer" (Hardy Grüne) Sandro Mazzola. Das Rückspiel gewann Italien mit 1:0, lediglich in der Schweiz musste man sich mit einem Remis begnügen, das Luigi Riva erst fünf Minuten vor dem Abpfiff mit einem verwandelten Elfmeter sicherte. Die Eidgenossen durften mit einem 7:1-Sieg über Rumänien ihren höchsten Länderspielsieg seit 43 Jahren verbuchen. Allerdings leistete man sich auch eine peinliche 1:2-Niederlage auf Zypern, das insgesamt nur drei Tore schoss, aber 25 kassierte. Italien war mit 11:1-Punkten der souveränste aller Gruppensieger.

In der Gruppe 7 setzte sich **Frankreich** mit zwei Punkten Vorsprung gegen die punktgleichen **Belgier** und **Polen** durch. Belgien gewann zwar drei der vier möglichen Punkte aus den Begegnungen gegen Frankreich, blieb aber gegen die Polen punktlos, die ihrerseits beide Spiele gegen die *Équipe Tricolore* verloren. Die Franzosen wurde seit September 1967 von Louis Dugauguez trainiert, der das Zepter vom ziemlich glücklosen WM-Rekordtorschützen Just Fontaine übernommen hatte. Der von Fontaine praktizierte „football hyper-offensif" hatte sich als wenig erfolgträchtig erwiesen. Prügelknabe in der Gruppe 7 war Luxemburg, Überraschungsmannschaft der EM 1964, das nur einen Punkt holte und auch nur ein Tor erzielte.

Gruppe 7: Frankreich

Die „britische" Gruppe 8 mobilisierte das größte Zuschauerinteresse aller Qualifikationsgruppen, was sicherlich auch der Zusammenlegung von EM-Qualifikation und British Home Championship geschuldet war. Insgesamt 713.334 Zuschauer verfolgten die zwölf Begegnungen zwischen den britischen Ländervertretungen, was einem Schnitt von 59.445 pro Spiel entsprach. Allein 233.063 sahen die beiden Spiele zwischen **England** und **Schottland**. Im Glasgower Hampden Park, „Schottlands Parlament", waren es 134.000, die einem 1:1-Remis zwischen den ältesten Widersachern im Weltfußball beiwohnten. Im Wembleystadion wurden 99.063 Zeugen einer 2:3-Niederlage des Weltmeisters. Schottlands Fußball befand sich in diesen Jahren auf einem Höhenflug, was allerdings vor allem den Klubfußball betraf. 1967 gewann Celtic Glasgow als erste britische Mannschaft den Europapokal der Landesmeister, mit einer Ansammlung von Spielern, die samt und sonders aus Glasgow und Umgebung stammten. Lokalrivale Rangers erreichte im gleichen Jahr das Finale des

Gruppe 8: England

Europapokals der Pokalsieger. 1970 sollte Celtic ein weiteres Mal im Finale des Landesmeistercups stehen, musste sich aber Feyenoord Rotterdam geschlagen geben. 1972 gewann Rangers den Europapokal der Pokalsieger. Und in England sorgten die schottischen Trainer Matt Busby (Manchester United) und Bill Shankly (FC Liverpool) für Furore. Mit dem für Manchester United kickenden Denis Law stellte Schottland 1964 seinen bis heute einzigen europäischen „Fußballer des Jahres". Law, dem im Europapokal der noch heute gültige Rekord von fünf Hattricks gelang, wurde später auch noch zum „Jahrhundertfußballer" seines Heimatlandes gewählt.

Trotz des schottischen Sieges auf dem „heiligen Rasen" von Wembley waren es am Ende die Engländer, die mit einem Punkt mehr die Nase vorn hatten und die Britische Meisterschaft wie den Einzug ins EM-Viertelfinale feiern durften. Während die Engländer aus den Begegnungen gegen **Wales** und **Nordirland** das Optimum von acht Punkten holten, kamen die Schotten hier nur auf fünf Zähler. In Cardiff musste man sich mit einem 1:1-Remis zufrieden geben, in Belfast verlor man sogar mit 0:1.

Viertelfinale: Weltmeister schlägt Europameister

Die Zusammensetzung des Viertelfinales dokumentierte den Qualitätszuwachs des Turniers. Von Jugoslawien abgesehen, befanden sich ausnahmslos Mannschaften in der Runde der letzten acht, die auch beim WM-Turnier 1966 dabei gewesen waren. Von den europäischen Topadressen fehlte einzig Deutschland.

Mit **Spanien** und **England** trafen der amtierende Europameister und der amtierende Weltmeister aufeinander. Bei der WM in England hatten die Iberer nicht überzeugen können und waren in der Vorrunde an Argentinien und Deutschland gescheitert.

Im Wembleystadion sahen 94.000 Zuschauer zunächst einen stürmischen Auftakt ihrer Mannschaft, für die Peters kurz nach dem Anpfiff erstmals traf. Doch Schiedsrichter Droz verweigerte dem Tor aufgrund eines vorausgegangenen Fouls die Anerkennung. Alf Ramseys Mannen wirkten über weite Strecken des Spiels uninspiriert und müde, wozu sicherlich auch die lange Saison beigetragen hatte. Und mit Sadurni hatten die Gäste einen hervorragend aufgelegten Keeper zwischen den Pfosten. Als sich die Zuschauer bereits mit einem torlosen Remis abgefunden hatten, stürmte Englands Abwehrspieler Jack Charlton in Richtung spanischen Strafraum. Doch bevor er diesen erreichen konnte, brachte ihn Zoco zu Fall. Beim fälligen Freistoß schob Peters den Ball zu Bobby Charlton, der in der 84. Minute zum nicht mehr für möglich gehaltenen 1:0-Sieg einschoss.

Beim Rückspiel vor 67.0000 Zuschauern in Madrid ging der Europameister zunächst durch ein Tor des Real-Madrid-Stars Amaro Varela Amancio (48.) in Führung und egalisierte somit den englischen Vorsprung. Peters konnte in der 55. Minute für die Engländer ausgleichen. Englands überragender Mann gegen nun kopflos agierende Spanier war Bobby Charlton, der in der 81. Minute einen brillanten Konter ein-

Nur knapp setzte sich der amtierende Weltmeister England gegen den schottischen Nachbarn durch. Den letztlich entscheidenden Treffer erzielte der englische Stürmer Peters im Glasgower Hampden Park zum 1:1-Remis. McCreadie, Brennan und Gemmel (v.l.) sowie 134.000 Zuschauer waren entgeisterte Augenzeugen.

leitete, den Hunter zum 2:1-Siegtor abschloss. Der Europameister war ausgeschieden, der Weltmeister weiter.

Nach der überraschenden Qualifikation für das Viertelfinale befand sich **Bulgarien** gegen **Italien** zunächst auf dem Weg zur nächsten Sensation. In Sofia besiegten die Bulgaren die *Squadra Azzurra* mit 3:2. Bis zur 83. Minute führten die Hausherren, deren prominentester Akteur Mittelstürmer Georgi Asparuchov war, durch Tore von Kotkov (12. Elfmeter), Dermendjiev (66.) und Zekov (73.) mit 3:1, dann konnte Prati nach einer bulgarische Nachlässigkeit noch auf 3:2 verkürzen. Trainer Boskov war zu Recht frustriert: „Wir haben eine einmalige Chance vergeben."

Für das Rückspiel wählten die Italiener erneut Neapel mit seinem Stadion Sao Paolo als Spielort, wo 83.000 ihrer Mannschaft den Rücken stärkten. Prati fuhr fort, wo er in Sofia aufgehört hatte, und brachte seine Farben in der 14. Minute in Führung. Domenghini erhöhte in der 55. Minute mit einem 30-Meter-Schuss auf 2:0, und Italien stand in der Endrunde.

Überraschung in Bulgarien: Das Ostblock-Land besiegt Italien 3:2. Hier umdribbelt Dermendschiew den italienischen Torhüter Vieri.

Die größten Zuschauermassen mobilisierte das „Ostblock-Duell" **Ungarn** gegen **UdSSR**, zugleich eine Neuauflage des WM-Viertelfinales von 1966, bei dem die Sowjets mit 2:1 die Oberhand behalten hatten. 71.000 kamen ins Budapester Nep-Stadion, wo sie zu ihrer Begeisterung Ungarns ersten Sieg über den großen „sozialistischen Bruder" seit 1956 sahen. Dabei mussten die Magyaren auf ihren Spielmacher Florian Albert und Bene verzichten. Und im Tor stand mit Fatér ein Debütant, der seine Aufgabe allerdings souverän erledigte. Die Ungarn zeigten ihr bestes Spiel seit Jahren und gewannen verdient mit 2:0. Das 1:0 markierte in der 21. Minute Farkas, wobei der Torschütze von drei Gegenspielern umringt wurde. Für die endgültige Entscheidung sorgte Göröcs in der 85. Minute, nachdem UdSSR-Keeper Kawasaschwili einen Ball nicht festhalten konnte.

Doch Ungarns Zwei-Tore-Vorsprung reichte nicht. Im Rückspiel siegten die Sowjets vor 91.000 Zuschauern im Leninstadion mit 3:0. Als fatal erwies sich die ungarische Taktik, den 2:0-Vorsprung von Budapest über die Zeit retten zu wollen. In der 22. Minute unterlief Solymosi ein Eigentor, anschließend spielte nur noch die *Sbornaja*, die mit einem furiosen Sturmlauf ihren Gegner regelrecht über den Rasen hetzte. In der 59. Minute nutzte Churzilawa einen kapitalen Bock des ungarischen Keepers Tamás zum 2:0, Byschewez sorgte in der 73. Minute für das 3:0 und damit den Einzug in die Endrunde.

Jugoslawiens Trainer Rajko Mitic verzichtete im Viertelfinale gegen **Frankreich** auf seine Bundesliga-Legionäre Skoblar und Jusufi. Zum Unmut der Fans, doch Mitic war der Auffassung, dass das Nationaltrikot nur tragen dürfe, wer auch in der Heimat spiele. Ohnehin betrachtete Mitic die EM-Spiele lediglich als Vorbereitung auf das kommende WM-Turnier.

Frankreichs Trainer Dugauguez war ursprünglich nur als Notlösung vorgesehen gewesen. Dugauguez hatte sein in Nantes entwickeltes und bestätigtes Nachwuchskonzept auf die *Équipe Tricolore* übertragen – mit Erfolg. In Marseille erarbeiteten sich die Franzosen zwar ein Eckenverhältnis von 11:0, doch nach Toren endete die Partie mit einem 1:1-Remis. Und dies auch nur, weil di Nallo in der 78. Minute noch der Ausgleich gelang, nachdem Musemic in der 65. die Gäste zunächst in Führung gebracht hatte. Im Rückspiel spielte die junge Mitic-Truppe die *Équipe Tricolore* regelrecht an die Wand. Nach nur 32 Minuten stand es durch Tore von Petkovic (2), Musemic und Dzajic bereits 4:0 für die Hausherren, die es anschließend etwas ruhiger angehen ließen. Mit einem überzeugenden 5:1-Sieg gelang den Jugoslawen nach dem Gruppensieg vor Deutschland der zweite Coup, und es sollte nicht ihr letzter sein.

Die Begegnung von Belgrad demonstrierte die Stärken des Teams von Rajko Mitic. Prunkstück war die Sturmreihe mit dem später zum jugoslawischen „Jahrhundertfußballer" gewählten Dribbelkünstler Dragan Dzajic, Musemic und Petkovic, die die *Plavi* mit einer bis dahin unbekannten Torgefährlichkeit ausstatteten. Im Mittelfeld zog Ivica Osim die Fäden, mit 28 Jahren einer der wenigen „älteren" und erfahreneren Akteure. Die Abwehr betrieb ein gekonntes Aufbauspiel. Mitic junges Kollektiv technisch beschlagener Akteure war spielstark und kombinationsfreudig.

Endrunde: Entscheidung durch 10-Franc-Münze

Mit den Teilnehmern Italien, England, UdSSR und Jugoslawien war die EM-Endrunde so ausgeglichen und attraktiv wie noch nie zuvor. Für die UdSSR war es bereits die dritte Teilnahme in Folge, Jugoslawien war zum zweiten Male dabei.

Als Austragungsort hatte die UEFA am 16. Januar 1968 anlässlich der Auslosung des Viertelfinales Italien benannt, das über eine exzellente Stadion-Infrastruktur verfügte. Die „Mini-Endrunde" wurde vielerorts nicht als ideale Lösung empfunden. Für ein Turnier mit einem Format ähnlich der WM war die EM noch nicht etabliert genug. So kursierte der Vorschlag, die Endrunde aufzulösen, um stattdessen die Halbfinals mit Hin- und Rückspiel auszutragen und das Finale an einen neutralen Ort zu vergeben.

Die Paarungen des Halbfinales lauteten Italien gegen Sowjetunion und England gegen Jugoslawien. Als Favoriten galten Gastgeber Italien sowie Weltmeister England, wenngleich das Ramsey-Team seit dem WM-Gewinn spielerisch stagnierte. Ohnehin haftete dem Triumph von 1966 der Geruch an, dass England große Titel nur im eigenen Land gewinnen könnte. Alf Ramsey wollte dies nun in Italien widerlegen: „Wir werden 1968 Europameister – damit ist die Bestätigung gegeben, dass wir nicht nur im eigenen Land große Leistungen vollbringen können." Die UdSSR musste ohne Leistungsträger Woronin, der kurz vor dem Turnierstart bei einem Autounfall schwer verletzt wurde, nach Italien reisen; auch der starke Tschertenjew fehlte. Und es sollte für *Sbornaja*-Coach Jakuschin noch schlimmer kommen. Nur vier Tage vor dem EM-Halbfinale musste seine Auswahl noch ein Olympia-Qualifikationsspiel gegen die Tschechoslowakei bestreiten. Die UdSSR verlor das Spiel und durch Verletzungen die Stammkräfte Tschislenko, Anitschkin und Churzilawa.

Italien empfing die **UdSSR** – natürlich – im Stadio Sao Paolo zu Neapel. Im Stadion, dem jegliche Überdachung fehlte, hatten sich offiziell 68.582 Zuschauer eingefunden, die ihr Team trotz des strömenden Regens frenetisch anfeuerten. Doch die Sowjets zeigten sich hiervon ebensowenig beeindruckt wie vom Ausfall diverser Stammkräfte und ergriffen sofort die Initiative. Italien wurde schon in der 5. Minute geschwächt, als sich Regisseur Giovanni Rivera eine schwere Oberschenkelverletzung zuzog. Die restlichen 115 Minuten verbrachte der Mailänder „Goldjunge" als humpelnder Statist auf der rechten Außenbahn. Die *Squadra Azzurra* wirkte müde und erschöpft, lediglich die Abwehr ließ die eigentliche Klasse der Mannschaft erkennen.

Dass die UdSSR die ruppige Begegnung trotzdem nicht für sich entscheiden konnte, lag am guten italienischen Keeper Dino Zoff und seinen Vorderleuten sowie einer „System-Krankheit" des sowjetischen Fußballs. Kein anderes Team in Europa spielte so systematisch wie die UdSSR – diesbezüglich kursierte auch der Begriff vom „Rasenschach" –, aber systematisch bedeutete häufig auch schematisch und damit für den Gegner durchschaubar. Den Angriffsaktionen der *Sbornaja* mangelte es häufig an Kreativität und genialen Einzelleistungen. Nach 90 torlosen Minuten musste das Spiel in die Verlängerung, in der Domenghini in der 118. Minute nur den Pfosten traf. Da auch nach 120 Minuten keine Entscheidung gefallen war, musste der Finalteilnehmer per Münzwurf ermittelt werden. UdSSR-Kapitän Schesternjew durfte die Münze auswählen, sein italienischer Kollege Facchetto deren Seite. Schesternjew entschied sich für ein französisches 10-Francs-Stück aus dem Jahre 1916, Facchetti wählte Kopf. Als die hochgeworfene Münze auf dem Handrücken des deutschen Schiedsrichters Kurt Tschenscher landete, durfte Italien jubeln. Erstmals seit 1938 stand die *Squadra Azzurra* wieder in einem großen Finale. Allerdings sorgte die Tatsache, dass ein Finalist per Los-Entscheid ermittelt wurde, nach dem Turnier für heftige Diskussionen, die schließlich in der Einführung des Elfmeterschießens mündeten.

Alf Ramseys *Three Lions* hatten einige Tage vor der Endrunde noch ein Freundschaftsspiel gegen Deutschland absolviert. Vor 80.000 Zuschauern in Hannover unterlag der Weltmeister dem DFB-Team mit 0:1. Für die Deutschen war es der erste Sieg über den einstigen „Fußball-Lehrmeister", doch die eigentliche Revanche für Wembley 1966 sollte erst noch folgen.

Wie im Niedersachsenstadion von Hannover, so auch im Stadio Communale zu Florenz: **England** agierte behäbig und selbstgefällig und unterlag den **Jugoslawen** verdientermaßen mit 0:1. Auch die Tatsache, dass Bobby Charlton die Partie infektionsgeschwächt bestreiten musste, taugte nicht als Entschuldigung für die insgesamt enttäuschende Leistung des Weltmeisters, der sich beim Publikum nicht nur durch eine unattraktive, sondern auch überharte Spielweise unbeliebt machte. Bereits in der 4. Minute hatte Labone Jugoslawiens Spielmacher Ivica Osim dermaßen brutal gefoult, dass dieser für den Rest des Spiels nur noch über das Spielfeld humpelte.

Dass die Jugoslawen, denen der *Fußball-Sport* anschließend „Witz und Phantasie" bescheinigte, lediglich ein Tor schossen und bis zur 86. Minute darauf warten mussten, hatten Ramseys Mannen vor allem ihrem überzeugenden Kapitän Bobby Moore zu verdanken. Torschütze war Dragan Dzajic, und der Treffer des 22-jährigen Linksaußen von Roter Stern Belgrad stand für die technische Qualität der jugoslawischen Kicker. Dzajic hatte einen Ball von Petkovic mit der Brust angenommen, sich anschließend blitzschnell gedreht und das Spielgerät aus

■ Keine „englische Ära"

Englands Auftritt in Italien und auch das Abschneiden der *Three Lions* bei den folgenden Turnieren bestätigte die Skeptiker, die den WM-Triumph von 1966 mehr als eine durch das Heimrecht ermöglichte Episode denn als Auftakt einer „englischen Ära" im Nationalmannschaftsfußball betrachteten. Für Spielkultur stand Manchester United mit dem genialen britischen Trio Denis Law (Schottland), Bobby Charlton (England) und George Best (Nordirland), die allesamt zum europäischen „Fußballer des Jahres" gewählt wurden (Law 1964, Charlton 1966, Best 1968) sowie dem schottischen Übungsleiter Matt Busby, der Fußball mit Flair propagierte. Sechs Tage vor dem Halbfinale von Florenz hatte Manchester United als erster englischer Klub in London den Europapokal der Landesmeister gewonnen, doch zwischen dem Auftritt der *Three Lions* im Stadio Communale und dem der *Red Devils* im Wembleystadion lagen Welten.

halbrechter Position über Gordon Banks hinweg unter die Torlatte gehoben. Eine Minute später verwies der spanische Schiedsrichter de Mendebil den Engländer Mullery des Feldes, nachdem dieser Musemic in den Hintern getreten hatte. Immerhin ging der Übeltäter damit in die englischen Fußballannalen ein, denn Mullery war der erste Nationalspieler des „Fair-Play-Mutterlandes", der die Rote Karte gezeigt bekam.

Das doppelte Endspiel

Das „kleine" fand als Vorspiel zum „großen Finale" statt. Diesem Umstand war es zu verdanken, dass fast 70.000 Zuschauer im Stadio Olimpico zu Rom der Begegnung zwischen **England** und der **UdSSR** beiwohnten, die der Weltmeister nach 90 schwachen Minuten durch Tore des wie stets emsigen Bobby Charlton (39.) und World-Cup-Hero Geoffrey Hurst (63.) mit 2:0 gewann. Es sollte nun 28 Jahre dauern, bis das „Mutterland des Fußballs" ein weiteres Mal unter den „besten vier" einer EM zu finden war.

Als das Finale **Italien** gegen **Jugoslawien** angepfiffen wurde, war die Kulisse im Stadio Olimpico auf über 90.000 angewachsen. Nach dem schwachen Auftritt gegen die UdSSR war die anfängliche Euphorie in Italien einer gewissen Skepsis gewichen. Trainer Valcareggi musste auf die verletzten Rivera und Bercellino verzichten. Superstar Sandro Mazzola blieb draußen, Quittung für eine grottenschlechte Leistung gegen die Sowjets. Für ihn kam mit dem noch länderspiellosen 20-jährigen Pietro Anastasi von Juventus Turin erstmals ein Sizilianer zu einem Einsatz in der *Squadra Azzurra*. Bei den Jugoslawen musste Mitic auf den gegen England verletzten Ivica Osim verzichten. Auch Mitic wartete mit einem 20-jährigen Debütanten auf, dem exzellenten Jovan Acimovic von Roter Stern Belgrad, der es noch auf weitere 55 Länderspiele bringen sollte. Von 1976 bis 1978 schnupperte der Offensivspieler beim 1. FC Saarbrücken Bundesligaluft.

Dienst ist Italien zu Diensten

Jugoslawiens *Plavi* begannen furios und ließ sich auch nicht durch das Spektakel der Tifosi auf den Rängen irritieren, die dort u.a. ein Feuerwerk veranstalteten und jede Ballberührung der Gäste mit einem gellenden Pfeifkonzert begleiteten. Derartige Zustände hatte man in einem europäischen Stadion noch nicht gesehen, sondern kannte sie nur aus Südamerika. So geriet die EM zum Auftakt einer Radikalisierung des europäischen Zuschauerverhaltens. Die Jugoslawen waren gegen erneut enttäuschende Italiener das klar bessere Team und hätten den Sieg verdient gehabt, doch in Schiedsrichter Gottfried Dienst aus der Schweiz hatte die Heimmannschaft einen starken „Verbündeten". Dienst, der auch das WM-Finale von 1966 leitete und dessen Name wohl auf ewig mit dem berühmten „Wembleytor" verhaftet bleiben wird, pfiff dermaßen hanebüchen, dass Helenio Herrea auf der Tribüne sarkastisch bemerkte: „Dienst vertritt den verletzten Rivera." In der 25. Minute verweigerte Dienst den Jugoslawen einen glasklaren Strafstoß, nachdem Ferrini im Strafraum Pavlovic zu Fall gebracht hatte. In der 36. Minute erzielte Dzajic die hochverdiente Führung für die *Plavi*.

Auch nach dem Seitenwechsel wussten sich die Italiener gegen die schnell kombinierenden Jugoslawen zunächst nur mit überhartem Einsatz zu wehren. Erst im letzten Viertel der regulären Spielzeit fanden die Hausherren etwas besser ins Spiel. In der 80. Minute verhängte Dienst einen höchst zweifelhaften Freistoß gegen die Jugoslawen. Doch damit nicht genug. Während Dienst die jugoslawische Mauer zurückdirigierte, blieb Freistoßschütze Domenghini hinter seinem Rücken ebenfalls nicht untätig und verlegte den Ausführungsort kurzerhand etwas nach hinten, um die Distanz zur Mauer weiter zu vergrößern. Als Domenghini den Freistoß ausführte, deckte Dienst einen Jugoslawen ab, wodurch eine Lücke in der Mauer entstand, durch die der Ball nun zum Ausgleich ins jugoslawische Tor flog. Das Spiel ging in die Verlängerung, in der zwei müde Teams aber nicht mehr in der Lage waren, eine Entscheidung herbeizuführen. In Deutschland beurteilte TV-Kommentator Rudi Michel, der auch schon das WM-Finale kommentiert hatte, Gottfried Diensts Leistung mit den Worten: „Bei Dienst war nicht einmal der Wille zur Objektivität erkennbar." Auch in der Schweiz wurde Kritik am Landsmann laut. Die *Tribune de Lausanne* befand: „Dienst hat das Finale gefälscht." Allerdings waren die Jugoslawen nicht ausschließlich am Schiedsrichter gescheitert. Im Finale brach auch die alte jugoslawische Krankheit der mangelhaften Chancenverwertung wieder auf.

Zweites Finale zwischen Italien und Jugoslawien: Anastasi, der junge italienische Mittelstürmer und Torschütze des 2:0-Endstandes, im Zweikampf mit Fazlagic.

Anders als im Halbfinale entschied dieses Mal nicht das Los. Stattdessen trafen die beiden Teams 48 Stunden später erneut aufeinander. Die Kulisse fiel deutlich geringer aus als beim ersten Auflauf im Stadio Olimpico. Offiziell waren es 32.886, tatsächlich wohl ca. 70.000 Zuschauer. Erneut quittierte das italienische Publikum jeden jugoslawischen Ballkontakt mit einem gellenden Pfeifkonzert. Rajko Mitic schickte fast die gleiche Elf aufs Feld wie zwei Tage vorher, obwohl dies für seine Akteure der bereits dritte strapaziöse Einsatz binnen von nur sechs Tagen war – und dies bei recht hohen Temperaturen. Hingegen baute sein Gegenüber Valcareggi kräftig um. Sandro Mazzola kehrte ins Team zurück und ersetzte im Sturm Giovanni Lodetti. Auch Piero Prati durfte nicht ein weiteres Mal stürmen. Seine Position übernahm der 23-jährige Sarde Luigi „Gigi" Riva vom US Cagliari. Italiens Torschützenkönig der Saison 1966/67, einer der weltbesten Außenstürmer, hatte einige Monate wegen eines Beinbruchs aussetzen müssen. Im Halbfinale und ersten Finale blieb Riva unberücksichtigt, weil ihn Valcareggi noch nicht für ausreichend fit hielt. Rosato, de Sisti und Salvadore, die für Juliano, Ferrini und Castano kamen, brachten die Zahl neuer Gesichter auf fünf. In beiden Finalspielen dabei war hingegen Giacinto Fachetti, der einen neuen Typ Verteidiger verkörperte. Fachetti beschränkte sich nicht nur auf Abwehraufgaben, sondern schaltete sich auch ins Angriffsspiel ein. Der Prototyp des stürmenden Verteidigers, gewissermaßen der erste Vertreter des „totalen Fußballs" auf dem Spielfeld, gehörte zu den Leistungsträgern bei Inter Mailand wie auch der *Squadra Azzurra*.

Dieses Mal waren es die „runderneuerten" Italiener, die das Heft in die Hand nahmen. Den Jugoslawen merkte man hingegen die Müdigkeit deutlich an. In der 12. Minute gelang Riva die Führung, die zwar verdient war, aber aus klarer Abseitsposition erzielt wurde. Erneut durften die Italiener die Hilfe eines Schiedsrichters in Anspruch nehmen, auch wenn es der einzige Fehler des Spaniers Otiz de Mentebil blieb. In der 32. Minute konnte Anastasi, der als einziger Stürmer das erste Finale „überlebt" hatte, mit einem wunderschönen Schuss aus der Drehung auf 2:0 erhöhen. Die Vorarbeit kam von Mazzola und Sisti mit einem brillanten und flink gespielten Doppelpass. Danach war das Spiel gelaufen, trotz einiger schöner Spielzüge der Jugoslawen, die jedoch im italienischen Catenaccio erstickten. Auf der anderen Seite sorgten italienische Konter wiederholt für Gefahr vor dem jugoslawischen Tor, in dem mit Keeper Pantelic der an diesem Abend beste Jugoslawe stand.

Die *Squadra Azzurra* wurde Europameister, weil sie deutlich besser spielte als in den beiden vorausgegangenen Begegnungen und eine taktisch brillante Vorstellung ablieferte. Mitic brachte es auf den Punkt: „Die Italiener erwiesen sich als stärker und haben verdient gewonnen. Wir hätten am Samstag gewinnen müssen. Diesmal war gegen Italien nichts auszurichten." Italien feierte den ersten offiziellen Europameister, und die *Gazetta dello Sport* titelte: „Wiedergeburt der Squadra Azzurra! Sieg nach 30 Jahren der Enttäuschung! Italien wieder an der Spitze!"

EM im Westen angekommen

Als Sieger des Turniers konnte sich auch die UEFA fühlen. Denn was die Aufmerksamkeit durch Medien und Öffentlichkeit anbetraf, so war die erste offizielle EM auch die bis dahin erfolgreichste. Bereits die Qualifikationsspiele belegten, dass das Turnier nun auch im Westen angekommen war und angenommen wurde. Zuschauerkrösus war England mit einem durchschnittlichen Zuschauerzuspruch von 86.481, gefolgt von Schottland (78.917) und Deutschland (51.287). Das erste osteuropäische Land folgte mit Polen (47.283) dieses Mal erst auf Platz vier. Weiter ging es mit den Niederlanden (45.200), Italien (41.686) und der UdSSR (40.259). Im Viertelfinale betrug der Zuschauerschnitt 68.375. Die EM profitierte auch von dem Fußballboom, den die WM 1966 ausgelöst hatte. Dies galt natürlich insbesondere für die britische Insel, wie die Massen bei den Spielen der „britischen Gruppe" dokumentierten.

Auch beim dritten EM-Turnier gab es einige Mängel zu beklagen, die insbesondere die Endrunde in Italien betrafen. Wie die WM von 1934 blieb auch das zweite große internationale Turnier in Italien nicht frei von dunklen Schatten. Der Gastgeber profitierte von fragwürdigen Schiedsrichterentscheidungen, hinzu kam das einschüchternde Verhalten des Publikums, das in dieser Form wohl aus Südamerika, nicht aber Europa bekannt war. So musste sich der Europameister von 1968 wie der Weltmeister von 1934 fragen lassen, ob er auch in einem anderen Land den Titel gewonnen hätte. Bei der anschließenden WM 1970 in Mexiko konnte Italien allerdings das Finale erreichen und somit seine Spitzenstellung in Europa unterstreichen.

Italien, der zweifache Weltmeister, ist nun auch Europameister. Den Pokal stemmen (v.l.) Anastasi, Facchetti, Trainer Valcareggi.

Voll überschäumender Begeisterung stürmten die Tifosi nach dem Abpfiff das Spielfeld und turnten am Torgestänge herum.

 **1972**

■ Europameisterschaft 1972

Gemeldete Länder: 32

Austragungsmodus: 8 Vorrundengruppen à 4 Teams, die Gruppenersten qualifizieren sich für das Viertelfinale (Hin- und Rückspiel). Endrunde mit Halbfinals, Spiel um den 3. Platz, Finale

Gruppenspiele / Viertelfinale: 105
Zuschauer: 3.394.061 (= 32.324 im Schnitt)
Tore: 244 (= 2.32)

Endrundenspiele: 4
Zuschauer: 106.949 (= 26.737 im Schnitt)
Tore: 10 (= 2,5 im Schnitt)

EM-Spiele insgesamt: 109
Zuschauer: 3.501.010 (= 32.119 im Schnitt)
Tore: 254 (= 2,33 im Schnitt)

Austragungsland der Endrunde: Belgien (14. - 18. Juni 1972)

Austragungsorte: Antwerpen (Stade Bosuil), Brüssel (Parc Astrid und Heyselstadion), Lüttich (Stade Sclessin)

Erfolgreichster Torschütze der Endrunde: Gerd Müller (Deutschland), 4 Tore

Finale: Deutschland - Sowjetunion 3:0 (1:0)
18. 6. 1972, Heyselstadion, Brüssel

Deutschland: Maier, Höttges, Beckenbauer, Schwarzenbeck, Breitner, U. Hoeneß, Netzer, Wimmer, Heynckes, G. Müller, E. Kremers (Trainer. Helmut Schön)
Sowjetunion: Rudakow, Dsodsuaschwili, Churzilawa, Kaplitschnij, Istomin, Kolotow, Troschkin, Konkow (46. Dolmatow), Baidatschnij, Banischewski (65. Ko-Sinkewitsch), Onitschenko (Trainer: Ponomarjow)

Tore: 1:0 G. Müller (27.), 2:0 Wimmer (52.), 3:0 G. Müller (57.)

Schiedsrichter: Ferdinand Marschall (Österreich)

Zuschauer: 43.437

EM 1972
Spiele für die Ewigkeit

1972 begann eine Phase deutscher Dominanz bei den Europameisterschaften. Das DFB-Team, das 1960 und 1964 dem Turnier noch ferngeblieben war und sich bei seiner ersten Teilnahme 1968 kräftig blamiert hatte, stand zu Beginn der 1970er Jahre vor seiner erfolgreichsten Ära. Unter Bundestrainer Helmut Schön war der Generationswechsel abgeschlossen worden und gaben nun Kreativspieler wie Franz Beckenbauer, Günter Netzer oder Wolfgang Overath den Ton an. Bereits beim WM-Turnier 1970 hatte die Nationalelf ihre Kritiker begeistert, und bei der EM 1972 sollte sie ihren Zenit erreichen. Zumindest der Erfolg sollte ihr auch danach treu bleiben. Bei den EM-Turnieren 1972, 1976 und 1980 gelangte das DFB-Team dreimal hintereinander ins Finale; nur einmal unterlag es dort, und dies auch noch äußerst knapp.

Gruppenspiele: Favoriten kommen weiter

Für 1972 hatten sich 32 Länder angemeldet, genauso viele wie 1968. Auch am Austragungsmodus wurde bei dieser zweiten offiziellen Europameisterschaft nicht gerüttelt: In Qualifikationsgruppen wurden zunächst die Teilnehmer am Viertelfinale ausgespielt. Und erst ab dem Halbfinale fand das Turnier in *einem* Land statt; im Juni 1972, zwei Monate vor den Olympischen Sommerspielen in München, war dies Belgien.

Der Verlauf in Gruppe 1 wurde geprägt von internen Reibereien im Verband der **Tschechoslowakei**. Den osteuropäischen Kickern wurden von westdeutschen Sportschuhproduzenten lukrative Angebote unterbreitet. Davon bekamen die Funktionäre des CSSR-Fußballverbandes Wind und sperrten umgehend 20 Spieler samt Trainer Josef Marko. Eine fatale Entscheidung: Beim ersten Qualifikationsspiel gegen den Außenseiter **Finnland** musste sich eine kaum eingespielte tschechoslowakische Mannschaft mit einem 1:1-Remis begnügen. Lediglich 5.000 sahen dabei in Prag zu. Für die Finnen bedeutete dieses Remis den einzigen Punkt und das einzige Tor in der Qualifikation. Den Tschechoslowaken sollte dieser Punktverlust am Ende das Genick brechen.

Gruppe 1: Rumänien

Vier Tage später gastierte Finnland in **Rumänien** und gab beim 0:3 brav die Punkte ab. **Wales** startete mit zwei Heimspielen. Zunächst gab es in Cardiff ein 0:0 gegen Rumänien, dann unterlag man in Swansea der CSSR mit 1:3. Bei den Tschechen wirkten die gesperrten Schuh-Interessenten wieder mit. Sie sorgten auch dafür, dass unter den Augen von Gustav Husak, der nach der Niederschlagung des Prager Frühlings Alexander Dubcek als Generalsekretär der KP beerbt hatte, die Rumänen in Bratislava durch ein spätes Tor mit 1:0 besiegt werden konnten. Auch das Rückspiel gegen Wales gewann die CSSR zu Hause durch ein Tor von Kuna mit 1:0.

Für den Gruppensieg kamen jetzt nur noch Rumänien und die CSSR in Betracht. Beide trafen zum Rückspiel in Bukarest aufeinander. In der nervös und hektisch geführten Partie gingen zunächst die Gastgeber in der 26. Minute durch Dembrovszki mit 1:0 in Front. Fünf Minuten nach dem Anpfiff zur zweiten Halbzeit konnte Capkovic für die CSSR ausgleichen. Die Freude währte aber nur kurz. Bereits in der 52. Minute markierte Dobrin für die Rumänen die erneute Führung, die nun geschickt über die Zeit gerettet wurde. Die CSSR konnte nun nur noch darauf hoffen, dass Wales Rumänien im letzten Spiel dieser Gruppe zumindest einen Punkt abknöpfen würde, woraus jedoch nichts wurde. Die Waliser unterlagen in Bukarest mit 0:2, und Rumänien wurde Gruppenerster mit 9:3-Punkten, genauso vielen wie die CSSR. Beide Teams hatten jeweils elf Tore geschossen. Aber die Tschechoslowaken hatten zwei Treffer mehr kassiert als die Rumänen. In Prag dachte man in diesen Stunden an die Auftaktpartie gegen Finnland, als der konservative Dogmatismus verknöcherter Fußballbürokraten über die Fußballvernunft gesiegt hatte.

Gruppe 2: Ungarn

Zweikampf oder Dreikampf? Das war die große Frage vor dem Start der Gruppe 2. **Bulgarien** und **Ungarn** galten als Favoriten, **Norwegen** als Außenseiter. Ungeklärt war die Spielstärke **Frankreichs**. Keine Überraschung bedeutete deshalb der ungarische 3:1-Auswärtssieg in Norwegen. Frankreich besiegte die Norweger in Lyon mit dem gleichen Resultat, und Ungarn konnte froh sein, in Budapest nicht gegen Frankreich verloren zu haben. Die *Équipe Tricolore* führte dort bis zur 70. Minute, ehe Kocsis noch der Ausgleich gelang. Frankreich hatte nun unmittelbaren Kontakt zur Spitze. Richtungsweisenden Charakter konnte die Begegnung Bulgarien gegen Ungarn bekommen. Bulgarien gewann sicher mit 3:0, die Ungarn waren zunächst einmal verdrängt. Doch im Herbst 1971 meldeten sich die Magyaren zurück, als sie zunächst die Bulgaren in Budapest mit 2:0 schlugen und 14 Tage später mit dem gleichen Resultat die Punkte aus Paris entführten. Den dritten Sieg in Folge landeten die Osteuropäer daheim mit 4:0 gegen Norwegen. Der Spielplan wollte es, dass Frankreich und Bulgarien die letzten beiden Gruppenspiele untereinander auszutragen hatten. Um die Ungarn noch abzufangen, hätte einer der beiden Konkurrenten beide Spiele deutlich gewinnen müssen. Zunächst traf man in Nantes aufeinander. Frankreich siegte nach 0:1-Rückstand knapp mit 2:1. Bulgarien strich die Segel, doch auch für Frankreich sah es finster aus. Denn das Rückspiel hätten die Franzosen mindestens mit 5:0 gewinnen müssen, um weiterzukommen. Daran glaubten wohl selbst die eigenen Spieler nicht ganz. Am Ende verlor die „Grande Nation" sogar mit 1:2, und Ungarn hatte das Viertelfinale erreicht.

Nur knapp unterliegt die Schweiz gegen England in Basel mit 2:3. Hier verhindert der englische Keeper Banks den Ausgleich durch Künzli.

Mit der Gruppe 3 schien **England** ein glückliches Los getroffen zu haben. Die *Three Lions* trafen auf **Malta**, **Griechenland** und die **Schweiz**. Daheim waren Englands Nationalkicker und ihr Coach Alf Ramsey zusehends in die Kritik geraten. Der Kredit des WM-Triumphes von 1966 war längst verbraucht. Die Medien bemängelten fehlenden Spielwitz und eine rein athletische Spielauffassung. Bedingt durch den Spielplan, der erst ein spätes Eingreifen der Engländer vorsah, ließ sich ausführlich über diese vermeintlichen Schwächen debattieren; erst im späten Winter 1971 musste Coach Sir Alf Ramsey auf dem Spielfeld Rede und Antwort stehen. Bis dahin konnte er die Gegner studieren. Viel sah er nicht beim 1:1 im Auftaktspiel zwischen Malta und Griechenland. Interessanter gerieten dafür die beiden Auslandsauftritte der Schweiz. In Athen gewann die *Nati* 1:0, und Malta wurde mit 2:1 niedergerungen. Dann stieg England in die Qualifikation ein: 1:0 auf Malta und 3:0 in London gegen Griechenland lautete die erfolgreiche Auftaktbilanz. Zufrieden war man mit der Ramsey-Truppe auf der Insel trotzdem nicht. Auch ein 5:0-Heimsieg über Malta katapultierte die *Three Lions* nicht aus den Negativschlagzeilen. Schließlich war der Schweiz in Luzern das gleiche Ergebnis gegen den gleichen Gegner gelungen. Die Eidgenossen entwickelten einen sehr guten Lauf. In Bern besiegten sie Griechenland mit 1:0 und schraubten ihr Punktekonto auf stolze 8:0 Zähler. Damit befanden sich England und die Schweiz im Rennen um Platz eins auf Augenhöhe. Die Entscheidung musste in den zwei aufeinanderfolgenden direkten Vergleichen fallen.

Gruppe 3: England

Fasziniert von der zuvor kaum möglich gehaltenen Chance, sich für das Viertelfinale zu qualifizieren, strömten über 50.000 Zuschauer ins Baseler St.-Jakob-Stadion. Das Spiel war gerade mal eine Minute alt, da stand es schon 1:0 für England. Getroffen hatte WM-Held Geoffrey Hurst. Der Ausgleich durch Jeandupeux fiel bereits in der 10. Minute, doch 120 Sekunden später gelang den Gästen die erneute Führung durch Chivers. Kurz vor dem Halbzeitpfiff konnte Künzli per Kopf ein weiteres Mal egalisieren. Ein Fehlpass von Pierre Albert „Gabet" Chapuisat leitete in der 77. Minute den Siegtreffer für die *Three Lions* ein. Abwehrspieler Weibel versuchte nach einer Chivers-Flanke vor Francis Lee zu retten, drückte dabei aber den Ball an seinem irritierten Torwart vorbei über die Linie. Die *Nati* war Opfer des kolossalen Tempos geworden, das sie eine gute Stunde lang vorgelegt hatte. Im Rückspiel vor über 90.000 Zuschauern in London gaben die Eidgenossen, samt und sonders nur Halbprofis, noch einmal alles und erkämpften ein 1:1-Remis. Die 1:0-Führung der Engländer durch Summerbee (9.) konnte Odermatt mit einem listigen Bananenschuss ausgleichen (26.). Der *Guardian* schrieb anschließend, die Schweizer Köbi Kuhn und Karl Odermatt seien die „einzigen wirklichen Fußballer" auf dem Platz gewesen. Für den *Daily Mirror* war Ramseys Team nur knapp einer Demütigung entgangen. Immerhin qualifizierte es sich durch den abschließenden 2:0-Sieg über Griechenland doch recht deutlich für das weitere Turnier.

Gruppe 4: UdSSR

In der Gruppe 4 rangen zwei Teams aus der europäischen Leistungsspitze miteinander: **UdSSR** und **Spanien**. Hinzu kamen als (krasse) Außenseiter **Nordirland** und **Zypern**. Entsprechend gestaltete sich der Auftakt: Spanien gewann in Sevilla gegen Nordirland mit 3:0, die UdSSR setzte sich auf Zypern mit 3:1 durch. Nordirland distanzierte Zypern anschließend in zwei unmittelbar aufeinanderfolgenden Spielen: 3:0 hieß es in Zypern für die Männer um Keeper Pat Jennings, der noch zu einer Legende aufsteigen sollte, 5:0 sogar im Rückspiel in Belfast. Auch Spanien gewann in Nikosia problemlos (2:0), doch in Moskau unterlag die *Selección* der UdSSR vor über 80.000 Zuschauern mit 1:2. Die Entscheidung fiel erst in der Schlussphase. Kolotow brachte die Sowjets in der 79. Minute mit 1:0 in Führung, Schewtschenko erhöhte vier Minuten später auf 2:0. In der 88. Minute markierte Rexach den zu späten Anschlusstreffer für die Iberer. Gegen Zypern untermauerte die UdSSR mit einem 6:1 ihren Anspruch auf den Gruppensieg, in den beiden Spielen gegen Nordirland blieben die Sowjets indes blass. In Moskau gab es ein mühseliges 1:0. Prominentester Akteur der überraschend starken Nordiren war George Best, der allerdings im Rückspiel fehlte. Trotzdem kam die Sowjetunion in Belfast nicht über ein 1:1-Remis hinaus, der erste Punktverlust für die *Sbornaja* in der Qualifikation.

Sekt oder Selters hieß es im Oktober für die Spanier, als die Sowjets in Sevilla gastierten. Wollte die *Selección* im Geschäft bleiben, musste sie unbedingt gegen die UdSSR gewinnen und anschließend auch Zypern und Nordirland die Punkte abnehmen. Aber die Sowjets vereitelten den spanischen Plan. Sie stellten sich mit Mann und Maus in die eigene Hälfte und ließen die Spanier 90 Minuten am langen Arm verhungern. Das sah nicht gut aus, war aber effizient. Mit diesem ermauerten 0:0 war die UdSSR Gruppensieger. Spaniens letzte Auftritte waren nur noch von statistischem Wert. Die Begegnung gegen Nordirland (1:1) wurde im englischen Hull ausgetragen, die erste Ansetzung am 10. November 1971 in Belfast war politischen Unruhen zum Opfer gefallen. Einige Monate zuvor hatte die britische Regierung in der nordirischen Provinz die Internierung von „Terrorverdächtigen" eingeführt, woraufhin es zur Eskalation der Gewalt gekommen war.

Mit Spannung erwartete man den Ausgang der Gruppe 5. Vor allem interessierte die Frage, ob **Schottland** bereits so weit war, den Favoriten **Portugal** und **Belgien** Paroli zu bieten. Zwei Jahre zuvor, in der Qualifikation zur WM 1970, waren die Schotten an Deutschland gescheitert, dennoch war Teamchef Bobby Brown überzeugt, dass es in Schottland „mehr Klasseleute pro Quadratmeile als in jedem anderen auf der Erde gibt". Eine Einschätzung, die hundert Jahre zuvor zweifelsohne zugetroffen hätte. Der Vierte im Bunde, **Dänemark**, galt zu diesem Zeitpunkt noch als Fußball-Nobody. Das bestätigte sich auch prompt: 0:1 in Kopenhagen gegen Portugal, 0:1 in Glasgow gegen Schottland und 0:2 in Brügge gegen Belgien bedeuteten eine Auftaktbilanz von 0:6 Punkten und das frühe Aus in der Qualifikation. Belgien und Schottland trafen Anfang des Jahres 1971 in Lüttich aufeinander. Dank eines überragenden Lambert konnte Belgien das Duell nach einer Galavorstellung mit 3:0 für sich entscheiden. Zweifacher Torschütze war Paul van Himst. Mit dem gleichen Ergebnis wurde in Brüssel Portugal in die Schranken verwiesen, bei denen immer noch der WM-Star von 1966, Eusebio, mitwirkte. Damit standen die Portugiesen unter Zugzwang. Der 2:0-Sieg über Schottland in Lissabon war bitter nötig, sonst wären die Belgier frühzeitig durch gewesen. Der portugiesische 5:0-Erfolg über Dänemark war eher selbstverständlich. Das galt auch für Belgiens 2:1-Sieg in Kopenhagen, die Dänen waren schlicht zu harmlos. Trotzdem erlaubten sich die Schotten die Peinlichkeit einer 0:1-Niederlage in Dänemark. Der großmäulige Bobby Brown musste anschließend seinen Hut

■ **George Best und die IRA**

Ausgerechnet George Best fehlte den Nordiren im Heimspiel gegen die UdSSR. Der bis heute populärste irische Fußballspieler war in den späten 1960ern im Trikot von Manchester United zum ersten Popstar des europäischen Fußballs avanciert und wurde 1968 zum europäischen „Fußballer des Jahres" gewählt. Vor einem Auswärtsspiel Manchester Uniteds in Newcastle erhielt der Protestant Best eine Morddrohung der IRA. Augenzeugen berichteten später, dass sich Best beim Spiel im St James Park permanent in nervöser Bewegung befunden habe – aus Angst vor einem Attentäter aus der Menge. Best wurde unter Polizeischutz gestellt und musste sein Mitwirken beim Spiel gegen die UdSSR in Belfast absagen. Dass seine Furcht nicht unbegründet war, zeigte sich später: Seiner Schwester wurde beim Verlassen einer Belfaster Turnhalle in die Beine geschossen. Der Kicker sollte nach diesen Vorfällen nie wieder seine alte Form erreichen.

Gruppe 5: Belgien

> **■ Balsam für Belgiens Wunde**
>
> Die Qualifikation für die EM-Endrunde war Balsam auf die belgische WM-Wunde. In Mexiko war man 1970 bereits in der Vorrunde ausgeschieden, nach Niederlagen gegen die UdSSR (1:4) und den Gastgeber (0:1). Lediglich gegen den Fußballzwerg El Salvador hatte es zu einem Erfolgserlebnis gereicht. Anschließend hatten die beiden langjährigen *Rode Duivels* van Himst und Puis vom RSC Anderlecht keine Lust mehr. Nationalcoach Raymond Goethals, der das Team seit 1968 hauptverantwortlich betreute, konnte van Himst zum „Rücktritt vom Rücktritt" bewegen, während Puis ihm lediglich für Notsituationen zusagte.

nehmen. Mit dem neuen Coach Tommy Docherty rangen die Schotten im nächsten Spiel die favorisierten Portugiesen mit 2:1 nieder. Vier Wochen später musste auch Belgien in Aberdeen beim schottischen 1:0-Sieg beidrehen. Zum letzten Match reiste Belgien nach Lissabon. Die Portugiesen hätten mindestens mit zwei Toren Unterschied gewinnen müssen, um noch Platz eins zu erreichen. Es blieb ein Rechenexempel. Mit knapper Not konnte eine Heimniederlage vermieden werden. Erst eine Minute vor Spielende gelang Peres der portugiesische 1:1-Ausgleich, und die Belgier konnten ihr Weiterkommen bejubeln.

Gruppe 6: Italien

In der Gruppe 6 hieß der haushohe Favorit Vizeweltmeister und Titelverteidiger **Italien** mit seinen Stars Rivera, Riva, Zoff und Mazzola. **Österreich**, **Irland** und **Schweden** waren hier lediglich Zählkandidaten. Die *Squadra Azzurra* wurde den Erwartungen gerecht. Sie schlug hintereinander die Österreicher in Wien mit 2:1 und die Iren in Florenz und Dublin mit 3:0 bzw. 2:1. Österreich blieb zunächst in den Startblöcken hängen. Nach der Niederlage gegen Italien patzte man auch bei den Schweden und verlor vor nur gut 5.000 Interessierten mit 0:1. Völlig überraschend kam deshalb der 4:1-Auswärtssieg der Österreicher in Dublin. Die Iren schienen der Alpenrepublik zu liegen. Im Rückspiel fingen sich die *Boys in Green* eine 0:6-Packung. Allein Bundesliga-Legionär Thomas Parits von Eintracht Frankfurt langte dreimal hin. Nicht so hoch, aber immerhin mit 1:0 konnten die Schweden im Rückspiel in Wien besiegt werden. Doch die österreichischen Anstrengungen kamen viel zu spät. Italien war längst auf und davon. Zwar gab es in Schweden nur ein 0:0, in Mailand rückten die Azzurri aber die Maßstäbe wieder zurecht. 3:0 hieß es beim Abpfiff des Rückspiels gegen die Skandinavier. Als Österreich zum letzten Gruppenspiel nach Rom reiste, stand Italien bereits als Gruppensieger fest. Viele Stars der *Squadra Azzurra* durften deshalb eine Auszeit nehmen, der Rest ließ es gemächlich angehen. Vor 85.000 Zuschauern in Rom trennten sich beide Teams unentschieden.

Gruppe 7: Jugoslawien

Gespannt war man in der Gruppe 7 auf das Abschneiden der **DDR**-Auswahl von Trainer Georg Buschner, der den Job des Auswahltrainers 1970 übernommen hatte. Unter Buschner begannen nun die erfolgreichsten Jahre des DDR-Fußballs. Der Coach war ein „Abweichler", der bei der Sportführung nicht sonderlich beliebt war. Buschner ignorierte mehr oder weniger das in der DDR übliche „wissenschaftlich abgesicherte" Training, um sich stattdessen an modernen westlichen Methoden zu orientieren. Außerdem forderte er mehr

Österreich trotzt Italien ein 2:2 ab. Hier setzt sich Jara erfolgreich gegen Boninsegna und Raversi (v.l.) durch.

DDR-Stürmer Vogel überläuft die jugoslawischen Abwehrspieler Pavlovic und Antonijevic. Das Buschner-Team scheiterte aber in der Qualifikation.

Leistungsvergleiche mit westlichen Auswahlteams. Buschner setzte vor allem auf eine starke Abwehr und solide Fußball-Handwerker.

Mit **Holland** und **Jugoslawien** hatten die Ostdeutschen Gegner gezogen, die in Europa zur Spitze zählten. Dagegen galt **Luxemburg** als garantierter Punktelieferant. Prompt verlor das Großherzogtum auch sein erstes Heimspiel gegen Jugoslawien mit 0:2. Die *Plavi* hatte damit einen guten Start, denn sie hatte in Rotterdam bereits unentschieden 1:1 gespielt. Die niederländische Elf, in der mit Johan Neeskens und Johan Cruyff vom Europapokalsieger Ajax Amsterdam bereits zwei kommende Megastars aufliefen, kam nicht in Fahrt. In Dresden verlor sie mit 0:1 gegen die DDR und in Split mit 0:2 gegen Jugoslawien. Da bedeutete der Rotterdamer 6:0-Kantersieg gegen Luxemburg wenig Trost, denn die Qualifikation konnte bereits abgehakt werden.

Das ostdeutsche Buschner-Team dagegen lieferte sich mit den Jugoslawen einen packenden Zweikampf. Vier Punkte holte es gegen Luxemburg (5:0 auswärts und 2:1 im heimischen Gera). Zur Nagelprobe kam es im Mai 1971. In Leipzig gastierte Jugoslawien mit 5:1 Punkten, die DDR wies sogar mit 6:0 eine blütenweiße Weste aus. Offiziell 94.876 Zuschauer im Leipziger Zentralstadion untermauerten die Bedeutung dieses Spiels, im Übrigen das 100. Länderspiel in der Fußball-Geschichte des „anderen deutschen Staates", dessen Auftakt die Ostdeutschen verschliefen. Nach 19 Minuten lagen die DDR-Kicker mit 0:2 hinten. Später verkürzten sie noch, der Ausgleich gelang aber nicht mehr. Jetzt musste unbedingt ein Sieg in Rotterdam gegen Holland her. Die Niederländer wurden erst durch die 1:0-Führung der DDR aus ihrem Schlummer gerissen. Sie konnten sich steigern und schließlich noch knapp mit 3:2 gewinnen. Für Rang eins kam das DDR-Team nun nicht mehr in Betracht. Es zeigte aber trotzdem Moral und ertrotzte sich ein 0:0 in Belgrad. Jugoslawien hatte den Gruppensieg geschafft und konnte sich in Titograd ein peinliches 0:0 gegen Luxemburg leisten. Nur sieben Tore hatte Jugoslawien in den Qualifikationsspielen geschossen, elf weniger als der Gruppenzweite Niederlande. Und auch der Dritte DDR erzielte vier Tore mehr.

Gruppe 8: Deutschland

In der Gruppe 8 begann die Auswahl der **Bundesrepublik** bescheiden und zurückhaltend. In Köln kam sie nicht über ein 1:1 gegen die **Türkei** hinaus. Die Türken zählten wie die Gruppengegner **Polen** und **Albanien** nicht zur europäischen Spitze. In Polen (0:3) und in der Türkei (1:2) hatten die Albaner bereits verloren. Jetzt empfingen sie den Gruppenfavoriten Deutschland. Alles andere als souverän traten die Deutschen in Tirana auf, wo sie bei der EM 1968 die Qualifikation für das Viertelfinale verspielt und ihre größte Nachkriegsblamage erlitten hatten. Bundestrainer Helmut Schön ging diesmal auf Nummer sicher und holte wegen verletzungsbedingter Absagen den Mailänder Oldie Karl-Heinz Schnellinger zurück ins Aufgebot. Dank Goalgetter Gerd Müller, bei der WM 1970 mit zehn Treffern Torschützenkönig, gewann das DFB-Team knapp mit 1:0. Runder lief es für Beckenbauer und Co. in der Türkei, die mit 3:0 bezwungen wurde.

Polen erlebte einmal mehr, wie unangenehm gegen die albanische Nationalmannschaft zu spielen war. Im Mai erstocherten sich die Osteuropäer ein mühevolles 1:1 in Tirana. Auswärts waren die Skipetaren bemüht, Niederlagen in Grenzen zu halten. In Karlsruhe ermauerten sie sich eine knappe 0:2-Niederlage gegen eine ersatzgeschwächte deutsche Elf. Der nächste Auftritt der Deutschen führte sie nach Polen, wo zuvor die Türkei 1:5 verloren hatte. 63.200 Zuschauer waren in Warschau ins Stadion gekommen, das waren mehr als doppelt so viele wie bei den anderen beiden Heimauftritten der Polen zusammen. Ungefähr die Hälfte von ihnen war aus der DDR angereist, bot das Spiel doch die Gelegenheit, die westdeutschen Stars einmal aus der Nähe zu betrachten. Die erste halbe Stunde wurde von der DFB-Elf verbummelt. Die Folge war die polnische 1:0-Führung durch Gadocha (27.). Angefeuert von ihren Fans aus der DDR, rissen die Westdeutschen das Steuer noch herum und siegten letztlich verdient durch Tore von Müller (29., 64.) und Grabowski (70.) mit 3:1. Für die Schön-Elf standen nun respektable 9:1-Punkte zu Buche, weshalb sie sich im Hamburger Polen-Rückspiel ein mageres 0:0 erlauben konnte – das Viertelfinale war erreicht. Einen Achtungserfolg fuhr Albanien mit einem 3:0-Sieg in Tirana über die Türkei ein. Trotzdem reichte es nur für den letzten Platz.

Den besten Zuschauerschnitt der Vorrunde verbuchte England mit 62.360, gefolgt von Italien (53.475), der Bundesrepublik Deutschland (52.495), Ungarn (47.620), Niederlande (47.451), DDR (45.563) und Rumänien (45.138). Die Ostblock-Derbys mobilisierten unverändert große Zuschauermassen. Neben der Begegnung DDR gegen Jugoslawien sind hier insbesondere noch Rumänien gegen Tschechoslowakei (63.583 in Bukarest) und Ungarn gegen Bulgarien (67.740 in Budapest) zu nennen. Auch die Viertelfinalspiele sollten noch enorme Zuschauerzahlen aufweisen. 578.837 Zuschauer sahen die neun Begegnungen, das waren im Schnitt 64.315.

Viertelfinale: Deutscher Sieg in Wembley

Noch vor den Spielen des Viertelfinales wollte die UEFA das Land bestimmen, in dem die Halbfinalbegegnungen sowie die Endspiele stattfinden sollten. Kandidat Nr. 1 war England. Sollten die Briten im Viertelfinale ausscheiden, würde der Sieger der Begegnungen zwischen Italien und Belgien den Zuschlag erhalten. Da niemand ernsthaft mit einem Weiterkommen Belgiens rechnete, bereiteten sich England und Italien auf die Austragung vor.

Die Auslosung des Viertelfinales brachte vielversprechende Begegnungen. Die Italiener trafen wie erwähnt auf Belgien, der Papierform nach eine klare Angelegenheit für den Vize-Weltmeister. In einem rein osteuropäischen Duell spielten Rumänien und Ungarn gegeneinander. Auch kühnste Spekulanten vermochten nicht die Rolle des Favoriten zu vergeben. UdSSR gegen Jugoslawien bedeutete die Neuauflage des ersten EM-Finales von 1960. Schockiert zeigte sich die Fußballöffentlichkeit in **Deutschland**. Ausgerechnet **England** hieß der Gegner. Der *Kicker* titelte: „Schlimmer ging's nicht!"

Die deutsche Nationalelf musste zum Hinspiel nach London reisen. Quartier bezog der Tross im „Homested Court". Das war die gleiche Unterkunft, die auch während der 1966er WM von den Deutschen bewohnt worden war. Aus dem damaligen WM-Finale standen nur noch Höttges, Beckenbauer, Held und Overath im Kader, Letzterer musste allerdings die Rückkehr ins Wembleystadion verletzt absagen. Das Durchschnittsalter der Mannschaft, die schließlich auflief, betrug 25 Jahre und lag damit deutlich unter dem der Ramsey-Elf. Kernstück der Mannschaft war die Bayern-München-Achse mit Torwart Sepp Maier, Libero Franz Beckenbauer und Stürmer Gerd Müller. Im Mittelfeld wurde das Team vom Mönchengladbacher Spielmacher Günter Netzer angetrieben. Die englischen Medien berichteten respektvoll über die deutsche Mannschaft, einen eigenen Sieg stellte man aber zu keinem Zeitpunkt in Frage. Coach Ramsey erwartete ein typisch deutsches Team, das die britischen Zweikämpfe annehmen würde und über den Kampf ins Spiel fände. Die gute Kondition der Engländer würde somit die Entscheidung zu ihren Gunsten erzwingen. Selten lag ein Trainer mit seiner Spielprognose so weit daneben.

Den 96.000 Zuschauern im Wembleystadion offenbarte sich schnell, dass das englische Kraftspiel dem deutschen Kombinationsspiel deutlich unterlegen war. Verschärft wurde das ineffiziente Spiel der Engländer dadurch, dass sie Günter Netzer im Mittelfeld schalten und walten ließen. In der 26. Minute erzielte der erst 20-jährige Stürmer Uli Hoeneß vom FC Bayern das 1:0 für die DFB-Elf. Eine Reaktion der Engländer blieb aus, man ließ die Deutschen weiter gewähren. Erst in der 77. Minute gelang den Gastgebern durch Lee der Ausgleich zum 1:1. Doch die Deutschen ließen ihren Gegner nicht wieder ins Spiel kommen und spielten unbeirrt weiter. Netzer (85., Elfmeter) und Müller (89.) schossen noch einen hochverdienten 3:1-Sieg heraus. Es war der erste Sieg einer deutschen Nationalelf auf englischem Boden gegen das Mutterland des Fußballs. Gleichzeitig bedeutete die-

> ■ **Engländer in Europa erfolglos**
>
> Nach dem Ausscheiden der Engländer sah der *Daily Mirror* das „Ende der Welt" gekommen, wenngleich nur das Ende der Ära von Coach Alf Ramsey bevorstand. Allerdings schlidderte zu Beginn der 1970er Jahre nicht nur die Nationalelf in eine Krise, sondern auch der englische Vereinsfußball. Der Europapokal der Landesmeister wurde in diesen Jahren von Niederländern und Deutschen dominiert. Erst 1978, zehn Jahre nach dem Triumph von Manchester United, gewann mit dem FC Liverpool wieder ein englischer Klub die begehrteste der europäischen Vereinstrophäen. Im Europapokal der Pokalsieger ging England von 1970, als Manchester City den Wettbewerb gewann, bis 1984 leer aus. Auch hier war es der FC Liverpool, der die Durststrecke beendete. Immerhin entwickelte sich die dritte europäische Konkurrenz, der UEFA-Cup, zu einer englischen Domäne. Von 1968 bis 1973 kam der Sieger mit Leeds United (1968, 1971), Newcastle United (1969), Arsenal London (1970), Tottenham Hotspur (1972) und FC Liverpool (1973) aus dem „Mutterland".

Galavorstellung vor der eindrucksvollen Kulisse des Wembleystadions: Deutschland besiegt England auf dem „heiligen Rasen" mit 3:1. Hier kämpfen Gerd Müller und Paul Breitner um den Ball, Torhüter Sepp Maier lauert.

ser Sieg die Geburtsstunde einer deutschen Nationalmannschaft, die nun bis an die Weltspitze vordringen sollte.

Im Zentrum des deutschen Auftritts, der noch Dekaden später die deutschen Fußball-Ästhetiker und -Feuilletonisten verzückte, stand die Achse Beckenbauer-Netzer, die nie besser funktionierte als an diesem Abend und auch nur von kurzer Lebensdauer war. Zog es Beckenbauer in Richtung gegnerischen Strafraum, ließ sich Netzer zurückfallen. Startete der Gladbacher einen seiner unvorhersehbaren Angriffe aus der Tiefe des Raumes, verharrte der Münchener in der Defensive.

Die Fachwelt sparte nicht mit Lobeshymnen auf das deutsche Team. In Frankreich berichtete *L'Equipe* ihren Lesern von „Traumfußball aus dem Jahre 2000". FIFA-Präsident Sir Stanley Rous verglich die Deutschen mit jener ungarischen „Wunderelf", die 1953 als erste Nationalmannschaft mit einem 6:3-Sieg über England die Festung Wembley erstürmt hatte.

Was tut man, wenn einem die spielerischen Mittel fehlen? Sir Alf Ramsey beantwortete diese Fragen traditionell. Im Rückspiel vor 76.200 Zuschauern im Berliner Olympiastadion versuchte der englische Coach spielerische Defizite gegenüber den Deutschen durch Körpereinsatz auszugleichen. Die deutsche Auswahl ging dagegen sehr

Die Briten rustikal vorsichtig ins Spiel. Wie weggewischt waren Spielwitz und -fluss aus dem Hinspiel. Dafür regierte der Sicherheitsfußball. So nahm es wenig Wunder, dass nach 90 Minuten, die zeitweilig von den Briten rustikal geführt wurden, ein 0:0 zu Buche stand. Damit waren die Deutschen für das Halbfinale qualifiziert. Die Briten mussten einsehen, dass ihr Spiel in der Zeit nach Bobby Charlton nicht mehr zeitgemäß war. Rameys Elf besaß ein hohes Durchschnittsalter. Im Hinspiel in London standen mit Banks, Moore, Ball, Peters und Hurst noch fünf „Helden von 1966" auf dem Rasen.

Deutschlands und Englands Fußball entwickelten sich in diesen Jahren in unterschiedliche Richtungen. Der Sieg der DFB-Elf in Wembley war bereits der dritte gegen den einstigen Lehrmeister in Folge – nach zuvor zehn Niederlagen und zwei Unentschieden. Bereits im Viertelfinale der WM 1970, das ein Wiedersehen zwischen Weltmeister und Vize-Weltmeister bescherte, hatten die *Three Lions* mit 2:3 n.V. das Nachsehen gehabt. Die deutsche Nationalelf hatte sich nach der Niederlage im WM-Finale 1966 spielerisch kontinuierlich weiterentwickelt, schoss beim WM-Turnier in sechs Spielen 17 Tore, lieferte sich mit Italien ein fantastisches Halbfinale (3:4 n.V.), das noch viele Jahre später als „Jahrhundertspiel" firmierte, und wurde Dritter. Mit der englischen Nationalelf ging es indes ebenso kontinuierlich bergab. Vom 22. Mai 1971, als man Schottland mit 3:1 schlug, bis zum 12. Mai 1973, als man Nordirland mit 2:1 bezwang, konnten die *Three Lions* kein Heimspiel gewinnen. Die WM 1974 war dann die erste seit 1938, die ohne das „Mutterland" stattfand, und auch für die Endrunde der EM 1976 konnte man sich nicht qualifizieren.

Der amtierende Europameister und Vize-Weltmeister **Italien** empfing in seinem Hinspiel die **Belgier** im Mailänder San-Siro-Stadion. Die Gäste gingen als Außenseiter in die Begegnung, wenngleich das belgische Spiel ein exzellentes Abwehrverhalten auszeichnete – darin waren sie den Italienern ähnlich. Rückgrat der belgischen Defensive war der mit unglaublichen Reflexen ausgestattete Schlussmann Piot. Lediglich drei Gegentore kassierte der Keeper von Standard Lüttich in den Qualifikationsspielen. Die Italiener verdankten ihren klaren Qualifikationserfolg dem abgeklärten Spiel so gestandener Akteure wie Mazzola, Facchetti oder Riva. Die Qualifikation hatte aber auch gezeigt, dass diese italienische Mannschaft ihren Zenit bereits überschritten hatte. Gleichwohl konnten sich die Azzurri immer noch auf ihre Abwehr verlassen. Im Mailänder Stadion hatten sie beispielsweise seit 1954 keinen Gegentreffer mehr zugelassen.

Das Spiel begann ganz nach den Wünschen der italienischen Fans. Die *Squadra Azzurra* entwickelte einen aggressiven Drang Richtung belgisches Tor, oft in einer übertrieben harten Gangart. Die Belgier taten gut daran, sich diese Spielweise nicht aufzwingen zu lassen. Ruhig und besonnen verteidigten sie ihr Gehäuse, in dem Piot erneut eine Weltklasseleistung zeigte. Besonders in der zweiten Halbzeit brauchte er sich nicht über einen Mangel an Arbeit beklagen. Das belgische Abwehrbollwerk hielt, auch weil mit zunehmender Spielzeit der Frust der Italiener wuchs und ihre Aktionen

Belgien kickt Italien aus dem Turnier. Hier setzt sich Verheyen gegen Facchetti (rechts) durch.

immer ungenauer wurden. Beinahe hätten die Italiener sogar noch das Spiel verloren, als kurz vor dem Abpfiff Belgiens Dockx auf und davon war. Mit einer Glanzparade konnte Italiens Keeper Albertosi das 0:0-Remis retten. Das letzte Mal, dass ein Gegner den Azzurri in Mailand wenigstens ein Remis abtrotzen konnte, war am 6. Mai 1951 gewesen, als sich Italien und Jugoslawien in San Siro ebenfalls torlos trennten.

In das Rückspiel gingen die Italiener mit wilder Entschlossenheit und vielen „Gastarbeiter-Fans" im Rücken. Im Brüsseler Heysel-Stadion ließen die Belgier den Ball laufen und versuchten erst gar nicht, sich in Zweikämpfe ziehen zu lassen. Diese wurden von den Italienern mit großer Härte und zeitweilig auch unfair geführt. Immer wieder schalteten sich italienische Abwehrspieler in den eigenen Angriff ein und versuchten den Druck auf Belgien zu erhöhen. Der Schuss ging aber nach hinten los, denn die Belgier starteten gefährliche Konterattacken. Van Moers tat sich hier besonders hervor. Er war es auch, der in der 24. Minute zum belgischen 1:0 traf. Italien reagierte mit groben Fouls. Unrühmlicher Höhepunkt war eine üble Attacke von Bertini gegen den Torschützen van Moers, der daraufhin mit einem Knöchelbruch ausschied. Zu Beginn der zweiten Halbzeit kamen die Italiener zunächst besser ins Spiel, doch das Tor fiel auf der anderen Seite. Paul Van Himst markierte in der 71. Minute das entscheidende 2:0. Luigi Riva verwandelte in der 86. Minute zwar noch einen Foulelfmeter, mehr als Ergebniskosmetik war das aber nicht. Der Europameister war ausgeschieden, die Belgier strotzten dagegen vor Selbstvertrauen, auch wenn der nächste Gegner Deutschland hieß.

Mit **Ungarn** und **Rumänien** trafen zwei Mannschaften aufeinander, die beide gewohnt waren, über den Kampf ins Spiel zu kommen. Beide Teams galten als etwa gleich stark. Weder die ungarische noch die rumänische Mannschaft verfügte über Spieler, die zur europäischen Spitze zählten. Allenfalls Kocsis konnte bei den Magyaren das Spiel im Mittelfeld dirigieren. Von ihm gingen noch am ehesten kluge und spielöffnende Pässe aus. Allerdings kollidierte sein lockeres Privatleben mit der Spießbürgerlichkeit des ungarischen Fußballs – folglich wurde er zum Ende der Qualifikation intern gesperrt. Zum Viertelfinale war er aber wieder an Bord. Rumäniens Spielauffassung war eher passiv; die Spieler vermieden riskante Pässe in die Spitze. Lieber ließen sie den Gegner auf sich zukommen und versuchten ihn bereits im Mittelfeld zu stellen. Ansonsten sicherte eine straff organisierte Abwehr hinten die Null. Gefährlich wurden die Rumänen, wenn sich Abwehrspieler nach vorne orientierten. Die langen Laufwege, die diese Strategie verlangte, konnten sie sich leisten, denn das rumänische Auswahlteam galt als sehr konditionsstark.

Zunächst reisten die Rumänen ins ungarische Budapest, wo 68.585 Zuschauer bereits in der 11. Minute das 1:0 für die Magyaren durch Branikovits bejubeln durften. Angetrieben vom überlegen aufspielenden Kocsis bedrängte die Heimmannschaft weiter das rumänische Tor. Doch außer zwei Pfostentreffern kam nichts Zählbares dabei heraus, und mit 1:0 wurden die Seiten gewechselt. Nach dem Wiederanpfiff kippte das Spiel, weil Rumänien mehr Kondition in die Waagschale werfen konnte. In der 55. Minute erzielte der aufgerückte Verteidiger Sátmăveanu per Kopfballtreffer den Ausgleich. Danach machten die Rumänen hinten dicht und retteten das Unentschieden über die Zeit.

Beim Rückspiel im Bukarester Stadion „23. August" sahen 75.000 Zuschauer eine völlig anders spielende ungarische Elf, die selbstbewusst und abgeklärt ihr Spiel aufzog. Schon vier Minuten nach dem Anpfiff gelang Szöke das ungarische 1:0. Zwar konnten die Rumänen zehn Minuten später durch Dobrin ausgleichen, doch der überragende Kocsis markierte in der 35. Minute die neuerliche ungarische Führung. Zum Ende der ersten Halbzeit entschied der deutsche Schiedsrichter Tschenscher auf Elfmeter für Ungarn. Kocsis hätte der Mann des Tages werden können, stattdessen vergab er die Chance. Im zweiten Durchgang ließen wie im Hinspiel die Kräfte bei den Magyaren nach. Rumänien wurde stärker, musste sich aber bis zur 82. Minute gedulden, als der eingewechselte Neagu den Ausgleich erzielte, der auch beim Abpfiff Bestand hatte. Damit war ein drittes Spiel vonnöten, das nur drei Tage später in Belgrad angepfiffen wurde – ein Nachteil für die konditionsschwachen Ungarn. Umso erstaunter waren die gut 32.000 Zuschauer über die ungarische 1:0-Führung durch Kocsis Mitte der ersten Halbzeit. Neagu konnte sieben Minuten später ausgleichen, eine Kopie der Begegnung von Bukarest. Doch die Kopie endete im zweiten Durchgang. Denn nun waren es die Rumänen, die konditionell in die Knie gingen. Als ob sie sich in den beiden

Ungarn erfolgreich nach 268 Minuten

vorausgegangenen Spielen geschont hätten, bekamen die Ungarn plötzlich die zweite Luft und kombinierten wie in ihren besten Zeiten. Einen dieser Spielzüge schloss Kocsis zwei Minuten vor dem Abpfiff mit dem 2:1 ab. Nach 268 kampfbetonten Minuten hatte Ungarn die Endrunde erreicht.

Gar nicht zufrieden war man in **Jugoslawien** mit der Auslosung des Viertelfinalgegners **UdSSR**. In der letzten Begegnung hatte die *Plavi* gegen die *Sbornaja* schlecht ausgesehen. Im Oktober 1970 hatte man in Moskau mit 0:4 verloren. Den Jugoslawen fiel es schwer, den eigenen Standort zu bestimmen. 1962 hatte man letztmalig an einer Weltmeisterschaft teilgenommen. Erfolgreicher spielte man dagegen in der Europameisterschaft, hier hatte man immerhin schon zweimal das Finale erreicht. In der Qualifikation hatten die Jugoslawen zwar die Niederlande ausgeschaltet, vor Einbrüchen waren sie aber nie gefeit. Auf die Abwehr mit Dragoslav Stepanovic vor Torwart Enver Maric war Verlass. Nur zwei Treffer hatte die *Plavi* in der Gruppenphase zugelassen. Problematischer gestaltete sich das Spiel nach vorn. Zwar agierte im Mittelfeld mit Branko Oblak ein Akteur, der europäische Spitze verkörperte, im Abschluss aber haperte es gewaltig bei den Jugoslawen. Der sowjetischen Mannschaft eilte der Ruf voraus, konservativ zu spielen. Dabei konnten sie sich ähnlich wie die Jugoslawen auf ein festes Abwehrbollwerk vor Torwart Rudakow verlassen.

Für das Hinspiel in Belgrad erwartete man eine defensiv eingestellte Sowjetelf, deren oberstes Ziel sein würde, keinen Treffer zu kassieren. Die Erwartungen trogen nicht, denn die UdSSR war in der Tat lediglich bemüht, hinten die Null zu halten. Dieser destruktiven Spielauffassung kamen die Jugoslawen zunächst durch ein zaghaftes und nervöses Spiel noch entgegen. Die zweite Halbzeit war geprägt von einem einzigen Sturmlauf der *Plavi*, die jetzt energischer zu Werke ging. Im Abschluss blieb sie aber unkonzentriert und konnte auch sowjetische Abwehrfehler nicht nutzen. 0:0 hieß es daher nach 90 Minuten.

Das Rückspiel vor 82.500 Zuschauern in Moskau begann wie die Belgrader Begegnung, nur mit umgekehrten Vorzeichen. Jetzt waren es die Jugoslawen, die mauerten und auf Konterchancen warteten. Erneut torlos wurden die Seiten gewechselt. Bis zur 53. Minute dauerte das Katz- und Mausspiel, dann eroberte Kolotow das Leder, setzte sich links durch, ließ zwei Gegenspieler elegant aussteigen und erzielte das 1:0 für die Hausherren. Für die Sowjets war dies endlich das Zeichen, noch beherzter das jugoslawische Tor zu bestürmen. Zwei weitere Treffer bzw. ein glatter 3:0-Sieg waren der gerechte Lohn. Die Jugoslawen hatten nun seit dem 22. Juli 1952, also seit fast 20 Jahren, nicht mehr gegen die UdSSR gewonnen, die ihrerseits zum vierten Mal in Folge in die EM-Endrunde eingezogen war.

Endrunde: Minimalistische Sowjets

Nach dem Scheitern der Bewerber Italien und England vergab nunmehr die UEFA Mitte Mai endgültig die Endrunde nach Belgien. Damit fanden die letzten vier Spiele der EM 1972 in einem Land statt, in dem der Radsport die sportliche Nummer eins war. Aktuell fieberten die Belgier mit ihrem Landsmann und Ausnahmesportler Eddy Merckx, der sich anschickte, im Sommer zum vierten Mal die Tour de France zu gewinnen. Politisch befand sich das Land noch auf der Suche nach einer einheitlichen Identität. Flamen im Norden und Wallonen im Süden lieferten sich auch noch in den 1970ern eine zeitweilig erbittert geführte Auseinandersetzung um die Staatssprache. Dieser nur vordergründig als Sprachdebatte geführte Konflikt spiegelte vor allem die sozialen und ökonomischen Unterschiede der beiden Regionen. Brüssel wurde keiner dieser beiden Landesteile zugeordnet, sondern galt als Sonderfall.

Der Konflikt beeinflusste auch die Spielortfrage, bei der ethnische Befindlichkeiten zu berücksichtigen waren. Neben Brüssel entschied sich der belgische Fußballverband für das flämische Antwerpen und das wallonische Liège (Lüttich). Brüssel sollte zwei Spiele in zwei Stadien erleben. Neben dem Heysel-Stadion konnte auch noch auf den Astridpark, Spielstätte des im Westen der Haupstadt beheimateten RSC Anderlecht, zurückgegriffen werden. In kürzester Zeit mussten die Stadien für die Spiele hergerichtet werden. Besonders das Antwerpener Stade Bosuil befand sich in einem schlechten Zustand. Der belgische Verband meisterte diese Probleme mit Bravour. Das konnte von den Verantwortlichen für den Spielplan nicht behauptet werden. Beide Halbfinalbegegnungen fanden am selben Tag zur selben Stunde statt.

Das Spiel zwischen Belgien und Deutschland mobilisierte nicht nur die heimischen Fans. Folglich war es mit 55.601 Zuschauern in Antwerpen ausverkauft. Wer keine Karte besaß, versuchte auf TV-Übertragungen auszuweichen. Mit Folgen für den Zuschauerzuspruch bei der Partie **UdSSR** gegen **Ungarn**, die in Brüssel von nur 1.659 (!) Unverdrossenen gesehen wurde. Eine Kulisse, die keinen der beiden Kontrahenten zu überschäumendem Spiel animierte. Von Anfang an versuchten beide Mannschaften ihrem Gegner durch Härte den Schneid abzukaufen. Doch Schiedsrichter Glöckner aus der DDR behielt die Übersicht. Auf sowjetischer Seite entwickelte sich das gewohnte Bild. Ein dicht gestaffelter Abwehrblock stellte sich den ungarischen Angreifern entgegen. Diese versuchten immer wieder ein Flügelspiel aufzuziehen, was ihnen auch öfter gelang. Doch vor Jaschin-Nachfolger Rudakow blieben die ungarischen Spitzen stumpf, und zum Ende der ersten Halbzeit ließ bei den Ungarn bereits die Kondition nach. Da die UdSSR nichts für den Spielaufbau getan hatten, brauchte sie konditionelle Probleme nicht zu befürchten. In der 53. Minute nutzte Konkow eine ungarische Abwehrschwäche und bugsierte das Leder eiskalt ins Tor. Anschließend zog sich die *Sbornaja* zurück und überließ den ausgelaugten Ungarn das Feld. Sieben Minuten vor Schluss keimte noch einmal ungarische Hoffnung auf, als Referee Glöckner den Ungarn einen Elfmeter zusprach. Doch bei Zambos platziertem Schuss hatte Rudakow die Ecke geahnt und konnte den Ball parieren. Mit Minimalfußball und schlichter Defensivtaktik schaukelten die Sowjets das Spiel über die Runden und standen nun bereits zum dritten Mal im EM-Finale.

Die Mannschaft aus **Deutschland** reiste mit viel Selbstvertrauen zum Halbfinalspiel gegen **Belgien**. Dass der starke Auftritt von Schöns Team im Wembleystadion keine Eintagsfliege gewesen war, hatte es mit einem 4:1-Erfolg am 26. Mai 1972 gegen die UdSSR bewiesen. Anlass des Freundschaftsspiels war die Inbetriebnahme des Münchner Olympiastadions. Für Günter Netzer setzte die fulminante Vorstellung „einen Automatismus" frei. „Der Helmut Schön brauchte nicht mehr viel zu sagen, im Gegenteil, er kam zu uns und ließ uns entscheiden, was richtig ist: ‚Ihr macht das schon!'" Doch auch die *Rode Duivels* waren in den letzten Jahren aus ihrem Fußball-Schattendasein herausgetreten und hatten den Anschluss an die europäische Spitze geschafft. Coach Raymond Goethals hatte eine Mannschaft geformt, die technisch auf einem hohem Niveau spielte, ohne zu vergessen, dass Fußball auch Kampf bedeutete.

Eigentlich wollten die *Rode Duivels* ihr Halbfinale in Anderlechts Astridpark austragen, einer atmosphärisch dichten Fußballarena, in der man die Italiener besiegt hatte. Doch deren Fassungsvermögen betrug lediglich 37.000. Da dem DFB aber über 20.000 Kartenanfragen vorlagen, legten die Deutschen ein Veto ein. Fast die Hälfte der über 50.000 Zuschauer in Antwerpens altehrwürdigem Stade Bosuil waren nun Fans des DFB-Teams, die sich dank der mitgebrachten Tröten, Trommeln und Hörner lautstärker zeigten als die Anhängerschaft der Gastgeber. Für das Halbfinale hatte Belgiens Coach Goethals seine Mannschaft gut eingestellt, im Mittelfeld versuchte sie konsequent die Kreise von Günter Netzer zu stören. Die Belgier erarbeiteten sich zwar einige Torchancen, in Führung gingen aber die Deutschen, für die in der 24. Minute wieder einmal Goalgetter Gerd Müller traf. Ausgerechnet Keeper Piot, der Held des Viertelfinales, sah dabei nicht gut aus. Die Schön-Schützlinge

■ „Fräulein"-Wunder in Belgien

Genialer Denker und Lenker des belgischen Spiels war der 28-jährige Paul van Himst vom RSC Anderlecht, der 1970 das Finale des UEFA-Cups erreicht hatte, bisher der größte Erfolg eines belgischen Klubs. 1959 hatte der französische Trainer Pierre Sinibaldi die Mannschaft übernommen, der das Spiel des RSC Anderlecht und damit auch des belgischen Fußballs insgesamt modernisierte: weg vom bis dahin für Belgien typischen kraftvollen britischen Tempospiel zugunsten einer Annäherung an eine mehr technische und taktische Spielweise, wie sie in anderen kontinentaleuropäischen Ländern gepflegt wurde. Van Himst war ein typischer Vertreter des Anderlecht-Stils. Der viermalige belgische Fußballer des Jahres (1960, 61, 65, 74), der bereits 17-jährig im Nationaltrikot debütiert hatte, war nie ein großer Kämpfer gewesen. Da Belgiens Fußballtradition und -stil aber viele Jahre vor allem kämpferische Tugenden gepflegt hatte, belegte man van Himst anfänglich mit dem Spottnamen „Fräulein". 1995 wurde das „Fräulein" zum besten belgischen Fußballer des 20. Jahrhunderts gekürt.

hielten das Tempo auch anschließend hoch und setzten die belgische Abwehr weiter unter Druck. Die hielt bis zur 73. Minute dem deutschen Angriffswirbel stand, dann war es erneut Gerd Müller, der auf 2:0 erhöhte. Der belgische Anschlusstreffer durch Polleunis sechs Minuten vor Abpfiff kam zu spät, um noch eine Wende einzuleiten. Kühl und abgeklärt kontrollierten Beckenbauer und Co. das Spiel bis zum Abpfiff. In ernstere Schwierigkeiten gerieten sie erst anschließend, weil deutsche Fans den Platz stürmten, um ihre Idole zu feiern.

Spiel um Platz drei

Trotz des verlorenen Halbfinales gingen die **Belgier** ins „kleine Finale" gegen **Ungarn** hochmotiviert. Den Magyaren war dieses Spiel eher lästig, sie hatten die unglückliche Niederlage gegen die UdSSR noch nicht verwunden.

Das „Spiel der Verlierer" blieb, trotz des Mitwirkens der Gastgeber, weiterhin ein Problem: Nur 6.184 Zuschauer interessierten sich für diese Partie. Darunter waren ca. 1.000 Fans der deutschen Nationalelf, die sich mit dem Spiel die Wartezeit bis zum Finale verkürzen wollten und in der Halbzeit noch von sich reden machen sollten.

Ungarns Trainer Illovszky hatte gegenüber dem Halbfinale einige personelle Umstellungen vorgenommen, die Spielausrichtung ließ er bestehen. Die *Rode Duivels* versuchten, die Magyaren bereits im Spielaufbau zu stören, und schlugen eine harte Gangart an. Schnell erspielte sich Belgien eine deutliche Überlegenheit und kam durch Dockx und Lambert zu Torchancen. Lambert war es dann auch, der in der 24. Minute die Führung besorgte. Unmotiviert und resigniert ließen die Ungarn ihrem Schicksal freien Lauf. Und das schlug nur vier Minuten nach dem Führungstor erneut zu. Nach einem hanebüchenen ungarischen Abwehrfehler war es van Himst in seinem Rekordspiel für Belgien, der das 2:0 markierte.

In der Halbzeitpause versuchte ein deutscher Fan, seine Langeweile zu vertreiben. Fähnchenschwingend lief er in den Innenraum und wurde rüde von der belgischen Polizei an weiteren Eskapaden gehindert. Die Reaktion der deutschen Fangemeinde bestand in einem Hagel aus Getränkedosen und -flaschen. Das Spiel konnte erst mit Verspätung wieder angepfiffen werden. Als die Mannschaften erneut den Rasen betraten, schlug dem belgischen Team der geballte Hass der anwesenden Deutschen entgegen. Die Spieler, die die Ursache nicht kannten, zeigten sich verstört, irrten völlig verdattert über den Platz und kamen noch einmal richtig in Gefahr. In der 53. Minute verwandelte der Ungar Kü einen Foulelfmeter zum 1:2. In der Folge erlebten die Zuschauer zwei Mannschaften, die entschlossen

> ■ **Lob der „Wasserträger"**
> Neben den großen Weltklassekickern tummelten sich im deutschen Team auch Spieler, die sich nicht scheuten, für die Stars die Dienste von „Wasserträgern" zu verrichten. „Hacki" Wimmer von Borussia Mönchengladbach tat dies für seinen Vereinskameraden Günter Netzer, „Katsche" Schwarzenbeck von Bayern München für seinen Vereinskameraden Franz Beckenbauer. Diese Mischung aus Genies und verlässlichen Zuarbeitern verlieh der deutschen Nationalmannschaft zu Beginn der 1970er Jahre eine Geschlossenheit, die eine Grundvoraussetzung für ihren Erfolg war.

kämpften, allerdings ohne weiteren Torerfolg. Es blieb beim belgischen 2:1-Sieg, der im Lande enthusiastisch bejubelt wurde, bedeutete er doch die beste Platzierung in der Geschichte der *Rode Duivels* bei einem internationalen Turnier seit dem Gewinn der olympischen Fußballveranstaltung in Anwerpen 1920. Den Ungarn war die Niederlage schnuppe: „Wir hatten unsere Chancen, aber wir haben sie nicht genutzt. Was soll's?", fasste Illovszky die ungarische Sichtweise zusammen.

Finale: „Schauspiel der Genialität"

Mit **Deutschland** und der **USSR** trafen im Finale zwei Fußballwelten aufeinander. In der deutschen Elf standen Weltklassespieler wie Maier, Beckenbauer, Netzer, Overath und Müller, hinzu kamen die aufstrebenden Jungstars Breitner und Hoeneß. Mit diesem hochkarätigen Personal hatte man vor allem das rasche Umschalten von Abwehr auf Angriff optimiert. Verantwortlich war hierfür ein Mittelfeld, das mit Netzer und/oder Overath allerhöchste Spielkultur verströmte und zudem noch torgefährlich war. Hinzu kam, dass Franz Beckenbauer die Position des Liberos völlig neu interpretierte, was der Spielweise der Nationalelf ein hohes Maß an Modernität verlieh. Der Libero Beckenbauer'scher Prägung widmete sich nicht allein defensiven Aufgaben, sondern entwickelte maßgeblich auch die Spieleröffnung, agierte als zusätzlicher Mittelfeldspieler und schaltete sich immer wieder ins Angriffsspiel ein. Dadurch wurde das

Die deutsche Nationalmannschaft vor dem Finale gegen die UdSSR (v.l.): Beckenbauer, Maier, Schwarzenbeck, Heynckes, Netzer, Wimmer, Müller, Höttges, Kremers, Breitner, Hoeneß.

deutsche Spiel noch schneller und effektiver, zumal man in Gerd Müller einen Mittelstürmer besaß, der über einen unglaublichen Torriecher verfügte und zugespielte Bälle auch auf engstem Raum und bedrängt von gegnerischen Spielern blitzschnell verarbeiten konnte.

Für einen ganz anderen Fußball stand die sowjetische Nationalmannschaft. Deren Spielanlage wirkte ein wenig antiquiert, was aber ihre Erfolge nicht schmälerte. In Torwart Rudakow hatte sie einen zuverlässigen Schlussmann, der es verstand, seine Vorderleute zu dirigieren. Die Abwehr war ohnehin das Prunkstück dieser Mannschaft, die in ihrer Spielinterpretation dem italienischen Catenaccio ähnelte. Für das Endspiel trug der sowjetische Coach Ponomarjow dem Angriff um Onitschenko, Konkow und Banischewski zusätzlich auf, den Aktionsradius von Günter Netzer einzudämmen. Der Spielaufbau wirkte bei den Russen eher mechanisch. Ponomarjows Team praktizierte kalkulierten Sicherheitsfußball mit einem überschaubaren Kurzpassspiel. Viele Spieler verfügten über nur wenig Erfahrung mit der Nationalmannschaft, in der zudem kein Akteur international einen überragenden Ruf besaß. Kritiker gingen sogar so weit, von einer Elf der Namenlosen zu reden.

Wer stört die Kreise von Netzer?

Aufgrund der unterschiedlichen Spielweisen lagen auch die Sympathien vieler ausländischer Fußballexperten auf Seiten der Deutschen. Für den renommierten englischen Journalisten Brian Glanville waren Schöns Kicker Hoffnungsträger, die eine Mission zu erfüllen hatten: „Wenn die Deutschen das Finale gegen die Sowjetunion verlieren, dann wird der internationale Fußball um fünf Jahre zurückgeworfen." Die vorherige WM 1970 war mit durchschnittlich 2,97 Toren pro Spiel als Triumph des offensiven und kreativen Fußballs gefeiert worden. Der deutschen Mannschaft, die in Mexiko in sechs Spielen immerhin 17 Tore erzielt hatte (= 2,83 pro Spiel), fiel nun die Aufgabe zu, diesen Triumphzug in Europa fortsetzen.

Gut 43.000 Zuschauer hatten sich im Brüsseler Heysel-Stadion eingefunden, das damit nicht ausverkauft war. Mit fast 40.000 Fans aus der Bundesrepublik war das Finale für das DFB-Team ein Heimspiel. Die Anfangsformation von Bundestrainer Helmut Schön war identisch mit der, die 23 Tage zuvor die Sowjets in München abgekanzelt hatte. Der FC Bayern stellte sechs Akteure, Borussia Mönchengladbach drei. Nur der Schalker Erwin Kremers und der Bremer Horst-Dieter Höttges standen auf der Lohnliste anderer Vereine, aber beide stammten aus der von Hennes Weisweiler geführten Fußballschule vom Mönchengladbacher Bökelberg.

Nach dem Anpfiff durch Schiedsrichter Ferdinand Marschall aus Österreich erlebten die Zuschauer zunächst eine deutsche Mannschaft, die nervös begann, aber dann recht schnell das Spiel in den Griff bekam. Die sowjetische Abwehr wurde mehrfach geprüft, in der 27. Minute war es so weit. Netzer traf die Latte, den zurückspringenden Ball konnte Müller in seiner unnachahmlichen Art zum Führungstreffer verwandeln. Die Sowjets reagierten prompt und schlugen eine härtere Gangart an. Schiedsrich-

Günter Netzer spielte im Finale überragend und bereitete das 1:0 vor.

ter Marschall griff kompromisslos durch, erfolgreich, denn die Sowjets nahmen sich zurück. Immer deutlicher diktierten die Deutschen nun das Spiel und legten gnadenlos die spielerischen Defizite ihres Gegners offen. Stereotyp verteidigte die *Sbornaja* ihr Gehäuse, was nicht sonderlich erbaulich für die Zuschauer war. Geoffrey Green, Journalist der Londoner *Times,* urteilte über das russische Spiel: „...Wenn ich die Russen so spielen sehe, dann glaube ich, vor dem Bullauge einer Waschmaschine zu sitzen. Das ist eine emsige und sicherlich recht nützliche Umwälzerei, aber leider nicht lustig und schon gar nicht attraktiv."

Für die zweite Halbzeit ersetzte Ponomarjow den erfolglosen Netzer-Störer Konkow durch Dolmatow, doch auch der konnte die Kreise des deutschen Regisseurs nicht stören. Das 2:0 in der 52. Minute war eine Mönchengladbacher Koproduktion. Heynckes führte den Ball und spielte auf Wimmer, der die russische Abwehr aussteigen ließ und schließlich auch Torwart Rudakow überwand. Beinahe hätte kurz darauf Schwarzenbeck das 3:0 gemacht. Nach einem Spurt über das gesamte Spielfeld zögerte er aber mit dem Abschluss und überließ seinem Vereinskollegen Müller die Exekution. Der ließ sich nicht zweimal bitten und beförderte das Spielgerät in der 57. Minute zum 3:0

über die Linie. Damit war die Partie bereits entschieden. Die deutschen Spieler kontrollierten ihren Gegner nach Belieben, nicht aber die eigenen Fans. Die waren zu Tausenden in den Innenraum des Heysel-Stadions vorgedrungen, vereinzelt liefen sie auch schon vor dem Abpfiff auf den Rasen. Der österreichische Unparteiische reagierte auf die kritische Situation sehr professionell. Eindeutige Gesten und Pfiffe, die nicht mit dem Abpfiff verwechselt werden konnten, hielten die Massen zurück. Beim Schlusspfiff gab es dann kein Halten mehr. Die Fans stürmten das Spielfeld und feierten mit dem DFB-Team dessen ersten internationalen Titel seit dem „Wunder von Bern" 1954.

Brillante Spieler, problematische Fans

Die EM-Endrunde 1972 war das erste internationale Turnier nach dem Zweiten Weltkrieg, bei dem deutsche Fans im Ausland unangenehm auffielen. Belgien war somit das erste Land, das mit militantem deutschen Fußball-Nationalismus und Hooliganismus konfrontiert wurde. Schon in den Nächten vor dem Finale marodierten kleinere Trupps deutscher Fans pöbelnd und randalierend durch die belgischen Städte. Als beim Finale die deutsche Nationalhymne gespielt wurde, grölte ein Teil der Fans die „großdeutsche" erste Strophe. Das Team der UdSSR wurde mit Schlachtrufen wie „Nieder mit dem Russenpack" und „I,A,O – der Iwan geht k.o." bedacht.

Im scharfen Kontrast dazu stand der glänzende Auftritt der DFB-Elf, dem souveränsten aller bisherigen Europameister. Im Finale, wie schon im Viertelfinalhinspiel gegen England, bot die Schön-Elf eine perfekte Vorstellung.

Die Experten sagten der deutschen Nationalelf eine blühende Zukunft voraus. UEFA-Präsident Gustav Wiederkehr schwärmte: „Um diese Mannschaft muss die ganze Welt Deutschland beneiden." Die ausländischen Medien überschütteten die Schön-Elf mit Attributen, wie sie vor dem Viertelfinale von Wembley noch keinem deutschen Team zugestanden wurden. Von einem „Wunderteam" schrieb *La Libre Belgique*, das sich durch „Spielverständnis" und das „Ineinandergreifen der Mannschaftsteile" auszeichne. „Brillanz" attestierte der englische *Daily Telegraph* dem frischgebackenen Europameister. Die Landsleute von der *Times* schrieben: „Es ist eine Freude, den Deutschen zuzuschauen. Sie spielen elegant und einfallsreich und verfügen über grenzenlos viele Möglichkeiten." Und Frankreichs *L'Equipe*: „Brüssel wohnte der Rehabilitierung des Offensivfußballs bei, der Spielfreude und der Freude am Ball. Netzer ist das Symbol für diese komplette, junge Mannschaft, die auf dem Kontinent ihresgleichen sucht. Netzer ist der beste Spieler unseres Erdteils." Der italienische *Corriere dello Sport* sprach von einem „Schauspiel der Kraft, Phantasie und Genialität", das die Deutschen geboten hätten. Daheim verfiel der *Kicker* ins Monarchistische. Für die Fußballzeitschrift war Deutschland schlicht zu „Europas König" mutiert.

Die Vergabe des WM-Turniers 1974 an die Bundesrepublik kam somit zum richtigen Zeitpunkt. Vor heimischem Publikum spielte die deutsche Elf zwar nicht mehr so hinreißend, aber genauso erfolgreich: Zwei Jahre nach dem EM-Finale von Brüssel gewann sie auch das WM-Endspiel in München.

Europameister 1972: Bundestrainer Helmut Schön und sein Kapitän Franz Beckenbauer.

 **1976**

■ Europameisterschaft 1976

Gemeldete Länder: 32

Austragungsmodus: 8 Qualifikationsgruppen à 4 Mannschaften. Die Gruppensieger qualifizieren sich für das Viertelfinale (Hin- und Rückspiel). Endrunde der 4 Halbfinalisten: Halbfinals, Spiel um den 3. Platz, Finale

Qualifikationsspiele / Viertelfinale: 104
Tore: 288 (= 2,77 im Schnitt)
Zuschauer: 3.333.737 (= 32.055 im Schnitt)

Endrundenspiele: 4
Tore: 19 (= 4,75 im Schnitt)
Zuschauer: 106.087 (= 26.552 im Schnitt)

EM Spiele insgesamt: 108
Tore insgesamt: 307 (= 2,84 im Schnitt)
Zuschauer insgesamt: 3.439.824 (= 31.850 im Schnitt)

Austragungsland der Endrunde: Jugoslawien (16. - 20. Juni 1976)
Austragungsorte: Belgrad (Stadion Crvena zvezda, 95.000), Zagreb (Gradski-Stadion, 64.000)

Die besten Torschützen der Endrunde:
Dieter Müller (Deutschland), 4 Tore
Dragan Dzajic (Jugoslawien), Ruud Geels (Niederlande), je 2 Tore

Finale: Tschechoslowakei - Deutschland 5:3 n.E. (2:2, 2:2, 2:1)
20. Juni 1976, Stadion Crvena zvezda, Belgrad

Tschechoslowakei : Viktor, Pivarnik, Ondrus, Capkovic, Gögh, Dobias, Panenka, Moder, Masny, Svehlik (79. Jurkemik), Nehoda
Deutschland: Maier, Vogts, Beckenbauer, Schwarzenbeck, Dietz, Wimmer (46. Flohe), Bonhof, Beer (79. Bongartz), Uli Hoeneß, Dieter Müller, Hölzenbein

Tore: 1:0 Svehlik (8.), 2:0 Dobias (25.), 2:1 D. Müller (28.), 2:2 Hölzenbein (90.)
Elfmeterschießen: 1:0 Masny, 1:1 Bonhof, 2:1 Nehoda, 2:2 Flohe, 3:2 Ondrus, 3:3 Bongartz, 4:3 Jurkemik, Hoeneß verschießt, 5:3 Panenka

Schiedsrichter: Sergio Gonella (Italien)

Zuschauer: 30.790

EM 1976
Freude in Osteuropa

Auf dem Papier schien 1976 die Dominanz des (west-)deutschen Fußballs erdrückend. Das DFB-Team war amtierender Europameister und Weltmeister, und der FC Bayern München holte zum dritten Mal in Folge den Europapokal der Landesmeister. Doch es zeichnete sich eine Wende ab – zumindest was die Spielkultur der deutschen Nationalmannschaft anging Die spielerischen Highlights, mit denen sie beim 72er Turnier geglänzt hatte, konnte sie schon in der folgenden WM-Endrunde trotz des Titelgewinns nicht wiederholen. Auch beim EM-Turnier 1976 sollte das Team zwar bis ins Finale gelangen und dort nur denkbar knapp unterliegen, dabei jedoch eher unattraktiven, kampfbetonten Fußball zeigen. Von der „Brillanz" und der „Eleganz" des 72er Teams war wenig geblieben. Spielerische Glanzpunkte setzten andere Mannschaften.

32 Verbände hatten bei der UEFA ihre Bewerbung für die Europameisterschaft 1976 eingereicht. Sie wurden in acht Gruppen zu jeweils vier Mannschaften aufgeteilt. Nur der Gruppenerste hatte sich für die Spiele im Viertelfinale qualifiziert. Nach der Gruppenphase sollten diese Begegnungen erneut ausgelost werden.

Die Vorrunde: England scheitert

In der Gruppe 1 hießen die Favoriten **Tschechoslowakei** und **England**. Komplettiert wurde die Gruppe durch **Portugal** und den notorischen Punktelieferanten **Zypern**. In der Qualifikation für die WM 1974 war die Tschechoslowakei desaströs gescheitert, weshalb bei der EM Wiedergutmachung angesagt war. Die Verbandsoberen forderten unmissverständlich den Gruppensieg. Hoffnung bezog CSSR-Coach Jezek aus der Tatsache, dass das Team im Kern aus Spielern bestand, die 1972 Junioren-Europameister geworden waren.

Gruppe 1: CSSR

England befand sich in einer ähnlichen Situation. Seit dem WM-Triumph von 1966 war es mit den *Three Lions* stetig bergab gegangen. Bei der WM 1970 und EM 1972 waren sie jeweils im Viertelfinale gescheitert – beide Male an Deutschland, dem Endspielgegner von 1966. Der Tiefpunkt wurde 1974 erreicht, als das „Mutterland" erstmals die Qualifikation für die WM-Endrunde verpasste, die ausgerechnet in Deutschland stattfand. Sir Alf Ramsey demissionierte anschließend, sein Nachfolger wurde im April 1974 Don Revie, der aus dem ehemaligen Zweitligisten Leeds United ein europäisches Spitzenteam geformt und den Verein zweimal zur englischen Meisterschaft

Sensation in Gruppe 1: Die CSSR besiegt England 2:1 und kickt die Three Lions aus dem Turnier. Hier jubelt Nehoda über seinen Treffer zum zwischenzeitlichen 1:1.

geführt hatte. Doch auch unter Revie lief es nicht besser, wenngleich England im ersten Qualifikationsspiel den Hauptkonkurrenten CSSR im Wembleystadion zur Freude von 84.000 Zuschauern deutlich mit 3:0 besiegte. Drei Wochen später allerdings kam man gegen Portugal über ein torloses Remis nicht hinaus, während die CSSR zu Hause gegen die Iberer einen 5:0-Kantersieg einfahren konnte.

Für die CSSR war nun das Rückspiel gegen England von immenser Bedeutung. Das Match wurde gleich zweimal angepfiffen. Der erste Versuch versank im Nebel, weshalb die Begegnung in Bratislava nach nur 16 Minuten abgebrochen wurde. Zwei Tage später herrschte zum Anpfiff eitel Sonnenschein. Und auch nach dem Schlusspfiff lachte den Tschechoslowaken die Sonne. Zwar waren die Gäste vor gut 50.000 Zuschauern zunächst in der 27. Minute durch Channon in Führung gegangen, doch Nehoda konnte kurz vor dem Halbzeitpfiff egalisieren. Zwei Minuten nach dem Wiederanpfiff gelang Gallis die 2:1-Führung für die Tschechoslowaken, bei der es bis zum Anpfiff blieb. Das 1:1-Remis, mit dem sich danach Portugal und England vor 60.000 Zuschauern in Lissabon trennten, half keinem von beiden. Die CSSR gewann ihr letztes Spiel gegen die punkt- und torlosen Zyprioten ungefährdet mit 3:0, womit die geforderte Rehabilitation geglückt war. Don Revie sollte den „England-Job" im Juli 1977 quittieren, und auch die WM 1978 fand ohne die *Three Lions* statt.

Obwohl nur noch ein Schatten ihrer besten Tage, gingen die beiden ehemaligen Fußballhochburgen **Österreich** und **Ungarn** als Favoriten in die Gruppe 2, in der sich außer ihnen noch **Wales** und **Luxemburg** bewarben. Österreich startete überraschend gut. Gegen Wales und Luxemburg behielt das Team von Trainer Leopold Stastny mit 2:1 die Oberhand. Enttäuschung pur erlebten 70.000 Zuschauer im Wiener Praterstadion beim Heimspiel gegen den Erzrivalen Ungarn, das torlos endete. Die Magyaren waren mit einem ausgeglichenem Punktekonto ins Spiel gegangen. Einem 4:2-Sieg in Luxemburg war eine 0:2-Niederlage in Wales gefolgt. Nach dem Ende der Hinrunde führte Österreich die Tabelle an. Außer Luxemburg war aber noch niemand abgeschlagen. In Budapest wartete Wales mit einer sehr guten Leistung auf und entführte mit einem 2:1-Sieg verdient die Punkte. Nach dieser Heimschlappe waren die Ungarn de facto bereits gescheitert. Trotzdem präsentierte man sich im Rückspiel gegen Österreich hoch motiviert und gewann mit 2:1.

Gruppe 2: Wales

Die Niederlage bedeutete das Aus für Leopold Stastny. Sein Nachfolger hieß Branko Elßner und besaß eine Sportprofessur an der Laibacher Sporthochschule. Er holte den für den VfB Stuttgart und anschließend noch den Hamburger SV kickenden Publikumsliebling Hans „Buffy" Ettmayer ins Team zurück, der von seinem Vorgänger verbannt worden war. Beim 6:2 über Luxemburg traf der Bundesligalegionär zwar nicht, dafür aber der 20-jährige Herbert „Schneckerl" Prohaska von Austria Wien, dessen Stern in dieser Qualifikation aufging. Der Mittelfeldspieler sollte es bis 1990 auf 84 A-Länderspiele für sein Land bringen, wurde in seiner Heimat dreimal zum „Fußballer des Jahres" (1984, 1986, 1988) gewählt und verdingte sich auch in der italienischen Serie A (Inter Mailand, AS Rom). In der Rangliste der europäischen „Jahrhundertfußballer" landete Prohaska auf Platz 66.

Im walisischen Wrexham fiel die Entscheidung über den Gruppensieg zwischen Wales und Österreich. Die Waliser führten mit einem Punkt Vorsprung, sodass ihnen bereits ein Remis zum Einzug ins Viertelfinale genügte. Umso erstaunter war die Fußballwelt über das lustlose Auftreten der Österreicher, die sich im mit 27.578 Zuschauern ausverkauften Racecours Ground willen- und tatenlos in eine 0:1-Niederlage fügten. Das Tor des Tages erzielte Lokalmatador Griffiths. Wales zog ins Viertelfinale ein, Österreich musste aufgrund des schlechteren Torverhältnisses sogar noch Ungarn den Vortritt lassen.

Die Gruppe 3 bildeten **Jugoslawien, Nordirland, Norwegen** und **Schweden**. Jugoslawien und Schweden waren bei der WM 1974 bis unter die letzten acht vorgedrungen, weshalb man einen Zweikampf zwischen diesen beiden Ländern erwarten konnte. Die Jugoslawen hatten nach der WM ihren Coach Miljan Miljanic verloren, der nun Real Madrid trainierte. Auch Rekordnationalspieler Dzajic, Hadziabdic, Pavlivic und der Stürmer Karasi spielten nun für auslän-

Gruppe 3: Jugoslawien

Schweden gewinnt in Nordirland mit 2:1. Torstensson (vorn) erzielt den Treffer, Sjöberg jubelt bereits.

dische Arbeitgeber. Die schwedische Liga hatte mit Keeper Ronnie Hellström, Roland Sandberg, Conny Torstensson und Ralf Edström ebenfalls wichtige Nationalspieler verloren. Sandberg und Torstensson hatten die Heimat bereits 1973 verlassen, um sich dem 1. FC Kaiserslautern bzw. Bayern München in der damals hochattraktiven und international sehr starken Bundesliga anzuschließen. Hellström wechselte nach dem WM-Turnier auf den Lauterer „Betzenberg". Edström stand seit 1973 beim PSV Eindhoven unter Vertrag. Die Heimspiele der *Tre Kronors* boten den schwedischen Fußballenthusiasten nun die seltene Gelegenheit zum Wiedersehen mit ihren Stars.

Über das erste Qualifikationsspiel konnten sie sich weniger freuen, denn in Stockholm schlugen die Nordiren Schweden mit 2:0 und sorgten damit für eine dicke Überraschung. Wegen des Bürgerkriegs hatte Nordirland sein letztes Heimspiel in der Hauptstadt Belfast am 13. Oktober 1971 ausgetragen. Nordirlands Fußballpräsident Billy Cavan bat nun die Jugoslawen, Belfast als Spielstätte zu akzeptieren. Der Bitte wurde entsprochen, und am 16. März 1975 durfte das nordirische Teams erstmals seit 41 Monaten wieder im heimischen Windsor Park auflaufen. Beflügelt von der Heimkehr erzielten die Nordiren in der 22. Minute durch Hamilton die 1:0-Führung, die auch noch nach 90 Minuten Bestand hatte.

Jugoslawien, das vom dalmatinischen Coach Ante Mladinic betreut wurde, ließ sich durch diese Niederlage nicht aus der Fassung bringen. Kurz hintereinander besiegten sie zunächst Schweden in Stockholm mit 2:1 und fünf Tage später Norwegen in Oslo mit 3:1. Zwar gab Schweden trotz der zweiten Heimniederlage nicht auf und gewann gegen Norwegen sowohl in Stockholm (3:1) wie in Oslo (2:0), und danach auch in Nordirland (2:1). Doch im direkten Vergleich mit Jugoslawien wurden sie in Zagreb mit 3:0 in die Schranken verwiesen. Mit einem 1:0-Sieg über Nordirland zerstreute die *Plavi* dann letzte Zweifel an ihrem Gruppensieg. Das Tor des Tages markierte in der 21. Minute der Slowene Branko Oblak, der zuvor in die Bundesliga zu Schalke 04 gewechselt war. Für die Jugoslawen war es bereits die vierte Viertelfinalteilnahme bei der fünften EM.

Gruppe 4: Spanien

In der Gruppe 4 gab es mit **Spanien, Rumänien** und **Schottland** gleich drei Anwärter auf den Gruppensieg. Einzig **Dänemark** kam (noch) nicht für höhere Fußballweihen in Frage. Die Spanier, die die Qualifikation für die WM-Turniere 1970 und 1974 verfehlt hatten, mussten zunächst beim Außenseiter Dänemark antreten, wo sie schnell mit 2:0 in Führung gingen. Den zweiten Treffer erzielte ein Spieler, der eigentlich gar nicht hätte mitwirken dürfen. Torschütze Roberto Martinenz von Espanol Barcelona war 1970 aus Argentinien gekommen und mithilfe gefälschter Papiere zum „Spanier" erklärt worden. Die Dänen, in deren Reihen die ausgezeichneten Bundesliga-Legionäre Henning Jensen und Alan Simonsen von Borussia Mönchengladbach mitspielten, verkürzten gegen nur noch zehn Spanier – Claramunt sah nach einer Tätlichkeit Rot – auf 1:2. Mehr ließ der überragende spanische Torwart José Iribar an diesem Tag nicht zu.

Im Hampden Park zu Glasgow galt es dann für die Spanier, gegen die schottischen *Bravehearts* zu bestehen. 94.331 Zuschauer waren in „Schott-

■ **Spanische Öffnung**

Der spanische Fußball wartete seit langem auf Erfolge. Der EM-Titeltriumph der Nationalelf lag zwölf Jahre zurück, und eine europäische Vereinstrophäe hatte letztmalig 1966 Real Madrid gewonnen. Auf Drängen der Vereine wurde 1973 der Bann gegen ausländische Legionäre aufgehoben. Der FC Barcelona verpflichtete postwendend den niederländischen „Fußballkönig" Johan Cruyff, dem ein Jahr später sein Landsmann Johan Neeskens folgte. Rivale Real Madrid antwortete mit der Verpflichtung des Mönchengladbachers Günter Netzer. Nach der WM 1974 zog auch der frischgebackene Weltmeister Paul Breitner in die kastilische Metropole. Allerdings stärkte der neuerliche Zuzug von Legionären in erster Linie die Vereine; die Entwicklung heimischer Talente und der Nationalmannschaft wurden eher erschwert. Trainiert wurde die *Selección* vom legendären Ladislao Kubala, einst selbst ein Legionär. Der in Budapest geborene ehemalige Weltklassespieler hatte die Nationaltrikots der Tschechoslowakei, Ungarns und Spaniens getragen. Kubala war 1951 nach Spanien gekommen und spielte dort zehn Jahre lang für den FC Barcelona.

lands Parlament" gekommen, im Übrigen die größte Kulisse bei einem Spiel dieser EM. Die Spanier gerieten zunächst ins Wanken, als Billy Bremner die Heimelf bereits in der 10. Minute in Führung schoss. Hutchison hatte es mit einem Elfmeter auf dem Fuß, eine frühzeitige Entscheidung zu erzwingen. Sein Scheitern machte den Spaniern neuen Mut. Quini glich noch vor dem Wechsel aus und besorgte in der 60. Minute gar die spanische Führung, die bis zum Schlusspfiff hielt. Mit zwei Auswärtssiegen im Rücken hätten die Spanier in den zwei folgenden Heimspielen mehr als eine Vorentscheidung erzwingen können. Doch gegen Schottland wie gegen Rumänien gab es jeweils nur ein 1:1-Remis. Immerhin gewann man 2:0 gegen Dänemark. Bei diesem Spiel in Barcelona schauten nur 6.869 zu, ein Indiz für die geringe Popularität der *Selección* in der katalanischen Metropole. Wenige Wochen später war in Barcelona erheblich mehr los: Am 20. November 1975 starb der vor allem bei den Katalanen verhasste General Franco. In Barcelonas Straßen feierten die Massen ausgelassen das sich abzeichnende Ende der Diktatur.

Spanien fuhr mit einem 2:2 in Bukarest den letzten fehlenden Punkt ein und qualifizierte sich fürs Viertelfinale. Im letzten Spiel dieser Gruppe gelang Rumänien mit einem 1:1 in Schottland das fünfte Remis. Die Rumänen verloren wie Spanien kein Spiel, schafften gegen Dänemark einen 6:1-Kantersieg und scheiterten trotzdem. Die Schotten konnten mitfühlen, hatte sie doch das gleiche Schicksal erst kürzlich bei der WM 1974 erwischt.

Gruppe 5: Niederlande
Mit Vize-Weltmeister **Niederlande**, dem WM-Dritten **Polen** sowie **Italien** befanden sich in Gruppe 5 gleich drei der insgesamt neun europäischen WM-Teilnehmer von 1974. Die Niederlande hatten zwar nach Auffassung vieler Beobachter den schönsten und modernsten Fußball abgeliefert – insbesondere ihr 2:0-Sieg gegen Brasilien sollte lange in Erinnerung bleiben –, waren aber im Finale dem DFB-Team mit 1:2 unterlegen gewesen. Zwei Jahre später wollte nun auch die *Elftal* nach den europäischen Triumphen von Ajax Amsterdam und Feyenoord Rotterdam ihre erste bedeutende internationale Trophäe holen. Aber auch die Polen hatten bei der WM den besten Fußball in ihrer Fußballgeschichte gespielt.

Finnland war in dieser Gruppe nur krasser Außenseiter und holte auch nur einen Punkt. In Italien erkämpften die Finnen ein torloses Remis, eine weitere Blamage für die *Squadra Azzurra*, die in den sechs Begegnungen lediglich drei Treffer zustande brachte und damit genauso viele wie die abgeschlagenen Finnen. Italiens Nationalmannschaft befand sich weiterhin in einer Krise, weshalb die Entscheidung in Gruppe 5 zwischen Niederländern und Polen fiel.

Die niederländische *Elftal* plagten diverse Querelen, die Trainer George Knobel, der nach der WM Rinus Michels beerbt hatte, erst mit dem Hinauswurf der Eindhovener van Beveren und van der Kuylen beenden konnte. Auf Zuruf von Johan Cruyff, denn die beiden Spieler hatten sich mit den Barça-Stars Cruyff und Neeskens einen lähmenden internen Machtkampf geliefert. In der Bergarbeiterstadt Chorzow behielten die Polen gegenüber den Niederländern mit 4:1 die Oberhand. Die gut 70.000 Zuschauer hatten eine fantastisch aufgelegte polnische Elf gesehen, deren beste Akteure die Flügelstürmer Grzegorz Lato und Robert Gadocha gewesen waren. Schon bei der WM 1974 hatten beide begeistert und waren anschließend ins All-Star-Team gewählt worden; Lato war mit sieben Treffern Torschützenkönig geworden. Die Niederlande revanchierten sich mit einem 3:0-Sieg im Rückspiel in Amsterdam. Nach dieser Begegnung führte der Vize-Weltmeister mit einem Punkt Vorsprung vor dem WM-Dritten. Beide Teams hatten nur noch ein Spiel zu bestreiten, beide gegen Italien. In Warschau kamen die Polen vor 60.000 Zuschauern über ein torloses Remis nicht hinaus, so dass den Niederländern abschließend sogar eine knappe 0:1-Niederlage zum Einzug ins Viertelfinale reichte. Drei Tore Differenz hätten Polen weitergebracht, fünf Tore Differenz sogar die Italiener selbst. Doch das Toreschießen war nicht gerade die Stärke der Azzurri.

Mit einer faustdicken Überraschung startete die Gruppe 6. **Irland** schlug die **UdSSR** auch in dieser Höhe verdient mit 3:0. 32.000 Zuschauer waren in Dublin aus dem Häuschen. Dreifacher Torschütze war Don Givens von den Queens Park Rangers. Die UdSSR war als Favorit in die Gruppenspiele gegangen,

Gruppe 6: UdSSR

Zweikampf zwischen Irland und UdSSR in Gruppe 6: Dank ihres Stars Oleg Blochin, der hier gegen die Iren ein Tor erzielt, gelang den Sowjets die Qualifikation.

und entsprechend waren die Konsequenzen. Nach dem Debakel von Dublin, laut *Sowjetski Sport* „die schlechteste Leistung in der Geschichte unsererer Fußball-Auswahl", sattelte man komplett auf Blockbildung um. Die *Sbornaja* war nun nahezu identisch mit Dynamo Kiew, das mit dem später zur Legende avancierenden Trainer Valeri Lobanowski 1975 den Europapokal der Pokalsieger und anschließend auch noch den Supercup gewann. Lobanowskis Dynamo geriet zum Inbegriff des modernen Fußballs. Nach dem 3:0-Sieg über Ferencvaros Budapest im Finale des Europapokals schwärmte der *Kicker* von einem „Fußball modernster Prägung". In den Finalspielen des Supercups gegen den FC Bayern München siegte Dynamo mit 1:0 in München und 2:0 in Kiew, wobei in der ukrainischen Metropole über 100.000 zusahen.

Mit Dynamo auf dem Platz und Lobanowski am Seitenrand lief es nun für die Nationalelf besser. Die Heimspiele wurden – naheliegenderweise – in Kiew ausgetragen, wo zunächst die Türkei mit 3:0 geschlagen wurden. Die Iren, die sich zum ärgsten Widersacher der UdSSR entwickelten, konnten im Rückspiel vor 84.480 Zuschauern mit 2:1 besiegt werden. Star der *Sbornaja* war Oleg Blochin, Europas Fußballer des Jahres 1975. Zur Jahrhundertwende sollte der Linksaußen, der von 1962 bis 1988 für Dynamo Kiew spielte, bei der Wahl von Europas Jahrhundert-Fußballern als bester Ex-Sowjet auf Platz 22 landen.

Auch die Iren waren daheim stark und holten hier das Optimum von sechs Punkten. Gegen die **Türkei** schoss Torjäger Givens die *Boys in Green* im Alleingang zum satten 4:0-Sieg. Mit insgesamt acht Treffern war Givens der erfolgreichste Torschütze der Qualifikation. Doch auswärts schwächelte die irische Auswahl, und am Ende wurden die Sowjets mit einem Punkt Vorsprung auf die Iren Gruppensieger. Die **Schweiz** landete mit nur drei Zählern abgeschlagen auf dem letzten Platz. Lediglich das Heimspiel gegen die Iren wurde gewonnen.

Gruppe 7: Belgien

Die Rollenverteilung in der Gruppe 7 war klar: **Island** sollte die Punkte liefern, **Belgien** und besonders die **DDR** kamen für den Gruppensieg in Frage, **Frankreich** wurde jenseits von Gut und Böse angesiedelt. Erwartungsgemäß startete Belgien auf Island mit einem 2:0-Auswärtssieg und besiegte zu Hause die überraschend starken Franzosen mit 2:1. Die für den Gruppensieg leicht favorisierte DDR enttäuschte die Fans mit einem blamablen 1:1 gegen die Isländer in Magdeburg. Gegen Frankreich lagen die Ostdeutschen in Paris bis zur 80. Minute durch Treffer von „WM-Held" Sparwasser und Kreische mit 2:0 in Führung, doch schaffte Frankreich noch ein Remis. Das „Spitzenspiel" zwischen DDR und Belgien endete vor nur 20.000 Zuschauern in Leipzig torlos, trotz drückender Überlegenheit und 11:1-Ecken für die Gastgeber. Für die stark ersatzgeschwächte Mannschaft von Georg Buschner war es das dritte Remis in Folge.

Island blamierte seine Gegner weiter. Zunächst gastierte Frankreich auf der Atlantikinsel. *Les Bleus* trafen so ziemlich alles, nur nicht das Tor. 0:0 hieß es nach 90 Minuten. Der DDR erging es noch schlimmer. In Reykjavik sahen 13.373 Zuschauer den ers-

Erneut scheiterte die DDR in der Qualifikation. Hier hat es „Dixie" Dörner mit drei Franzosen zu tun.

ten isländischen Sieg in einer EM- oder WM-Qualifikation. Beim 2:1 hießen Islands Torschützen Atli Edvaldsson und Asgeir Sigurvinsson. Beide spielten später in der deutschen Bundesliga: Edvaldsson für Borussia Dortmund, Fortuna Düsseldorf und Bayer Uerdingen, Sigurvinsson für Bayern München und den VfB Stuttgart. Mit dem VfB wurde der bis heute berühmteste Isländer im deutschen Fußball 1984 Deutscher Meister.

Bis dahin hatte Island, dessen Nationalmannschaft erstmals am 17. Juli 1946 aufgelaufen war (0:3 gegen Belgien), von 59 Länderspielen nur elf gewonnen. Je dreimal zogen Norwegen und die Färöer Inseln den Kürzeren, zweimal die Bermuda-Inseln, je einmal Finnland, Schweden und die USA. In der Tabelle belegte die Insel nun hinter den souverän führenden Belgiern vorübergehend Platz zwei. Lange hatte diese sen-

■ **England als Zuschauerkrösus**

Den besten Zuschauerschnitt der Qualifikationsspiele verzeichneten die Engländer mit 78.854. Auf den folgenden Plätzen lagen die UdSSR (61.184), Deutschland (60.779) und Polen (56.302). Insgesamt lag der Zuschauerschnitt aller Qualifikationsspiele bei 32.055 und damit deutlich über dem Schnitt der vier Endrundenspiele (26.552), bei denen der Besucherandrang höchst bescheiden blieb. Bei Abpfiff des Finales hatten insgesamt 3.439.824 Zuschauer den 108 EM-Spielen beigewohnt, womit das hohe Niveau von 1972 in etwa erreicht wurde.

sationelle Konstellation allerdings nicht Bestand, denn Island verlor seine folgenden Auswärtsspiele in Frankreich und Belgien mit 0:3 bzw. 0:1. Mit diesem Sieg glaubten sich die Belgier am Ziel. Und das erreichten sie auch, trotz einer 1:2-Niederlage gegen die DDR und einem mageren torlosen Remis in Paris.

Gruppe 8: Deutschland

In Gruppe 8 hatte es die Auslosung mal wieder gut mit **Deutschland-West** gemeint. **Malta**, **Griechenland** und **Bulgarien** hießen die Hürden auf dem Weg in die nächste Runde. Von allen potenziellen Anwärtern auf den Titel des Europameisters hatte der Titelverteidiger und Weltmeister die einfachste Gruppe erwischt. Zum Auftakt reiste der DFB-Tross nach Griechenland, das mit einem hart umkämpften 3:3 in Bulgarien in die Gruppe gestartet war. Zweimal gingen die Hellenen in Führung. Doch der Kölner Bernd Cullmann und der Mönchengladbacher Herbert Wimmer konnten ein etwas schmeichelhaftes 2:2 retten. Vier Wochen später gastierte die deutsche Elf auf Malta. Nur einen Pluspunkt konnten die Malteser in die Waagschale werfen: ihren Hartplatz. Mit vorsichtiger Spielweise gewannen die Deutschen durch einen Cullmann-Treffer mit 1:0. Auch im dritten Auswärtsspiel hintereinander tat sich Deutschland schwer. Bulgarien ging in der 73. Minute durch einen von Kolev verwandelten Foulelfmeter mit 1:0 in Führung, doch nur zwei Minuten später konnte der Offenbacher Ritschel – ebenfalls per Foulelfmeter – zum 1:1 ausgleichen, was auch der Endstand war.

Schwer enttäuscht verließen im Oktober 1975 61.252 Zuschauer das Düsseldorfer Rheinstadion. Soeben hatte die deutsche Nationalmannschaft nur unentschieden (1:1) gegen Griechenland gespielt. Jupp Heynckes' Führungstreffer hatte nicht gereicht. Trotz der eher mageren Zwischenbilanz von nur einem Sieg und drei Unentschieden befand sich die DFB-Auswahl auf dem Weg ins Viertelfinale, dank der Schwäche ihrer Gegner, die sich gegenseitig die Punkte abjagten: Griechenland hatte sogar auf Malta 0:2 verloren. In Stuttgart wurde Bulgarien vor 68.819 Zuschauern knapp mit 1:0 besiegt. Erneut war der Mönchengladbacher Heynckes erfolgreich. Und im letzten Gruppenspiel kam die DFB-Elf gegen Malta im Dortmunder Westfalenstadion zu einem 8:0-Kantersieg, wobei Berti Vogts das einzige Tor in seiner langen Länderspielkarriere gelang.

Viertelfinale: Tumulte in Wales

Wales hatte als einziges britisches Team die Qualifikation überlebt und musste sich nun mit **Jugoslawien** messen. Die Osteuropäer gingen in dieses Spiel ohne den Rekord-Internationalen Dragan Dzajic, der seine Knieverletzung nicht rechtzeitig auskurieren konnte. Trotzdem war die Motivation sehr hoch. Man wollte unbedingt als erstes Land aus dem sozialistischen Lager die Endrunde austragen. Insgeheim liebäugelten die jugoslawischen Fußballoffiziellen sogar mit einer Bewerbung bei der FIFA um die WM 1990. Solche Pläne setzten den Einzug ins Halbfinale voraus.

Beim ersten Aufeinandertreffen im Zagreber Gradski Stadion konnte Vukotic den walisischen Torwart Davies bereits in der 1. Minute überwinden. Die Waliser änderten ihre Taktik und versuchten offensiver zu agieren, doch die Jugoslawen ließen dies nicht zu. Angriff auf Angriff rollte in Richtung walisisches Tor. In der 56. Minute fiel bereits die Entscheidung: Der bei Eintracht Braunschweig unter Vertrag stehende Danilo Popivoda konnte eine Kopfballvorlage von Surjak zum heftig umjubelten 2:0 verwerten.

Über den Kampf wollten die Waliser im Rückspiel die „Jugos" noch abfangen. Eine krasse Fehleinschätzung, denn selten hatten jugoslawische Auswahlmannschaften körperliche Robustheit im Spiel vermissen lassen. Das Rückspiel vor 30.000 Zuschauern in Cardiffs Ninian Park lief denn auch schnell aus dem Ruder. Überharter Körpereinsatz und lautstarker Unmut von Fans, die über den Gegner, vor allem aber DDR-Schiedsrichter Glöckner sauer waren, begleiteten das Spiel. Gegenstände flogen aufs Spielfeld, und Glöckner sah sich mit „Sieg Heil"-Rufen konfrontiert. Das Spiel stand kurz vor dem Abbruch.

In der 16. Minute gingen die Jugoslawen durch einen von Katalinski verwandelten Foulelfmeter in Führung. Glöckner hatte zwar zu Recht auf den Elfmeterpunkt gezeigt, doch im Rugby-Land Wales herrschten andere Vorstellungen bezüglich eines „übertriebenen Körpereinsatzes". In der 38. Minute konnte Evans für die Hausherren ausgleichen. Kurz nach dem Wiederanpfiff verweigerte Glöckner einem Treffer von Yorath die Anerkennnung. „Gefährliches Spiel", lautete das Verdikt des Referees. Nun stürmten erste Fans auf das Spielfeld, weshalb die Begegnung unterbrochen werden musste. Nach fünf Minuten ging es weiter, begleitet von einem ohrenbetäubenden

Tumultartige Szenen gab es im Viertelfinale zwischen Wales und Jugoslawien. Zielscheibe des Zorns von walisischen Spielern und Zuschauern war Schiedsrichter Glöckner aus der DDR.

Pfeifkonzert. Glöckner sorgte auch weiterhin für Unmut, vor allem, als er bei einem Toshack-Treffer auf Abseits entschied. Fünf Minuten vor dem Abpfiff brachte Jugoslawiens Keeper Enver Maric, der für den verletzten Petrovic das Tor hütete, einen Waliser im Strafraum zu Fall. Der von Yorath geschossene fällige Strafstoß wurde von Maric pariert, und die Jugoslawen standen zum dritten Mal in der Geschichte der Europameisterschaft im Halbfinale. Das Spiel endete im Massentumult, den die Polizei auflösen musste. Anschließend wurde Wales von der UEFA für die kommende Europameisterschaft gesperrt.

Die Auslosung **CSSR** gegen **UdSSR** weckte Erinnerungen an packende, emotionsgeladene Eishockeypartien dieser Länder. Besondere Brisanz erfuhren diese Spiele nach dem sowjetischen Einmarsch in die CSSR 1968, der das Ende des Prager Frühlings bedeutete. Die Fußballverbände der beiden Länder waren nun bemüht, ihre Vorbereitungen zu versachlichen.

Die CSSR ging leicht favorisiert in das Duell. Die Tschechoslowaken waren seit 17 Spielen ungeschlagen, während die *Sbornaja* alias Dynamo Kiew mittlerweile in der Doppelrolle als Vereins- und Nationalteam zu stark belastet war. Im Europapokal der Landesmeister hatte Dynamo beim französischen Meister AS St. Etienne klar mit 0:3 verloren, kein gutes Omen. Lobanowski tauschte einige Dynamo-Akteure gegen Personal aus Moskau und Doneszk aus. Anstelle von Rudakow wurde der Moskauer Prochorow zwischen die Pfosten gestellt. Ebenfalls aus der sowjetischen Hauptstadt kam Mittelfeldspieler Lowtschew, der mit Swjaginzew aus Donezk die Defensive verstärken sollte.

Sowjets scheitern in der „Hölle von Kiew"

In Bratislava war das sowjetische Team um die Spielgestalter Blochin und Onitschenko zunächst gegen schwerfällig wirkende Hausherren das bessere Team. Doch in der 35. Minute sprang ein Distanzschuss von Moder vor UdSSR-Keeper Prochorow auf und veränderte seine Richtung unerwartet am Torwart vorbei ins Tor. Das Kombinationsspiel der CSSR wurde nun sicherer. In der zweiten Halbzeit sorgte eine Standardsituation für die Entscheidung. Drei Minuten nach dem Seitenwechsel überwand Publikumsliebling Panenka die sowjetische Mauer und gab auch Prochorow das Nachsehen. 2:0 stand es auch noch beim Abpfiff.

Beim Rückspiel in der „Hölle von Kiew" wurde die *Sbornaja* von 100.000 Zuschauern frenetisch angefeuert. Für Prochorow, der in Bratislava keine glückliche Figur abgegeben hatte, kehrte Stammkeeper Rudakow zurück ins sowjetische Tor. Die Hausherren starteten offensiv und erarbeiteten sich viele Chancen, doch Pech, ein exzellent aufgelegter Abwehrchef Anton Ondrus sowie ein überragender Keeper Ivo Viktor verhinderten eine sowjetische Führung. Stattdessen ging kurz vor dem Halbzeitpfiff völlig überraschend die CSSR in Führung, wie im Hinspiel durch einen Distanzschuss von Moder, der einen Freistoß ins sowjetische Tor donnerte. Die zweite Halbzeit begann wie die erste, allerdings mit dem Unterschied, dass die Bemühungen der Sow-

Uli Hoeneß erzielt im wichtigen Spiel gegen Spanien das 1:0. Rechts jubelt Toppmöller.

jets nun zunächst von Erfolg gekrönt waren. Burjak gelang in der 53. Minute der Ausgleich. Noch einmal keimte bei der sowjetischen Mannschaft die Hoffnung auf, doch die *Sbornaja* war offensichtlich mit ihren Kräften am Ende. In der 82. Minute brachte Moder die Gäste nach einem Zuspiel von Nehoda sogar erneut in Führung. Die Sowjets resignierten nun, wenngleich Blochin drei Minuten vor dem Abpfiff noch der Ausgleich gelang. Erstmals seit Einführung der Europameisterschaft war die UdSSR im Halbfinale nicht dabei.

Das Nachbarschaftsderby **Niederlande** gegen **Belgien** konnte von der Papierform her nur einen Sieger kennen: den Vizeweltmeister. Die niederländischen Medien traten deshalb heftig auf die Euphoriebremse und erinnerten an die WM-Qualifikation 1974. Damals hatte die belgische Mannschaft die Niederländer um ein Haar um die Reise nach Deutschland gebracht. Die Warnungen fielen auf fruchtbaren Boden. Die *Oranjes* starteten in Rotterdam einen einzigen Sturmlauf gegen die Belgier. Beim 5:0-Sieg erzielte der überragende Rob Rensenbrink drei Treffer. König auf dem Platz war aber Johan Cruyff, der sich in bestechender Form präsentierte. Der Star vom FC Barcelona begeisterte durch kluges Passspiel und eine geniale Spielübersicht. Das Viertelfinale war damit bereits nach der ersten Begegnung entschieden. Das Rückspiel nutzten beide Kontrahenten, um neues Personal zu erproben. Auf der belgischen Trainerbank saß jetzt Guy Thijs, der Raymond Goethals abgelöst hatte. Van Gool brachte Belgien in Führung. Rep und Cruyff ließen sich mit ihren Antworten bis zum zweiten Durchgang Zeit und sorgten schließlich noch für einen 2:1-Auswärtssieg.

Rein statistisch gesehen ging **Spanien** als leichter Favorit in die erste Begegnung mit **Deutschland**, denn der letzte Sieg der Deutschen auf spanischem Boden datierte aus dem Jahr 1936. Außerdem musste Bundestrainer Helmut Schön auf Heynckes, Hoeneß und Stielike verzichten. Schiedsrichter der Begegnung war der Engländer Keith Taylor, der auch das WM-Finale 1974 gepfiffen hatte. Damals wie jetzt bewies er Schwierigkeiten in Elfmetersituationen. Als der Berliner Erich Beer Mitte der ersten Hälfte im Strafraum gefoult wurde, blieb der Pfiff aus. Für diese Fehlentscheidung wurde Taylor nach dem Spiel durch UEFA-Beobachter gerüffelt. Zum Zeitpunkt dieses Fouls stand es vor knapp 80.000 Zuschauern in Madrid 1:0 für die Spanier, die Santillana in einem kampfbetonten Spiel in der 22. Minute Führung gebracht hatte. Beer gelang es dann, den spanischen Vorsprung in der 66. Minute zu egalisieren. Weil der deutsche Sturm nicht seinen besten Tag hatte, versuchte es Beer mit einem Distanzschuss und traf. Das Rückspiel vor 75.000 Zuschauern im Münchner Olympiastadion war der Beginn einer kurzzeitigen Renaissance von Uli Hoeneß. Aufgrund vieler Verletzungen hatte der erst 24-Jährige nicht mehr sein Niveau der Jahre 1972 bis 1974 erreichen können. Sein Treffer zum 1:0 in der 17. Minute gab ihm neues Selbstvertrauen und der Nation die Gewissheit, an der Endrunde teilnehmen zu können. Letzte Zweifel zerstreute Klaus Toppmöller vom 1. FC Kaiserslautern, der bei seinem Länderspieldebüt das wichtige 2:0 erzielte.

Die erste EM-Endrunde in der „sozialistischen Welt"

Mit Welt- und Europameister Deutschland, Vizeweltmeister Niederlande, den seit 18 Spielen ungeschlagenen Tschechoslowaken und dem EM-Dauerbrenner Jugoslawien, das einen attraktiven und technisch guten Angriffsfußball spielte, war die Endrunde so hochkarätig besetzt wie niemals zuvor. In den Niederlanden fieberten Spieler, Fans und Medien einer Neuauflage des WM-Finales von 1974 entgegen. Die damalige 1:2-Niederlage gegen Gastgeber Deutschland hatte man als unglücklich und ungerecht empfunden. Die *Elftal* schien sich in der Form ihres Lebens zu befinden, während bei den Deutschen der Zenit überschritten schien. Die Zeit war somit reif für eine erfolgreiche Revanche. Der Gewinn der EM sollte jedem Spieler mit 25.000 Gulden vergütet werden.

Deutschland verfügte noch immer über eine Elf von internationaler Klasse, wenngleich Franz Beckenbauer zu Recht darauf hinwies, dass der Fußball sich seit 1972 verändert habe: „Im Stil von damals könnten wir heute bestimmt nicht mehr glänzen, weil das Spiel noch härter, schneller und athletischer geworden ist." Außerdem musste Bundestrainer Helmut Schön weiterhin auf Jupp Heynckes und damit auf seinen zuverlässigsten Stürmer verzichten. Der Mönchengladbacher hatte sich für eine Operation seiner ständig schmerzenden Leiste entschieden. Sein Klubkamerad Rainer Bonhof klagte: „Wir sind fix und fertig." Zwischen dem Ende der Bundesligasaison und der EM-Endrunde lagen lediglich zwei Wochen, sodass den ausgelaugten Akteuren kaum Zeit zur

Regeneration blieb. Beckenbauer sah deshalb „schwarz für eine Titelverteidigung".

Die Endrunde fand in Jugoslawien statt, das damit als erstes Land der „sozialistischen Welt" den Zuschlag für ein bedeutendes internationales Turnier erhielt. Allerdings galt der Balkanstaat als politischer Sonderfall. Jugoslawien hegte andere Vorstellungen vom Sozialismus als Moskau („jugoslawischer Weg"), praktizierte außenpolitisch Bündnisfreiheit und hatte scharf gegen den Einmarsch in die CSSR protestiert. Dazu passte, dass es sich westeuropäischen Touristen öffnete und zahlreiche Fußballlegionäre ins kapitalistische Ausland ziehen ließ.

■ **Der König raucht**

Der Abschied von Trainer Rinus Michels hatte im niederländischen Team eine Autoritätslücke hinterlassen. Dieses Problem sollte die *Elftal* nicht nur in der Endrunde der EM 1976, sondern auch in den folgenden Jahren immer wieder verfolgen. Nicht der neue Trainer Knobel hatte das Sagen, sondern sein Star Johan Cruyff, dem die Medien nach seinem fantastischen Auftritt gegen Belgien zu Füßen lagen. Knobel degenerierte zusehends zur Marionette des „Königs", der u.a. durchsetzte, dass auch im Trainingslager geraucht werden durfte.

Für Jugoslawien sprach die große Fußballbegeisterung im Land sowie seine bisherigen Erfolge im europäischen Nationenwettbewerb. Vasa Stojkovic, Generalsekretär des jugoslawischen Fußballverbandes, prognostizierte 100.000 Zuschauer für ein Halbfinale Jugoslawien gegen Deutschland. Zudem verfügte das Land mit dem auch „Maracaná" genannten Stadion Crvena zvezda („Stadion Roter Stern") in Belgrad und dem Gradski Stadion in Zagreb über geeignete Arenen mit 95.000 bzw. 64.000 Plätzen.

Erste Fußballvereine hatten sich auf dem Gebiet Jugoslawiens ab 1903 gebildet. Als Folge des Ersten Weltkrieges dauerte es aber noch bis 1919, ehe sich der jugoslawische Fußballverband Fudbalski Savez Jugoslavije gründete. 1921 wurde er Mitglied der FIFA, 1954 trat man der UEFA bei. 1920 lief, anlässlich der Olympischen Spiele in Antwerpen, zum ersten Mal eine jugoslawische Nationalmannschaft auf. Mit einer 0:7-Niederlage gegen die Tschechoslowakei ging die Premiere kräftig daneben, und auch die zweite olympische Begegnung gegen Ägypten endete mit einer Niederlage (2:4). Der jugoslawische Fußball etablierte sich international nur langsam. Die Verzögerung lag zu einem erheblichen Teil an den Spannungen zwischen den einzelnen Volksgruppen. Besonders heftig tobten die Widersprüche zwischen Serben und Kroaten. Eifersüchtig wachte man über die paritätische Besetzung bestimmter Spielpositionen; der individuellen Spielstärke wurde weniger Beachtung geschenkt.

1930 verbuchte Jugoslawiens Fußball seinen ersten nennenswerten Erfolg. Neben Frankreich, Rumänien und Belgien beteiligte sich die *Plavi* (deutsch: die Blauen, wegen der blauen Trikots) am ersten WM-Turnier in Uruguay. Nach einem sensationellen Sieg über Brasilien (2:1) und einem weiteren Erfolg über Bolivien (4:0) stand man im Halbfinale. Dort unterlag die Elf Gastgeber Uruguay mit 1:6. Jugoslawiens Stürmer Bek war mit drei Treffern bester europäischer Angreifer dieser WM. Nach dem Zweiten Weltkrieg war man bei fünf von sieben WM-Turnieren dabei gewesen, wo man einmal das Halbfinale (1962) und dreimal das Viertelfinale (1954, 1958, 1974) erreichte. Nur die Turniere 1966 und 1970 fanden ohne die *Plavi* statt. Auch der jugoslawische Vereinsfußball besaß in Europa einen guten Ruf. Im Europapokal der Landesmeister stand Partizan Belgrad 1965/66 im Finale, Roter Stern Belgrad stieß 1956/57 und 1970/71 immerhin bis ins Halbfinale vor. Im Europapokal der Pokalsieger konnten jugoslawische Klubs bis zur EM 1976 vier Halbfinalteilnahmen verbuchen (1960/61 Dinamo Zagreb, 1962/63 OFK Belgrad, 1972/73 Hajduk Split, 1974/75 Roter Stern Belgrad).

Die größten internationalen Erfolge hatte Jugoslawiens Auswahlteam bei den Europameisterschaften errungen, wo man 1960 und 1968 Vizeeuropameister geworden war. Im eigenen Land sollte die *Plavi* nun endlich den Titel holen.

Halbfinale: „Unerklärlich und unergründlich"

Im ersten Halbfinale trafen die **Niederlande** und die **CSSR** aufeinander. Im Zagreber Stadion hatten sich bei strömendem Regen nur 18.000 Zuschauer eingefunden, die Mehrheit von ihnen waren Fans der Niederländer. Schiedsrichter Thomas aus Wales hielt sich bei der Seitenwahl einen Regenschirm über den Schädel.

Die *Elftal* beging denselben Fehler wie im WM-Finale 1974. Erneut scheiterte sie an einer übergroßen Portion Überheblichkeit. Offensichtlich hatten Cruyff und Co. das Halbfinale bereits abgehakt, ihr Augenmerk galt allein einem Finale gegen Deutschland bzw. der „Rache für München". *Oranje* übersah dabei, dass es sich auch bei den Tschechoslowaken um eine spielstarke Mannschaft handelte, die man nicht im Vorbeigehen erledigen konnte. Die CSSR ging mit dem psychologischen Vorteil ins Spiel, dass sie mit dem Vorstoß in die Endrunde die selbst gesteckten Ziele bereits erreicht hatte, weshalb das Team von Trainer Václav Jezek und dessen slowakischen Kollegen Dr. Venglos unbeschwert aufspielen konnte. Schnell entpuppten sich die ersten Angriffe der *Elftal* als Strohfeuer. Im Gegenzug entwickelte die CSSR ein gefälliges Kombinationsspiel, in dem der hochaufgeschossene Abwehrchef Anton Ondrus, Student der Ökonomie, einen enormen Offensivdrang entwickelte. Noch zwei Jahre zuvor wollte der Mann von Slovan Bratislava seine Karriere beenden, da er nur die Bank drückte. Erst unter dem Trainerduo Jezek/Venglos gelang es Ondrus, sein volles Potenzial zu entfalten. Der Slowake spielte einen modernen Libero vor der Abwehr, und Ondrus war es auch, der in der 23. Minute die verdiente Führung für sein Team erzielte.

Bei den Niederländern verhielt sich Neeskens auffallend defensiv, während die etatmäßigen Verteidiger Suurbier und Krol Offensivaufgaben übernahmen. Den Angriffsfluss der Tschechoslowaken konnte dies nicht behindern. In dieser Spielphase wirkte *Oranje* geradezu verkrampft und beantwortete gegnerische Angriffe mit überharten Attacken. Auch im zweiten Durchgang konnte die *Elftal* im Spiel keine Akzente setzen. Vielmehr verströmte sie auf dem schlammigen Spielfeld eine gewisse Lustlosigkeit, allen voran Johan Cruyff. Aus den zahlreichen Nickeligkeiten wurden mit der

Der tschechische Abwehrchef Ondrus (Bildmitte) bewahrt Ruhe: Keine Gefahr, der niederländische Torjäger Neeskens (vorn) ist am Ball vorbeigeschliddert.

Zeit und zunehmendem Frust üble Fouls. Schiedsrichter Thomas heizte die Atmosphäre mit einigen unglücklichen Entscheidungen zusätzlich an. In der 60. Minute musste der Tschechoslowake Jaroslav Pollak als erster Spieler dieser Partie das Feld verlassen, nach einem eher harmlosen Foul an Neeskens. Nun hatten die Niederländer mehr Raum für ihr Spiel. Doch dauerte es bis zur 73. Minute, ehe der Ausgleich fiel. Ausgerechnet der überragende Ondrus fälschte einen Ball unglücklich ins eigene Tor ab. Als in der 76. Minute Neeskens seinem Gegenspieler absichtlich in die Beine trat, sah auch er Rot. Der restlos enttäuschende Cruyff hatte sich schon vorher die Gelbe Karte wegen Meckerns abgeholt. Da er vorbelastet war, bedeutete dies für ihn das Ende des Turniers.

Nach 90 Minuten ging das Match in die Verlängerung, in der sich die Tschechoslowaken spielerisch durchsetzten. In der 96. Minute brachte CSSR-Coach Jezek den 33-jährigen Frantisek Vesely neu ins Spiel, der zum Matchwinner avancierte. In der 114. Minute bediente er Nehoda mit einer Flanke, die dieser zum 2:1 einköpfte. Fünf Minuten später traf der „Ergänzungsspieler" dann selbst zum 3:1-Endstand. Der hoch gepriesenen *Elftal* blieb nur das ungeliebte Spiel um Platz drei, für das van Hanegem nach Cruyff und Neeskens ebenfalls nicht mehr zur Verfügung stand. Er hatte in der 116. Minute wegen Schiedsrichterbeleidigung Rot gesehen. Ein zorniger Johan Cruyff beklagte eine Benachteiligung seiner Mannschaft. Der tschechoslowakischen 2:1-Führung war ein ungeahndetes Foul am „König" vorausgegangen. In erster Linie mussten die Niederländer allerdings die Schuld bei sich selbst suchen. Zum zweiten Mal in Folge hatten sie einen möglichen und ihnen gebührenden Titel schlichtweg verschenkt. Es sollte nicht das letzte Mal sein.

Deutschland hat wieder einen Müller

Der Endspielgegner der CSSR wurde einen Tag später in Belgrad ermittelt, wo vor gut 50.000 Zuschauern der Gastgeber **Jugoslawien** den Titelverteidiger **Deutschland** empfing. Bundestrainer Helmut Schön waren aus der Elf von 1972 noch Beckenbauer, Hoeneß, Maier, Schwarzenbeck und Wimmer geblieben. Im Sturm ließ der deutsche Coach zunächst das Duo Hoeneß und Hölzenbein antreten. Viele forderten den Einsatz des Kölners Dieter Müller auf der Position des Mittelstürmers, doch Schön wollte den 22-jährigen, noch unerfahrenen Stürmer nicht gleich von Anfang an bringen. Die deutsche Abwehrreihe stand von der ersten Minute an unter jugoslawischem Dauerbeschuss. Einzig Torwart Sepp Maier war es zu verdanken, dass es nicht zu einem Rückstand kam. In der 18. Minute war aber auch Maier machtlos. Die jugoslawische 1:0-Führung war ein Gemeinschaftsprodukt zweier Bundesligalegionäre. Torschütze war der für Eintracht Braunschweig spielende Danilo Popivoda, der einen genialen 40-Meter-Pass des Schalkers Branko Oblak verwertete. Die *Plavi* spielte nun wie entfesselt auf. Logische Konsequenz war das 2:0. In der 32. Minute konnte Maier eine Flanke von Zungul nicht ergattern, woraufhin Dzajic den Treffer markierte. Nur zwei Minuten später verhinderte Maier einen 0:3-Rückstand.

Im zweiten Durchgang stürmte Jugoslawien zunächst weiter und war dem dritten Tor nahe. Doch mit zunehmender Spieldauer fanden die Deutschen besser zu ihrem

Erich Beer im Dreikampf. Gegen Jugoslawien erreichte die DFB-Elf nur knapp das Finale.

Spiel, was auch am Kräfteverlust der Jugoslawen lag, die ihrem hohen Tempo Tribut zollen mussten. In der 65. Minute konnte der Kölner Flohe etwas überraschend nach einem Zuspiel von Wimmer auf 1:2 verkürzen. In der 80. Minute wurde Flohes Vereinskamerad Dieter Müller für Wimmer eingewechselt. Nach nur zwei Länderspielminuten konnte der Debütant ein Zuspiel von Bonhof mit dem Kopf in die jugoslawischen Maschen setzen: 2:2. Dabei blieb es bis zum Ende der regulären Spielzeit. In der Verlängerung zeigten die Deutschen, dass sie über die bessere Kondition verfügten – und Dieter Müller bewies, dass er einen exzellenten Torinstinkt besaß. In der 115. Minute brachte er die DFB-Elf erstmals in Führung, und in der 119. Spielminute war es erneut der Kölner, der das 4:2 erzielte. Zwei Jahre nach dem Abschied von Goalgetter Gerd Müller „müllerte" es im DFB-Team wieder.

Walter Lutz führte in der Schweizer Zeitschrift *Sport* drei Ursachen für den deutschen Umschwung an: Er urteilte, dass „nur ein Team mit der Moral und dem Kampfgeist einer deutschen Mannschaft" zu solchen Taten in der Lage sei. Ferner machte er die „Verausgabung" der Jugoslawen in der ersten Halbzeit für den Einbruch verantwortlich. Zu guter Letzt attestierte er Helmut Schön „eine unwahrscheinlich glückliche Hand beim Auswechseln". Insgesamt glaubte Lutz ein Spiel gesehen zu haben, das er für ein „getreues Spiegelbild des Fußballs" hielt: „Rätselhaft und undeutbar, unerklärlich und unergründlich, voller Widersprüche und doch wieder logisch – ein Spiel, das die Faszination und die Unwägbarkeit des Fußballs zugleich erklärt, ohne, einer Sphinx gleich, die Geheimnisse zu lüften und zuverlässige, eindeutige Antworten auf die vielen offenen Fragen zu erteilen. Ein Spiel auch, das viele scheinbar erhärtete Theorien und Grundregeln ad absurdum führte."

Finale: Hoeneß trifft den Nachthimmel

Das „Kleine Finale" **Jugoslawien** gegen **Niederlande** schrie mit nicht einmal 7.000 Zuschauern in Zagreb erneut nach einer Reform der Endrunde. Die mangelnde Resonanz war umso erstaunlicher, als hier der Gastgeber mitmischte. Die Jugoslawen gingen allerdings körperlich ausgelaugt und psychisch leer ins Spiel. Oblak und Popivoda wollten gar nicht erst auflaufen und erklärten das auch öffentlich. Andere jammerten über Blessuren. Jugoslawiens Coach Mladinic vertraute jedoch – in Absprache mit seiner medizinischen Abteilung – genau jenen Akteuren, die auch gegen Deutschland auf dem Spielfeld gestanden hatten. Bondscoach Knobel musste aufgrund des Ausfalls der Spieler Neeskens, van Hanegem und Cruyff zwei Spieler nachordern: Aus Rotterdam stieß Meutstege zur *Elftal*, aus Alkmar reiste Kist nach Zagreb. Johan Cruyff machte sich derweil in umgekehrter Richtung von dannen. Der Kapitän trat vorzeitig die Heimreise an und räsonierte dabei über die schlechte Bezahlung der Nationalspieler, zu viele Trainingslager und zu wenig Freiheiten für die Akteure. Cruyff, der dreimal zum europäischen „Fußballer

Spiel um den dritten Platz

des Jahres" gewählt wurde (1972, 73, 74) und zur Jahrtausendwende auch zum besten europäischen „Fußballer des Jahrhunderts", blieb mit der Nationalmannschaft titellos. Sein letztes Länderspiel bestritt das Genie am 26. Oktober 1977.

Daheim war die niederländische Nationalelf, anders als nach dem WM-Finale 1974, von Medien und erbosten Fans zerrissen worden. Gegen Jugoslawien bemühte sich nun ein ersatzgeschwächtes Team um Wiedergutmachung. Geets und van de Kerkhoff schossen ihre Farben in Front und ließen den in Jugoslawien nicht unumstrittenen Mladinic „alt" ausehen. Sein Vorhaben, dem unterlegenen Halbfinalteam eine weitere Chance zu geben, wäre schon in der ersten Halbzeit gescheitert, wenn nicht Katalinski in der 43. Minute der Anschlusstreffer gelungen wäre. Im zweiten Durchgang entwickelte sich ein offener und sehenswerter Schlagabtausch. Aber nur Jugoslawien traf noch einmal. Mit einem exzellenten Freistoß gelang Dzajic kurz vor Schluss der Ausgleich, sodass auch diese Partie in die Verlängerung musste. Hier erzielte Geets in der 107. Minute 3:2-Siegtreffer für die *Elftal*.

Erstmals mit Elfmeterschießen

Erst kurz vor dem Anpfiff wurde den Mannschaften aus der **CSSR** und **Deutschland** mitgeteilt, dass es im Falle eines Unentschiedens nach Verlängerung kein Wiederholungsspiel geben würde, sondern ein Elfmeterschießen. Der DFB hatte diese Änderung des Reglements eingestielt, um weitere Belastungen seiner Kicker zu vermeiden. Die Spieler wurden dazu nicht befragt. Der tschechoslowakische Gegner behauptete nach dem Spiel, von dieser Reglerung noch nicht einmal informiert worden zu sein.

Die Aufstellung der Deutschen bot eine Überraschung. Schön verzichtete zunächst auf die Dienste von Heinz Flohe und schenkte Dieter Müller sein Vertrauen. CSSR-Trainer Jezek hatte nach dem strapaziösen Halbfinale vorsichtshalber noch zwei Ersatzleute aus der Heimat angefordert, ließ aber die Mannschaft aus dem Niederlandespiel weitestgehend unverändert. Noch vor dem Spiel wurde CSSR-Keeper Ivo Viktor als bester Turnierspieler ausgezeichnet, und Franz Beckenbauer ehrte man für seinen 100. Länderspieleinsatz.

Das Endspiel begannen die Osteuropäer so, wie man es von ihnen gewohnt war: geradliniges Spiel Richtung deutsches Tor mit direktem, platziertem Abschluss. Die Deutschen waren zunächst nur bei Standardsituationen gefährlich. Ausgerechnet die ansonsten zuverlässigsten Spieler im deutschen Team brachten durch individuelle Fehler ihre Elf ins Hintertreffen. In der 8. Minute erlaubte sich Berti Vogts einen Fehlpass, den der technisch starke Rechtsaußen Marian Masny aufnahm. Masny zog sofort ab, Maier parierte glänzend, konnte aber den Ball nicht unter Kontrolle bringen. Rekordnationalspieler Zdenek Nehoda eroberte das Leder und bediente Jan Svehlik, der keine Mühe hatte, zum 1:0 zu vollenden. Als Nächster patzte in der 25. Minute Beckenbauer. Der Kapitän wehrte einen in den Strafraum segelnden Freistoß mit dem Kopf ab, bediente dabei aber „mustergültig" Linksfuß Karol Dobias. Dessen satter Schuss aus 22 Metern zischte am verdutzten Maier vorbei zur

Dieter Müller war auch im Endspiel gegen die CSSR der effektivste deutsche Stürmer.

tschechoslowakischen 2:0-Führung ins Netz. Nur eine Minute später verhinderten wenige Zentimeter ein frühes deutsches Debakel.

Das wendete kurz darauf Dieter Müller vollends ab, der ein Zuspiel von Bonhof zum 1:2 verwertete. Der Anschlusstreffer in der 28. Minute stellte den Spielverlauf auf den Kopf. Müller hatte zu diesem Zeitpunkt erst insgesamt 68 Länderspielminuten absolviert, aber bereits vier Tore erzielt. Die 30.790 Zuschauer im Belgrader Stadion Crvena zvezda sahen jetzt wieder eine offene Partie, zumal sich nun beim CSSR-Team das schwere Halbfinalspiel bemerkbar machte. Zur zweiten Halbzeit schickte Schön doch wieder Flohe aufs Feld, der Wimmer ersetzte. Der zweite Durchgang war geprägt durch harte Zweikämpfe. Kein Zentimeter Boden wurde dem Gegenspieler kampflos überlassen. Doch der gute italienischen Referee Sergio Gonella sorgte dafür, dass die Angelegenheit nie ruppig oder gar brutal wurde.

Die Deutschen bekamen allmählich Oberwasser, aber der Ausgleich wollte nicht gelingen. In der 59. Minute traf ein abgefälschter Hoeneß-Schuss nur den Pfosten. Auch die CSSR hatte nach einem Kopfball von Nehoda einen Pfostentreffer zu verzeichnen. In der 83. Minute haderten die Deutschen mit Schiedsrichter Gonella. Beckenbauer, der seine Elf immer wieder nach vorne trieb, war im gegnerischen Strafraum gelegt worden, doch der Elfmeterpfiff blieb aus. Als Gonellas Pfeife wenig später bei einer ähnlichen Situation im deutschen „Sechzehner" ebenfalls stumm blieb, war dies ausgleichende Gerechtigkeit. Alles schien schon für einen Sieg der CSSR zu sprechen, da gab es noch einmal einen Eckstoß für die DFB-Elf. Bonhof schlug den Ball mit Effet in den Strafraum, dort erwischte ihn Hölzenbein irgendwie mit dem Hinterkopf, und irgendwie zappelte der Ball im Netz. Zum zweiten Mal in Folge war es den Deutschen gelungen, nach einem 0:2-Rückstand noch eine Verlängerung zu erzwingen.

In den folgenden 30 Minuten schleppten sich beide Teams nur noch über das Feld, suchten aber weiter nach einer Entscheidung. Bongartz und Flohe scheiterten an Viktor, dessen Gegenüber Maier einen Freistoß von Panenka um den Pfosten lenken konnte. Im Netz landete der Ball aber nicht mehr, weshalb es erstmals in der Geschichte der Europameisterschaft (wie eines großen internationalen Turniers überhaupt) zum Elfmeterschießen kam.

Den Anfang machten die Tschechoslowaken, für die Masny als erster Schütze anlief und traf. Bonhof konnte sicher ausgleichen. Gleiches gelang auch Flohe, nachdem Nehoda den zweiten Elfer für die CSSR versenkt hatte. Ondrus brachte seine Farben wieder in Front, Bongartz legte erfolgreich nach. Nachdem Jurkemik verwandelt hatte, war die Reihe an Hoeneß. Der Münchner lief an – und jagte den Ball in den Belgrader Nachthimmel. Antonin Panenka machte mit dem folgenden Elfmeter den Sack zu. Die CSSR war Europameister. Für die Medienlandschaft der Tschechoslowakei war dies ein „Fußballmärchen".

„Die deutsche Fußballmaschine"

Unter den deutschen Spielern mäkelte man nach der Niederlage über die Reglementsänderung. Beckenbauer glaubte, ein Wiederholungsspiel wäre vorteilhafter gewesen: Dann hätte die bessere Kondition der Deutschen den Ausschlag gegeben. Bundestrainer Helmut Schön rechtfertigte indes die Entscheidung pro Elfmeterschießen: „Ein drittes Spiel wäre einfach mörderisch gewesen. Ich hätte meine Spieler im Lehnstuhl nach Hause rollen müssen." Die *Frankfurter Allgemeine Zeitung* machte nach dem verlorenen Endspiel für die deutsche Mannschaft einen Reputationsgewinn aus. Das Blatt spekulierte, dass sich die deutsche Nationalmannschaft „mit dieser Niederlage mehr Freunde geschaffen" hätte. Bei einem Endspielsieg wären die deutschen Kicker möglicherweise „in die Nähe von Übermenschen gerückt" worden.

Oder zum unverdienten Sieger erklärt. Denn mit den Tschechoslowaken hatte tatsächlich das beste Team dieser Endrunde gewonnen. Die CSSR, deren Stammformation sich vorwiegend aus Slowaken und Akteuren von Slovan Bratislava rekrutierte – darunter die komplette Viererkette vor Keeper Viktor –, spielte einen modernen Fußball, der dem Trend der damaligen Zeit entsprach. Dem Duo Jezek/Venglos stand ein eingespieltes Team zur Verfügung, viele Akteure kannten sich bereits aus gemeinsamen Zeiten in der Juniorenauswahl. *L'Equipe* beschrieb das Finale als „großartigen Dialog zwischen der spielerischen Leichtigkeit der CSSR und der deutschen Fußballmaschine". Neben der CSSR war auch Jugoslawien in der Entwicklung seines Spiels ein großes Stück vorangekommen. Der *Kicker* sprach von einer „Wachablösung", was sich allerdings nur teilweise bewahrheiten sollte. Für die deutsche Nationalelf brachen tatsächlich magerere Jahre an, andererseits begann aber auch keine „tschechoslowakische Ära". Bei der WM 1978 war die CSSR nicht dabei, in der EM-Endrunde 1980 verpasste sie das Finale. Und Jugoslawien scheiterte beide Male schon in der Qualifikation.

Uli Hoeneß jagt das Leder in den Nachthimmel von Belgrad.

Nur die deutschen Leibchen haben Tuchfühlung zum Pokal: Die tschechoslowakischen Spieler Ondrus, Dobias und Nehoda (von links) feiern nach Trikottausch im „falschen" Dress.

 1980

■ Europameisterschaft 1980

Gemeldete Länder: 32

Austragungsmodus: 7 Qualifikationsgruppen (3 à 5 Teams, 4 à 4 Teams). Die sieben Gruppensieger qualifizieren sich für die Endrunde. Gastgeber Italien automatisch qualifiziert. Endrunde: 2 Gruppen à 4 Teams. Die Gruppensieger bestreiten das Finale.

Qualifikationsspiele: 108
Tore: 307 (= 3,02 im Schnitt)
Zuschauer: 3.453.661 (= 31.978 im Schnitt)

Endrundenspiele: 14
Tore: 27 (= 1,93 im Schnitt)
Zuschauer: 336.725 (= 24.051 im Schnitt)

EM-Spiele insgesamt: 122
Tore insgesamt: 334 (= 2,74 im Schnitt)
Zuschauer insgesamt: 3.790.386 (= 31.068 im Schnitt)

Austragungsland der Endrunde: Italien (11. - 22. Juni 1980)

Austragungsorte: Mailand (Stadio Giuseppe Meazza, 80.000), Neapel (Stadio San Paolo, 85.000), Rom (Stadio Olimpico, 79.000), Turin (Stadio Communale, 71.000)

Die besten Torschützen der Endrunde:
Klaus Allofs (Deutschland), 3 Tore
Horst Hrubesch (Deutschland), Kees Kist (Niederlande), Zdenek Nehoda (CSSR), je 2 Tore

Finale: Deutschland - Belgien 2:1 (1:0)
22. Juni 1980, Stadio Olimpico, Rom

Deutschland: Schumacher, Kaltz, Stielike, K. H. Förster, Dietz, Schuster, Briegel (55. Cullmann), H. Müller, Rummenigge, Hrubesch, K. Allofs
Belgien: Pfaff, Millecamps, Gerets, Meeuws, Renquin, Cools, Vandereycken, van Moer, Mommens, Ceulemans, van der Elst

Tore: 1:0 Hrubesch (10.), 1:1 Mommens (72. Foulelfmeter), 2:1 Hrubesch (89.)
Schiedsrichter: Nicolae Rainea (Rumänien)
Zuschauer: 47.860

EM 1980
Tristesse in Italien

Nach der EM 1976 wurde verstärkt über eine Reform der Endrunde diskutiert. Die bisherige Form war nicht mehr als ein Kompromiss gewesen. An ein richtiges Turnier hatte man sich nicht herangewagt, mit Rücksicht auf die Terminpläne bei Vereinen und Verbänden. Da viele Verbände nicht auf ihre Freundschaftsspiele verzichten mochten und die Europameisterschaft zunächst ohnehin nicht überall beliebt war, hatte die UEFA anfangs Rücksichten nehmen müssen. Doch das bisherige Miniturnier war weder Fisch noch Fleisch. Den austragenden Ländern blieb nur wenig Zeit für die Vorbereitung, da die Vergabe erst nach dem Viertelfinale erfolgen konnte. Das Spiel um Platz drei war unpopulär, die Zuschauerzahlen der Endrunden insgesamt enttäuschend. Entweder man schaffte diese Endrunden ganz ab, trug auch die Halbfinals in Hin- und Rückspielen aus und begnügte sich mit einem Endspiel auf neutralem Boden. In diese Richtung dachte man beim DFB. Oder man wertete die Endrunde zu einem „richtigen" Turnier auf.

Im März 1977 beschloss das Exekutivkomitee der UEFA, das Viertelfinale nicht mehr in Hin- und Rückspielen auszutragen, sondern in Gruppen als Turnierform. Die qualifizierten Teams mussten fortan in zwei Vierer-Gruppen gelost werden. Hier spielte einmal jeder gegen jeden. Die Gruppen-Ersten trugen das EM-Finale aus, die Gruppen-Zweiten spielten um den dritten Platz. Mit dieser Neuregelung wollten die UEFA-Offiziellen näher an das Mega-Event WM rücken, und ähnlich wie bei der WM sahen sie Chancen für eine europaweite, möglichst sogar weltweite Vermarktung eines solchen Turniers. Am 21. Juni 1977 wurde die Reform von der Generalsekretärskonferenz der UEFA abgesegnet.

Die Austragung der Endrunde wurde nun bereits Jahre vor dem Anpfiff vergeben, und das Austragungsland war automatisch qualifiziert. Mit Deutschland, Italien, England, Griechenland, Schweiz und den Niederlanden meldeten gleich sechs Länder ihr Interesse an. Einige strichen allerdings schnell die Segel. England musste zunächst einmal sein Hooligan-Problem in den Griff kriegen, Griechenland plagten wirtschaftliche Probleme, und die Niederlande galten für die erweiterte Endrunde als zu klein. Der italienische (!) UEFA-Präsident Franchi forderte, die Erstaustragung der „neuen EM" müsse einer „großen Fußballnation" übertragen werden, womit auch die Schweiz aus dem Rennen war. Blieben noch Deutschland und Italien. Da Italien letztmalig 1968 Gastgeber eines bedeutenden Turniers gewesen war, die Deutschen dagegen erst 1972 die Olympischen Spiele und 1974 die WM ausgerichtet hatten, durfte der Mittelmeer-Stiefel als erstes Land zum zweiten Mal die EM-Endrunde durchführen.

Die Qualifikation: Enttäuschung für die DDR

In sieben Gruppen teilte die UEFA die 31 Länder ein, die sich um ein Ticket nach Italien bewarben. Unter ihnen befand sich auch Wales, das ursprünglich gesperrt, dann aber doch „begnadigt" worden war. Nur die Gruppenersten kamen weiter; Teilnehmer Nummer acht war Gastgeber Italien.

Gruppe 1: England

In Gruppe 1 versammelten sich kurioserweise **England, Irland** und **Nordirland** – eine Konstellation, in der sich die Engländer auf keinen Fall blamieren durften. Trainiert wurden die *Three Lions* inzwischen von Ron Greenwood, der 13 Jahre lang West Ham United betreut hatte. Greenwood fiel die Aufgabe zu, der nach der WM von 1966 immer stärker ins Schwanken geratenen Nationalelf wieder Stabilität zu verleihen. Der Coach war ein Befürworter einer attraktiven, aber auch effektiven Spielweise.

Als England und Nordirland aufeinandertrafen, waren die Nordiren überraschend Tabellenführer. Einer Nullnummer in Dublin gegen Irland war in Belfast ein 2:1-Sieg über **Dänemark** und in **Bulgarien** ein 2:0-Erfolg gefolgt. England hatte in zwei Auswärtsspielen einen Punkt in Dublin (1:1) und beide Punkte in Dänemark erkämpft (4:3). Die Dänen, trainiert vom Deutschen Sepp Piontek, waren gegenüber der letzten Euro-Qualifikation nicht viel weitergekommen. Mit 2:6-Punkten waren sie bereits zum Jahreswechsel 1978/79 abgeschlagen. Im Spitzenspiel zwischen England und Nordirland gab es nun vor 92.000 Zuschauern im Londoner Wembleystadion einen souveränen 4:0-Sieg der Gastgeber, bei denen der für den Hamburger SV spielende Ex-Liverpooler Kevin Keegan herausragte. 1978 und 1979 wurde der „Mighty Mouse" genannte kleine dribbelstarke Stürmer „Fußballer des Jahres" in Europa.

Nordirlands endgültiger Abgesang begann mit der Auswärtspartie in Dänemark, die überraschend hoch mit 0:4 verloren ging. Im folgenden Rückspiel gegen England in Belfast wurde es nicht besser: England gewann mit 5:1 und war damit überlegen durch. Dennoch befanden sich die Nordiren auf einem guten Weg. Bei der WM 1982 sorgten sie für eine dicke Überraschung, als sie den Gastgeber Spanien schlugen.

Gruppe 2: Belgien

Die Gruppe 2 galt als schwerer Brocken. Mit **Schottland** und **Österreich** waren zwei Teilnehmer der WM 1978 dabei, dazu **Belgien, Portugal** und als Außenseiter **Norwegen**. In Argentinien hatten die Österreicher die zweite Finalrunde erreicht und dort in einem denkwürdigen Spiel den amtierenden Weltmeister Deutschland mit 3:2 besiegt. Die „Schmach von Cordoba" brachte den Weltmeister um das Weiterkommen und sorgte für eine gewisse Verstimmung zwischen den beiden Nachbarländern. Zweifacher Torschütze war Hans Krankl gewe-

Bruno Pezzey (rechts) erzielt im Praterstadion den ersten Treffer beim 3:2-Erfolg über Schottland.

sen, der nach der WM zum FC Barcelona wechselte. Auch in der EM-Qualifikation war Krankl der Star im Team der Österreicher. Doch die Rot-Weiß-Roten konnten noch weitere Akteure von internationaler Klasse aufweisen. So Herbert Prohaska, der 1980 von der Wiener Austria zu Inter Mailand wechselte, und den für Eintracht Frankfurt spielenden Bruno Pezzey. Das Team von Trainer Karl Stotz, der den WM-Coach Senekowitsch beerbt hatte, ging als Favorit in die Spiele der Gruppe 2.

Die Kicker der Alpenrepublik begannen ihre Kampagne denn auch mit Siegen in Norwegen (2:0) und in Wien gegen Schottland (3:2), in Brüssel erreichten sie gegen Belgien ein 1:1-Unentschieden. Gegen Portugal erlitten sie dann einen unerklärlichen Leistungseinbruch. In der Bundeshauptstadt verlor man vor 64.000 Zuschauern mit 1:2. So wurde in Österreich ein vorzeitiges Scheitern der eigenen Elf befürchtet. Dem Rückspiel gegen Belgien verlieh man deshalb Anfang Mai 1979 Endspielcharakter, doch heraus kam lediglich ein torloses Remis. Für die Belgier war es die vierte Punkteteilung in Folge. Nutznießer dieses Remis war Portugal. Mit einem 1:0-Sieg in Norwegen schraubten die Portugiesen ihr Punktekonto auf 7:1 Zähler, was zur Halbzeit die Tabellenführung bedeutete.

Die bis dato sieglosen Belgier legten mit Beginn des Herbstes eine kleine Siegesserie hin, die sie direkt nach Rom bringen sollte. Einem holprigen 2:1-Sieg in Norwegen folgte einen Monat später ein 2:0-Heimerfolg über Portugal, der in Österreich mit Freude vernommen wurde. Nach einem 4:0-Sieg über Norwegen durfte man sich hier wieder Hoffnung auf eine Italien-Reise machen. Das Ende der österreichischen Träumereien kam in Glasgow, wo man vor 67.895 Zuschauern über ein 1:1-Remis nicht hinauskam. Portugal verspielte die Turnierteilnahme in Lissabon mit einer 1:2-Niederlage,

■ Argentinische Spanier

Spanien war zum Ausrichter des WM-Turniers 1982 erwählt worden und hoffte im Vorfeld auf einen sportlichen Aufschwung. Bei der WM 1978 war die *Selección* erstmals seit zwölf Jahren wieder dabei gewesen, scheiterte aber bereits in der ersten Finalrunde. Vor dem Beginn der EM-Qualifikationsspiele wurde in Spanien nun wieder über die naturalisierten Südamerikaner diskutiert, mit denen sich der spanische Fußball verstärkte. Mit Rubén Carso (Atlético Madrid) und Juan Carlos Heredia (FC Barcelona) standen zwei gebürtige Argentinier in der Nationalelf. Auch Argentiniens WM-Held Mario Kempes klopfte an, doch sein Wechsel in die spanische Staatsbürgerschaft kam zu spät.

---

ausgerechnet gegen Österreich. Doch für die Österreicher kam dieser Sieg zu spät, denn das belgische Team zeigte keine Nerven. Gegen Schottland wurden zwei weitere Siege eingefahren (2:0 in Brüssel und 3:1 in Glasgow). Damit hatte Belgien mit einem Pluspunkt mehr als Österreich die Qualifikation geschafft. Nach dem schwachen Auftakt, bei dem zu Hause nur ein 1:1 gegen Norwegen gelungen war, hatten die Fans noch den Kopf von *Rode-Duivels*-Coach Guy Thys gefordert.

Nach dem Auftaktspiel der Gruppe 3 gab sich **Spaniens** Coach Ladislao Kubala siegesgewiss. Soeben hatten die Iberer vor 60.000 Zuschauern in Zagreb gegen **Jugo-**

Gruppe 3: Spanien

slawien mit 2:1 gewonnen. Kubala glaubte, dass „diese zwei Punkte schon für die Fahrt nach Italien" reichen würden. Um ein Haar wäre dieser Hochmut bestraft worden, obwohl Jugoslawien völlig überraschend auch das folgende Spiel in **Rumänien** mit 2:3 verlor. Im Winter 1978 wurde die *Plavi* von Trainer Miljan Miljanic restlos umgekrempelt und verjüngt und holte aus den folgenden beiden Spielen vier Punkte. Spaniens Qualifikationskampagne geriet nun plötzlich ins Stocken. Einem mühevollen 2:2-Remis in Rumänien folgte die Sensation: In Valencia verlor die *Selección* gegen die neu formierte *Plavi* mit 0:1. Die Entscheidung fiel schon in der 5. Minute durch Surjak.

Spanien wies nun 7:3 Punkte auf, Jugoslawien 4:4 Zähler. Auch die beiden nächsten Heimspiele entschied Jugoslawien für sich. Gegen Rumänien gab es ein 2:1, gegen Zypern ein 5:0. Spanien musste nun in Zypern antreten. Eigentlich war dies nur eine lästige Pflichtübung. Doch die Zyprioten hatten mit einem 1:1-Remis gegen Rumänien untermauert, dass sie an Heimstärke gewonnen hatten. Die Spanier waren also gewarnt, bei einem Remis hätten sie Jugoslawien die Italien-Tickets überlassen müssen. Doch die Sensation blieb aus. Verkrampft und mannschaftlich zerrissen stolperte Spanien mit einem 3:1-Sieg ins Ziel.

Gruppe 4: Niederlande

In der Gruppe 4 bot die **Schweizer** *Nati* ihren Fans Enttäuschung pur. Sie verlor hintereinander vier Spiele und war damit bereits nach der Hälfte der Qualifikation aus dem Rennen: 1:3 in Bern gegen die **Niederlande**, 0:2 in Breslau gegen **Polen**, 0:3 im Rückspiel in Eindhoven gegen die Niederlande und 0:2 in St. Gallen gegen die **DDR**. Die Konsequenz: Übungsleiter Roger Volanthen, ein Idealist und Befürworter des spektakulären Spiels, wurde durch Léon Walker abgelöst. Auch **Island** kassierte nur Niederlagen. Als Island und die Schweiz sich in zwei direkt aufeinanderfolgenden Spielen gegenüberstanden, ging es nur noch um die rote Laterne. Sie blieb in Island, denn die Schweiz gewann beide Spiele (in Bern 2:0 und in Reykjavik 2:1).

Rang eins wurde zwischen der DDR, Polen und dem Vizeweltmeister Niederlande ausgefochten. Dabei setzte zunächst die *Elftal* die Akzente: In Rotterdam schlug der Vizeweltmeister den Olympiasieger von 1976, die DDR, mit 3:0. Nach dieser Niederlage durften die Buschner-Mannen keinesfalls ihr Heimspiel gegen Polen verlieren. Die DDR begann die Partie vor 55.000 Zuschauern in Leipzig nervös. Die 1:0-Führung der Polen aus der 8. Minute durch Boniek wirkte nicht gerade stabilisierend. Doch in einem wahren Sturmlauf drehte der Gastgeber das Spiel und fuhr durch Tore von Streich (50.) und Lindemann (61.) noch einen 2:1-Sieg ein. Nun musste Polen alles daran setzen, die kommenden Heimspiele gegen die Konkurrenten zu gewinnen. Vor 100.000 Zuschauern in Chorzow führte ein überragender Boniek seine Rot-Weißen zu einem 2:0-Sieg gegen die Niederlande; wenig später erreichte Polen an gleicher Stelle gegen die DDR allerdings nur ein 1:1. Die beiden letzten Begegnungen der Gruppe spielten nun die Niederlande zunächst gegen Polen und anschließend gegen

100.000 enttäuschte Zuschauer sahen im Leipziger Zentralstadion, wie die DDR-Elf nach 2:0-Führung gegen die Niederlande noch 2:3 unterlag. Hier Schnupphase im Kampf gegen Thijssen und Krol.

die DDR. Polen erkämpfte sich vor 70.000 Zuschauern in Amsterdam ein 1:1-Remis, führte daraufhin mit zwölf Punkten vor den Niederlanden und der DDR, die jeweils elf Zähler hatten – und war trotzdem aus dem Rennen. Denn aufgrund des besseren Torverhältnisses reichte den Holländern ein Remis gegen die DDR; bei einer *Oranje*-Niederlage wären die Ostdeutschen weiter gewesen.

Und die Chancen hierfür standen nicht schlecht, denn Bondscoach Zwartkuis musste gleich auf eine Reihe prominenter Spieler wegen verweigerter Auslandsfreigabe, Verletzungen oder Desinteresse an der *Elftal* verzichten. Das Angebot von Johan Cruyff, in Leipzig noch einmal das orangene Trikot überzustreifen, fand kein Gehör. So begann das Match vor 100.000 Zuschauern im Leipziger Zentralstadion ganz nach DDR-Plan. Schnupphase brachte seine Elf nach 17 Minuten in Führung, Streich erhöhte in der 33. Minute per Foulelfmeter auf 2:0. In der 40. Minute gerieten der Ostdeutsche Weise und der Niederländer La Ling aneinander. Beide sahen Rot. Die verunsicherten Ostdeutschen gaben allmählich das Spiel aus der Hand. Thijssen gelang noch kurz vor dem Seitenwechsel der psychologisch wichtige Anschlusstreffer für die Gäste. Das DDR-Team wirkte auch nach dem Wiederanpfiff verunsichert und gestattete dem eingewechselten Kist in der 50. Minute den Ausgleich. 17 Minuten später setzte René van de Kerkhoff mit einem sehenswerten Solo, das im 3:2-Siegtreffer mündete, den entscheidenden Stich. Traumhaft begonnen, endete das Spiel für den DDR-Fußball in einem Alptraum. Die *Elftal*, vor 1974 bei fast keinem großen internationalen Turnier vertreten, hatte sich hingegen zum vierten Mal in Folge für eine WM oder EM qualifiziert.

Gruppe 5: CSSR

Zu einer recht einseitigen Angelegenheit gerieten die Qualifikationsspiele in der Gruppe 5. Ihr gehörten **Frankreich**, **Schweden**, **Luxemburg** und die **CSSR** an. Der amtierende Europameister, der von Dr. Josef Venglos betreut wurden, spielte sich souverän durch die Qualifikation. Ihr Auftaktspiel führte die Tschechoslowaken ins Stockholmer Rasunda-Stadion, wo die Schweden zwar zunächst in Führung gingen, doch am Ende siegten die Venglos-Schützlinge mit 3:1. An die Tabellenspitze schob sich aber zunächst Frankreich. Im April 1979 gastierten *Les Bleus* mit Coach Michel Hildago in Bratislava. 55.000 Zuschauer sahen einen starken Auftritt von Platini und Co, die Punkte aber blieben in der CSSR, die 2:0 gewann. Doch Frankreich strich noch nicht die Segel; 3:1 gewann die *Équipe Tricolore* in Schweden. Entschieden wurde die Angelegenheit beim Auswärtsspiel der Schweden in Prag. Ganz Frankreich hoffte auf ein gelb-blaues Wunder, doch es blieb aus. Die CSSR gewann klar mit 4:1, was de facto bereits die Qualifikation bedeutete. Den abschließenden Pflichtsieg gegen Luxemburg schafften die Tschechoslowaken in Prag locker mit 4:0.

Experten hatten ihre Ansicht über den Ausgang der Gruppe 6 schnell formuliert: Die **UdSSR** würde demnach Platz eins belegen, allenfalls bedrängt durch **Ungarn**. **Griechenland** und **Finnland** würden keine Rolle spielen. Die Experten sollten sich irren.

Gruppe 6: Griechenland

Zum Auftakt verlor Griechenland in Finnland deutlich mit 0:3. Hellas-Trainer Alketas Panagoulias baute die Nationalelf daraufhin um. Dabei betonte er den hohen Stellenwert der Auswahlmannschaft, dem sich die Vereine unterzuordnen hätten. Spieler, die diese Neuerungen nicht mittrugen, flogen aus dem Kader. Früchte trug die neue Politik zunächst nicht. In Eriwan verloren die Griechen gegen die UdSSR mit 0:2.

Im Oktober trafen die designierten Gruppenfavoriten Ungarn und UdSSR in Budapest aufeinander. Die Magyaren gewannen 2:0 und hielten den Ausgang der Gruppe offen. Am selben Tag kam Griechenland gegen Finnland in Athen zu einem 8:1-Kantersieg. Die Ungarn, Griechenlands nächster Gegner, hätten gewarnt sein müssen. Doch offenbar hielt man in Budapest das griechische 8:1 für eine Eintagsfliege. Ein fataler Irrtum, denn am Ende ging Ungarn in Saloniki mit 1:4 unter. Im direkt folgenden Rückspiel konnte Ungarn diese Scharte nicht auswetzen. 0:0 lautete der Spielstand nach 90 Minuten Noch schlimmer als den Ungarn erging es den Sowjets. Individuell konnten die Spieler alles, als Mannschaft traten sie aber wenig geschlossen auf. Zunächst kam die UdSSR-Auswahl nicht über ein 2:2-Remis im Rückspiel gegen Ungarn hinaus. Dann blamierte sie sich in Finnland mit einem weiteren Unentschieden (1:1). In Athen musste sie sogar eine 0:1-Niederlage hinnehmen. Griechenland konnte den Ouzo kalt stellen – und bald damit anstoßen, denn die Verfolger nahmen sich gegenseitig die Punkte weg. Peinlich war das vor allem für die Sowjetunion: Als Favorit gestartet, endete die *Sbornaja* auf dem letzten Gruppenplatz. Allerdings trennten den Ersten und den Letzten der Gruppe 6 nur zwei Punkte. Für Griechenland war es die erste Qualifikation für ein großes internationales Turnier. Dabei stießen die Auftritte der Auswahl daheim auf nur mäßiges Interesse. Im Schnitt kamen lediglich 15.000 zu den Heimspielen.

Gruppe 7: Deutschland

Mit der Gruppe 7 war das Losglück (man mag es kaum erwähnen) **Deutschland** schon wieder hold. **Wales** war mit Abstrichen der einzige ernstzunehmende Gegner und eröffnete die Gruppe mit zwei Heimsiegen gegen **Malta** (7:0) und die **Türkei** (1:0). Deutschland reiste zunächst ins maltesische La Valetta. Vor 10.000 Zuschauern gab es ein klägliches 0:0. Bundestrainer Jupp Derwall, der nach der enttäuschenden WM 1978 Helmut Schön beerbt hatte, formulierte nach dem Spiel seinen berühmt gewordenen Vergleich, wonach es ein guter Fußballer auf dem maltesischen Geläuf ähnlich schwer habe wie ein Picasso, der auf einer Tapete malen müsse. Die nächste Tapete wurde von Deutschland im türkischen Izmir gestaltet. Auch hier hieß es nach 90 Minuten 0:0 gegen einen Gegner, der eine Woche zuvor an gleicher Stelle Fußballzwerg Malta mühsam mit 2:1 niedergerungen hatte.

In Wales musste jetzt unbedingt ein deutscher Sieg her, ansonsten wären die Waliser schon zu weit weg gewesen. Vor 30.000 Zuschauern in Wrexham gelang dem Kölner Herbert Zimmermann in der 30. Minute die 1:0-Führung für die DFB-Auswahl – ihr erster Treffer nach insgesamt 210 torlosen Minuten in der Qualifikation. In der

52. Minute konnte der Schalker Klaus Fischer auf 2:0 erhöhen, was auch der Endstand war. Nun verfügte das DFB-Team über die bessere Ausgangsposition, da seine Rückrunde ausschließlich aus Heimspielen bestand. In Köln gingen die Waliser gegen die Deutschen mit 1:5 baden, und damit war die Qualifikation so gut wie gelaufen. Überraschend gut hielt noch die türkische Auswahl mit, die sich zwischenzeitlich spielerisch verbessert und sowohl Malta wie Wales besiegt hatte. In Gelsenkirchen wurde die Fahrt des „Orientexpress" dann gestoppt. 2:0 für Deutschland hieß es beim Abpfiff vor 73.000 Zuschauern im Parkstadion. Das letzte Gruppenspiel bestritt die Derwall-Elf gegen Malta im Bremer Weserstadion. Unbeschwert fertigte man die maltesische Auswahl mit 8:0 ab. Es war der höchste Sieg in allen Qualifikationsspielen der EM 1980.

Miese Stimmung in Italien

Die Qualifikationsrunden hatten erneut erfreulichen Publikumszuspruch gezeigt. Den höchsten Zuschauerschnitt verzeichnete England mit sagenhaften 84.897. Es folgten Polen (60.000), die Bundesrepublik Deutschland (57.000), die DDR (56.000), Österreich (50.049) und die UdSSR (45.333).

Dennoch stand die erste „erweiterte" Endrunde mit acht Teilnehmern unter keinen guten Vorzeichen. Im Austragungsland Italien herrschte – infolge eines ungeheuren Manipulationsskandals, in den viele Klubs und Spieler verwickelt waren – eine höchst gedämpfte Stimmung. Der eigenen Nationalelf traute man nicht viel zu. Trainer der *Squadra Azzurra* war seit 1977 Enzo Bearzot, auch der „Schweiger aus dem Friaul" genannt. Seine Trainerlaufbahn hatte Bearzot beim AC Turin als Assistent von Nereo Rocco begonnen, dem eigentlich Erfinder des Catenaccio. Den Einfluss seines Lehrers konnte Bearzot nie ganz leugnen, wenngleich er sich ab und an um eine etwas intensivere Pflege der Offensive bemühte. Der neue Nationaltrainer versuchte, den traditionellen italienischen Stil mit einem Tempofußball, wie ihn die Niederländer spielten, zu mischen, was aber zunächst misslingen sollte. Kritiker sahen lediglich „öden Zweckfußball". Vor der Abreise zur WM 1978 charakterisierte Helenio Herrera den italienischen Kader als „schlechtestes Team, das es je gab". In Argentinien erreichte man zwar nach einem glänzenden Start von drei Siegen – u.a. gegen den Gastgeber und späteren Weltmeister – die zweite Finalrunde, wo man aber sang- und klanglos ausschied.

Eine Mannschaft, die Fußball-Europa begeisterte und die einen neuen, interessanten Trend repräsentierte, gab es vor dieser EM nicht. Als Favoriten wurden England und Deutschland gehandelt. Die EM-Endrunde 1980 war Englands erste Teilnahme an einem bedeutenden internationalen Turnier seit 1970, und die *Three Lions* konnten sich durchaus Titelhoffnungen machen. Im internationalen Klubfußball waren dies ohnehin die Jahre der Engländer. Der Europapokal der Landesmeister blieb von 1977 bis 1982 ununterbrochen in England. 1977, 1978 und 1981 gewann der FC Liverpool die begehrteste der europäischen Vereinstrophäen, 1979 und 1980 Nottingham Forest, 1982 Aston Villa. Den Kern des Teams von Ron Greenwood bildeten Akteure des FC Liverpool.

Das Team, das der DFB nach Italien schickte, war eines der jüngsten dieser EM. In die Verbandsannalen ging es sogar als bis dahin jüngstes deutsches Turnierteam überhaupt ein. Zum geringen Durchschnittsalter von nur 24 1/2 Jahren trug auch der verletzungsbedingte Ausfall von Rainer Bonhof bei. Mit ihm verschwand der letzte Weltmeister von 1974 aus der deutschen Nationalmannschaft. Mit dem 32-jährigen Kapitän und Abwehrrecken Bernard Dietz vom MSV Duisburg, dem ältesten und erfahrensten Spieler im Kader, war selbst aus der EM-Elf von 1976 nur noch ein Akteur dabei.

> ■ **Leere Stadien in der Endrunde**
>
> Als Spielorte hatte der Gastgeber Arenen in Rom, Mailand, Turin und Neapel benannt, deren durchschnittliches Fassungsvermögen 78.750 betrug. Die Spielstätten sollten sich für dieses Turnier als völlig überdimensioniert erweisen und waren durchschnittlich nur zu knapp einem Drittel ausgelastet. Trotz der Reform lag der Zuschauerandrang in der Endrunde wieder deutlich unter dem der Qualifikationsspiele. Mit durchschnittlich 12.483 Zuschauern war das Interesse an den Spielen der Gruppe A geradezu desaströs, selbst das Eröffnungsspiel sahen statt der erwarteten 80.000 Zuschauer nur knapp 11.000. Lediglich Gastgeber Italien besaß in Gruppe B eine gewisse Anziehungskraft.

Bundestrainer Jupp Derwall plagten weitere Sorgen. Klaus Fischer, Stürmer von Schalke 04, musste wegen eines Beinbruchs passen. Für ihn kam der 29-jährige Horst Hrubesch vom Hamburger SV zu späten Länderspielehren. Bernd Cullmann vom 1. FC Köln war als Libero keine optimale Besetzung, und auch der 23-jährige Hans Müller vom VfB Stuttgart konnte seine Ambitionen als Spielmacher nicht umsetzen. Einziger Legionär im Kader war der 25-jährige Uli Stielike von Real Madrid, größter Hoffnungsträger der 20-jährige Mittelfeldspieler Bernd Schuster vom 1. FC Köln. Der große Blonde verkörperte die Sehnsucht nach einer Wiederkehr der Spielkultur der Jahre 1970 bis 1972.

Gruppe A: Allofs allein gegen Niederlande

Das erste Spiel dieser EM-Endrunde war in Gruppe A eine Neuauflage des EM-Finales von 1976. Der Begegnung zwischen Titelverteidiger CSSR und Deutschland im Stadio Olimpico in Rom ging eine fade Eröffnungsfeier voraus, bei der einige Laiendarsteller versuchten, einen Bogen von der EM 1980 ins Florenz des 16. Jahrhunderts zu schlagen. Vorformen des Fußballs existierten hier bereits zu Zeiten der Medici.

Deutschland
CSSR
Niederlande
Griechenland

Deutsche und Tschechoslowaken gingen sehr vorsichtig in ihre erste Partie. Als einzige Tugend konnten die Deutschen Altbewährtes in die Waagschale werfen: Kampfgeist. Mit ihm glaubte man auch die überalterten Tschechoslowaken kontrollieren zu können. CSSR-Coach Josef Venglos hatte sein Team gegenüber 1976 nur unwesentlich verändert und musste in Kauf nehmen, dass seine „Rentnerelf" konditionell als nicht besonders stark galt. Die Partie plätscherte dahin, torlos wurden die Seiten gewechselt. Im zweiten Durchgang gelang dem Bayern-Stürmer Karl-Heinz Rummenigge, Torschützenkönig der abgelaufenen Bundesligasaison, in der 56. Minute das 1:0, als er eine Flanke des ansonsten schwachen Hansi Müller einköpfte. Die Tschechoslowaken, bis dahin ausschließlich auf ein Remis bedacht, bemühten sich jetzt um mehr Druck, allerdings wenig gekonnt und erfolglos. Als der italienische Unparteiische Michelotti, von Beruf Opernsänger in Parma, das Match abpfiff, waren die Deutschen erleichtert. „Hauptsache gewonnen!", lautete ein häufiger Kommentar.

Nicht besser als der Derwall-Truppe erging es den Niederlanden im Spiel gegen Griechenland. In der Ära nach Cruyff und Neeskens war es Bondscoach Zwartkruis nicht gelungen, ein spielerisch überzeugendes Nationalteam zu formen. Auch hier waren ähnlich wie im deutschen Auswahlteam Zufälligkeiten und Sicherheitsfußball an die Stelle von Kreativität und offensivem Spielaufbau getreten. Lediglich Standardsituationen beherrschte die *Elftal* nach wie vor. Gegen Griechenland war sie dennoch klarer Favorit. Mit dem Anpfiff von DDR-Referee Prokop übernahmen die Niederländer denn auch das Kommando. Zwingendes sprang indes nicht heraus, und am Ende führte nur ein umstrittener Elfmeter zum 1:0-Erfolg für die Niederlande. Daheim wurde die *Elftal* von den Medien zerrissen. Das *Algemeen Dagblad* meinte, das Team habe sich in seinem Auftaktspiel noch schlechter dargestellt als das deutsche. Eine schlimmere Kritik ist in Holland kaum denkbar.

Der zweite Spieltag der Gruppe A musste mit dem Aufeinandertreffen von Deutschland und den Niederlanden eine Vorentscheidung bringen. Nach anfänglichem respektvollem Abtasten legte die deutsche Mannschaft gegenüber dem CSSR-Spiel eine wesentlich bessere Leistung hin und bot zeitweise mitreißenden Angriffsfußball. Stielike war von Derwall für Cullmann auf die Liberoposition beordert worden, eine goldrichtige Entscheidung. Der Real-Madrid-Legionär avancierte zum Leithammel des Teams und verlieh dem deutschen Spiel aus der Defensive heraus strategische Impulse. Auf der Position des Spielmachers bot der erst 20-jährige, förmlich über das Spielfeld schwebende Bernd Schuster in der ersten Halbzeit die beste Leistung seiner leider nur kurzen Nationalspielerkarriere. Gegenspieler Willy van de Kerkhof wurde ein ums andere Male düpiert. In der 20. Minute schoss der Düsseldorfer Klaus Allofs das deutsche Team in Führung. In der zweiten Halbzeit wuchs der Fortunen-Spieler über sich hinaus und schraubte den Spielstand in der 60. und 66. Minute auf 3:0. Der *Kicker* schien Recht zu behalten. Nach dem niederländischen Auftaktspiel hatte das Fußballmagazin resümiert: „Vor dieser Mannschaft braucht man keine Angst zu haben."

In der 73. Minute kam für Kapitän Bernard Dietz der 19-jährige Debütant Lothar Matthäus von Borussia Mönchengladbach aufs Spielfeld. Die Konzentration des DFB-Teams hatte mittlerweile nachgelassen. Sechs Minuten nach seiner Einwechslung verursachte Matthäus einen (allerdings unberechtigten) Foulelfmeter, den Rep verwandelte. In der 85. Minute konnte Willy van de Kerkhof auf 2:3 verkürzen. Es folgte

Allofs-Festival gegen die Niederlande: Der Düsseldorfer traf dreimal und ließ sich von seinem Stürmer-Kollegen Karl-Heinz Rummenigge feiern.

ein verzweifelter Sturmlauf der Niederländer. Die deutsche Abwehr wankte, fiel aber nicht. Bei einem Konter wäre Matthäus um ein Haar sogar noch sein erster Länderspieltreffer gelungen. Schließlich blieb es beim verdienten 3:2 Sieg über den Erzrivalen. Die „Rache für München" ließ weiter auf sich warten. Mit der niederländischen Fußball-Herrlichkeit war es zunächst einmal vorbei. Die WM-Turniere 1982 und 1986 sowie die EM 1984 fanden ohne den Vizeweltmeister von 1974 und 1978 statt.

Gerade mal 7.614 Zuschauer

„Es war wohl das erste Spiel in der Europameisterschaftsgeschichte, dem mehr Presseleute, Ordner und Ehrengäste zusahen als zahlende Zuschauer", kommentierte Heinz Wiskow im *Kicker* das magere Fan-Interesse am Spiel Griechenland gegen die CSSR. Offiziell nur 7.614 Zuschauer verloren sich im weiten Rund des Stadio Olimpico in Rom. Sie sahen eine mutige griechische Mannschaft, die da weitermachte, wo sie gegen die Niederlande aufgehört hatte. Munter, aber auch ein wenig durchsichtig trugen die Hellenen Angriff auf Angriff vor. Eine Spielweise, die attraktiv, aber gegen die abgeklärten Tschechen nicht effektiv war. Schon in der 6. Minute konnte Panenka einen CSSR-Angriff mit der 1:0-Führung abschließen. Nach zwischenzeitlichem Ausgleich erzielte schon in der 21. Minute Vizeks das 2:1 für die CSSR. Im zweiten Durchgang ließen die Griechen konditionell nach, und Nehoda konnte in der 62. Minute den 3:1-Endstand markieren. Griechenland war ausgeschieden, konnte aber für sich reklamieren, attraktiven Angriffsfußball geboten zu haben.

Um den deutschen Finaleinzug noch zu gefährden, musste es in der Begegnung CSSR gegen Niederlande einen Sieger geben und das DFB-Team sein letztes Spiel gegen die Griechen verlieren. In einem zeitweilig brutalen Spiel, in dem der türkische Schiedsrichter Ok nicht seinen besten Tag erwischt hatte, gingen die Tschechoslowaken vor knapp 12.000 Zuschauern zunächst in der 16. Minute durch Nehoda in Führung. Die niederländischen Bemühungen um den Ausgleich hielten sich in Grenzen; die *Elftal* erweckte eher den Eindruck, als wolle sie das Spiel um Platz drei in Neapel vermeiden, was Bondscoach Zwartkruis später auch bestätigte: „Meine Spieler wollten nicht noch einmal nach Neapel, auch wenn sie das nicht offen sagten, war das in einigen Situationen doch zu spüren." Nach knapp einer Stunde glich Kist dennoch für die Niederländer aus, und dabei blieb es. Da die CSSR bei Punktgleichheit über das bessere Torverhältnis verfügte, blieb der *Elftal* ein erneutes Spiel um Platz drei erspart.

Das Spiel Deutschland gegen Türkei war damit bedeutungslos geworden. Leider hatte man die letzten Gruppenspiele nicht zeitgleich angesetzt, und das, obwohl man beim vorausgegangenen Weltturnier schlechte Erfahrungen gemacht hatte. Damals bestritt Brasilien sein Spiel einige Stunden vor dem härtesten Konkurrenten Argentinien, der deshalb exakt wusste, welches Ergebnis er zum Einzug ins Finale benötigte.

In Turin sahen 14.000 Zuschauer einen unmotivierten Auftritt der DFB-Elf. Bundestrainer Derwall hatte auf die mit Gelben Karten belasteten Dietz, Schuster und Allofs verzichtet. Die unorthodoxen griechischen Angriffsbemühungen waren keine echte Herausforderung für die bundesligaerfahrene deutsche Abwehrreihe, wenngleich schon mal der Pfosten oder Keeper Schumacher retten mussten. Schließlich trennte man sich schiedlich und friedlich torlos. „Das 0:0 geht sogar den Chancen nach in Ordnung!", lautete der Kommentar des *Kicker* nach diesem „langweiligsten und lausigsten Spiel dieser Europameisterschaft". Den wahren Grund für die desaströse Vorstellung kolportierte das deutsche Lager: Im Mannschaftshotel hingen die Betten durch.

Gruppe B: Italien „vom Glück verlassen"

Im ersten Spiel der Gruppe B empfing Belgien den Titelanwärter England. Die *Three Lions* hatten in der Qualifikation 22 Tore erzielt, eine Quote, die Belgiens Trainer Guy Thys zu einer defensiven Einstellung seiner Elf animierte. Mit einer intensiv einstudierten Abseitsfalle hoffte man den erwarteten englischen Sturmwirbel stoppen zu können. Schlagzeilen machte das Spiel bereits vor dem Anpfiff. Belgische, italienische und englische Hooligans lieferten sich brutale Schlägereien. 36 Engländer wurden von der Polizei festgenommen. Während des Spiels litten die Spieler unter den Wirkungen des eingesetzten Tränengases. Nachdem ein Zuschauer ein ergattertes Tränengasgeschoss aufs Spielfeld geschleudert hatte, musste der deutsche Schiedsrichter Aldinger das Spiel unterbrechen. Die in Hamburg erscheinende Zeitung *Die Welt* sah in der Randale „das Problem einer auf alarmierende Weise wachsenden Schar von britischen Jugendlichen, denen Halt, Ziel, Motivation und Engagement verloren gegangen ist".

Belgien
Italien
England
Spanien

Das Niveau der Partie war erschreckend schwach. England ging in der 26. Minute durch Wilkins in Führung, Ceulemans glich nur drei Minuten später aus. Der Spielstand von 1:1 hielt bis zum Schlusspfiff. Die Engländer erzielten zwar durch Tony Woodcock noch einen weiteren Treffer, den Aldinger jedoch aufgrund einer Abseitsstellung von Passgeber Kennedy nicht anerkannte.

Am Abend des gleichen Tages startete endlich auch das Team des Gastgebers in die Endrunde. Erster Gegner der Italiener war Spanien. Der schon länger umstrittene *Selección*-Coach Kubala hatte Konsequenzen aus den Anfeindungen gezogen und bereits vor der Abreise nach Italien erklärt, nicht länger für den spanischen Verband arbeiten zu wollen. Italien plagten andere Sorgen. Der Manipulationsskandal hatte das Vertrauen der Fans in den italienischen Fußball stark erschüttert. 46.000 Zuschauer im 80.000 fassenden Mailänder Stadio San Siro waren zwar deutlich mehr als bei jeder Begegnung der Gruppe A, aber dennoch enttäuschend angesichts der Tatsache, dass hier die Heimelf ihren Einstand gab und der Gegner immerhin Spanien hieß. Die italienischen Fans empfingen die eigene Mannschaft mit einem lautstarken Pfeifkonzert. Der Grund: Der heimische AC Mailand war wegen des Manipulationsskandals in die Zweitklassigkeit versetzt worden; nicht jedoch der Rivale Juventus Turin, der ebenfalls involviert war. Spieler aus Turin zählten nun zum Stamm des italienischen Kaders.

Immerhin sahen die Zuschauer das erste Spiel dieser EM, das gehobenes Niveau besaß. Tore fielen allerdings nicht. Die Spanier dominierten die zweite Halbzeit, aber der italienische Abwehrblock hielt, obwohl Spaniens Ballverteiler Juan Manuel Ansensi und besonders der in der zweiten Halbzeit eingewechselte Juanito die Italiener ein ums andere Mal in Gefahr brachten. Doch die hatten den 38-jährigen Dino Zoff zwischen den Pfosten und das Glück auf ihrer Seite: In der 70. Minute landete ein Juanito-Schuss nur an der Lattenunterkante.

Polizei praktiziert den Catenaccio

Zum folgenden Spiel Italien gegen England erschienen in Turin knapp 60.000 Zuschauer. In der norditalienischem Industriestadt herrschte der Ausnahmezustand. Aus Angst vor Krawallen hatte die Polizei einen dicht gestaffelten Kordon um das Stadion postiert, gewissermaßen eine Art polizeilichen Catenaccio aufgezogen. Der Zug der englischen Schlachtenbummler wurde von der Polizei eng begleitet und erinnerte eher an Kolonnen von Strafgefangenen, die man ins Internierungslager führt. Auf dem Spielfeld trafen zwei Mannschaften aufeinander, die zunächst vor allem darum bemüht waren, hinten die Null zu halten. Die Fans wurden auf eine harte Probe gestellt. Da ein torloses Remis aber kaum geeignet erschien, in das Finale einzuziehen, gingen die Italiener schließlich zu vorsichtigen Angriffsbemühungen über. In der 79. Minute gelang Lokalmatador Marco Tandelli die 1:0-Führung. Die Vorlage kam von Graziani, den die Zuschauer wegen seiner Verwicklung in den Bestechungsskandal pausenlos auspfiffen. Diesen Vorsprung retteten die Italiener über die Zeit, ohne dass die Engländer ernsthaft gefährlich werden konnten. Deren Spielweise geißelte denn auch Kevin Keegan: „Wir Engländer laufen viel zu sehr hinter dem Ball her. Unsere Spielweise ist einfallslos und für den Gegner viel zu leicht auszurechnen."

Bereits am Frühabend des gleichen Tages gewann Belgien gegen Spanien mit 2:1. Entscheidend für dieses Spiel war die körperliche Konstitution der beiden Teams, die bei den Belgiern an diesem Tag besser war. Spanien schien gegen Italien zu viel Kräfte gelassen zu haben. So führte vor dem letzten Spieltag Belgien mit 3:1 Punkten vor den punktgleichen Italienern. Bei identischer Tordifferenz hatten die Belgier häufiger getroffen (3:2 gegenüber 1:0), somit genügte ihnen beim abschließenden direkten Aufeinandertreffen ein Remis zur Finalteilnahme. Der größte Unterschied zwischen beiden Teams bestand in den unterschiedlichen Preisgeldern, die ihre nationalen Verbände für den Titelgewinn ausgelobt hatten. Die Italiener sollten im Falle des Triumphes 100.000 DM einstecken dürfen, die Belgier nur 23.000. Als die belgischen Spieler diese Zahlen erfuhren, gingen sie auf die Barrikaden und drohten sogar mit Streik. Der Verband gab nach, und die Prämie wurde deutlich erhöht.

Obwohl mit Italien und Belgien zwei defensivstarke und dem Sicherheitsfußball frönende Mannschaften aufeinandertrafen, entwickelte sich vor 42.318 Zuschauern in Rom ein offener Schlagabtausch. Beide Torhüter, Jean Marie Pfaff auf belgischer Seite und Dino Zoff auf italienischer, standen im Mittelpunkt. Reihenweise parierten sie

Gastgeber Italien (hier mit Gentile) besiegte England (hier mit Woodcock) mit 1:0, doch das Finale erreichten beide Teams nicht.

Schüsse, die die engmaschigen Abwehrreihen passiert hatten. So blieb es schließlich bei einem torlosen Remis, die Sensation war perfekt, Belgien stand im Finale und Italien musste ins wenig geliebte Spiel um Platz drei.

„Wir waren bei diesem Turnier vom Glück verlassen", bilanzierte enttäuscht und ein wenig verbittert Italiens Coach Bearzot. Aber nicht nur fehlendes Glück beschrieb in diesem Sommer den Zustand der *Squadra Azzurra*. Technische Unzulänglichkeiten, gepaart mit einem Mangel an spielerischen Visionen, waren ebenso für die italienische Frustration verantwortlich. Die *Gazzetta dello Sport* meinte zum verpassten Finale: „Der Traum ist ausgeträumt. Wir haben erkennen müssen, dass es Italien an der Kraft fehlte, das belgische Spinnennetz zu zerreißen." Allgemeiner urteilte der *Corriere della Sera:* „Ohne Methode kann man keine Tore schießen." Und der Amsterdamer *De Volkskrant* hatte bei seinem düsteren Urteil: „Italien ist als Fußballnation gestorben", sicherlich auch den Manipulationsskandal im Sinn. Doch Totgesagte leben bekanntlich länger, vor allem wenn sie italienische Fußballer sind.

Im „kleinen Finale" vor nur 25.000 Zuschauern mussten die Gastgeber allerdings erst einmal eine weitere Enttäuschung hinnehmen. Zwar gelang – nach der tschechischen Führung durch Jurkemik in der 54. Minute – Graziani eine Viertelstunde vor Schluss der nicht mehr erwartete Aus-

Spiel um den dritten Platz

gleich; der Treffer war erst Italiens zweites Turniertor. Doch das Elfmeterschießen (eine Verlängerung sah das Reglement nicht vor) sah die Tschechoslowakei als Sieger. Die Teamleitung der CSSR hatte sich etwas Besonderes einfallen lassen: Die ersten fünf Schützen, die jetzt antraten, waren identisch mit jenen, die im EM-Finale 1976 getroffen hatten. Vier Jahre später trafen sie erneut und glichen die vorgelegten italienischen Führungen aus. Bis zum 8:8 duellierten sich beide Mannschaften. Dann war Italiens Collovati am Zug. Seinen harten Schuss konnte CSSR-Keeper Netolicka erst im Nachfassen sichern. Vorher aber sollte das Leder bereits die Torlinie passiert haben. Ungezählte TV-Zeitlupen brachten kein Licht ins Dunkel. Referee Linemayr entschied auf „Nicht-Tor". Barmos zeigte sich von den wütenden Protesten der Italiener unbeeindruckt und verwandelte seinen Elfer. Die CSSR war Dritter, Italien indes hinter den Minimalerwartungen geblieben. Italiens Trainer Bearzot sah indes nicht nur Negatives: „Ich würde meine Mannschaft höher als auf dem vierten Rang einordnen. Aus drei Gründen: Wir blieben ungeschlagen, spielten viele Chancen heraus und boten mit Altobelli und Baresi interessanten Nachwuchs auf." Die italienischen Medien mochten diesen Optimismus nicht teilen. Vor der WM 1982 forderten manche sogar einen freiwilligen Verzicht auf die Teilnahme. Bearzot wurde als „das konservativste Fußballhirn Europas" kritisiert, da er an den „EM-Versagern", von denen sich einige bereits im stark fortgeschrittenen Fußballalter befanden, unbeirrt festhielt. Der sture Bearzot sollte Recht behalten. Die WM 1982 beendete sein Team als Weltmeister.

Finale: Das „Kopfball-Ungeheuer" schlägt zu

Für die DFB-Auswahl war es ihr drittes EM-Finale in Folge. Im Vorfeld der Begegnung gegen Belgien versuchte das Boulevardblatt *Bild* den Gegner zu verunsichern. Nikotin- und Alkoholkonsum sowie Großmäuligkeit wurde den belgischen Spielern unterstellt, in deren Reihen mit van Moer ein Akteur stand, der in seiner Heimat eine Gastwirtschaft namens „Wirt von Wembley" betrieb. Belgiens Walter Meeuws konterte die düsteren Andeutungen gelassen: Seine Spieler seien für sich selbst verantwortlich.

Belgiens Trumpfkarte war die sehr variantenreich operierende Abwehr. Lästermäuler verspotteten die Defensivtaktik als Kopie des italienischen Fußballs. Deshalb schien es für die Deutschen auch sinnvoll, mit einem Brechertypen wie dem Hamburger Horst Hrubesch aufzulaufen, der die gegnerischen Abwehrlinien unter Einsatz seiner Körpermasse auseinandersprengen konnte und bei Flanken die Lufthoheit besaß.

Vor knapp 48.000 Zuschauern im Stadio Olimpico zu Rom strotzte das deutsche Spiel anfangs vor Sicherheit und Selbstbewusstsein. Der einzig verbliebene 1976er, Kapitän Bernard Dietz, fightete wie ehedem; Bernd Schuster, der neue Stern am deutschen Fußballhimmel, bemühte sich erfolgreich als Ideengeber. Gerade einmal zehn Minuten waren gespielt, als eben jener Schuster den Ball in den freien Raum spielte.

Hrubesch stoppte mit der Brust und schoss aus 17 Metern auf das belgische Tor. Der tückische Aufsetzer passierte Keeper Jean-Marie Pfaff und schlug zum 1:0 ein. Die Belgier bemühten sich um den Ausgleich, doch van der Elst und Co. scheiterten wiederholt an Deutschlands Keeper Harald „Toni" Schumacher. Der Kölner war mit der Erfahrung von nur drei Länderspielen in das Turnier gegangen. Eigentlich sollte der Schalker Norbert Nigbur zwischen den Pfosten stehen, der jedoch kurzfristig ausfiel.

Im zweiten Durchgang agierten die Belgier einsatzfreudiger und auch schneller. Erleichtert wurde das Spiel der *Rode Duivels* durch den Totalausfall von Hans Müller im Mittelfeld, an dem das Spiel komplett vorbeilief. Zu häufig tanzte sich der „Rasen-Travolta" einen Knoten in die Beine. Außerdem musste Bundestrainer Derwall ab der 55. Minute den verletzten Hans-Peter Briegel durch Bernd Cullmann ersetzen, wodurch das Spiel seiner Mannschaft einen Bruch erlitt. Und Bernd Schuster, in der ersten Halbzeit überragend, kämpfte zusehends mit konditionellen Problemen. Immer gefährlicher tauchten die Belgier vor dem deutschen Tor auf, konnten aber die von Schumacher gekonnt dirigierte deutsche Abwehr nicht überwinden. Was trotzdem den deutschen Kasten erreichte, wurde vom Keeper souverän entschärft. In der 71. Minute konnte sich van der Elst gegen Dietz durchsetzen, der herbeigeeilte Stielike stoppte den Belgier mit einem Foul, das Linemayr im Strafraum sah. Hier irrte der Öster-

Horst Hrubesch köpft in der 89. Minute zum 2:1, und Deutschland ist erneut Europameister. Links Bernd Schuster.

reicher, die Zeitlupe bewies eindeutig, dass die Stielike-Attacke kurz vor der 16-Meter-Linie erfolgt war. Den fälligen Foulelfmeter verwandelte Mommsens sicher zum Ausgleich.

Nun schien das Spiel zu kippen. Den Belgiern machte ihr Treffer Mut, Angriff auf Angriff rollte gegen Schumachers Kasten. Es sah nicht gut aus für die Deutschen, zumal Stielike und Schuster sichtlich angeschlagen waren. Die Zuschauer hatten sich längst auf eine Verlängerung eingestellt, als es in der 89. Minute noch einmal einen Eckball für das DFB-Team gab. Rummenigge schlug den Ball von links herein. In seiner unnachahmlichen Art schraubte sich Hrubesch am höchsten, gab Millecamps und Meeuws das Nachsehen und wuchtete den Ball aus fünf Metern Distanz per Kopf unhaltbar zum 2:1-Siegtreffer über die Torlinie. Das „Kopfball-Ungeheuer" hatte mal wieder zugeschlagen. „Hrubesch, dieser Bulldozer aus Hamburg, hat uns alle Illusionen geraubt", stöhnte Belgiens *Le Soir*.

Bernd Schuster war die Entdeckung der EM 1980. Den „blonden Engel" hielt es allerdings nicht lange im DFB-Team.

Deutschland war es als erstem Land gelungen, zum zweiten Mal den EM-Titel zu erringen. Für das DFB-Team war das Finale von Rom das 19. Länderspiel in Folge ohne Niederlage. Mit Harald „Toni" Schumacher verfügten die Deutschen über den besten Keeper und mit Schuster über den besten Feldspieler des Turniers. Doch sollte die EM 1980 Schusters einziges großes Turnier bleiben. Mit Klaus Allofs stellte das DFB-Team zudem den erfolgreichsten Torschützen des Turniers, Karl-Heinz Rummenigge wurde zum besten Spieler gewählt. Eine Entscheidung, über die man streiten konnte, denn man hatte vom Münchner schon bessere Vorstellungen gesehen. Alles in allem war der Turniersieg verdient, denn die Deutschen waren das individuell bestbesetzte Team der Endrunde.

Das Finale, dem ein gutes Niveau attestiert wurde, versöhnte ein wenig mit den vorausgegangenen Darbietungen. Das Championat konnte sich spielerisch nicht mit dem vorausgegangenen Turnier messen. In den 14 Begegnungen wurden lediglich 27 Tore geschossen, also klägliche 1,93 Treffer pro Spiel. Von einem „allgemeinen Verfall" sprach das niederländische *Algemen Dagebladet*, den man im Übrigen auch beim neuen Europameister ausmachte. „Meister der Armut", titulierte die Tageszeitung den Champion. Frankreichs *L'Equipe* attestierte den Deutschen immerhin eine „geschlos-

Die Sieger von Rom. Hinten von links: Rummenigge, Schumacher, Cullmann, Schuster, Briegel, Hrubesch, Stielike, Bundestrainer Jupp Derwall. Vorne von links: Allofs, Kaltz, Dietz, Förster, Hans Müller.

sene gute Mannschaftsleistung". Argentiniens Weltmeistertrainer Luis César Menotti war enttäuscht, traute den europäischen Spitzenteams für die kommende WM in Spanien nicht viel zu – und sollte sich diesbezüglich täuschen.

Bobby Charlton, Weltmeister von 1966, brachte es auf einen zutreffenden Nenner: „Diese EM konnte wirklich niemanden begeistern." Gründe dafür gab es mehrere. Der italienische Fußballskandal hatte von vornherein die Stimmung gedrückt. Zudem konnte in den oft nicht einmal halbvollen Stadien keine begeisternde Atmosphäre aufkommen. Von einem Run auf die Tickets, wie bei späteren Turnieren der Fall, konnte keine Rede sein. Eine allgemeine Turnierbegeisterung, die sich in Stadionbesuchen völlig unabhängig von den auflaufenden Mannschaften manifestierte, gab es noch nicht: Gruppenspiele ohne italienische Beteiligung lockten im Schnitt lediglich 12.878 Zuschauer an. Last but not least war nach den spielstarken Jahren 1970 bis 1978 nun eine Zeit des drögen Fußballs angebrochen, der bei der folgenden WM in Spanien seine Fortsetzung fand. Von den alten Mächten des europäischen Fußballs ging keine Inspiration mehr aus.

1984

■ Europameisterschaft 1984

Gemeldete Länder: 33

Austragungsmodus: 7 Qualifikationsgruppen (4 Gruppen à 5 Teams, 3 à 4 Teams). Die 7 Gruppenersten qualifizieren sich für die Endrunde, Gastgeber Frankreich ist automatisch qualifiziert. Endrunde: 2 Gruppen à 4 Teams. Gruppensieger und Gruppenzweite bestreiten Halbfinale, Finale.

Qualifikationsspiele: 116
Tore: 314 (= 2,94 im Schnitt)
Zuschauer: 3.357.290 (= 28.942 im Schnitt)

Endrundenspiele: 15
Tore: 41 (= 2,73 im Schnitt)
Zuschauer: 601.404 (= 40.094 im Schnitt)

EM-Spiele insgesamt: 131
Tore: 382 (= 2,92 im Schnitt)
Zuschauer: 3.958.694 (= 30.219 im Schnitt)

Austragungsland der Endrunde: Frankreich (12. - 27. Juni 1984)

Austragungsorte: Lens (Stade Felix Bollaert, 51.098), Lyon (Stade de Gerland, 51.860), Marseille (Stade Vélodrome, 56.300), Nantes (Stade de la Beaujoire, 52.000), Paris (Parc des Princes, 48.360), St. Etienne (Stade Geoffroy Guichard, 52.213), Strasbourg (Stade de la Meinau, 54.550)

Die besten Torschützen der Endrunde:
Michel Platini (Frankreich), 9 Tore
Frank Arnesen (Dänemark), 3 Tore
Jean Francois Domergue (Frankreich), Preben Elkjaer-Larson (Dänemark), Rui Manuel Jordao (Portugal), Antonio Maceda (Spanien), Rudi Völler (Deutschland), je 2 Tore

Finale: Frankreich - Spanien 2:0 (0:0)
27. Juni 1984, Parc des Princes, Paris

Frankreich: Bats, Battiston (73. Amoros), Bossis, Le Roux, Domergue, Tigana, Fernandez, Platini, Giresse, Lacombe (80. Genghini), Bellone
Spanien: Arconada, Urquiaga, Salva (85. Fernandez), Gallego, Camacho, Julio Alberto (77. Sarabia), Senor, Victor, Francisco, Santillaña, Carrasco

Tore: 1:0 Platini (57.), 2:0 Bellone (90.).
Schiedsrichter: Vojtek Christov (Tschechoslowakei)
Zuschauer: 47.368

EM 1984
Eine neue Fußballmacht

Bei der Bewerbung um die Endrunde 1984 hatte sich Frankreich gegen die Bundesrepublik Deutschland durchgesetzt, und die UEFA hatte mit dieser Wahl Weisheit bewiesen. Denn Frankreich besaß im Gegensatz zur Bundesrepublik einen hohen Nachholbedarf. Stadien, die kaum noch internationalen Standards entsprachen, kennzeichneten den beklagenswerten Zustand des französischen Fußballs ebenso wie seine magere sportliche Bilanz. Der dritte Platz während der WM 1958 in Schweden war das einzige nennenswerte Highlight in der Geschichte der Auswahlmannschaft. Die Nationalmannschaft spielte in den 1960er und 1970er Jahren keine Rolle. Die WM-Turniere 1962, 1970 und 1974 hatten ohne die „Grande Nation" stattgefunden. Auch die Klubs mischten im europäischen Spitzenfußball kaum noch mit. In den 1950ern hatte immerhin das Team von Stade de Reims für Aufsehen gesorgt; 1956 und 1958 erreichte der Verein das Finale des Europapokals der Landesmeister, musste sich aber jeweils Real Madrid beugen. Vor 1984 gab es in diesem Wettbewerb nur noch ein Finale mit französischer Beteiligung. 1975/76 unterlag hier AS St. Etienne dem FC Bayern München. Gemessen an der prominenten Rolle, die die Franzosen beim Aufbau internationaler Fußballinstitutionen (FIFA, UEFA) und der Einrichtung internationaler Wettbewerbe (WM, EM, Europapokal) gespielt hatten, war Frankreich auf dem Fußballfeld geradezu dramatisch erfolglos.

„Entwicklungsland" Frankreich

In Frankreich hatte der Fußball lange Zeit mit vielfältigen Problemen zu kämpfen gehabt. Anders als in England oder Deutschland waren im Gefolge der industriellen Revolution nur wenige Ballungszentren mit hoher Bevölkerungsdichte entstanden, es fehlte vielerorts also der Nährboden für Fußball als Massenspektakel. Hinzu kam die für Kontinentaleuropa ungewöhnliche starke Konkurrenz durch Rugby, der vor allem im Süden des Landes populär war.

Schon 1932 wurde der Professionalismus legalisiert, gut drei Dekaden früher als beim rechtsrheinischen Nachbarn. Die Liga wurde von Teams aus kleinen Industriestädten dominiert, und entsprechend niedrig gestaltete sich der Zuschauerzuspruch in den Stadien. Vier der sieben Meisterschaften von 1934 bis 1940 wurden vom FC Sochaux und FC Sete gewonnen, die in Stadien mit einem Fassungsvermögen von

5.000 spielten. Weltkrieg und Vichy-Regime unterbrachen die weitere Entwicklung des Professionalismus, dem nun starke Fesseln angelegt wurden.

Auffallend war die marginale Rolle, die die französische Hauptstadt im nationalen Spitzenfußball spielte. Vor 1984 wurde der Titel des französischen Fußballmeisters nur einmal von einem Pariser Klub gewonnen, nämlich 1936. Stattdessen gaben auch nach dem Zweiten Weltkrieg Klubs wie der AS St. Etienne den Ton an, der im Zeitraum 1964 bis 1994 neunmal Landesmeister wurde. St. Etienne, im Zentralmassiv gelegen, zählte nur 200.000 Einwohner. Um der Hauptstadt endlich einen konkurrenzfähigen Fußballklub zu sichern, gründete 1970 ein Business-Konsortium den Klub Paris St. Germain, doch erst 1986 kam der französische Meister wieder aus Paris.

Die EM 1984 bot nun die große Chance, dem französischen Fußball sportlichen Schub zu verleihen und die Spielstätten baulich zu modernisieren. Im *Kicker* charakterisierte Karl-Heinz Heimann das klare Votum pro Frankreich als „Entwicklungshilfe für den französischen Fußball". Heimann sah eine „lateinische Allianz" am Werke und beklagte einen „Affront gegen den deutschen Fußball".

Frankreich nahm die Herausforderung an. Umgerechnet 140 Millionen DM wurden für das Turnier aufgewendet, 40 Prozent davon übernahm der Staat. Die Beteiligung des Steuerzahlers führte in der französischen Öffentlichkeit zu keiner nennenswerten Kritik. Die Ausrichtung der EM 1984 galt bald als eine nationale Angelegenheit; die Vorbereitung der EM erreichte fast WM-Niveau. Für den französischen Fußball bedeutete die Vergabe tatsächlich ein Signal zum Aufbruch.

Allerdings hatte die *Équipe Tricolore* schon bei der WM 1978 auf sich aufmerksam gemacht. Zwar scheiterte sie bereits in der Vorrunde, jedoch nur weil der Linienrichter im Spiel gegen den späteren Weltmeister ein Handspiel des französischen Liberos Tresor gesehen haben wollte. Die Medien attestierten dem Team spielerische Brillanz bzw. einen Stil „à la brésilienne". Erstmals wurden die Franzosen „Brasilianer Europas" getauft. Coach der Mannschaft war Michel Hidalgo, der als Spieler die große Zeit von Stade de Reims miterlebt hatte. Hidalgo war ein Fürsprecher eines offenen Angriffsfußballs, der auf individuellen Fähigkeiten beruhte. „Wenn man den Fußball am Leben erhalten und die Zuschauer in den Stadien behalten will, so muss man ein Spektakel bieten. Im Fußball unserer Tage hat die Verteidigung ein unangemessenes Übergewicht. Also muss ich versuchen, die Spieler zu überzeugen, dass sie sich nach vorne zu orientieren haben." Es sei die Aufgabe des Trainers, seine Spieler entspre-

Der gallische Hahn diente der EM 1984 als Maskottchen.

chend zu erziehen. Denn an den Spielern läge es, ob ängstlicher und langweiliger Fußball gespielt werden würde oder ob die Zuschauer „ein von Optimismus, Witz und Wagnis geprägtes Spiel" zu sehen bekommen würden.

Hidalgo stand damit in der Tradition von Albert Batteux, der sein Trainer in Reims gewesen war und der die *Équipe Tricolore* bei der WM 1958 erfolgreich betreut hatte. Batteux galt als Vater der „modernen französischen Fußballschule". Den Gegenentwurf repräsentierte Georges Boulogne, der vor Hidalgo die Nationalelf (erfolglos) betreut hatte und einen „gearbeiteten Fußball" bevorzugte. Beiden Konzeptionen lag die Überlegung zugrunde, die französischen Fußballer neigten (wie viele andere Landsleute) dazu, sich undiszipliniert und individualistisch zu verhalten. Batteux und Hidalgo wollten diese Eigenschaft für den Fußball produktiv nutzbar machen, während Boulogne sie seinen Teams austreiben wollte. Boulognes autoritäre Grundhaltung schien die gaullistische Ideologie früherer Zeiten zu reflektieren, während der Ansatz von Hidalgo mit den liberalen Traditionen der französischen Gesellschaft korrespondierte: mit der Nach-1968-Ära sowie der Präsidentschaft von Francois Mitterand, als in kleinen Schritten einige der autoritären institutionellen und mentalen Strukturen der gaullistischen Ära abgebaut wurden. Gegenüber seinen Spielern bevorzugte Hidalgo denn auch einen geradezu radikal-

Michel Hidalgo, neuer Nationaltrainer der Franzosen.

■ Liberté in der Équipe

„Ich lege Wert darauf, dass alle Spieler ihre Meinung über unsere Spielweise äußern. Sogar in der Halbzeitpause schlage ich vor zu diskutieren. Die Meinungs- und Redefreiheit ist für mich eine unantastbare Sache. Im Fußball wie auch in anderen Bereichen kann es ohne Verständigung keine gute Arbeit und ohne Zusammenhalt keinen Erfolg geben." (Der französische Nationaltrainer Michel Hidalgo)

demokratischen Führungsstil und klang zuweilen wie eine europäische Ausgabe des argentinischen Weltmeistertrainers und Fußballphilosophen Cesar Luis Menotti.

Dank Hidalgo fuhr die *Équipe Tricolore* mit durchaus höheren Erwartungen zur WM 1982. Mit Alain Giresse, Jan Tigana, Dominique Rochteau, Bernard Lacombe und Michel Platini verfügte Hidalgo über exzellente Spieler. Die Franzosen drangen bis ins Halbfinale vor, wo sie gegen Deutschland höchst unglücklich nach Elfmeterschießen unterlagen. Sieben Minuten vor Ablauf der Verlängerung hatte Frankreich mit 3:1 geführt, dann gelangen dem DFB-Team noch Anschlusstreffer und Ausgleich. Emotionen schürte vor allem ein brutales Foul von Keeper Harald Schumacher am Franzosen

Battiston, das ungeahndet blieb. Zynische Kommentare des Übeltäters machten die Sache noch schlimmer, derweil es die DFB-Funktionäre vorzogen wegzuschauen. Die Begegnung von Sevilla hatte politische Folgen: Der „hässliche Deutsche" war wieder in aller Munde. In *Paris Match* stand zu lesen: „Immer noch die Gleichen! Sie haben sich nicht geändert! Preußen! Reichswehr! Luftwaffe! Boches!" Der Schauspieler Francis Huster thematisierte in einem offenen Brief an Frankeichs Spielmacher Michel Platini die spielkulturellen Unterschiede zwischen französischen und deutschen Kickern: „Gegen die blinde Rohheit, gegen die Dummheit der Kraft, gegen die Masse der Muskeln habt ihr euch mit eurer Poesie, euer Fantasie, eurer Finesse, eurer Inspiration und weißt du was, Michel, eurer Demut abgehoben." Noch einige Jahre später schrieb Brigite Sauzay in einem *Zeit*-Beitrag über das komplizierte deutsch-französische Verhältnis: „Namentlich bei der älteren Generation wirkt immer noch das Trauma des Krieges und der Hungerjahre nach. Es genügt, dass während einer Fußballweltmeisterschaft der Deutsche Schumacher dem Franzosen Battiston hart zusetzt, und schon kommen alte Ressentiments auf." So wurde Sevilla zur Geburtsstunde einer von historischen Ereignissen unterlegten deutsch-französischen Fußballrivalität.

Die Qualifikation: Ein spanisches 12:1

33 europäische Verbände hatten für die Qualifikation gemeldet. Die UEFA loste die nationalen Auswahlmannschaften in sieben Gruppen, vier davon waren mit fünf Mannschaften bestückt, die übrigen mit vier. Die Gruppenersten erreichten die Endrunde in Frankreich, für die der Gastgeber automatisch qualifiziert war.

Gruppe 1: Belgien

Die Gruppe 1 umwehte ein Hauch von nomineller Langeweile. Die **DDR** und die **Schweiz** galten als Außenseiter, **Schottland** und **Belgien** spielten um Rang eins. So jedenfalls die Prognose. Schottlands schon zu Lebzeiten legendärer Coach Jock Stein, der 1967 Celtic Glasgow als erstes britisches Team zum Gewinn des Europapokals der Landesmeister geführt hatte, wollte nach der erfolgreichen Qualifikation für die WM 1982 endlich auch die europäische Endrunde erreichen. Daheim besiegten die Schotten die DDR mit 2:0. Aber eine 0:2-Niederlage in der Schweiz und ein 2:3 in Belgien, wo die Schotten zweimal durch den Liverpooler Kenny Dalglish in Führung gegangen waren, bedeuteten fast schon das schottische Scheitern. Besiegelt wurde es durch ein 2:2-Remis im Rückspiel gegen die Schweiz in Glasgow.

Belgien legte zunächst eine makellose Bilanz hin, gewann zu Hause 3:0 gegen die Schweiz und siegte gegen die DDR zweimal 2:1: vor 75.000 Zuschauern in Leipzig und 44.000 in Brüssel. Den ersten Dämpfer bezog das Team von Coach Guy Thys beim 1:1 in Schottland, doch die Schweiz, die sich nach ihrer Auftaktniederlage berappelt hatte und zum Hauptkonkurrenten der *Rode Duivels* avanciert war, wusste daraus kein Kapital zu schlagen. In Berlin-Ost brach die *Nati* beim 0:3 gegen die DDR sang-

DDR-Stürmer Streich erzielt gegen Belgien den Anschlusstreffer, doch seine Elf verliert in Leipzig 1:2.

und klanglos ein, womit die Belgier vorzeitig Gruppensieger waren. Schottland landete mit nur vier Punkten auf dem letzten Platz. Es war nach 1972 und 1980 bereits das dritte Mal, dass die Schotten in der EM-Qualifikation an den Belgiern scheiterten.

Bei der WM 1982 war **Polen** – wie schon 1974 – Dritter geworden und hatte damit zum europäischen Triumph beigetragen: Platz eins bis vier gingen komplett an europäische Teams. In der Gruppe 2 mussten die Polen sich nun mit der **UdSSR**, **Portugal** und **Finnland** messen. Auf ihr Altenteil hatten sich Spieler wie Lato, Zmuda oder Szarmach zurückgezogen. Sie hinterließen Lücken, die nicht leicht zu schließen waren. Zwar gelang den Polen im finnischen Kuopio ein 3:2-Auswärtssieg über die schwachen Skandinavier, doch im Rückspiel reichte es nur zu einem 1:1, und gegen Portugal setzte es eine 1:2-Niederlage, bei der in Lissabon 75.000 zusahen.

Gruppe 2: Portugal

Portugal und die UdSSR zählten bald als Anwärter auf den Gruppensieg. Zu einer Standortbestimmung sollte das Auswärtsspiel der Portugiesen in Moskau werden. Die von Waleri Lobanowski betreute *Sbornaja* trumpfte vor 90.000 Zuschauern groß auf und watschte die *Selecção* mit 5:0 ab. Star der Sowjets war unverändert der 30-jährige Oleg Blochin von Dynamo Kiew. Gegen Portugal zeigte Lobanowskis Elf, was sie konnte, wenn sie denn nur wollte (und sollte): Blochin und Co. präsentierten ein exzellentes Kurz- und Steilpass-Spiel, bei dem fast jedes Zuspiel saß. Der Verlierer wurde in der Heimat heftig gescholten. Im Mittelpunkt der Kritik stand Trainer Otto Gloria, dessen Nachname Programm war. Der selbstherrliche Coach kam insbesondere mit den Akteuren von Benfica Lissabon nicht klar und musste gehen. Nun übernahm ein Trainerkollektiv um Fernando Cabrita die Verantwortung, mit erfrischenden Folgen. Das Eis zwischen Nationalmannschaft und den Großklubs Benfica, Sporting Lissabon und FC Porto begann zu schmelzen, und mit Jaime Pacheco, Joao Pinto, Gabriel, Futre und Diamantino rückten hoffnungsvolle Talente in den Kader.

Im November 1983 kam es in Lissabon zu einem echten Endspiel der Portugiesen gegen die Sowjets. Der UdSSR hätte ein Remis genügt, weshalb sich die *Sbornaja* zum wiederholten Male für eine extrem langweilige Defensivtaktik entschied, die aber nicht aufging. Ein umstrittener, aber von Jordao zum 1:0 verwandelter Elfmeter für Portugal zeigte den Sowjets, wie schnell eine derartige Spieleinstellung an ihre Grenzen gelangen kann. Auch in der zweiten Halbzeit agierte Lobanowskis Elf zunächst defensiv. Viel zu spät wurde auf Offensive umgeschaltet, doch das Ruder konnte vor 75.000 Zuschauern nicht mehr herumgerissen werden. Erstmals seit 1966 hatte eine portugiesische Nationalmannschaft wieder die Endrunde eines großen internationalen Turniers erreicht.

Gruppe 3: Dänemark

In Gruppe 3 hieß der Favorit **England**. **Ungarn**, **Griechenland** und **Dänemark** trauten die englischen Experten wenig zu, **Luxemburg** überhaupt nichts. Deshalb betrachtete man auch auf der Insel das Auftakt-Remis in Kopenhagen gegen Dänemark (2:2) lediglich als kleineren Betriebsunfall, und die folgenden Auftritte schienen dies zu bestätigen. Griechenland wurde in Saloniki mit 3:0 geschlagen, Luxemburg mit 9:0 weggefegt. Englands Fußballwelt erhielt einen ersten Riss, als Griechenland in London ein 0:0 erzwang, doch im folgenden Heimspiel gegen Ungarn gewannen die *Three Lions* wieder mühelos mit 2:0. Am gleichen Tag gelang den Dänen in Kopenhagen ein 1:0-Sieg gegen die Griechen. Auch Ungarn konnte in Kopenhagen nicht bestehen und verlor dort mit 1:3. Über Nacht war den Engländern ein ernsthafter Konkurrent erwachsen. Englands Coach Bobby Robson musse nun das Heimspiel gegen die Skandinavier gewinnen. In den Medien wurde Dänemark mittlerweile ernster genommen, auf Augenhöhe sah man die Wikinger in England trotzdem nicht. So hielt die *Sunday People* das „viele Gerede" um den dänischen Fußball für einen „Werbetrick" und reduzierte das Verhalten der Dänen auf „Bier brauen, Sandwiches belegen und englische Fußballer im Fernsehen bewundern". Ein fataler Irrtum: 1:0 gewannen die Dänen vor 82.000 Zuschauern in Wembley. Das Tor des Tages markierte Alan Simonsen in der 37. Minute per Strafstoß.

In Dänemark löste dieser Sieg eine riesige Begeisterungswelle aus. Luxemburg wurde im Zuge dieser Euphorie mit 6:0 abgefertigt. In den nun zwei aufeinanderfolgenden Auswärtsspielen wollten die Dänen ihre Qualifikation wasserdicht machen,

Dänemark (hier mit Olsen, rechts) verlor in Ungarn 0:1, konnte sich aber für Frankreich qualifizieren.

doch beim 0:1 in Budapest gab es zunächst einen herben Rückschlag. Der Vorsprung auf England schrumpfte auf einen Zähler. Aber in Luxemburg machten die Dänen mit ihrem 2:0-Sieg alles klar. Dänemarks deutscher Coach Sepp Piontek über den dänischen Erfolg: „Wir spielen internationalen Fußball. Wir sind aggressiv wie die Belgier, individualistisch wie die Italiener und Spanier, gründlich wie die Deutschen und erfinderisch wie die Holländer." Die von Piontek genannten Nationen waren nicht zufällig mit denen identisch, in denen sich die dänischen Nationalspieler als Legionäre verdingten.

Gruppe 4 wirkte ausgeglichen; zwar hieß der Favorit **Jugoslawien**, doch die anderen drei Konkurrenten, **Wales**, **Bulgarien** und **Norwegen**, waren nicht zu unterschätzen. Dies galt insbesondere für Wales. Die Waliser untermauerten ihre Ambitionen zum Auftakt mit einem 1:0-Sieg über Norwegen, das in Swansea keinesfalls enttäuschte. Im nächsten Heimspiel überraschten die Nordeuropäer und besiegten Jugoslawien mit 3:1. Und auch in Bulgarien zog sich Norwegen mit einem 2:2-Remis mehr als achtbar aus der Affäre. Bedingt durch ihre Norwegen-Pleite, mussten die *Plavi* in Bulgarien unbedingt beide Punkte einfahren; es wurde ein knapper 1:0-Sieg. Jetzt wurde es ernst gegen den Konkurrenten Wales. In Titograd lagen die Jugoslawen nach 66 Minuten mit 4:2 in Führung, doch eine großartig kämpfende walisische Elf steckte nicht auf und erkämpfte sich noch ein verdientes 4:4-Remis. Auch nachdem die Waliser in Wrexham gegen Bulgarien mit 0:1 verloren hatten, waren sie noch immer im Rennen – ein Sieg im Heimspiel gegen Jugoslawien vorausgesetzt. Bis zehn Minuten vor Schluss führten die Waliser in Cardiff tatsächlich mit 1:0, dann gelang Jugoslawien noch der Ausgleich. Den walisischen

Gruppe 4: Jugoslawien

Fans blieb nun nur noch die vage Hoffnung auf einen Ausrutscher der Jugoslawen in ihrem letzten Heimspiel gegen Bulgarien. Bis zur letzten Spielminute trug diese Hoffnung, denn es stand 2:2. Das Remis hätte den Walisern zur Qualifikation genügt, denn bei Punktgleichheit wiesen sie das bessere Torverhältnis auf (7:6 gegenüber 11:11). Doch Radanovic rettete mit seinem Siegtreffer in letzter Sekunde den Jugoslawen den Gruppensieg und stürzte Wales in ein Jammertal. In Split sahen 40.000 zu, die größte Kulisse in einer Gruppe, deren Spiele nur schwach besucht wurden. So kamen zu den Heimauftritten des knapp geschlagenen Gruppenzweiten Wales im Schnitt nur 12.450 Zuschauer.

Gruppe 5: Rumänien

Spannung versprach die Zusammensetzung der Gruppe 5 mit der CSSR, Weltmeister **Italien**, **Schweden** und **Rumänien**. Fünfter im Bunde war **Zypern**, das aber nur den Punktelieferanten mimen sollte. Italien startete als letztes Team in die Qualifikationsphase. Coach Bearzot vertraute der erfolgreichen 82er WM-Formation und verzichtete auf einen größeren Schnitt. In Mailand erreichte die von Trainer Havránek umgebaute und verjüngte CSSR-Elf, bei der die Europameister Panenka und Nehoda nicht mehr mitwirken durften, vor gut 72.000 Zuschauern überraschend ein 2:2-Remis. Beunruhigt war man im Lande des Weltmeisters zunächst noch nicht, obwohl Rumänien und Schweden einen 4:0-Punkte-Start hinlegten. In Florenz empfingen die Azzurri nun Rumänien und enttäuschten ihre Fans auf der ganzen Linie mit einem blamablen 0:0. Ein hochnotpeinliches 1:1-Remis vor 25.000 Zuschauern in Limassol auf Zypern ließ die Wogen der Entrüstung in Italien hochschwappen. Die Medien forderten vehement eine Zäsur für die *Squadra Azzurra*. Doch Bearzot hielt auch nach dem nächsten Desaster, einer 0:1-Niederlage gegen Rumänien vor 80.000 Zuschauern in Bukarest, an seinen übersättigten Altstars fest.

Prompt folgte die nächste Pleite für den Weltmeister in Göteborg, wo Schweden mit 2:0 gewann. Die *Tre Kronors* besaßen nun eine glänzende Ausgangsposition. Doch ihr folgendes Heimspiel gegen Rumänien ging völlig überraschend mit 0:1 verloren. Zwar gelang den Blau-Gelben eine eindrucksvolle Rehabilitation, als sie die CSSR im nächsten Heimspiel mit 1:0 besiegten und Italien vor gut 60.000 Zuschauern in Neapel mit einem 3:0-Sieg der Lächerlichkeit preisgaben, doch der Gruppensieg gegenüber den starken Rumänen konnte nur noch mit fremder Hilfe gelingen. Diese blieb aus. In Zypern siegten die Rumänen mit 1:0, bevor sie die schwere Reise in die CSSR antreten mussten, die zuvor in Prag Italien mit 2:0 besiegt hatten. Damit war auch die CSSR wieder heftig im Rennen, und ein doppelter Punktgewinn gegen Rumänien hätte das Frankreich-Ticket bedeutet. Am Ende der Partie mussten sich die Tschechoslowaken mit einem Remis (1:1) begnügen, das sie auch erst vier Minuten vor dem Abpfiff zustande bekommen hatten. Geolgau hatte die von 5.000 mitgereisten Fans unterstützten Gäste zunächst in der 66. Minute in Führung gebracht. Und dies, obwohl Rumäniens Trainer Mircea Lucescu in Prag auf seinen verletzten Spielmacher Balaci verzichten musste. Rumänien hatte sich damit völlig überraschend für die Endrunde qualifiziert.

Erst im letzten Spiel dieser Gruppe kam Italien zu seinem ersten Sieg, als man in Perugia Schlusslicht Zypern mit 3:1 schlug. Italiens Torverhältnis betrug 6:12, damit hatte der Weltmeister in den acht Qualifikationsspielen lediglich zwei Tore mehr geschossen als Zypern. Der überraschende Gewinn des WM-Titels 1982 war ein klassischer Turniersieg einer erfahrenen Mannschaft gewesen, mehr nicht.

Gruppe 6: Deutschland

Ähnlich wie die *Squadra Azzurra* hing auch die deutsche Nationalelf, immerhin amtierender Vize-Weltmeister, in einem spielkulturellen Loch. Bundestrainer Jupp Derwall war mittlerweile höchst umstritten, und die Spieler verströmten sattes Gelangweiltsein. Im Gegensatz zu Italien stand aber **Deutschland** in Gruppe 6 mal wieder vor einer absolut lösbaren Aufgabe. **Albanien**, die **Türkei**, **Nordirland** und **Österreich** galt es zu distanzieren. Zum Auftakt legte die neu formierte *Austria* einen Bilderbuchstart hin. In Wien wurde Albanien mit 5:0 bezwungen, und auch Nordirland musste beim österreichischen 2:0-Sieg die Punkte liegen lassen. Mühelos punktete Österreich auch gegen die Türkei mit 4:0. Einen Fehlstart bauten indes die Deutschen, als sie in Belfast Nordirland mit 0:1 unterlagen. Das Team von Trainer Billy Bingham, Mitglied der letzten großen nordirischen Elf, die bei der WM 1958 das Viertelfinale erreicht hatte, war damit seit bereits drei Jahren daheim ungeschlagen. Bei der WM 1992 hatten die Nordiren für eine Überraschung gesorgt, als sie den Gastgeber Spanien mit 1:0 bezwangen.

Mühsamer Sieg der DFB-Elf gegen Albanien: Gerd Strack erzielt das erlösende 2:1.

■ Nordirland, gemischt

Trotz des anhaltenden Bürgerkriegs, der „troubles", war das nordirische Team konfessionell gemischt. Mit Martin O'Neill, der 1979 und 1980 mit Nottingham Forest den Europapokal der Landesmeister gewonnen hatte, trug erstmals in der Geschichte Nordirlands ein Katholik die Kapitänsbinde. Im nordirischen Team, dessen Spielstätte mit Windsor Park in einem strikt protestantischen Viertel Belfasts lag, wohin sich kaum ein Katholik wagte, waren weitere prominente Katholiken: der für Real Mallorca spielende Gerry Armstrong sowie der 37-jährige Keeper Pat Jannings, der es mit 119 Länderspielen zum nordirischen Rekordinternationalen brachte. Kapitän Martin O'Neill erhielt nach seiner Ernennung zahlreiche Hass- und Drohbriefe, doch sein Trainer Bingham, aufgewachsen in einem protestantisch-loyalistischen Arbeiterviertel Belfasts, stärkte ihm den Rücken.

Die Derwall-Mannen bestritten nun drei weitere Auswärtsspiele in Folge. Mühsam schlugen sie Albanien mit 2:1, etwas deutlicher die Türkei mit 3:0. Vier Tage später endete die Begegnung gegen Österreich torlos. Albanien hatte mittlerweile aus früheren Qualifikationsrunden gelernt. Die Zeit, in denen der „Fußballzwerg" auswärts das Opfer von Schützenfesten wurde, war vorbei. In Nordirland verloren die Skipetaren nur denkbar knapp mit 0:1, in Tirana erzwangen sie eine Punkteteilung gegen die Türkei (1:1). Gegen Österreich mussten sie knapp mit 1:2 beigeben.

Österreich bekam in Nordirland beim 1:2 seinen ersten, deutlichen Dämpfer, und in Gelsenkirchen kam dann das Aus für die Alpenrepublik. 0:3 hieß es dort nach nur 21 Minuten und Toren von Rummenigge und Völler; bei diesem Spielstand blieb es auch nach 90 Minuten. Die DFB-Elf schien auf direktem Weg nach Frankreich zu sein, denn die Türkei unterlag den Deutschen in Berlin vor nur 35.000 Zuschauern mit 1:5 und war nun ebenfalls aus dem Rennen. Nur die Nordiren konnten den deutschen Bummelzug noch aufhalten. In Hamburg kämpften sie eine desaströs spielende deutsche Elf bravourös nieder und gewannen auch das Rückspiel durch ein Tor von Manchester Uniteds Norman Whiteside mit 1:0. Nordirland war allerdings auf albanische Hilfe angewiesen. Bei einem Sieg oder Remis der Skipetaren in Deutschland wäre Nordirland nach Frankreich gefahren. Dass diese Partie einmal die Dimension eines Herzschlagfinales erreichen würde, hätte wohl kein Experte erwartet. Ansonsten hätte man die Partie wohl kaum nach Saarbrücken vergeben, wo nur 40.000 Zuschauer ins Stadion passten. Die Albaner gingen in der 22. Minute durch Tomori in Führung, die jedoch postwendend durch Rummenigge egalisiert wurde. Bis zur 79. Minute musste Deutschland zittern und durfte Nordirland träumen. Da traf der Kölner Strack zum 2:1 für die DFB-Elf, was auch der Endstand war. Nur dank des besseren Torverhältnisses hatte sich Derwalls Truppe für Frankreich qualifiziert; mit zwei Niederlagen und mit der schlechtesten Punktebilanz aller Endrundenteilnehmer.

Niederlande oder **Spanien**! Keinesfalls **Irland**, **Island** oder **Malta**. Die Ausgangslage in der Gruppe 7 war eindeutig. Die Niederländer wurden ihrer Favoritenrolle auf Island nicht gerecht und erreichten dort nur ein 1:1-Remis. Die großen Jahre des „totaal voetbal" waren vorbei. Mit dem 18-jährigen Gerald Vanenburg von Ajax Amsterdam stand allerdings ein junger Mann im Kader von Bondscoach Kees Rijvers, der gewissermaßen die nächste Generation großartiger niederländischer Fußballer ankündigte.

Gruppe 7: Spanien

Island gab zwar weiter Punkte ab, abschlachten ließ man sich aber nicht. 0:1 hieß es in Spanien und davor 0:2 in Irland. Das erste torreiche Spiel lieferten sich in Dublin Irland und Spanien, die sich mit einem 3:3-Remis trennten. Ein erster Höhepunkt in dieser wenig spektakulären Gruppe bedeutete das niederländische Gastspiel in Spanien. Schon in der ersten Halbzeit stand das Ergebnis fest: Mit 1:0 behielt Spanien die Oberhand, was nach Lage der Dinge eine Vorentscheidung im Kampf um den Gruppensieg bedeutete. Spanien gab sich auch weiter keine Blöße und schlug Irland mit 2:0 sowie Malta glanzlos mit 3:2. Auch in Reykjavik konnten die Spanier nicht überzeugen, auch hier gab es nur einen knappen 1:0-Sieg. Neben Spanien zogen die Niederlande ihre einsamen Kreise. Das Rückspiel gegen Spanien gewann die *Elftal* in Rotterdam mit 2:1; den Siegtreffer markierte ein junger Mann namens Ruud Gullit, der für Feyenoord Rotterdam spielte. Der Sieg der Niederländer bedeutete, dass Spaniens *Selección* und die *Elftal* vor ihrem letzten Auftritt über die gleiche Punktebilanz (11:3) verfügten und möglicherweise das Torverhältnis entscheiden musste. Beide hatten kurioserweise ein Heimspiel gegen Malta zu absolvieren. Die Niederländer legten ein 5:0 vor, was bedeutete: Spanien musste nun gegen Malta mit elf Toren Differenz gewinnen.

Vor nur 25.000 Zuschauern in Sevilla ging Spanien in der 16. Minute durch Santillana in Führung. Sechs Minuten später konnte Degiorgio sensationell für den „Fußballzwerg" ausgleichen. Die Spanier mussten nun in den verbleibenden 68 Minuten elf Tore schießen und durften keines mehr zulassen. Ihnen gelang das schier Unmögliche. Vor allem nach dem Wiederanpfiff brachen alle maltesischen Dämme. In der 86. Minute schoss Senor mit dem 12:1 die *Selección* nach Frankreich. In den Niederlanden glaubte man nach kurzer Fassungslosigkeit an Schiebung. Man rief Gerichte an, nachgewiesen werden konnte weder Spanien noch Malta eine Spielmanipulation. Dennoch blieb ein fader Nachgeschmack.

Endrunde: Bescheidenheit im Prinzenpark

Anders als beim ersten „Achter-Turnier" wurden bei der EM 1984 wieder Halbfinals eingeschoben, in dem die Ersten und Zweiten der beiden Gruppen „über Kreuz" die Finalisten ermittelten. Dadurch gewann das Turnier erheblich an Spannung, da nun auch noch der zweite Gruppenplatz von Bedeutung war. Dafür wurde das ungeliebte Spiel um Platz drei abgeschafft.

Im Pariser Hilton wurde am 10. Januar 1984 der Spielplan ausgelost. Zuvor gab es hinter den Kulissen das obligatorische Gezerre, wer zu setzen sei und wer gelost werden müsse. Nach stundenlanger Diskussion ergab die Auslosung folgende Gruppen.

Gruppe 1: Frankreich, Dänemark, Belgien und Jugoslawien. Gruppe 2: Deutschland, Portugal, Rumänien sowie Spanien. Damit war ein Aufeinandertreffen von Frankreich und Deutschland bereits in der Vorrunde vom Tisch. Unterdessen wurde das anstehende Turnier wesentlich professioneller vorbereitet als die zurückliegende Pleiteveranstaltung in Italien. Auch die Nachfrage nach Tickets war bedeutend höher – nie zuvor in der Geschichte der EM hatte es bereits im Vorfeld einen derartigen Run auf die Karten gegeben.

Für den Stadionbau hatte die Endrunde den erhofften Schub bewirkt. Frankreich präsentierte sieben Arenen, die – mit Ausnahme des Pariser Parc des Princes – für das Turnier umfassend modernisiert worden waren. In Nantes wurde sogar das alte Stadion zugunsten eines kompletten Neubaus aufgegeben. Die größte Arena stand nicht in Paris, sondern mit dem 56.300 Zuschauer fassenden Stade Vélodrome in Marseille. Die Hauptstadt war vielmehr mit dem 48.300 aufweisenden Parc des Princes Standort des kleinsten EM-Stadions, zugleich aber Schauplatz des Eröffnungsspiels wie des Finales.

Die Eröffnungsfeierlichkeiten hatten die Franzosen eher schlicht organisiert. Eine Stunde vor dem Eröffnungsspiel liefen acht Jugendmannschaften in den Trikots der teilnehmenden Nationen in den Pariser Prinzenpark ein. Später sprach ein Jugendspieler des AS Poissy die Eröffnungsworte. Mehr „Show" war damals nicht.

Gruppe 1: Platinis Gala

Frankreich
Dänemark
Belgien
Jugoslawien

Pünktlich um 20.30 Uhr pfiff der deutsche Schiedsrichter Volker Roth am 12. Juni 1984 das Eröffnungsspiel zwischen Frankreich und Dänemark an. Beide Teams agierten hektisch und zerfahren. Platini wurde sehr eng gedeckt, dafür blühte im Mittelfeld Giresse auf. Trotz vieler Kabinettstückchen fand er nicht den Weg zum Tor. Dennoch war nicht zu übersehen, dass die Franzosen eine Mannschaft besaßen, die über ein großes taktisches Verständnis verfügte und aus Spielern bestand, die sich optimal verstanden und die jederzeit dem Spiel entscheidende Impulse verleihen konnten. Die Schlüsselszene des Spiels – nicht wenige Beobachter meinten sogar des Turniers – datierte aus der 44. Minute, als sich der Däne Alan Simonsen nach einem Zweikampf mit dem Franzosen Le Roux das Bein brach und ausschied. Die Dänen bewiesen in dieser Situation eine unglaubliche Moral und verfielen in eine Art „Jetzt erst recht"-Haltung. Angetrieben durch den überragenden Sören Lerby vom FC Bayern München suchten sie die Entscheidung. Doch das Team von Sepp Piontek hatte kein Glück. Zwölf Minuten vor dem Abpfiff entschied der Zufall das Spiel: Ein Nachschuss von Platini traf einen am Boden liegenden Dänen am Kopf. Unerreichbar für den dänischen Keeper Qvist änderte der Ball seine Richtung und schlug zum schmeichelhaften 1:0 für Frankreich ein. Frankreichs Coach Hildago lobte in der folgenden Pressekonferenz ausdrücklich die Leistungen der Dänen. Über die eigenen Unzulänglichkeiten schwieg er sich aus.

Dreh- und Angelpunkt des französischen Spiels: Michel Platini.

24 Stunden später standen sich im zweiten Spiel der Gruppe 1 Belgien und Jugoslawien in Lens gegenüber. Die Belgier mussten ihr Team neu formieren, weil einige etablierte Auswahlspieler wegen Spielmanipulationen gesperrt waren. In Torwart Jean Marie Pfaff, die Nummer eins bei Bayern München, hatten die Belgier einen sicheren Rückhalt; mit dem Italo-Belgier Scifo organisierte ein 18-Jähriger das belgische Spiel, der zuweilen schon mit Frankreichs Platini verglichen wurde. Er war es auch, der seine Farben zu einem sicheren 2:0-Sieg über eine wenig motiviert auftretende jugoslawische Elf führte.

„Wer stoppt diese Franzosen?", fragte (sich) zu Recht Rainer Kalb im *Kicker*. Soeben hatten sie die Belgier mit 5:0 aus dem Stade de la Beaujoire zu Nantes gefegt. Erleichtert wurde dieser Kantersieg durch einen taktischen Fehler des belgischen Trainers Guy Thys, der das Duo Giresse - Platini in Raumdeckung auszuschalten gedachte. Beide bedankten sich auf ihre Weise für diese gewährte Freiheit. Sie entwickelten ein Spiel, das zeitweilig einem Rausch gleichkam. Die Belgier konnten in diesem prestigeträchti-

> **■ Bunte Équipe**
>
> Die französische EM-Mannschaft von 1984 besaß bereits eine multikulturelle Komponente: Der in Lothringen aufgewachsene Michel Platini war der Sohn italienischer Einwanderer; der Vater von Luis Fernandez war aus Spanien ins Hexagon gekommen; der farbige Jean Tigana stammte aus Mali. Spätestens beim WM-Titelgewinn 1998 sowie dem EM-Sieg 2000 wurde in der gut funktionierenden ethnischen Vielfalt des Teams eine Ursache der sportlichen Erfolge gesehen.

gen Derby ihre Ambitionen aus dem ersten Spiel nicht untermauern. Auch Scifo blieb blass und wurde in der 52. Minute ausgetauscht. Die gut aufgestellte französische Abwehr hatte nun siebenmal in Serie keinen Gegentreffer zugelassen. Gegenüber der WM 1982 hatte sich Frankreich in der Defensive verbessert und dazu das Kämpfen gelernt. Hidalgo war es gelungen, um sein Mittelfeld mit Platini, Tigana, Giresse und Fernandez, dem Herz der *Équipe Tricolore*, die Schwachstellen des Teams abzubauen. Vor Keeper Joel Bats, der das zwei Jahre zuvor noch existierende Torwartproblem löste, agierte als Libero Bossis, der die Verteidiger Battiston und Domergue (er vertrat nun den gesperrten Amoros) effizient dirigierte. Vor ihnen spielte Tigana auf einer Art Libero-Vorposten und als Wasserträger für Platini. Übertragen in geometrische Formen war dies schon 1984 eine Raute. Auch im Offensivspiel wussten die Franzosen einiges zu bieten und waren für ihre Gegner kaum berechenbar, wenngleich der Sturm gegenüber den anderen Mannschaftsteilen etwas abfiel. Alle Tore in den ersten beiden Spielen erzielten Mittelfeldspieler und nicht die etatmäßigen Stürmer, was typisch für die Komposition des französischen Teams war.

Gegner in Frankreichs letztem Gruppenspiel war Jugoslawien, das zuvor mit einer 0:5-Pleite gegen Dänemark alle Chancen aufs Weiterkommen verspielt hatte. Das Team präsentierte sich nicht nur auf dem Spielfeld in einer katastrophalen Verfassung, auch auf der Pressekonferenz setzten Jugoslawiens Offizielle den desaströsen Auftritt der *Plavi* fort. Co-Trainer Mladinic wurde vorgeschoben, weil der etatmäßige Coach, Veselinovic plötzlich erkrankt war. Der nutzte die Situation und trat seinem Vorgesetzten kräftig gegen das Schienbein. Offensichtlich hielt er seinen Chef für den Verantwortlichen dieser hohen und blamablen Niederlage.

Gegen Frankreich allerdings sorgten die Jugoslawen in der 32. Minute für einen Schock – da markierte Sestic für seine Mannschaft die 1:0-Führung. Die hochgelobten Franzosen kamen überhaupt nicht mit der engen Manndeckung und der destruktiven Spielweise des Gegners zurecht. Eine Stunde dauerte es, ehe innerhalb von 18 Minuten alle guten jugoslawischen Vorsätze wie Schnee in der Sonne schmolzen und eine französische Sturmflut namens Platini anrollte. Dragan Stojkovic, Sonderbewacher des französischen Spielgestalters, war ein einziges Mal unaufmerksam, schon hieß es in der 58. Minute 1:1 durch Platini. Der wirbelte nun unter den frenetischen Anfeuerungsrufen seiner Fans an seiner alten Wirkungsstätte St. Etienne die ganze jugoslawische Mannschaft durcheinander. In der 61. Minute markierte Platini das 2:1, in der 76. das 3:1, womit ein waschechter Hattrick perfekt war. Den Schlusspunkt setzte in der

80. Minute sein „58-Minuten-Bewacher" Stojkovic mit einem Elfmetertreffer zum 3:2-Endstand. Damit waren die Franzosen locker in das Halbfinale eingezogen – und das, obwohl der Schweizer Schiedsrichter Daina das Verweilen von drei gallischen Hähnen im Innenraum des Stade Geoffrey Guichard verboten hatte. Daina zog sich mit seiner Roten Karte gegen das französische Fan-Maskottchen den Unmut der Öffentlichkeit zu. Während des Spiels brach Jugoslawiens Mannschaftsarzt, Dr. Milenovic, mit einem Herzinfarkt zusammen und verstarb trotz sofortiger und intensiver Betreuung später in einem Krankenhaus.

Zu einem echten Endspiel um den zweiten Gruppenplatz kam es im Stade de la Meinau zu Straßburg, wo Dänemark und Belgien aufeinandertrafen. Nach 39 Minuten führte Belgien in einer rauen Partie mit 2:0, und niemand setzte noch einen Cent auf die Nordeuropäer. Das änderte sich schlagartig, als fünf Minuten vor dem Halbzeitpfiff Torwart Pfaff den dänischen Stürmer Elkjaer-Larsen foulte und Schiedsrichter Prokop aus der DDR auf Elfmeter entschied. Arnesen verwandelte zum wichtigen Anschlusstreffer noch vor dem Seitenwechsel. In der 57. Minute wechselte Piontek Brylle-Larsen ein. Nur zwei Minuten benötigte der, um sich bei seinem Coach mit dem Ausgleichstreffer zu bedanken. Die belgische Abwehr half dabei kräftig mit.

In der 84. Minute schloss Elkjaer-Larsen einen Alleingang holprig, aber erfolgreich mit dem 3:2-Siegtreffer ab. Dänemark stand im Halbfinale und feierte den bis dahin größten Erfolg in seiner Fußballgeschichte. Anteil daran hatten auch die zahlreichen dänischen Fans – nicht nur weil sie ihre Mannschaft leidenschaftlich anfeuerten. Als „Rooligans" präsentierten sie sich zugleich als gut gelauntes, friedlich-fröhliches Gegenmodell zu den Hooligans.

Gruppe 2: Derwalls Schmach

Spanien
Portugal
Deutschland
Rumänien

Ganz Frankreich hoffte darauf, dass die *Équipe Tricolore* im Halbfinale oder Finale auf Deutschland treffen würde – um sich für die unglückliche Niederlage von Sevilla zu revanchieren. Ein verständliches, aber unrealistisches Ansinnen, denn die deutsche Mannschaft befand sich längst in einem desolaten Zustand: Die Profis waren satt und unmotiviert, der Trainer höchst umstritten, die DFB-Spitze lediglich auf dem gesellschaftlichen Parkett engagiert. Das Image von Verband und Nationalmannschaft war so miserabel wie nie zuvor. Der Vizeweltmeister von 1982 war der unbeliebteste der WM-Geschichte, doch in sportlicher Hinsicht sollte der Tiefpunkt erst noch kommen. Längst nicht mehr dabei war Bernd Schuster, bei der EM 1980 noch bester Spieler im DFB-Team und wohl Deutschlands brillantester Akteur der 1980er Jahre. Nach dem Turnier in Italien war Schuster zum FC Barcelona gewechselt. Anfang 1984 trug er zum letzten Mal das Trikot der Nationalmannschaft, um anschließend im Alter von nur 24 Jahren und nach lediglich 21 Länderspielen seine Nationalspielerkarriere für beendet zu erklären. Schuster hatte sich mit Derwall und dem DFB überworfen. Der „blonde Engel" warf „Häuptling Silberlocke" vor, unter seiner Regentschaft sei das „Rennen wichtiger als das Spielen" geworden. Unter Schusters Abschied litt die Spielkultur des DFB-Teams erheblich.

„Rückfall in schlimmste Zeiten"

Im ersten Spiel der Gruppe 2 trafen die Deutschen auf Portugal, ein Team, an das man keine guten Erinnerungen hatte. Das letzte Aufeinandertreffen hatten die Portugiesen mit 1:0 für sich entschieden. Diesmal gingen die Südeuropäer defensiv eingestellt ins Spiel und opferten sogar ihren europäischen Torschützenkönig von 1983, Gomes, für einen Mittelfeldakteur. Gegen das DFB-Team konnte man sich diese Maßnahme leisten. Lediglich individuell gelangen den Deutschen einige technische Tändeleien, im Zusammenspiel offenbarten die Derwall-Mannen jedoch katastrophalen Fußball. Am Ende stand ein klägliches 0:0. Der *Kicker* sprach von einem „Rückfall in schlimmste Zeiten".

Einen schwachen Start erwischten auch Rumänien und Spanien, die in St. Etienne aufeinandertrafen. Auch hier dominierte der defensive Sicherheitsfußball. Spanien, das mit einem „Ein-Mann-Sturm" (Santillana) antrat, erhielt in der 21. Minute einen berechtigten Elfmeter zugesprochen, den Carrasco zur Freude der vielen spanischen Fans verwandeln konnte. Die Rumänen mit ihrer biederen und kompakten Spielanlage beeindruckte die spanische Führung überhaupt nicht. Nach einem Querpass des Rumänen Coras konnte Bölöni den Ball aufnehmen und ihn von der Strafraumgrenze aus direkt zum 1:1 verwerten. Die zweite Halbzeit war auf beiden Seiten geprägt durch Hilf- und Einfallslosigkeit. Während der Fußballwelt Rumäniens Defensivkünste schon aus der Qualifikation bekannt waren, überraschte die spielerische Passivität der Iberer. Beim Schlusspfiff wurden beide Teams mit einem gellenden Pfeifkonzert verabschiedet.

Nach zwei Unentschieden war diese Gruppe völlig offen; die spielerische Substanz jedoch fiel klar gegen die Leistungen der Gruppe 1 ab. Mit einem neu formierten Mittelfeld lief die deutsche Mannschaft in Lens gegen Rumänien auf. Lothar Matthäus und Norbert Meier sollten gegen die Defensivkünstler aus den Karpaten den notwendigen Schwung entwickeln, um den Titelverteidiger auf Halbfinalkurs zu bringen. Tatsächlich konnten beide das Angriffsspiel beleben und den Sturm besser in Szene setzen. Rudi Völler gelang Mitte der ersten Halbzeit die umjubelte Führung, die auch zum Seitenwechsel Bestand hatte. Den Wiederanpfiff verschlief die deutsche Mannschaft komplett, als die Rumänen sofort in der 46. Minute ausglichen. Mit einem simplen Spielzug ließ der Rumäne Klein die deutsche Abwehr schlecht aussehen, Coras nutzte den deutschen Aussetzer und setzte das Spielgerät in die Maschen. Die DFB-Elf zeigte sich von diesem Treffer unbeeindruckt, spielte mutig weiter nach vorn, blieb aber in der Verteidigung anfällig. Nach 66 Minuten war es wiederum Völler, der mit einem verdeckten Schuss aus 13 Metern Torwart Lung überwinden konnte. Dass die knappe Führung bis zum Schusspfiff hielt, war vor allem Torwart Toni Schumacher zu ver-

Trostloses Gekicke gegen Portugal: Karl-Heinz Rummenigge blieb ebenso torlos wie seine Mit- und Gegenspieler.

danken, der eine glänzende Partie ablieferte und die Fehler seiner Vorderleute ausbügelte. Dabei hörte er beständig die Unmutsäußerungen der französischen Fans, die ihm das Battiston-Foul von Sevilla noch nicht verziehen hatten.

In Marseille standen sich Portugal und Spanien im iberischen Prestigeduell gegenüber. Das ganz große Spiel wurde es nicht, dazu traten beide Teams zu vorsichtig auf. *Selección* wie *Seleção* wussten, dass sie im Falle einer Niederlage ihre Halbfinalträume begraben konnen. Kompromisslos erstickten die Abwehrreihen jeden gegnerischen Angriff schon im Keim. Entsprechend ging es torlos in die Halbzeit. In der 52. Minute gelang dann dem Portugiesen Sousa nach einem spanischen Abwehrfehler die Führung für sein Land. Nun mussten die Spanier ihre Abwehr lockern und ihre Angriffsbemühungen intensivieren. In der 73. Minute nutzte Santillana eine kleine, durch Dauerstress verursachte Unaufmerksamkeit und überwand aus acht Metern Portugals reaktionsschnellen Torwart Bento. Anschließend richteten sich beide Teams mit dem Unentschieden ein und verschoben die Entscheidung über ein Weiterkommen auf den dritten Spieltag.

Das DFB-Team führte die Tabelle mit 3:1 Punkten an, doch auch alle anderen Mannschaften konnten theoretisch noch weiterkommen. Belehrt durch die Erfahrungen des 80er-Turniers, hatte man die letzten Partien zeitgleich angesetzt – in jenen handylosen Tagen noch eine Herausforderung für den ständigen Informationsfluss zwischen den Spielorten. In Paris vertraute Derwall gegen Spanien der Elf, die gegen Rumänien gewonnen hatte. Und die schien genau da weitermachen zu wollen, wo sie drei Tage zuvor aufgehört hatte. Bereits in der 3. Minute traf Briegel mit einem Kopfball die Latte. In der 21. Minute wiederholte er dieses Kunststück. Wenig später scheiterte Brehme am Pfosten. Aber auch Spanien hatte Chancen zur Führung, denn die deutsche Hintermannschaft stand wieder alles andere als sicher. In der 44. Minute hatten die Deutschen Glück, als Schumacher einen von Carasco geschossenen Elfmeter parieren konnte.

Keine Tore verzeichnete auch nach 45 Minuten das zweite Spiel des Abends zwischen Portugal und Rumänien. Für die Südeuropäer hatte Trainer Cabrita erstmals Goalgetter Gomes aufgeboten. Beide Teams standen sich im ersten Durchgang wie gelähmt an Körper und Geist gegenüber. Die Angst vor einer Niederlage ließ konstruktiven Fußball gar nicht erst aufkommen. Beherzter gingen beide Teams die zweite Halbzeit an, in der sich Portugal gut präsentierte. Besonders Jordao sorgte wiederholt für gefährliche Szenen vor dem rumänischen Tor. Nach einer Stunde Spielzeit wechselten beide Trainer jeweils eine zusätzliche Offensivkraft ein, um die Entscheidung zu erzwingen. Das bessere Näschen hatte dabei Cabrita. Seinem Einwechselspieler, Nene, gelang in der 78. Minute die 1:0-Führung.

In Windeseile war die portugiesische Führung bei den Spaniern in Paris angekommen. Würde es bei den Spielständen von Nantes und Paris bleiben, wären sie draußen, Deutschland und Portugal dagegen im Halbfinale. So blieb den Spaniern nichts weiter übrig, als alles auf eine Karte zu setzen. Die *Selección* entblößte ihre Abwehr und gestattete den Deutschen brisante, aber auch erfolglose Angriffe. Arconada hielt seinen Kasten sauber. Als alle schon mit dem spanischen Scheitern gerechnet hatten, war es an Maceda, das Spiel in letzter Sekunde noch aus dem Feuer zu reißen. Völlig ungehindert kam er nach einer Flanke von Senor zum Kopfball und nickte zur spanischen Führung ein. Sekunden später erfolgte der Abpfiff. Spanien hatte sich mit einem 1:0-Sieg „nach Deutschland-Art" für das Halbfinale qualifiziert. Die Deutschen schieden unter dem Hohngelächter der Konkurrenz und der eigenen Fans aus. Als Konsequenz aus diesem Scheitern demissionierte Jupp Derwall und machte Platz für die „Lichtgestalt" Franz Beckenbauer. Der deutsche Fußball befand sich in seiner schwersten Krise nach dem Zweiten Weltkrieg.

Halbfinale: Dramatik pur

Moralisch gestärkt durch das Erreichen der Runde der letzten vier konnte **Portugal** gegen **Frankreich** auflaufen. Verlieren konnten die Portugiesen gar nichts. Die Favoritenrolle lag eindeutig bei der *Équipe Tricolore*. Gegenüber der WM 1982 hatten die Franzosen gelernt, auch über den Kampf ein Spiel für sich zu entscheiden. Genau

Auch der junge Matthäus konnte das EM-Aus gegen Spanien nicht verhindern. Nach der 0:1-Pleite musste der enttäuschte Bundestrainer Jupp Derwall (hier mit Assistent Horst Köppel) seinen Stuhl für Franz Beckenbauer räumen.

diese Weiterentwicklung des französischen Fußballs hielt man zwischen Dünkirchen und Perpignan für ausschlaggebend, denn die Portugiesen standen mittlerweile technisch den Franzosen kaum nach. In den Jahren nach dem 3. Platz bei der WM 1966 war Portugal in eine fußballerische Depression verfallen, nun befand man sich wieder überraschend in einem Steigflug. Getragen von einer großen Begeisterungswelle im eigenen Land und begleitet von vielen Schlachtenbummlern gingen die Portugiesen in die Auseinandersetzung mit Frankreich.

Frankreich siegt unter der Hitzeglocke

Im mit 56.848 Zuschauern ausverkauften Stade de Vélodrome zu Marseille pfiff Schiedsrichter Bergamo die Partie am 23. Juni 1984 um 20.30 Uhr an. Trotz des späten Termins stöhnte Marseille noch unter einer Hitzeglocke, die auch der Mistral nicht zerstreuen konnte. Portugals Coach Cabrita hatte auf Gomes zunächst verzichtet und Diamantino den Vorzug gegeben. Frankreich hatte bis auf den gesperrten Amoros alle Mann an Bord. Für Amoros stand wie gehabt Domergue an seinem 27. Geburtstag in der Anfangsformation. Trainer Hildago hatte mit dieser Personalie ein gutes Händchen bewiesen, denn eben diesem Domergue aus Toulouse gelang in der 25. Minute die französische Führung. Sie täuschte ein wenig über den tatsächlichen Spielverlauf hinweg, der auf französischer Seite durch unpräzise Torabschlüsse und ein mangelhaftes Zusammenspiel im Sturm gekennzeichnet war. Erschwert wurde das Spiel der Gastgeber durch einen glänzend disponierten Bento im portugiesischen Kasten, der so manchen Ball sensationell unschädlich machte.

Obwohl *Les Bleus* gerade zu Beginn der zweiten Halbzeit immer mehr drückten, sprang nichts Zählbares dabei heraus. Im Gegenteil, in der 73. Minute gelang Jordao zum Entsetzen der Franzosen der Ausgleichstreffer. Mittlerweile war auf portugiesischer Seite Gomes im Spiel, der für Tore sorgen sollte. In puncto Torgefährlichkeit konnten die Portugiesen ihrem französischen Gegner durchaus Paroli bieten, zeitweilig standen sie sogar dicht vor einer Sensation. Nach 90 Minuten hieß es immer noch 1:1. Nur acht Minuten der Verlängerung waren absolviert, als die „Grande Nation" den Atem anhielt. Wiederum Jordao hatte eine Flanke des großartig aufspielenden Chalana aufgenommen und irgendwie an Bats vorbei in den französischen Kasten gestochert. Frankreich stand auf der Kippe. Im Rückstand liegend wechselten Platini und Kollegen ein letztes Mal die Seiten, doch erst in der 114. Minute war es erneut Geburtstagskind Domergue, das den französischen Ausgleich markierte. In einer unübersichtlichen Situation vor dem portugiesischen Tor gelangte er an den Ball und versenkte ihn augenblicklich aus dem Gewühl. Doch mit diesem Glückstreffer nicht genug. Michel Platini hatte gegen die portugiesischen Abwehrreihen im gesamten Spiel nicht einen Stich bekommen. In der 119. Minute nutzte er eine Nachlässigkeit eiskalt aus und erzielte das 3:2 für seine Farben. Wenig später war in Marseille Schluss. Frankreich stand zum ersten Mal in seiner 80-jährigen Verbandsgeschichte in einem internationalen Turnierfinale, und das im eigenen Land. Erhobenen Hauptes konnten die

Enttäuschte Portugiesen: Eurico, Frasco und Jordao (v.l.) nach der Niederlage im Halbfinale.

Portugiesen die Heimreise antreten, und Trainer Cabrita hatte wohl Recht, als er nach dem Abpfiff behauptete: „Mir ist es gelungen, den Spielern einzuimpfen, dass sie sich vor dem Rest Europas nicht zu verstecken brauchen."

Das zweite Halbfinalspiel zwischen **Dänemark** und **Spanien** begann 24 Stunden später in Lyon. Es sollte das vorherige Spiel an Dramatik noch überbieten. Die Dänen waren bei dieser EM der Repräsentant des Offensivfußballs schlechthin. Ihr Spiel wurde häufig mit der niederländischen Spielanlage der 1970er verglichen. Auch das Umfeld der Dänen erinnerte an frühere niederländische Auftritte. Kein Kadaver-Gehorsam und keine strenge Kasernierung, stattdessen ein Teamgeist, der dem einzelnen Spieler Raum für individuelle (nicht nur Spiel-)Ansichten ließ. Zudem war es Trainer Sepp Piontek gelungen, aus vielen guten Einzelspielern ein schlagkräftiges Team zu bilden. Dabei verlor der frühere Werder-Bremen-Profi nie das Ziel aus den Augen, anspruchsvollen Fußball zu präsentieren. Statt taktischer Winkelzüge setzte man in Dänemark auf direkten Angriffsfußball. In der Mannschaft war jeder Akteur in der Lage, Verantwortung zu übernehmen. Von klein an lernte man diese Tugend in den einzelnen Altersgruppen der dänischen Fußballvereine. So war gewährleistet, dass jeder Spieler gegebenenfalls das Spiel in die Hand nehmen konnte. Dies verlieh den Dänen für ihre Gegner eine gewisse Unberechenbarkeit.

Spanien verfügte dagegen über ein wesentlich gelasseneres Team, das im Gruppenspiel gegen die Deutschen bewiesen hatte, dass es seine Kräfte einzuteilen wusste. Trainer Miguel Minoz hatte in der Nationalmannschaft erfolgreich Eitelkeiten und Starallüren bekämpft. Kampfgeist statt „Spielen für die Galerie" hieß die neue spanische Losung. Taktisch setzte der frühere Real-Madrid-Trainer die Raumdeckung optimal um. Ballführung und technische Versiertheit waren in Spanien schon immer beheimatet. Nach hinten sicherte ein beinhartes Abwehrbollwerk das eigene Tor, in dem mit Arconada ein Ausnahmekeeper stand, der die herausragende Persönlichkeit in dieser Mannschaft war. Er leugnete seine baskische Herkunft nie, sondern unterstrich sie, indem er sich anstelle der üblichen spanischen Stutzen in den Landesfarben Gelb/Rot für die weißen seines Klubs Athletic Bilbao entschied. Last but not least besaßen die Spanier einen torgefährlichen Sturm, in dem der Madrilene Santillana herausragte, der von den gegnerischen Abwehrreihen nie ganz ausgeschaltet werden konnte.

Knapp 48.000 Zuschauer füllten das Rund des Lyoner Stade de Gerland, als die beiden Mannschaften einliefen. Sofort nach dem Anpfiff durch Schiedsrichter Courtney aus England stand der weiß-rote Wikinger-Express unter Dampf und preschte Richtung spanisches Tor vor. Über wenige Stationen trieben die Dänen den Ball. Elkjaer-Larsen zog ihn mit dem Kopf gefährlich auf das spanisch Gehäuse, aber Arconada lenkte das Leder knapp an die Latte. Den abspringenden Ball konnte Sören Lerby erobern und am machtlosen Keeper vorbei ins Netz befördern. Nach nur acht Minuten war Dänemark in Führung gegangen. Nur mühselig und langsam bekamen die Spanier ihr Spiel in den Griff, manchmal bedienten sie sich dazu auch unfairer Mittel. Drei Gelbe Karten waren die Quittung.

Erst im zweiten Durchgang kamen die Spanier verbessert aus der Kabine. Nun setzten sie auf ihre konditionelle Karte und bauten verstärkten Druck auf. Der Lohn für die Anstrengungen war der Ausgleich in der 67. Minute, erzielt von Antonio Maceda, Spaniens Mann für wichtige Tore. Anschließend ging das Match rauf und runter, doch nach 90 Minuten stand das Spiel immer noch remis und musste in die Verlängerung. Nun nahm die Auseinandersetzung rustikale Formen an. Insgesamt acht Gelbe Karten und einmal Rot gegen Dänemarks Berggren verhängte der englische (!) Schiedsrichter. Beiden Mannschaften boten sich Möglichkeiten, das Spiel zu entscheiden, doch die Verlängerung verstrich torlos. Es folgte das Elfmeterdrama von Lyon. Vorlegen musste Dänemark. Brylle Larsen verwandelte und brachte die Rot-Weißen in Front. Als erster Spanier trat Santillana an, auch er war erfolgreich. Für Dänemark trafen jetzt der Reihe nach Olsen, Laudrup und Lerby. Senor, Urquiaga und Victor egalisierten. Auffallend war, dass sich alle Schützen für die linke Torecke entschieden. Elkjaer-Larsen war bei seinem Torschuss der erste Akteur, der sich für rechts entschied – und scheiterte prompt. Spaniens Sarabia ließ sich von dieser Idee inspirieren und wählte ebenfalls rechts, traf aber. Das war die Entscheidung. Spanien zog ins Endspiel ein, die sympathischen Dänen mussten die Heimreise antreten. Neben der vereinbarten Mannschaftsprämie strich Sören Lerby noch ein kleines Extra-Salär ein. Er hatte mit Bayern Münchens Manager (und damit seinem Brötchengeber) Uli Hoeneß um 500 DM gewettet, dass Dänemark unter die letzten vier gelangen würde...

Finale: Party in Paris

Zum zweiten Mal in der Verbandsgeschichte hatte **Spanien** ein Turnier-Endspiel erreicht. Fast auf den Tag genau 20 Jahre zuvor hatten die Iberer beim EM-Finale in Madrid die UdSSR mit 2:1 geschlagen. Doch die *Selección* ging als klarer Außenseiter in das Spiel gegen **Frankreich**. Die Medien – nicht nur die französischen – beschäftigten sich fast ausschließlich mit dem „Champagner Fußball".

Zudem fehlten den Spaniern wichtige Stützen ihres Spiels. Die Gelben Karten gegen Rafael Gordillo und Antonio Maceda bedeuteten, dass Trainer Munoz im Endspiel seine beiden wichtigsten Akteure fehlen würden. Mit dem Raubein Goikoetxea fiel ein weiterer Leistungsträger aus. Sehr zur Freude von Platini, denn der „Knochenbrecher" war darauf spezialisiert, den gegnerischen Spielmacher niederzumähen. In der spanischen Liga hatte Goikoetxea Bernd Schuster und Diego Maradona weggetreten, mit der Folge von langen Verletzungspausen für seine Opfer. Wie er den Ausfall dreier Stammkräfte kompensieren wollte, ließ Munoz bis kurz vor dem Anpfiff im Dunkeln. Klar war lediglich, dass der spanische Coach Frankreichs gefährlichsten und effektivsten Spieler, Platini, in Manndeckung nehmen lassen würde. Für diese Aufgabe war Camacho vorgesehen. Ein wenig klang es wie das Pfeifen im Walde, als Camacho beteuerte: „Ich habe vor Platini keine Angst."

Kopfzerbrechen bereitete auch die französische Mannschaftsaufstellung, denn die Sperre von Amoros aus der Gruppenphase war mittlerweile abgelaufen. Andererseits hatte sich seine Vertretung, Domergue, mehr als achtbar aus der Affäre gezogen. Gespannt wartete man am Vortag des Finales auf Hildagos Entscheidung. Der

> **■ Stress um die Trikotfarben**
>
> Sowas gab's, bevor der Farbfernseher zur Standardausstattung der Haushalte wurde: Die Trikots der gegnerischen Mannschaften mussten auch für Schwarz-Weiß-Gucker unterscheidbar sein. In Paris führte das zu Verwicklungen, denn beide Verbände, Spanier wie Franzosen, beharrten auf ihren traditionellen Nationaltrikots. Das Blau der Franzosen wie das Rot der Spanier aber wirkte auf der Mattscheibe verdächtig ähnlich grau. Nach vier Stunden Diskussion verzichteten die Spanier wenigstens auf ihre üblichen rot-gelben Stutzen und legten sich auf schwarze fest. Torwart Arconada war das egal: Der überzeugte Baske verschmähte die spanischen Nationalfarben ohnehin und trug gewöhnlich weiße Stutzen.

scheidende Coach – das Endspiel war sein letzter Einsatz als Nationaltrainer – sorgte schließlich für eine große Überraschung. Im Sturm verzichtete er auf den Ex-Stuttgarter Didier Six und schenkte Bellone sein Vertrauen. Auch Amoros blieb zunächst außen vor, Domergue stand weiterhin in der Anfangsformation.

Auf dem Schwarzmarkt stiegen die Preise für Finaltickets um das Fünffache, natürlich auch bedingt durch das beschränkte Fassungsvermögen des Pariser Stadions. Ein derartiges Interesse an einem EM-Finale hatte man noch nie erlebt. Schon Stunden vor dem Anpfiff durch den tschechoslowakischen Schiedsrichter Vojtek Christov war der Parc des Princes, der frühere Zielort der Tour de France, ganz in Blau getaucht. Von den Rängen hallten unaufhörlich die „Allez les Bleus"-Rufe durch das Rund. Die kleine spanische Kolonie war dagegen kaum auszumachen.

Die Franzosen begannen sehr nervös. Sie sahen sich alsbald mit einer spanischen Taktik konfrontiert, die nicht nur sie unerwartet traf: Die Iberer suchten nämlich ihr Heil in der Offensive. In der 3. Minute flatterte bereits der ansonsten sichere Bats, Schlimmeres konnte aber verhindert werden. Glück hatten die Franzosen auch in der 17. Minute, als Francisco im französischen Strafraum zu Fall kam und der Unparteiische großzügig über dieses Foulspiel hinwegsah und den Spaniern einen vertretbaren Elfmeter nicht zusprach. Entscheidend war in dieser Spielphase, dass es Spaniens Camacho als Libero vor der Abwehr gelang, Platini als Zentrum des französischen

Die siegreiche Mannschaft des Endspiels – die Équipe Tricolore.

Entsetzen bei den Spaniern: Torhüter Arconada patzt. Die gewohnt weißen Stutzen, mit denen der überzeugte Baske sich von den rot-gelben Socken des Nationalteams absetzte, nutzten ihm da auch nichts.

Spiels auszuschalten. In der 32. Minute konnte Battiston erst auf der Linie klären. Die französischen Fans wurden immer ruhiger und skeptischer.

Die Franzosen fanden überhaupt kein Mittel, sich ins Spiel zu bringen. Ihr Offensivdrang, mit dem sie bislang so begeistert hatten, war wie weggeblasen. Die Spanier bauten ihr Spiel in der eigenen Hälfte zunächst langsam auf, um dann mit überfallartigen Steilpässen die französische Defensive zu knacken. Torlos beendeten die Mannschaften den ersten Durchgang. Hildagos Kabinenpredigt in der Pause bewirkte offenbar gar nichts. Die *Équipe Tricolore* begann die zweite Halbzeit wie die erste. Nach wie vor bestimmten die Spanier das Spielgeschehen, und viel fehlte nicht an der spanischen Führung. Was fehlte, war das Glück. Doch das stand an diesem Abend auf der Seite der Gastgeber. In der 57. Minute brachte Spaniens Salva den französischen Angreifer Lacombe vor dem Strafraum zu Fall. Den fälligen Freistoß zirkelte Platini in der ihm eigenen Art um die spanische Mauer. Arconada tauchte sofort in das bedrohte Eck seines Tores und begrub den Ball unter sich – so schien es jedenfalls. Zum Entsetzen der Spanier ließ der erfahrene Keeper das Leder jedoch unter seinem Körper durchrutschen. In einem Spiel, das bis dahin den Spaniern gehörte, hatte ein krasser Torwartfehler die französische Führung ermöglicht.

Der Glücklichere hat gewonnen

Die konsternierten Spanier ließen jetzt weitere Großchancen für die Franzosen zu. Lacombe und Giresse versäumten aber eine vorzeitige Entscheidung. Auf der Gegenseite kam Santillana in der 77. Minute zu einer Möglichkeit, doch der Ball strich knapp am Tor vorbei. Bats wäre machtlos gewesen. Die Schlussphase brachte noch einmal viel Hektik. In der 86. Minute kassierte Le Roux nach mehrmaligem Foulspiel die Rote Karte. Gegen eine dezimierte französische Mannschaft drängten die Spanier nun mit aller Macht auf den Ausgleich. Vehement warfen sie alles nach vorn, und die französische Abwehr beschränkte sich darauf, die Bälle mehr oder weniger unkontrolliert nach vorne zu dreschen. Einen dieser Befreiungsschläge konnte Tigana annehmen. Mustergültig bediente er Bellone, der losstürmte und auch gegen Arconada die Nerven behielt. Sein 2:0 in der 90. Minute machte den ersten französischen Titelgewinn perfekt.

Zur Ehrenrettung der Spanier musste gesagt werden, dass dieses Spiel der Glücklichere gewonnen hatte. Diesen Umstand würdigte auch der französische Coach Hildago in der anschließenden Pressekonferenz, als er unumwunden zugab: „Glück gehört dazu. Auch zu einer großartigen Mannschaft." Im Hexagone feierte man ein großartiges Team, das im Zenit seines Leistungsvermögens stand. Die Parole für die nun beginnenden Feierlichkeiten, Feten und Fußballpartys gab die Zeitung *Parisien Liberé* aus: „Der Abend des Ruhms ist da."

Die EM war in jeder Beziehung ein Erfolg und geriet deshalb zu einem Markstein in der Geschichte des Wettbewerbs. Der durchschnittliche Zuschauerzuspruch lag mit 40.094 um 16.000 über dem der EM 1980. Bedingt durch das geringe Fassungsvermögen des Pariser Stadions, wurden die meisten Zuschauer nicht beim Finale gezählt, sondern mit 54.848 beim Halbfinale zwischen Frankreich und Portugal im Marseiller Stade Vélodrome. Fielen 1980 nur 1,93 Tore im Schnitt pro Spiel, so waren es in Frankreich 2,73. Die Einführung eines Halbfinales wie der Verzicht auf das „kleine Finale" hatten dem „Achter-Turnier" gut getan.

Auch die fußballerische Qualität des Turniers war – vor allem dank des neuen Europameisters, aber auch Dänemarks und Portugals – hoch anzusiedeln. Während England sich nicht einmal qualifizieren konnte und Deutschland ruhmlos ausschied, triumphierte Südeuropa, das drei der vier Halbfinalisten und die beiden Finalisten stellte. Und schließlich löste die siegreiche *Équipe Tricolore* eine bis dahin in Frankreich unbekannte Fußballbegeisterung aus. Auch für die französische Fußballgeschichte war das Turnier ein Markstein.

Michel Platini gab dem Fußball in Frankreich einen entscheidenden Auftrieb.

1988

■ Europameisterschaft 1988

Gemeldete Länder: 33

Austragungsmodus: 7 Qualifikationsgruppen
(3 Gruppen à 4 Teams, 4 Gruppen à 5 Teams). Die 7 Gruppensieger qualifizieren sich für die Endrunde), Gastgeber Deutschland automatisch qualifiziert.
Endrunde: 2 Gruppen à 4 Teams, Gruppensieger und Gruppenzweite bestreiten Halbfinale, Finale

Qualifikationsspiele: 116 (plus ein Wiederholungsspiel)
Tore: 279 (= 2,41 im Schnitt)
Zuschauer: 2.791.879 (= 24.068 im Schnitt)

Endrundenspiele: 15
Tore: 34 (= 2,27 im Schnitt)
Zuschauer: 863.617 (= 57.574 im Schnitt)

EM-Spiele insgesamt: 131 (plus ein Wiederholungsspiel)
Tore insgesamt: 313 (= 2,39 im Schnitt)
Zuschauer insgesamt: 3.655.496 (= 27.904 im Schnitt)

Austragungsland Endrunde: Bundesrepublik Deutschland (10. - 25. Juni 1988)

Austragungsorte: Düsseldorf (Rheinstadion, 68.400), Gelsenkirchen (Parkstadion, 70.748), Hamburg (Volksparkstadion, 61.330), Hannover (Niedersachsenstadion, 60.366), Köln (Müngersdorfer Stadion, 60.584), München (Olympiastadion, 77.019), Stuttgart (Neckarstadion, 70.705)

Die besten Torschützen der Endrunde:
Marco van Basten (Niederlande), 5 Tore
Oleg Protassow (UdSSR), Rudi Völler (Deutschland), je 2 Tore

Finale: Niederlande - Sowjetunion 2:0 (1:0)
25. Juni 1988, Olympiastadion, München

Niederlande: Van Breukelen, van Aerle, R. Koeman, Rijkaard, van Tiggelen, Wouters, Gullit, A. Mühren, E. Koeman, Vanenburg, van Basten
Sowjetunion: Dassajew, Demjanenko, Chidijatulin, Aleijnikow, Raz, Litowtschenko, Sawarow, Michailitschenko, Gotsmanow (69. Baltatschow), Protassow, (71. Pasulko), Belanow
Tore: 1:0 Gullit (33.), 2:0 van Basten (54.)
Schiedsrichter: Michel Vautrot, Frankreich
Zuschauer: 72.300

EM 1988
Hollands zweite Befreiung

Nie zuvor beinhaltete die Entscheidung über die Vergabe einer EM so viel politischen Zündstoff. Der DFB bemühte sich ebenso wie England um die Austragung der EM 1988 und besaß die besseren Chancen. Das „Mutterland des Fußballs" war durch die europaweiten Ausschreitungen seiner Hooligans gebrandmarkt, deren trauriger Höhepunkt erst noch kommen sollte. Einer gemeinsamen Dreifach-Kandidatur von Norwegen, Schweden und Dänemark wurden ebenfalls wenig Chancen eingeräumt. Im Februar 1985 votierte das EM-Organisationskomitee der UEFA mit 5:1-Stimmen für die deutsche Bewerbung. Nur der Isländer Ellart B. Schramm hatte für die skandinavischen Länder gestimmt.

Streitpunkt Berlin

Das aber war nur eine Empfehlung. Die eigentliche Entscheidung durch das UEFA-Exekutivkomitee musste noch folgen und wurde alles andere als ein Selbstläufer. Das Handicap der Deutschen waren nicht die eigenen Fans, sondern Berlin. Für die Ostblockstaaten galt die ehemalige Reichshauptstadt nicht als Teil der Bundesrepublik Deutschland (sondern als „selbstständige politische Einheit") und kam deshalb auch nicht als Spielort für die EM 1988 in Betracht. Der DFB und besonders die Bundesregierung wollten hingegen die Zugehörigkeit Berlins zur Bundesrepublik dokumentieren. Das hieß: Im alten Olympiastadion sollten EM-Spiele stattfinden. Die Situation war vertrackt; alle Kompromissversuche durch DFB-Präsident Neuberger und Schatzmeister Egidius Braun blieben ohne Erfolg. Zum Verdruss der UEFA schaltete sich zudem die Bundesregierung unter Helmut Kohl direkt in das Vergabeverfahren ein. Sie schrieb die westlichen Mitglieder des UEFA-Exekutivkomitees an und vertrat ultimativ ihren Standpunkt. Der Brief gipfelte in der Forderung, Berlin als Spielort zu akzeptieren oder aber die EM nicht in die Bundesrepublik zu vergeben. Anders inzwischen der DFB. Am Tage vor der Entscheidung betonte er seine Bereitschaft, den Spielort Berlin notfalls zu opfern.

Die UEFA stand am 15. März 1985 vor einer schwierigen Vergabesitzung. Noch vor der entscheidenden Abstimmung appellierte der französische UEFA-Interimspräsident Jacques Georges an die Geschlossenheit des Verbandes: „Die UEFA darf sich nicht auseinanderdividieren lassen. Wenn Gegenstimmen kommen, wird nachgeforscht und der

■ Der Sonderstatus von Berlin

Der besondere politische Status von Berlin war eine Folge des Zweiten Weltkriegs. Für die ehemalige Reichshauptstadt galt ein „Viermächte-Status", die formale Hoheit lag bei den Alliierten Sowjetunion, USA, Frankreich und Großbritannien. Da sich diese Staaten über die politische Zukunft der Stadt nicht einigen konnten, blieb der Sonderstatus bis zur Wiedervereinigung bestehen. Westberlin erhielt zwar Selbstverwaltungsrechte, und seine besonderen Beziehungen zur Bundesrepublik wurden mit dem Berlin-Abkommen von 1971 auch von der UdSSR anerkannt. Formell aber war es kein Bestandteil der BRD; Westberliner Abgeordnete waren in Bundestag und Bundesrat vertreten, allerdings ohne Stimmrecht.

Spaltpilz in die UEFA getragen." Der Appell fruchtete. Im Kommuniqué stand anschließend zu lesen: „Es (das Exekutivkomitee) beschließt einstimmig, die Fußball-Europameisterschaft 1988 nach Deutschland zu vergeben.... Dabei ging das Exekutivkomitee weder auf die Anregung des Präsidenten des DFB, Westberlin als Austragungsort für das Eröffnungsspiel zu bezeichnen, noch auf die zahlreichen Interventionen von außen ein, sondern berücksichtigte lediglich sportliche und organisatorische Kriterien...." David Will, schottischer Fußballfunktionär, nannte deutlich Ross und Reiter, als er sich gegen Fremdeinflüsse verwahrte und sich besonders Forderungen der deutschen Bundesregierung verbat.

Was am UEFA-Tagungsort Lissabon eher emotionslos entschieden wurde und zähneknirschend die Zustimmung des DFB fand, sorgte in konservativen Kreisen der Bundesrepublik für Proteste. Bundeskanzler Kohl bezeichnete die UEFA-Entscheidung vergleichsweise moderat als einen „sportpolitischen Fehler". Berlins Sportsenatorin Hanna Renate Laurien sah einen „vorweg eilenden Gehorsam gegenüber dem Ostblock". Berlins Innensenator und politischer Hardliner Heinrich Lummer unterstellte Neuberger „Mangel an politischen Verstand und Wissen". Berlins Stellvertretender SPD-Vorsitzender Kremdahl mochte nicht akzeptieren, dass „durch Amateure in der internationalen Politik die Position Berlins leichtfertig verspielt" worden sei. Und der Sprecher des Innerdeutschen Ausschusses des Deutschen Bundestages, Gerhard Reddemann, unterstellte dem DFB „Kapitulation" und forderte den Rücktritt Neubergers.

Mit der Zeit verebbten die Proteste zu Gunsten einer großen Vorfreude auf dieses Turnier, für das schließlich außer dem Gastgeberland noch 32 europäische Verbände meldeten.

Zwei zehnjährige Frankfurter Schüler im Nationaldress der deutschen Fußballnationalmannschaft umgaben UEFA-Generalsekretär Hans Bangerter in der Alten Oper zu Frankfurt am Main. Vor ihnen standen die Schüsseln mit den Namen der 32 Qualifikationsteilnehmer, die von den beiden in sieben Gruppen gelost wurden. Offensichtlich machten die Jugendlichen ihre Sache gut, denn Dänemarks Coach Piontek glaubte, sich „nicht beklagen" zu können, und auch Belgiens Guy Thys äußerte sich „sehr zufrieden". Höchstes Lob erhielten die beiden Glücksboten von Spaniens Trainer Miguel Munoz, der ihnen ein „glückliches Händchen" attestierte. Neuberger, der alle Anpestungen im Zusammenhang mit der EM-Vergabe glänzend überstanden hatte,

Franz Beckenbauer, Teamchef der deutschen Nationalmannschaft, bei der Auslosung der Qualifikationsgruppen. Gastgeber Deutschland ist bereits qualifiziert.

schwärmte von einer „Brücke des harmonischen Dreiklangs – schöne Spiele, zündende Melodien, fröhlicher Gesang – die vom Münchner Olympiastadion zum Eröffnungsspiel in Düsseldorf" geschlagen werden sollte. Nüchtern vernahm sich dagegen Jacques Georges: „Wir hoffen, dass uns Auswüchse erspart bleiben, wie sie sich vor kurzem ereigneten. Damit die Fans ohne Angst den Spielen beiwohnen können."

Qualifikation: Sensation durch die „Boys in Green"

Außer Deutschland hatten 32 europäische Verbände fürs Turnier gemeldet, die für die Qualifikation in sieben Gruppen aufgeteilt wurden: drei mit jeweils vier Mannschaften und vier mit fünf Teams. Auch Titelverteidiger Frankreich musste durch die Qualifikation, die nur dem deutschen Team als Gastgeber erspart blieb. Eine weitere Ausnahme bildete Liechtenstein – der Mini-Staat hatte als einziges UEFA-Mitglied auch für diese Europameisterschaft nicht gemeldet.

Währenddessen stand der europäische Fußball an der Schwelle zu einer Revolution. Am 29. Mai 1985 hatten im Brüsseler Heysel-Stadion beim Europapokalfinale Juventus Turin gegen FC Liverpool 38 Menschen im Namen des Fußballs ihr Leben verloren. Vor dem Anpfiff des Europapokalfinales zwischen dem FC Liverpool und Juventus Turin hatte im baufälligen Stadion, Schauplatz des EM-Finales von 1972, eine Horde englischer Fans einen Block mit „Juve"-Fans angegriffen. Als diese flüchteten, kam unter dem Druck der panischen Masse eine Mauer zum Einsturz, die zahlreiche Fans unter sich begrub.

Jahrelang hatten sich Vereinsvorstände sorgenvoll um Bilanzen und Produktivitätssteigerungen ihrer Klubs gekümmert. Die stetig wachsende Zahl gewaltbereiter Fans und Hooligans wurde dabei mit dem Hinweis, dies habe nichts mit Fußball zu tun, ignoriert. Erst jetzt war dieses tragische Datum der Anlass, in eine auch wissenschaftlich geführte Diskussion zu treten, die das soziale Umfeld des Fußballs näher beleuchtete. Die unmittelbaren Konsequenzen aus der Heysel-Katastrophe waren für England verheerend. Kein Verein von der Insel durfte vorerst in europäischen Wettbewerben auftreten, und auch die Auswahlmannschaft wurde erst nach entsprechenden Diskussionen für die EM 1988 zugelassen.

Gruppe 1: Spanien

Während der EM 1984 hatten **Spanien** und **Rumänien** bereits Gelegenheit, sich in einem Direktvergleich zu messen. Damals gab es keinen Sieger. Nun trafen sie in der Gruppe 1 erneut aufeinander und galten bei den Experten als Favoriten auf den Gruppensieg. **Albanien** und **Österreich** wurden als deutlich schwächer eingestuft. Die Österreicher gingen auch gleich bei ihrem ersten Auftritt in Bukarest mit 0:4 unter. Der Kern des rumänischen Teams bestand aus Akteuren von Steaua Bukarest, das in der Saison 1985/86 überraschend den Europapokal der Landesmeister gewann. Im andalusischen Sevilla musste Rumänien im Spiel gegen Spanien beweisen, wie viel der Sieg gegen Österreich wert war. Ohne zu überzeugen, gelang der *Selección* durch ein Tor von Michel (54.) ein knappes 1:0. Im Rückspiel vor nur 12.000 Zuschauern in Bukarest distanzierten die Rumänen die *Selección* klar mit 3:1. Die Spanier wurden im ersten Durchgang im engen Steaua-Stadion regelrecht überrannt und lagen beim Halbzeitpfiff bereits mit 0:3 im Rückstand. Beiden Teams blieben anschließend noch zwei Spiele. Spanien empfing Österreich und Albanien. Vier Punkte mussten aus beiden Begegnungen her, ein Vorhaben, was gelang: 2:0 hieß es gegen Österreich, 5:0 gegen Albanien. Die Rumänen dagegen patzten in Wien. 0:0 trennten sie sich von Österreich, das mit Keeper Klaus Lindenberg den besten Spieler auf dem Platz stellte, und gaben einen entscheidenden Punkt ab. Spanien überstand nach 1976, 1980 und 1984 zum vierten Mal in Folge die EM-Qualifikation.

Gruppe 2: Italien

In der Gruppe 2 durfte man auf das Abschneiden von **Italien** gespannt sein. Das Los hatte ihnen **Malta**, **Portugal**, **Schweden** und die **Schweiz** als Gegner beschert. Der Papierform nach waren alle vier keine ernstzunehmenden Gegner für die Azzurri. Bis zur WM 1990 im eigenen Land wollten die Italiener eine schlagkräftige Truppe beisammen haben. Die EM bot die Möglichkeit, das Team unter Wettbewerbsbedingungen zu testen. Dabei stützte sich Trainer Azeglio Vicini, der Enzo Bearzot beerbt hatte, nicht zuletzt auf Akteure, die 1986 U-21-Europameister geworden waren.

Anfangs bestimmten allerdings die Schweden die Gruppe. Einem 2:0-Heimsieg über die Schweiz ließen sie im schweren Auswärtsspiel in Portugal ein 1:1-Remis folgen. Italien begann die Qualifikation mit einem Heimspiel gegen die Schweiz, das mühevoll mit 3:2 gewonnen werden konnte. Auch das schwere Auswärtsspiel in Portugal gewann die *Squadra Azzurra* durch einen Treffer des für Inter Mailand spielenden Kapitäns und Mittelstürmers Alessandro Altobelli mit 1:0. Für die Lusitaner, die noch vor vier Jahren eine überzeugende EM gespielt hatten, lief die Qualifikation überhaupt nicht rund. Trauriger Tiefpunkt ihrer Abwärtsentwicklung war das sensationelle 2:2-Remis auf eigenem Geläuf gegen den Fußballzwerg Malta.

Im Juni 1987 ging ein Raunen durch Europas Fußballwelt. Soeben hatte Italien in Schweden mit 0:1 verloren und den Nordeuropäern die souveräne Tabellenführung überlassen. Zwischen Brenner und Catania erinnerte man sich nun wieder mit Schrecken an die 1984er Qualifikation. Damals waren es ebenfalls die Schweden gewesen, die Italien aus dem Wettbewerb kegelten. Schwedens Fußballherrlichkeit strahlte indes nur 14 Tage. Schon das nächste Auswärtsspiel in der Schweiz brachte nur ein enttäuschendes 1:1-Remis. Den schwedischen Abgesang leitete schließlich in Stockholm Portugals Alt-Internationaler Gomes ein, dem das goldene Tor zum 1:0-Auswärtssieg seiner Mannschaft gelang. Aber auch Italien zeigte Nerven: 0:0 spielte die *Squadra Azzurra* in der Schweiz und musste jetzt daheim Schweden besiegen. Dank eines großartig aufgelegten Gianluca Vialli von Sampdoria Genua, der zweimal traf, gewann Italien letztlich mit 2:1 und hatte sich vorzeitig qualifiziert.

Ulf Kirsten, Torschütze im Qualifikationsspiel gegen die UdSSR, war einer der stärksten Akteure in der DDR-Auswahl.

Gruppe 3: UdSSR

Ein schweres Los hatte Titelverteidiger **Frankreich** mit der Gruppe 3 gezogen. Das Hexagone sah sich mit der **UdSSR** und **DDR** sowie **Island** und **Norwegen** konfrontiert. Zunächst reiste die „Grande Nation" nach Island und machte dort die Erfahrung, dass die sogenannten Kleinen mittlerweile Anschluss an den kontinentalen Fußball gefunden hatten. Mit 0:0 feierten die Isländer unter ihrem deutschen Trainer Siegfried Held eine Punkteteilung gegen den Europameister. Der Underdog, der einige Auslandsprofis in seinen Reihen hatte, entwickelte sich zum Favoritenschreck, denn ihr Freudenfest konnten die Insulaner beim 1:1 gegen die UdSSR an gleicher Stelle 14 Tage später wiederholen. Die beiden gedemütigten Favoriten traten im Oktober 1986 in Paris zum Gipfeltreffen an. 40.000 Zuschauer wurden Zeuge, dass die *Équipe Tricolore* ihren Zenit längst überschritten hatte. 2:0 gewann die Sowjetunion in der Seine-Metropole und meldete ihre Ansprüche auf den Gruppensieg an, die sie beim 4:0-Sieg in Simferopol gegen harmlose Norweger untermauerte.

Härtester Konkurrent für die Sowjets war nun der kleine Bruder DDR. In Karl-Marx-Stadt besiegten die Ostdeutschen Island mit 2:0. In Leipzig reichte es aber nur zu einem Remis (0:0) gegen Frankreich. Im April 1987 kam es vor 76.000 Zuschauern in Kiew zur Spitzenbegegnung zwischen der Sowjetunion und der DDR, die das Team von Trainer Valerij Lobanowski mit 2:0 für sich entscheiden konnten. Vor dem Rückspiel ein halbes Jahr später hatten beide Teams ihre Chancen gewahrt, wobei die DDR insbesondere mit einem spielerisch überzeugenden 6:0 in Island hatte aufhorchen lassen. In Ostberlin empfingen sie nun den souveränen Spitzenreiter UdSSR. Bis zur 80. Minute hielt die DDR die Endrunden-Tür offen durch einen Treffer von Ulf Kirsten aus der 44. Minute. Dann gelang den Sowjets durch Aleijnikow der Ausgleich. Mit nunmehr fünf Minuspunkten musste aus DDR-Sicht ein Wunder geschehen, um den ersten Platz zu erreichen. Doch das blieb aus. Die Sowjets besiegten Island erwartungsgemäß mit 2:0 und schafften ungeschlagen Platz eins.

Dennoch konnte die DDR eine positive Bilanz ziehen, zumal die letzten Partien gegen die Norweger mit 3:1 sowie gegen die restlos versagenden Franzosen mit 1:0 gewonnen wurden. Die *Équipe Tricolore* hatte damit von acht Qualifikationsspielen nur eines – gegen Island – gewinnen können. Die EM 1988 fand ohne den Titelverteidiger statt.

Gruppe 4: England

Unangefochten marschierte **England** durch die Gruppe 4. Streitig gemacht wurden die britischen Ambitionen auf den Gruppensieg lediglich durch **Jugoslawien,** und das auch nur kurzfristig. **Nordirland** und besonders die **Türkei** konnten den drückend überlegenen *Three Lions* in keiner Weise Paroli bieten. Lediglich 36.000 Zuschauer interessierten sich zu Beginn der Qualifikation für die Begegnung England gegen Nordirland und sahen im nicht einmal zur Hälfte gefüllten Wembleystadion einen sicheren 3:0-Sieg der Engländer, bei dem Lineker (2) und Waddle die Tore schossen. Auch Jugoslawien wurde vor diesmal 60.000 Zuschauern in London mit 2:0 geschlagen. Ganz ohne Einbruch kam England allerdings nicht über die Runden. Ersatzgeschwächt gelangten sie in der Türkei nicht über ein 0:0 hinaus; im Rückspiel freilich knockten sie die Türken mit 8:0 aus. In der vorentscheidenden Partie in Belgrad machten die *Three Lions* vor knapp 50.000 Zuschauern dort weiter, wo sie gegen die Türkei aufgehört hatten, und ließen der *Plavi* nicht den Hauch einer Chance. Schon nach 45 Minuten lag der Gastgeber nach Treffern von Beardsley, Barnes, Robson und Adams mit 0:4 hinten und konnte erst neun Minuten vor dem Abpfiff den Ehrentreffer durch Katanec erzielen. Es war der erste und einzige Gegentreffer für die Engländer in der Qualifikationsrunde. England machte sich mit 11:1-Punkten und der imponierenden Torbilanz von 19:1-Treffern auf den Weg nach Deutschland und galt als ein ganz heißer Titelaspirant. „England ist wieder da, die schlechten Tage sind vergessen", jubelte der *Daily Telegraph*.

Ähnlich wie die Engländer hatten auch die **Niederlande** Losglück besessen. Zwar befanden sie sich in einer Fünfergruppe, doch die Gegner **Griechenland, Zypern, Ungarn** und **Polen** standen samt und sonders nicht im Verdacht, Gruppenerster werden zu können. Aufpassen musste das holländische Starensemble um Gullit, van Basten oder Rijkaard vor allem

Gruppe 5: Niederlande

Marco van Basten verkörperte zusammen mit Ruud Gullit den neuen Höhenflug der Niederländer.

auf sich selbst, damit sich keine Überheblichkeiten einschlichen, wie sie den Holländern schon öfter passiert waren. Diese *Elftal* wollte unbedingt an die glorreichen 1970er Jahre anknüpfen und, mehr noch, endlich einen internationalen Titel holen. Trainiert wurde sie, wie der Vize-Weltmeister von 1974, von Rinus Michels, der das Zepter 1986 erneut übernommen hatte. In Budapest startete *Oranje* mit einem 1:0-Sieg über Ungarn; im Heimspiel gegen Polen kam es überraschend nur zu einem enttäuschenden 0:0. Derweil schob sich Griechenland zunächst unbeachtet nach vorne und wies vor seinem Spiel in den Niederlanden 6:2 Punkte auf. In Rotterdam schlugen sich die Hellenen wacker und durften sich über eine Punkteteilung (1:1) freuen. Beim folgenden Heimspiel gegen Polen gab es in Athen einen 1:0-Sieg, doch mussten die Griechen anschließend in Budapest einen herben Rückschlag verdauen, als sie deutlich mit 0:3 unterlagen.

Aber auch die Niederlande erlebten beinahe ein Waterloo. Zwar hatten sie das Spiel gegen Zypern hoch mit 8:0 gewonnen, doch die UEFA annullierte das Spiel und wertete es als 3:0-Sieg für Zypern. Holländische „Fandalen" hatten Rauchbomben gegen den zypriotischen Torwart Andreas Haritou geworfen und ihn dabei verletzt. Die Niederländer waren nun mit vier Minuspunkten belastet, doch kassierte die UEFA ihr eigenes Urteil und setzte ein Wiederholungsspiel unter Ausschluss der Öffentlichkeit an, das die *Elftal* in Amsterdam mit 4:0 gewann. Die letzte Begegnung Griechenland gegen die Niederlande war damit bedeutungslos geworden. Aus Protest gegen das Zypern-Urteil der UEFA schickte Griechenland zu diesem Match lediglich eine Reserveelf aufs Feld, die vor nur 4.000 Zuschauern auf Rhodos 0:3 verlor.

Gruppe 6: Dänemark

Nicht auf höchstem Niveau, dafür aber als ziemlich ausgeglichen galt die Gruppe 6, die **Finnland, Dänemark, Wales** und die **Tschechoslowakei** bildeten. Die leicht favorisierten Wikinger nahmen die Qualifikation in Kopenhagen mit einem spärlichen 1:0-Sieg gegen Finnland auf. Ladehemmung hatten die Dänen auch im slowakischen Bratislava, aber die Tschechoslowaken schlugen daraus kein Kapital und beließen es bei einem 0:0. Die Osteuropäer sollten diesem leichtfertig verschenkten Punkt noch nachtrauern. Remis Nummer zwei und drei gab es für die CSSR beim 1:1 im walisischen Wrexham und in Dänemark (ebenfalls 1:1). Auffallend war in dieser Gruppe die Harmlosigkeit der Sturmreihen. Auch für das Spiel Wales gegen Dänemark traf das zu: 1:0 hieß es für die *Dragons* nach 90 Minuten. Vollkommen daneben geriet der CSSR-Auftritt in Finnland. Knapp 7.000 Zuschauer sahen die Sensation in dieser Gruppe schlechthin: Finnland schlug den haushohen Favoriten mit 3:0 und ließ das Endrundenturnier in Deutschland für die Tschechoslowakei in weite Ferne rücken. Zumal Dänemark in Kopenhagen Wales mit 1:0 schlug und nun nur noch von Wales abgefangen werden konnten. Doch es blieb für die Waliser beim Traum. Sie verloren ihr letztes Spiel in Prag mit 0:2 und mussten den Dänen, die in sechs Spielen nur vier Tore erzielt hatten, aber auch nur zwei kassierten, den Vortritt lassen.

Gruppe 7: Irland

Von **Luxemburg** abgesehen, war auch die Zusammensetzung der Gruppe 7 völlig ausgeglichen. **Belgien, Bulgarien, Irland** und **Schottland** buhlten um den Gruppensieg. Als Erste mussten sich die Schotten verabschieden. Gegen Irland kassierte man eine 0:1-Niederlage, in Brüssel kamen die Schotten gegen Belgien mit 1:4 unter die Räder. Vor der Schlussphase ergab sich folgende Situation: Schottland war mit 4:6-Punkten aus dem Rennen, Irland hatte 9:5 Punkte, Bulgarien (8:2) und Belgien (7:3) trennte nur ein Punkt, den die Bulgaren durch einen 2:0-Sieg im Direktvergleich mit Belgien ausbauten. Schottland versetzte dann den Belgiern den endgültigen Stoß mit einem 2:0-Heimerfolg in Glasgow.

Irland musste jetzt sein Heimspiel gegen Bulgarien gewinnen, um seine letzte, theoretische Chance auf das Endturnier zu wahren. Die erste Halbzeit in Dublin verstrich torlos, doch der zweite Durchgang brachte dann den erhofften Durchbruch. Am Ende freuten sich die Iren über einen 2:0-Sieg. Für sie war die Qualifikation zu Ende, 11:5-Punkte standen zu Buche. Für ein Weiterkommen waren sie nun auf einen schottischen Sieg gegen Bulgarien angewiesen. Nicht in stärkster Besetzung reisten die Schotten nach Sofia. In Irland sorgte das für einen Anflug von Misstrauen. In Sofia wollten 50.000 Zuschauer Zeuge werden, wenn Bulgarien die Deutschland-Tickets einlöste. Die Bulgaren taten sich schwer, ohne Treffer wurden die Seiten gewechselt. Das 0:0 hätte ihnen immer noch wegen des besseren Torverhältnisses gegenüber Irland gereicht. Als nur noch drei Minuten zu spielen waren, mimte der eingewechselte Gary Mackay aus Schottland die Glücksgöttin für Irland. Er erzielte das goldene Tor dieser Begegnung, gleichbedeutend mit der irischen Qualifikation für die Endrunde. Die gesamte grüne Insel geriet in Verzückung, und die Medien berichteten durchweg vom irischen Wunder.

Bis dahin war nur der Norden der Insel mit drei WM-Teilnahmen bei großen internationalen Turnieren vertreten gewesen, zuletzt noch 1986 in Mexiko. Die Republik Irland trat nun fußballerisch aus dem Schatten Nordirlands, und das fußballerische Kräfteverhältnis zwischen Norden und Süden begann sich dramatisch zu wandeln. Vater des Aufstiegs der *Boys in Green* war mit Jack Charlton, Weltmeister 1966, ausgerechnet ein Engländer und Protestant. Für die katholische Minderheit in Nordirland bedeutete der Höhenflug des irischen Teams, dass es nun eine attraktive Alternative zur ungeliebten nordirischen Auswahl gab. Denn deren Umfeld empfand man zusehends als protestantisch und loyalistisch geprägt. Im Belfaster Windsor Park, wo die nordirische Auswahl ihre Heimspiele austrug, fühlten sich Katholiken

■ **Irische Oma gesucht**

Zum Erfolg der Iren trug auch ein Trick ihres (englischen) Trainers Jack Charlton bei: Er nutzte die bereits seit über 20 Jahren existierende „parental rule" aus und entwickelte sie zur „granny rule" weiter. Das bedeutete: Spielberechtigt für die Republik Irland war nicht nur, wer einen irischen Elternteil vorzuweisen hatte. Es reichte nun, wenn einer der Großväter oder -mütter in Irland geboren war. Bei den konkurrierenden nordirischen Fans kursierte bald der Witz, das Kürzel FAI (Football Association Ireland) stünde für „find another irishman".

unerwünscht. Auch katholische Spieler waren Schmähungen ausgesetzt. Viele Fans, die Jack Charltons Elf nun zur EM in Deutschland begleiteten, kamen nicht aus der Republik Irland, sondern aus den katholischen Wohnvierteln Belfasts.

Vorbereitungen im Gastland

Zu den sieben qualifizierten Teams stieß noch Gastgeber Deutschland, der sich fußballerisch im Aufwind sah. Nach der desaströsen EM 1984 musste eine „Lichtgestalt" her. Mit der Verpflichtung von Franz Beckenbauer zum Teamchef und Derwall-Nachfolger wollte man an die besten Zeiten der Nationalelf erinnern. Im Kontrast zum provinziellen Jupp Derwall galt Beckenbauer als ein „Mann von Welt". Dem „Kaiser" gelang es zunächst, die Nationalelf auf einem spieltechnisch höheren Niveau zu stabilisieren. Bei der WM 1986 in Mexiko wurde die DFB-Elf Vizeweltmeister. Trotzdem plagten Beckenbauer vor dem Start der EM 1988 in allen Mannschaftsteilen Sorgen. Im Tor traf er schließlich die Entscheidung für den Stuttgarter Eike Immel. Auf der Position des Liberos war Matthias Herget von Bayer Uerdingen nicht unumstritten. Der Stuttgarter Guido Buchwald wäre hierfür ebenfalls in Frage gekommen. In der Offensive stand Beckenbauer in Treue fest zu Rudi Völler. Der Stürmer vom AS Rom lief in der Vorbereitung seiner Form allerdings weit hinterher.

Nach dem Ende der Qualifikation lag das Schicksal der DFB-Auswahl zunächst in den Händen des achtjährigen Christian Stielike, Sohn des 42-maligen deutschen Nationalspielers Uli Stielike. Zusammen mit UEFA-Generalsekretär Hans Bangerter nahm er Mitte Januar 1988 im Düsseldorfer Messezentrum die Auslosung der zwei Endrundengruppen vor. Deutschland und England bildeten die Gruppenköpfe. Gleich als erste Kugel zog der Stielike-Spross Italien als Deutschlands Gegner im Eröffnungsspiel. In derselben Gruppe fanden sich noch Spanien und Dänemark wieder. Die Gruppe 2 bildeten England, Irland, die UdSSR und die Niederlande. Fast alle Verantwortlichen der qualifizierten Verbände gaben sich mit der Auslosung zufrieden. Besonders jubelte der holländische Fußballverband. Die *Elftal* spielte während der Gruppenphase in Gelsenkirchen, Köln und Düsseldorf und damit in Städten, die für die holländischen Fans leicht erreichbar waren.

Schon kurz nach der Gruppenauslosung hieß es: „Eröffnungsspiel und Finale ausverkauft!" Und auch für die Spiele mit deutscher Beteiligung war es jetzt schon so gut wie unmöglich, an Karten zu kommen. Unterdessen liefen in den einzelnen Spielorten intensiv die baulichen Maßnahmen, um eine reibungslose EM zu garantieren. Vor allem die Umwandlung von Stehrängen in Sitzplätze stand auf der Tagesordnung. Insgesamt wurden 43,3 Mio. DM in die Modernisierung der Stadien investiert. Die sieben Spielorte waren Düsseldorf, Frankfurt, Gelsenkirchen, Hamburg, Hannover, Köln und Suttgart. Die größte Arena stand mit 77.019 Plätzen in München; das dortige Olympiastadion sollte – wie bereits bei der WM 1974 – Schauplatz des Finales sein.

Per Freistoß erzielte Andy Brehme (Bildmitte) den Ausgleich gegen Italien.

Gruppe 1: Schwärmen über Deutschland

Die Eröffnungsfeier im Düsseldorfer Rheinstadion wurde geprägt durch sattsam bekannte Versatzstückchen. Jugendliche bildeten den lebenden Schriftzug „Euro 88", und es wurden eigens komponierte Liedchen zum Vortrage gebracht, die sich des Themas Gewalt in den Stadien annahmen. Die 62.000 Zuschauer nahmen's gelassen. Sie freuten sich auf die Freigabe des Balls durch den englischen Schiedsrichter Hackett. Bei Anpfiff der ersten Partie der Gruppe 1 zwischen Deutschland und Italien waren ca. 300 Millionen TV-Zuschauer in 73 übertragenden Ländern live dabei. Für die Italiener war diese EM „lediglich" eine Durchgangsstation auf ihrem Weg zur WM im eigenen Land.

Deutschland
Italien
Spanien
Dänemark

Catenaccio nein, aber eine verstärkte Abwehr: Italiens Trainer Azeglio Vicini wollte im Eröffnungsspiel kein Risiko eingehen und setzte auf schnelle Konter aus einer soliden Defensive. Die Spitzen Mancini und Vialli sollten sie zu Toren machen. Vicini konnte für sich in Anspruch nehmen, ein mannschaftlich geschlossenes Team geformt zu haben. Die Deutschen begannen ihr Spiel couragiert, aber das Sturmduo Völler-Klinsmann biss sich immer wieder an einer italienischen Abwehr fest, die einer Mailänder Stadtauswahl glich. Torwart Walter Zenga (Inter) und davor sein Teamkollege Ferri leisteten ganze Arbeit und wurden dabei von Baresi und Maldini (beide AC) unterstützt. Die Abwehr war die Achillesferse im deutschen Spiel, weil Herget einen rabenschwarzen Tag erwischt hatte. Torlos verstrich die erste Halbzeit. Der italienischen Führung im zweiten Durchgang gingen eine Reihe von individuellen Fehlern voraus, die Mancini in der 53. Minute nutzte. Nur drei Minuten später gelang Brehme mit einem Freistoß der Ausgleich. Am Ende erreichten beide Trainer ihr Ziel, das Eröffnungsspiel nicht zu verlieren. Nicht nur Ostberlins *Neues Deutschland* hatte ein „schnelles, von beiden Seiten umkämpftes Spiel" gesehen.

Die Dänen ohne Disziplin

Im Hannoveraner Niedersachsenstadion trafen Dänemark und Spanien aufeinander. Für die in die Jahre gekommenen Dänen war die *Selección* eine Art Angstgegner. Bei der EM 1984 waren sie gegen die Spanier im Halbfinale ausgeschieden, bei der WM 1986 im Achtelfinale. Dass aller schlechten Dinge drei sein können, erfuhren die Dänen nun in Hannover. Auf den Rängen waren sie zwar deutlich überlegen, auf dem Rasen dominierten aber die Spanier mit ihrem Starspieler Emilio Butragueno von Real Madrid. Bereits in der 6. Minute gingen die Südeuropäer in Führung, allerdings konnte die Piontek-Truppe durch Laudrup 20 Minuten später ausgleichen. Mit klaren spielerischen Vorteilen für die Spanier wurden die Seiten gewechselt. Acht Minuten nach dem Wiederanpfiff gelang Butragueno die erneute Führung für seine Farben. Diesmal konnten die Dänen nicht mehr zurückschlagen. Reaktions- und tatenlos mussten sie sogar noch das 1:3 hinnehmen, ein klares Abseitstor, aber es zählte. Sehenswert war noch der Anschlusstreffer durch einen Kopfball des ansonsten schwachen Flemming Povlsen vom 1. FC Köln. Schlussendlich waren die Dänen an sich selbst gescheitert Sie zogen ihr alt bekanntes Offensivspiel auf, ohne die dafür notwendige Spritzigkeit zu besitzen. Piontek rügte nach dem Spiel auch die „mangelnde Disziplin" seiner Mannschaft. Frank und frei kommentierte Povlsen diese Trainerschelte: „Wir können doch gar nicht anders!"

Nach dieser Niederlage standen die Dänen schon im nächsten Spiel gegen Deutschland mit dem Rücken zur Wand. Mit einem Sieg wäre das Halbfinale vielleicht noch möglich gewesen, doch der rot-weiße Sturm konnte allenfalls bei Standardsituationen gefährlich werden. Am deutlichsten wurde diese allgemeine Harmlosigkeit an Preben Elkjaer-Larsen. Mittlerweile 31-jährig, gab er auf die Frage, wie man ihn stoppen könne, zur Antwort: „Indem man mir die Zigaretten wegnimmt." Bereits 38-jährig spielte immer noch Morten Olsen, doch immer häufiger hatte er in Laufduellen das Nachsehen. Bei der WM 1986 hatten die Dänen die Deutschen in der Vorrunde noch mit 2:0 besiegt. Nun reichte Letzteren eine durchschnittliche Spielleistung, um die Piontek-Truppe mit dem gleichen Resultat zu schlagen. Preben Elkjaer-Larsen wurde von Jürgen Kohler perfekt ausgeschaltet, wie im Spiel zuvor bereits Italiens Stürmerstar Vialli. „Wer gegen den ein Tor schießt, ist ein Marsmensch", konstatierte der frustrierte Däne. Jürgen Klinsmann in der 10. und Olaf Thon in der 87. Minute sorgten für einen Sieg, der die Tür zum Halbfinale weit öffnete und Österreichs Tageszeitung *Kurier* feststellen ließ: „Das Dänen-Wunder ist vorüber."

Beckenbauer hatte das Spiel schnell abgehakt. Mit dem Hubschrauber düste er direkt zur Begegnung Italien gegen Spanien nach Frankfurt und sah ein Spiel, das von

Rudi Völler und Jürgen Klinsmann bildeten in der Vorrunde ein erfolgreiches Sturmduo.

den Italienern beherrscht wurde. Vom Anpfiff an diktierte die *Squadra Azzurra* vor 30.000 eigenen Fans das Tempo und demonstrierte großes Spielverständnis. Giuseppe Bergomi störte die Kreise von Butragueno so empfindlich, dass der Spanier komplett ausfiel. Torwart Walter Zenga von Inter Mailand verlebte einen geruhsamen Abend, während sein Gegenüber Zubizaretta ständig im Blickpunkt des Geschehens stand. Tore wollten aber lange Zeit nicht fallen. Bis zur 73. Minute dauerte es, ehe dem Genuesen Gianluca Vialli endlich die Führung gelang. Gegen seinen Linksschuss war Zubizaretta, nach Iribar und Aconada ein weiterer Baske zwischen den Pfosten der *Selección*, machtlos. Italien präsentierte sich in einer bestechenden Form, weshalb viele Experten glaubten, mit dieser Elf um den erfahrenen Abwehrchef Francesco Baresi den kommenden Europameister gesehen zu haben.

Der DFB-Elf genügte im letzten Gruppenspiel gegen Spanien in München wie schon vier Jahre zuvor ein Remis zum Weiterkommen. „Wenn Rudi spielen will, dann spielt er! Ganz einfach." Lapidar hatte Beckenbauer auf die heftige Kritik der Medien und Fans an Stürmer Rudi Völler reagiert und ihn trotz schlechter Leistungen weiter berücksichtigt. In München zahlte der Ex-Bremer Völler seinem Trainer den gewährten Kredit mit Zins und Zinseszins zurück. Im letzten Gruppenspiel gegen Spanien machte der Mittelstürmer von AS Rom mit seinen beiden Treffern zum 2:0-Sieg alles für das Halbfinale klar. Ein halbe Stunde nach dem Anpfiff bediente Klinsmann Rudi Völler mustergültig, der aus 14 Metern direkt abzog und unter dem Jubel der 72.300 Fans zum 1:0 traf. Das Tor bedeutete das Ende einer langen Durststrecke des Wahlrömers, der auch vom konsequenten Angriffsspiel seiner Mannschaft profitierte. Ansonsten überstrahlte Lothar Matthäus an diesem Abend alles und jeden. Traumhaft war sein Absatzkick nach einem 60-Meter-Lauf auf Völler, der in der 51. Minute zum 2:0-Endstand traf. Die deutsche Mannschaft hatte wunderschönen Fußball gezeigt, und nicht nur Frankreichs *L'Equipe* schwärmte von einem „mit Glanz errungenen Sieg".

Das Beckenbauer-Team hatte rechtzeitig zum Turnier ins Spiel gefunden und wirkte mannschaftlich homogen. Als Spitzenreiter der Gruppe 1 erreichte sie das Halbfinale. Nur um ein Tor schlechter in der Bilanz rangierte dahinter Italien, das im letzten Spiel Dänemark überlegen mit 2:0 besiegt hatte und somit ebenfalls im Halbfinale stand. Für Michel Platini, Star der EM 1984, war das keine Überraschung. Kurz nach der Gruppenauslosung für das Euroturnier hatte er spekuliert: „Ich würde mich nicht wundern, wenn im Eröffnungsspiel und im Finale die gleichen Mannschaften stehen würden." Nur kam es ganz anders.

Gruppe 2: Irland schlägt England

Sowjetunion
Niederlande
Irland
England

Der englische Tross reiste mit sehr vielen Vorschusslorbeeren nach Deutschland. Souverän und unangefochten hatten die *Three Lions* die Qualifikation durchlaufen, und in England tönte man selbstbewusst von der besten Nationalmannschaft seit 1966, der man nicht nur den EM-Titel, sondern auch zwei Jahre später die Weltmeisterschaft zutraute. Der einzige Wermutstropfen für die Engländer stellte die eigene Anhängerschaft dar, die mittlerweile für jede Schlägerei im Stadion und davor verantwortlich gemacht wurde. Stuttgart, wo das erste Spiel der Engländer lief, befand sich denn auch im nervösen Ausnahmezustand. 20.000 englische Fans wurden zum politisch brisanten Duell mit Irland erwartet, doch nur wenige fielen aus dem Rahmen.

EM-Novize Irland brannte vor Ehrgeiz. Taktisch hervorragend von Jack Charlton eingestellt, erwarteten die Iren hinten dicht gestaffelt die englischen Angriffe. Vorne lauerten sie auf schnelle, überfallartige Konter, bei denen lange Bälle in den Rücken der gegnerischen Abwehr gespielt wurden. Schon in der 6. Minute gelang den Kickern von der Grünen Insel das 1:0. Ray Houghton vom FC Liverpool traf mit dem Kopf. Torwart und Kapitän Peter Shilton von Derby County sah dabei alles andere als gut aus.

Englands Stürmer Peter Barnes (r.) im Zweikampf gegen den irischen Abwehrspieler Chris Morris. Irland setzte sich im Gruppenspiel sensationell mit 1:0 gegen England durch.

Als 84 Minuten später Schiedsrichter Kirschen aus der DDR das Spiel abpfiff, hatte das Turnier seine erste dicke Sensation. Irland schlug England mit 1:0. „Das waren die längsten 84 Minuten meines Lebens", beschrieb ein sichtbar mitgenommener Charlton seine Befindlichkeiten während des Spiels. Die irische Presse verneigte sich vor seinem Team: „Es macht stolz, ein Ire zu sein. England konnte einem leid tun", kommentierte der *Irish Independent* nicht ohne einen Schuss hämischen Bedauerns. Die *Irish Press* konstatierte den „größten Sieg in der irischen Fußballgeschichte".

Wie tanzende Derwische begannen die Niederländer das Turnier in der Gruppe 2 und ließen ihrem Gegner UdSSR nicht die geringste Chance. Unter dem Gesang der niederländischen Schlachtenbummler („Oranje bowen") rollte Angriff auf Angriff auf das von Dassajew bestens gehütete sowjetische Tor. Ob Distanzschüsse von Koeman oder von Gullit abgeschlossene Hereingaben – der in Diensten von Spartak Moskau stehende russische Keeper hielt alles. 54 Minuten waren absolviert, als sich für die Niederlande bitter rächte, dass sie ihre Chancen nicht verwerten konnten. Die zweite Torgelegenheit für die Sowjets schloss Raz zum 1:0 für seine Elf ab. Die Niederländer warfen nun alles nach vorn, um zumindest noch den Ausgleich zu erzwingen. Doch auch der mittlerweile eingewechselte van Basten konnte die Niederlage nicht mehr verhindern. Nach England war mit den Niederlanden ein weiterer Mitfavorit mit einer Niederlage in die EM-Endrunde gestartet.

Schlägereien zwischen Hools

Die beiden Auftaktverlierer trafen am zweiten Spieltag in Düsseldorf aufeinander, und vor diesem Spiel kam es tatsächlich zu den befürchteten heftigen Schlägereien zwischen Deutschen und Engländern. Nach Angaben des damaligen NRW-Innenministers Herbert Schnoor gingen die Aggressionen allerdings von Deutschen aus, die vom Spiel Deutschland gegen Dänemark aus Gelsenkirchen zurückreisten. Dennoch erwog man in England den sofortigen Rückzug der Nationalmannschaft. Auf den Rängen selbst blieb es dann friedlich.

Das Spiel selbst geriet zur Ein-Mann-Show von Marco van Basten. Er bewies eindrucksvoll, dass seine lange Leidenszeit nach einer Verletzung im Mai 1987 der Vergangenheit angehörte. Als Trainer Rinus Michels seinen Stürmer am Ende der Partie auswechselte, hatte van Basten im Alleingang den Niederlanden das Erreichen des Semifinales offen gehalten. Alle drei Treffer zum 3:1-Sieg seiner Mannschaft hatte der beim AC Mailand spielende Angreifer erzielt und das britische Team in ein Jammertal gestürzt. Zugute kam van Basten, dass sich die Engländer einseitig auf Gullit konzentriert hatten. Dieser ließ sich zurückfallen und überließ van Basten die Strafraumarbeit. Hinzu kam, dass das britische Mittelfeld um Regisseur Glenn Hoodle komplett ausfiel. Nur einmal waren die Engländer beim zwischenzeitlichen 1:1-Ausgleich durch Robson erfolgreich. Zu wenig gegen eine niederländische Auswahl in Topform.

Jeweils ein weiterer Sieg hätte für Irland oder die UdSSR das Erreichen des Halbfinales bedeutet. Die Iren vertrauten auch in Hannover ihrer gegen England erprobten Defensive und setzten erneut auf schnelle Konter. Allerdings hatten sich die Sowjets taktisch sehr gut auf das irische Team eingestellt. Entsprechend nahmen sie die Zweikämpfe an und entwickelten Tordrang. Trotzdem gingen die Iren in Führung. In der 39. Minute konnte Ronnie Whelan vom FC Liverpool einen weiten Einwurf von Mick McCarthy von Celtic Glasgow direkt annehmen und den Ball mit einem Seitfallzieher im sowjetischen Tor versenken. Mehrmals hatten die Iren im weiteren Spielverlauf die Möglichkeit, ihre Führung auszubauen. Pech und ein glänzend disponierter Dassajew standem dem wichtigen 2:0 im Wege. Überraschend gelang den Sowjets dafür der nicht mehr für möglich gehaltene Ausgleich. Er war das Ergebnis einer Kooperation zwischen den Stürmern Belanow und Protassow, der in der 75. Minute das 1:1 markierte. Mit diesem Remis verschoben beide Teams die Entscheidung über ihr Weiterkommen auf den letzten Spieltag der Gruppe.

Farbe brachte Englands *Guardian* in die EM-Kommentierung: „Für die Jungs in Grün bleibt die Welt rosig. Und England kann nur grün vor Neid werden." Besonders das Letzte stimmte. Denn für die englische Nationalmannschaft hatte ihr drittes Spiel nur noch statistischen Wert. Als sie gegen die UdSSR auflief, saß sie bereits auf gepackten Koffern. Ohne jede Motivation enttäuschten die Engländer erneut. Vor allem die Abwehrspieler waren den schnell und aggressiv vorgetragenen sowjetischen Angriffen nicht gewachsen. Starr und überfordert erwarteten sie die Sowjets in ihrer Hälfte, und schon in der 3. Minute gelang Aleijnikow die Führung. Englands beste Phase lag Mitte der ersten Halbzeit, zu diesem Zeitpunkt konnte Adams auch den Ausgleich erzielen. Nach einer halben Stunde war es aber mit dem englischen Hoch vorbei. Michailitschenko gelang die erneute sowjetische Führung, der ein Totalausfall der englischen Innenverteidigung vorausging. Sicher schaukelten Lobanowskis Mannen die Partie durch die zweite Halbzeit und setzten in der 72. Minute den K.o.-Schlag in Form des 1:3 durch Passulko. Ausgepfiffen von den eigenen Fans und mit einer 0:6-Punktebilanz verließen die *Three Lions* das Turnier.

Um den einen Punkt zu sichern, den Irland zum Halbfinale benötigte, impfte Jack Charlton seiner Mannschaft ein, gegen die Niederlande die eigenen Tugenden in die Waagschale zu werfen und sich nicht nach dem Gegner zu richten. Folgerichtig spielten die Iren mit engagiertem Körpereinsatz und vertrauten auf ihr erfolgreiches Konterspiel. Lange Zeit kamen die Holländer an diesem Nachmittag nicht mit der irischen Spielweise zurecht. *Oranje* besaß natürlich die reifere Spielanlage, aber zu Toren kamen sie nicht. Für Rinus Michels war die holländische Torflaute dann auch der Grund, die Spieler Kieft und Bosman einzuwechseln. 84 Minuten hatte Irland um seinen Sieg gegen England gezittert. Nun waren bereits 82 Spielminuten verstrichen und Irland stand immer noch als krasser Außenseiter im Halbfinale. Zunichte gemacht wurde eine weitere Sensation durch den Eindhovener Kieft, dem in diesem Moment ein von Koeman geschlagener Ball für Freund und Feind unvorhersehbar auf den Kopf sprang, sodass dieser seine Flugbahn veränderte. Irlands Keeper Pat Bonner wurde dadurch auf dem falschen Fuß erwischt. Der Treffer war umstritten, da sich ein Niederländer im passiven Abseits befand. Doch er zählte, und das bedeutete das irische Aus, denn die *Boys in Green* hatten bei den Hitzegraden, die an diesem Tag herrschten, nicht mehr die Kraft, noch den Ausgleich zu erzielen „Einige Minuten, lächerliche Minuten fehlten den Iren, ein Tor, umstritten obendrein, trennte die ‚green boys' vom Einzug in den Kampf um das Endspiel der EM 88." Offen parteiisch betrauerte die *Stuttgarter Zeitung* das irische Scheitern. Noch mehr als die irischen Spieler hatten deren fantastische Fans die Herzen der Gastgeber erobert.

Halbfinale 1: Holland im Freudentaumel

Großes Rätselraten herrschte im Vorfeld des ersten Halbfinalspiels zwischen **Deutschland** und den **Niederlanden** um die Mannschaftsaufstellung der DFB-Elf. Wer sollte Ausnahmespieler Ruud Gullit ausschalten, und wie wollte man verhindern, dass sich dafür andere *Oranje*-Kicker in das Angriffsspiel einschalten würden? Keineswegs mochte Beckenbauer den Fehler der Engländer wiederholen, die Gullit neutralisieren wollten, dabei aber van Basten übersahen und dafür teuer bezahlten. Mit einem Winkelzug wollte Beckenbauer seinen Gegner Rinus Michels blenden: Bis kurz vor dem Anpfiff tat er so, als werde Littbarski aufgeboten. Stattdessen lief aber der Dortmunder Frank Mill auf. Der Überraschungseffekt war eher mäßig.

Beinharte Manndecker

Auch 14 Jahre nach dem verlorenen WM-Endspiel sannen die Niederländer noch auf Revanche. Personell waren die Niederländer auf fast jeder Spielposition besser besetzt als die Deutschen. Selbst ein Lothar Matthäus reichte hinsichtlich Kreativität oder Torgefährlichkeit nicht an Ruud Gullit heran. Trotzdem ging die DFB-Elf nicht chancenlos in dieses Halbfinale. Beckenbauer konnte beinharte Manndecker wie den Bremer Uli Borowka oder den Kölner Jürgen Kohler aufbieten, die in der Lage waren, ihrem Gegenspieler den Schneid abzukaufen. Verglich man allerdings die Offensivkraft beider Mannschaften, schnitten die Holländer deutlich besser ab. Van Basten oder Gullit erhielten glänzende Unterstützung aus dem Mittelfeld. Koeman und Rijkaard schalteten sich immer wieder ins Angriffsspiel ein und sorgten dafür, dass die Zuordnung des Gegners entscheidend gestört wurde. Im Defensivbereich besaß Holland mit Hans van Breukelen einen grundsoliden Torwart, der engagiert die Abwehrreihen seiner Elf dirigierte.

So gingen die Niederländer als leichter Favorit in die Partie ins Hamburger Volksparkstadion. Umso überraschter waren die Zuschauer, dass die Deutschen am Anfang mitzuspielen wussten. In der 17. Minute verfehlte Völler das gegnerische Tor aus kurzer Entfernung knapp. Später verzog auch Kohler im Abschluss. Auf der anderen Seite waren es vor allem die Koeman-Brüder, die für Gefahr vor dem deutschen Tor sorgten. Zur Pause stand es 0:0, doch erkennbar war, dass die Feinabstimmung der Niederländer besser war.

Auch die zweite Halbzeit begann mit Vorteilen für *Oranje*, in Führung gingen aber die Deutschen. In der 55. Minute wusste sich Rijkaard nach einer guten Einzelleistung von Klinsmann nur mit einem Foul am quirligen Stürmer zu helfen. Sofort zeigte der Unparteiische Ion Igna aus Rumänien auf den Elfmeterpunkt. Matthäus wählte die rechte Ecke. Van Breukelen ahnte das und war mit den Fingerspitzen noch dran, verhindern konnte er die deutsche Führung aber nicht mehr. Wenig später wäre Klinsmann sogar um ein Haar das 2:0 gelungen, doch er scheiterte knapp. Jetzt aber nahm die *Elftal* Fahrt auf. Besonders Gullit und van Basten, die nicht auszuschalten waren, sorgten für verstärkten Druck. Doch für den Ausgleich benötigten auch die Niederlän-

Dramatik im Hamburger Volksparkstadion: Van Basten zieht ab, Kohler kommt zu spät, und Deutschland ist draußen.

der einen Elfmeter, den Kohler in der 74. Minute an van Basten verschuldete. Ronald Koeman wählte die linke Ecke, Keeper Immel ahnte das nicht und musste den Ausgleich hinnehmen. Als alle schon mit einer Verlängerung rechneten, geschah es: In der 88. Minute passte Wouters in die Tiefe auf van Basten, der einen Tick schneller als sein Bewacher Kohler reagierte und den Ball ins lange Eck beförderte – 2:1. Wenig später war Schluss im Hamburger Volksparkstadion.

Der Sieg der Niederländer ging in Ordnung. Argentiniens Weltmeistertrainer César Luis Menotti über die Unterschiede zwischen den beiden Halbfinalisten: „Die deutsche Mannschaft denkt nicht, hat keine Vorstellungskraft, keine Fantasie, keine Imagination." Die Abwehrreihe habe verglichen mit Rijkaard „primitiv" gespielt. Die Abstimmungsdefizite, die sich in der deutschen Abwehr unübersehbar auftaten, wo sich Kohler und Borowka häufig hinsichtlich der Zuständigkeit nicht einigen konnten, waren nicht zuletzt der immer noch praktizierten Manndeckung geschuldet. Werder Bremens Trainer Otto Rehhagel konstatierte: „Im spielerischen Bereich beklagen wir Defizite. Mit den Holländern oder Italienern können wir nicht mithalten."

Auch auf den Rängen hatten die Niederländer die Oberhand behalten. Schon während der Übertragung bemerkte Reporter Wilfried Luchtenberg skeptisch: „Die holländischen Schlachtenbummler gehen toll mit. Wollen wir hoffen, dass die deutschen Fans dagegenhalten können." Seine Hoffnung erfüllte sich nicht. Ungefähr 43.000

deutsche Fans hätten die Nationalelf nach vorne treiben können, doch sie überließen das Feld akustisch den Niederländern. Das blieb auch den Spielern nicht verborgen. Während *Elftal*-Spieler Arnold Mühren voll des Lobes für die eigenen Fans war („Für uns war das fast ein Heimspiel"), bilanzierte Frank Mill, der aus dem Dortmunder Westfalenstadion massivere Unterstützung gewohnt war, leicht polemisch: „Schön wär's gewesen, wenn wir heute in Deutschland gespielt hätten."

Allerdings hatte das Spiel für die Niederländer einen höheren emotionalen Stellenwert. Zum ersten Mal seit dem 14. März 1956 hatten sie die Deutschen besiegt und sie zudem noch aus einem Turnier befördert. Dass dieses sogar auf deutschem Boden geschehen war, machte die niederländische Schadenfreude perfekt. Daheim in den Niederlanden versammelten sich neun Millionen Menschen, fast zwei Drittel der Bevölkerung, auf den Straßen und öffentlichen Plätzen, um den historischen Sieg zu feiern. Auf dem Amsterdamer Leidseplein, der vorübergehend in Van-Basten-Plein umbenannt wurde, sangen die Menschen: „1940 kamen sie, 1988 kamen wir, Holadiay, Holadio." Im Bewusstsein vieler Bürger (und wohl auch einiger Spieler) hatte sich in Hamburg weit mehr als nur ein Fußballspiel zugetragen, nämlich ein neuerliches Aufeinandertreffen von niederländischer Widerstandsbewegung (David) und deutscher Wehrmacht (Goliath), das dieses Mal der kleine David für sich entscheiden konnte. Hamburg 1988 geriet zur „zweiten Befreiung". Der Sieg von 1988 war somit nicht nur Revanche für 1974, sondern auch für die Jahre des deutschen Besatzungsterrors während des Zweiten Weltkriegs. Bondscoach Rinus Michels: „Vor allem ältere Menschen waren zum Weinen gerührt, das hatte noch etwas mit dem Krieg zu tun." Ein ehemaliger Widerstandskämpfer erklärte vor laufender Kamera: „Es ist so, als ob wir noch den Krieg gewonnen hätten."

Halbfinale 2: Sowjetische Fußballschule

Im zweiten Halbfinale standen sich in Stuttgart die **UdSSR** und **Italien** gegenüber. Die Italiener hatten an das Neckarstadion keine guten Erinnerungen. 1974 waren sie hier gegen Polen aus dem WM-Turnier ausgeschieden. Unter den gut 60.000 Zuschauern befanden sich 40.000 Fans der *Squadra Azzurra*. Mit der Sowjetunion trafen die Südeuropäer auf einen Gegner, der sich von der spielzerstörenden Taktik früherer Tage zu Gunsten einer konstruktiven, modernen Spielweise abgewandt hatte.

Gegen Italien gab *Sbornaja*-Coach Lobanowski als Devise strengstes Forechecking aus. Der Trainer gedachte mit dieser Strategie die Italiener gar nicht erst ins Spiel kommen zu lassen. Stattdessen übernahmen die Russen mit dem Anpfiff durch den belgischen Schiedsrichter Ponnet das Kommando. Sobald Italien den Ball eroberte, hielten die Sowjets auf der Stelle dagegen. Schon 120 Sekunden nach Beginn sah Kusnetzow die Gelbe Karte; im Finale würde er damit fehlen. Die Italiener stellten ihre Spielweise zwangsläufig um und versuchten nun ihr Heil im Konterspiel. Vialli ver-

Der italienische Kapitän Franco Baresi (vorn) wird von UdSSR-Stürmer Oleg Protassow verfolgt. Italien verliert im Stuttgarter Neckarstadion das Halbfinalspiel gegen die UdSSR mit 0:2.

fehlte nur knapp das sowjetische Tor, und Giannini scheiterte an Dassajew, der mit einem unglaublichen Reflex einen Rückstand verhindern konnte.

In der Halbzeit wechselte Italiens Coach Vicini seinen bewährten Alt-Internationalen Altobelli ein. Er sollte für Mancini, der an diesem Tag nicht recht zur Wirkung kam, für mehr Druck und schließlich auch für Tore sorgen. Aber auch Altobelli vermochte keine italienische Wende einzuläuten. Ein typischer Spielzug der Sowjets führte nach exakt einer Stunde zum russischen 1:0. Litowtschenko trat plötzlich an und konnte bis in den italienischen Strafraum vordringen. Sein scharfer Schuss traf den Italiener Baresi in den Rücken. Den Abpraller konnte der Kiewer wieder aufnehmen und zum 1:0 verwerten. Die Italiener waren geschockt. Spielerisch wähnten sie sich im Vorteil und mussten trotzdem einen Rückstand verdauen. Die Sowjets nutzten die italienische Irritation, um nachzulegen. Nur drei Minuten nach der Führung bediente Sawarow punktgenau seinen Mannschaftskameraden Protassow. Die Abwehrversuche seines Gegenspielers Ferri kamen zu spät, sodass der Ukrainer aus 12 Metern das 2:0 markieren konnte. Dabei blieb es, und die *Sbornaja* zog zum vierten Mal in ihren Annalen in ein EM-Finale ein.

L'Equipe attestierte dem Lobanowski-Team eine „Demonstration aus der Schule des Fußballs". Bondscoach Rinus Michels zeigte sich von der Vorstellung des Finalgegners ebenfalls beeindruckt: „Die sowjetischen Spieler haben die Italiener ja förmlich eingemauert." Die Vorstellung der Sowjets sollte stilbildend wirken, auch und gerade im Land des Verlierers. So wurde Arrigo Sacchi, der Vater des sogenannten „Pressings", stark von seinem Kollegen Lobanowski beeinflusst.

Finale: Marco van Bastens „Wundertor"

Für Bondscoach Rinus Michels war das Finale im Münchner Olympiastadion die Rückkehr an den Ort seiner größten Enttäuschung. Vor 14 Jahren unterlag hier sein Team den Deutschen im WM-Endspiel unglücklich mit 1:2. Jetzt bot sich Michels und seinen Spielern die Gelegenheit, endlich den ersten internationalen Titel in der Geschichte der *Elftal* einzufahren und die Wunden der Niederlage von 1974 wenigstens ein wenig zu heilen. Die *Stuttgarter Nachrichten* frohlockten in ihrer Finalvorschau: „Das Duell der Denker, der großen Strategen Lobanowski und Michels, verspricht ein Fest." Tatsächlich bestritten mit der *Elftal* und der *Sbornaja* jene Teams das Finale, die zuvor den modernsten und technisch besten Fußball gezeigt hatten.

Bereits einen Tag vor dem Finale tummelten sich mehr als 10.000 Niederländer in der Münchner Innenstadt. Am Finaltag selbst verwandelten 35.000 *Oranje*-Fans die Begegnung zu einem Heimspiel für die *Elftal*. Im Olympiastadion dominierte unter den 62.770 Zuschauern die Farbe Orange. Vor den Toren der Arena befanden sich weitere 3.500 Fans aus den Niederlanden, die kein Ticket mehr ergattern konnten. Im Olympiapark blühte daher der Schwarzmarkt, Sitzplatzkarten für die unüberdachte Gegentribüne wechselten für 450 DM den Besitzer.

Den größten Block im Team von Bondscoach Rinus Michels stellten die fünf Spieler vom PSV Eindhoven, der einige Wochen zuvor den Europapokal der Landesmeister gewonnen hatte. Unter ihnen Keeper Hans van Breukelen und die Gebrüder Ronald und Edwin Koeman. Die Stars des Teams waren Kapitän Ruud Gullit und Mittelstürmer Marco van Basten, die beide beim AC Mailand unter Vertrag standen. Gullit war als Stürmer eher ein Vorbereiter, van Basten indes der Typ des eiskalten Vollstreckers. Der *Kicker* über den kraftstrotzenden Techniker Gullit: „Fantastisch, wie sich Gullit in den Dienst der Sache stellt. Er ist dort, wo er gebraucht wird. Er kann köpfen: ins gegnerische Tor oder in der eigenen Mauer zur Abwehr eines gegnerischen Freistoßes." Mit Frank Rijkaard, der in diesen Jahren zum weltbesten und modernsten Innenverteidiger avancieren sollte, wechselte nach der EM ein weiterer Niederländer zum AC Mailand, der in der folgenden Saison mit einem „Dreamteam" den PSV Eindhoven als Nummer eins in Europa beerben sollte.

Seit ihrem 74er Auftritt im Olympiastadion hatte sich das Gesicht der *Elftal* stark verändert. Es war längst nicht mehr „rein weiß", sondern reflektierte die Einwanderung, die die Niederlande seither erfahren hatten. 1975 erlangte die ehemalige niederländische Kolonie Surinam die Unabhängigkeit. Bis 1981 besaß die dortige Bevölkerung die Option, zwischen der surinamischen und niederländischen Staatsbürgerschaft zu wählen. Die Folge: Um 1990 lebte ein gutes Drittel aller Menschen surinamischer Abstammung in den Nie-

> ■ **Die Mührens: Fußball und Pop**
>
> „Oldie" der *Elftal* war der 37-jährige Arnold Mühren von Ajax Amstrerdam, der noch an der Seite von Johan Cruyff 1973 den Europapokal der Landesmeister gewonnen hatte. Sein älterer Bruder Gerry hatte eigentlich im WM-Finale 1974 auflaufen sollen, sagte jedoch ab, weil seine Lebensgefährtin schwanger war. Die Muhrens stammten aus dem Fischerstädtchen Volendam am Ijsselmeer, und ein dort ebenfalls lebender Namensvetter und Cousin hatte die legendäre Band „The Cats" gegründet. Für Arnold Mühren war das EM-Finale sein letzter Auftritt im orangenen Trikot.

Gullit (links) jubelt über seinen Treffer zum 1:0 im Finale gegen die Sowjetunion.

derlanden, wo sie mit ca. 244.000 die größte ethnische Minderheit bildeten. Mit Gerald Vanenburg vom PSV Eindhoven, Gullit und Rijkaard standen drei Sprösslinge surinamischer Einwanderer in der niederländischen Anfangsformation des EM-Finales. Die Technik und Kreativität betonende niederländische Fußballschule schien surinamischen Talenten auf den Leib geschneidert zu sein. Gullit und Rijkaard hatten als Straßenkicker im traditionsreichen und viel besungenen Amsterdamer Kleine-Leute-Viertel Jordaan begonnen, das aus einem engmaschigen Netz von Gassen besteht und für sein Selbstbewusstsein berühmt war. Die fußballerische Sozialisation der beiden Surinamer war der Johan Cruyffs nicht unähnlich gewesen.

Valerij Lobanowskis Team war fast identisch mit dem von Dynamo Kiew. In seiner Anfangsformation standen acht Akteure des legendären Klubs aus der ukrainischen Metropole. Den Rest stellten Spartak Moskau (2) und Dynamo Minsk. Lobanowski trainierte nicht nur die Nationalelf, sondern seit 1973 auch Dynamo Kiew. Mit Dynamo hatte er 1975 und 1986 den Europapokal der Pokalsieger gewonnen. Nachdem Kiew 1975 auch noch durch zwei überzeugende Siege gegen den FC Bayern München den Supercup geholt hatte, nahm die Fachwelt den Trainer und sein Team endlich ernst und schwärmte vom „roten Orchester". *L'Equipe* hatte schon damals den „Fußball des 21. Jahrhunderts" gesehen. Lobanowski war ein Fußballwissenschaftler, der sich viele Jahre früher als seine westeuropäischen Kollegen sportwissenschaftliche Erkenntnisse und moderne Techniken der Leistungs- und Spielanalyse zunutze machte.

Für das Endspiel hatte Rinus Michels wichtige Lehren aus der Gruppenphase gezogen. Beim 0:1 gegen die UdSSR hatten sich die angriffslustigen Niederländer von der klug agierenden Lobanowski-Truppe auskontern lassen. Ein zweites Mal sollte das nicht passieren, weshalb Michels Plan lautete: die *Sbornaja* kommen lassen, die Angriffe frühzeitig abfangen und daraus ein schnelles Konterspiel aufziehen. Lobanowski setzte auf eine Anfangsoffensive. Ein frühes Tor sollte sein strapaziertes Team beruhigen.

Die erste Chance verzeichneten allerdings die Niederländer, als der schussgewaltige Ronald Koeman einen Freistoß knapp über die Latte des sowjetischen Tores hämmerte. Anschließend hatten die Sowjets mehr vom Spiel. Ihre erste Großchance besaß Protassow, der aber an van Breukelen scheiterte. Lobanowskis Mannen erarbeiteten sich weitere Möglichkeiten. Einmal musste van Tiggelen in höchster Not retten, ein anderes Mal stellte van Breukelen erneut seine Klasse unter Beweis. Während die sowjetischen Bemühungen somit ergebnislos blieben, endete die erste zwingende Kombination der Niederländer in der 33. Minute mit der 1:0-Führung. Erwin Koeman hatte von rechts eine Flanke über die gegnerische Abwehr geschlagen. Von Aleijnikow kaum bedrängt, konnte van Basten den Ball per Kopf zur Mitte ablegen, wo der freistehende Gullit das Leder mit einem wuchtigen Kopfstoß ins UdSSR-Tor beförderte. Keeper Rinat Dassajew besaß keine Chance zur Abwehr.

Van Basten zieht ab – und erzielt ein „Wundertor" (Beckenbauer).

Mit 1:0 für die Niederlande wurden die Seiten gewechselt. Nach dem Wiederanpfiff drängten die Sowjets zunächst massiv auf den Ausgleich und brachten die niederländische Abwehr wiederholt ins Wanken. Doch dieses Mal waren sie es, denen ein gegnerischer Konter zum Verhängnis wurde. In der 54. Minute verlor Sawarow im Mittelfeld einen Zweikampf. Van Tiggelen stürmte mit dem Ball am Fuß nach vorne, Arnold Mühren übernahm und schlug das Spielgerät diagonal in den Lauf von Marco van Basten, der den Ball von der Strafraumseite aus spitzem Winkel volley und mit Effet auf das sowjetische Tor drosch. Die Kugel fiel förmlich in den hinteren Winkel des Kastens. Dassajew war erneut machtlos. Der Torschütze über seinen fünften Treffer, mit dem er Torschützenkönig des Turniers wurde: „Ich habe gar nicht überlegen können, habe einfach draufgehauen und dann selbst gestaunt, als der Ball im Netz landete – das gibt's doch gar nicht, ging es mir nur durch den Kopf." Bondscoach Rinus Michels: „Das war das Tor seines Lebens." Für Franz Beckenbauer war van Bastens Geschoss „ein Wundertor, das schwierigste Tor, das ich je gesehen habe".

Die Sowjets bäumten sich noch einmal auf. Igor Belanow traf in der 58. Minute nur den linken Pfosten des niederländischen Tores. Zwei Minuten später rammte van Breukelen an der Torauslinie Protassow zu Boden. Eine völlig überflüssige Aktion, die den Sowjets die große Chance zum Anschlusstreffer ermöglichte. Zum fälligen Strafstoß trat Igor Belanow an, doch van Breukelen machte seinen Ausraster wieder gut, indem er parierte. Belanow: „Sonst schieße ich die Penaltys immer hoch ins Eck.

■ **Zuschauerrekord**

Nicht nur in sportlicher Hinsicht war das 88er Turnier ein Erfolg. Mit einem Zuschauerschnitt von 57.574 wurde ein neuer Rekord aufgestellt. Allerdings war dies auch die letzte EM in einem der großen europäischen Fußballländer, die noch in Fußballstadien „alten Schlages" ausgespielt wurde. Bemerkenswert: Inzwischen übertraf der Zuschauerschnitt der Endrunde den der Qualifikationsspiele (24.068) um mehr als das Doppelte. Noch 1980, bei der ersten „richtigen" Endrunde, hatte der Besucherzuspruch weit unter dem der Qualifikationsspiele gelegen.

Diesmal hatte ich Angst, der Ball könnte über das Tor fliegen, deshalb schoss ich ganz flach." Der sowjetische Sturmstar von Dynamo Kiew, der an diesem Nachmittag drei Tore hätte erzielen können, stattdessen aber den schwärzesten Tag seiner Karriere erlebte, ließ sich wenig später entnervt auswechseln.

Danach war die Angelegenheit gelaufen. Die Niederländer taten nicht mehr als notwendig, während sich bei der *Sbornaja* Ermüdungserscheinungen und Frust breitmachten. Nach 90 Minuten war es amtlich: Dank des „schrecklichen Duos Gullitt - van Basten" (*L'Equipe*) waren die Niederlande Europameister.

Der glücklichste unter glücklichen Siegern war wohl Rinus Michels, den die Spieler für eine Ehrenrunde auf ihre Schultern nahmen. Ruud Gullit: „Ich suchte sofort den ‚General', weil wir ihm unseren Erfolg zu verdanken haben." 14 Jahre zuvor hatte Michels als Verlierer den olympischen Rasen von München verlassen müssen, bei seinem (angekündigt) letzten Auftritt als Trainer ging der 60-jährige Bondscoach als Sieger. In der Kabine überreichten die Spieler Michels eine teure Cartier-Uhr zum Abschied. Der „General" war zu Tränen gerührt: „In meiner ganzen Laufbahn haben mir Spieler noch nie etwas geschenkt." Es war kein Abschied für immer. Nach der verkorksten WM 1990 sollte Michels ein drittes Mal die *Elftal* übernehmen.

Die Fachwelt war sich einig, dass das richtige Team das Turnier gewonnen hatte. „Eindeutig besser", lobte Italiens Sandro Mazzola die Niederländer. Arie Haan, Spieler im legendären 74er-Team, attestierte seinen Landsleuten eine „Superleistung". Sportlich fair analysierte *Sowjetski Sport* das Finale: „Unser Fußball konnte sich sehen lassen. Man muss aber anerkennen, dass die Niederländer im Endspiel treffsicherer waren als die sowjetische Elf. Auch wenn die ‚Sbornaja' nicht den Schlüssel zum Tor gefunden hat, sie zeigte ein Spiel, das voll und ganz dem hohen Niveau des Finales entsprach."

Hohes Lob erntete die *Elftal* von der *Frankfurter Allgemeinen Zeitung*, die weitsichtig diagnostizierte: „Diese jungen Meister aus Holland präsentierten mit ihrem Hochgeschwindigkeits-Fußball auf höchstem spieltechnischen Niveau schon so etwas wie den Fußball der neunziger Jahre." Der Zürcher *Sport* fasste mit der Headline „Holland und der Fußball – die großen Sieger einer Super-EM" den Stellenwert der gesamten EM 1988 zusammen. Und auch Bundeskanzler Helmut Kohl bemerkte erstaunlich treffsicher: „Die deutsche Mannschaft hätte heute keines der beiden Teams geschlagen."

Ruud Gullit nimmt den EM-Pokal entgegen, beobachtet von Bundeskanzler Helmut Kohl.

Für ihn ging im Münchner Olympiastadion ein Traum in Erfüllung: Rinus Michels, Bondscoach der Niederländer.

 **1992**

■ Europameisterschaft 1992

Gemeldete Länder: 34

Austragungsmodus: 7 Qualifikationsgruppen (5 Gruppen à 5 Teams, 2 à 4 Teams). Die 7 Gruppensieger qualifizieren sich für die Endrunde, Gastgeber Schweden automatisch qualifiziert. Endrunde: 2 Gruppen à 4 Teams. Gruppensieger und Gruppenzweite bestreiten Halbfinale, Finale.

Qualifikationsspiele: 123
Tore: 333 (= 2,7 im Schnitt)
Zuschauer: 2.2313.931 (= 17.999 im Schnitt)

Endrundenspiele: 15
Tore: 32 (=2,13 im Schnitt)
Zuschauer: 429.481 (= 28.632)

EM-Spiele insgesamt: 138
Tore insgesamt: 363 (=2,63 im Schnitt)
Zuschauer insgesamt: 2.643.412 (= 19.155 im Schnitt)

Austragungsland der Endrunde: Schweden (10. - 26. Juni 1992)

Austragungsorte: Göteborg (Nya-Ullevi-Stadion, 43.000), Stockholm (Rasunda-Stadion, 30.500), Malmö (Malmö-Stadion, 29.700), Norrköping (Idrottspark, 22.000)

Die besten Torschützen der Endrunde:
Dennis Bergkamp (Niederlande), Thomas Brolin (Schweden), Henrik Larsen (Dänemark), Karlheinz Riedle (Deutschland), je 3 Tore
Jan Eriksson (Schweden), Thomas Häßler (Deutschland), Jean Pierre Papin (Frankreich), Frank Rijkaard (Niederlande), je 2 Tore

Finale: Dänemark - Deutschland 2:0 (1:0)
26. Juni 1992, Nya-Ullevi-Stadion, Göteborg

Dänemark: Schmeichel, Olsen, Piechnik, K. Nielsen, Sivebaek (67. Christiansen), Jensen, Larsen, Vilfort, Christofte, Laudrup, Povlsen (Trainer: Richard Möller-Nielsen)
Deutschland: Illgner, Helmer, Kohler, Buchwald, Reuter, Häßler, Effenberg (81. Thom), Sammer (46. Doll), Brehme, Klinsmann, Riedle (Trainer: Berti Vogts)
Tore: 1:0 Jensen (18.), 2:0 Vilfort (78.)
Schiedsrichter: Galler (Schweiz)
Zuschauer: 37.800

EM 1992
Sensation durch „Danish Dynamite"

1992 fand die Endrunde der Europameisterschaft erstmals in Nordeuropa statt: in Schweden. Das Heimatland des UEFA-Präsidenten Lennart Johansson setzte sich klar gegen Spanien durch. Gegen die Iberer sprach vor allem, dass sie bereits die EM 1964 und WM 1982 ausgerichtet hatten und Barcelona Austragungsort der Olympischen Spiele 1992 war. Da Spanien im EM-Jahr auch noch Schauplatz der Weltausstellung (Sevilla) war sowie diverse Feierlichkeiten zum 500. Jahrestag des Aufbruchs von Christoph Kolumbus in die Neue Welt anstanden, befürchtete die UEFA, dass ihr Turnier nicht genügend Beachtung finden würde.

Schweden richtete mit der EM nun zum dritten Mal nach 1912 (Olympia) und 1958 (WM) ein großes internationales Turnier aus. Ursprünglich wollten die Skandinavier gemeinsam mit ihrem Nachbarn Dänemark antreten, wovon die Dänen dann aber Abstand nahmen.

Schweden präsentierte lediglich vier Stadien für die Endrunde, deren Fassungsvermögen im Schnitt nur gut 31.000 betrug. Und dies auch nur dank der 43.000 Plätze, die das rundum modernisierte Göteborger Nya-Ullevi-Stadion bot, wo auch das Finale stattfinden sollte. Vor allem in Deutschland, England, Dänemark und den Niederlanden sollte das geringe Fassungsvermögen der EM-Stadien – und somit die geringe Zahl an Eintrittskarten – auf Kritik stoßen. Die Gastgeber hatten bei der Planung weniger die Wünsche ihrer Gäste im Blick als die Realitäten des eigenen Fußballbetriebes. Und dafür war die Größe der EM-Stadien allemal ausreichend. „Small is beautiful", lautete die schwedische Devise.

Die Qualifikation: Abgesang auf Sowjets

Ursprünglich sollten 34 Auswahlmannschaften in sieben Gruppen um die EM-Tickets spielen, darunter als Neulinge die Färöer Inseln, eine zu Dänemark gehörende und von ca. 45.000 Menschen bevölkerte Inselgruppe im Nordatlantik, sowie San Marino, die älteste Republik der Welt.

Nur die Gruppenersten sollten die Reise nach Schweden antreten, der Gastgeber war gesetzt. Noch vor dem Beginn der Qualifikation jedoch kam das politische Aus

■ „Modell Beckenbauer" in Frankreich

Die *Équipe Tricolore* hatte nach dem Euro-Gewinn von 1984 ein Fußball-Jammertal durchlaufen und kam erst unter dem neuen Coach Michel Platini wieder ins Gleis. Platini hatte das Amt des Nationalcoaches nach der enttäuschenden EM 1988 übernommen, womit die Franzosen das deutsche „Modell Beckenbauer" kopierten. Nur ein Jahr zuvor hatte der Held der EM 1984 das blaue Trikot noch selbst getragen. Die Qualifikation zur WM 1990 ging noch in die Hose, die *Équipe Tricolore* musste Jugoslawien und Schottland den Vortritt lassen. Doch anschließend ging es stetig bergauf. Bis zur EM 1992 testete Platini nicht weniger als 40 Profis. Ihm gelang die Qualifikation zur Endrunde, wo seine Équipe dann allerdings enttäuschte und Platini zurücktrat.

---

für die DDR, und der ostdeutschen Fußballverband ging im DFB auf. Das hatte Konsequenzen für die Gruppe 5. Aus der ursprünglichen Fünfergruppe wurde eine Viererstaffel mit der Bundesrepublik als einzigem deutschen Vertreter.

Die politischen Umwälzungen in Osteuropa zeitigten noch weitere Auswirkungen auf die EM. Die Qualifikation fiel in die Zeit des Auseinanderbrechens der Sowjetunion. Eine Reihe der im sowjetischen Reich versammelten Nationen erlangten die Unabhängigkeit und die Mitgliedschaft in den internationalen Fußballverbänden, so u.a. die baltischen Republiken Litauen, Lettland und Estland – allerdings zu spät, um sich noch eigenständig für die EM-Endrunde bewerben zu können. Von der Sowjetunion war am Ende der Qualifikation nur noch die „Gemeinschaft Unabhängiger Staaten" (GUS) mit Russland als Zentrum geblieben, ein lockerer Staatsverband von elf Republiken und nicht viel mehr als ein Durchgangsstadium zur vollständigen Auflösung der ehemaligen UdSSR. Im Sport hatten die meisten dieser Republiken einem gemeinsamen Auftreten nur noch für die Fußball-EM und die Olympischen Spiele zugestimmt. Auch die Tschechoslowakei hatte sich in einer „samtenen Revolution" der kommunistischen Einparteienherrschaft entledigt und hieß nun nicht mehr CSSR, sondern CSFR. Der „Sozialismus" wurde vom „Föderalismus" abgelöst, was darauf hindeutete, dass Tschechen und Slowaken bald staatlich getrennte Wege gehen würden. Und damit auch fußballerisch.

Gruppe 1: Frankreich

Die Gruppe 1 wurde von **Frankreich** dominiert, das sich vor allem gegen die **CSFR** und **Spanien** durchzusetzen hatte. **Island** und **Albanien** galten als Außenseiter. Im Herbst 1990 fiel eine Vorentscheidung, als Frankreich in Paris die CSFR mit 2:1 bezwang. Den Siegtreffer markierte der für Olympique Marseille kickende Jean-Pierre Papin erst in der Schlussminute.

Büßen musste diese tschechoslowakische Niederlage Spanien, das wenig später mit 2:3 in Prag unterlag. Einer Entscheidung gleich kam Frankreichs 3:1-Sieg über Spanien in Paris. Zuvor hatten die Iberer gegen die Skipetaren in Sevilla mit 9:0 den höchsten Sieg der Gruppe 1 errungen. In diesen Tagen war jede Mannschaft froh, den Balkanstaat nach dem Spiel wieder unbeschadet verlassen zu können. Nicht, dass Albanien sportlich auf Augenhöhe gestanden hätte – in Sachen Fußball war dieses Land nach wie vor Entwicklungsregion. Doch neben der unangenehmen Favoritenrolle, die man in der albanischen Hauptstadt stets einnahm, war es besonders die politisch instabile Lage Albaniens, die die Gegner verunsicherte. Allerdings ließ nur Island in Tirana die Punkte liegen. Albanien gewann mit 1:0, der einzige Sieg für das vom Bürgerkrieg heimgesuchte Land in der Qualifikation.

Frankreich besaß in Jean-Pierre Papin einen außergewöhnlichen Stürmer, der sein Land quasi im Alleingang nach Schweden schoss. Beim 2:1-Sieg gegen die CSFR in Bratislava langte Europas „Fußballer des Jahres" 1991 zweimal hin. Spaniens *Selección* dagegen verspielte auf Island ihre letzte Möglichkeit, die *Équipe Tricolore* noch abzufangen, und unterlag dort sensationell mit 0:2. Die Auftritte der Spanier waren in der Regel eine einzige Enttäuschung. Daheim genoss das Team, das bei der WM 1990 im Achtelfinale an Jugoslawien gescheitert war, kaum Popularität. Für die vier Heimspiele im andalusischen Sevilla interessierten sich im Schnitt lediglich 12.276 Zuschauer. Erstmals seit 1966 war Spanien bei einer EM-Endrunde nicht vertreten. Frankreich hingegen qualifizierte sich mit 16:0-Punkten als einziges Team verlustpunktfrei für Schweden.

Das – für die Tabelle unerhebliche – Spiel der Spanier in Albanien konnte übrigens nicht mehr stattfinden. Die politische Lage dort drohte zu eskalieren, und dem spanischen Tross konnte keine Sicherheit mehr garantiert werden. Der Balkankonflikt sollte sich später noch krasser auf die EM 1992 auswirken.

Gruppe 2: Schottland

In Gruppe 2 setzte sich **Schottland** durch – in einem Herzschlagfinale, bei dem jedes Tor zählte, und jeder Punkt sowieso. **Bulgarien**, **Rumänien**, die **Schweiz** und eben Schottland galten als ungefähr gleichstark. Als chancenlos galt lediglich der Fußballzwerg San Marino. Oberstes Gebot in dieser Gruppe war, die Heimspiele zu gewinnen. Schottland hielt sich daran und besiegte Rumänien vor nur knapp 8.000 Zuschauern in Glasgow mit 2:1. Auch die vom ehemaligen deutschen Nationalspieler Uli Stielike trainierte Schweiz sammelte gegen Bulgarien die Punkte beim 2:0 in Genf. Die Bulgaren legten einen kompletten Fehlstart hin, denn in Bukarest unterlagen sie erneut, diesmal mit 0:3 gegen Rumänien. Selbst im ersten Heimspiel gegen Schottland reichte es nur zu einem 1:1. Für die *Bravehearts* war dieses Remis ein schöner Erfolg, denn nach ihrem 2:1-Heimsieg über die Schweiz standen nun schon 5:1-Punkte zu Buche. Nicht eingeplant war allerdings das folgende Heimremis (1:1) gegen Bulgarien.

Ganz wichtig für die Vergabe des ersten Platzes war im September 1991 die Partie der Schweiz gegen Schottland. Nach einem fantastischen ersten Durchgang lag die *Nati* vor 41.021 Zuschauern in Basel durch Tore von Bundesligalegionär Stephane Chapuisat und Hermann mit 2:0 in Front. Durie verkürzte kurz nach dem Wiederanpfiff für die Schotten auf 1:2, und sechs Minuten vor Schluss gelang Mittelstürmer Alistair Murdoch McCoist von den Glasgow Rangers noch der Ausgleich für die *Bravehearts*. Schottland beendete die Qualifikationsrunde mit 11:5 Punkten. Mit viel Glück konnte das reichen. Rumänien hatte zu diesem Zeitpunkt 7:5-Zähler und noch zwei

Spiele zu bestreiten, die Schweiz 10:4 und noch ein Spiel. Für die *Nati* sprach, dass sie über ein besseres Torverhältnis als die Schotten verfügte. Doch der Schweizer Traum von einer Endrundenteilnahme zerbarst beim 0:1 in Bukarest. Die Rumänen hatten mit diesem Sieg noch alles in der Hand und ließen Schottland weiter zittern. Zu ihrem letzten Gruppenspiel mussten sie nach Bulgarien reisen. Zwar gelang den Rumänen die viel umjubelte Führung, doch am Ende mussten sie in ein 1:1-Remis einwilligen, das zu gar nichts berechtigte. Schottland hatte zum zweiten Mal das Glück auf seiner Seite und behauptete Rang eins. Für die Schotten, die bereits siebenmal bei WM-Turnieren dabei gewesen waren, war es die erste Teilnahme an einer EM-Endrunde. Trainiert wurde das Team vom ehemaligen Schulrektor Andy Roxburgh, dem theoretische Sachkenntnisse und Fingerspitzengefühl im Umgang mit seinen Spielern nachgesagt wurden. Roxburgh, Repräsentant eine neuen, modern denkenden und handelnden Trainergarde in Schottland, war es als Erstem gelungen, der Spielweise der *Bravehearts* eine gewisse Ordnung zu verleihen.

Gruppe 3: UdSSR

In Gruppe 3 beendete die **Sowjetunion** mit einem Qualifikationssieg ihre Auftritte auf der internationalen Bühne. Schon beim Auftakt gewann die *Sbornaja* gegen **Norwegen** mit 2:0. Die Skandinavier kamen zwar für den Gruppensieg nicht in Betracht, sorgten aber als Zünglein an der Waage für Farbe und Überraschungen. Ihren ersten Coup landeten sie im folgenden Heimspiel, das 0:0 gegen **Ungarn** endete. Der WM-Dritte **Italien** kam erst beim dritten Auftritt gegen **Zypern** zum ersten doppelten Punktgewinn. In Ungarn hatte man sich mit einem 1:1-Remis begnügen müssen, wozu man allerdings einen Elfmeter benötigte, gegen die UdSSR sprang beim 0:0 in Rom ebenfalls nur ein Punkt heraus.

Im Gegensatz zu anderen Fußballzwergen wie Albanien, Island oder Malta konnte Zypern nicht einen einzigen Zähler ergattern. 0:3 verloren die Mittelmeer-Insulaner in Norwegen, sogar 0:4 in der UdSSR. Einer kleinen Sensation gleich kam der italienische Auftritt in Norwegen. 1:2 unterlag die *Squadra Azzurra* in Oslo einem entschlossen auftretenden norwegischen Nationalteam. Italiens völlig entnervter Bergomi sah in der 90. Minute die Rote Karte. Gegen die UdSSR konnten die Nordeuropäer den Italien-Erfolg nicht wiederholen und verloren an gleicher Stelle mit 0:1. Danach waren sich die Sowjets ein wenig zu sicher und gaben in zwei aufeinanderfolgenden Heimspielen unerwartet Punkte gegen Ungarn (2:2) und Italien (0:0) ab. Die (grottenschlechte) Begegnung gegen die Italiener wurde in Moskau von 86.486 Zuschauern verfolgt – Rekordbesuch bei dieser EM.

Die Norweger verschafften sich einen glänzenden Abgang. In Ungarn erkämpften sie sich ein torloses Remis. In Genua setzten sie die Tradition skandinavischer Nadelstiche gegen Italien fort. Früher hatte Schweden das italienische Gemüt strapaziert, nun taten dies die Norweger, die in der italienischen Hafenstadt bis zur 83. Minute durch ein Tor von Jakobsen mit 1:0 führten, ehe Rizzitelli doch noch der Ausgleich gelang. Damit hatte Italien drei Punkte gegen Norwegen abgegeben. Genau diese fehl-

„Bravehearts", „Tartan Army" – die Spitznamen für die schottischen Fußballer künden von einer gewissen rustikalen Spielweise. Hier holt in einem Spiel gegen Deutschland Mittelfeldspieler Gary McAllister den armen Andy Brehme von den Beinen.

ten jetzt. Nachdem die UdSSR gegen Zypern mit 3:0 gewonnen hatte, durfte das Team von Trainer Anatoli Byschowetz, einst Mittelstürmer bei Dynamo Kiew und Anhänger des Kombinationsspiels mit vielen Variationsmöglichkeiten, mit den Reisevorbereitungen für die Endrunde beginnen.

Das Qualifikationsspiel in Larnaca am 13. November 1991 war gleichzeitig auch das letzte Pflichtspiel einer Auswahlmannschaft der UdSSR. Wenig später brach die Sowjetunion endgültig auseinander und firmierte wie erwähnt fortan unter der Bezeichnung GUS. Unter diesem Staatsnamen tauchte sie dann auch in Schweden auf.

Gruppe 4: Jugoslawien

In der Gruppe 4 musste EM-Neuling **Färöer Inseln** seine Heimspiele in der südschwedischen Kleinstadt Landskrona bestreiten. In der Heimat verfügte man nur über Kunstrasenplätze, in Anbetracht der dortigen Witterungsverhältnisse eine angemessene Option. Doch die UEFA forderte für internationale Begegnungen einen Rasenplatz. Als nun am 12. September 1990 in Landskrona Schiedsrichter Nervik aus Norwegen die Partie Färöer Inseln gegen **Österreich** abpfiff, war die größte Sensation dieser EM-Qualifikation und eine der größten der EM-Geschichte überhaupt perfekt. Durch einen Treffer des Mittelfeldspielers Nielsen gewann das Auswahlteam der Insulaner mit 1:0. Für die „Null" sorgte Keeper Jens Martin Knudsen, der beim Spiel eine Zipfelmütze trug. In Österreich verursachte die Niederlage gegen die Feierabendfußballer ein mittleres Erdbeben, in dessen Verlauf Bundestrainer Josef Hickersberger aus dem Amt gejagt wurde. Sein Nachfolger wurde Alfred Riedl, der die EM-Qualifikation aber auch nicht „überlebte". Nach einer 0:3-Niederlage gegen **Dänemark** vor nur 7. 453 Zuschauern in Wien übergab Riedl an Dietmar Constantini. In der Endabrechnung lag die einstige kontinentale Fußballmacht auf dem vorletzten Platz, punktgleich mit den Färingern. Zweifellos befand sich die Alpenrepublik in einer tiefen Fußballkrise. Bereits bei der WM 1990 in Italien hatte man enttäuscht, als man schon in der Vorrunde ausschied.

Gruppensieger wurde am Ende **Jugoslawien**, das sich ein Kopf-an-Kopf-Rennen mit **Dänemark** lieferte. In Kopenhagen trafen Mitte November 1990 die beiden Gruppenfavoriten aufeinander. Bei den Dänen hatte Trainer Richard Möller-Nielsen, der Nachfolger von Sepp Piontek, mit internen Problemen zu kämpfen. Der notwendige personelle Umbau erwies sich als schwierig. Außerdem hatte sich Möller-Nielsen mit dem für den FC Barcelona kickenden Kapitän und Superstar Michael Laudrup überworfen. In Kopenhagen setzten sich die spielstarken Jugoslawen durch späte Tore mit 2:0 durch. Im Rückspiel drehten die Dänen den Spieß um und nahmen beim 2:1-Auswärtssieg die Punkte mit zum Skagerak. Damit war die jugoslawische Auftaktserie von vier gewonnenen Spielen beendet.

Fortan leisteten sich die beiden Favoriten keine Ausrutscher mehr. 4:0 gewann Dänemark gegen die Färörer Inseln, Jugoslawien gelang gegen den gleichen Gegner ein 2:0. Auch Österreich war für beide Teams kein Gegner: Entscheidend war in der Endabrechnung ein dänisches 1:1-Remis in Nordirland, denn Jugoslawien, das während der Gruppenspiele 32 Akteure aufgeboten hatte, qualifizierte sich mit einem Punkt Vorsprung auf Dänemark. Mit 24 Toren in acht Spielen war Jugoslawiens *Plavi* das torhungrigste Team der EM-Qualifikation. Mit Darko Pancev stellte sie auch den erfolgreichsten Torschützen. Pancev, dessen Spielweise an Gerd Müller erinnerte, erzielte zehn Tore, darunter einen lupenreiner Hattrick beim 4:1 Jugoslawiens gegen Nordirland. Die *Kicker*-Sonderausgabe zur EM 1992 titelte zum Ausgang der Gruppe 4: „In Belfast wurde ‚Danish Dynamite' entschärft." Das stimmte nur kurzfristig, denn ein kleiner Funke glimmte noch unsichtbar an der dänischen Lunte…

Der amtierende Weltmeister **Deutschland** war in die Gruppe 5 gelost worden. Dort traf das DFB-Team, das nun von Berti Vogts trainiert wurde, auf Luxemburg, Belgien und Wales; die ursprünglich ebenfalls zugeloste DDR-Auswahl fiel durch die Wende aus. Vogts hatte nach der WM 1990 von Franz Beckenbauer übernommen. Der „Kaiser" hatte sich – euphorisiert durch den WM-Triumph und die bevorstehende Wiedervereinigung – mit den Worten verabschiedet: „Es tut mir leid für den Rest der Welt, aber die deutsche Mannschaft wird in den nächsten Jahren nicht zu besiegen sein." Dank des munteren Plauderers lastete nun auf seinem Nachfolger ein enormer Erwartungsdruck.

Gruppe 5: Deutschland

Berti Vogts hatte nach dem WM-Titelgewinn 1990 das Amt des DFB-Cheftrainers von Franz Beckenbauer übernommen. So mancher mutmaßte, die Fußstapfen des „Kaisers" seien zu groß für seinen Nachfolger.

■ „Wir gegen uns" fällt aus

Die deutsch-deutsche Vereinigung verhinderte in der Qualifikation ein Duell BRD gegen DDR. So blieb es in den 40 Jahren der Existenz zweier deutscher Staaten nur bei einem Pflichtspiel zwischen den A-Teams von BRD und DDR, dem berühmten 1:0-Sieg der Ostdeutschen bei der WM 1974. Nach der Auslosung der Qualifikationsgruppen hatte der *Kicker* die Neuauflage des deutsch-deutschen Duells noch mit der Schlagzeile angekündigt: „Wir gegen uns". Die DDR trat zum letzten Mal am 12. September 1990 an. Die Begegnung gegen Belgien in Brüssel, ursprünglich als Auftaktspiel der Gruppe 5 gedacht, besaß nun nur noch den Charakter eines Freundschaftsspiels. Die DFV-Auswahl behielt bei ihrem 293. und letzten Auftritt mit 2:0 die Oberhand. Beide Tore erzielte der 23-jährige Matthias Sammer, der mittlerweile von Dynamo Dresden in den Westen zum VfB Stuttgart gewechselt war.

Als härtester Widersacher des DFB-Teams galt **Wales**, das einige exzellente und international erfahrene Akteure wie Torjäger Ian Rush vom FC Liverpool, Keeper Neville Southall vom Lokalrivalen FC Everton, Mark Hughes von Manchester United in seinen Reihen hatte. Bereits in der Qualifikation zur WM 1990 hatten die Waliser die Deutschen vor Probleme gestellt. In Cardiff musste sich das DFB-Team damals mit einem torlosen Remis zufriedengeben, im Rückspiel in Köln gewann der spätere Weltmeister nur knapp mit 2:1. Und auch vor der EM 1992 erwiesen sich die Waliser beinahe als Stolpersteine für Bertis Mannen.

Schon beim krassen Außenseiter **Luxemburg** tat sich das Vogts-Team unerwartet schwer. Zwar lag man nach 49 Minuten mit 3:0 in Front, doch das Großherzogtum kam noch auf 2:3 heran. Und die deutsche Mannschaft liebte es weiter knapp. 1:0 besiegte sie **Belgien** vor 52.363 Zuschauern durch ein Matthäus-Tor in der 3. Minute. In Cardiff setzte es dann eine 0:1-Niederlage. Das Tor des Tages markierte Ian Rush. Die EM-Mission des Weltmeister drohte zu scheitern.

Vor dem Rückspiel zwischen Deutschland und Wales führten die noch unbesiegten Waliser mit sieben Punkten aus vier Spielen; die Deutschen hatten erst vier Zähler auf ihrem Konto, aber auch ein Spiel weniger absolviert. Vor 46.491 Zuschauern in Nürnberg gewann das DFB-Team überraschend deutlich mit 4:1. Besonders die Italien-Legionäre Doll, Riedle und Völler, die sich auch in die Torschützenliste eintragen konnten, wussten zu gefallen. Der walisische Coach Yorath attestierte dem Gegner anschließend, „Deutschland hat den besten Fußball geboten, den ich seit langem gesehen habe. Sie hätten heute jedes Team der Welt geschlagen."

Wales beendete die Qualifikation mit 9:3-Punkten; die deutsche Mannschaft musste bei 6:2 Zählern noch zweimal spielen und machte erwartungsgemäß alles klar. In Brüssel gewannen Matthäus und Co. gegen Belgien durch ein Tor von Rudi Völler aus der 16. Minute erneut knapp mit 1:0, in Leverkusen gegen Luxemburg deutlich mit 4:0.

Gruppe 6: Niederlande

In der Gruppe 6 hatte Titelverteidiger **Niederlande** mit **Portugal**, **Griechenland**, **Finnland** und **Malta** eine machbare Aufgabe erwischt. Einem Paukenschlag gleich kam deshalb auch die niederländische 0:1-Auftaktniederlage in Portugal, das zuvor 0:0 in Finnland gespielt hatte. Als nächsten Gegner erwarteten die Holländer Griechenland, das sich bereits mit 4:0 gegen Malta durchgesetzt hatte. Bergkamp und van Basten sorgten für einen holländischen 2:0-Sieg. Überraschend ergatterten die arg gebeutelten Malteser in La Valetta einen Punkt gegen Finnland (1:1). Gegen den amtierenden Europameisters hieß es für Malta dann wieder business as usual. Die *Elftal* fegte die Hausherren mit 8:0 vom Platz, wobei allein Marco van Basten fünfmal hinlangte. Zur Mitte der Qualifikation schalteten die Niederländer einen Gang zurück. Ein mageres 1:0 in Rotterdam gegen Malta und ein keinesfalls üppiges 2:0 gegen Finnland ebenda reichte dem Titelverteidiger zur Einlösung der Fahrkarte nach Schweden. In Finnland begnügte sich die *Elftal* sogar mit einem 1:1-Remis, sodass es doch noch zum einem „Endspiel" mit den Portugiesen kam. Vor dem Rückspiel in Rotterdam hatten beide Teams sechs Spiele absolviert, aus denen die Niederländer 9:3 und die Portugiesen 7:5 Punkte geholt hatten. Die Mannschaft von Bondscoach Rinus Michels schlug nun die *Seleção* durch ein Tor von Feyenoord-Rotterdam-Stürmer Rob Witschge mit 1:0.

Ganze sieben Treffer reichten in der Gruppe 7 **England** zum Gruppensieg, wobei ein Tor sogar noch vom Gegner erzielt wurde. **Irland** schoss fast doppelt so viele Tore, nämlich 13, und wurde trotzdem nur Zweiter. Komplettiert wurde die Vierergruppe durch **Polen** und die **Türkei**. Die pikanten englisch-irischen Duelle endeten jeweils mit einem 1:1-Remis. In Dublin brachte David Platt die Gäste zunächst in der 69. Minute in Führung, doch Tony Cascarino konnte zehn Minuten später ausgleichen. Vor 46.000 Zuschauern an der überfüllten Lansdowne Road waren die *Boys in Green* über weite Strecken das bessere Team gewesen. Auch in London führte vor 74.483 Zuschauern im Wembleystadion zunächst England, nachdem Irlands Staunton in der 10. Minute ins eigene Tor getroffen hatte. Der Ausgleich durch Quinn fiel in der 28. Minute. Die Revanche für die historische 0:1-Niederlage gegen die Iren bei der EM 1988 ließ somit weiterhin auf sich warten. Das 1:1 von London war bereits das dritte in Folge, denn bei der WM 1990 hatten sich beide Teams in der Gruppenphase mit dem gleichen Ergebnis getrennt.

Gruppe 7: England

Die Polen versuchten sich als dritte Kraft zu etablieren. Gegen die Türken setzten sich die Osteuropäer zunächst in Istanbul mit 1:0 und dann in Warschau mit 3:0 durch. Doch in den Duellen mit Irland konnten sich die Rot-Weißen nicht behaupten. In Dublin endete die Partie torlos. Und in Poznan konnten die Polen froh sein, noch ein Unentschieden erreicht zu haben. 1:3 lagen sie nämlich schon hinten, dann gelang den Polen in den letzten 14 Minuten des Spiels noch der Ausgleich. Das war jedoch für beide Teams zu wenig. England setzte sich noch zweimal mit 1:0 gegen die Türkei durch. Am letzten Spieltag kam es zum englisch-irischen Fernduell, als Irland bei den abgeschlagenen Türken in Istanbul antrat und England ins polnische Posen reiste. Die Iren behielten in Istanbul mit 3:1 die Oberhand und hofften auf einen polnischen Sieg. Bis 13 Minuten vor dem Abpfiff ging ihre Rechnung auch auf. Doch dann gelang Gary Lineker der 1:1-Ausgleich für England, was die Qualifikation für Schweden bedeutete.

In England löste der Gruppensieg freilich kaum Euphorie aus. Bei der WM 1990, die England als Vierter beendet hatte – neben dem WM-Triumph von 1966 der einzige zählbare Erfolg des „Mutterlandes" beim Weltturnier – wussten die *Three Lions* noch zu gefallen. Mit Paul „Gazza" Gascoigne hatten die Engländer einen der Stars des Turniers gestellt. Die EM-Qualifikation stand nun eher für eine spielerische Rückentwicklung. Als Hauptverantwortlicher wurde hierfür Nationaltrainer Graham Taylor ausgemacht, der einen langweiligen, inspirationsarmen Fußball spielen ließ, den der Frankreich-Legionär und somit im kontinentalen Fußball erfahrene Chris Waddle mit „rennen, rennen und nochmals rennen" beschrieb.

Immerhin verzeichnete England mit einem Zuschauerschnitt von 64.427 den mit weitem Abstand besten Zuspruch aller Qualifikationsteilnehmer, auf Platz zwei folgten die Iren mit 44.630. Den niedrigsten Zuspruch hatten die Neulinge San Marino (1.406) und Färöer Inseln (1.596). Die Spiele San Marinos wurden in der Regel von weniger als 1.000 Zuschauern besucht, mit der Ausnahme des Spiels gegen Schottland (0:2), das in Serraville 2.521 sahen. Die Färinger verbuchten ihren Rekordbesuch beim Derby mit dem Mutterland Dänemark (0:4), das in Landskrona von 2.284 besucht wurde.

Die Endrunde: Dänemark rückt nach

Mitte Januar 1992 wurden in Göteborg die sieben qualifizierten Teams und Gastgeber Schweden in zwei Gruppen gelost. In Gruppe 1 landeten Schweden, Frankreich, zunächst Jugoslawien und England. Gruppe 2 bildeten die Niederlande, Schottland, Deutschland und die UdSSR-Nachfolgerin GUS. Deren Trainer Anatoli Byschowez war um seine Aufgabe nicht zu beneiden. Auf seine Außenseiterrolle in der Gruppe angesprochen, antwortete er: „Das kann mir nur recht sein. Das ist die Chance für uns zu beweisen, dass wir auch noch da sind." Der Coach sprach damit eine mögliche Identitätskrise seiner Spieler an, verursacht durch die Veränderung der politischen Geographie. „Was soll ich meinen Spielern sagen, wenn sie mich fragen, für wen spielen wir eigentlich in Schweden? Das ist doch nicht nur eine Frage von Prämien und Geld. Für die Motivation der Spieler ist wichtig zu wissen, wen sie bei einer Meisterschaft vertreten."

Die GUS-Mannschaft war nicht die einzige mit politischen Problemen. Auch die jugoslawische *Plavi* litt. Knapp drei Wochen vor dem EM-Start warf der jugoslawische Coach Ivica Osim das Handtuch. Persönliche und interne Gründe nannte der ausgebildete Mathematiklehrer. Bekannt war aber auch, dass Osim, der als Kroate aus dem bosnischen Sarajevo stammte, wegen des Bürgerkriegs auf dem Balkan politisch unter Druck geraten war. Als neuer Coach der Jugoslawen reiste Ivan Cabrinovic nach Schweden. Immer wieder wurde dort das Mannschaftsquartier von Demonstranten heimgesucht, die Jugoslawien bzw. die groß-serbischen Kräfte in Belgrad für den Balkankrieg verantwortlich machten. Noch vor dem Anpfiff des Turniers verhängte der UN-Sicherheitsrat Sanktionen gegen Jugoslawien, die auch einen Sportboykott beinhalteten. UEFA und FIFA reagierten prompt, schlossen die Jugoslawen zehn Tage vor dem Start der EM vom Turnier aus und nahmen sie auch aus der Qualifikation für die WM 1994. „Wir können nicht länger so tun, als sei nichts geschehen. Immerhin repräsentiert diese Mannschaft Restjugoslawien, und wir müssen der politischen Wahrheit ins Auge sehen", kommentierte UEFA-Präsident Lennart Johansson den Ausschluss. „Wir sind doch keine Mörder, wir wollen nur Fußball spielen", erwiderte Dejan Savicevic, Nationalstürmer der Jugoslawen und mit damals 27 Länderspiel-Einsätzen einer der erfahrensten Spieler.

Prominenz bei der Auslosung: der schwedische Nationaltrainer Thomas Svensson, Franz Beckenbauer und Bobby Charlton (von links). Noch fehlt mit Dänemark der spätere Europameister im Teilnehmerfeld.

Nutznießer dieser Entwicklung waren die Dänen, die in der Qualifikation hinter Jugoslawien den zweiten Rang belegt hatten und jetzt nachrücken durften. Glücklicherweise hatten sie für Anfang Juni ein Freundschaftsspiel gegen die GUS vereinbart, sodass der Kader schnell zusammengestellt war. Die Spieler mussten „lediglich" aus ihrem Jahresurlaub geholt werden. Flemming Povlsen, der mit Borussia Dortmund ein strapaziöses Meisterschaftsrennen über 38 Spieltage hingelegt hatte: „Für uns war die Saison eigentlich gelaufen. Ich war ausgebrannt." Das größte Problem war für die Dänen, wie ihre Fans jetzt noch an Tickets kommen sollten. Ganz aus heiterem Himmel kam diese Nachnominierung übrigens nicht. Auch in Dänemark verfolgte man die Reaktionen der Welt auf das jugoslawische Vorgehen im Balkankonflikt. Und auch die Möglichkeit eines jugoslawischen Ausschlusses von der EM war schon erörtert worden. Ähnlich ging es in Italien zu, wo man auf einen Ausschluss der Sowjetunion-Nachfolgerin GUS spekulierte. Trotzdem war das plötzliche Nachrücken der Dänen eine große technische Herausforderung.

Folgerichtig galten sie als die krassesten Außenseiter des Turniers. Englische Buchmacher boten Wetten mit dem Kurs von 40:1 an. Laut Flemming Povlsen wollte das

Team lediglich „als nachnominierter Teilnehmer nicht untergehen" – und Spaß haben. Povlsen fügte an, dass „Form auch eine Frage von Lust" sei. Wie Recht er damit haben sollte, ahnte noch niemand.

Acht „Italiener" im DFB-Team

Als Favoriten galten andere – vor allem Weltmeister **Deutschland**, Europameister Niederlande und Frankreich. Nach dem 1:0-Sieg der Deutschen in Brüssel hatte Belgiens Trainer Paul van Himst geschwärmt: „Diese Mannschaft ist komplett und zusammen mit Frankreich der große EM-Favorit." Auch Günter Netzer attestierte dem DFB-Team eine große Zukunft: „Seit Jahren verspüre ich zum ersten Mal, dass dieses Team über einen längeren Zeitraum etwas bewegen kann." Für die Klasse des deutschen Kaders sprach auch die große Präsenz deutscher Nationalspieler in Italiens Serie A, die als weltweit beste Fußballliga firmierte. Aus Vogts Kader spielten Andreas Brehme und Jürgen Klinsmann (beide Inter Mailand), Rudi Völler und Thomas Häßler (AS Rom), Thomas Doll und Karlheinz Riedle (Lazio Rom) sowie Stefan Reuter und Jürgen Kohler (beide Juventus Turin) im Lira-Paradies; Andreas Möller stand vor dem Wechsel nach Turin.

Nicht im Aufgebot befand sich dagegen der verletzte Kapitän, Leitwolf und Mittelfeldmotor Lothar Matthäus. Die Frage war, wer seine Rolle übernehmen konnte. Theoretisch besaß Bundestrainer Vogts mit Stefan Effenberg, Matthias Sammer, Andreas Möller und Thomas Häßler durchaus Alternativen. Doch mangelte es Effenberg und Sammer im Vergleich zu Matthäus an Erfahrung; Möller war kein Leader und zu offensiv orientiert. Blieb noch Thomas „Icke" Häßler. Vorne verfügte das DFB-Team mit den „Italienern" Riedle, Völler und Klinsmann über einen Paradesturm. Hinten standen die Weltmeister Illgner, Kohler, Brehme und Reuter, zu denen sich der Frankfurter Manfred Binz in der Position des zentralen Mannes hinzugesellt hatte. Das Expeditionskorps des DFB bestand aus 52 Leuten, deren Unterbringung tagtäglich 17.000 DM verschlang. Darunter vier Trainer, drei Masseure, zwei Medizinprofessoren und ein Koch. Die 300 Meter vom Hotel zum Trainingsplatz wurden im 400.000 Mark teuren Mannschaftsbus zurückgelegt. Was den Aufwand anbetraf, der um das Turnier betrieben wurde, waren die Deutschen bereits Europameister.

Die **Niederländer** hatten nach dem EM-Triumph von 1988 einen Durchhänger gehabt, geprägt von Trainerwechseln und internen Problemen. Nach der WM 1990 übernahm erneut Rinus Michels das Zepter. Mit 64 Jahren war der „General" der „Methusalem" unter den EM-Trainern. Die Stützen seines Teams waren dieselben Akteure wie 1988: der 35-jährige Keeper Hans van Breukelen vom PSV Eindhoven, vor dem als Abwehrchef Ronald Koeman operierte. Im Mittelfeld hießen die Chefs Frank Rijkaard und Ruud Gullit, vorne wirbelte Marco van Basten, der zum kompletten Stürmer gereift war und in der Serie A eine starke Saison absolviert hatte. Neben van Basten stürmte der 22-jährige Brian Roy von Ajax Amsterdam, in der Hinterhand besaß Michels noch so hochtalentierte Akteure wie Denis Bergkamp und Frank de Boer (beide 23), die ebenfalls der Talentschmiede aus dem Osten Amsterdams ent-

Eric Cantona hebt ab – der exzentrische Spieler war nicht bei französischen Vereinen, wohl aber in der Équipe Tricolore willkommen.

stammten. Trotz des Rückgriffs auf die Säulen von 1988 war die *Elftal* keineswegs alt. Vier Jahre zuvor hatte ein ausgesprochen junges Team das Turnier gewonnen. Nur vier Akteure des niederländischen EM-Kaders lagen jenseits der 30-Jahre-Grenze.

Auch Platinis **Frankreich** verfügte über eine Reihe exzellenter Akteure wie die bereits erwähnten Jean-Pierre Papin und den exzentrischen Eric Cantona, dessen Karriere von Querelen und Suspendierungen gekennzeichnet war. Während der Saison 1991/92 war Cantona, bei Frankreichs Vereinen mehr oder weniger eine persona non grata, nach England zu Leeds United gewechselt. Dank Cantona gewann Leeds den Meistertitel. Ein Jahr später sollte der lang aufgeschossene, technisch starke Stürmer bei Manchester United anheuern, wo er zur Legende avancierte. Vor ManU-Coach Alex Ferguson galt Michel Platini als einziger Trainer, der mit dem „enfant terrible" des französischen Fußballs zurechtzukommen schien.

Platini verfolgte eine Spielphilosophie, die eine pragmatische Weiterentwicklung des Champagner-Fußballs seiner eigenen aktiven Jahre darstellte. Sein Team operierte aus einer stabilen Deckung heraus und bevorzugte die Konterattacke. Der Megastar des Champagner-Fußballs setzte deshalb weniger auf filigrane und technisch versierte Solisten, sondern auf spielintelligente und mannschaftsdienliche Akteure. „Der moderne Fußball hat sich einfach so weiterentwickelt, dass die große Zeit der Individualisten vorbei ist", meinte Platini. „Als Trainer kann ich es mir nicht erlauben, im Mittelfeld irgendwelche Leute von Defensivaufgaben zu befreien."

Gruppe 1: Skandinavien in Hochstimmung

Schweden
Dänemark
Frankreich
England

Nach einer bescheidenen Eröffnungszeremonie – immerhin im Beisein von Schwedens König Carl XVI. Gustav – bestritten am 10. Juni 1992 Gastgeber Schweden und Ex-Titelträger Frankreich vor knapp 30.000 Zuschauern im legendären Rasunda-Stadion im Stockholmer Vorort Solna, Schauplatz des WM-Finales von 1958, das Eröffnungsspiel. Die Schweden hatten mit Thomas Brolin einen Stürmer von internationaler Klasse, der in Italiens Serie A für den AC Parma kickte. Hingegen fehlte verletzungsbedingt Schwedens Starlibero, Mats Gren von Grasshopper Zürich. Die Schweden griffen deshalb auf eine Viererkette zurück, die sie früher einmal den Briten abgeschaut hatten. Weitere bekannte Legionäre im Team des Gastgebers waren Anders Limpar von Arsenal London und Stefan Schwarz von Benfica Lissabon, doch das Gros des Kaders spielte für heimische Vereine.

Die Anfangsphase des Eröffnungsspiels gehörte den Franzosen. Das *Tre-Kronors*-Team konnte dann aber seine Nervosität ablegen und sein gewohnt organisiertes Spiel aufziehen. Die Folge war die schwedische Führung in der 25. Minute durch den aufgerückten Defensivspieler Jan Eriksson. Im zweiten Durchgang agierte die *Équipe Tricolore* offensiver. Der verdiente Lohn war der Ausgleich in der 59. Minute durch Papin. Es blieb beim 1:1 bis zum Schlusspfiff. Resümee des *Züricher Tagesanzeigers*: „Einmal Papin – aber Frankreich war nicht einmalig."

Gespannt schaute man einen Tag später nach Malmö, wo Dänemark und England aufeinander trafen. Ihr größtes Problem hatten die Dänen mittlerweile gelöst: Die Nationalspieler hatten den Sandstrand mit dem grünen Rasen getauscht. Und auch die Fans der Dänen konnten noch mit Karten versorgt werden. Jetzt galt es Kritiker zu widerlegen, die in diesem „Danish Dynamite" nur nasses Schießpulver entdecken mochten. England-Coach Graham Taylor vor der EM über seinen Kader: „Das ist die Creme des englischen Fußballs." Die *Three Lions* dominierten die Begegnung zunächst, aber nach einer torlosen ersten Halbzeit drehte sich das Spiel zugunsten der Dänen. Angetrieben vom jüngeren der Laudrup-Brüder, dem für Bayern München spielenden Brian, versuchten die Dänen immer wieder, die englische Abwehr in Verlegenheit zu bringen. Doch Tore fielen auch im zweiten Durchgang nicht. Das dänische *Extra Bladet* bewertete das torlose Remis trotzdem als „dänische Wiedergeburt".

Am zweiten Spieltag trafen Frankreich und England aufeinander. Im Duell zweier Mannschaften, die ihre Anhängerschaft im ersten Spiel sehr enttäuscht hatten, strapazierten die Spieler erneut die Geduld ihrer Fans. Kaum Torchancen, nutzloses Mittel-

Der schwedische Stürmer Martin Dahlin (Mitte) im Zweikampf mit dem englischen Abwehrspieler Neil Webb. Dahlins Sturmpartner Thomas Brolin schaut zu. Gastgeber Schweden warf England durch einen 2:1-Sieg aus dem Turnier.

Rasenschach zwischen England und Frankreich

feldgeplänkel und keine raumübergreifenden Pässe – solches Elend kennzeichnete die Begegnung, obwohl mit Papin, Cantona, Shearer, Platt und Lineker fünf europäische Topleute auf dem Platz standen. Auch dieses Spiel endete ohne Sieger und torlos. „Rasenschach", höhnte der Schweizer *Blick,* und Dänemarks *Berlingske Tidende* fand nur noch eine Beschreibung: „Traurig." Michel Platini war der Auftritt seiner Elf geradezu peinlich: „Ich entschuldige mich für meine Spieler", erklärte der Coach nach dem Spiel. Papin meinte hingegen nüchtern: „Ein Punkt ist ein Punkt."

Drei Stunden später bat Schweden zum innerskandinavischen Duell gegen den Erzrivalen Dänemark. Schwedens Trainer Tommy Svensson stellte Brolin im Sturm Martin Dahlin zur Seite, der in der Bundesliga für Borussia Mönchengladbach spielte. Dänemark vertraute trotz der Nullnummer gegen England seinem „Ruhrgebietssturm" um Bent Christensen (Schalke 04) und Flemming Povlsen (Borussia Dortmund). Dahlin, in Schweden nicht unumstritten und in Mönchengladbach lange Zeit verletzt, spielte eine sehr gute Partie und gab auch die entscheidende Flanke zum 1:0, das Thomas Brolin in der 59. Minute markierte. Dass die Dänen trotz großem Engagement nicht mehr den Ausgleich schafften, lag am hervorragend abgestimmten Abwehrverhalten der Schweden. So blieb Brolins Treffer das Tor des Abends, und im vierten Spiel der Gruppe 1 gab es endlich einen Sieger. Während Österreichs *Die Presse* Schweden zum „Mitfavoriten" wachsen sah, fürchtete der Schweizer *Blick,* dass „die Dänen nach dem Spiel gegen Frankreich die Urlaubskoffer wieder packen können".

Endlich schien bei den Engländern der Knoten zu platzen. Im Spiel gegen Schweden traf David Platt schon nach vier Minuten zur britischen Führung. Angriff auf Angriff rollte auf das schwedische Tor. Aber die Engländer versäumten es, das vermutlich vorentscheidende 2:0 zu machen. Während der Pause stellte Svensson seine Mannschaft neu auf. Ein massiertes Mittelfeld und verstärkte Attacken der Offensivabteilung hieß die neue Marschrichtung. Das Konzept ging auf. In der 54. Minute erzielte Eriksson den Ausgleich und löste damit beim Team von Graham Taylor eine Art Wachkoma aus. Willenlos ließen die konditionell ausgelaugt wirkenden *Three Lions* alles mit sich geschehen. Schwedens Führung war nur eine Frage der Zeit. In der 83. Minute war es so weit, als „Pausbäckchen" Brolin nach Vorarbeit von Dahlin das 2:1 erzielte. Die Engländer ergaben sich ihrem Schicksal und traten sieglos die Heimreise an. In den drei Begegnungen war ihnen nur ein Tor gelungen. Das unrühmliche Ende des „Mutterlandes" wurde von wüsten Schlägereien englischer Hooligans begleitet. Die heimische Presse übergoss Trainer und Team mit Spott und Häme: „Wen willst du als nächsten blamieren, Taylor?", fragte der *Daily Mirror.* Die *Daily Mail* regte an: „Brolins Siegtor müsste als Video ein Kassenschlager sein. Danke, Schweden."

Frankreich ging in sein letztes Vorrundenspiel gegen Dänemark mit einer gehörigen Portion Überheblichkeit. Man glaubt, den Gegner rein spielerisch zerlegen zu können. Entsprechend arrogant eröffnete das Platini-Team das Spiel. Den ersten

Schock musste die „Grande Nation" verdauen, als bereits nach wenigen Minuten deutlich wurde, dass die Nachrücker aus Dänemark offensiv auf die Entscheidung drängten. Sie agierten so ungezügelt wie während der EM 1984 in Frankreich. Schon sieben Minuten nach dem Anpfiff musste Frankreichs Torwart Martini das erste Mal hinter sich greifen. Sein Bezwinger hieß Henrik Larsen und spielte für Lynby BK. Die Dänen besaßen bis zum Halbzeitpfiff noch weitere, zum Teil hochkarätige Chancen, während es von der *Équipe Tricolore* nichts zu berichten gab. Erst nach 50 Minuten schienen die Franzosen zu begreifen, dass diese Dänen drauf und dran waren, sie aus dem Turnier zu schmeißen. Fortan gingen *Les Bleus* beherzter zur Sache und kamen prompt zu guten Einschussmöglichkeiten. Eine davon konnte Papin in der 61. Minute zum 1:1 nutzen. Nun wuchs der Druck auf die Dänen; stehend k.o. erwarteten sie minütlich den entscheidenden Stoß. Doch Fortuna stand an diesem Tag mit ihnen im Bunde. In der 78. Minute erreichte ein von Povlsen vorgetragener Entlastungsangriff als Flanke den erst zehn Minuten zuvor eingewechselten Lars Elstrup vom Odense Boldklub, der mit dem linken Fuß zum 2:1 einschoss. Die Franzosen waren nun an Geist und Gliedern gelähmt. Nach England hatte sich auch Frankreich blamiert. „Ab nach Hause! Die Blauen sind tief gefallen", betrauerte Frankreichs *L'Equipe* das vollkommen unerwartete Ausscheiden seines Nationalteams. Michel Platini trat anschließend zurück. Sein englischer Kollege Graham Taylor folgte ihm wenig später.

Zwei skandinavische Mannschaften unter den letzten vier – nie zuvor hatte die Region bei einem bedeutenden internationalen Turnier so gut abgeschnitten. Und das auf eigenem Terrain. Der Fußball in Dänemark und Schweden, der sich nach wie vor der Konkurrenz durch andere Sportarten erwehren musste, verbuchte eine entscheidende Aufwertung

Gruppe 2: Deutschland mal wieder im Dusel

In der Gruppe 2 startete Titelverteidiger Niederlande gegen Schottland in die Endrunde. Unterschiedlicher hätten die Voraussetzungen nicht sein können. Die Niederländer galten als ernsthafter Titelaspirant. Schottland hingegen eilte der ehrlich erworbene Ruf voraus, Fußballturniere – sofern sie überhaupt erreicht wurden – sehr schnell wieder zu verlassen. Vor Turnierbeginn hatte Schottland-Coach Andy Roxburgh zudem eine Hiobsbotschaft erreicht: Mittelfeldstratege Gordon Strachan, mit Leeds United frischgebackener englischer Meister, sagte die Schweden-Reise ab. Der 35-Jährige zog es vor, in der Sommerpause seine Rückenprobleme auszukurieren. In der Funktion des Denkers und Lenkers des Nationalteams war Strachan kaum zu ersetzen.

Niederlande
Deutschland
Schottland
GUS

Die erste Halbzeit brachte für den Titelverteidiger leichte Vorteile, trotzdem stand es nach 45 Minuten 0:0. Für die *Bravehearts* war der Spielstand ein wenig schmeichelhaft. Mehrmals hatten Frank Rijkaard, Brian Roy und besonders Ruud Gullit die Führung auf dem Fuß. Doch alle vergaben oder scheiterten am guten Keeper Andy Goram. Mitte der zweiten Halbzeit kamen plötzlich die Schotten gefährlich auf, witterten ihre Chance und drängten auf die Führung. Das war der *Elftal* dann doch ein bisschen zu viel des Guten. Nach einer sehenswerten Kombination über mehrere Stationen gelang Ajax-Stürmer Denis Bergkamp in der 73. Minute die Führung für die Niederlande. Mehr wollte der Europameister nicht. Gelassen schaukelte man die 1:0-Führung über die Zeit.

Aus der UdSSR war die GUS geworden – Tendenz weiter schrumpfend. Deutschland dagegen hatte zugelegt und bestand jetzt aus der BRD plus Ex-DDR. In Norrköping standen sich nun die Auswahlmannschaften der beiden neu formierten Staaten gegenüber. Zur Zeiten der UdSSR wurde die Nationalmannschaft in der Regel auf der Basis eines gezielt auserwählten Klubs formiert. Dies war nun nicht mehr möglich, weil sich das Gros der in Betracht kommenden Akteure im Ausland verdingte. So u.a. Mittelfeldstar Andrej Kantschelski, der bei Manchester United unter Vertrag stand. Aus Byschowitz' Wunschelf kickten nur noch drei Spieler in der Heimat: Torwart Dimitri Charin (Armee Moskau) sowie die Abwehrspieler Andrej Tschernischow (Spartak Moskau) und Achrik Zweiba (Dynamo Kiew).

Das Spiel in Norrköping war 25 Minuten alt, als sich Rudi Völler im Zweikampf mit Oleg Kusnetzow den Unterarm brach. Nach der Halbzeitpause lief der Torjäger von AS Rom nicht mehr auf, für Völler war das Turnier beendet. Die Kapitänsbinde, die Völler von Matthäus übernommen hatte, wurde nun an Andreas Brehme weitergereicht, der sich jedoch in dieser Rolle im weiteren EM-Verlauf spürbar überfordert zeigte. Dem DFB-Team fehlte fortan eine Leit- und Integrationsfigur. Die GUS zog ein temporeiches und variables Spiel auf, bei dem die Stürmer Koliwanow und Dobrowolski die deutsche Abwehr gehörig durcheinanderwirbelten. Die hatte um ihren Libero Manfred Binz, der ein Totalausfall war, einen rabenschwarzen Tag erwischt. Das DFB-Team konnte froh sein, dass der GUS-Sturm daraus kein Kapital schlug. Torlos wurden die Seiten gewechselt.

Für Völler kam jetzt Andreas Möller, eine Belebung der Offensive war er nicht. Brandgefährlich blieben aber die GUS-Stürmer. In der 63. Minute wusste sich Stefan Reuter gegen Dobrowoski im deutschen Strafraum nur durch ein Foulspiel zu helfen. Den fälligen Elfmeter verwandelte der Umgerissene zur verdienten GUS-Führung. Vogts verstärkte noch einmal die Offensive und schickte Jürgen Klinsmann für Reuter aufs Feld. Aber erst ein Freistoß in der letzten Spielminute brachte den Ausgleich. Thomas Häßler zirkelte den Ball ins GUS-Gehäuse zum 1:1 Endstand. Auf den letzten Drücker blieb der DFB-Auswahl eine Niederlage im Auftaktspiel erspart. „Typisch deutsch", nannte die dänische Zeitung *Politiken* lakonisch die Rettung in letzter Sekunde. Und in Frankreich konstatierte *L'Equipe* mit resignativem Unterton: „Sie verlieren nie…"

Gegen die GUS schaffte Häßler per Freistoß noch in der letzten Minute den Ausgleich.

Verbissenes Duell zwischen Deutschland und Niederlande: Effenberg und Gullit im Zweikampf.

Schotten mit der Brechstange

Dies erfuhr dann auch Schottland in Norrköping. Vom Anpfiff an traten die Briten konzentriert und konsequent auf und versuchten, das deutsche Spiel schon im Aufbau zu (zer)stören. Dabei benutzten sie mitunter Mittel, die nicht gerade einen Fairnesspreis einbringen. Es entwickelte sich ein munteres Kampfspielchen, in dem die Deutschen langsam die Oberhand gewannen. Nach einer halben Stunde Spielzeit nahm sich Karlheinz Riedle ein Herz und zog aus kurzer Entfernung ab. Sein Geschoss schlug im schottischen Kasten zur 1:0-Führung ein. Kurz nach Wiederanpfiff war es dann Effenberg, der eine scharfe Flanke hereingeben wollte. Ein schottischer Spieler fälschte den Ball so unglücklich ab, dass aus der Flanke ein Flatterschuss wurde, der den Weg ins Netz fand. Die Schotten mühten sich, das Spiel noch mit der Brechstange zu drehen. Insbesondere Reuter, Riedle und Buchwald bekamen dies zu spüren und mussten mit stark blutenden Kopfverletzungen ärztlich behandelt werden. Doch die 2:0-Führung hielt bis zum Schlusspfiff. Ohne zu enttäuschen, blieb Schottland auch bei der achten Teilnahme an einem bedeutenden internationalen Turnier seiner Tradition treu, bereits in der Vorrunde zu scheitern. Da sich GUS und Holland torlos trennten, fiel eine Entscheidung über den Gruppensieg erst am letzten Gruppenspieltag.

In Göteborg trafen Deutschland und die Niederlande aufeinander. Für das Team von Bondscoach Rinus Michels war es eine Gelegenheit, sich für das verlorene Achtelfinale bei der WM 1990 zu revanchieren. Fast auf den Tag genau vor zwei Jahren war die *Elftal* beim Turnier in Italien vom späteren Weltmeister mit 2:1 geschlagen worden. Die Deutschen durften nicht unterliegen, denn niemand rechnete damit, dass die GUS gegen die bereits ausgeschiedenen Schotten verlieren würde. Und ein Sieg der GUS hätte dann das Ausscheiden des DFB-Teams bedeutet. Bundestrainer Berti Vogts musste sein Team für das Nachbarschaftsderby umkrempeln, denn Reuter und Buchwald konnten nicht mehr rechtzeitig nach dem Schottlandspiel genesen. Zählte man die Langzeitverletzten Matthäus und Völler hinzu, fehlte ein Drittel der deutschen Stammelf. Die Vorzeichen standen demnach gut für die Niederländer.

Diese kamen am Abend des 18. Juni wie elektrisiert aus dem Umkleidetrakt des Nya-Ullevi-Stadions. Schon nach vier Minuten spuckte Frank Rijkaard kräftig in die Hände und verwandelte in sehenswerter Manier mit dem Kopf einen gefühlvoll hereingegebenen Koeman-Freistoß. Umgehend versuchten die Deutschen zurückzuschlagen, aber Holland machte den abgeklärteren Eindruck. Nur gut zehn Minuten nach ihrer Führung sprach der italienische Schiedsrichter Dr. Pairetto den Holländern einen weiteren Freistoß zu. Wieder war es Ronald Koeman, der anlief, dann aber, statt auf das Tor zu halten, den Ball seitlich auf Rob Witschge ablegte, der das Leder an Freund und Feind vorbei zum 2:0 in die deutschen Maschen drosch. Die Vogts-Schützlinge kamen überhaupt nicht zur Besinnung. Angriff auf Angriff sah sich Illgner im deutschen Tor ausgesetzt. Schon zur Halbzeit war klar, dass die Deutschen gegen diesen Gegner nicht gewinnen konnten. Umso überraschender war der Anschlusstreffer durch Klinsmann in der 54. Minute. Die Deutschen gaben nun alles, um das Ruder noch einmal herumzureißen. Vergebens. In der 73. Minute gelang Bergkamp die Entscheidung, als er mit dem Kopf zum 3:1 traf. Die *Elftal* hatte das Halbfinale erreicht, das DFB-Team hing am schottischen Faden.

Schottland-Coach Roxburgh blieb nichts anderes übrig, als an die Ehre der Spieler zu appellieren, alles zu geben, „um erhobenen Hauptes nach Hause zurückzukehren". Das GUS-Team hatte sich bis dahin mehr als achtbar aus der Affäre gezogen. Die EM gab den Spielern vor allem die Möglichkeit, sich für Verträge bei westeuropäischen Vereinen zu präsentieren. Die „nationale Ehre" stand bei ihnen weniger im Vordergrund. Die Schotten agierten im Dauerregen von Norrköping denn auch bis in die Haarspitzen motiviert und berannten geradezu ungestüm das Tor der GUS. Schon nach sieben Minuten traf Spielmacher Paul Mc Stay von Celtic Glasgow nach einer Ecke etwas glücklich zum schottischen 1:0. Von Torwart Charin prallte der Ball noch ab. Auch das 2:0 kam äußerst glücklich zustande. In der 17. Minute schoss McClair flach auf das gegnerische Tor. GUS-Defensivmann Tchadadse grätschte ein wenig übermotiviert dazwischen und fälschte das Leder unerreichbar für den Keeper ins eigene Netz ab. Moralisch nicht mehr auf der Höhe und konditionell am Ende ergaben sich die GUS-Spieler in die Niederlage. Die Schotten konnten jetzt ihr Spiel nach Belieben aufziehen. In der 85. Minute wurde ihnen sogar noch ein Elfmeter zugesprochen. McAllister verwandelte ihn sicher zum 3:0-Endstand. Dank dieses Überraschungssieges hatte das DFB-Team das Halbfinale erreicht. Der Berliner *Kurier* brachte diesen „Dusel" auf den Punkt: „Der Glückspilz heißt Mc Berti!"

Der letzte Spieltag in Gruppe 2, bei dem in zwei Begegnungen sieben Tore fielen, war in dieser Hinsicht untypisch für das Turnier. Im Schnitt waren in der Vorrunde nur 1,75 Tore pro Spiel gefallen, fünf der zwölf Begegnungen hatten unentschieden geendet, drei davon torlos. Daten, die nicht gerade für ein attraktives Turnier sprachen, aber auch ein Indiz für die Leistungsdichte dieser EM waren. In spielerischer Hinsicht wussten eigentlich nur die Niederländer zu gefallen, die nun als Favorit in die Runde der „besten vier" gingen.

Halbfinale: „Häßler à la Diego"

Schweden gegen **Deutschland**, das weckte Erinnerungen an das legendäre WM-Halbfinale 1958 in Göteborg, eine emotional aufgeheizte Partie, die der Gastgeber seinerzeit mit 3:1 gewonnen hatte. 34 Jahre und drei Tage später standen sich beide Auswahlmannschaften erneut in einem Halbfinale gegenüber, diesmal in Stockholm und bei einer EM. Die Atmosphäre rund um das Spiel war mit jener der späten Nachkriegsjahre aber nicht mehr zu vergleichen. Normalität war eingekehrt.

In die DFB-Elf kehrten die gegen Schottland verletzten Reuter und Buchwald zurück. Manfred Binz, vom Bundestrainer protegierter Libero, aber nicht unumstritten, trat ins zweite Glied zurück. Schwedens Coach Svensson hatte das Handicap, zwei wichtige Spieler, Patrick Andersson und Stefan Schwarz, aufgrund von Gelbsperren ersetzen zu müssen. Die Deutschen verstärkten für dieses Spiel ihre Abwehr, in der jeder Einzelne fest umrissene Aufgaben zu erfüllen hatte. Vor allem das Zusammenspiel von Brolin und Dahlin galt es zu unterbinden. Im Mittelfeld sollte der ehemalige DDR-Auswahlspieler Matthias Sammer Regie führen und die Spitzen in Szene setzen.

Im Rasunda-Stadion begann das Spiel mit klaren Vorteilen für Deutschland, die sich gegenüber dem Niederlandespiel deutlich verbessert zeigten. Im Mittelfeld konnten die Hausherren keine Akzente setzen, und im Angriff unterbanden besonders Reuter und Kohler jede schwedische Aktion, die gefährlich hätte werden können. In der 11. Minute entschied der sicher leitende italienische Schiedsrichter Tulio Lanese nach einem Foul an Riedle auf Freistoß für Deutschland. Aus knapp 20 Metern trat Spezialist Thomas Häßler an und schlenzte den Ball unhaltbar für Schwedens Torwart Ravelli zum 1:0 ins Netz.

Die Führung verlieh der deutschen Mannschaft weitere Sicherheit, die nun ein technisch ansprechendes Spiel entwickelte. Immer wieder forderte Vogts von der Seiten-

Helmer foult Ingesson, und der anschließende Strafstoß bringt Schweden wieder ins Spiel zurück. Am Ende gewinnen jedoch die Deutschen das Halbfinale.

linie, nicht im Tempo nachzulassen und die Schweden weiter unter Druck zu setzen. Auch im zweiten Durchgang blieb die deutsche Elf überlegen, doch die Schweden hielten nun energischer dagegen. Vereinzelt kamen sie auch zu Chancen, besonders nach Standardsituationen, fanden aber in Keeper Bodo Illgner ihren Meister. Die Vorentscheidung fiel nach einer knappen Stunde. Erneut war der an diesem Tag überragende Häßler der Ausgangspunkt. Er eroberte den Ball im Mittelfeld, trieb ihn nach vorne und passte auf Sammer. Der gab das Leder gefühlvoll nach innen, wo Riedle lauerte und mühelos das 2:0 erzielte. Spannung kam noch einmal fünf Minuten später auf, als Helmer im eigenen Strafraum etwas zu hölzern in den Gegenspieler ging. Den vertretbaren Elfmeter verwandelte Brolin. Die schwedischen Fans wurden nun munter, doch ihre Mannschaft konnte aus dem neuen Spielstand keinen Profit erzielen. Im Gegenteil: Da die Blau-Gelben jetzt alles nach vorne warfen, entstanden in ihrer Defensive große Lücken, in die die Deutschen immer wieder vorstießen. Zwei Minuten vor dem Ende gelang Riedle das erlösende 3:1, nachdem der deutsche Sturm zuvor einige hochkarätige Chancen nicht nutzen konnte. Das Endergebnis war das aber immer noch nicht. Einen nach dem Wiederanstoß grob in Richtung deutsches Tor geschlagenen Verlegenheitspass erwischte Andersson mit dem Kopf und markierte das 3:2. Torhüter Illgner machte dabei keine gute Figur. Endlich pfiff Lanese das Spiel ab. Zum vierten Mal nach 1972, 1976 und 1980 hatte ein DFB-Team das EM-Finale erreicht.

Für den umstrittenen Coach Vogts war der Finaleinzug eine Bestätigung seiner Arbeit, die häufig und nicht immer fair kritisiert worden war. Das deutsche Spiel lebte in Schweden von „urdeutschen Tugenden" wie Kampfgeist und Aufopferungsbereitschaft. Eher technisch orientierte und sensible Spieler wie Andreas Möller kamen in dieser Mannschaft nicht sonderlich gut zurecht. Leitwolf und effektivster Spieler war Thomas Häßler. Von Italiens *Gazzeta dello Sport* erntete der nur 1,66 große Kicker das größte Lob: „Häßler à la Diego. Ein Freistoß im Stile Maradonas bringt Deutschland ins Rollen."

Im zweiten Halbfinale traf Titelverteidiger **Niederlande** auf Außenseiter **Dänemark**. Die Fachwelt war sich einig wie sonst selten: Gullit und Co. würden die Dänen allein schon mit ihren spielerischen Möglichkeiten distanzieren können. Nach dem souveränen 3:1-Sieg über Weltmeister Deutschland führe kein Weg an der *Elftal* vorbei. Erstmals würde ein Europameister den Titel verteidigen können.

Die Dänen gaben sich im Vorfeld betont gelassen. Mit dem Halbfinale hatten sie bereits mehr erreicht, als man ihnen zugetraut hatte. Das Gros der dänischen Spieler waren international kaum bekannt. Ausnahmen waren die Bundesliga-Legionäre Brian Laudrup und Flemming Povlsen sowie der exzellente Keeper Peter Schmeichel, der auch bei Manchester United das Tor hütete. Der Kader der Niederländer las sich ganz anders. Rob Witschge und Ronald Koeman standen beim FC Barcelona unter Vertrag, Ruud Gullit, Frank Rijkaard und Marco van Basten beim AC Mailand, der Rest verdingte sich bei den heimischen Adressen Ajax Amsterdam, Feyenoord Rotter-

■ Entwicklungsland Dänemark?

13 der 20 dänischen EM-Akteure spielten in der heimischen Liga, die international kaum Beachtung fand. Zuschauerzahlen von über 5.000 waren hier die Ausnahme. Erst 1978 hatte man in Dänemark den Professionalismus eingeführt, aber nur wenige Klubs unterhielten tatsächlich „full time"-Profis. Spitzenkräfte kamen über ein Jahressalär von 150.000 DM nicht hinaus, das verdiente man in Deutschland bereits auf der Reservebank. Trotzdem hatte sich in Dänemark seit den Erfolgen der Nationalmannschaft der Jahre 1983-87 einiges geändert. So konnte Bröndby Kopenhagen, der professionellste und modernste aller dänischen Klubs, in der Saison 1990/91 bis ins Halbfinale des UEFA-Cups vordringen. Dort scheiterten die Dänen nur hauchdünn an AS Rom.

---

dam und PSV Eindhoven, die bereits europäische Trophäen eingeheimst hatten und international einen guten Ruf besaßen.

Die größte Gefahr für die *Elftal* lauerte in ihr selbst, denn die Bereitschaft, Dänemark auf die leichte Schulter zu nehmen, war stark ausgeprägt. Die Dänen sahen für sich nur eine Chance: Von Anfang an müssten sie ihrem Spitznamen „Danish Dynamite" alle Ehre machen und gegen die Niederländer geradezu explodieren. Kampf und Leidenschaft hatten die Wikinger-Nachfahren en masse zu bieten. Tatsächlich glich das Spiel dann einer Partie dänischer Handwerker gegen holländische Kopfarbeiter. Schon in der ersten Minute musste van Breukelen alles geben, um einen frühen Rückstand des Favoriten zu verhindern. Keinen klaren Gedanken konnte *Oranje* fassen, kaum waren sie im Ballbesitz, stürzte sich ein Däne auf sie und jagte ihnen das Leder wieder ab. Bereits in der 5. Minute gelang den Dänen die Führung, als Hendrik Larsen eine Flanke von Brian Laudrup in die holländischen Maschen nickte. Das sah nicht nur lehrbuchmäßig aus, es entbehrte auch nicht einer gewissen Eleganz. In der 24. Minute konnte der technisch exzellente Denis Bergkamp eine Rijkaard-Flanke direkt zum Ausgleich verwandeln. Doch die Dänen ließen sich nicht eine Sekunde aus ihrem Konzept bringen. Munter trieben sie den Ball in den Strafraum der Niederländer, in dem es mitunter lichterloh brannte. In der 33. Minute musste Koeman nach einem Laudrup-Kopfball auf der Linie klären. Der Abwehrversuch landete aber genau vor den Füßen von Larsen, der aus 16 Metern schoss und traf. 2:1 für Dänemark.

Nach dem Wiederanpfiff drängte die *Elftal* mit einem zusätzlichen Stürmer (Kieft) auf den Ausgleich und mehr. In der 64. Minute verletzte sich der Däne Hendrik Andersen so schwer, dass er ausgewechselt werden musste. Der dänischen Moral tat dies Malheur keinen Abbruch. Bis zur 86. Minute hielt das dänische Abwehrbollwerk. Dann legte Frank Rijkaard seinen ganzen Frust in einen Schuss aus kurzer Distanz und erzielte aus dem Gewühl den Ausgleich. Wenig später ging das Treffen in die Verlängerung. Die Dänen waren aufgrund ihres kraftraubenden Spiels stehend k.o. Zwei dänische Defensivspieler hinkten nur noch über das Feld und konnten nicht ersetzt werden, da Dänemark sein Auswechselkontingent erschöpft hatte. Der Titelverteidiger konnte noch Gas geben, scheiterte aber wiederholt am überragenden Peter Schmeichel, der seine Elf ins Elfmeterschießen rettete.

Dies eröffneten die Niederländer mit ihrem sichersten Schützen: Ronald Koeman. Er traf, aber Dänemarks Jensen legte nach. Jetzt war die Reihe an van Basten, doch der Held der EM 1988 scheiterte an Schmeichel. Alle anderen holländischen Schützen trafen, aber auch auf Dänemarks Seite patzte niemand. Dänemark hatte im Elfmeterschießen den hohen Favoriten Niederlande mit 5:4 ausgeschaltet und durfte den Einzug ins Finale feiern. Aus dem dänischen „Notnagel" nach Jugoslawiens Ausschluss wurde der „Sargnagel für Holland" meinte Österreichs *Die Presse*. Torwart Peter Schmeichel wurde für seine Elfmetertat überschwänglich gefeiert. Immer wieder wollte man wissen, wie er die richtige Ecke geahnt hätte. Schmeichel gab eine schlichte Erklärung, die zur Geschichte seines Teams passte: „Ich wusste vom Fernsehen, wohin van Basten immer seine Elfer schießt …" Sein Gegenüber Hans van Breukelen war total frustriert: „Die Dänen sind total kaputt. Die Deutschen sind bereits Weltmeister, jetzt werden sie auch noch diesen Titel holen. Dies wird für mich schlaflose Nächte bedeuten."

Finale: Ein Gute-Laune-Sieger

Mit Dänemark und Deutschland standen sich zwei Mannschaften gegenüber, die in ihrer Spielauffassung unterschiedlicher nicht hätten sein können. Berti Vogts' Philosophie berücksichtigte vor allem wissenschaftliche Erkenntnisse. Akribisch genau achteten er und sein Stab auf eine angemessene und ausgeglichene Ernährung. Auch der Aufbau der Übungseinheiten spiegelte die neuesten Entwicklungen der Bewegungslehre. Ganz anders die Dänen. Sie wurden auch als „Big-Mac-Truppe" bezeichnet, weil sie während des Turniers schon mal bei McDonalds aufliefen. Im Spiel überwogen die Emotionen, taktische Überlegungen und Zwänge hatten hier wenig verloren. Laut Flemming Povlsen war der Fußball für die Dänen „in erster Linie Spaß". Mannschaftskamerad Torben Piechnik ergänzte, man nehme alles nicht so wichtig und bleibe locker. Kein anderes Team ließ sich so wenig in ein taktisches Korsett zwängen wie die Dänen, die munter drauflos spielten – zuweilen gegen die Überzeugung ihres Trainers. Natürlich wurde auch bei den Dänen hart trainiert, doch außerhalb der Übungseinheiten bewegten sich die Spieler völlig frei und genossen das Leben. Da den Dänen aufgrund der geringen Vorwarnzeit eine Vorbereitung kaum möglich war, setzte Trainer Richard Möller-Nielsen vor allem auf die Karte „gute Laune" – und dies mit durchschlagendem Erfolg. Flemming Povlsen: „Es gibt in unserer Mannschaft nicht die geringste Gruppenbildung. Wir haben absolut keinen Stress, die Chemie hat von Anfang an gestimmt."

Das Finale verlief vor 37.725 Zuschauern in Göteborg zunächst ganz im Sinne der Deutschen. Matthias Sammer trieb das Spiel aus dem defensiven Mittelfeld nach vorne, Stefan Reuter bot ein grandioses Flügelspiel auf der rechten Seite, Effenberg schaltete im Zentrum, wie er wollte, und Häßler konservierte seine gute Form aus den Spielen zuvor. In der 7. Minute war der von Sammer angespielte Reuter dicht am Führungstreffer, doch er vergab. Möglicherweise wäre mit einer 1:0-Führung das Spiel besser für die Deutschen gelaufen. Stattdessen passierte Brehme ein folgenreiches Missgeschick im Mittelfeld, als er den Ball an Vilfort verlor. Der Däne bediente Povlsen, dessen Zuspiel konnte John Jensen an der Strafraumgrenze aufnehmen. Mit einem satten Schuss erzielte der passionierte Biertrinker (Spitzname „Faxe") in der 18. Minute die dänische 1:0-Führung.

Klinsmann scheitert an Schmeichel

Das deutsche Spiel erlitt nun einen Bruch. Abgestimmtes Passspiel wich einem ideenlosen Geplänkel, das sich besonders im Mittelfeld abspielte. Taktisch klug ließen sich die Dänen in die Defensive zurückfallen, blieben aber bei schnellen Kontern stets brandgefährlich. Technisch ausgereift gaben sie in Zweikämpfen den Deutschen häufig das Nachsehen. Fünf Gelbe Karten für das DFB-Team bezeugten die deutsche Hilflosigkeit. Trotzdem ergaben sich für die Deutschen Chancen zum Ausgleich. Die größte besaß Klinsmann nach knapp einer halben Stunde Spielzeit, doch er scheiterte an Schmeichel. Eine Temposteigerung wäre möglicherweise der Schlüssel zum Erfolg gewesen, denn die Dänen zeigten deutliche konditionelle Schwächen, die aus dem 120-minütigen Halbfinale herrührten. Mit 0:1 aus deutscher Sicht wurden die Seiten gewechselt. Vogts brachte nun Thomas Doll für Sammer, um den Druck auf das dänische Tor zu erhöhen. Immerhin konnte Doll sein Gegenüber Vilfort in die Defensive drängen, ausschalten ließ sich der Däne aber nicht. Das Spiel der Deutschen wurde druckvoller. Verantwortlich für diese Wende war einmal mehr Thomas „Icke" Häßler. Zwei Großchancen in der 58. Minute durch Buchwald und in der 75. Spielminute erneut durch Klinsmann führten jedoch nicht zum Ausgleich. Dänen-Keeper Peter Schmeichel war an diesem Tag nicht zu überwinden.

In der 79. Minute dann die Entscheidung. Kim Vilfort von Bröndby IF, neben Schmeichel bester Mann auf dem Platz, ließ Thomas Helmer aussteigen und traf zum viel umjubelten 2:0. Dänemark konnte sich über seinen ersten internationalen Titel seit dem Gewinn des (mehr oder weniger bedeutungslosen) olympischen Fußballturniers von 1906 freuen. Der dänische Triumph war symptomatisch für ein Turnier, bei dem die vermeintlich großen Fußballnationen enttäuschten. Für Italien und Spanien hatte es nicht einmal zur Schweden-Fahrkarte gereicht, England und Frankreich scheiterten hier bereits in der Vorrunde, Deutschland durfte sich nun zwar Vize-Europameister nennen, hatte aber in fünf Turnierspielen nur zwei Siege zustande gebracht.

Mit Dänemark hatte erstmals in der Geschichte der EM ein krasser Außenseiter das Turnier gewonnen. Die internationale Presse lobte den neuen Champion in höchsten Tönen. „Eine belebende Hymne an die Tapferkeit, an die bunte Mischung und die Einfachheit", glaubte Belgiens *Le Soir* im dänischen Sieg ausmachen zu können. Der dänische Triumph habe „alle Theorien der Hexenmeister, der Berater in weißen Kitteln und der Trainer aus dem Laboratorium über den Haufen geworfen". Vom „Dänen-Wunder" sprach der Schweizer *Blick,* während Spaniens *Diario 16* den

26. Juni 1992, Nya-Ullevi-Stadion, Göteborg, EM-Finale, 79. Spielminute: Der starke Däne Vilfort zieht zum entscheidenden 2:0 ab. Der deutsche Torwart Bodo Illgner ist machtlos.

dänischen Europatitel mit dem Erringen des „Fußball-Nobelpreises" gleichsetzte. Die *Göteborg Posten* wähnte sich als Zeugen der „größten Sensation in der Fußballgeschichte". In Dänemark schrieb *Politiken:* „Wir kamen durch die Küchentür, schnappten den Favoriten das Hauptgericht vor der Nase weg und verließen das Ullevi-Stadion auf dem roten Teppich."

Michel Hidalgo, der Frankreich 1984 zum EM-Titel geführt hatte, empfahl die Dänen als „Beispiel für ganz Europa", da sie „wahren und authentischen Fußball" gespielt hätten. Auch Bundestrainer Berti Vogts zollte dem Sieger allergrößte Bewunderung und formulierte dabei zugleich eine Bankrotterklärung für die eigene Fußballphilosophie. Das Spiel des Gegners sei „toll anzusehen" gewesen, weil die Dänen „alle taktischen Anweisungen über den Haufen gerannt" hätten. Neben der sportlichen Niederlage musste Vogts auch noch eine politische mit nach Hause nehmen. Bei einem seiner peinlichen Ausflüge in die Politik hatte er dem deutschen Bundeskanzler und politischen Gesinnungsfreund Helmut Kohl versprochen, die Dänen für ihr Nein zu den Maastrichter Europaverträgen abzustrafen.

„We are red, we are white"

Frenetisch umjubelt kehrten die dänischen Spieler nach dem Finale in ihre Heimat zurück. Vor dem Kopenhagener Rathaus skandierten über 150.000 Menschen immer wieder „We are red, we are white, we are danish dynamite!" und intonierten als neue dänische Nationalhymne: „Vi er røde, vi er vide, stan sammen sid' pa side." Das rote Nationaltrikot mit einem „2:0" auf dem Rücken avancierte zum Verkaufsrenner. Der im Halbfinale am Knie verletzte Henrik Andersen wurde mit einem Krankenwagen vor das Rathaus gefahren, um der Menschenmenge die gewonnene Trophäe zu präsentieren. Das linke Bein eingegipst, meinte der für den 1. FC Köln spielende Andersen sichtlich gerührt: „Ich muss mich sehr beherrschen, sonst fange ich an zu weinen." 117 Jahre nach dem Tod des dänischen Märchenerzählers Hans-Christian Andersen schrieb die dänische Nationalmannschaft unter dem Titel „Vom Nachrücker zum Europameister" ein neues, modernes Märchen.

In spielerischer Hinsicht war die EM 1992 eine eher armselige Veranstaltung, die nur durch den Sieg eines sympathischen Außenseiters aufgepeppt wurde. In den 15 Spielen wurden lediglich 32 Tore erzielt, was einem Schnitt von 2,13 entsprach. Lediglich bei der EM 1980 waren noch weniger Tore gefallen. Im Großen und Ganzen war die EM in Schweden nur eine Bestätigung der vorausgegangenen (schwachen) WM in Italien. Die einzige Erkenntnis, die sich aus diesem Turnier und dem Dänen-Sieg ziehen ließ, lautete, dass der Ball unverändert rund war und Überraschungen weiterhin möglich. Der Triumph von „Danish Dynamite" leitete keinen neuen Trend ein. Die Tendenz zur „Verwissenschaftlichung" des Fußballs und seiner weiteren Professionalisierung wurde durch den Ausgang der EM nicht aufgehalten.

Wenig begeistert vom dänischen Sieg zeigten sich die Marketingstrategen. Mit Dänemark hatte ein Land gewonnen, das mit fünf Millionen Menschen weniger Einwohner zählte als der DFB Mitglieder. Die Manager des Fußballgeschäfts waren auf die Märkte der fünf großen europäischen Wirtschaftsnationen (Deutschland, England, Frankreich, Italien, Spanien) fixiert, in denen sie 85% ihrer Umsätze abwickelten. UEFA-Generalsekretär Aigner mochte deshalb in die Begeisterung über den dänischen Überraschungscoup nicht einstimmen: „Wenn in solchen (den ‚großen') Ländern das Publikumsinteresse nachlässt, wird auch das Interesse der Wirtschaft geringer."

„Danish Dynamite" explodiert vor Freude – die sympathischen Fans ebenso wie die Spieler.

1996

Europameisterschaft 1996

Gemeldete Länder: 48

Austragungsmodus: 8 Qualifikationsgruppen (7 mit 6 Teilnehmern, 1 Gruppe mit 5), Endrunde mit 16 Teilnehmern: 4 Vorrundengruppen à 4 Teams, Viertelfinale, Halbfinale, Finale.

Qualifikationsspiele (einschließlich Play Offs): 231
Tore: 680 (= 2,94 im Schnitt)
Zuschauer: 3.972.519 (= 17.197 im Schnitt)

Endrundenspiele: 31
Tore: 64 (= 2,06 im Schnitt)
Zuschauer:1.276.174 (= 41.166 im Schnitt)

Spiele insgesamt: 262
Tore insgesamt: 744 (=2,84 im Schnitt)
Zuschauer insgesamt: 5.248.693 (= 20.033 im Schnitt)

Austragungsland der Endrunde: England

Austragungsorte: Birmingham (Villa Park, 40.100), Leeds (Elland Road, 40.000), Liverpool (Anfield Road, 41.000), Manchester (Old Trafford, 55.300), Newcastle (St James's Park, 36.649), Nottingham (City Ground, 49.946), Sheffield (Hillsborough, 36.020)

Die besten Torschützen der Endrunde:
Alan Shearer (England), 5 Tore
Hristo Stoitchkov (Bulgarien), Brian Laudrup (Dänemark), Jürgen Klinsmann (Deutschland), Davor Suker (Kroatien), je 3 Tore
Oliver Bierhoff, Matthias Sammer (beide Deutschland), Pierluigi Casiraghi (Italien), je 2 Tore

Finale: Deutschland - Tschechien 2:1 (0:0, 1:1, Golden Goal)
30. Juni 1996, Empire Stadium Wembley, London

Deutschland: Köpke, Sammer, Babbel, Ziege, Helmer, Eilts (46. Bode), Strunz, Häßler, Scholl (69. Bierhoff), Kuntz, Klinsmann (Trainer: Berti Vogts)
Tschechien: Kouba, Kadlec, Rada, Suchoparek, Hornak, Bejbl, Nedved, Nemec, Poborsky (88. Smicer), Berger, Kuka (Trainer: Dusan Uhrin)
Tore: 1:0 Berger (59., Elfmeter), 1:1 Bierhoff (73.), 2:1 Bierhoff (95.)
Schiedsrichter: Pierluigi Pairetto (Italien)
Zuschauer: 73.611

EM 1996
Football comes home

Die politischen Umwälzungen in Europa erreichten auch das europäische Fußballturnier. Das sowjetische Imperium nebst Jugoslawien war auseinandergebrochen, neue Staaten entstanden und drängten in die internationalen Sportverbände. Zum Zeitpunkt der EM 1996 zählte die UEFA 50 Mitglieder, 48 von ihnen wollten bei der Endrunde dabei sein, weit mehr als jemals zuvor. Der kleinste Debütant repräsentierte übrigens keinen neuen Staat, sondern eine westeuropäische Mini-Monarchie: Das Fürstentum Liechtenstein mit seinen gerade mal 32.000 Einwohnern wollte erstmals beim Europaturnier mitmischen.

16 der neuen Länder allerdings hatten zum Zeitpunkt der UEFA-Gründung in dieser Form noch nicht existiert: Anstelle der Tschechoslowakei traten nun die Tschechische Republik und Slowakei an, anstelle der GUS die Russische Föderation, Ukraine, Weißrussland, Armenien und Aserbaidschan. Als ehemalige Teile der UdSSR meldeten zudem die drei baltischen Staaten Litauen, Lettland und Estland, die sich bereits nach dem Ersten Weltkrieg der Unabhängigkeit erfreuen durften, bis ihnen der Hitler-Stalin-Pakt von 1939 und der Zweite Weltkrieg ein Ende bereitet hatten. 1991 waren die baltischen Staaten die Ersten gewesen, die das „gemeinsame Haus" Sowjetunion verlassen hatten. Georgien und Moldawien meldeten als ehemalige Sowjetrepubliken ebenfalls eigene Nationalteams.

Das ehemalige Jugoslawien war mit Kroatien (bereits in den Jahren 1941-46 ein unabhängiges FIFA-Mitglied), Slowenien und Mazedonien noch nicht komplett vertreten. Der Fußball hatte bei der Aufspaltung Jugoslawiens und der Formierung neuer Staaten eine nicht unwesentliche Rolle gespielt, insbesondere im Falle Kroatiens und Serbiens. Schon vor der Aufteilung hatte es in beiden Staaten unterschiedliche Ausdrücke für den Fußball gegeben: In Kroatien hieß das Spiel *Nogomet*, in Serbien war von *Futbal* die Rede. Seit den 1960er Jahren schmückte die kroatische Flagge das Trikot von Dynamo Zagreb. Nach Erlangung der Unabhängigkeit 1992 war für Kroatiens konservativ-nationalistischen Präsidenten Franjo Tudjman die Umbenennung von Dynamo Zagreb zu Croatia Zagreb eine persönliche Herzensangelegenheit. Tudjmann legte großen Wert auf die Stärkung der Nationalmannschaft und Croatia Zagrebs – sie sollten als Aushängeschilder des neuen Staates auf der internationalen Sportbühne fungieren.

Die steigende Zahl von Mitgliedern bewog die UEFA dazu, die Teilnehmerzahl an der EM-Endrunde auf 16 zu verdoppeln, womit das Turniermodell der Fußball-Weltmeisterschaften zwischen 1954 und 1970 übernommen wurde. Eine entsprechende Entscheidung traf die UEFA am 30. November 1992. Für die Ausrichtung der Endrunde bewarben sich England, Österreich, Portugal und die Niederlande. Die Ausweitung des Turniers um 18 Spiele (von 13 auf 31) bedeutete, dass England klarer Favorit war. Denn nur England besaß die für ein Turnier dieser Größenordnung notwendige Stadionlandschaft, die auch die nunmehr verbindlichen Sicherheitsauflagen wie reine Sitzplatzstadien und Mindestgrößen einschlossen. Die „Fußball-Mutter" England, die ihre Bewerbung mit „Football comes homes" überschrieben hatte, machte dann auch das Rennen.

Die englische Fußball-Revolution

Für England bot das Turnier die Gelegenheit, der Welt das neue Antlitz des englischen Fußballs zu präsentieren und seine Rückkehr in die internationale Fußballgemeinschaft zu feiern. In den 1980ern war Englands Fußball in eine tiefe Krise geraten, die nicht nur das Spiel selbst betraf, sondern vor allem das Umfeld.

Am 11. Mai 1985 kamen im nordenglischen Bradford bei einem Zweitligaspiel 57 Menschen ums Leben, nachdem auf einer alten Holztribüne ein Feuer ausgebrochen war. Später stellte sich heraus, dass unter der Tribüne Müll gelagert wurde, der durch eine achtlos weggeworfene Zigarette in Brand geraten war. Nur 18 Tage später gab es weitere Tote in einem Fußballstadion zu beklagen, dieses Mal im baufälligen Brüsseler Heysel-Stadion, wo der FC Liverpool und Juventus Turin zum Finale im Europapokal der Landesmeister antraten. Noch vor dem Anpfiff stürmten Fans des FC Liverpool einen Block mit Juve-Anhängern. Als diese zu flüchten versuchten, stürzte unter dem Druck der panischen Menge eine Mauer im Stadion ein. 39 Juve-Fans wurden getötet. Die UEFA erklärte anschließend, dass sie „auf unbestimmte Zeit keine Anmeldungen englischer Klubs für die Klubwettbewerbe der UEFA akzeptieren" würde. Zur Saison 1990/91 kehrten mit Manchester United und Aston Villa die ersten englischen Klubs nach Europa zurück, Meister Liverpool allerdings war erst zwei Jahre später wieder dabei.

■ **Britische Stadion-Unglücke**

Die Liste schwerer Stadion-Unglücke in Großbritannien ist lang. Bereits 1902 brach im überfüllten Glasgower Ibrox Park, Spielstätte von Glasgow Rangers, beim Länderspiel Schottland gegen England eine neue Holztribüne zusammen; 25 Tote und über 500 Verletzte wurden gezählt. 1946 kamen im Boltoner Burnden Park beim Pokalspiel der heimischen Wanderers gegen Stoke City 33 Zuschauer ums Leben, über 400 wurden verletzt. Schwere Zwischenfälle mit zahlreichen Verletzten wurden auch aus den Stadien von Charlton Athletic (1923), Manchester City (1926), Huddersfield (1932, 1937), FC Watford (1937), FC Fulham (1938), FC Liverpool (1966), Leeds United (1967), Stoke City (1971) und Arsenal London (1972) gemeldet. Hinzu kommen die jüngsten Katastrophen von Bradford (1985, 57 Tote) sowie Hillsborough (1989, 96 Tote).

Die Stadionkatastrophe von Hillsborough forderte 96 Todesopfer – und leitete ein Umdenken im englischen Fußball ein.

Für die konservative *Sunday Times* war der Fußball hernach zu einem „heruntergekommenen Spiel, das in heruntergekommenen Stadien gespielt und von heruntergekommenen Leuten verfolgt wird" degeneriert. Und der schwärzeste Tag der englischen Fußballgeschichte sollte erst noch kommen: Am 15. April 1989 wurde im Sheffielder Stadion Hillsborough das FA-Cup-Halbfinale zwischen dem FC Liverpool und Nottingham Forest angepfiffen. Die Begegnung wurde jedoch nach wenigen Minuten abgebrochen, als auf einer hoffnungslos überfüllten Hintertor-Stehtribüne 96 Liverpool-Fans zu Tode gedrückt und getrampelt wurden.

Hillsborough war nicht die erste, aber bei weitem schwerste Zuschauerkatastrophe im britischen Fußball. 14 schwere Unglücke mit über 200 Toten markieren eine Bilanz, die in Europa ihresgleichen suchte. Zwischen 1924 und 1985 widmeten sich nicht weniger als acht Untersuchungsberichte der Sicherheit in den Stadien und dem Verhalten der Zuschauer, allerdings ohne nennenswerte Konsequenzen.

Mit Ausnahme von Bradford hatten sich alle Katastrophen auf oder in der Umgebung von Stehtribünen ereignet. Ende der 1980er Jahre spielten Englands Profiklubs noch immer in Stadien, die meist um die Jahrhundertwende entstanden waren und ihre letzte größere Sanierung in den 1920ern erfahren hatten. Auch die Vergabe der WM 1966 hatte seinerzeit keinen Modernisierungsschub bewirkt. Für das Weltturnier wurde nicht ein einziges Stadion neu gebaut. Wembley erhielt ein neues Dach, am Rest der Stadien wurde mehr oder weniger nur die Farbe ausgebessert. Einzige Ausnahme war Sheffields Hillsborough, das eine neue überdachte und aus Stahl konstruierte Tribüne erhielt. Mit 23.250 (von insgesamt 55.000) besaß Hillsborough damals nach Wembley die meisten Sitzplätze. Und ausgerechnet in diesem Stadion, das noch als das modernste im englischen Fußball firmierte, hatte sich nun die größte Zuschauerkatastrophe in der britischen und westeuropäischen Fußballgeschichte ereignet.

Seit der WM 1966 hatten Englands Stadien nur zwei Baumaßnahmen gesehen. Für das betuchtere Publikum und die Sponsoren wurden gläserne VIP-Logen errichtet, die Masse des Publikums blieb hingegen von diesem Komfortschub ausgeschlossen und wurde auch nicht nach ihren Bedürfnissen befragt. Die einzige Neuerung für sie bestand darin, dass um die Spielfelder hohe Zäune errichtet wurden. Damit wollte man die Spielfeld-Invasionen stoppen, wie sie sich seit den 1960ern immer wieder ereignet hatten.

Die Katastrophe von Hillsborough war das Resultat einer Politik, die den Begriff Sicherheit auf den Kampf gegen Hooligans und den Schutz des Stadion-Innenraums reduzierte. Ohne die Zäune, die Hillsboroughs Stehplatztribüne, das Leppings Lane End, in einen „Menschenkäfig" verwandelten, wäre die Katastrophe nie passiert. Für die flüchtenden Liverpool-Fans hatten sich die Zäune als tödliche Falle erwiesen. Hillsborough demonstrierte die bereits jahrzehntelang währende Unfähigkeit der Fußballbranche, die Masse ihrer Kundschaft auch nur mit einem Minimum an Komfort und Sicherheit zu versorgen.

In der Öffentlichkeit forcierte das Unglück bald eine Diskussion um das Publikum im englischen Profifußball. In vielen Stadien waren die Stehterrassen eine Domäne weißer junger Männer mit geringer Bildung, die ein Konzept von Männlichkeit zelebrierten, das von Aggressivität, Sexismus, Chauvinismus und Rassismus geprägt war. Frauen konnten sich in dieser Umgebung kaum wohlfühlen, und sie sollten dies auch nicht. Wenn der Fußball mit dem sozialen Wandel der westlichen Gesellschaften Schritt halten wollte – wozu vor allem das weitgehende Verschwinden traditioneller Arbeitermilieus gehörte –, und ein breiteres Publikum anstrebte, musste sich die Atmosphäre in den Stadien ändern. Allein mit seinem traditionellen Publikum konnte der Fußball seine Zukunft nicht sichern; schon in den 1980er Jahren waren die Zuschauerzahlen im englischen Fußball stark rückläufig. Was 1949 für die Masse der Fußballfans noch „in Ordnung" gewesen war, widersprach 40 Jahre später einer Gesellschaft, die ihre Ansprüche an Dienstleistungen erheblich hochgeschraubt hatte.

Die Katastrophe von Hillsborough läutete nun das Ende der Stehtribünen und den größten Modernisierungsschub in der britischen und europäischen Stadiongeschichte ein. Die erste Maßnahme bestand allerdings darin, die Zäune um die Spielfelder zu entfernen. Eine Entscheidung, die als ein Erfolg der Fans verbucht werden konnten.

Die Revolution des englischen Fußballs begann Ende Januar 1990 damit, dass Lord Justice Taylor einen Report vorstellte, der von der britischen Regierung in Auftrag gegebenen worden war. Kernpunkt des sogenannten „Taylor Reports" war die Aufforderung an die Vereine der 1. und 2. Liga Englands sowie der 1. Liga Schottlands, ihre Stadien bis 1994 zu reinen Sitzplatzarenen umzurüsten. Der Report thematisierte nicht nur die Sicherheit in den Stadien, sondern auch den Umgang der Fußballindustrie mit ihren Kunden insgesamt. Er regte Verbesserungen an, die weit über die Abschaffung der Stehränge hinausgingen und eine insgesamt konsumentenfreundlichere Gestaltung der Stadien vorsahen.

Abriss der Stehtribünen

Zwischen 1992 und 1999 investierten die Klubs der englischen Premier League knapp 1,4 Milliarden Euro in die Modernisierung ihrer Spielstätten. Traditionsreiche Stehtribünen wie „The Kop" (Anfield Road/FC Liverpool), „Northbank" (Highbury/Arsenal) und „Stretchford End" (Old Trafford/Manchester United) fielen dem Bagger zum Opfer, doch es gab kaum Proteste gegen ihren Abriss. Nach der Hillsborough-Katastrophe mochte sich keine breitere Bewegung für den Erhalt der Stehränge formieren. Und ohnehin konnte sich das Ergebnis sehen lassen, denn viele Stadien gewannen nicht nur an Komfort und Sicherheit, sondern auch an Atmosphäre. Die Zäune waren verschwunden, die unteren Ränge befanden sich weiterhin in unmittelbarer Nähe zum Geschehen, und die Überdachung bislang offener Bereiche verbesserte die Akustik. Stadionforscher Simon Inglis: „Die Stehtribünen sind verschwunden, aber die Intimität der Stadien ist so ausgeprägt wie zu keiner anderen Zeit seit den 1960ern."

Zur EM 1996 konnte England also die mit Abstand beste, vor allem aber „kundenfreundlichste" Stadionlandschaft in Europa präsentieren. Finanziell hatten bei dieser Modernisierung nicht nur staatliche Subventionen geholfen. Behilflich war auch ein äußerst lukrativer Fernsehvertrag mit dem Pay-TV-Sender BSkyB des Medientycoons Rupert Murdoch gewesen. Er bedeutete einen Quantensprung in der Bezahlung von Übertragungsrechten. 1986 bis 1988 mussten sich die Erstligisten jährlich gerade mal 3 Mio. Pfund teilen, die von BBC und ITV kamen. Mit der Saison 1988/89 erhöhte sich diese Summe auf jährlich 11 Mio. Pfund. Murdoch zahlte nun ab 1992/93 stolze 61 Mio. Pfund pro Spielzeit. Das Ende der Fahnenstange war damit aber noch lange nicht erreicht. 1997/98 verdreifachte sich der Betrag auf jährlich 185 Mio. Pfund. Hinzu kamen für einige Vereine noch beträchtliche Zahlungen aus den Übertragungsrechten ihrer europäischen Auftritte. Die Premier League schwamm im Geld und konnte sich prominente Profis und Trainer aus dem Ausland leisten. Und die sollten erheblich zur Modernisierung und Professionalisierung des englischen Ligafußballs beitragen.

Mit Beginn des neuen Jahrtausends galt Englands Premier League als weltweit attraktivste nationale Fußball-Profiliga. Das einst epidemische Hooligan-Problem war zumindest im Erstligafußball weitgehend verschwunden – durch die Mobilisierung eines neuen Publikums, durch eine familienfreundlichere Atmosphäre in den Stadien, kontrollierte Ticketvergabe, mehr Sicherheit in den Stadien sowie die Stärkung organisierter Fan-Vertretungen – allen voran die nationale Football Supporters Federation, die von der Regierung, dem Fußballverband sowie der Spielergewerkschaft subventioniert wurde. Der Preis für die schöne neue Stadionwelt waren das Ende der traditionsreichen Stehränge sowie eine drastische Erhöhung der Eintrittspreise.

Qualifikation: Deutschland mit neuen Leithammeln

Doch zurück ins Jahr 1996, zur EM und zur Erhöhung der Teilnehmerzahl von 34 auf 48. Aufgrund der Anmeldeschwemme nahm natürlich auch die Zahl der Qualifikationsspiele erheblich zu: von 123 (1992) auf nun 231 (einschließlich Play Off), also nahezu eine Verdoppelung. Gespielt wurde in acht Gruppen, sieben mit sechs Teilnehmern, eine mit fünf. Im Prinzip qualifizierten sich die ersten beiden jeder Gruppe für die Endrunde; da mit Gastgeber England der 16. Teilnehmer aber bereits feststand, mussten die beiden „schlechtesten" Gruppenzweiten den Loser ausspielen.

Gruppe 1: Rumänien & Frankreich

Bei der WM 1994 hatten die technisch starken **Rumänen** zu den positiven Überraschungen gehört. Das Team um Superstar Gheorghe Hagi, später zum rumänischen „Jahrhundertfußballer" gewählt, hatte im Achtelfinale Argentinien ausgeschaltet und musste sich im Viertelfinale den Schweden erst nach einem Elfmeterschießen beugen. Für die Rumänen war dies das beste Abschneiden in ihrer WM-Geschichte. Rumänien hatte das Glück, zum Zeitpunkt des Zusammenbruchs des „Ostblocks" über eine exzellente Ansammlung von Fußballspielern zu verfügen, die nun in die Topligen des westlichen Auslands gingen und sich dort weiterqualifizierten. So war Hagi 1990 von Steaua Bukarest zu Real Madrid gewechselt und stand während der EM-Qualifikation beim FC Barcelona unter Vertrag.

In der Qualifikationsgruppe 1 kassierte Rumänien in zehn Spielen nur eine Niederlage, und diese erst beim letzten Auftritt in Bukarest gegen **Frankreich**, als man den Gruppensieg bereits in der Tasche hatte. Die Franzosen gewannen durch Tore von drei späteren Weltmeistern – Karembeu, Djorkaeff und Zidane – mit 3:1 und sicherten sich im folgenden Spiel durch einen 2:0-Sieg über den Neuling **Israel** den zweiten Platz.

Israel war 1956 Mitglied der Asian Football Confederation (AFC) geworden, was auf politische Ressentiments stieß. In der Qualifikation zur WM 1958 wurde der jüdische Staat von allen zugelosten Gegnern boykottiert, zu den Asien-Spielen 1962 in Indonesien erst gar nicht eingeladen. Bei den Spielen 1974 in Teheran war man zwar dabei und unterlag erst im Finale dem Gastgeber Iran (0:1), doch in der Vorschlussrunde hatten sich Nordkorea und Kuwait geweigert, gegen die *Nivchéret* anzutreten. Die AFC beendete nun die ständigen Querelen mit der opportunistischsten aller Optionen: Sie schloss Israel „mit Bedauern" aus. Für die *Nivchéret* begann eine 15-jährige Odyssee, die vom Nahen Osten bis nach Ozeanien führte. Israel wurde zum einzigen Staat der Welt, der auf allen Kontinenten WM-Qualifikationsspiele bestreiten musste. 1992 fand Israel schließlich mit der UEFA eine neue Heimat.

Der Neuling konnte mit seinem EM-Einstand zufrieden sein. Israel holte aus den zehn Begegnungen zwölf Punkte, davon neun daheim, wo man ungeschlagen blieb und sowohl Frankreich (0:0) wie Rumänien (1:1) vor jeweils 40.000 Zuschauern in Tel Aviv ein Remis abtrotzte. Das Torverhältnis war mit 13:13 sogar ausgeglichen. Ein anderer Neuling hatte einen weniger gelungenen Einstand: Das Nationalteam von **Aserbaidschan** landete mit nur einem Punkt weit abgeschlagen auf dem letzten Platz. Zudem beklagte die Mannschaft den schlechtesten Zuschauerzuspruch aller EM-Qualifikationsspiele. Aserbaidschan musste seine Spiele mangels einer geeigneten Spielstätte im türkischen Trapzon am Schwarzen Meer austragen. Dort kamen im Schnitt (!) gerade mal 963 Zuschauer zu den Spielen.

Gruppe 2: Spanien & Dänemark

In der Gruppe 2 setzte sich **Spanien** mit fünf Punkten Vorsprung vor Europameister **Dänemark** durch, wobei die Iberer in zehn Spielen nur vier Gegentore kassierten und damit die wenigsten aller Qualifikationsteilnehmer. Coach der Selección war der kauzige Baske Javier Clemente, der in den frühen 1980ern das baskische Aushängeschild Athletic Bilbao zu zwei Meistertiteln geführt hatte. Athletic spielte einen effektiven, aber drögen und defensiven Fußball, und auch die Selección wurde von Clemente defensiv eingestellt. Die Ergebnisse schienen dem Coach recht zu geben, doch das nationale Publikum bevorzugte ein offensiv orientiertes Kurzpass- und Direktspiel, wie es der FC Barcelona liebte. Mit Barça-Coach Johan Cruyff pflegte Clemente eine Art Dauerclinch. Auch die Madrider Presse mochte Clemente nicht, weil er kurz nach seiner Amtsübernahme 1992 die Clique um den Real-Madrid-Star Emilo Santos Butragueno („quinta del Buitre") aufgebrochen hatte. Entsprechend seinem Sicherheitsdenken baute Clemente vorwiegend auf erfahrene Kräfte.

Dänemark hatte nach dem überraschenden Triumph von 1992 eine Talsohle zu durchschreiten. In der Qualifikation zur WM 1994 war der personell nahezu unveränderte Europameister an Spanien und Irland gescheitert. Auch in der EM-Qualifikation tat sich das Team von Trainer Richard Möller-Nielsen anfänglich schwer. Die Dänen unterlagen Spanien in Sevilla mit 0:3 und mussten sich in **Mazedonien** und auf **Zypern** jeweils mit einem 1:1-Remis begnügen. Nach vier Begegnungen betrug Dänemarks Kontostand erst fünf Zähler. Doch aus den verbleibenden sechs Spielen wurden mit Hilfe des zurückgekehrten 30-jährigen Michael Laudrup von Real Madrid 16 Punkte geholt. Besonders wichtig war ein 3:1-Sieg über **Belgien** in Brüssel, durch den die Belgier auf den dritten Platz verwiesen wurden. Den entscheidenden dritten Treffer markierte Kim Vilfort, Schütze des Siegtores im EM-Finale 1992. Nichtsdestotrotz hatte „Danish Dynamite" viel von seiner Explosionskraft verloren.

Gruppe 3: Schweiz & Türkei

Die Gruppe 3 war die einzige mit nur fünf Teams und galt mit **Schweden, Schweiz, Türkei, Ungarn** und **Island** als recht ausgeglichen. Die Schweden hatten ihrer Halbfinalteilnahme bei der EM im eigenen Land einen dritten Platz bei der WM 1994 folgen lassen, mussten nun aber überraschend klar den Schweizern und Türken den Vortritt gewähren, die damit beide erstmals bei einer EM dabei waren. Vom Gruppensieger Schweiz trennte das *Tre-Kronors*-Team am Ende satte acht Punkte, von der Türkei noch immerhin sechs.

Die Schweiz befand sich fußballerisch in einem Aufbruch. 1994 durfte man erstmals wieder seit 1966 an einer WM-Endrunde teilnehmen und überstand in den USA immerhin die Vorrunde. Der englische Trainer Roy Hodgson, der die *Nati* 1992 vom Deutschen Uli Stielike übernommen hatte, ließ Systemfußball spielen und konnte mit dem Torjäger Stéphane Chapuisat (Borussia Dortmund), Ciriaco Sforza (1. FC Kaiserslautern) und Alain Sutter (1. FC Nürnberg/Bayern München) auf Spieler zurückgreifen, die auch in der deutschen Bundesliga einen sehr guten Namen besaßen. In den 1970ern hatte sich der junge Hodgson bereits in der Funktion des Trainers von Halmstad BK und Malmö FF als Modernisierer des schwedischen Fußballs einen Namen gemacht. Die erfolgreiche WM-Qualifikation löste in der Schweiz eine riesige Euphorie aus.

Ihre EM-Kampagne starteten die Eidgenossen mit einem 4:2-Sieg über Schweden, bei dem sich die drei Bundesligalegionäre und der eingewechselte Kubilay Türkyilmaz, ein Stürmer mit türkischen Wurzeln, das Prädikat „Weltklasse" verdienten. Dabei musste die *Nati* zweimal einem Rückstand hinterherlaufen. Auch in der Türkei behielt die Schweiz mit 2:1 die Oberhand, obwohl der für Galatasaray Istanbul spielende Türkyilmaz vor dem Spiel von türkischen Fans Drohungen erhalten hatte und deshalb auf einen Einsatz verzichtete. Das Rückspiel gegen die Schweden in Göteborg endete mit einem torlosen Remis. Nach der erfolgreichen Qualifikation für die EM-Endrunde, die erste in der Geschichte der *Nati*, wechselte Roy Hodgson zu Inter Mailand und wurde durch den Portugiesen Artur Jorge ersetzt, der den Vorzug gegenüber dem Franzosen Arsène Wenger erhielt.

Die Türkei sicherte sich ihren zweiten Platz u.a. durch 2:1-Siege daheim gegen Schweden und auswärts gegen die Schweiz. Für die Türken bedeutete die EM-Endrunde 1996 die erste Teilnahme an einem großen internationalen Turnier seit der WM 1954, wo man gegen den späteren Weltmeister Deutschland nach einem 2:7 in der Vorrunde gescheitert war. Entsprechend frenetisch wurde die Fahrkarte nach England im ganzen Land gefeiert. Trainer Fatih Terim, mit 51 Länderspielen lange Zeit Rekordinternationaler seines Landes, wollte nun mit seinem Team „zumindest in das Viertelfinale". Star des Teams war der 24-jährige Torjäger Hakan Sükür von Galatasaray Istanbul, der in der Qualifikation siebenmal getroffen hatte.

■ „Stop it Chirac"

Beim Spiel Schweden gegen Schweiz kam es zu einem Eklat, als die *Nati* während des Abspielens der Nationalhymnen ein Transparent entrollte, auf dem gegen die französischen Atomtests im Mururoa Atoll protestiert wurde. „Stop it Chirac", lautete die Botschaft, die nun dank der Fußballer  rund um die Welt Verbreitung fand. Der Schweizer *Tages-Anzeiger* schwärmte: „Endlich haben Schweizer Fußballer ein Zeichen dafür gesetzt, dass auch sie Verantwortungsbewusstsein besitzen und ihre Welt nicht auf die 100 mal 60 Meter ihres Arbeitsplatzes begrenzt ist." Nur die Fußballfunktionäre mochten sich mit der Aktion nicht anfreunden. Die UEFA drohte, sie werde ähnliche Aktionen in Zukunft rigoros ahnden.

Gruppe 4: Kroatien & Italien

Italien war die einzige etablierte Kraft in Gruppe 4, alle anderen Teilnehmer – **Kroatien, Litauen, Ukraine, Slowenien** und **Estland** – waren neu dabei. Die Gruppe wurde von einem Kopf-an-Kopf-Rennen zwischen Italien und Kroatien geprägt, das die Ex-Jugoslawen dank des besseren Torverhältnisses für sich entscheiden konnten. Beim ersten direkten Aufeinandertreffen in Palermo gewann die Mannschaft durch zwei Tore ihres für den FC Sevilla kickenden Weltstars Davor Suker mit 2:1. Bei der WM 1990 stand der Mittelstürmer noch im Aufgebot Jugoslawiens. Im Rückspiel vor 40.000 Zuschauern in Split gab es ein 1:1-Remis. Erneut hieß Kroatiens Torschütze Suker. Der Torjäger war nicht der einzig klangvolle Name im Ensemble von Trainer Miroslav Blazevic. Zvonimir Boban spielte für den AC Mailand, Robert Prosinecki hatte Roter Stern Belgrad 1991 zum Gewinn des Europapokals der Landesmeister geführt, saß nun allerdings beim FC Barcelona zumeist auf der Tribüne. Alen Boksic war 1993 mit Olympique Marseille erster Sieger der neuen Champions League geworden und spielte nun für Lazio Rom. Herzstück des Teams jedoch war das Mittelfeld, das mit überragenden technischen Fähigkeiten, hoher Spielintelligenz und perfekten Kurzpass-Kombinationen glänzte. Die hierfür verantwortlichen Akteure Boban, Prosinecki und Aljosa Asanovic von Hajduk Split ließen Italien-Coach Arrigo Sacchi von einem „Naturereignis" schwärmen: „Wenn du gegen sie einmal den Ball verlierst, dann geben sie ihn dir nie zurück."

Davor Suker schoss in der Qualifikation die entscheidenden Tore für Kroatien.

Gruppe 5: Tschechien & Niederlande

In der Gruppe 5 durften sich gleich drei Teams bis zum letzten Spieltag Hoffnungen auf Platz 1 machen: **Niederlande**, **Tschechien** und **Norwegen**. Leicht favorisiert waren die Tschechen. Mit Abwehrchef Miroslav Kadlec und Stürmer Pavel Kuka (beide 1. FC Kaiserslautern) sowie den Mittelfeldakteuren Patrick Berger (Borussia Dortmund), Jiri Nemec und Radoslav Latal (beide Schalke 04) spielten fünf Angehörige des tschechischen Kaders in der Bundesliga. Herz- und Prunkstück des Teams war das spielstarke Mittelfeld, wo Trainer Dusan Uhrin, der in seiner Heimat viermal zum Trainer des Jahres gewählt worden war, die Qual der Wahl plagte. Neben den Bundesliga-Legionären standen ihm hier noch u.a. Spielmacher Vaclav Nemecek (Servette Genf) und Radek Bejbl (Slavia Prag), um dessen Dienste mehrere europäische Klubs buhlten, zur Verfügung. Und dann waren da auch noch der 24-jährige Karel Poborsky von Slavia Prag und der 23-jährige Pavel Nedved vom Lokalrivalen Sparta.

Zunächst allerdings sahen die Norweger wie der heißeste Kandidat auf den Gruppensieg aus; 19 Punkte lautete ihre Bilanz nach sieben Spielen. Doch am Ende hatte Tschechien mit einem Punkt Vorsprung vor den Niederländern die Nase vorn, die ihrerseits Norwegen nur auf Grund des besseren Torverhältnisses auf Platz 3 verweisen konnten. Entscheidend waren letztlich die direkten Duelle: In Rotterdam trennten sich die Niederlande und Tschechien torlos, in Prag gewannen die Hausherren mit 3:1. Auch gegen Norwegen holten die Tschechen vier von sechs möglichen Zählern; 1:1 hieß es in Oslo, 2:0 in Prag. Norwegen und die Niederlande beließen es in Oslo bei einem Unentschieden (1:1). Trotzdem hatten die Norweger vor dem letzten Spieltag mit 20 Punkten noch immer vor Tschechien (18) und den Niederlanden (17) geführt. Doch Tschechien schlug **Luxemburg** erwartungsgemäß mit 3:0. Mit dem gleichen Ergebnis behielten die Niederlande gegen Norwegen vor 39.000 Zuschauern in Rotterdam die Oberhand, womit das Team von Trainer Egil Olsen vom ersten auf den dritten Platz gerutscht war. Die Niederlande waren allerdings auch noch nicht durch. Aufgrund ihrer geringen Punktausbeute mussten sie ins Entscheidungsspiel gegen die gleichfalls punktarmen Iren aus Gruppe 6.

Zufrieden durfte auch das kleine Luxemburg sein, wenngleich es nur zum 5. Platz reichte. Gegen Tschechien gelang die größte

> **■ Tschechen versöhnen ihre Fans**
>
> Zunächst enttäuschend war der Zuschauerzuspruch in Tschechien, wo im Schnitt nur 14.486 die Auftritte der Nationalelf verfolgten. Die Niederschlagung des „Prager Frühlings" im Jahr 1968 war auch für den Fußball mit verheerenden Folgen verbunden gewesen und hatte den Aufbau einer neuen Generation verhindert. In der sozialistischen Ära hatte das Verhältnis der Fußballer zu den Fans stark gelitten. Die Versöhnung gelang erst im Zuge der erfolgreichen EM-Qualifikation. Während der zweite Heimauftritt der Tschechen gegen Weißrussland in Ostrava von weniger als 5.000 Zuschauern besucht wurde, kamen zur letzten Begegnung gegen Luxemburg in Prag immerhin knapp über 20.000, fast 3.000 mehr als beim „Top-Spiel" gegen die Niederlande ein halbes Jahr zuvor.

Pflichtspielsensation seit der EM 1964, als Guy Hellers sein Team vor 1.500 Zuschauern zum 1:0-Sieg schoss. Es war im Übrigen die kleinste Kulisse in dieser Gruppe, bei allen anderen Heimauftritten hatte das Team des Großherzogtums deutlich mehr Zuschauer mobilisiert.

Gruppe 6: Portugal

In Gruppe 6 sah zunächst alles nach einer direkten Qualifikation der Republik **Irland** aus, die nach der Hälfte der Spiele 13 von 15 möglichen Punkten geholt hatte. Auch das Torverhältnis von 13:1 Toren war beeindruckend und sprach für die *Boys in Green*. Lediglich im „Bruderkampf" mit **Nordirland** hatte man beim 1:1 in Dublin Punkte lassen müssen, **Portugal** dagegen wurde 1:0 besiegt. Doch anschließend geriet Irlands Qualifikationskampagne ins Stocken. Gegen **Österreich** gingen beide Begegnungen 1:3 verloren, in **Liechtenstein** gab es ein blamables torloses Remis, der einzige Punktgewinn für den Neuling in zehn Qualifikationsspielen. Vor dem letzten Spieltag führten die Portugiesen mit drei Punkten Vorsprung vor den Iren. Vor 80.000 Zuschauern im Lissabonner Estádio de Luz besaß Irland gegen das wie entfesselt aufspielende Team von Trainer António Oliveira nicht den Hauch einer Chance, verlor mit 0:3 und musste sich mit Platz zwei begnügen – punktgleich mit Nordirland, das am letzten Spieltag durch einen 5:3-Sieg über die Österreicher noch an diesen vorbeiziehen konnte. Lediglich ein Treffer trennte die beiden Teams von der „grünen Insel". Letztendlich nutzte das den *Boys in Green* aber nichts, denn als schlechteste Gruppenzweite mussten sie ein Ausscheidungsspiel gegen die Niederländer bestreiten. An der Liverpooler Anfield Road gewann die Elf von Bondscoach Guus Hiddink hochverdient mit 2:0.

Gruppe 7: Deutschland & Bulgarien

Einen spannenden Zweikampf lieferten sich **Deutschland** und **Bulgarien** in Gruppe 7. Bei der WM 1994 hatten die Bulgaren das DFB-Team im Viertelfinale überraschend ausgeschaltet. Der anschließende vierte Platz bedeutete das beste Abschneiden Bulgariens bei einem WM-Turnier. In der EM-Qualifikation sah es zunächst nicht nach einer erfolgreichen Revanche für das Team von Berti Vogts aus. Im Gegenteil, die erste Begegnung in Sofia erschien wie eine Kopie der Begegnung von New York, wo Lothar Matthäus seine Farben zunächst in Führung gebracht hatte und sich das deutsche Team auf der Siegerstraße wähnte, bevor der für den FC Barcelona kickende Weltstar Hristo Stoitchkov und der beim Hamburger SV beschäftigte Jordan Letchkov noch einen 2:1-Sieg für die Bulgaren herausschossen. In Sofia führten die Deutschen durch Tore von Klinsmann (18.) und Strunz (44.) nach einer bis dahin starken Vorstellung sogar bereits mit 2:0, doch erneut Stoitchkov mit zwei Treffern und Bundesliga-Legionär Emil Kostadinov vom FC Bayern München drehten noch das Spiel: Die Hausherren gewannen mit 3:2.

Trotz der Niederlage reagierte DFB-Coach Berti Vogts keineswegs deprimiert, sondern sprach nach dem Schlusspfiff von „einer der schönsten Stunden als Nationaltrainer. (…) Das könnte der Wendepunkt gewesen sein. Wir sind auf dem Weg, eine starke Mannschaft zu werden, aber wir sind noch nicht so weit." Vogts sollte mit seiner optimistischen Prognose Recht behalten, auch weil sich eine neue Hierarchie und ein neuer Teamgeist in der Nationalelf herauskristallisierten. Befördert wurde dieser Prozess durch eine schwere Verletzung von Lothar Matthäus, dessen Egoismus, Geschwätzigkeit und enge Verbindung zum Boulevard einigen Mitspielern ein Dorn im Auge gewesen waren. Die Führung des Teams lag nun bei Jürgen Klinsmann, der zur Saison 1995/96 von Tottenham Hotspur zum FC Bayern gewechselt war, und Borussia Dortmunds Führungsspieler Matthias

■ **Schillernder Stoitchkov**

Der bulgarische Weltstar Hristo Stoitchkov galt seinerzeit als eine der schillerndsten Figuren im europäischen Fußball. In seiner ersten Profisaison 1984/85 war der damals 19-Jährige beim Abbruch des Pokalfinales zwischen seinem damaligen Klub CSKA und Levski-Spartak Sofia dermaßen aus der Rolle gefallen, dass er zunächst eine lebenslange Sperre erhielt. Zum Glück für Stoitchkov und den Weltfußball wurde er schon wenig später begnadigt, denn sein Land benötigte seine Dienste. 1994 wurde Stoitchkov bei der WM Torschützenkönig und ins „All-Star-Team" gewählt, anschließend auch Europas „Fußballer des Jahres".

Nur mühevoll konnte die DFB-Elf in Tirana 2:1 gegen Albanien gewinnen. In dieser Szene hat Klinsmann Salvador Kajac (am Boden) ausgespielt. Der Albaner Lefter Millo und Andreas Möller beobachten das Geschehen.

Sammer. Um die neuen Leithammel versammelte sich nun ein fußballerisch nicht unbedingt erstklassiges, aber erfolgshungriges Ensemble. Als neuen Torwart hatte der Bundestrainer den sachlichen Andreas Köpke vom 1. FC Nürnberg installiert, der auf dieser Position Bodo Illgner beerbte. Als Matthäus wieder genesen war, zeigte sich niemand im Team an seiner Rückkehr interessiert, denn mit dem Verschwinden von Spielern wie Matthäus, Illgner und Stefan Effenberg hatte die DFB-Elf erstmals seit dem WM-Sieg von 1990 wieder zu einer stabilen Einheit gefunden.

Nach der Niederlage von Sofia fuhren die Deutschen nur noch Siege ein. Am letzten Spieltag trafen Deutschland und Bulgarien erneut aufeinander. Beide Teams führten punktgleich die Tabelle an, wobei die Bulgaren mit 23:7 gegenüber 24:9 über das leicht bessere Torverhältnis verfügten. Dass sich den Deutschen überhaupt noch die Chance zum Gruppensieg eröffnete, hatten sie der Tatsache zu verdanken, dass die Bulgaren in **Albanien** über ein 1:1-Remis nicht hinauskamen und in **Georgien** sogar mit 1:2 verloren.

Im Berliner Olympiastadion gingen nun die Gäste durch einen Treffer von Stoitchkov – bereits sein vierter im dritten Pflichtspiel gegen das DFB-Team – in Führung, doch nur drei Minuten später konnte Klinsmann die über 75.000 Zuschauer beruhigen. Häßler gelang in der 56. Minute die 2:1-Führung, die Klinsmann dann in der 74. Minute vom Elfmeterpunkt zum 3:1 ausbaute, womit die Mannschaft von Berti Vogts doch noch als Erste durchs Ziel ging.

Gruppe 8: Russland & Schottland

In der Gruppe 8 fiel die Entscheidung zwischen **Russland** und **Schottland**. Der offizielle Nachfolger der Sowjetunion blieb neben Spanien als einziges Team in der Qualifikation mit acht Siegen und zwei Unentschieden ungeschlagen und wurde schließlich mit drei Punkten Vorsprung Gruppensieger. Mit 34 Toren hatte die *Sbornaja* häufiger ins Tor getroffen als alle anderen Qualifikationsteilnehmer. Lediglich gegen die Schotten gab man mit einem 1:1 in Glasgow und einem 0:0 in Moskau Punkte ab. Bei der WM 1994 war Russland neben den drei baltischen Staaten, die bereits vor 1940 selbständige Mitglieder der FIFA gewesen waren, der einzige Nachfolgestaat der ehemaligen UdSSR, der zugelassen wurde. Dies hatte zur Folge, dass die meisten der ehemaligen sowjetischen Nationalspieler an der WM nur teilnehmen konnten, wenn sie sich bis zum 31. Dezember 1992 zu „Russen" erklärten. Was die meisten von ihnen dann auch taten. So standen im Kader für die EM 1996 vier Akteure, die aus der Ukraine stammten, die erst in der Qualifikation zur WM 1998 eigenständig auftreten durfte. Der Kader von Trainer Oleg Romanzew war eine Mischung aus Legionären, die ihr Geld in Westeuropa verdienten, sowie heimischen Akteuren, von denen die meisten bei Spartak Moskau unter Vertrag standen.

Die Favoriten in der Endrunde

England hoffte als Gastgeber auf einen ähnlich glücklichen Ausgang wie bei der WM 1966, entsprechend beschworen Medien und Fans den „Spirit of 66". Auch Coach Terry Venables, der die *Three Lions* im Januar 1994 übernommen hatte, wollte sich mit dem EM-Titel verabschieden. Bei der WM 1966 hatte der Spieler Venables einem gewissen Nobby Stiles den Vortritt lassen müssen. Als Coach hatte der geschäftstüchtige und umtriebige Venables auch im Ausland gewirkt. Beim FC Barcelona schickte er Diego Maradona zum SCC Neapel und wurde trotzdem Landesmeister.

Seine Spieler neigten zu Eskapaden: Englands Coach Terry Venables.

Gegenüber seinem drögen Vorgänger Graham Taylor wirkte der humorbewaffnete, wortgewaltige und intelligente Venables, der sich auch als Romanautor (Titel: „They used to play on gras") versuchte, auf Medien und Fans wie eine Wohltat. Venables verfolgte eine für englische Verhältnisse moderne Fußballphilosophie, die sich am Beispiel Ajax Amsterdam orientierte. Anstelle der im englischen Fußball traditionellen starren Viererkette bevorzugte er ein varibales Abwehrkonzept, bestehend aus drei Abwehrspielern, vor denen bei Ballbesitz der für Inter Mailand spielende Paul Ince agierte, der sich dann bei Ballverlust zurückzog und die Dreierkette in eine Viererkette verwandelte. Prominentester Spieler des Teams war der 29-jährige Mittelfeldakteur Paul „Gazza" Gascoigne von den Glasgow Rangers, den Venables bereits aus gemeinsamen Zeiten bei Tottenham Hotspur kannte. Das aus Newcastle und dem Arbeitermilieu stammende Enfant terrible des englischen Fußballs war allerdings nicht nur ein Genie am Ball, sondern neigte auch zur Trinkfreudigkeit und zum Übergewicht. Gascoigne, der nach der WM 1990 in England eine „Gazzamania" ausgelöst hatte, bediente so ziemlich alle positiven wie negativen Klischees vom englischen Profifußballer proletarischer Herkunft. Dem englischen Publikum galt der um derbe Sprüche („Wie Pavarotti klinge ich nur, wenn ich furze") und Aktionen (beim Abspielen der Nationalhymne streckte er schon mal die Zunge heraus, beim Aufwärmen wurde einem Bobby der Ball in den Rücken geknallt) nie verlegene Nonkonformist als „Mann des Volkes". Gascoigne verkörperte das Märchen vom proletarischen Helden, vom Aufstieg des ehrlichen Jungen von nebenan, der seinem Milieu und dessen Kultur trotz des neuen Reichtums verbunden blieb. Seine Eltern konnten sich in Newcastle nur ein Zimmer zur Untermiete leisten. Die Mutter schob in einer Glasfabrik Überstunden, damit sie für ihren Sohn Fußballschuhe kaufen konnte. Denn Fußball war für „little fatty", wie Gascoigne als Kind auf der Straße gerufen wurde, die einzige Chance, dem sozialen Elend zu entfliehen.

Vor der EM sorgte allerdings nicht nur „Gazza" für Schlagzeilen. Die gesamte englische Mannschaft stand unter starker Kritik, nachdem man sich während einer Testspielreise in Hongkong über den Alkoholvorrat der Diskothek „Chinese Jumpers Club" hergemacht und kräftig daneben benommen hatte.

Die **Niederlande** hatten zwar in der Qualifikation nachsitzen müssen, avancierten aber nach ihrem beeindruckenden Auftritt an der Anfied Road, der zu einer Demonstration modernen Fußballs geriet und die Experten schwärmen ließ, über Nacht zu einem ernsthaften Titelanwärter. Beim Kombinationsspiel der *Oranjes* lief der Ball wie eine Flipperkugel über das Feld, der Gegner wurde durch eine Unzahl von direkt gespielten Kurzpässen demoralisiert. Ein Manko war indes, dass Ballbesitz zuweilen zum Selbstzweck geriet und nicht in (erfolgreichen) Torschüssen mündete. Das größte Kontingent der Nationalspieler stellte Ajax Amsterdam, das 1995 die Champions League gewonnen hatte. Folglich orientierte sich Bondscoach Guus Hiddink, ein leidenschaftlicher Verfechter des Offensivfußballs, an der Ajax-Spielweise. Prunkstück des Teams war das kreative Mittelfeld mit Spielern wie dem nur 1,65 m großen 23-jährigen Superfußballer Edgar Davids und Ronald de Boer (Ajax Amsterdam), dem erst 20-jährigen Clarence Seedorf (Sampdoria Genua), Philipp Cocu (PSV Eindhoven) und Aron Winter (Lazio Rom). Im Sturm musste Hiddink allerdings auf den verletzten Außenstürmer Marc Overmars von Arsenal London verzichten. Der Ausfall des wieselflinken und technisch starken Overmars war ein herber Verlust für das traditionelle Flügelspiel der *Elftal,* das in den Niederlanden als unumstößlich galt.

Die **Deutschen** hatten sich nach der erfolgreichen EM-Qualifikation weiter gefestigt. Auch in taktischer Hinsicht hatte sich das Team weiterentwickelt. Dies galt insbesondere für das Defensivverhalten und die Spieleröffnung. Mit Matthias Sammer vom deutschen Meister Borussia Dortmund verfügte Vogts über einen Libero, der diese Rolle modern und offensiv interpretierte. Bei gegnerischen Angriffen verließ Sammer seinen Beobachtungsposten als letzter Mann und rückte in den Raum vor. Und wurde der Ball abgefangen, lief Sammer in den Raum zwischen den beiden defensiven Mittelfeldspielern und verlieh so dem deutschen Angriffsspiel mehr Druck, Kreativität und spielerische Impulse. Sammer weckte Erinnerungen an Franz Beckenbauer, der seinerzeit ebenfalls das Spiel modernisiert hatte. Nach Beckenbauer hatte sich das deutsche Liberospiel eher zurückentwickelt, um schließlich zu erstarren. Berti Vogts über den Übergang seines Teams zum modernen Pressing: „Bei der WM in den USA haben wir zehn Meter vor der Mittellinie angefangen, den Gegner mit einer magischen Linie zu stören. Heute attackieren wir schon am gegnerischen Strafraum und setzen die Räume dahinter viel konsequenter zu, um den Gegner zu langen Bällen zu zwingen und uns damit schneller in Ballbesitz zu bringen. (…) Die Schiene im gesamten Defensivverhalten liegt bei Klinsmann/Sammer. Wenn der Jürgen vorne mit dem

Forechecking anfängt, schiebt Sammer sich und den gesamten Verbund von hinten sofort nach." Der *Kicker:* „Die neue Taktik des Bundestrainers ist der immer besser funktionierende Versuch, der stürmischen Entwicklung im internationalen Fußball mit einer adäquaten Deckungsmethode zu begegnen. Sein Team soll weg von streng abgegrenzten Kompetenzbereichen und starren Besetzungsschemata hin zu einer engen Verzahnung und Verschachtelung der eigenen spielerischen und kämpferischen Kompetenzen, die das Operationsfeld des Gegners eingrenzen und damit seinen Handlungsspielraum einengen."

Frankreich, trainiert von Aimé Jacquet, der 1993 Gérard Houllier als Nationaltrainer beerbt hatte, betrachtete die EM vor allem als Teil seiner Vorbereitung auf die WM 1998 im eigenen Land. Nach Jahren der Erfolglosigkeit war die Grande Nation wieder in den Kreis der besten Fußballnationen zurückgekehrt. Jacquet setzte auf ein kompaktes Kollektiv. Unter seiner Regentschaft hatte Frankreichs Defensive an Stabilität gewonnen. Für die spielerischen Glanzpunkte war das Mittelfeldduo Zinedine Zidane, der nach der EM von Girondins Bordeaux zu Juventus Turin wechselte, und Youri Djorkaeff von Paris St. Germain verantwortlich. Dank Frankreichs exzellenter Ausbildungsarbeit stand Jacquet ein riesiges Potenzial an Spielern zur Verfügung. Der Coach konnte es sich leisten, auf Akteure der für die Olympischen Spiele in Atlanta qualifizierten Olympiaauswahl ebenso zu verzichten wie auf die exzentrischen England-Legionäre David Ginola (Newcastle United) und Eric Cantona (Manchester United).

Weckte Erinnerungen an Franz Beckenbauer: Libero Matthias Sammer.

■ **Fax an Beckenbauer**

Lothar Matthäus fuhr zur EM 1996 nicht mit. Seiner Nichtnominierung war der Rekordnationalspieler durch freiwilligen Verzicht zuvorgekommen. Via Boulevard giftete der Unerwünschte nun gegen Vogts und Klinsmann, weshalb die Bayern-Nationalspieler ihren Präsidenten Franz Beckenbauer per Fax darum baten, sein Ziehkind zu bändigen.

Italien hatte das Finale der WM 1994 erst nach Elfmeterschießen verloren. Trainiert wurde die *Squadra Azzurra* von Arrigo Sacchi, einem der großen Fußballtheoretiker der 1990er Jahre und Erfinder des Pressing. Beim AC Mailand hatte der „Systemtrainer" Sacchi eines der spielstärksten Teams der europäischen Fußballgeschichte geformt, das 1989 und 1990 den Europapokal der Landesmeister gewann. Die *Gazzetto dello Sport* attestierte Sacchis Milan-Team Fußball „wie im Paradies". Als Klubtrainer war Sacchi eine fast ideale Mischung aus Attraktivität und Effektivität gelungen, bei der Nationalmannschaft war davon wenig zu sehen. In der Qualifikation hatte die *Squadra Azzurra* vorwiegend quälenden Minimalistenfußball praktiziert. Kopf der Mannschaft war der 27-jährige Paolo Maldini vom AC Mailand, der als weltweit bester Linksverteidiger gehandelt wurde, in der Nationalmannschaft allerdings – als Nachfolger von Francesco Baresi – die Rolle des Abwehrorganisators übernahm. Für Sacchi war der vielseitige Beau „der Prototyp des modernen Fußballers".

Gruppe A: Gascoigne gewinnt die „Battle of Britain"

England
Niederlande
Schottland
Schweiz

In der Gruppe A empfing Gastgeber England zum Eröffnungsspiel die Schweiz. Die 76.567 Zuschauer im Wembleystadion sahen zunächst eine schwungvolle englische Mannschaft, die auch in der 23. Minute durch Torjäger Alan Shearer von den Blackburn Rovers in Führung ging. Für Shearer war es das erste Erfolgserlebnis nach zwölf torlosen Länderspielen. Doch mit der Zeit erlahmten Englands Kräfte. In der 83. Minute beging Stuart Pearce ein Handspiel im eigenen Strafraum, und Türkyilmaz verwandelte den fälligen Strafstoß zum 1:1-Endstand.

Derweil wurden bei der *Nati* die Friktionen zwischen dem eigenwilligen Artur Jorge und seinem Team immer deutlicher. Torjäger Stéphane Chapuisat durfte merkwürdigerweise erst nach 67 Minuten ins Spiel eingreifen. Alain Sutter und Adrian Knup hatte Jorge erst gar nicht nach England mitgenommen, was ihm daheim herbe Kritik einbrachte. Insbesondere das Boulevardblatt *Blick* machte Front gegen den Schöngeist, der sich auch als Autor eines Gedichtbandes mit dem Titel „Vértica da Agua" (Wasserscheide) hervorgetan hatte. Während Jorge für seine Entscheidung allein sportliche Gründe geltend machte, kursierte das Gerücht, die Nichtberücksichtigung Sutters habe mit dessen führender Rolle beim Anti-Atom-Protest der *Nati* zu tun, und Knup müsse für seine gewerkschaftlichen Aktivitäten büßen.

Auch die Niederlande und Schottland trennten sich unentschieden, wobei es im Birminghamer Villa Park nicht einmal Tore zu beklatschen gab. Der Spielkunst der *Oranjes*, die eine Reihe guter Einschussmöglichkeiten vergaben, setzen die Schotten einen unbändigen Kampfgeist entgegen. Ihre zweite Begegnung gegen die Schweiz gewannen die Niederländer zwar durch Tore des für den FC Barcelona spielenden 22-jährigen Jordi Cruyff, Sohn des legendären „König Johan", und Denis Bergkamp

Verwandelte gegen England einen Elfmeter: der Schweizer Kubilay Türkyilmaz. Es blieb der einzige Treffer der Nati bei dieser Endrunde.

von Arsenal London 2:0, doch wurde der Sieg durch Querelen im Team überschattet. Diese hatten sich bereits vor dem EM-Start angedeutet. Dabei standen sich Spieler surinamischer Abstammung, angeführt von den jungen Mittelfeldstars Davids und Seedorf, und weiße Akteure um die Gebrüder De Boer gegenüber. Davids und Seedorf hatten sich gegen Schottland in der Rolle des Spielmachers gegenseitig im Weg gestanden, weshalb Hiddink Davids gegen die Schweiz 80 Minuten auf der Bank schmoren ließ, um dafür den defensivstärkeren Aron Winter aufzubieten. Davids warf nun dem Bondscoach vor, er würde den weißen Spielern „in den Arsch kriechen", woraufhin dieser den Spieler vom Dienst suspendierte und nach Hause schickte.

Auf der britischen Insel hatte man insbesondere der „Battle of Britain" zwischen England und Schottland entgegengefiebert. Zum ersten Mal seit dem Ende des britischen Championats 1984 kam es wieder zu einem Pflichtspiel zwischen den Auswahlmannschaften der beiden weltweit ältesten nationalen Fußballverbände. Aufgrund von Zuschauerausschreitungen hatte sogar sieben Jahre lang kein Freundschaftsspiel zwischen dem Norden und Süden der britischen Insel stattgefunden. In einer niveauarmen Partie behielten die Hausherren durch Tore von Shearer (53.) und Gascoigne (78.) mit 2:0 die Oberhand. Nach dem Auftaktspiel war Paul Gascoigne hart in die Kritik geraten. Die Medien hielten ihm seine Alkoholexzesse sowie mangelnde Fitness vor. Auch gegen Schottland wirkte Gascoigne müde und schleppte sich mehr über den

„heiligen Rasen", als dass er lief. Doch eine einzige Aktion elektrisierte die Nation und führte zur Versöhnung mit dem exzentrischen Idol: In der 78. Minute parierte Englands Keeper David Seaman zunächst einen von Schottlands Kapitän Gary McAllister geschossenen Strafstoß. Fast im direkten Gegenzug fiel der Siegtreffer für die Engländer: Gascoigne hob eine Flanke von Daren Anderton mit dem linken Fuß direkt über den Kopf von Abwehrspieler Colin Hendry hinweg und schmetterte den Ball anschließend mit dem rechten Fuß volley an Keeper Andy Goram vorbei ins schottische Tor.

Richtig in Fahrt kamen die *Three Lions* am letzten Spieltag, als sie die Niederlande an die Wand spielten. Nach einer guten Stunde führte England, das „Traumfußball" *(Daily Mirror)* zelebrierte und nach Auffassung einiger Experten die beste Vorstellung seit dem WM-Triumph von 1966 ablieferte, durch jeweils zwei Treffer von Shearer (23./ Foulelfmeter, 57.) und Terry Sheringham (51., 62.) bereits mit 4:0. Dem eingewechselten Patrick Kluivert gelang in der 78. Minute noch der Ehrentreffer zum Endstand von 1:4, indem er David Seaman tunnelte. Ein Treffer, der die *Elftal*, die vor dem Anpfiff wie England vier Punkte auf ihrem Konto hatte, vor einem vorzeitigen Ausscheiden bewahrte. Da Schottland zeitgleich die Schweiz mit 1:0 schlug, hatten die Niederländer bei gleicher Tordifferenz mit 3:4 mehr Treffer erzielt als die Schotten (1:2).

Gruppe B: Das Ende der Ära Stoitchkov

Frankreich
Spanien
Bulgarien
Rumänien

In der Gruppe B trennten sich Bulgarien, das nach der fantastischen WM 1994 Titelambitionen anmeldete, und Spanien im ersten Spiel unentschieden (1:1). Die Begegnung plätscherte lange vor sich hin, bis Stoitchkov in der 65. Minute einen Foulelfmeter zur bulgarischen Führung verwandeln konnte. Anschließend ging es hin und her. In der 72. Minute flog Bulgariens Libero Houbtchev nach einer Notbremse vom Platz. Zwei Minuten später konnte Alfonso für die *Selección* ausgleichen. Eine weitere Minute später waren auch die Spanier nur noch mit zehn Mann auf dem Feld, nachdem Pizzi die Rote Karte gezeigt bekommen hatte, wodurch Coach Camacho für die kommende Begegnung seinen einzigen etatmäßigen Stürmer verlor.

Frankreich besiegte Rumänien durch ein Tor von Dugarry (25.), ermöglicht durch einen Fehler von Rumäniens Keeper Stelea, mit 1:0. Für die Rumänen kam das Aus bereits beim zweiten Auftritt, als sie im Balkan-Derby Bulgarien mit 0:1 unterlagen. Torschütze: natürlich Stoitchkov (3.), der damit das Duell mit der anderen großen Spielerpersönlichkeit des Balkan-Fußballs, Gheorghi Hagi, für sich entschied. Derweil trennten sich Frankreich und Spanien unentschieden, wobei die Iberer spielerisch stark enttäuschten.

Am letzten Spieltag trafen Frankreich und Bulgarien aufeinander, während es Spanien mit Rumänien aufnahm. Die Spanier, zwei Punkte hinter Frankreich und Bulgarien, mussten unbedingt gewinnen. Eine müde *Selección* hatte große Mühe mit den

Der bulgarische Weltstar Hristo Stoitchkov (hier gegen den Rumänen Petresen) konnte das Ausscheiden seines Teams nicht verhindern.

technisch überzeugenden Rumänen. Der erlösende Siegtreffer zum 2:1 gelang erst in der 84. Minute durch den eingewechselten Amor. Derweil schlug die *Équipe Tricolore* Bulgarien mit 3:1 und nahm damit erfolgreich Revanche für die Qualifikation zur WM 1994, die ihr die Bulgaren verbaut hatten. Bulgarien rutschte damit hinter Frankreich und Spanien auf den dritten Platz. Die große bulgarische Ära der Stoitchkov, Letschkov und Co. war vorbei.

Gruppe C: „Our old friend Juergen is back"

Die Gruppe C war nicht nur in den Augen von Italien-Coach Arrigo Sacchi die schwerste Gruppe. Die Deutschen trugen sämtliche Spiele im Stadion Old Trafford von Manchester United aus, das sich für sie als exzellentes Pflaster erweisen sollte. Zum Auftakt feierte die DFB-Auswahl einen 2:0-Sieg über erschreckend harmlose Tschechen. „Wir müssen mit diesem Erfolg kritisch umgehen", mahnte Matthias Sammer, berüchtigter Feind jeder Form von Selbstzufriedenheit. Zu diesem Zeitpunkt konnte noch niemand im deutschen Team ahnen, dass man sich mit dem späteren Finalgegner gemessen hatte. Allerdings hatte Vogts den Verlust seines Verteidigers und Kapitäns Jürgen Kohler zu beklagen, der während seiner Italien-Zeit zur Weltklasse gereift war. Bereits nach 14 Minuten war für ihn die EM beendet, nachdem er sich im Zweikampf mit Pavel Kuka

**Deutschland
Tschechien
Italien
Russland**

■ Bomben in Manchester

Im März 1941 hatten deutsche Luftangriffe, die dem benachbarten Industriekomplex galten, im Manchester-Stadion Old Trafford schwere Zerstörungen angerichtet. 55 Jahre später waren es nicht die Deutschen, sondern die irische Untergrundorganisation IRA, die Manchester bombardierte. Am 15. Juni 1996, also eine Woche nach Beginn der EM und inmitten der Vorrundenspiele, explodierte im Geschäftszentrum von Manchester die größte Bombe auf britischem Boden seit dem Zweiten Weltkrieg. Über 200 Menschen wurden verletzt und mehr als 75.000 Quadratmeter Geschäfts- und Bürofläche zerstört.

---

einen Innenbandabriss im rechten Knie zugezogen hatte. Die Kapitänsbinde ging nun an Jürgen Klinsmann über.

Auch Italien begann das Turnier mit einem Sieg, doch konnte Coach Arrigo Sacchi beim 2:1 über Russland mit dem Auftritt seiner *Squadra Azzurra* kaum zufrieden sein. Für Unterhaltung sorgten an der Liverpooler Anfield Road fast ausschließlich die Russen, die die Italiener phasenweise an die Wand spielten, aber zu viele Chancen vergaben.

Seine zweite Niederlage kassierte Russland mit 0:3 gegen Deutschland. Bis zur 56. Minute blieb die Partie torlos, dann hatte Sammer genug von der Nullnummer und beendete einen seiner typischen energischen Vorstöße mit dem erlösenden Führungstreffer. Sehenswert auch das 2:0 (77.) durch Klinsmann, der zunächst seinen Gegenspieler Nikiforow stehen ließ, um abschließend den Ball per Außenrist im Tor zu versenken. „Our old friend Juergen is back", titelte tags darauf

Strunz, Sammer und Zola im Kampf um den Ball. Nach der Nullnummer zwischen Deutschland und Italien musste die Squadra Azzurra vorzeitig abreisen.

die *Daily Mail*. Auch der dritte Treffer (90.) ging auf das Konto von Klinsmann, der während seinem Jahr bei Tottenham Hotspur (1994/95) eine Popularität erworben hatte, wie sie für einen deutschen Spieler auf der Insel höchst ungewöhnlich war. Zum Abschied wurde er in England zum „Fußballer des Jahres" gewählt, als zweiter Deutscher nach Bernd Trautmann und erst dritter Ausländer überhaupt.

Mit sechs Punkten und 5:0 Toren hatte das DFB-Team bereits nach zwei Spielen das Viertelfinale in der Tasche, während sich Italien noch ein enges Rennen mit Tschechien um Platz zwei lieferte. Den direkten Vergleich zwischen den beiden hatten die Tschechen durch Tore von Nedved (5.) und Bejbl (35.) verdient mit 2:1 gewonnen. Die Italiener konnten ihr letztes Gruppenspiel gegen die Deutschen nicht gewinnen, obwohl Bertis Mannen ihre schwächste Vorstellung bei diesem Turnier zeigten. Dass die Partie torlos endete und die *Squadra Azzurra* die Heimreise antreten musste, war in allererster Linie das Verdienst des überragenden Keepers Andreas Köpke. Bereits in 9. Minute konnte Köpke einen Elfmeter von Zola parieren – es sollte nicht sein letzter bei dieser EM bleiben. Platz zwei sicherte sich somit Tschechien mit einem 3:3-Remis gegen Russland.

Gruppe D: Null Punkte, aber Fairness-Preis für Alpay

Luis Figo, Joao Pinto und Co. wirbelten den Titelverteidiger aus Dänemark zwar ziemlich durcheinander, zeigten aber Schwächen in der Chancenverwertung. So hieß es am Ende des Auftaktspiels in Gruppe D zwischen Portugal und Dänemark 1:1. Im Duell der beiden EM-Neulinge Türkei und Kroatien behielten die Männer vom Balkan mit 1:0 die Oberhand. Das Siegtor durch Vlaovic fiel erst in der 86. Minute, dank der Fairness des Türken Alpay, der noch die Notbremse hätte ziehen können, wie es vermutlich 99% seiner Kollegen getan hätten. Im eigenen Lager stieß Alpays Verhalten auf Unverständnis. „Ich hätte ihm sogar noch eine Prämie zugestanden, wenn er Vlaovic zu Fall gebracht und die Rote Karte gesehen hätte", tönte der sonst eher besonnene Nationaltrainer Fatih Terim. Das Boulevardblatt *Sabah* schimpfte: „Keine Mannschaft, die aus hundertprozentigen Profis besteht, hätte ein solches Tor kassiert." Als Trostpflaster erhielt Alpay später den Fairplay-Preis.

Portugal
Kroatien
Dänemark
Türkei

Die Türkei verlor auch das folgende Spiel gegen Portugal mit 0:1, trotz der lautstarken Unterstützung durch 12.000 türkische Fans in Nottingham. Damit war für die Türken die EM bereits nach zwei Spielen beendet. Kroatien besiegte Dänemark durch Tore von Suker (54., Foulelfmeter; 90.) und Boban (81.) 3:0 und hatte damit vorzeitig das Viertelfinale erreicht. Der Dänen mussten hingegen im letzten Spiel gegen die Türkei nicht nur deutlich gewinnen, sondern auch auf einen Sieg Kroatiens über Portugal hoffen. Der Elf von Trainer Möller-Nielsen gelang dann tatsächlich ein glatter 3:0-Sieg. Zweifacher Torschütze war Michael Laudrups jüngerer Bruder Brian (50., 84.). Der technisch starke und vor Spielwitz sprühende Stürmer von Glasgow

Rangers erzielte damit drei der insgesamt vier dänischen EM-Tore. Mehr konnten es nicht werden, denn sein Team schied trotz des Sieges aus: Portugal hatte gegen Kroatien ebenfalls mit 3:0 gewonnen. In Anbetracht der geringen Gegenwehr der bereits qualifizierten Kroaten, deren Coach Miroslav Blazevic auf gleich sieben Stammkräfte verzichtete, erhielt der Sieg der Portugiesen trotz einer souveränen Vorstellung einen faden Beigeschmack. Brian Laudrup bewies Souveränität, indem er für den Schachzug Verständnis zeigte: „Bei den Kroaten waren die besten Spieler mit Gelb vorbelastet. Da ist Vorsicht geboten, sonst kann dies zum Ausscheiden führen."

Viertelfinale: Kamikaze-Flieger auf Heimatkurs

Nach dem Fußballfest gegen die Niederlande hofften **Englands** Fans und Medien auf eine Fortsetzung gegen **Spanien**. Doch daraus wurde nichts. Der Gastgeber, bei dem sich im Mittelfeld das Fehlen des gelbgesperrten Paul Ince stark bemerkbar machte, bot im Wembleystadion bestenfalls Hausmannskost. In der 34. Minute konnten die *Three Lions* von Glück reden, dass der französische Schiedsrichter Marc Batta einen regulären Teffer von Kiko wegen angeblicher Abseitsstellung nicht anerkannte. In der 50. Minute lag Batta erneut falsch, als er im englischen Strafraum ein Foul von Gascoigne an Alfonso nicht mit Elfmeter bestrafte, sondern dem Spanier die Gelbe Karte zeigte. Die *Selección* hätte den Sieg verdient gehabt, insbesondere im Mittelfeld waren Amor, Sergi und Co. den Engländern überlegen. Doch die Partie blieb 120 Minuten torlos, und im fälligen Elfmeterschießen hatte die schwächere Mannschaft das glücklichere Ende. Alan Shearer, Kapitän David Platt, Stuart Pearce und Paul Gascoigne verwandelten eiskalt. Für Spanien hatte Hierro bereits den ersten Schuss über das Tor gejagt, beim Stand von 4:2 scheiterte Nadal an David Seaman, der schon in der Vorrunde eine starke Leistung gezeigt hatte. Premierminister John Major jubelte auf dem EU-Gipfel in Florenz: „Ein wundervoller Sieg, mir ist das Herz stehengeblieben."

■ Stress um Ticketvergabe

Für erheblichen Ärger sorgte in England die Form der Ticketvergabe. Bei manchen Spielen waren die Stadionränge keineswegs voll besetzt. Einige Teilnehmerverbände hatten die ihnen überlassenen Ticketkontingente nicht komplett verkaufen können, die übriggebliebenen Karten aber nicht zurückgegeben. (Und sofern sie zurückgegeben wurden, untersagten die Veranstalter aus Sicherheitsgründen ihren erneuten Verkauf.) So begehrten bei einigen Spielen Tausende von Fußballinteressierten vergeblich um Einlass, obwohl noch Plätze frei waren. Besonders fatal wirkte sich dies bei Begegnungen zwischen osteuropäischen Teams aus, die nur wenige Zuschauer mitgebracht hatten. Die Begegnungen Tschechiens gegen Russland und Bulgarien wurden offiziell von lediglich 21.128 bzw. 19.107 Zuschauern besucht; tatsächlich waren es bei beiden Spielen noch deutlich weniger. Die Zeitschrift *World Soccer* schlug vor, die Teilnehmerländer künftig nicht mehr wie bisher mit gleichen Ticketkontingenten zu beliefern sondern nur noch mit so viel, wie sie auch verkaufen können.

Englands McManaman (rechts) zeigte wie das gesamte englische Team gegen Spanien eine eher enttäuschende Leistung.

Auch in der Partie **Frankreich** gegen **Niederlande** fiel an der Liverpooler Anfield Road 120 Minuten kein Tor. Die Niederländer zeigten sich vom 1:4-Debakel gegen England gut erholt und begannen elanvoller als die unverändert kontrollierte Defensive praktizierenden Franzosen. Doch trotz optischer Überlegenheit kam die *Elftal* in der ersten Hälfte kaum zu klaren Torchancen. Im zweiten Durchgang schob sich das dicht gestaffelte und technisch starke französische Mittelfeld mit Guérin, Dechamps, Karembeu, Djorkaeff und Zidane weiter nach vorne und verzeichnete mehr Ballbesitz als der Gegner. In der Schlussphase der regulären Spielzeit gewann das Spiel plötzlich an Dramatik. In der 83. Minute unterlief Kluivert-Bewacher Marcel Desailly im eigenen Strafraum ein Handspiel, doch Schiedsrichter Antonio Lopez Nieto verlegte den Tatort vor die Strafraumgrenze. Der von Philipp Cocu getretene Freistoß prallte von Laurent Blancs Körper an den Außenpfosten. Kurz vor dem Abpfiff bot sich den Niederländern eine weitere Chance, aber Clerence Seedorf scheiterte aus kurzer Distanz an Frankreichs Keeper Lama.

In der Verlängerung gaben die Franzosen den Ton an und erspielten sich auch die besseren Möglichkeiten. Doch Supertechniker Yourio Djorkaeff von Paris St. Germain fand zweimal im glänzend parierenden *Oranje*-Keeper Edwin van der Sar seinen Meister. Auch dieses Viertelfinale musste also per Elfmeterschießen entschieden werden. Frankreichs Schützen Zidane, Djorkaeff, Lizarazu, Guérin und Blanc verwandelten samt und sonders, während Clerence Seedorf als vierter Schütze seines Teams an Lama scheiterte. Das amtliche Endergebnis lautete somit 5:4.n.E. für Frankreich. Die *Équipe Tricolore* war nun seit 27 Spielen ungeschlagen.

Deutschland trat zum vierten Mal in Folge in Manchester an, und auch gegen die **Kroaten** erwies sich der Rasen von Old Trafford als gutes Pflaster für das Team von Berti Vogts. Die Deutschen gewannen mit 2:1, obwohl die Kroaten die Partie über weite Strecken dominierten und insbesondere in technischer Hinsicht ihrem Gegner überlegen waren. Dabei fehlten ihnen sogar der erkrankte Alen Boksic sowie Robert Prosinecki, den eine Oberschenkelzerrung plagte.

Kroaten als „Kamikaze-Flieger"

Vor der Partie hatte Miroslav Blazevic, ein extremer Nationalist, für den Fußball offenbar die Fortsetzung des Krieges mit anderen Mitteln war („Fußball ist wie Krieg, und manchmal stirbt auch einer"), kräftig die Trommel gerührt: „Uns steht ein Krieg auf Leben und Tod bevor. Gegen die deutschen Stukas und Messerschmidts werden wir mit Kamikaze-Fliegern antreten." Die Worte des Coaches sollten Wirkung zeigen. Blazevic' „Fußball-Soldaten" agierten aggressiv und zuweilen am Rande zur Brutalität. Christian Ziege, dem Slaven Bilic am Boden liegend gegen die Schulter trat, sprach anschließend vom „schmutzigsten Spiel, das ich je erlebt habe". Der schwedische Schiedsrichter Leif Sundell zeigte sich nicht nur in dieser Situation überfordert.

Letztendlich sollte sich die kriegerische Einstellung der Kroaten nicht auszahlen. In der 21. Minute brachte Jürgen Klinsmann sein Team per Elfmeter in Führung, nachdem Nikola Jerkan im Duell mit Matthias Sammer ein Handspiel begangen hatte. In der 39. Minute war allerdings nach einem Muskelfaserriss Schluss für den deutschen Kapitän, nach Auffassung der medizinischen Abteilung sogar für den Rest des Turniers. Dem für Klinsmann eingewechselten Steffen Freund unterlief in der 51. Minute ein schwerer Patzer, den Davor Suker zum Ausgleich nutzte. Wie schon gegen Russland, war es nun dem strategisch und taktisch versierten Matthias Sammer vorbehalten, eine Pattsituation zugunsten seines Teams aufzulösen. In der 57. Minute sah Igor Stimac wegen wiederholten Foulspiels Gelb-Rot. Libero Sammer rückte nun vor die Abwehr, riss das Spiel an sich und markierte nur zwei Minuten später das 2:1. Bei diesem Spielstand blieb es bis zum Schlusspfiff. In Italien resümierte der *Corriere dello Sport*: „Sammer und der Schiedsrichter bringen Deutschland ins Halbfinale."

Die Revanche erfolgte zwei Jahre später beim WM-Turnier in Frankreich, als sich Deutsche und Kroaten erneut im Viertelfinale gegenüberstanden. Kroatien gewann mit 3:0, wobei insbesondere Davor Suker, der nach der EM 1996 zu Real Madrid gewechselt war, die deutsche Abwehr ein ums andere Mal düpierte.

Bei der Begegnung **Tschechien** gegen **Portugal** galten die Südeuropäer als leichte Favoriten. Auch Coach Antonio Oliveira zeigte sich überzeugt: „Wir verfügen über exzellente Einzelspieler, die den Vergleich entscheiden werden." Gegen die Tschechen demonstrierten die „Brasilianer Europas" erneut technische Überlegenheit, ließen den Ball flott zirkulieren, erarbeiteten sich aber keine nennenswerte Torchance. Portugal ertrank in Schönheit, Tschechiens Techniker spielten schnörkellos und effektiv. Ihr Anführer war der langmähnige Karel Poborsky, der auch den Treffer des Tages erzielte: In der 53. Minute setzte er sich gegen drei Portugiesen durch, um anschließend Keeper Baia mit einem gefühlvollen Heber zu bezwingen.

Poborsky durfte nach der EM im „Home of Football" bleiben, denn Manchester United honorierte den Schützen des vielleicht schönsten Tores des Turniers mit seiner Verpflichtung. Trainer Dusan Uhrin über seinen Star: „Karel verkörpert die neue tschechische Fußballer-Generation, schnell, technisch versiert und voller Selbstbewusstsein."

Halbfinale: Wie England den Krieg verlor

Der Anpfiff zum ersten Halbfinale zwischen **Frankreich** und **Tschechien** erfolgte bereits um 16:00 Uhr. Doch nicht nur deshalb hatten sich in der Fußballstadt Manchester höchstens 35.000 Zuschauer ins Old-Trafford-Stadion aufgemacht, wenngleich offiziell von 43.877 die Rede war. Die leeren Ränge wussten anderes zu berichten. Fußball-England nahm vom Spiel in Manchester kaum Notiz, sondern fieberte der zweiten Begegnung mit dem „Lieblingsfeind" Deutschland entgegen, die für den Abend desselben Tages im Wembleystadion anberaumt war.

Frankreich ging als Favorit ins Spiel, nicht nur wegen der imposanten Visitenkarte von 27 Begegnungen ohne Niederlage, sondern auch weil beim Gegner mit Kuka, Latal, Suchoparek und dem starken Bejbl gleich vier Akteure gesperrt waren. Über weite Strecken wurde es eine langweilige Angelegenheit, bei der beide Teams primär das Areal um den Mittelkreis strapazierten. Es dauerte 44 Minuten, bis es zum ersten Eckball kam. Der offizielle Spielbericht der UEFA kam zu einem harten Urteil: „Das erste Halbfinale der EURO 96 wird als eines der schlechtesten Spiele überhaupt in die Fußballgeschichte Europas eingehen."

Nach 120 torlosen Minuten hatten es die Zuschauer geschafft. Das Elfmeterschießen garantierte nun wenigstens mehr Torschüsse, als man im gesamten Spiel zu sehen bekommen hatte. Die ersten fünf Schützen beider Teams waren erfolgreich, sodass es nach zehn Schüssen 5:5 stand. Pedros scheiterte mit dem sechsten Versuch der Franzosen an Tschechiens Keeper Kouba, während Miroslav Kadlec für sein Team zum 6:5 verwandeln konnte. Die Zuschauer konnten nun endlich nach Hause gehen und sich auf die Übertragung des Klassikers **England** gegen **Deutschland** vorbereiten.

Bundestrainer Berti Vogts plagten vor dem Spiel Personalsorgen. Neben Kohler und dem verletzt abgereisten Basler fielen auch noch Bobic und Klinsmann aus. Mit dem Dortmunder Andreas Möller bot Vogts bereits seinen dritten Kapitän bei diesem Turnier auf, in den Sturm rückte der 33-jährige Stefan Kuntz, der ansonsten seinen Karriere-Abend bei Besiktas Istanbul verlebte.

■ „Passt auf, Krauts"

Gegen den Erzfeind Deutschland lief der englische Boulevard zur Hochform auf. „Fegt das deutsche Kraut vom EURO-Rasen. Für Klinsmann ist der Krieg bereits vorbei. Die englische Brigade ist bereit. Sie wird bis zum letzten Tropfen kämpfen", schrieb der *Daily Star*. Auch der *Daily Mirror* erklärte „Deutschland den Fußballkrieg" und bildete in einer Fotomontage Paul Gascoigne und Stuart Pearce mit Stahlhelmen ab. „Passt auf, Krauts, England wird euch zu Fetzen schießen! Für dich, Fritz, ist die EM vorbei!" Es blieb Englands Coach Terry Venables vorbehalten, richtigzustellen, dass „Fußball kein Krieg" sei. „Es widert mich an, wenn ich Zeitungsfotos mit englischen Nationalspielern sehe, denen Stahlhelme aufgesetzt werden."

Die *Three Lions* erwischten in ihrem Wohnzimmer einen Traumstart. Bereits in der 3. Minute erzielte Alan Shearer gegen eine noch schläfrige deutsche Abwehr nach einem Eckstoß per Kopf den Führungstreffer für die Heimelf. Doch das DFB-Team ließ sich weder vom frühen Rückstand noch durch die lautstarke Kulisse einschüchtern. Nur 13 Minuten nach der englischen Führung fiel auch schon der Ausgleich. Nach einer schönen Kombination über Andreas Möller und Thomas Helmer kam Stefan Kuntz mit einem gestreckten Bein noch an den Ball heran und konnte ihn ins englische Tor drücken.

Beide Teams zeigten eine kämpferisch großartige Leistung. Die 75.862 Zuschauer sahen ein ungemein temporeiches und intensives Spiel, das auch ihnen alles abverlangte. Auch in der Verlängerung betrieben beide Teams Powerfußball, und beiden eröffnete sich die Chance zum „Golden Goal". Zunächst traf Darren Anderton nur den Pfosten, dann wurde ein Kopfballtor von Stefan Kuntz nicht anerkannt, weil ihm angeblich ein Foulspiel vorausgegangen war.

So blieb es auch nach 120 Minuten beim 1:1, wie sechs Jahre zuvor im Turiner Stadion Delle Alpi, als sich Deutschland und England im Halbfinale der WM 1990 gegenüberstanden. Im anschließenden Elfmeterschießen behielt das DFB-Team damals die Oberhand. Auch beim Wiedersehen im Wembleystadion sollte dies nicht anders sein, denn seit dem EM-Finale 1976, als Uli Hoeneß den Ball in den Nachthimmel von Belgrad drosch, waren die Deutschen zu Experten in dieser Disziplin aufgestiegen.

Andreas Köpke hatte sich detailliert darüber informieren lassen, wie die englischen Schützen gegen Spanien geschossen hatten. Vergebens allerdings, denn im Halbfinale wählten alle eine andere Ecke. Nach zehn Schüssen stand es 5:5, keiner der Schützen hatte sich eine Blöße gegeben. Für die Engländer hatten Shearer, Platt, Pearce, Gascoigne und Sheringham getroffen, für die Deutschen Häßler, Strunz, Reuter, Ziege und Kuntz. Als sechster englischer Schütze legte sich Southgate den Ball zurecht, der gegen Spanien nicht geschossen hatte, folglich nicht auf Köpkes Liste stand. Der Keeper musste deshalb spekulieren, und er spekulierte richtig. Southgates zaghaft geschossenen Elfmeter konnte er problemlos parieren. Nun war es an Andreas Möller, alles klarzumachen. Der Aushilfskapitän donnerte den Ball souverän zum 6:5 unter die Querlatte, und das DFB-Team stand zum vierten Male in einem EM-Finale. Möllers siegbringender Elfmeter blieb einer der wenigen guten Momente des Dortmun-

Attacke gegen die „Krauts": Paul Gascoigne, Enfant terrible des englischen Teams, greift im Halbfinale Andreas Möller an. Vergebens – die Gastgeber schieden nach Elfmeterschießen aus.

ders bei diesem Turnier. In puncto Technik, Schnelligkeit und Schussstärke brachte er mehr mit als die meisten seiner Vereins- und Nationalmannschaftskollegen, aber im Nationaldress konnte Möller in unschöner Regelmäßigkeit die Erwartungen nicht erfüllen. Eine Finalteilnahme hatte sich der Dortmunder zudem selbst verbaut – in der 80. Minute hatte Möller wegen Nachtretens gegen Pearce die zweite Gelbe Karte gesehen und war folglich für das folgende Spiel gesperrt.

England hatte seinen selbst ausgerufenen „Fußballkrieg" also verloren und somit auch die feste Erwartung, im eigenen Land den EM-Titel zu holen. Der Frust war umso größer, als die Niederlage auf dem „heiligen Rasen" des Wembleystadions passierte. Bis zum Abriss der ehrwürdigen Spielstätte sollte die DFB-Elf dort noch ein viertes Pflichtspiel gegen England bestreiten. In der Qualifikation zur WM 2002, es war das letzte Länderspiel im Wembleystadion überhaupt, gewann Deutschland am 7. Oktober 2000 mit 1:0. Damit hatte Deutschland von vier Pflichtspielen gegen England in Wembley drei gewonnen. Nur im berühmten WM-Finale von 1966 musste man den Kürzeren ziehen, die beiden EM-Begegnungen von 1972 und 1996 entschied man für sich.

Finale: Entscheidung durch „Golden Goal"

Vor dem Finale gegen Tschechien klafften im DFB-Team arge Lücken. Berti Vogts musste neben den verletzten Kohler, Basler, Bobic und Freund nun auch noch auf die mit Gelbsperren belegten Reuter und Möller verzichten. Dafür präsentierte die medizinische Abteilung überraschend einen einsatzfähigen Jürgen Klinsmann.

Anders als in der Vorrundenbegegnung konnten die Tschechen im Endspiel gut mithalten. Die erste Halbzeit verlief ausgeglichen, und an ihrem Ende stand eine weitere Hiobsbotschaft für den Bundestrainer. Dieter Eilts, der im Laufe des Turniers zu einer wichtigen Größe im Team avanciert war, musste beim Wiederanpfiff mit einem Innenbandriss im linken Knie in der Kabine bleiben. Für ihn kam sein Bremer Vereinskamerad Marco Bode.

Nach einer knappen Stunde brachte Sammer Poborsky vor der deutschen Strafraumgrenze zu Fall, doch der italienische Schiedsrichter Pairetto verlegte den Tatort auf die andere Seite der Linie. Patrick Berger, in Diensten von Borussia Dortmund, ließ sich die Chance nicht nehmen und verwandelte zum 1:0 für den Außenseiter. Den Deutschen schien eine Wiederholung des Debakels von Stockholm 1992 zu drohen. Vogts verstärkte seine Sturmreihe, indem er in der 69. Minute den hinter den Spitzen operierenden technisch und spielerisch starken Mehmet Scholl gegen den klassischen Stürmer Oliver Bierhoff austauschte. Der für Udinese Calcio kickende 28-jährige Italien-Legionär war ein Spätstarter unter den Nationalspielern und sollte nun zum Matchwinner avancieren. In der 73. Minute köpfte er nach einem Ziege-Freistoß zum Ausgleich ein. Beide Teams bemühten sich nun, den Siegtreffer noch vor Ablauf der regulären Spielzeit zu erzielen. In der 89. Minute rettete der überragende Köpke gegen Smicer und brachte sein Team damit in die Verlängerung.

Nun würde nach der neuen „Golden Goal"-Regelung das Team Europameister werden, dem das nächste Tor gelang. Tatsächlich dauerte diese Verlängerung nur ganze fünf Minuten. Dann landete ein aus der deutschen Hälfte geschlagener hoher Ball im tschechischen Strafraum bei Klinsmann, der nach einer halben Körperdrehung quer auf Bierhoff spielte. Der stets etwas ungelenk wirkende Stürmer brachte das Leder unter Kontrolle, drehte sich und schoss, von seinem tschechischen Gegenspieler nur halbherzig bedrängt, aus 15 Metern mit dem linken Fuß halbhoch aufs Tor. Der schlecht disponierte Kouba kam noch mit den Fingerspitzen an den leicht abgefälschten Ball, doch er konnte das Unglück nicht mehr verhindern: Die Kugel traf den rechten Innenpfosten und trudelte von dort über die Linie. Spieler wie Zuschauer hielten für einige Sekunden den Atem an, bevor sie begriffen, was soeben geschehen war. Das Spiel war aus! Deutschland hatte mit 2:1 gewonnen und war als erstes Land zum dritten Mal Europameister geworden. Erstmals in der Geschichte bedeutender internationaler Turniere war ein Spiel, dazu noch das Finale, durch ein „Golden Goal" entschieden worden.

Es ist vollbracht: Nach dem „Golden Goal" jubeln die überragenden Matthias Sammer und Andreas Köpke (oben) sowie Klinsmann, Häßler und Torschütze Bierhoff (unten).

■ „System der Zukunft"

Englands späterer Nationalcoach Glen Hoddle entdeckte in Vogts 3-5-2-Formation „das System der Zukunft": Zwei zuverlässige Manndecker, von denen aber nur einer „statisch" agierte, und ein multifunktionaler, sowohl *hinter* wie *vor* der Abwehr agierender Libero (Sammer), bildeten eine Dreierkette. Das Mittelfeld bestand aus flinken Außenläufern links und rechts, denen zuverlässige Partner den Rücken stärkten. Hinter den Angreifern operierte ein Offensivgestalter, vorne zwei Stürmer. Die von Vogts praktizierte Spielweise bedeutete eine gewisse Abweichung vom deutschen System der 1980er und frühen 1990er Jahre; es blieb allerdings bei einer eher defensiven Grundausrichtung. Das Prunkstück des DFB-Teams war denn auch in England die Hintermannschaft, die in sechs Spielen nur drei Gegentore kassierte – auch dank des überragenden Andreas Köpke, den der *Guardian* als besten deutschen Faustkämpfer seit Max Schmeling bezeichnete.

Dem Titelgewinn lagen primär klassisch „deutsche Tugenden" zugrunde. Die moderneren Elemente im deutschen Spiel lasteten zum größten Teil auf den Schultern von Matthias Sammer, dessen grandiose Leistung viele spielerische Defizite kaschierte. Jürgen Klinsmann hatte während seines Jahres bei Tottenham Hotspur die Bedeutung von „Team Spirit" gelernt, wovon der Europameister ebenfalls profitierte. Stefan Reuter: „Es hat damals alles gepasst, wir waren ein absolutes Team." Berti Vogts sprach viele Jahre später im Rückblick von der „seit Jahren besten Harmonie innerhalb der Nationalmannschaft". Thomas Helmer: „Wir wussten, es geht nur gemeinsam." Die Köpfe des Teams hießen Matthias Sammer und Jürgen Klinsmann. Während der „England-erprobte" Kapitän Klinsmann die Organisation außerhalb des Feldes übernahm und als Diplomat wirkte, führte auf dem Platz der „Spieler-Trainer" Sammer, aus der Tiefe des Raumes kommend, die Regie, abgeschirmt von Helmer und Eilts. Mehmed Scholl: „Diese beiden waren unsere Führungsfiguren, außerdem die rechte und linke Hand von Berti Vogts."

Doch markierte der Gewinn der EM für die deutsche Nationalmannschaft keine Rückkehr in die Erfolgsspur, die man bei der WM 1994 verlassen hatte – damals war man erstmals seit 1978 nicht unter die letzten vier gekommen. Der Triumph verdeckte lediglich tiefer liegende Probleme im deutschen Fußball und verzögerte die ernsthafte Beschäftigung damit. Notwendige Reformen, etwa die von Berti Vogts geforderte verbesserte Nachwuchsarbeit, blieben aus. 1994 war nicht einfach nur ein Betriebsunfall gewesen, und 1996 nicht mehr als eine nette Momentaufnahme. Der Europameister von 1996 besaß keine Perspektive. Führungsspieler Sammer ging auf die 30 zu, Klinsmann, Köpke, Kohler, Helmer, Eilts, Häßler und Kuntz hatten diese Schwelle bereits erreicht oder überschritten, vom ausgebooteten Matthäus ganz zu schweigen. Nur zwei Jahre später wurde der deutsche Fußball erneut von der Realität eingeholt, als man bei der WM in Frankreich ein weiteres Mal im Viertelfinale ausschied.

Zweifelsohne wurde der Triumph der DFB-Elf vom spielerisch eher mäßigen Niveau des Turniers begünstigt, wodurch Teamgeist und Erfahrung an Stellenwert gewannen. 2,06 Tore pro Spiel bedeuteten die zweitschlechteste Bilanz in der Geschichte der EM

Europameister 1996 im Wembleystadion: das DFB-Team.

und waren noch weniger als bei der WM 1990 (2,21), der damals eine Reform des Regelwerks folgte. In den sieben Spielen seit dem Ende der Vorrunde waren lediglich neun Tore gefallen. Berücksichtigt man, dass fünf dieser Spiele in die Verlängerung gingen und insgesamt 845 Minuten (umgerechnet 9,38 Spiele mit regulärer Spielzeit) gespielt wurden, bedeutete dies einen Torquotienten von 0,74 pro 90 Minuten. Dafür wurden in diesen sieben Spielen insgesamt 44 Elfmeter geschossen.

Von der Einführung des „Golden Goals" hatte man sich anderes erhofft: Weniger Spiele sollten durch Elfmeterschießen entschieden werden. Nun trat das Gegenteil ein: Weil das „Golden Goal" definitiv das letzte Wort war, weil es nach einem Torerfolg des Gegners keine Chance gab zurückzuschlagen, vermieden die Spieler in der Verlängerung fast jedes Risiko. Angstvoll auf die Uhr blickend, dümpelten die Teams dem Elfmeterschießen entgegen. Am Ende wurden von den sieben K.o.-Begegnungen (Viertel- und Halbfinals, Endspiel) nicht weniger als vier per Elfmeterschießen entschieden. Zum „Golden Goal" kam es lediglich im Finale.

Trotzdem bedeutete die EM 1996 einen entscheidenden Schritt nach vorne. Hierzu trug nicht unwesentlich der Austragungsort, „The Home of Football", bei. Vor allem aber die Ausweitung von acht auf 16 Endrundenteilnehmer, die garantierte, dass so ziemlich alle großen Nationen des europäischen Fußballs vertreten waren. Die EM trat allmählich aus dem Schatten der WM. Einen Quantensprung konnten die Veranstalter auch bei den Einnahmen verbuchen. Bei den „Achter-Endrunden" 1988 und 1992 betrugen die Bruttoeinnahmen der UEFA 25 bzw. 55 Mio. DM. Die erste EM mit 16 Teilnehmern spülte nun satte 250 Mio. DM in die europäische Verbandskasse.

2000

Europameisterschaft 2000

Gemeldete Länder: 51

Austragungsmodus: Endrundenausrichter Niederlande und Belgien automatisch qualifiziert. Qualifikationsspiele mit 49 Mannschaften in 9 Gruppen. Gruppenerste und der beste Gruppenzweite direkt qualifiziert. Play Offs der anderen 8 Gruppenzweiten um die verbleibenden 4 Endrundenplätze. Endrunde mit 16 Mannschaften. Vorrunde in 4 Gruppen à 4 Teams. Viertelfinale der Gruppenersten und -zweiten, Halbfinale, Finale.

Anzahl Qualifikationsspiele (einschl. Play Offs): 228
Zuschauer Qualifikation & Play Offs: 4.544.555 (= 19.932 im Schnitt)
Tore Qualifikation & Play Offs: 656 (= 2,87 im Schnitt)

Endrundenspiele: 31
Zuschauer Endrunde: 1.100.750 (= 35.508 im Schnitt)
Tore Endrunde: 85 (= 2,74 im Schnitt)

EM-Spiele insgesamt: 259
Zuschauer EM insgesamt: 5.645.305 (= 21.796 im Schnitt)
Tore insgesamt: 741 (= 2,86 im Schnitt)

Austragungsländer der Endrunde: Belgien, Niederlande (10. Juni - 2. Juli 2000)

Austragungsorte: Brügge (Jan Breydel Stadion), Brüssel (Stade Roi Baudouin), Charleroi (Stade du Pays Charleroi), Lüttich (Stade de Sclessin / Stade 2000), Amsterdam (Amsterdam ArenA), Arnheim (Gelredome), Eindhoven (Philips Stadion), Rotterdam (De Kuip)

Die besten Torschützen der Endrunde:
Milosevic (Jugoslawien), Patrick Kluivert (Niederlande), je 5 Tore
Nuno Gomes (Portugal), 4 Tore
Thierry Henry (Frankreich), Flavio Conceicao (Portugal), Zlatko Zahovic (Slowenien), je 3 Tore

Finale: Frankreich - Italien 2:1 (0:0, 1:1, Golden Goal)
2. Juli 2000, Stadion De Kuip, Rotterdam

Frankreich: Barthez, Blanc, Desailly, Thuram, Lizarazu (86. Pires), Viera, Deschamps, Djorkaeff (76. Trézéguet), Zidane, Dugarry (58. Wiltord), Henry (Trainer: Roger Lemerre)
Italien: Toldo, Nesta, Iuliano, Cannavaro, Albertini, Maldini, Di Baggio (66. Ambrosini), Pessotto, Fiore (53. Del Piero), Totti, Delvecchio (86. Montella) (Trainer: Dino Zoff)
Tore: 0:1 Delvecchio (55.), 1:1 Wiltord (90.+1), 2:1 Trézéguet (103.)
Schiedsrichter: Anders Frisk (Norwegen)
Zuschauer: 48.200

EM 2000
Im Zeichen der Offensive

Erstmals wurde die Endrunde einer Europameisterschaft in zwei Ländern gleichzeitig ausgetragen. Die Kombination Niederlande/Belgien setzte sich am 14. Juli 1995 einstimmig gegen die Bewerber Spanien und Österreich/Schweiz durch. Die Niederlande hatten sich bereits dreimal für die Ausrichtung der Endrunde beworben, jedoch stets den Kürzeren gezogen. 1976 unterlag man mit einer halbherzigen Kandidatur Jugoslawien, 1980 Italien und 1996 England, da man nicht genügend EM-fähige Stadien vorweisen konnte. Seit der Ausweitung des Turniers auf 16 Teilnehmer und 31 Spiele war die Veranstaltung für viele Länder im Alleingang kaum noch zu schaffen, zumal die UEFA beim Fassungsvermögen und der Stadionausstattung Ansprüche erhob, die über den Anforderungen ihres heimischen Fußballs lagen. Davon war Belgien besonders betroffen, denn abgesehen vom alten Heysel-Stadion konnte der belgische Verband keine Spielstätte mit der geforderten Mindestkapazität von 30.000 vorweisen.

Belgien und Niederlande: Alte Fußballnationen

Belgien und die Niederlande gehörten zu den ersten Ländern auf dem Kontinent, in denen in organisierter Form Fußball gespielt wurde. Bereits 1895 wurde der belgische Fußballverband Union Royale Belge des Sociétés de Football / Association Koninklijke Belgische Voetbalbond gegründet und stellte damit nach der Schweiz und Dänemark die älteste nationale Fußballorganisation auf dem Kontinent. Das Nachbarland folgte 1899 mit dem Koninklijke Nederlandsche Voetbalbond / KNVB (zunächst Nederlandse Voetbal Bond / NVB). Auch zu den sieben Gründungsmitgliedern der FIFA gehörten die Belgier und Niederländer.

1920 gewann Belgien das olympische Fußballturnier. Ansonsten konnte das Land nur noch eine Vize-Europameisterschaft (1980) und eine WM-Halbfinalteilnahme (1986) aufweisen. Bis zur EM 2000 waren die Belgier immerhin bei zehn von 16 WM-Endrunden dabei gewesen, so auch beim ersten Turnier 1930 in Uruguay, wo Belgien einer von nur vier europäischen Teilnehmern gewesen war. Die Belgier verloren beide Spiele und schossen kein Tor. (Ihren ersten Sieg bei einem WM-Turnier konnten sie erst bei der vierten Teilnahme 1970 durch ein 3:0 über El Salvador erringen.) Ein Belgier sicherte sich bei der missglückten WM-Premiere trotzdem einen Eintrag in die Annalen: Der legendäre Schiedsrichter Jan Langenus aus Antwerpen, der vier der 18

Möglicherweise weil man sich unter Nachbarn nicht über ein Maskottchen einigen konnte, wählte man für „BeneLucky" eine seltsame Kreuzung aus holländischer Kuh und belgischem Löwen.

WM-Spiele leitete, darunter das Finale zwischen Uruguay und Argentinien. Der in mehreren Sprachen bewanderte Langenus kam auch bei den WM-Turnieren 1934 und 1938 zum Einsatz und war 1932 Referee der legendären Begegnung zwischen England und Österreichs „Wunderteam" im Londoner Wembleystadion.

Für die Zeit nach dem Zweiten Weltkrieg liest sich die Bilanz der Niederlande deutlich beeindruckender. 1974 und 1978 wurde man Vize-Weltmeister, 1998 erreichten die *Oranjes* immerhin das Halbfinale, 1988 wurden sie Europameister. Auch im internationalen Klubfußball waren die Niederlande erfolgreicher als ihr Nachbar: Bis zur EM 2000 gewannen niederländische Klubs sechsmal den Europapokal der Landesmeister bzw. die Champions League (1970 Feyenoord Rotterdam, 1971/72/73/95 Ajax Amsterdam, 1988 PSV Eindhoven), dreimal den UEFA-Cup (1974 Feyenoord Rotterdam, 1978 PSV Eindhoven, 1992 Ajax Amsterdam) und einmal den Europapokal der Pokalsieger (1987 Ajax Amsterdam). Den zehn Trophäen für die Niederländer standen nur vier Erfolge der Belgier gegenüber: Der Europapokal der Pokalsieger wanderte dreimal in einen belgischen Trophäenschrank (1976/78 RSC Anderlecht, 1988 KV Mechelen), der UEFA-Cup einmal (1983 RSC Anderlecht).

Belgier und Niederländer verband viele Jahre eine fußballerische Erzfeindschaft. Am 30. April 1905 reisten die Niederländer zu ihrem ersten Länderspiel ins belgische Antwerpen – und fuhren mit einem klaren 4:1-Sieg wieder nach Hause. In den 46 Länderspielen, die Belgien bis zum Ersten Weltkrieg bestritt, hieß der Gegner 20-mal Niederlande. Und die blieben auch anschließend der häufigste Gegner. Bis 1964 verging kein Jahr (abgesehen von der Zeit des Zweiten Weltkriegs), in dem die beiden Nachbarn auf dem Fußballfeld nicht mindestens einmal gegeneinander antraten. 1946/47 wurde gleich viermal in Folge gegeneinander gekickt.

Die Feindschaft schwächte sich ab, als die Niederländer Anfang der 1970er Jahre zu den Topadressen des internationalen Fußballs aufstiegen und zum größeren Nachbarn Deutschland eine (auch politisch belegte) Rivalität entwickelten. Dennoch schwelten die wechselseitigen Vorbehalte weiter, und dies nicht nur im Fußball. Belgier und Niederländer haben nicht unbedingt eine hohe Meinung voneinander, obwohl 21 der 25 Millionen Bewohner beider Staaten die gleiche Sprache pflegen. Niederländer belächeln ihre Nachbarn zuweilen als „dumm", während Belgier nicht selten die „arrogante und großspurige Art" der Niederländer geißeln.

Zwei Länder, acht Stadien

Belgien und die Niederlande präsentierten jeweils vier Austragungsstätten. Das modernste und größte Stadion stand in Amsterdam und sollte prägend für die weitere Stadionentwicklung wirken. Die für 51.300 Zuschauer vorgesehene Amsterdam ArenA, 1996 fertiggestellt und neue Heimstätte von Ajax, war das erste europäische Stadion, das dem neuen Arena-Konzept folgte. Das futuristische, äußerlich wie ein großer Kochtopf anmutende Bauwerk verfügte über ein verschließbares Dach. Hingegen bediente Rotterdams 1937 errichtetes Stadion De Kuip (= der Kessel), wo Feyenoord zu Hause war, eher den Geschmack von Traditionalisten. Für diesen Hexenkessel war das EM-Finale vorgesehen

Das erst zwei Jahre vor der EM-Endrunde erbaute Gelredome in Arnheim folgte wiederum dem Arena-Konzept. Auch in Arnheim konnte das Stadion zu einer Halle umgewandelt werden. Außerdem ließ sich der Rasen aus dem Stadion herausfahren, womit einem latenten Problem der Arenen Rechnung getragen wurde: Aufgrund mangelhafter Ventilation und zu geringen Lichteinfalls glichen die Spielflächen häufig bereits nach wenigen Spielen einem Acker. Vierte niederländische Spielstätte war das Philips Stadion in Eindhoven, dessen Namensgeber der gleichnamige Elektronik-Riese war, zugleich auch Hauptsponsor des lokalen PSV, der sich im Zuge der 1980er zur neuen Führungsmacht im niederländischen Fußball aufgeschwungen hatte. Mit seinen verglasten Logen und Konferenzkapazitäten galt das Stadion anfangs der 1990er als eines der komfortabelsten in Europa.

Belgiens größtes Stadion war mit einer Kapazität von 50.000 das Stade Roi Baudouin/Boudewijnstadion in Brüssel, das ehemalige Heysel-Stadion. Am 29. Mai 1985 hatte sich dort eine der größten Katastrophen der europäischen Fußballgeschichte ereignet. Vor dem Anpfiff des Europapokal-Finales Juventus Turin gegen FC Liverpool hatten gewaltbereite Fans der Liverpooler einen Block gestürmt, der eigentlich als „neutraler Puffer" zwischen Engländern und Italienern vorgesehen war, in dem nun aber Juve-Anhänger standen. Als die italienischen Fans schutzsuchend die Ränge hinuntereilten, prallten sie im baufälligen Stadion auf eine Mauer, die unter dem Druck

---

■ Kompliziertes Miteinander

Die Beziehungen zwischen den Nachbarn Belgien und Niederlande waren nicht immer konfliktfrei verlaufen. Der spanische Kaiser Karl I. hatte die Provinzen der beiden „lage landen" („flachen Länder") im 16. Jahrhundert zu einer Verwaltungseinheit geformt. Wenig später erfolgte durch den Aufstand gegen die spanische Herrschaft ihre erneute Trennung. Spanische Truppen besetzten die „südlichen Niederlande", ein Gebiet, das dem späteren Belgien entsprach. Die nördlichen Provinzen sicherten sich nach 80-jährigem Bürgerkrieg mit dem Frieden von Münster 1648 den Status einer unabhängigen Republik. 1814 kam es zur erneuten Wiedervereinigung, die jedoch nicht lange hielt. Nun waren es die Bewohner des aufstrebenden Südens, die gegen den Norden rebellierten; wirtschaftliche Konkurrenz spielte dabei ebenso eine Rolle wie religiöse Unterschiede. 1831 erlangten die südlichen Provinzen ihre Unabhängigkeit und erklärten sich zum Königreich Belgien.

Futuristisch und richtungsweisend: die Amsterdam ArenA.

der Masse zusammenbrach. 39 Menschen kamen ums Leben, unter den Trümmern begraben oder von Nachrückenden zu Tode getrampelt. 1996 war Heysel komplett renoviert worden, lediglich die historische Fassade von 1930 blieb erhalten. In Brüssel sollte das EM-Eröffnungsspiel stattfinden.

Weitere belgische Spielorte waren die im wallonischen und französischsprachigen Teil des Landes liegenden Städte Lüttich (Stade de Sclessin) und Charleroi (Stade du Pays de Charleroi) sowie das flämische Brügge (Jan Breydel Stadion).

Qualifikation: Erster Sieg für Liechtenstein

51 Länder hatten für die EM 2000 gemeldet. Auf Grund der „Doppelausrichtung" waren gleich zwei Länder automatisch qualifiziert, die verbleibenden 49 Teams wurden in vier Gruppen à sechs und fünf Gruppen à fünf Teams gelost. Die Gruppensieger sowie der beste der neun Gruppenzweiten waren direkt qualifiziert. Die Besetzung der restlichen vier Endrundenplätze ermittelten die anderen acht Gruppenzweiten in Play-Off-Spielen.

Gruppe 1

In Gruppe 1 setzte sich **Italien** mit einem Punkt Vorsprung vor **Dänemark** durch. In Kopenhagen gewann die *Squadra Azzurra* 2:1, doch im Rückspiel unterlag man den Dänen in Neapel 2:3. Die aufstrebende **Schweiz** landete punktgleich mit Dänemark auf dem undankbaren dritten Rang, da die Skandinavier aus den direkten Vergleichen mit den Eidgenossen vier Punkte gewonnen hatten.

In der Gruppe 2 war **Norwegen** der einzige WM-Teilnehmer von 1998. Dort blieb man in der Vorrunde ungeschlagen und besiegte den amtierenden Weltmeister Brasilien sensationell mit 2:1, schied im Achtelfinale nach einem 0:1 gegen Italien jedoch aus. Zuvor war das nennenswerteste Ergebnis der norwegischen Nationalkicker ein 2:0-Sieg über Deutschland bei den Olympischen Spielen 1936 in Berlin gewesen, die dem anwesenden Adolf Hitler die letzten Reste seines ohnehin geringen Spaßes am Fußball verdarb. Ihren internationalen Aufstieg hatten die „Wikinger" nicht zuletzt dem legendären Trainer Egil Olsen zu verdanken, der die Nationalelf von 1990 bis 1998 betreute. Olsen, wegen seines wissenschaftlichen Umgangs mit dem Fußball auch „Professor" genannt, war ein Verfechter der Raumverteidigung und eines 4-5-1-Systems, mit dem er in den 1980ern und 1990ern so manche technisch überlegene Gegner malträtierte. Der Verband hatte viel in die Ausbildung junger Talente und Infrastruktur investiert. War der Fußball in Norwegen lange Zeit klimatisch bedingt ein reines Sommerspiel gewesen, so wurde nun – dank der Errichtung zahlreicher Fußballhallen – das ganze Jahr über gekickt. Markenzeichen des norwegischen Fußballs wurden zum einen der in der Champions League recht erfolgreiche Klub Rosenborg Trondheim, zum anderen die in England tätigen Legionäre. Acht Spieler des norwegischen EM-Kaders verdienten ihr Geld im englischen Profifußball, die bekanntesten von ihnen waren Tore Andre Flo vom FC Chelsea und Ole Gunnar Solskjaer von Manchester United. Letzterer war zur Legende geworden, nachdem er 1999 im Finale der Champions League „ManU" zum Sieg über den FC Bayern geschossen hatte.

Gruppe 2

Nach der WM 1998 hatte Olsen sein Amt niedergelegt. Nachfolger wurde sein Assistent Nils-Johan Semb, der die Olsen'sche Fußballphilosophie beibehielt. Doch zunächst blamierten sich die „Wikinger": Das erste Qualifikationsspiel daheim gegen **Lettland** ging mit 1:2 verloren. In **Slowenien** gewann Norwegen zwar 2:1, doch im folgenden Heimspiel gegen **Albanien** musste man sich mit einem Remis (2:2) begnügen. Die verbleibenden sieben Spiele wurden dann aber samt und sonders gewonnen. Am Ende betrug der Vorsprung auf den Gruppenzweiten Slowenien satte acht Punke. Für die Norweger war es die erste Teilnahme an einer EM-Endrunde.

In der Gruppe 3 lieferten sich **Deutschland** und die **Türkei** ein Kopf-an-Kopf-Rennen um den Gruppensieg. Bei der WM 1998 war das DFB-Team bereits im Viertelfinale an Kroatien gescheitert, und Bundestrainer Berti Vogts hatte abgedankt. Als Nachfolger wurde mit Erich Ribbeck ein „puttender Rentner" *(Der Spiegel)* präsentiert, eine wenig überzeugende Lösung. Beim ersten Qualifikationsspiel gegen die Türkei in Bursa setzte es gleich eine 0:1-Niederlage, die allerdings auch die einzige blieb. Platz eins und die direkte Qualifikation erzitterte man sich am letzten Spieltag daheim mit einem torlosen Remis gegen denselben Gegner. Bester Deutscher war bezeichnenderweise Keeper Oliver Kahn. Die 63.000 Zuschauer im Münchner Olympiastadion bildeten die größte Kulisse bei einem Heimspiel der DFB-Elf in der Qualifikation, doch die überwiegende Mehrheit der Karteninhaber – genauer: 43.000 – waren Fans des türkischen Teams. In der Türkei hatte das Team bei keinem seiner Auftritte auch nur halb so viele Zuschauer mobilisieren können.

Gruppe 3

Gruppe 4 Noch enger wurde es in der Gruppe 4, wo am letzten Spieltag mit **Frankreich**, **Ukraine** und **Russland** noch drei Teams um Platz eins im Rennen waren. Die Ukraine hatte am ersten Spieltag das mit Spannung erwartete „Nachbarschaftsderby" gegen Russland mit 3:2 gewonnen. 80.000 Zuschauer in Kiew bedeuteten den besten Besuch bei dieser EM überhaupt. Die Ukrainer führten mit 19 Punkten vor Russland und Weltmeister Frankreich (je 18), der selten zu überzeugen wusste und in dieser Gruppe überraschend große Schwierigkeiten hatte – sogar mit dem EM-Neuling und Zwergstaat **Andorra**, dessen Bevölkerung gerade mal knapp 70.000 zählte. In Paris, wo die *Équipe Tricolore* mit 2:0 gewann, hatte der Pyrenäen-Staat 54 Minuten lang ein torloses Remis gehalten. Für das Rückspiel gegen den Weltmeister war Andorra nach Barcelona umgezogen. Die anderen Heimspiele hatte man in Andorra la Vella ausgetragen, verfolgt von jeweils um die 1.000 Zuschauern. In Barcelona kamen 7.600, und die sollten ihre Anwesenheit nicht bereuen. Dieses Mal hielten Andorras Freizeitfußballer das torlose Remis sogar 85 Minuten lang. Nur ein von Leboef verwandelter Strafstoß verhinderte die größte Blamage in der Fußballgeschichte der Franzosen.

Am letzten Spieltag empfing nun Russland in Moskau die Ukraine, während es Frankreich in Paris mit **Island** aufnahm. Vor 74.800 Zuschauern führten die Russen bis zur 87. Minute mit 1:0, was das Endrundenticket bedeutet hätte. Doch dann gelang dem mittlerweile für den AC Mailand kickenden angehenden Superstar Andrej Schewtschenko noch der Ausgleich für die Ukraine. In Paris lag Frankreich gegen Island nach 38 Minuten mit 2:0 vorn. Trotzdem gerieten Gruppensieg und Qualifikation noch einmal in Gefahr, denn der Underdog konnte bis zur 56. Minute ausgleichen. In der 71. Minute erlöste dann Trézéguet die 78.391 Zuschauer mit dem 3:2, und es sollte nicht sein letzter wichtiger Treffer bei dieser EM bleiben. Die Franzosen, am vorletzten Spieltag noch auf Rang drei, waren damit vor der Ukraine Gruppensieger.

Gruppe 5 Die Gruppe 5 hatte mit **England**, **Schweden**, **Polen** und **Bulgarien** gleich vier ernsthafte Bewerber für die Endrunde. Trotzdem errang Schweden den Gruppensieg souverän. Neun Punkte trennte das *Tre-Kronors*-Team am Ende von seinen beiden Verfolgern England und Polen. Die Engländer sicherten sich den zweiten Platz hauchdünn. In Warschau ermauerte sich die Mannschaft von Kevin Keegan ein torloses Remis, und sechs Minuten vor Schluss flog Abwehrspieler Batty vom Platz. Die *Three Lions* hatten damit ihr Programm absolviert und mussten nun darauf hoffen, dass den punktgleichen, aber vom Torverhältnis her schlechteren Polen bei ihrem letzten Auftritt in Stockholm gegen die bereits qualifizierten Schweden kein Punktgewinn gelang. Die drei Kronen leisteten den drei Löwen Schützenhilfe und verwiesen Polen durch einen 2:0-Sieg auf den undankbaren Platz 3.

Gruppe 6 Auch die Gruppe 6 hatte mit **Spanien** einen souveränen Sieger, obwohl man zum Auftakt auf **Zypern** eine peinliche 2:3-Niederlage kassierte, die die *Selección* zunächst zum Gespött Fußball-Europas machte und die Entlassung des ungeliebten Nationaltrainers Javier Clemente nach sich zog. Unter seinem

Zur Qualifikation gezittert: Deutschland trennte sich im entscheidenden Spiel 0:0 von der Türkei. Hier setzen Jens Jeremies und Markus Babbel die Brechstange an.

Nachfolger António Camacho, einem ehemaligen langjährigen Klasse-Verteidiger von Real Madrid, wurden die folgenden sieben Spiele samt und sonders gewonnen, wobei die Iberer 40 Tore schossen und nur drei zuließen. Während Clemente ein defensives und nur auf Konter ausgerichtetes System bevorzugte, hielt Camacho zwar am traditionellen 4-4-2 fest, ließ aber offensiver und attraktiver spielen. Mit insgesamt 42 Treffern stellte Spanien das torhungrigste Team der Qualifikation. Allerdings hatte man es auch mit einer recht einfachen Gruppe zu tun, in der **Israel** Zweiter wurde. **Österreich** landete, punktgleich mit Israel, auf dem dritten Platz, der in diesem Fall jedoch kaum als undankbar zu bezeichnen war. Bei vier Siegen, drei Niederlagen und einem Remis wiesen die Österreicher das erstaunliche Torverhältnis von 19:20 auf. Israel war mit 25:9 um satte 17 Zähler besser. Ausschlaggebend waren zwei derbe Auswärts-Niederlagen der Österreicher, die in Spanien 0:9 und in Israel knappe drei Monate später 0:5 unterlagen. Für die WM 1998 hatte sich Österreich noch mit dem ehemaligen Klassespieler Herbert „Schneckerl" Prohaska als Trainer sowie den Bundesligalegionären Andreas Herzog (Werder Bremen) und Toni Polster (1. FC Köln) qualifizieren können, doch in den folgenden Jahren blieb die einstige kontinentale Fußballmacht bei großen Turnieren außen vor.

Gruppe 7

Die Gruppe 7 machten **Rumänien** und **Portugal** unter sich aus. Am Ende hatten die Rumänen ungeschlagen mit einem Punkt Vorsprung die Nase vorn. In Porto hatte Rumänien 1:0 gewonnen, symptomatisch für das enge Rennen, das sich die beiden Länder lieferten. Den möglichen Gruppensieg verschenkten die Portugiesen in **Aserbaidschan**, wo der Außenseiter in der 5. Minute durch Tagizade in Führung ging, die Superstar Figo erst in der Schlussminute ausgleichen konnte. Am Ende durften sich die Portugiesen trotzdem vorzeitig freuen, denn als punktstärkster Gruppenzweiter gelang ihnen ebenfalls der direkte Einzug in die Endrunde.

Bei den Rumänen musste Trainer Victor Piturca trotz erfolgreicher Qualifikation die Koffer packen, nachdem er sich mit den Stars im Team überworfen hatte – insbesondere mit dem Spielmacher und Nationalhelden Gheorghe Hagi von Galatasaray Istanbul, für den *Kicker* „Aushängeschild der Profi-Legionäre auf dem Balkan" und „Fixstern im Fußball der Rumänen". Piturcas Nachfolger wurde Emerich Jenei, ein Ungar, der aber seine Karriere als Spieler und Trainer fast ausschließlich in Rumänien verbracht und dort sogar das Amt des Sportministers ausgeübt hatte. Jenei übernahm ein eingespieltes Team, das sein Gesicht seit der WM 1998 kaum geändert hatte.

Das kleine **Liechtenstein** endete zwar auf dem letzten Platz in dieser Gruppe, konnte jedoch seinen ersten Sieg in einem EM-Spiel verbuchen. In Vaduz wurde Aserbaidschan vor 1.400 Zuschauern mit 2:1 besiegt. Ganze 350 Zuschauer mehr sahen ein knappes Jahr später ein beachtliches torloses Remis gegen **Ungarn**.

Gruppe 8

In Gruppe 8 fanden sich mit **Jugoslawien**, **Kroatien** und **Mazedonien** gleich drei Teams aus dem ehemaligen jugoslawischen Vielvölkerstaat wieder. Die Jugoslawen, trainiert vom sieben Sprachen beherrschenden Professor für Geschichte und Geographie Vujadin Boskov, führten vor dem letzten Spieltag die Tabelle mit 16 Punkten an, gefolgt von der Republik **Irland** (15) und Kroatien (14). Die Iren mussten nach Mazedonien reisen, die Jugoslawen nach Kroatien. In Skopje führten die *Boys in Green* bis zur 90. Minute mit 1:0 und sahen wie der Gruppensieger aus, denn zeitgleich trennten sich Kroatien und Jugoslawien in Zagreb unentschieden (2:2). Doch dann gelang Stavresvski noch der Ausgleich für die Mazedonier, der die Iren hinter Jugoslawien auf den zweiten Platz verbannte.

Gruppe 9

Der souveränste aller Gruppensieger hieß **Tschechien**, das die Gruppe 9 mit zwölf Punkten Vorsprung auf **Schottland** gewann. Der von Jozef Chovanec trainierte Vize-Europameister holte aus den zehn Gruppenspielen das Optimum von 30 Punkten. In seinem Kader standen einige hochkarätige Legionäre wie Pavel Nedved (Lazio Rom), Vladimir Smicer (FC Liverpool) und Karel Poborsky (Benfica Lissabon).

Den besten Zuschauerzuspruch der Qualifikation verbuchte Weltmeister Frankreich, dessen Spiele im Schnitt von 77.979 Zuschauern besucht wurden. Auf den nächsten Rängen folgten England (72.851) und die Ukraine (51.170), mit bereits deutlichem Abstand dann Schweden (36.034), Dänemark (36.003), Russland (35.204) und

Tschechien zog als souveränste Qualifikationsmannschaft in die Endrunde ein: Sie holte alle 30 möglichen Punkte. Im letzten Gruppenspiel besiegten Jan Koller und Co. die Fußballzwerge von den Färöern 2:0.

Israel (34.779), die allerdings noch vor Titelverteidiger Deutschland (32.314) lagen. Die hohe Besucherquote der Israelis bewies, dass ihr Schritt, sich fußballerisch nach Europa zu orientieren, richtig war. Den Keller der Zuschauertabelle bildeten die Färöer Inseln (2.873), Andorra (2.300, dank des „Heimspiels" gegen Frankreich in Barcelona), Malta (2.166, dank reisefreudiger Iren), Liechtenstein (2.159) und als Schlusslicht San Marino (1.091).

Nach Abschluss der Qualifikationsgruppen mussten acht Teams in den Play Offs nachsitzen. Dänemark setzte sich hier mühelos gegen Israel durch, wobei die Angelegenheit bereits nach der ersten Begegnung in Tel Aviv, einem 5:0 der Dänen, entschieden war. In Kopenhagen gab es einen ungefährdeten 3:0-Erfolg.

Play Offs

Im Duell der EM-Neulinge Slowenien und Ukraine galt Letztere als klarer Favorit. In Ljubljana brachte Andrej Schewtschenko seine Farben in der 32. Minute zunächst erwartungsgemäß mit 1:0 in Führung, aber der einmal mehr überragende Zlatko

Zahovic (53.) und Milienko Acimovic (84.) schossen noch einen 2:1-Sieg für die Hausherren heraus. Auch beim Rückspiel in Kiew traf die Ukraine durch einen von Rebrow verwandelten Elfmeter (68.) als Erste, aber zwölf Minuten vor Schluss konnte der für den Karlsruher SC spielende Miran Pavlin für den Außenseiter ausgleichen, der diesen Spielstand nun mit Händen und Füßen bis zum Schlusspfiff verteidigte. Der Endrundeneinzug der Slowenen gehörte zu den Überraschungen der EM 2000. Ihre Stärke war die routinierte Innenverteidigung. Trainiert wurde das Team vom ehemaligen Bundesliga- und Serie-A-Profi Srecko Katanec, mit 36 Jahren der jüngste aller Übungsleiter der EM-Endrunde.

Die Türkei blieb in beiden Spielen sieglos, war aber trotzdem in der Endrunde dabei. In Dublin konnte Tayfur sieben Minuten vor Schluss den irischen Führungstreffer von Robby Keane (79.) vom Elfmeterpunkt ausgleichen, und aufgrund dieses auswärts erzielten Tores genügte den Türken in Bursa ein torloses Remis zum Weiterkommen. Irland war damit zum zweiten Mal in Folge in einem EM-Relegationsspiel gescheitert. Hingegen befand sich der türkische Fußball weiter in einem Aufwärtstrend. Vor dem Start der EM 2000 gewann Galatasaray Istanbul mit dem UEFA-Cup als erster türkischer Klub eine europäische Trophäe. Säulen des Nationalteams waren Keeper Rüstü und die Innenverteidiger Alpay und Ogün, die allesamt bei Fehnerbahce Istanbul spielten, sowie Sturmstar Hakan Sükür vom Lokalrivalen Galatasaray.

Die größte Aufmerksamkeit aller Play-Off-Spiele galt der „Battle of Britain" zwischen Schottland und England, bei der die Schotten auf eine Revanche für die Vorrundenniederlage bei der EM 1996 hofften. Im Glasgower Hampden Park jedoch siegten die Engländer durch zwei Tore von Paul Scholes von Manchester United (21., 42.) souverän mit 2:0, und damit schien die Angelegenheit entschieden. Doch beim Rückspiel im Londoner Wembleystadion wurde es noch einmal spannend, als Hutchinson die Schotten in der 38. Minute in Führung brachte. Zu mehr waren die Gäste aber nicht in der Lage, weshalb die Engländer nach 90 Minuten aufatmen und für die Endrunde planen durften. Mit zusammen 125.980 Zuschauern – 50.132 im Hampden Park, 75.848 in Wembley – mobilisierte das älteste Nationen-Derby der Welt auch das größte Zuschaueraufkommen in den Play-Off-Spielen.

Die Favoriten

England hielt sich (wie immer) für einen Anwärter auf den Titel, schlug sich aber (wie fast immer) mit diversen Problemen herum. Vor der WM 1998 hatte man zeitweise mitreißend gespielt. Nationalcoach Glen Hoddle, der einst Swindon Town mit einer recht „unenglischen" Spielweise in die Erstklassigkeit gebracht hatte, stand für Spielkultur und entwickelte die *Three Lions* taktisch weiter. In Frankreich musste man sich Argentinien nach dem besten Achtelfinale dieses Turniers erst nach Elfmeterschießen beugen. Als Hauptverantwortlicher für das unglückliche Ausscheiden machten Medien und Fans David Beckham aus, der bereits in der 47. Minute nach einem dummen Foul vom Platz geflogen war. Im Februar 1999 zwangen „politische Gründe" Hoddle zur Demission; angeblich hatte sich der esoterisch angehauchte Trainer in diskriminierender Weise über Behinderte geäußert. Sein Nachfolger wurde Kevin Keegan, Europas „Fußballer des Jahres" 1978 und 1979 und einer der populärsten Kicker in der englischen Fußballgeschichte. Den wegen seiner geringen Körpergröße „Mighty Mouse" getauften Spieler Keegan hatten einst Charakter, Leidenschaft und eine gehörige Portion Talent groß gemacht. Der Trainer Keegan war an taktischen Dingen und spielerischen Entwicklungen nur mäßig interessiert: „Ich bin keiner, der Männchen und Pfeile auf die Tafel kritzelt." Dafür gab der begnadete Endlosredner seinen Spielern Anweisungen wie: „Geh' raus und wirf ein paar Bomben im Strafraum ab", mit auf den Weg. Super-Optimist Keegan, „Cheerleader der Nation" (Ronald Reng), hielt seine *Three Lions* für noch stärker als 1998.

In **Frankreich** hatte der Gewinn der WM im eigenen Land eine riesige Begeisterung für die *Équipe Tricolore* ausgelöst. Auf den französischen Straßen feierten Millionen tagelang den souveränen 3:0-Finalsieg über Brasilien. Der WM-Triumph besaß auch eine politische Note. Die *Équipe Tricolore* hatte sich zu einer „multikulturellen" Mannschaft entwickelt; neun der wichtigsten Spieler stammten aus Einwan-

Kopf des Multikulti-Teams der Franzosen: Zinedine Zidane.

■ **Frankreichs Multikulti-Team**

So bunt präsentierte sich die *Équipe Tricolore* bei der EM: Christian Karambeu wurde in Neu-Kaledonien geboren, Marcel Desailly in Ghana, Patrick Vieira im Senegal. Lilian Thuram kam zwar in Frankreich zur Welt, seine Mutter stammte aber aus Guadeloupe. Zinedine Zidanes Eltern waren Berber aus Algerien, Youri Djorkaeffs Mutter kam aus Armenien, sein Vater gehörte der Kalmouk-Minderheit in der ehemaligen UdSSR an. Fabian Barthez hatte eine spanische Großmutter, Bixente Lizarazu drei spanisch-baskische Großeltern, und die Eltern von Thierry Henry stammten aus Guadeloupe.

dererfamilien. Das Mitwirken von Immigranten und deren Kindern in Frankreichs Nationalelf war nichts wirklich Neues, doch kamen diese in der Vergangenheit nicht aus den ehemaligen afrikanischen Kolonien oder den Übersee-Departments, sondern besaßen – wie beispielsweise Kopa und Platini – einen europäischen Hintergrund. Während der EM 1996 hatte der Rechtsextremist Jean Marie Le Pen gegen den „künstlichen Charakter" der „rassischen" Zusammensetzung der Équipe gehetzt. Der WM-Triumph der „Multikulti-Truppe" wurde deshalb als Schlag ins Gesicht von Le Pen gefeiert. Das bunte französische Team demonstrierte der ganzen Welt, „dass Rassenvielfalt ein nationales Guthaben sein kann, wenn alle ein gemeinsames Ziel verfolgen" *(Der Spiegel)*, und dass der Fußball unverändert die Rolle eines Immigranten- und Integrationssports besaß. In Frankreich wurde die *Équipe Tricolore* zum Symbol eines neuen „vielfarbigen" Republikanismus und der Überlegenheit republikanischer Werte. Für Staatspräsident Chirac hatte Frankreich dank seiner Fußballer „seine Seele wiedergefunden".

Wie sehr die WM die Situation für den Fußball und *Les Bleus* verändert hatte, dokumentierten auch die Zuschauerzahlen in der EM-Qualifikation. Bis dahin war der Besuch von EM-Qualifikationsspielen eher verhalten ausgefallen. Die fünf Qualifikationsspiele für die EM 1996 hatten insgesamt nur 132.050 Besucher angezogen, was einem Schnitt von 26.410 entsprach. Vor der EM 2000 waren es nun insgesamt 389.968 Zuschauer (= 77.993 pro Spiel), obwohl mit Island, Armenien und Andorra nicht gerade attraktive Gegner aufliefen. Die niedrigste Zuschauerzahl wurde mit 75.416 gegen Andorra notiert.

Nationaltrainer Aimé Jacquet hatte sich nach dem WM-Triumph auf den ruhigeren Posten des Technischen Direktors beim Verband zurückgezogen. Sein Nachfolger wurde Roger Lemerre, bis dahin Co-Trainer Jacquets. Das Gros der Spieler, auf die Lemerre baute, war schon zwei Jahre zuvor dabeigewesen, kannte den Trainer gut und kam mit ihm zurecht.

Trotz der holperig verlaufenen Qualifikation hielten einige Experten die *Équipe Tricolore* für noch stärker als beim WM-Erfolg. Damals hatten noch Mittelfeld- und Abwehrspieler für die Tore sorgen müssen, doch zur EM 2000 reiste Lemerre mit den beiden pfeilschnellen und technisch starken Stürmern Nicolas Anelka (21, Real Madrid) und Thierry Henry (22, Arsenal London) an, die trotz ihres geringen Alters bereits zur europäischen Spitzenklasse zählten. Während sich Zinedine Zidane mit

27 Jahren im besten Fußballeralter befand, standen mit Laurent Blanc (34), Didie Dechamps (31), Frank Leboeuf (32), Youri Djorkaeff (32) und Bixente Lizerazu (30) gleich mehrere Spieler im Kader, die zum älteren Semester gezählt wurden. Kritiker sprachen daher von einem verpassten Generationswechsel. Ihnen entgegnete Lemerre: „Die Weltmeister sind nach wie vor die besten Spieler, die Frankreich zur Verfügung stehen, und ich habe nicht das Gefühl, dass sie schon satt sind."

Als Meister des kurzen Passes galten die **Portugiesen**, die letztmalig bei der EM 1984 zu überzeugen wussten, als man in Frankreich das Halbfinale erreichte. Den Kern des Teams von Trainer Humberto Coelho, der als Spieler ein Weltklasse-Libero gewesen war, bildeten Akteure, die 1989 und 1991 Junioren-Weltmeister geworden waren und als „goldene Generation" und legitime Nachfolger von Eusebio und Co. firmierten. Hierzu zählten insbesondere die Mittelfeldspieler Luis Figo (FC Barcelona), Paulo Sousa (AC Parma) und Rui Costa (AC Florenz). Im Tor stand der exzellente Vitor Baia vom FC Porto. Das Spiel der Portugiesen verglichen viele mit Brasilien, doch in der Qualifikation zur WM 1998 war die „goldene Generation" kläglich gescheitert.

Italien wurde von der Torwart-Legende Dino „Nazionale" Zoff trainiert, Europameister von 1968 und zum Zeitpunkt der WM noch Rekordspieler seines Landes (wenngleich ihm mittlerweile sein Kapitän Paolo Maldini diesbezüglich im Nacken saß). Von Zoff stammte der Ausspruch: „Es ist das Schicksal aller Trainer, früher oder später mit Tomaten beworfen zu werden." Eine Woche vor Turnierbeginn erhielten Italiens Ambitionen einen Dämpfer, als der erst 22-jährige Stammkeeper Gianluigi Buffon verletzt absagen musste. Für ihn bestritt der sieben Jahre ältere Franceso Toldo vom AC Florenz das Turnier als Nr. 1. Für italienische Verhältnisse spielte Zoffs Team relativ offensiv, zu den Pluspunkten des Kaders gehörten starke Angriffsspieler wie Francesco Totti und Marco Delvecchio (beide AS Rom) sowie Filippo Inzaghi und Alessandro Del Piero (beide Juventus). In der gewohnt zuverlässigen Abwehr stand mit Alessandro Nesta (Lazio Rom) der vielleicht weltbeste Innenverteidiger. Während des Turniers sollte sich noch der 25-jährige Mittelfeldspieler Stefano Fiore von Udinese Calcio ins Rampenlicht spielen, der bis dahin erst eine Handvoll Länderspiele bestritten hatte.

Spanien hatte im EM-Jahr mit Real Madrid, FC Barcelona und FC Valencia drei der vier Champions-League-Halbfinalisten gestellt, allerdings waren diese Teams mit ausländischen Stars gespickt, insbesondere der FC Barcelona, der auch nur drei Akteure des spanischen EM-Kaders stellte. Real Madrid war mit fünf Spielern vertreten, der FC Valencia nur mit zwei. Die Zeit der Blockbildung war vorbei, was aber auch für die Klasse anderer spanischer Klubmannschaften sprach. Für viele Experten zählte Spanien zu den heißesten Titelanwärtern – trotz seiner deprimierenden Bilanz bei WM- und EM-Turnieren. Zuletzt musste der notorische Geheimfavorit 1998 in Frankreich bereits in der Vorrunde die Segel streichen.

Noch gut gelaunt bei der Gruppenauslosung – zwei neue Nationaltrainer, deren Teams sich in der Endrunde kräftig blamieren sollten: Kevin Keegan für England und Erich Ribbeck für Deutschland.

Unverändert stand die *Selección* im Schatten der Klubszene und bestritt ihre Länderspiele häufig in der Provinz, um Publikum anzulocken oder politisch motivierter Ablehnung zu entgehen. Die baskischen Spielorte San Sebastián und Bilbao wurden ebenso gemieden wie Camp Nou, das Stadion des FC Barcelona. Sofern man in Barcelona antrat, lief man lieber im Estadi Olimpic de Montjuice auf, wo der Madrid-freundlichere Lokalrivale Espanyol seine Heimstatt besaß. Die Qualifikationsspiele der EM 2000 wurden in Valencia, Villareal, Badajoz und Albacete ausgetragen und im Schnitt von lediglich knapp 20.000 Zuschauern verfolgt; und dies auch nur, weil zur Begegnung gegen Österreich immerhin 40.000 gekommen waren. Bei den anderen drei Begegnungen lag der Zuspruch jeweils unter 20.000. Josep Guardiola vom FC Barcelona, Spielmacher und Kapitän der spanischen Nationalelf, machte keinen Hehl daraus, welche Binde er noch lieber tragen würde: „Es wäre mein größter Wunsch, irgendwann Spielmacher einer autonomen katalanischen Nationalelf zu sein."

Kaum Chancen wurden dem amtierenden Europameister **Deutschland** eingeräumt, selbst daheim nicht. Erstmals ging eine DFB-Elf als krasser Außenseiter in ein großes Turnier. Laut einer Umfrage glaubten nur drei Prozent der Befragten in Deutschland an eine erfolgreiche Titelverteidigung. Es schien, als sei der Titelgewinn von 1996 schon Ewigkeiten her. Die Zeit von Cheftrainer Ribbeck war bereits vor dem Turnierstart abgelaufen. Insbesondere bei den Spielern von Bayern München und Bayer Leverkusen war Ribbecks Autorität auf den Nullpunkt gesunken. Als das DFB-Team einige Wochen vor dem Start der WM in einem Testspiel gegen die Schweiz nur ein 1:1-Remis erzielte, porträtierte der *Daily Telegraph* die Ribbeck-Truppe als „die wohl schlechteste deutsche Mannschaft seit Menschengedenken".

Gastgeber **Niederlande** war bei der WM 1998 erst im Halbfinale und nach Elfmeterschießen gescheitert. Zuvor hatte man sich mit Brasilien die beste Partie dieses Turniers überhaupt geliefert. Vor der WM hatte der damalige Trainer Guus Hiddink den von ihm zuvor geschassten Edgar Davids zurück ins Team geholt, der mit Zidane zum überragenden Akteur der Veranstaltung avancierte. Nach der WM wurde der zu diesem Zeitpunkt erst knapp 36 Jahre alte ehemalige Weltklassevertei-diger Frank Rijkaard als Bondscoach engagiert. Von Rijkaard, der einen surinamischen Hintergrund besaß, versprachen sich die Verantwortlichen vermutlich auch ein Ende der Grabenkämpfe zwischen weißen und farbigen Akteuren in der *Elftal*. Rijkaard hatte seine Spielerkarriere erst drei Jahre zuvor beendet und noch nie zuvor eine Mannschaft selbstständig trainiert.

> ■ **Internationale Niederländer**
>
> Nahezu alle wichtigen Spieler der *Oranjes* kickten bei international renommierten Vereinen in den Topligen von Italien, England oder Spanien: Keeper Edwin van der Sar und Edgar Davids bei Juventus Turin, Japp Stam bei Manchester United, Frank und Ronald de Boer, Philip Cocu, Michael Reiziger, Boudewijn Zenden und Patrick Kluivert allesamt beim FC Barcelona, Denis Bergkamp und Marc Overmars bei Arsenal London sowie Clarence Seedorf bei Inter Mailand.

Der Kader der Niederländer las sich gut; zwölf der Spieler standen bei absoluten Topadressen im Ausland unter Vertrag. Die Achse des Teams bildeten der auch am Fuß starke Keeper van der Sar, der 1,91 Meter große athletische Abwehrrecke Jaap Stam, der bei seinem Wechsel 1996 vom PSV Eindhoven zu Manchester United die für einen Verteidiger damals unglaubliche Summe von 31 Mio. Mark bewegt hatte, außerdem Edgar Davids, der die wachsende strategische Bedeutung des defensiven Mittelfeldspielers repräsentierte, sowie Torjäger Patrick Kluivert, den eine exzellente Ballbehandlung auszeichnete. Im Sturm „plagte" Rijkaard ein Überangebot: Neben Kluivert standen ihm hier noch Zenden, Bergkamp und Overmars sowie Roy Makaay von Deportivo La Coruña, der zu den besten Stürmern der spanischen Liga zählte, zur Verfügung. Auch Pierre van Hooijdonk (Vitesse Arnheim) und Jerrel Hasselbaink (Atletico Madrid) waren bewährte Offensivkräfte. Die Vorbereitung der *Oranjes* verlief allerdings wenig vielversprechend. In den 15 Testspielen nach der WM 1998 verließ Rijkaards Team nur zwei-

Selbstbewusster Mittelfeldakteur: Edgar Davids.

mal das Feld als Sieger. Die vielbeschäftigten Stars der europäischen Topklubs verspürten wenig Lust auf diese Spiele. Außerdem probierte Rijkaard vieles aus.

Mit ihren insgesamt 17 Legionären standen die Niederländer nicht allein, auch insgesamt waren es mehr als jemals zuvor bei einer EM. Von den 352 gemeldeten Spielern standen 166 bei ausländischen Vereinen unter Vertrag. Die meisten Legionäre nominierten Dänemark und Jugoslawien mit jeweils 18, bei Frankreich waren es 14. Italien und Spanien rekrutierten ihre Kader ausschließlich aus der heimischen Serie A bzw. Primera Division, was die Klasse dieser Ligen unterstrich. Zu den Ausnahmen zählten auch die Aufgebote Englands, das mit Steve McManaman vom Champions-League-Sieger Real Madrid nur einen Legionär aufwies, und der Türkei (zwei Legionäre). Auch das DFB-Team bestand – mit der Ausnahme der England-Legionäre Dietmar Hamann (FC Liverpool) und Christian Ziege (FC Middlesborough) – fast ausnahmslos aus heimischen Akteuren, was aber andere Gründe hatte: Kaum ein deutscher Akteur besaß die Klasse, um das Interesse der europäischen Top-Klubs zu wecken.

Gruppe A: „Riesen von gestern"

Portugal
Rumänien
England
Deutschland

Das DFB-Team wurde in Gruppe A den niedrigen Erwartungen mehr als gerecht. Die EM war für die Deutschen fünf Minuten alt, als der Rumäne Moldavan in Lüttich die 1:0-Führung für seine Farben erzielte. Mehmed Scholl gelang noch im ersten Durchgang der Ausgleich, doch mehr war nicht drin. Vor dem Spiel hatten die Deutschen Rumänien noch als schwächsten Gruppengegner bezeichnet, weshalb Trainer Jenei polterte: „Die denken noch immer, sie seien die Herrenmenschen, und haben wohl vergessen, dass sie zwei Weltkriege verloren haben."

Damit stand das DFB-Team beim zweiten Auftritt gegen England bereits gehörig unter Zugzwang. Ribbecks Kollegen Kevin Keegan ging es nicht besser, denn die *Three Lions* hatten ihr Auftaktspiel sogar verloren. Nach nur 17 Minuten hatten die Engländer gegen die Portugiesen durch Tore von Scholes und McManaman bereits mit 2:0 geführt, doch Luis Figo (22.) und Joao Pinto (37.) sorgten noch vor dem Halbzeitpfiff für den Gleichstand. In der 59. Minute erzielte Nuno Gomes dann den Siegtreffer zum 3:2.

Aus Furcht vor einem Aufeinandertreffen von englischen und deutschen Hooligans herrschte rund um das Stadion in Charleroi höchste Alarmstufe. England schlug die Deutschen durch ein Tor von Torjäger und Kapitän Alan Shearer (53.) mit 1:0, der erste Sieg der *Three Lions* über die DFB-Elf bei einem wichtigen Turnier seit dem legendären WM-Finale von 1966. „Endlich: Nach 33 Jahren, 10 Monaten, 18 Tagen, 4 Stunden und 17 Minuten haben wir sie wieder geschlagen", überschrieb das Boulevardblatt *News of the World* seinen Spielbericht. Die *Frankfurter Allgemeine Zeitung* charakterisierte das schwache Spiel korrekt als „Duell zweier auf Normalmaß geschrumpfter Riesen von gestern". Englands „historischer Sieg" sollte sich ohnehin als völlig wertlos erweisen.

Die Rumänen um den genialen Gheorghe Hagi schalteten sowohl Deutschland wie England aus.

Am gleichen Tag gewann Portugal gegen Rumänien durch ein Tor von Costinha in der letzten Minute mit 1:0. Der Torschütze war erst drei Minuten zuvor für Rui Costa ins Spiel gekommen. Trainer Coelho wollte mit dieser Einwechslung das torlose Remis halten. Vor dem letzten Spieltag führte Portugal daher mit sechs Punkten vor England (3), Rumänien und Deutschland (jeweils 1). Die *Selecção* war damit bereits für das Viertelfinale qualifiziert, weshalb man gegen die Deutschen eine bessere B-Elf auflaufen ließ. Doch auch diese erwies sich für Matthäus und Co. als eine Nummer zu groß. Portugals Reservisten gewannen problemlos mit 3:0, sämtliche Treffer markierte Sergio Conceicao, der bei seinem Verein Lazio Rom keinen Stammplatz beanspruchen konnte. Die deutschen „Rumpelfüßler" (Beckenbauer) waren damit Gruppenletzter, hatten nur einen Punkt geholt und ein einziges Tor erzielt. Daheim titelte die *Bild-Zeitung:* „Ihr seid eine Schande und die Fußball-Deppen der Nation." Das größte EM-Debakel seit 1984 und das schlechteste Abschneiden in der Endrunde einer WM oder EM überhaupt hatte auch dieses Mal einen Trainerwechsel zur Folge. Dem Duo Ribbeck/Stielike sollte Christoph Daum folgen, der jedoch über seinen Kokain-Konsum stolperte, weshalb Rudi Völler die Verantwortung übernahm. Jorge Valdano, mit Argentinien Weltmeister 1978, konstatierte in *El Pais* über das deutsche Desaster: „Der sechste Sinn des deutschen Spiels geht aus dem Muskel hervor; der sechste Sinn des holländischen Spiels geht aus dem Ball hervor."

Fassungslos: Lothar Matthäus weiß, dass er vorzeitig abreisen muss. Soeben hat die portugiesische B-Auswahl das 3:0 erzielt.

Auch England musste bereits nach der Vorrunde die Koffer packen, womit zwei der traditionsreichsten europäischen Fußballnationen vorzeitig ausgeschieden waren. Angesichts der deutschen Niederlage hätte dem Keegan-Team gegen Rumänien bereits ein Remis zum Weiterkommen genügt, und lange sah es auch danach aus. Die Rumänen gingen in der 22. Minute durch Chivu in Führung, aber Shearer (40., Elfmeter) und Owen (45.) konnten bis zum Halbzeitpfiff eine 2:1-Führung herausschießen. Drei Minuten nach dem Wiederanpfiff gelang Munteanu der Ausgleich für die Rumänen. Bis zur 88. Minute hielt das Remis, dann verwandelte der für den VfB Stuttgart spielende Ioan Viorel Ganea einen von Phil Neville amateurhaft verschuldeten Foulelfmeter zum 3:2-Siegtreffer für die Karpaten-Kicker. Rumänien stand erstmals im Viertelfinale einer EM.

Die Gastgeber durften nach dem Ausscheiden Englands und Deutschlands aufatmen, denn damit war man auch deren Hooligans los. In England selbst hatte man dieses Problem mittlerweile weitgehend in den Griff bekommen, weshalb sich die Hooligans nun mit Vorliebe bei Auslandsauftritten austobten. In Belgien und den Niederlanden wurden hunderte englischer Hooligans verhaftet. Die britische Regierung reagierte mit dem Football Disorder Act, der es ihr ermöglichte, vor großen Turnieren Reisepässe einzuziehen und strenge Meldeauflagen zu verhängen. So wurden bei der WM 2006 ca. 3.500 Engländer an der Reise auf den Kontinent gehindert.

Gruppe B: Enttäuschte Gastgeber

Anders als die Niederlande zählte der zweite Gastgeber Belgien nicht zum Kreis der Titelkandidaten, sondern hoffte lediglich auf das Erreichen des Viertelfinales. Bei der WM 1998 war Belgien nach drei Unentschieden in der Vorrunde ausgeschieden. Anschließend ging es rapide bergab, und dies ausgerechnet vor der EM im eigenen Land. Der Tiefpunkt war erreicht, als man im August 1999 in Brüssel sogar Finnland unterlag, die vierte Heimniederlage in Folge. Ein neuer Trainer wurde gefordert, und auf den glücklosen George Leekens folgte der Lütticher Arbeitersohn und frühere Sportjournalist Robert Waseige, unter dem sich bald ein Aufwärtstrend einstellte. Gegen die Niederlande gelangen zwei Remis (5:5, 2:2), Italien wurde sogar mit 3:1 besiegt.

Italien
Türkei
Belgien
Schweden

In der Gruppe B empfing Belgien zum Eröffnungsspiel Schweden und startete mit einem 2:1-Sieg. Für Belgien liefen u.a. die Bundesliga-Legionäre Marc Wilmots, Nico van Kerckhoven und Emile Mpenza auf, die bei Schalke 04 unter Vertrag stan-

Italien gewinnt sein erstes Spiel 2:1 gegen die Türkei. Hier attackiert Stefano Fiore seinen Gegenspieler Özalan Alpay.

den. Mpenza markierte auch Belgiens zweiten Treffer. Die Schweden verloren nicht nur das Spiel, sondern auch Kapitän Patrick Andersson, dem in der 81. Minute Gelb-Rot gezeigt wurde. Die 46.700 Zuschauer im Stade Roi Baudouin hatten ein ausgesprochen gutes Eröffnungsspiel gesehen, mit drei Treffern im Übrigen das torreichste der EM-Geschichte. Die in Brüssel erscheinende *Les Sports* schrieb: „Es ist selten, dass Eröffnungsspiele von großen Turnieren ihre Versprechungen halten. Dieser Eröffnungskampf hat uns begeistert."

Mpenza trifft gegen Schweden

Auch Italien gewann seine erste Begegnung gegen die Türkei mit 2:1. Die 1:0-Führung für die *Squadra Azzurra* erzielte Antonio Conte (52.) mit einem sehenswerten Fallrückzieher. In der 61. Minute gelang Okan der Ausgleich für die Türken, doch neun Minuten später sah der schottische Schiedsrichter Hugh Dallas ein Foul von Ogün an dem als „Schwalbenkönig" verschrienen Filippo Inzaghi im Strafraum der Türken. Inzaghi nahm das Geschenk selbst in Empfang und verwandelte zum 2:1. Bei der Türkei blieb der für Galatasaray Istanbul kickende Superstar Hakan Sükür blass.

Belgiens bescheidene Ambitionen erhielten bereits beim zweiten Auftritt einen Dämpfer, als man Italien vor 44.500 Zuschauern in Brüssel 0:2 unterlag. In der 6. Minute hatte Francesco Totti seine Mannschaft in Führung gebracht. Für den Rest der Spielzeit zelebrierte die *Squadra Azzurra* gegen die pausenlos attackierenden *Rode Duivels* Konterfußball in Perfektion. Als Spielmacher Stefano Fiore in der 68. Minute das 2:0 erzielte, hatte Italien vorzeitig das Viertelfinale erreicht. Einen Tag später trennten sich Türken und Schweden nach grottenschlechten 90 Minuten torlos, so dass vor dem letzten Spieltag drei Mannschaften um Platz 2 kämpften. Belgien hatte drei Punkte, die Türkei und Schweden besaßen jeweils nur einen Zähler und verfügten auch über ein identisches Torverhältnis. Folglich mussten Türken und Schweden ihre Spiele gewinnen, und tatsächlich besiegte die Türkei Belgien durch zwei Tore von Hakan Sükür (45., 70.) mit 2:0. Einen rabenschwarzen Abend erwischte Belgiens Keeper Filip De Wilde, der beim ersten Treffer danebengriff und dann noch in der 84. Minute des Feldes verwiesen wurde, nachdem er den türkischen Stürmer Arif einfach umgestoßen hatte. Da das Auswechselkontingent der Belgier bereits erschöpft war, musste mit Eric Deflandre ein Feldspieler zwischen die Pfosten.

Italien lief gegen Schweden mit einer B-Elf auf, ging aber trotzdem in der 39. Minute durch Luigi Di Baggio in Führung. Celtic-Glasgow-Torjäger Henrik Larsson, erst kurz vor dem Turnierstart von einem Beinbruch genesen, konnte in der 70. Minute ausgleichen, womit die *Tre-Kronors*-Mannen vorübergehend zurück im Rennen waren. Doch dann besiegelte Alessandro Del Piero in der 88. Minute ihre Heimreise. Für den Star von Juventus Turin mag es eine besondere Genugtuung gewesen sein, denn bei Zoff drückte Del Piero, mit einem Jahresgehalt von 12 Mio. DM zu diesem Zeitpunkt der Topverdiener im globalen Kickergewerbe, häufig nur die Bank.

Gruppe C: Zitterpartie für Spanien

Als vergleichsweise leicht galt die Gruppe C. Spanien und Jugoslawien gingen als klare Favoriten in die Runde, aber die Iberer begannen mit einer überraschenden 0:1-Niederlage gegen Norwegen und gerieten somit bereits nach dem ersten Spiel in Zugzwang. Gegen die massive norwegische Abwehr gab es für Raúl und Co. kein Durchkommen. Auf der anderen Seite unterlief Spaniens Keeper José Molina eine Reihe von Fehlern, den kapitalsten nutzte Norwegens Steffen Iversen in der 66. Minute zum Tor des Abends. Die Nr. 1 der *Selección* war schon vor dem Turnier umstritten, immerhin war Atletico Madrid mit Molina zwischen den Pfosten und 51 Gegentoren gerade aus der Primera Division abgestiegen. In Norwegen verfolgten ca. 1,7 Millionen Zuschauer, d.h. fast jeder zweite Einwohner, das Spiel, womit der Sender NRK einen neuen Einschaltrekord feierte.

Spanien
Jugoslawien
Norwegen
Slowenien

Auch Jugoslawien tat sich im Duell mit den ehemaligen Mitbürgern schwer. Nach 57 Minuten lag Außenseiter Slowenien mit 3:0 in Front, zweifacher Torschütze war der exzentrische, aber einmal mehr exzellente Zlatko Zahovic. Die *Plavi* drohte in Arroganz zu sterben, raffte sich dann aber noch einmal auf, obwohl sie die letzten 20 Minuten mit zehn Akteuren auskommen musste, nachdem Innenverteidiger Sinisa Mihajlovic Gelb-Rot gesehen hatte. Binnen sechs Minuten verwandelten Savo Milosevic (67., 73.) und Ljubinko Drulovic (70.), die auf der iberischen Halbinsel für Real Saragossa bzw. FC Porto spielten, den 0:3-Rückstand in ein 3:3-Remis. In der Schlussphase waren die Jugoslawen dem vierten Tor sogar erheblich näher als der nun ermüdende Turnier-Neuling.

Spanien schlug Slowenien dank einer leichten Leistungssteigerung gegenüber dem Auftaktspiel mit 2:1, wobei der Außenseiter erneut positiv überraschte. Im Tor der *Selección* stand nun Santiago Canizares vom FC Valencia. Hoffnungsträger Raúl schoss in dieser Partie sein einziges Turnier-Tor. Bedauerlicherweise, denn der Schriftsteller Javier Marias attestierte dem Jungstar von Real Madrid, er betrachte den Ball nicht als „lebloses Folterinstrument", sondern als „Lustobjekt" und bringe „Erotik ins Spiel". Und dies bis zur letzten Konsequenz: „Seine Tore, ein Orgasmus."

Jugoslawien behielt gegen Norwegen nach einem insbesondere von jugoslawischer Seite sehr hart geführten Spiel mit 1:0 die Oberhand. Erneut war es Savo Milosevic, der für sein Team traf. Anschließend agierten die Jugoslawen nur noch destruktiv, weshalb sie Norwegens Trainer Nils-Johan Semb der „Sabotage" bezichtigte. Mateja Kezmann verbrachte lediglich 37 Sekunden auf dem Platz, denn seine erste bemerkenswerten Aktion, ein Foul an Erik Myland, bestrafte Schiedsrichter Dallas mit der Roten Karte.

Vor dem letzten Spieltag führte Jugoslawien mit vier Punkten vor Spanien und Norwegen (je drei) und Slowenien (zwei), so dass sich noch alle Teams für das Viertelfinale qualifizieren konnten. Jugoslawien ging gegen Spanien dreimal in Führung und führte bis zur 90. Minute mit 3:2, obwohl man seit der 63. Minute nach Gelb-Rot für Jokanovic in Unterzahl spielte. Da die Begegnung zwischen Slowenien und Norwegen mit einem torlosen Remis endete, hätte dieser Spielstand das Aus für die *Selección* bedeutet, weshalb 15.000 norwegische Fans in Arnheim bereits den Einzug ihrer Elf ins Viertelfinale feierten. Doch der französische Schiedsrichter Veissière ließ in Brügge fünf Minuten nachspielen. In der 92. Minute wurde Abelardo im jugoslawischen Strafraum umgerissen. Mendieta verwandelte den fälligen Strafstoß zum 3:3, womit Spanien mit Norwegen punktmäßig gleichgezogen hatte. Da aber Norwegen das direkte Duell mit Spanien gewonnen hatte, standen die Skandinavier noch immer im Viertelfinale. Doch drei Minuten später katapultierte Alfonso die *Selección* vom dritten auf den ersten Platz, als ihm in letzter Sekunde der Siegtreffer zum 4:3 gelang. Norwegens Trainer Nils Johan Semb: „Im Endeffekt haben uns nur zwölf Sekunden für das Viertelfinale gefehlt."

Gruppe D: Zidane genial

Niederlande
Frankreich
Tschechien
Dänemark

Stark besetzt war die Gruppe D, in der sich mit Weltmeister Frankreich, Vize-Europameister Tschechien und Gastgeber Niederlande gleich drei Titelkandidaten befanden. Und auch die Dänen, die unter dem schwedischen Trainer Johansson wieder wesentlich attraktiver spielten als in der Endphase der Ära Möller-Nielsen, waren nicht zu unterschätzen.

Gegen Frankreich unterlag Dänemark allerdings klar mit 3:0. Gegen die keineswegs enttäuschenden Skandinavier boten Zidane und Co. Fußball vom Feinsten und unterstrichen schon zum Auftakt ihre Titelambitionen. Der schnelle, junge Sturm wurde von Zidane perfekt in Szene gesetzt. Beim 2:0 hatte Lizarazu zunächst einen Angriff der Dänen am Strafraum abgefangen, den Ball anschließend zu Zidane gespielt, der den pfeilschnellen Henry noch in der eigenen Hälfte mit einem genialen Steilpass bediente. Henry vollstreckte mit einem Schlenzer ins lange Eck. Zidane war der überragende Mann auf dem Platz, und Thomas Kilchenstein schwärmte in der *Frankfurter Rundschau*: „Was der Sohn algerischer Einwanderer an diesem Nachmittag auch anstellte mit der Kugel, ob er köpfte, grätschte oder im Sitzen spielte, ob er den Ball sanft mit der Spitze kickte, mit der Sohle streichelte oder einfach nur prallen ließ, es funktionierte und sah ästhetisch aus. Zidane, weniger Feldherr und machtvoller Anführer als spielender Kumpel, besitzt die große Gabe, selbst die kompliziertesten Dinge kinderleicht aussehen zu lassen. Zidane ist Dreh- und Angelpunkt des französischen Spiels, und dabei ist es einerlei, an welcher Stelle des Feldes er sich gerade befindet. ‚Zizou', sagt Bayern-Linksverteidiger Lizarazu, ‚ist nicht nur ein toller Einzelspieler, sondern auch ein sehr guter Mannschaftsspieler, weil er die anderen ständig einsetzt.'"

Beim ersten Topspiel der Gruppe, Niederlande gegen Tschechien, drängten die Gastgeber vor 50.800 Zuschauern in der Amsterdam ArenA auf eine frühe Füh-

Patrick Kluivert erzielte im Gruppenspiel gegen Dänemark den 3:0-Endstand.

rung, doch schon bald ging die Initiative an die Tschechen über, und die Niederländer konnten vom Glück reden, dass die Gäste in den ersten 18 Minuten zweimal nur den Pfosten trafen. Die Tschechen wirkten insgesamt souveräner, dennoch waren es die Niederländer, die am Ende den Sieg davontrugen. In der 89. Minute zeigte der italienische Schiedsrichterstar Pierluigi Collina im tschechischen Strafraum auf den Elfmeterpunkt, nachdem Jiri Nemec Ronald de Boer leicht am Trikot gezupft hatte. Eine harte Entscheidung, die Johan Cruyff grinsend mit den Worten kommentierte: „Schickt dem Schiedsrichter einen Blumenstrauß. So einen Elfmeter gibt man nicht." Frank de Boer ließ sich das Geschenk nicht nehmen und versenkte den Ball zum 1:0 im Netz. In der 90. Minute erhielt der bereits ausgewechselte Tscheche Radoslav Latal auch noch die Rote Karte.

Für Vize-Europameister Tschechien kam das Aus bereits am zweiten Spieltag, als man Frankreich 1:2 unterlag. Schon in der 7. Minute brachte Thierry Henry den Weltmeister in Führung; in der 35. Minute konnte Poborsky per Strafstoß ausgleichen. Den Siegtreffer für die *Équipe Tricolore* markierte Djorkaeff in der 60. Minute. Die

Franzosen hatten nach nur zwei Auftritten bereits das Viertelfinale erreicht, ebenso wie die Niederländer, die den Dänen ihre zweite 0:3-Niederlage zufügten. Am letzten Spieltag ging es in der Gruppe D somit nur noch um den Gruppensieg und den unbedeutenden dritten Platz. Letzteren buchten die Tschechen, die Dänemark vor nur 20.000 Zuschauern in Lüttich durch einen Doppelschlag von Smicer in der 64. und 67. Minute mit 2:0 besiegten. Mit null Punkten und null Toren verzeichnete Dänemark die schlechteste Bilanz aller Endrundenteilnehmer.

Gruppensieger wurden die Niederlande, die gegen Frankreich vor 51.000 Zuschauern in der ausverkauften Amsterdam ArenA 3:2 gewannen, obwohl die *Équipe Tricolore* zweimal durch Dugarry (8.) und Trézéguet (31.) in Führung gegangen war. Kluivert (14.) und Frank de Boer (51.) konnten jeweils ausgleichen. Den Siegtreffer erzielte in der 59. Minute Zenden. Für beide Teams war es nur noch ein Freundschaftsspiel, weshalb sie einige bis dahin zu kurz gekommene Akteure einsetzten. Am Ende stand für beide Trainer die erfreuliche Erkenntnis, dass auch der „zweite Anzug" passte.

Den ausgeschiedenen Deutschen, Norwegern, Dänen und Schweden, die samt und sonders schlechten und langweiligen Fußball geboten hatten, trauerte kaum jemand nach. Auch die Vorstellungen der Engländer waren wenig inspirierend ausgefallen. Bedauerlich war indes das Ausscheiden der spielstarken Tschechen, die vermutlich in jeder der anderen drei Gruppen das Viertelfinale erreicht hätten.

Insgesamt betrachtet bewegte sich die Vorrunde auf einem guten Niveau und deutete auf eine gewisse Trendwende hin. Der defensiv orientierte Fußball, der in den vergangenen 20 Jahren dominiert hatte – bei der WM 1990 und EM 1996 wurden mit 2,21 bzw. 2,06 Toren Minusrekorde registriert – war durch eine offensivere Ausrichtung abgelöst worden. Jan-Christian Müller in der *Frankfurter Rundschau* über die ersten zehn Tage des Turniers: „Staus für die Autos zuweilen auf den Straßen, freie Fahrt für den Ball zumeist auf dem Platz. Mit Ausnahme der Tschechen in der ersten Halbzeit gegen die Holländer und Norwegen über das ganze Spiel gegen Spanien haben alle 16 Teams einen offensiven Ansatz bevorzugt. Selbst die Italiener, denen der Ruf des unansehnlichen Minimalismus schon seit Jahren wie Donnerhall vorauseilt, sind bei ihrem 2:1 gegen die Türkei eiligst nach vorn gepresst."

Viertelfinale: Orangener Freudentaumel

Portugal kam gegen die **Türkei** zu einem souverän herausgespielten 2:0-Sieg. In der 29. Minute und beim Stand von 0:0 wurde der türkische Verteidiger Alpay des Feldes verwiesen, nachdem er Fernando Corte mit einem Faustschlag niedergestreckt hatte. Vier Jahre zuvor war Alpay noch mit dem Fair-Play-Preis ausgezeichnet worden. Portugals 1:0-Führung erzielte Nuno Gomes per Kopf in der 43. Minute. Die Vorarbeit hatte der starke Spielmacher Luis Figo geleistet. Die Türken erhielten noch vor dem Halbzeitpfiff die Chance zum Ausgleich. Couto hatte Arif im Strafraum gelegt, woraufhin der Gefoulte selbst zum Elfmeterpunkt schritt, doch Portugals Keeper Viktor Baia parierte. In der 56. Minute war es erneut Nuno Gomes, der das 2:0 für die *Selecção* erzielte. Die Türken waren nun mit ihrem Latein am Ende, und die verbleibenden 30 Minuten waren für die Portugiesen kaum mehr als ein lockeres Trainingsspiel.

Die in der Vorrunde für ihre Verhältnisse noch recht offensiv agierenden **Italiener** kehrten im Viertelfinale zu ihren traditionellen Tugenden zurück. Gegen **Rumänien** war Inzaghi als einzige Sturmspitze nominiert. Einmal mehr erwiesen sich Italiens Kicker als taktisch bestens geschult. Die ungeheuer diszipliniert agierende *Squadra Azzurra* bestach durch exzellente Raumaufteilung und brandgefährliche Konter. Noch vor der Halbzeit schossen Totti (33.) und Inzaghi (43.) einen 2:0-Sieg heraus. In der 59. Minute kassierte Rumäniens Fußball-Legende Gheorghe Hagi Gelb-Rot. Auch vorher war der Star kaum eine Hilfe für sein Team gewesen. Im Gegenteil: Ihre beste Leistung hatten die Rumänen im letzten Gruppenspiel gegen England abgeliefert – ohne Hagi, dessen Mitwirken auf Kosten einer flüssigeren Spielweise ging.

In einen regelrechten Rausch spielten sich die **Niederlande** gegen **Jugoslawien**. Der 6:1-Sieg vor 47.700 Zuschauern im Rotterdamer De Kuip weckte Erinnerungen an die besten Jahre des „totaal voetbal" und Hoffnungen auf den zweiten Gewinn einer bedeutenden internationalen Trophäe. Angriffswelle auf Angriffswelle rollte auf das Tor der Jugoslawen, denen mit dem verletzten Djorovíc und dem gesperrten

Holland wie im Rausch: Mit 6:1 fegten die Gastgeber (hier mit Davids) die Jugoslawen (hier mit Stojkovic) im Viertelfinale vom Platz.

Jokanovic zwei wichtige Kräfte fehlten. Eine Gala-Vorstellung lieferte Patrick Kluivert ab, der in der 24. Minute den Torreigen eröffnete. In der 38. Minute war es erneut Kluivert, der auf 2:0 erhöhte. Mit diesem Halbzeitstand waren die Jugoslawen bestens bedient, denn das einzige Manko des niederländischen Vortrags war die mangelhafte Chancenauswertung. Auch das 3:0 in der 51. Minute wurde zunächst Kluivert zugeschrieben, der das Tor aber an seinen Gegenspieler Govedaric weitergab. Nach diesem Eigentor war das Spiel gelaufen, bei den Jugoslawen brachen nun alle Dämme. Das 4:0 in der 54. Minute gehörte unbestreitbar Kluivert, der wenige Minuten später seinen Arbeitstag beenden durfte, um Roy Makaay Platz zu machen. Die Tore fünf (78.) und sechs (89.) markierte Overmars. In der letzten Minute gelang Milosevic der Ehrentreffer für die Jugoslawen, die die Heimreise mit insgesamt 13 Gegentoren im Gepäck antraten. Genauso viele hatten die Niederländer in ihren bislang vier Auftritten geschossen, womit sie deutlich vor der Konkurrenz lagen. Mit ihrer Gala-Vorstellung von Rotterdam schien eine Wiederholung des Triumphes von 1988 in greifbare Nähe gerückt zu sein. „Wenn nicht jetzt im eigenen Land und mit dieser Mannschaft, wann dann?", fragten sich viele Niederländer nach dem Schlusspfiff und gerieten alsbald in einen orangenen Taumel.

Ein ausgesprochen flottes Spiel bekamen die 27.600 Zuschauer zu sehen, die im Brügger Jan Breydel Stadion der Partie **Frankreich** gegen **Spanien** beiwohnten. Beide Teams agierten erfrischend offensiv und bestätigten somit den Trend der Vorrunde.

Wieder einmal eine Glanztat von Zidane: Gegen Spanien verwandelt er einen Freistoß zur 1:0-Führung.

In der 32. Minute brachte der überragende Zinedine Zidane den Weltmeister mit einem wunderschönen Tor in Führung, sechs Minuten später verwandelte Mendieta einen Foulelfmeter zum Ausgleich. Und der für den Bundesligisten 1. FC Kaiserslautern kickende Youri Djorkaeff erzielte in der 44. Minute das dritte Tor binnen zwölf Minuten, als er den Ball vorbei an Spaniens Keeper Canizares zum 2:1 ins kurze Eck drosch. Der nach eigenem Bekunden „wichtigste Treffer" in der Karriere des Sohnes armenischer Einwanderer sollte auch der letzte in dieser hochklassigen Partie bleiben. Denn in der letzten Spielminute erhielt die *Selección* zwar erneut die Chance zum Ausgleich vom Elfmeterpunkt, doch Raúl schoss den Ball über das von Barthez gehütete Tor. Die Szene war der Auftakt einer französischen Glückssträhne, die nun bis zum Abpfiff des Turniers anhalten sollte. Für die Spanier hingegen war ein großes Turnier mal wieder im Viertelfinale beendet. Unglücksrabe Raúl schluchzte in die TV-Kameras und bat die Nation um Verzeihung.

Halbfinale: Orangene Depression

Seit der EM 1992 verfolgte die **Niederlande** ein Elfmetertrauma. Damals unterlag man im Halbfinale dem krassen Außenseiter Dänemark nach Elfmeterschießen. Dieses Trauma fand bei folgenden Turnieren seine Fortsetzung. Bei der EM 1996 unterlag man im Viertelfinale den Franzosen ebenfalls im Elfmeterschießen, bei der WM 1998 im Halbfinale den Brasilianern, nach dem vielleicht besten Spiel des Turniers. Eine solche Pechsträhne verlangte nach einer Erklärung, und so wurden allerlei Theorien strapaziert. Eine besagte, dass die *Oranjes* ein Elfmeterschießen als eine zu profane Angelegenheit und unter ihrer Würde betrachteten. Brillanten Fußball zu spielen, sei für viele Spieler (und große Teile der niederländischen Öffentlichkeit) oft wichtiger als die Frage nach Sieg oder Niederlage. Auch die traditionelle Lässigkeit der holländischen Kicker wurde als Ursache bemüht. Wie auch immer, die EM-Halbfinal-Begegnung 2000 gegen **Italien** sollte alles bisher Erlebte und Erlittene in den Schatten stellen.

Das Team von Dino Zoff begann gegen die niederländische Tormaschine erwartet defensiv. Eine fünfköpfige Abwehrkette und ein zurückgezogenes Mittelfeld verengten die Räume. Die italienischen Spitzen Inzaghi und Del Piero, den Zoff überraschend für Totti aufgeboten hatte, standen in der gegnerischen Hälfte allein auf weiter Flur. In der 34. Minute zeigte Schiedsrichter Markus Merk dem Italiener Zambrotta, der mit seinem Gegenspieler Zenden überhaupt nicht zurechtkam, die Gelb-Rote Karte. Doch auch in Überzahl taten sich die *Oranjes* gegen das Abwehrbollwerk der Azzurri schwer. Aus dem Spiel heraus waren Keeper Toldo, Nesta, Cannavaro und Co. kaum zu bezwingen.

In der 39. Minute bot sich den Niederländern die große Chance vom Elfmeterpunkt, nachdem Kluivert von Nesta im Strafraum gelegt worden war. Doch Frank de Boer scheiterte am überragenden Keeper Toldo. Wieder ein Elfmeter-Frust – das niederländische Selbstbewusstsein erhielt einen empfindlichen Dämpfer. In der 62. Minute durften sie es ein weiteres Mal vom Elfmeterpunkt aus versuchen, dieses Mal war es Iuliano gewesen, der Davids zu Fall gebracht hatte. Doch wieder ging der Ball nicht rein – Kluivert knallte ihn an den Pfosten. Die Italiener ahnten nun, dass sie das Spiel nicht verlieren konnten, agierten souverän bis hin zur Arroganz und besaßen in der 89. Minute sogar die Möglichkeit zum Siegtreffer. Der eingewechselte Marco Delvecchio tauchte vor dem Tor des bis dahin nahezu völlig unbeschäftigten Edwin van der Sar auf, doch der niederländische Weltklassekeeper konnte parieren. Nach dem Ende der regulären Spielzeit orakelte Johan Cruyff: „Die Italiener können gegen uns nicht gewinnen, aber wir können gegen Italien durchaus verlieren."

Genauso sollte es kommen. In der Verlängerung musste van der Sar ein weiteres Mal in höchster Not gegen Delvecchio klären. Auch nach 120 Minuten blieb es in der Amsterdam ArenA bei einem torlosen Remis Es folgte das Elfmeterschießen, in das die Hausherren mit weichen Knien gingen. Mit zwei verschossenen Elfmetern während des Spiels hatte sie das Trauma schon jetzt eingeholt.

Selbstbewusst verwandelte Di Baggio den ersten Elfer für die *Squadra Azzurra*, während Frank de Boer zum zweiten Mal in diesem Spiel an Toldo scheiterte. Pessoto erhöhte auf 2:0, während Jaap Stam den Ball dermaßen über das Gehäuse drosch, dass Erinnerungen an Uli Hoeneß und das EM-Finale 1976 geweckt wurden. Totti traf zum 3:0, Kluivert konnte verkürzen. Endlich hatten die Niederländer das Leder ins Tor gebracht, und als van der Sar anschließend Maldinis Versuch parierte, keimte noch einmal ein Funken Hoffnung auf. Doch Toldo konnte den folgenden Elfer von Bosvelt ebenfalls abwehren, und damit standen die Italiener im Finale.

In der Amsterdam ArenA herrschte schieres Entsetzen. Die nüchterne Bilanz: Von den sechs Elfmetern, die die Niederländer in diesem Spiel schossen, wurden fünf vergeben. Frank Rijkaard zeigte sich zunächst ratlos („Ich kann mir das nicht erklären, ich kann es nicht"), um schließlich den Elfmeter-Horror gesellschaftspolitisch zu erklären: „Wir sind in Holland als Kollektiv gut, wenn man hingegen einen Elfmeter schießt, ist man ganz allein. Wir wachsen damit auf, dass unser Selbstvertrauen als Gruppe wächst, und verfügen über weniger Individualisten. Vielleicht liegt es daran." Die Nominierung der fünf Elfmeterschützen war Rijkaards letzte Amtshandlung gewesen, denn anschließend reichte der Coach seinen Rücktritt ein.

Derweil fielen die Niederlande in eine nationale Depression, die offenbarte, dass auch viele Fans der *Oranjes* das schöne Spiel allein nicht mehr befriedigen konnte. In den fünf Turnieren, die die Niederlande seit 1992 gespielt hatten, war man viermal im Elfmeterschießen ausgeschieden, und dies dreimal in der Rolle des Titelanwärters. Zählt man noch die beiden mehr oder weniger unglücklichen Niederlagen in den WM-Finals 1974 und 1978 sowie das Scheitern im EM-Halbfinale 1976 hinzu, so waren die Niederländer die wohl unglücklichste Fußballnation der Welt. Jedenfalls war kein anderes Land so häufig so kurz vor dem Ziel gescheitert.

Während Oranje in Depressionen verfällt, jubeln nach dem gewonnenen Elfmeterschießen die Italiener: Delvecchio, Iuliano, Di Baggio, Del Piero, Totti und Pessotto (v.l.) herzen ihren Torhüter Toldo, der in diesem Halbfinalspiel drei Elfmeter gehalten hat.

Mit **Frankreich** gegen **Portugal** sahen die 47.000 Zuschauer im Brüsseler Stade Roi Baudouin die Neuauflage des Halbfinales von 1984, das die *Équipe Tricolore* seinerzeit nach 120 Minuten mit 3:2 gewonnen hatte. Auch dieses Mal sollte die Begegnung in die Verlängerung gehen, und auch dieses Mal mit dem glücklicheren Ende für die Franzosen. Im Duell der beiden spielstärksten Teams gingen die Portugiesen in der 18. Minute nach einem kapitalen Fehler von Didier Dechamps durch Nuno Gomes in Führung, trotz bis dahin optischer Überlegenheit Frankreichs. Eine Kabinenpredigt von Trainer Lemerre zeitigte Wirkung. Sechs Minuten nach dem Wiederanpfiff konnte Thierry Henry zum 1:1 ausgleichen. Nun fand auch der bis dahin weitgehend unauffällige Zinedine Zidane besser in Spiel. Der Filigrantechniker trieb mit starkem kämpferischen Einsatz seine Mannschaftskameraden nach vorne. Doch die größte Chance in der noch verbleibenden regulären Spielzeit bot sich den Portugiesen. Geburtstagskind Fabian Barthez musste in der 89. Minute sein ganzes Können aufbieten, um einen knallharten Kopfball von Abel Xavier zu parieren.

In der Verlängerung verlor das Spiel an Dynamik, die Furcht vor Fehlern und dem Knockout durch ein „Golden Goal" war bei beiden Teams unübersehbar. In der 117. Minute schlug Wiltord eine Flanke vor das Tor der Portugiesen. Xavier, der den kurzen Pfosten abdeckte, ließ sich zu einer reflexartigen Bewegung in Richtung Ball hinreißen. Linienrichter Igor Sramka hob die Fahne, und Schiedsrichter Benkö zeigte auf den Elfmeterpunkt. Die Portugiesen waren aufgebracht, und es dauerte einige Minuten, bis Zidane zur Ausführung des Strafstoßes schreiten konnte. Der Franzose ließ sich durch die Tumulte nicht irritieren und verwandelte souverän zum 2:1-Sieg – „Golden Goal" durch Elfmeter. Anschließend gingen die Tumulte weiter, und Nuno Gomes sah nach Spielschluss noch die Rote Karte.

Finale: Das Gute siegt

9.000 Tifosi hatten sich mit Karten für das Finale im Rotterdamer De Kuip eingedeckt, doch die überwiegende Mehrheit der 48.000 hielt es mit den Franzosen. Die niederländischen Zuschauer, die auf die Finalteilnahme ihrer *Oranjes* gehofft hatten, formierten sich hinter Zidane und Co. Zu tief saß der Stachel der unglücklichen Niederlage gegen die Italiener, die das von vielen Fußball-Ästheten ersehnte Traumfinale Frankreich gegen Niederlande als Krönung der „besten EURO aller Zeiten" – so UEFA-Generalsekretär Gerhard Aigner – hatte platzen lassen. Dass nun im Finale anstatt der angriffslustigen Niederländer eine Mannschaft stand, die nach den Gruppenspielen wieder Zuflucht zu ihrer berüchtigten Defensivtaktik gesucht hatte, wurde als Ungerechtigkeit empfunden. Folglich sollten die Franzosen die unglücklichen Niederländer rächen.

Doch zur Überraschung des Publikums und auch der *Équipe Tricolore* begann die *Squadra Azzurra* offensiv und brachte damit ihren Gegner erst einmal aus dem Konzept. Im Viertel- und Halbfinale hatte Zoff mit den Juventus-Stürmern Inzaghi und Del Piero begonnen, im Finale ließ er nun das AS Rom-Duo Totti / Delvecchio ran, die, unterstützt vom starken Fiore, für Unruhe vor dem französischen Tor sorgten. In der 53. Minute holte Zoff Fiore vom Feld und schickte mit Del Piero eine weitere Offensivkraft ins Geschehen. Eine Maßnahme, die sich bewährte, denn die Abwehr der Franzosen wurde nun vom linken Flügel der Italiener immer wieder aufgerissen. In der 55. Minute gelang Delvecchio die hoch verdiente Führung. Totti hatte mit der Hacke abgelegt, Pessotto vor das Tor geflankt, wo Delvecchio den Ball mit dem linken Fuß volley unter die Latte drosch.

Wenige Minuten später tauschte Trainer Lemerre den enttäuschenden Dugarry gegen Wiltord aus, mit dessen Unterstützung der bis dahin ebenfalls enttäuschende Zidane besser ins Spiel fand. Wiltord und Henry scheiterten an Toldo, Iuliano rettete kurz hintereinander gegen Djorkaeff und Zidane. Die Franzosen machten Druck, doch ein Tor gelang ihnen nicht.

In der 75. Minute schickte Lemerre mit Trézéguet für Djorkaeff einen weiteren Stürmer aufs Feld. Doch auch diese Maßnahme schien nicht von Erfolg gekrönt zu sein. Wiltord (78.) und Blanc (82.) erarbeiteten sich weitere Chancen, die jedoch vom erneut glänzenden Toldo zunichte gemacht wurden. Auf der anderen Seite besaß Del Piero in der 85. Minute die große Möglichkeit, sein Team zum EM-Triumph zu

Das Finale sah ein dramatisches, ausgeglichenes Spiel zwischen Frankreich und Italien. Auch der französische Stürmer Henry (rechts, im Zweikampf mit Nesta) besaß mehrere gute Torchancen.

schießen, scheiterte aber an Barthez. Eine Minute später nahm Lemerre auch noch Lizarazu aus dem Spiel, um mit Pires einen vierten Stürmer zu bringen. Das hatte schon Züge einer Verzweiflungstat.

Die letzte Spielminute begann. Auf den Rängen feierten die Tifosi bereits den EM-Titel, die italienische Auswechselbank bereitet sich auf den kollektiven Schlusspfiff-jubel vor, und auf den italienischen Piazzas stiegen die ersten Leuchtraketen in den Himmel. Und just in diesem Moment, 32 Sekunden vor dem Abpfiff, fiel der Ausgleich doch noch. Trézéguet verlängerte einen von Keeper Barthez aus der eigenen Hälfte geschlagenen Freistoß per Kopf in den freien Raum zu Wiltord, der das Leder unter Kontrolle brachte und unter dem Arm des herausstürzenden Toldo zum 1:1 einschoss. Schockiert und nahezu gelähmt gingen die Italiener in die Verlängerung; der psychologische Vorteil lag nun bei den Franzosen.

Es folgten Chancen auf beiden Seiten beinahe im Minutentakt. 92. Minute: Toldo pariert einen Schuss von Henry. 94. Minute: Barthez klärt außerhalb des Strafraumes gegen Del Piero, der später selbst seine mangelhafte Chancenverwertung bitterlich beklagte. 95. Minute: Toldo riskiert bei einem Pires-Schuss Kopf und Kragen und bekommt dabei einen Schuh des anstürmenden Trézéguet ins Gesicht. Der Keeper muss behandelt und das Spiel minutenlang unterbrochen werden. 101. Minute:

Ein Freistoß von Zidane streicht knapp über die Torlatte. 102. Minute: Maldini kann einen herrlichen Volleyschuss des Franzosen zur Ecke klären.

Im De Kuip lag das „Golden Goal" in der Luft, und eine weitere Minute später fiel es auch. Auf der linken Seite überlief Pires Cannavaro und flankte zu Trézéguet, der den Ball mit links direkt in den linken oberen Torwinkel zum 2:1 donnerte. Damit hatte auch Lemerres zweiter Joker gestochen. Zum zweiten Mal in Folge war ein Europameister durch ein „Golden Goal" ermittelt worden.

Mit den Franzosen hatte erstmals ein amtierender Weltmeister auch die folgende Europameisterschaft gewonnen. Neun Spieler aus der französischen Anfangsformation im De Kuip hatten auch im WM-Finale 1998 mitgewirkt. Und nebenbei hatte die *Équipe Tricolore* auch die häufig geäußerte Auffassung widerlegt, dass Frankreich große Titel nur in der Heimat erringen könnte.

Mit dem EM-Titel hatten Zidane und Co. den Zenit ihres Könnens erreicht. Die Mannschaft und ihr Leitwolf hatten einen noch stärkeren Eindruck hinterlassen als zwei Jahre zuvor. Der entscheidende Unterschied zu 1998 war die Komplettierung der Elf durch einen Sturm von Weltklasse. Acht der insgesamt 13 französischen Tore gingen auf das Konto der Stürmer Henry (3), Wiltord (2), Trézéguet (2) und Dugarry (1). Durch den Erfolg von Rotterdam nahm die Attraktivität französischer Balltreter weiter zu. Bald sollten sich 20 der 22 frischgebackenen Europameister im Ausland verdingen.

Insgesamt war es eine sehr unterhaltsame EM gewesen. Dem Fußballfan blieb gleich eine Reihe von Spielen in Erinnerung haften. In atmosphärischer Hinsicht konnte das Turnier mit der WM 1998 nicht konkurrieren, in sportlicher war es hingegen, wie nun erstmals weithin bemerkt wurde, höher anzusiedeln als das gobale Fußballfest. Jan Christian Müller in der *Frankfurter Rundschau:* „Vom Leistungsvermögen her liegen die 16 Besten Europas nun einmal dichter beieinander als die 32 Teams, die sich aus aller Welt, von Südamerika bis Jamaika, für eine WM qualifizieren. Die große Welt aber verströmt mehr Flair als das kleine Europa."

Die Veranstaltung stand auch für Entwicklung zum „Hochgeschwindigkeitsfußball", weshalb so mancher „Altstar" oder langsamere Spieler – wie Deutschlands Lothar Matthäus (39), Englands Tony Adams (33), Rumäniens Gheorghe Hagi (35) – auf der Strecke blieb. Eine Trendwende hin zum offensiveren Spiel deutete auch die beachtliche Quote von 2,74 Toren pro Spiel an. So konnte UEFA-Generalsekretär Gerhard Aigner nach dem Ende des Turniers stolz verkünden: „Die Qualität der Spiele in Belgien

> ■ **Höchstes Tempo**
>
> „Bei der EM 2000 geschah etwas, das an die Geschichte der Weltrekorde über 100 Meter erinnert. Da hieß es immer, dass kein Mensch unter elf und schon gar nicht unter zehn Sekunden würde laufen können. Weil es auch im Fußball angeblich nicht weitergehen konnte, wollte ein Herr Blatter die Tore schon größer machen und andere mit zehn gegen zehn spielen. Nichts änderte sich, nun kam eine neue Generation von Spielern, die ihre Fertigkeiten am Ball bei höchstem Tempo und größter körperlicher Robustheit vorzuführen verstehen."
> *(Marcel Reif in seinem EM-Resümee)*

Der Weltmeister ist nun auch Europameister. Mit dem Pokal feiern (v.l.): Zidane, Deschamps, Desailly, Henry und Trézéguet.

und Holland war exzellent, die Zuschauerzahlen waren ebenso hervorragend wie die Quoten im Fernsehen und im Internet. Alle Rekorde wurden gebrochen. Und es wurde den Kritikern der Nationalmannschaften eine klare Antwort gegeben: Der Stellenwert der Nationalteams ist enorm groß; die EURO 2000 hat mit den Diskussionen um die Nationalteams aufgeräumt." In der Tat hatten einige Protagonisten des Champions-League-Fußballs prognostiziert, die Ära der Nationalmannschaften gehe zu Ende. Namentlich Bayern-Manager Uli Hoeneß konnte sich Nationalteams nur noch als „Dreamteams" vorstellen, deren Akteure lediglich bei großen Turnieren zusammenfinden würden. Nun musste Hoeneß registrieren, dass in Deutschland selbst nach dem frühzeitigen Ausscheiden der eigenen Elf das Interesse an der EM unverändert groß blieb.

Zur Renaissance der Länderturniere hatte die Globalisierung des Klubfußballs mit seinem Hype um internationale Stars allerdings selbst beigetragen. Viele EM-Akteure waren den Zuschauern aus der Champions League oder als Legionäre in der heimischen Liga bekannt. In Deutschland dressten sich viele Kinder und Jugendliche längst nicht mehr nur im Trikot eines deutschen Klubs oder der DFB-Elf. Trikots von Manchester United oder FC Barcelona, Brasilien, Portugal oder England zu tragen, das galt nicht mehr als „Landesverrat". Der global sozialisierte und informierte Fußballfan mochte über das Ausscheiden seiner Mannschaft betrübt sein, aber dies bedeutete nicht mehr wie in der Vergangenheit, dass die Einschaltquoten nun in den Keller gingen. In Deutschland machte sogar der Spruch die Runde: „Unser Team ist ausgeschieden – nun gibt es nur noch guten Fußball zu sehen."

 **2004**

■ Europameisterschaft 2004

Gemeldete Teilnehmer: 51

Austragungsmodus: Endrundenausrichter Portugal automatisch qualifiziert. Qualifikationsspiele mit 50 Mannschaften in 10 Gruppen à 5 Teams. Gruppenerste direkt qualifiziert. Play Offs der Gruppenzweiten um die verbleibenden 5 Endrundenplätze. Endrunde mit 16 Mannschaften. Vorrunde in 4 Gruppen à 4 Teams. Viertelfinale der Gruppenersten und -zweiten, Halbfinale, Finale.

Qualifikationsspiele (inkl. Play Offs): 210
Zuschauer: 4.704.454 (= 22.402 im Schnitt)
Tore: 566 (= 2,69 im Schnitt)

Endrundenspiele: 31
Zuschauer: 1.151.793 (= 37.154 im Schnitt)
Tore: 77 (= 2,48 im Schnitt)

Spiele insgesamt: 241
Zuschauer insgesamt: 5.856.247 (= 24.299 im Schnitt)
Tore: 643 (= 2,66 im Schnitt)

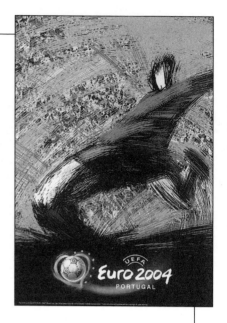

Austragungsland der Endrunde: Portugal (12. Juni - 4. Juli 2004)

Austragungsorte: Aveiro (Estádio de Municipal, 31.498), Braga (Estádio, 30.154), Coimbra (Estádio Municipal, 31.017), Faro-Loulé (Estádio Algarve, 30.305), Guimarães (Estádio Dom Afonso Henriques, 29.865), Leiria (Estádio Dr. Magalhães Pessoa, 29.869), Lissabon (Estádio José Alvalade XXI, 46.955, Estádio da Luz, 65.647), Porto (Estádio do Bessa, 28.263, Estádio do Dragão, 50.948)

Beste Torschützen der Endrunde:
Milan Baros (Tschechien), 5 Tore
Wayne Rooney (England), Ruud van Nistelrooy (Niederlande), je 4 Tore

Finale: Griechenland - Portugal 1:0 (0:0)
4. Juli 2004, Estádio Da Luz, Lissabon

Griechenland: Nikopolidis, Dellas, Seitaridis, Kapsis, Fyssas, Katsouranis, Zagorakis, Basinas, Charisteas, Vryzas (81. Papadopoulos),Giannakopoulos (77. Venetidis)
Portugal: Ricardo, Valente, Andrade, Carvalho, Miguel (43. Ferreira), Costinha (61. Costa), Maniche, Deco, Ronaldo, Figo, Pauleta (74. Gomes)

Tor: 1:0 Charisteas (57.)
Schiedsrichter: Markus Merk (Deutschland)
Zuschauer: 62.865

EM 2004
Der Star ist das Team

Innerhalb der UEFA waren neue Konfliktlinien entstanden, vor allem, weil die Zahl der Mitglieder so rasch wuchs. Meinungsdifferenzen zwischen den größeren und kleineren Nationalverbänden hatte es stets gegeben, doch der Mitgliederzuwachs stärkte nun zunächst einmal das Lager der kleinen Nationen.

Als „Big Five" wurden England, Italien, Spanien, Deutschland und Frankreich betrachtet, die bevölkerungsreichsten Länder Westeuropas mit den attraktivsten und stärksten Profiligen. Ihre Interessen dominierten die Organisation der europäischen Vereinswettbewerbe, doch bei der EM sah dies inzwischen anders aus. Erstmals manifestierte sich der Machtzuwachs der „Kleinen", als über die Vergabe der EM 2004 entschieden wurde. Um die Ausrichtung bewarben sich Spanien, Portugal und Österreich/Ungarn. Spanien galt zunächst als klarer Favorit. Bei einer Probeabstimmung des 16-köpfigen Vergabekomitees votierten elf Delegierte für die Iberer, die 1982 die WM und 1992 in Barcelona die Olympischen Spiele ausgerichtet hatten. Die Stadioninfrastruktur sprach für Spanien, dessen Primera Division mit der italienischen Serie A und der englischen Premier League das Trio der weltweit besten Ligen bildete.

Die alten Erzfeinde und Heimatländer des einstigen „Donau-Fußballs", Österreich und Ungarn, stellten ihre Kandidatur unter das Motto: „Zwei Länder, ein Ziel – die Danube-Games 2004" (Danube = Donau). ÖFB-Chef Beppo Mauhardt pries die Doppelkandidatur als Beitrag zur Entwicklung des Fußballs im ehemaligen Ostblock und gesamteuropäisches Musterprojekt.

Portugal trat unter dem Motto „We love football" an. Viele der portugiesischen Stadien waren hoffnungslos veraltet. An einigen der vorgesehenen EM-Spielorte mobilisierten die Vereine selten mehr als 3.000 bis 5.000 Zuschauer. So stellte sich die Frage, ob das Zehn-Millionen-Einwohnerland überhaupt dazu in der Lage war, die EM allein zu stemmen.

Derweil hatten die „Großen" die „Kleinen" mit ihrer Forderung nach einer Vorqualifikation für die EM geärgert, die die Zahl der Länderspiele reduzieren sollte. Sie hatten vor allem die Belastung ihrer Topspieler im Blick – denn die standen bei Klubs unter Vertrag, die zusätzlich zur nationalen Liga auch durch zahlreiche europäische Spiele beansprucht wurden. Die Rache folgte auf dem Fuß: Als am 19. Oktober 1999 im Aachener Kongresszentrum über die Vergabe der EM 2004 entschieden wurde,

■ „Silver" statt „Golden" Goal

Nach den eher negativen Erfahrungen bei den Turnieren 1996 und vor allem 2000 war für 2004 das „Golden Goal" abgeschafft und durch das „Silver Goal" ersetzt worden. Demnach wurde das Spiel zunächst um 15 Minuten verlängert; lag eine Mannschaft nach 105 Minuten in Führung, hatte sie gewonnen. Stand das Spiel indes nach 105 Minuten noch immer unentschieden, wurde es um weitere 15 Minuten verlängert. War nach 120 Minuten noch immer kein Sieger ermittelt, kam es zum Elfmeterschießen.

---

stimmten überraschend zehn Delegierte für Portugal. Auf den großen Nachbarn Spanien entfielen nur vier Stimmen, für Österreich/Ungarn mochten sich nur zwei Delegierte erwärmen. Im Vergabekomitee besaßen die „Kleinen" und Osteuropäer mit Tschechien, der Ukraine, Russland, Polen, Zypern, Rumänien, Finnland, Aserbaidschan, Schweden, Norwegen und der Schweiz die deutliche Mehrheit. Die Interessen der „Großen" wurden von Deutschland, Italien, Frankreich, Belgien und den Niederlanden vertreten. Das Ergebnis galt mehr als Votum gegen Spanien denn für Portugal. Das Magazin *World Soccer* sah darin eine Warnung gegenüber jenen großen Verbänden, die „in der letzten Zeit die Entwicklung im TV- und sponsorengelenkten Fußball diktiert haben".

Trotz zum Teil erheblicher finanzieller und administrativer Probleme gelang es den Portugiesen, pünktlich zum Anpfiff der EM eine beeindruckende Stadionlandschaft zu präsentieren. Hardy Grüne: „Architektonisch waren alle Stadien (Ausnahme: Coimbra und Portos ‚Bessa') wahre Leckerbissen. Bunt, modern und gewagt – eine Arena schöner als die andere."

Qualifikation: Rudi Völler wird sauer

Gruppe 1: Frankreich

Bei der WM 2002 hatte **Frankreich** als amtierender Weltmeister und Europameister bereits nach der Vorrunde die Heimreise antreten müssen. Niemals zuvor hatte ein Weltmeister beim folgenden Turner dermaßen schlecht abgeschnitten. Der *Équipe Tricolore* gelang in den drei Gruppenspielen nicht ein einziges Tor. Das beste Resultat war ein torloses Remis gegen Uruguay, während die Spiele gegen Dänemark (0:2) und WM-Debütant Senegal (0:1), nicht gerade Größen des Weltfußballs, verloren gingen. Trainer Roger Lemerre, der die Franzosen 2000 zum EM-Titel geführt hatte, musste seinen Job quittieren. Es folgte Jacques Santini, und mit ihm glückte in der EM-Qualifikation ein Kontrastprogramm zum Desaster in Asien. Sämtliche acht Begegnungen in der Qualifikationsgruppe 1 wurden gewonnen. Frankreich schoss 29 Tore (= 3,62 pro Spiel), kassierte aber nur zwei.

Allerdings hatten es die Franzosen mit einer recht schwachen Gruppe zu tun. Ernsthaftester „Herausforderer" war **Slowenien**, das zehn Punkte hinter Frankreich Platz zwei belegte. **Israel** musste seine Heimspiele auf Grund der brisanten Nahost-Situation in Italien (Palermo) bzw. der Türkei (Antalya) austragen. Für die *Nivchéret*, die in der EM-Qualifikation 2000 noch im Schnitt fast 35.000 Zuschauer pro Auftritt mobilisiert hatte, bedeutete dies, dass sie vor fast leeren Rängen spielte. Nur 300 Zuschauer in Antalya gegen **Malta** bedeuteten Minusrekord für das Turnier.

In der Gruppe 2 lieferten sich gleich vier Teams ein enges Rennen, das erst am letzten Spieltag entschieden wurde. Lediglich **Luxemburg**, das am Ende mit null Punkten und 0:21 Toren den letzten Rang belegte, war nicht beteiligt. **Dänemark** musste zum letzten Spiel nach **Bosnien-Herzegowina** reisen. Der Neuling wollte im Stadion Bilino Polje in Zenica spielen, wo man gegen Luxemburg und **Norwegen** gewonnen hatte, doch die UEFA erhob Einspruch. Aus Sicherheitsgründen musste das entscheidende Spiel in der Hauptstadt Sarajevo stattfinden, an die die Auswahl von Trainer Blaz Sliskovic weniger gute Erinnerung hatte. In Sarajevo hatte sie ihr erstes Qualifikationsspiel gegen **Rumänien** mit 0:3 verloren. Gegen die Dänen reichte es jetzt – trotz der Unterstützung durch 35.500 Zuschauer – auch nur zu einem 1:1-Remis. Zeitgleich schlug Norwegen den Punktelieferanten Luxemburg in Oslo 1:0. Dänemark war mit 15 Punkten Gruppensieger, gefolgt von Norwegen (14), Rumänien (14) und Bosnien-Herzegowina (13). Rumänien scheiterte allerdings denkbar knapp. Am vorletzten Spieltag hatte man in Kopenhagen gegen Dänemark bis zur 90. Minute mit 2:1 geführt, dann gelang Laursen noch der vielumjubelte Ausgleich für „Danish Dynamite". Zwar verfügten die Rumänen über ein deutlich besseres Torverhältnis als die Norweger, doch hatten diese den direkten Vergleich mit einem 1:0 in Bukarest und 1:1 in Oslo für sich entschieden.

Gruppe 2: Dänemark

Hasan Salihamidjic (Bosnien-Herzegowina) zieht die Notbremse gegen den Dänen Martin Jörgensen. Durch ein 1:1 im letzten Qualifikationsspiel in Sarajevo löst Dänemark die Fahrkarte zur Endrunde.

Gegen die Niederlande verlor Österreich beide Qualifikationsspiele. Hier muss Martin Hiden Oranje-Stürmer Roy Makaay ziehen lassen.

Gruppe 3: Tschechien

Die Gruppe 3 sah ein Kopf-an-Kopf-Rennen zwischen **Tschechien** und den **Niederlanden** und war somit eine Wiederholung der Qualifikation zur EM 1996. Am Ende hatten erneut die Tschechen die Nase vorn, weil sie die *Elftal* in Prag mit 3:1 besiegten und in Rotterdam ein Remis (1:1) erreichten. Der Rest der Gruppe spielte nur die Rolle von Statisten, gegen die Tschechen und Niederländer jeweils das Optimum von 18 Punkten holten. Auch **Österreich** blieb chancenlos, auch wenn es gegen **Moldawien** und **Weißrussland** immerhin neun Punkte aus vier Spielen holte.

Gruppe 4: Schweden

San Marino sicherte sich den zweifelhaften Ruhm der schlechtesten Bilanz aller Qualifikationsteilnehmer: null Punkte, 0:30 Tore. Damit wurde das Land natürlich Letzter in Gruppe 4. Gewonnen wurde diese Gruppe von **Schweden** mit einem Punkt Vorsprung vor **Lettland,** das die größte Überraschung der gesamten Qualifikation war. Die Entscheidung um Platz zwei fiel erst am letzten Spieltag. Lettland lag hier drei Punkte vor **Polen**, das nach Budapest reisen musste. Die Letten hatten ihrerseits bei den bereits qualifizierten Schweden anzutreten. Polen besiegte **Ungarn** mit 2:1, aber auch die Letten waren erfolgreich. In Stockholm gewann der Außenseiter durch ein Tor von Maris Verpakovskis (23.) mit 1:0. Im Rasundastadion sahen 32.095 Zuschauer zu, die größte Kulisse, vor der die Letten bis dahin gespielt hatten. Zu den Heimspielen in Riga waren im Schnitt nur 8.125 Zuschauer gekommen, was nicht nur an der geringen Bevölkerungsgröße des Landes lag. Lettlands Nationalsport war Eishockey, auch Basketball erfreute sich großer Beliebtheit. In der ehemaligen Sowjetunion hatten die baltischen Staaten fußballerisch keine Rolle gespielt. In der gesamten Geschichte der *Sbornaja* hatte es nicht einen lettischen Nationalspieler gegeben. Nach 1961 gelang auch keinem lettischen Klub mehr der Aufstieg in die höchste sowjetische Liga. Für Fußball begann sich die lettische Öffentlichkeit erst im Zuge der EM-Qualifikation zu interessieren, bei der die Letten nun immerhin so etablierte osteuropäische Fußballnationen wie Ungarn und Polen hinter sich ließen.

Torschütze Maris Verpakovskis von Skonto Riga wurde nach der Rückkehr aus Stockholm wie ein Volksheld gefeiert. Ende 2003 wechselte der 24-jährige, pfeilschnelle Stürmer, ein perfekter Konterspieler, in die Ukraine zu Dynamo Kiew, obwohl ihm auch Angebote aus der englischen Premier League vorlagen. Weitere Säulen des Teams waren Keeper Aleksandrs Kolinko, der auch beim russischen Klub FK Rostow den Kasten hütete, Abwehrhüne Igors Stepanovs vom belgischen SK Beveren, Verpakovskis Sturmkollege Marians Pahars vom FC Southhampton sowie der 33-jährige lettische Rekordinternationale Vitali Astafjevs, der im Mittelfeld die Fäden zog und beim österreichischen Erstligisten Admira Mödling seinen Lebensunterhalt verdiente. Die Stärken der Letten hießen Erfahrung (zum Zeitpunkt der EM hatten viele Akteure bereits über 50 Länderspiele absolviert) und ein ausgesprochener Teamgeist. „Generalmanager" des Teams war Aleksandrs Starkovs, der als Vereinstrainer Skonto Riga elfmal in Folge zur lettischen Meisterschaft geführt hatte.

In der Gruppe 5 tat sich Vize-Weltmeister **Deutschland** sehr schwer. Der Euphorie nach dem überraschend guten Abschneiden bei der WM 2002 in Asien folgte die Ernüchterung und Erkenntnis, dass die WM nur eine hübsche Momentaufnahme gewesen war. Ohnehin war der Lauf ins Finale durch Losglück begünstigt worden – und die Müdigkeit der Großen, zu denen das DFB-Team nicht mehr zählte. Einem „Großen" begegneten die Deutschen mit Brasilien erstmals im Finale, zuvor war man auf Saudi-Arabien, Kamerun, Irland, Paraguay, USA und Südkorea getroffen.

Gruppe 5: Deutschland

In der EM-Qualifikation bekam der deutsche Fan von seinem Team meistens nur äußerst drögen Fußball zu sehen. Auf den **Färöer Inseln** drohte bis zur 89. Minute eine Blamage von noch größerem Ausmaß als Tirana 1967. Dann gelang Klose das erlösende 1:0. Bobic konnte in der Nachspielzeit noch auf 2:0 erhöhen. Bereits im Hinspiel war den Deutschen lediglich ein 2:1-Sieg über die Kicker von der Schafzüchter-Insel gelungen. Auf **Island** musste sich das Team von Rudi Völler mit einem torlosen Remis

■ „Diesen Schwachsinn"

Hartmann: „Es ist im Spiel zu wenig gelaufen worden, man hat sich zu wenig angeboten. Die Deutschen tun..."
Völler: „Ich kann diesen Käse nicht mehr hören, und nach jedem Spiel, wenn wir kein Tor geschossen haben, dann ist das noch ein tieferer Tiefpunkt, als wir eigentlich schon hatten. So einen Scheiß, den kann ich nicht mehr hören. Das ist für mich das Allerletzte, muss ich ehrlich sagen. Wechsel' den Beruf, ist besser."
Hartmann: „Suchen Sie sich nicht im Moment den falschen Gegner aus?"
Völler: „Nein, ich suche mir genau den Richtigen aus. Ich sitze jetzt seit drei Jahren hier und muss mir diesen Schwachsinn immer anhören. Das ist einfach so."
Dialog zwischen ARD-Reporter Waldemar Hartmann und Teamchef Rudi Völler nach dem Auswärtsspiel auf Island (0:0).

begnügen, worauf der genervte Teamchef im TV-Interview vorübergehend die Contenance verlor und verbal auf die Reporter eindrosch. Am Ende wurde Deutschland mit vier Punkten vor **Schottland**, das vom ehemaligen deutschen Bundestrainer Berti Vogts trainiert wurde, Gruppensieger. Beim 2:1 gegen die Schotten vor 67.000 Zuschauern in Dortmund hatte das DFB-Team seine beste Vorstellung abgeliefert. Längst war das Westfalenstadion mit seinen mächtigen Tribünen zum Austragungsort für knifflige Spiele der Deutschen avanciert. Bereits in der Qualifikation für die WM 2002 waren die Deutschen für das Play-Off-Spiel gegen die Ukraine nach Dortmund gezogen, wo sie der „zwölfte Mann" zu einem 4:1-Sieg trieb.

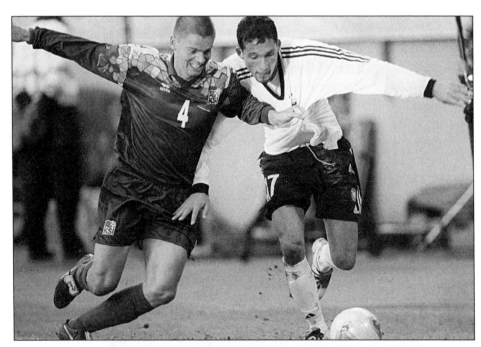

Mit einem 3:0 gegen Island beendete die DFB-Elf ihre Qualifikationsgruppe mit dem ersten Platz. Kevin Kuranyi, hier im Zweikampf mit Ingmarsson, zählte zu den Torschützen.

In der Gruppe 6 gewann überraschend **Griechenland**, dessen Nationalteam im Sommer 2001 Otto Rehhagel übernommen hatte. In Deutschland galt der 62-Jährige, der einst mit Werder Bremen Triumphe gefeiert hatte, beim Starensemble des FC Bayern gescheitert war und im provinziellen Kaiserslautern späte Lorbeeren erntete, als Auslaufmodell, und seine Trainerkarriere schien an ihr Ende gelangt zu sein. Dass sich die Griechen für Rehhagel interessierten, bestätigte vielen Experten nur die Drittklassigkeit ihres Verbandes. Das Nationalteam der Hellenen stand seit Jahrzehnten im Schatten der Großklubs, deren Präsidenten und Mäzene sich direkt in die Zusammenstellung des Kaders einmischten. Der Deutsche sollte nun richten, was die Verbandsfunktionäre einem heimischen Kandidaten nicht zutrauten: die Nationalmannschaft aus dem Einflussbereich der (unfähigen) Vereinsbosse zu lösen und aus ihr eine international konkurrenzfähige Einheit zu formen.

Gruppe 6: Griechenland

Die Premiere ging gründlich in die Hose. Anfang September 2001 unterlagen die Griechen den ebenfalls alles andere als erstklassigen Finnen in der WM-Qualifikation mit 1:5. Allerdings hatten die Griechen bereits vor dieser Begegnung etwaige Endrunden-Ambitionen ad acta gelegt. Im folgenden und letzten Qualifikationsspiel gelang dem Rehhagel-Team dann ein erster Achtungserfolg, als man England in Manchester ein 2:2-Remis abtrotzte. Rehhagels Aufmerksamkeit galt der Qualifikation zur EM 2004, auf die er sich und sein Team nun akribisch vorbereitete. Hierzu gehörte auch ein kräftiger personeller Umbau der Nationalmannschaft.

Beim Auftakt unterlagen Rehhagels Griechen allerdings zunächst einmal dem Gruppenfavoriten **Spanien** in Athen mit 0:2. Nur 17.000 wurden Zeugen einer erwarteten Niederlage. Auch die zweite Begegnung in der **Ukraine** ging mit 0:2 verloren, womit sich alle Experten in ihrer Prognose bestätigt fühlten, dass Spanien und Ukraine den Gruppensieg unter sich ausmachen würden. Griechenland, nach zwei Begegnungen noch punkt- und torlos, wurde auch unter dem deutschen Trainer lediglich die Rolle des Punktelieferanten eingeräumt. Auch zwei 2:0-Siege daheim gegen **Armenien** und in **Nordirland** ließen nicht aufhorchen, sondern galten bestenfalls als Entlastung für den erfolglosen Rehhagel. Doch im Juni 2003 gewann Griechenland in Spanien sensationell mit 1:0. Nach einem weiteren 1:0-Sieg daheim gegen die Ukraine waren die Griechen plötzlich voll

■ **Griechenlands internationale Pleiten**

Die internationale Turnierbilanz Griechenlands gestaltete sich vor 2004 äußerst dürftig. Nur einmal, 1994, gelang die Qualifikation für die WM-Endrunde, wo man allerdings bereits nach der Vorrunde mit der verheerenden Ausbeute von null Punkten und 0:10 Toren wieder abreisen durfte. Bis 1967 stand Griechenland für die höchste Niederlage eines Teams in der WM-Qualifikation: 1938 war man den Ungarn in Budapest mit 1:11 unterlegen gewesen. Für eine EM-Endrunde konnte man sich erst einmal qualifizieren: 1980 hatte Griechenland die Gruppenspiele mit dem letzten Platz beendet. Der einzige Punktgewinn resultierte aus einem torlosen Remis gegen Deutschland.

im Rennen. Anschließend wurden auch noch Armenien und Nordirland mit dem knappsten aller Ergebnisse besiegt, und die Griechen liefen mit einem Punkt Vorsprung vor Spanien über die Ziellinie.

Rehhagels Schützlinge waren Minimalisten. Der Gruppensieger hatte in acht Spielen lediglich acht Tore erzielt, das war ein Tor mehr als der Gruppenvorletzte Armenien. Nur 14 von den 50 an der Qualifikation teilnehmenden Teams schossen weniger Tore, endeten damit aber nicht als Gruppensieger, sondern ausnahmslos auf dem letzten oder vorletzten Platz. Frankreich schoss 21 Tore mehr, Tschechien 15. Der um große Worte selten verlegene Rehhagel über den Wandel der griechischen Nationalmannschaft: „Die Griechen haben die Demokratie erfunden. Ich habe eine demokratische Diktatur eingeführt." Vor allem aber war es dem Deutschen gelungen, seinen Spielern die Bedeutung der Nationalelf einzuimpfen.

Gruppe 7: England

In der Gruppe 7 waren **England** und **Türkei** klare Favoriten. Bei der WM 2002 waren die Türken erstmals seit 1954 wieder dabei gewesen und überraschend Dritter geworden. Für England war das Aus im Viertelfinale gegen den späteren Weltmeister Brasilien gekommen. Nach einer 0:1-Heimniederlage in der WM-Qualifikation gegen Deutschland hatte die FA mit dem Schweden Sven-Göran Eriksson erstmals einen Ausländer als Nationalcoach engagiert – zum Entsetzen des Boulevards. So beklagte die *Daily Mail*: „Wir haben unser Geburtsrecht an eine Nation von sieben Millionen Skifahrern verkauft, die ihr halbes Leben in der Dunkelheit verbringen." Die Kritiker verstummten fürs Erste, nachdem Erikssons Team die Deutschen im Rückspiel im Münchner Olympiastadion mit 5:1 zerlegt hatte.

England wurde nun mit einem Punkt Vorsprung vor der Türkei Gruppensieger. Ausschlaggebend waren die direkten Duelle der beiden Favoriten. Das alte ehrwürdige Wembleystadion, nach Maracaná die wohl berühmteste und mythenträchtigste Fußballarena weltweit, war zwischenzeitlich der Abrissbirne geopfert worden, weshalb die *Three Lions* ihre Heimspiele in Southampton, Middlesborough, Manchester und Sunderland austrugen. In Sunderland schlug England die Türkei mit 2:0, im Hexenkessel des Istanbuler Fenerbahce-Stadions ertrotzten Erikssons Mannen im letzten Spiel beider Teams ein torloses Remis, wobei Beckham sogar noch einen Strafstoß verschoss. Es sollte nicht sein letzter Fehlschuss bei dieser EM bleiben. Auf Anordnung der britischen Regierung durften Englands Fans nicht an den Bosporus reisen. Im April 2000 war es im Vorfeld des Champions-League-Spiels Galatasaray Istanbul gegen Leeds United zu Ausschreitungen gekommen, bei denen zwei englische Fans erstochen wurden.

Gruppe 8: Bulgarien

Bereits vor dem letzten Spieltag hatte in Gruppe 8 **Bulgarien** den Gruppensieg in der Tasche, während die punktgleichen **Kroatien** und **Belgien** noch um Platz zwei fochten. Kroatien empfing Bulgarien und gewann mit 1:0, während Belgien zeitgleich **Estland** mit 2:0 besiegte. Kroatien sicherte sich Platz zwei dank des besseren Torverhältnisses. Dafür hatten die Kroaten u.a. im direkten Duell mit den Belgiern gesorgt. In Zagreb führten die Hausherren zur

Halbzeit mit 1:0. Belgiens Coach Aimé Athuenis reagierte mit totaler Offensive, drei Abwehrspieler wurden durch drei Stürmer ersetzt. Sein Kollege Otto Baric nahm die Einladung zum Konterfußball dankend an: Am Ende siegte Kroatien mit 4:0.

In der Gruppe 9 wurde das von Giovanni Trapattoni trainierte **Italien** Gruppensieger, obwohl man aus den ersten drei Begegnungen lediglich vier Punkte holen konnte. Die *Squadra Azzurra* trug ihre Spiele erneut vor allem im Süden des Landes aus (Palermo, Neapel, Reggio Calabria). Nur das Top-Spiel gegen **Wales** fand im Norden statt, wo 68.000 im Mailänder Guiseppe-Meazza-Stadion einen klaren 4:0-Sieg ihrer Mannschaft sahen, für die Felippo Inzaghi einen lupenreinen Hattrick erzielte. In der Rugby-Hochburg Wales war das Fußballfieber ausgebrochen, nachdem die nationale Fußballlegende Mark Hughes, 1983-86 und 1989-96 für Manchester United am Ball sowie 1989 und 1991 „Fußballer des Jahres" in seinem Heimatland, die *Dragons* übernommen hatte. Zu jedem Auftritt der Nationalmannschaft fanden sich über 70.000 im Millenium Stadium ein, so viele wie ansonsten nur bei Rugbyspielen, denn die rauere Fußballvariante war Wales' Nationalsport Nummer eins. Die Hinrunde beendeten die Waliser ohne Punktverlust. Italien wurde in Cardiff mit 2:1 geschlagen. Vor dem Start der Rückrunde besaßen die *Dragons* einen komfortablen Vorsprung von fünf Punkten auf die *Squadra Azzurra*. Die Fans durften auf die erste Teilnahme ihres Landes an einer EM-Endrunde hoffen. Die letzte Teilnahme an einem bedeutenden internationalen Turnier datierte aus dem Jahre 1958, als die Waliser bei der WM in Schweden dabei gewesen waren. Doch aus der Rückrunde holte das Team von Mark Hughes von zwölf möglichen Zählern nur noch einen. Mit insgesamt 13 Punkten kroch man knapp vor **Serbien-Montenegro**, das bis Februar 2003 noch als Jugoslawien aufgelaufen war, als Zweiter über die Ziellinie und hoffte nun für die Play Offs auf die Rückkehr zur anfänglichen Stärke.

Gruppe 9: Italien

In der Gruppe 10 waren mit der **Schweiz**, **Russland** und **Irland** am letzten Spieltag noch drei Teams im Rennen. Die Schweiz führte mit zwölf Punkten vor Russland und Irland (jeweils elf). Im Sommer 2001 hatte der langjährige Nachwuchstrainer Köbi Kuhn die *Nati* übernommen, jedoch die Qualifikation für die WM 2002 verpasst. Das auflagenstarke Boulevardblatt *Blick* schrieb daraufhin vom „Pannen-Köbi", der als Nationaltrainer eine „absolute Fehlbesetzung" sei. Kuhn musterte seinen 32-jährigen Regisseur und *Blick*-Freund Ciriaco Sforza aus und setzte auf junge Talente, insbesondere aus der U-21-Auswahl, die 2002 in ihrer Altersklasse das EM-Halbfinale erreicht hatte. Nach anfänglichen Niederlagen, u.a. einem peinlichen 1:3 gegen Kanada in St. Gallen, wurden die Ergebnisse immer besser.

Gruppe 10: Schweiz

In der EM-Qualifikation schlug die *Nati* nun Irland in Basel durch Tore von Yakin (6.) und Frei (60.) mit 2:0, während in Moskau Russland gegen **Georgien** mit 3:1 die Oberhand behielt. Die Schweiz war damit vor Russland Gruppensieger. Die Russen hatten nach peinlichen Niederlagen gegen Georgien (0:1) und **Albanien** (1:3) den Coach ausgetauscht. Anstelle von Valery Gazaev übernahm George Yarzev das Kommando,

Stéphane Chapuisat (links) und Torschütze Hakan Yakin jubeln: Gegen Irland schießt die Schweiz ihre Fahrkarte nach Portugal.

der den Libero hinter der Abwehr abschaffte, um stattdessen auf eine Viererkette mit offensiven Außenverteidigern zu setzen. Irland, bei der WM-Endrunde 2002 dabei, hatte mal wieder das Nachsehen. Seit ihrem Auftrumpfen bei der EM 1988, Irlands Premiere bei großen internationalen Turnieren, der immerhin drei WM-Teilnahmen folgten, hatten sich die *Boys in Green* für keine EM mehr qualifizieren können.

Für die Schweiz kam das Ticket nach Portugal eher überraschend. Es war die Krönung eines insgesamt sehr erfolgreichen Jahres für den eidgenössischen Fußball. In der Champions League hatte der FC Basel die Zwischenrunde erreicht, und die SFV-Nachwuchsteams gehörten zu den besten in Europa. So war das U-17-Team 2002 Europameister geworden.

Play Offs

In den Play Offs setzte **Lettland** seine sensationelle Kampagne fort. In Riga schlugen die Letten die klar favorisierte Türkei durch ein Tor von – natürlich – Verpakovskis (29.) mit 1:0. 10.000 Zuschauer bedeuteten den bis dahin besten Besuch eines Heimspiels der lettischen Nationalelf. Beim Rückspiel in Istanbul schienen die Türken die Verhältnisse zunächst wieder geradezurücken. Inhan brachte die Hausherren in der 20. Minute in Führung, Hakan Sükür konnte in der 64. Minute auf 2:0 erhöhen, womit die Türken in der Endrunde standen. Allerdings nur für zwei Minuten, dann gelang Juris Laizans der Anschlusstreffer. In der 78. Minute konnte „Volksheld" Verpakovskis sogar zum 2:2 ausgleichen, womit die

Sensation perfekt war. In der Heimat wurde das Team von Coach Aleksandrs Starkovs „baltischer Bernstein" getauft. Mit gut 2,2 Millionen Einwohnern war Lettland der bevölkerungsmäßig kleinste Teilnehmer der Endrunde. Lettland konnte sich nicht nur als erster baltischer Staat für ein großes Turnier qualifizieren, sondern auch als erste Ex-Republik der früheren Sowjetunion (ausgenommen Russland).

Schottland machte sich nach einem 1:0-Sieg über die **Niederlande** im Glasgower Hampden Park Hoffnungen auf die Endrunde, die jedoch im Rückspiel brutal zerstört wurden. In der Amsterdam ArenA wurde das Team von Berti Vogts regelrecht überfahren und unterlag auch in dieser Höhe verdient mit 0:6. Für die *Oranjes* traf Goalgetter Ruud van Nistelrooy von Manchester United gleich dreimal. Bester Spieler auf dem Platz war aber der erst 19-jährige Wesley Sneijder von Ajax Amsterdam, der drei Treffer vorbereitete und einen selbst erzielte. Auch sein 20-jähriger Ajax-Kumpel Rafael van der Vaart begeisterte die Zuschauer. Als Bondscoach Dick Advocaat in der zweiten Halbzeit Patrick Kluivert und Clerence Seedorf einwechselte, wurden diese gnadenlos ausgepfiffen und bei jedem Fehlpass ausgelacht. Obwohl Kluivert und Seedorf erst 27 Jahre zählten, gehörten sie für die Fans der *Elftal* bereits zum alten Eisen. Irgendwie war man dieser Generation überdrüssig geworden.

Große Mühe hatte **Kroatien** mit Slowenien. Mit nur 4,5 Mio. Einwohnern besaß der WM-Dritte von 1998 über das – gemessen an der Bevölkerungsgröße – vielleicht größte Fußballerpotenzial in Europa. Die großen Stars wie Davor Suker, Robert Prosinecki und Zvonimir Boban waren mittlerweile abgetreten. Das Team des 62-jährigen Trainers Otto Baric, der seine Trainerkarriere in Deutschland beim FC Wiesbaden in der Landesliga begonnen hatte, befand sich in einer Umbruchphase. In Zagreb mussten sich die Kroaten nun zunächst mit einem 1:1-Remis begnügen. Die 1:0-Führung markierte der für AS Monaco kickende 29-jährige „Spätentwickler" Dado Prso. In seiner Heimat hatte der Automechaniker nur auf Amateurniveau gekickt, bis ihn Scouts der Monegassen entdeckten. Im Rückspiel in Ljubljana behielt Kroatien mit 1:0 die Oberhand. Torschütze: Prso, der anschließend in seiner Heimat zum „Fußballer des Jahres" gewählt wurde. Prso war ein „arbeitender Angreifer" und damit ein typischer Vertreter des Baric-Teams. Der Coach legte besondere Betonung auf Kampfkraft und Laufbereitschaft.

Wenig Probleme hatte **Spanien** mit Norwegen, wenngleich man in Valencia zunächst einmal mit 0:1 in Rückstand geriet. Raúl und Baraja (fünf Minuten vor dem Abpfiff) stellten noch einen 2:1-Sieg sicher. In Oslo gewann die *Selección* souverän mit 3:0.

Der walisische Traum von der ersten Endrundenteilnahme zerschellte an **Russland**. In Moskau erkämpften sich die *Dragons* zwar ein torloses Remis, doch das Rückspiel gewann die *Sbornaja* durch ein Tor von Jewsejew mit 1:0. Erneut waren über 70.000 in das Millenium Stadium zu Cardiff gekommen. So konnten sich die Waliser mit dem höchsten Zuschauerschnitt in der Qualifikation schmücken (71.878). Auf den nächsten Plätzen folgten Frankreich (57.602), Deutschland (48.790), Ukraine (47.750),

Italien (46.768), England (44.923), Schottland (44.202) und die Niederlande (40.793). Erwähnenswert war aber auch der Zuschauerzuspruch in Dänemark und der Republik Irland, zwei Ländern mit weniger bedeutenden (Dänemark) oder völlig bedeutungslosen (Irland) heimischen Ligen, aber international konkurrenzfähigen Nationalmannschaften, deren Spieler zum Großteil (Dänemark) bzw. ausschließlich (Irland) im Ausland spielten. In Kopenhagen wurden die Qualifikationsspiele im Schnitt von 38.744 besucht, in Dublin von 35.000.

Die Favoriten: Frankreich will den Titel verteidigen

Frankreich wollte als erstes Land überhaupt den EM-Titel verteidigen. Dreh- und Angelpunkt des französischen Spiels war unverändert Zinedine Zidane, trotz seiner mittlerweile knapp 32 Jahre. Hinter dem Star von Real Madrid agierte mit dem defensiven Mittelfeldspieler Patrick Vieira von Arsenal London ein weiterer Spieler von Weltklasse. Neben Vieira verdienten noch acht Akteure ihr Geld in Englands Premier League, die mittlerweile als weltweite Nr. 1 galt: Sylvain Wiltord, Robert Pires, Thierry Henry (alle Arsenal London), William Gallas, Marcel Desailly, Claude Makele (alle FC Chelsea) sowie Mikael Silvestre und Louis Saha (beide Manchester United). Lilian Thuram und David Trézéguet kickten in der Serie A für Juventus Turin, aus der deutschen Bundesliga verstärkten die Bayern München-Akteure Bixente Lizarazu und Willy Sagnol die *Équipe Tricolore*. Was die Zahl klangvoller Namen betraf, so konnten nur die Niederländer den Franzosen das Wasser reichen.

Jacques Santini ließ offensiver spielen als sein Vorgänger Roger Lemerre. Vor dem Start der EM war die *Équipe Tricolore* seit 18 Spielen unbesiegt. Zidane und Co. mühten sich um Wiedergutmachung für die verkorkste WM 2002. Der Superstar: „Südkorea war wie ein Alptraum. Es ist unsere Pflicht, diesen Eindruck zu korrigieren." Im 23-köpfigen Kader standen noch neun Akteure, die 1998 Weltmeister geworden waren.

Gastgeber **Portugal** wurde seit Dezember 2002 vom Brasilianer Felipe Scolari trainiert, der ein halbes Jahr zuvor Brasilien zum fünften WM-Titel geführt hatte. Die Verantwortlichen erhofften sich von dem Erfolgstrainer, der in den 1990ern so viele Titel gesammelt hatte wie kein anderer lateinamerikanischer Trainer, dass er der *Selecção* einen erfolgsträchtigeren Fußball vermitteln würde. Der Mann aus Südbrasilien war kein Freund der Schönspielerei, sondern setzte auf Disziplin und Teamgeist. Porto Alegre hatte Scolari 1995 mit knallhartem Defensivfußball zum Gewinn der Copa Libertadores, dem südamerikanischen Pendant zur Champions League, geführt: „In Brasilien wird gern über die Schönheit des Spiels geredet. Ich bin jemand, der das etwas anders sieht. Wenn man mit schönem Spiel gute Ergebnisse erzielt – wunderbar! Aber meistens muss man für den Erfolg hart arbeiten. (...) Ich arbeite nach dem Prinzip: Erst das Ergebnis, dann die Schönheit. (...) Ein gut aufgeräumtes Haus legt den Grundstein für einen Sieg. Es gibt viele, die sagen, ein großartiger Sturm könne

Alter Fuchs und junger Hase: Der Franzose Zinedine Zidane wollte seinen Titel verteidigen, der Portugiese Cristiano Ronaldo galt als neuer Himmelsstürmer.

jede Abwehr bezwingen. Ich glaube, dass man mit einer gut geordneten Verteidigung die besseren Chancen hat, ein Spiel zu gewinnen. Bei mir muss auch ein Genie für die Gruppe arbeiten. Darum zählt für mich die Gemeinschaft mehr als die Individualität des einzelnen Spielers."

In Brasilien genoss Scolari den Ruf eines eigensinnigen Dickkopfes, der sich auch mit Legenden anlegte. Dort war es Volksheld Romario gewesen, auf dessen Dienste er zur Empörung zahlreicher Fans und Medien verzichtete. An seiner neuen Arbeitsstelle stürzte er nun die Idole Vitor Baia und Joao Pinto. Insbesondere die Nicht-Berufung der Torwart-Legende Baia stieß bei Fachpresse und Fans auf Widerspruch. Für Baia rückte Sporting-Lissabon-Keeper Ricardo zwischen die Pfosten, der aber in den Monaten vor dem EM-Start einen unsicheren Eindruck hinterließ. Zudem erhielt eine Reihe junger Spieler eine Chance. Der bekannteste von ihnen war das 19-jährige „Wunderkind" Cristiano Ronaldo, der auch beim gut zwölf Jahre älteren Mannschaftskameraden Luis Figo hohe Anerkennung genoss: „Der hat Dinger drauf, macht Sachen mit dem Ball – so schnell kann ich gar nicht gucken." Seit 2003 kickte der Außenstürmer für Manchester United. Das Gros des Kaders spielte bis zur EM für heimische Adressen. Hier war der FC Porto am stärksten vertreten, der mit den Nationalspielern Deco, Nuno Valente, Paulo Ferreira, Ricardo Calvaho, Costinha und Maniche vor der EM überraschend die Champions League gewonnen hatte. Spielmacher Deco, der anschließend zum FC Barcelona wechselte, war gebürtiger Brasilianer. Seine Einbürgerung erfolgte auf Betreiben von Scolari, was Luis Figo auf die Barrikaden trieb. Der Altstar von Real Madrid sah seine eigene Position sowie die seines langjährigen Kampfgefährten Rui Costa gefährdet: „Wenn du als Chinese zur Welt kommst, musst du halt für China spielen." Doch Deco passte mit seinem schnellen und schnörkellosen Spiel besser in Scolaris 4-2-3-1-System als Luis Figo und Rui Costa.

Nachdem sie bei der WM 2002 völlig ausgepumpt bereits nach der Vorrunde die Segel streichen musste, suchte die „goldene Generation", die 1991 Junioren-Weltmeister geworden war, bei der EM im eigenen Land die vielleicht letzte Chance, mit der Nationalelf einen bedeutenden Titel zu gewinnen. Englands Buchmacher setzten Portugal auf der Liste möglicher Turniersieger hinter Frankreich und Italien ganz nach oben.

Die **Niederlande** stellte neben Frankreich das Team mit dem größten fußballerischen Talent und den meisten internationalen Stars: Edwin van der Sar (FC Fulham), Philipp Cocu, Edgar Davids, Patrick Kluivert, Govanni van Bronckhorst, Michael Reiziger, Marc Overmars (alle FC Barcelona), Ruud van Nistelrooy (Manchester United), Clarence Seedorf (AC Mailand), Jap Stam (Lazio Rom), Frank de Boer (Glasgow Rangers), Pierre van Hooijdonk (Fehnerbahce Istanbul) waren samt und sonders prominente Namen. Daneben verfügte der umstrittene Bondscoach Dick Advocaat aber auch über eine beneidenswert große Zahl junger hochtalentierter Akteure, die noch bei heimischen Klubs kickten: so Johnny Heitinga, Wesley Sneijder, Rafael van der

Vaart, Nigel de Jong (alle Ajax Amsterdam), Robin van Persie und Arjen Robben (PSV Eindhoven). Advocaat hatte die Qual der Wahl.

Tschechien war zum sechsten Mal bei einer EM-Endrunde dabei. Herzstück des Teams war das exzellent besetzte Mittelfeld mit Pavel Nedved (Juventus Turin), Tomas Rosicky (Borussia Dortmund), Karel Poborsky (Sparta Prag) und Martin Galasek (Ajax Amsterdam). Der 31-jährige Kapitän Pavel Nedved, 2003 zum europäischen „Fußballer des Jahres" gewählt, brachte alles mit, was einen modernen Weltklassefußballer auszeichnete. Nedved war ein Laufwunder, besaß eine überragende Technik und Spielübersicht und war mit seinen präzisen Schüssen auch noch torgefährlich. Der 23-jährige Tomas Rosicky fungierte mit seiner Technik und Kreativität gewissermaßen als Gehirn der Mannschaft. Der 32-jährige Karel Poborsky war von Manchester United zu Sparta Prag zurückgekehrt. Im Sturm standen der 31-jährige Zwei-Meter-Mann Jan Koller von Borussia Dortmund, Marek Heinz von Banik Ostrau, Vratislav Lokvenc, ein weiterer Bundesligalegionär vom 1. FC Kaiserslautern, sowie der erst 22-jährige Milan Baros vom FC Liverpool. Keeper Petr Czech von Stade Rennes war zwar ebenfalls erst 22 Jahre alt, aber bereits auf dem Weg zur Weltklasse; nach der EM wechselte er in die englische Premier League zum FC Chelsea. Der charismatische 65-jährige Coach Karel Brückner, ein glänzender Psychologe, konnte auf ausnahmslos technisch versierte Akteure zurückgreifen, die unter seiner Regie zu einer spielerisch wie kämpferisch starken Einheit gewachsen waren. Zwei Jahre bzw. 20 Spiele waren

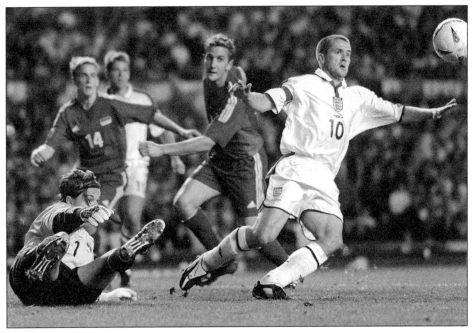

Michael Owen zählte zu den Stars im englischen Team. In der Qualifikation erzielte er auch beim mageren 2:0-Heimsieg gegen Liechtenstein ein Tor.

Brückners Tschechen ungeschlagen geblieben und hatten dabei wiederholt atemberaubenden, offensiv ausgerichteten Kombinationsfußball geboten. Die Serie riss erst am 31. März 2004 in Dublin gegen Irland.

Dass die Tschechen von allen ehemaligen Ostblockländern die beste „Post-Kommunismus"-Bilanz aufwiesen, hatte möglicherweise auch mit der Tatsache zu tun, dass hier der Übergang zur freien Marktwirtschaft und einer pluralistischen Gesellschaft reibungsloser und erfolgreicher verlaufen war als andernorts. Bei der EM 1996 hatte noch das Gros der Nationalmannschaft bei heimischen Klubs unter Vertrag gestanden, vornehmlich bei den Prager Klubs Sparta und Slavia. Anschließend begann der Ausverkauf, und im Kader für die EM 2004 befanden sich nur noch sechs heimische Akteure.

Ein dritter Platz beim Turnier 1968 war alles, was **England** in der Geschichte der EM erreicht hatte. Eine geradezu schändliche Bilanz für das „Mutterland". Nach Portugal reiste man mit einem jungen, homogenen Kader, dessen Prunkstück das Mittelfeld mit Frank Lampard (FC Chelsea), David Beckham (Real Madrid) und Steven Gerrard (FC Liverpool) war. Hinzu kamen mit Michael Owen, Europas „Fußballer des Jahres" 2001, und dem jungen Wayne Rooney zwei schnelle, quirlige und technisch starke Stürmer. Ein Problem war das Leistungsgefälle im Kader. Und Torwart David James besaß nicht die Klasse früherer England-Keeper. Hinzu kam die Frage, wie das Ensemble die Strapazen der Saison verarbeiten würde. Von Beckham abgesehen, kickten alle Spieler in der heimischen Premier League, wo die physische Belastung für die Spieler höher war als in allen anderen europäischen Ligen. Außer der Liga waren auch noch zwei nationale Pokalwettbewerbe zu absolvieren gewesen, und einige Spieler mussten auch noch in der Champions League auflaufen. Der einzige Legionär, David Beckham, hatte in Spanien bei Real Madrid gekickt, wo er ein nicht minder strapaziöses Programm zu überstehen hatte.

Vize-Europameister **Italien** hatte mit Verletzungsproblemen zu kämpfen, weshalb einige Stars wie Filippo Inzaghi und Alessandro Del Piero noch nicht zur alten Form zurückgefunden hatten. Star des Teams war der mal als echte Spitze, mal als hängender Stürmer agierende 27-jährige Francesco Totti von AS Rom. Neben Totti stürmte der kantige 30-jährige Christian Vieri von Inter Mailand, bei den Tifosi nicht sonderlich beliebt, aber mit einer starken Torquote in der Nationalmannschaft (22 Tore in 39 Länderspielen). Im Mittelfeld zog Andrea Pirlo vom AC Mailand die Fäden. In der Abwehr verfügte Coach Giovanni Trapattoni mit dem Frauenschwarm Alessandro Nesta vom AC Mailand über einen Innenverteidiger von Weltklasse, ihm zur Seite stand Fabio Cannavaro vom Lokalrivalen Inter. Gewisse Sorgen bereitete Weltklassekeeper Gianluigi Buffon, der vor der EM schwächelte. Ansonsten zählte die Achse Buffon, Nesta, Pirlo, Totti, Vieri zu den besten der Welt.

Spanien wurde von Inaki Saez trainiert, unter dessen Leitung die U-21 Europameister und die U-20 Weltmeister geworden waren. Dem Basken Saez waren die traditionellen Probleme der *Selección* bestens bewusst: „Alle zwei Jahre habe ich die Gelegenheit, eine Kultur der Auswahl zu schaffen." Der Coach setzte diesbezüglich insbesondere auf Real-Star Raúl: „Mit ihm haben wir einen Mann, der die Kulturlücke schließen kann." Jede Region hatte ihre eigenen Idole. Die Madrilenen priesen Raúl und Real-Keeper Casillas, die Katalanen die Barça-Akteure Xavi und Puyol, die Basken Alonso von Real Sociedad San Sebastian und Etxeberria von Athletic Bilbao. Dem Coach der *Selección* fiel stets die schwierige Aufgabe zu, aus einem großen Angebot exzellenter Spieler die richtige Mischung zu finden. Kaum eine andere europäische Nationalelf verstand so schnell und präzise zu kombinieren wie die Spanier. Defizite gab es in der Abwehr und bei der Chancenverwertung. Und wurden die Chancen nicht genutzt, drohte dem spanischen Angriffsspiel die Konfusion.

Von den Griechen sprach niemand, auch wenn sie in den letzten 15 Spielen vor dem Start der EM ungeschlagen geblieben waren.

Vorrunde, Gruppe A: Gastgeber knapp gerettet

Für Gastgeber Portugal begann das Turnier mit einem Desaster. In Porto unterlag die *Selecção* Außenseiter Griechenland mit 1:2. Der Anschlusstreffer durch den selbstbewussten Jungstar Ronaldo fiel erst in der Nachspielzeit. Zuvor hatten Figo und Co. gegen das defensiv eingestellte und primär auf das Stören der portugiesischen Kreise orientierte Team von Otto Rehhagel kein Rezept gefunden. Lokalmatador Deco musste die Premiere noch von der Bank aus verfolgen. Der Rehhagel'schen Defensivstrategie kam entgegen, dass Karagounis bereits in der 7. Minute die Führung gelungen war. Das 2:0 in der 51. Minute durch Basinas fiel per Foulelfmeter, verursacht mit der ersten Aktion des erst zur Pause eingewechselten Ronaldo. Zu diesem Zeitpunkt ahnte kaum jemand, dass Griechenlands Überraschungssieg keine Eintagsfliege war und sich beide Teams am Ende des Turniers noch einmal begegnen würden.

Portugal
Griechenland
Spanien
Russland

Ein anderer Einwechselspieler hatte mit seiner ersten Aktion mehr Glück. Spanien schlug Russland durch ein Tor von Juan Carlos Valerón (60.) mit 1:0. Der Schütze hatte den Platz erst 20 Sekunden zuvor betreten. Bis dahin waren die Russen das bessere Team gewesen. Mit einem Durchschnittsalter von nur 25,2 Jahren war der russische Kader der jüngste aller EM-Teilnehmer.

Im zweiten Spiel ging es für Portugal und Russland somit bereits um alles oder nichts. Bei den Russen fiel nach den verletzten Onopko und Inakjewitsch mit Alexander Mostowoi ein weiterer Leistungsträger aus. Mostowoi hatte nach der Auftaktniederlage seinen Trainer Georgy Yarzev in einer spanischen Zeitung kritisiert, was dieser mit der vorzeitigen Heimreise bestrafte. Unter einem enormen Druck standen natürlich die Portugiesen, drohte ihnen doch ausgerechnet beim Turnier im eigenen Land das vorzeitige Ausscheiden. Coach Felipe Scolari baute seine Elf gegenüber dem

Die EM-Party beginnt: Portugiesische Fans freuen sich auf das Eröffnungsspiel gegen Griechenland. Niemand ahnt, dass man sich im Finale wiedersehen wird…

Auftaktspiel kräftig um. Für Rui Jorge, Paulo Ferreira, Rui Costa und Couto kamen Nuno Valente, Miguel, Ricardo Calvalho und Deco in die Anfangsformation. Die *Selecção*, bei der insbesondere Deco auffiel, zeigte sich gegenüber dem Griechenland-Spiel deutlich verbessert und kam durch Tore von Maniche (7.) und des eingewechselten Rui Costa (88.) zu einem 2:0-Sieg. Figo wurde zwölf Minuten vor dem Abpfiff gegen Ronaldo ausgewechselt und machte aus seinem Unmut darüber keinen Hehl. Russland spielte nach der Pause mit einem Mann weniger und einem neuen Torsteher, nachdem die etatmäßige Nr. 1 Owtschinnikow kurz vor dem Halbzeitpfiff Rot gesehen hatte – eine höchst umstrittene Entscheidung. Owtschinnikow hatte sich dem heranstürmenden Pauletta in den Weg geworfen, war dabei aber mit der Hand am Ball über die Strafraumgrenze gerutscht, womit seine mutige Abwehraktion in den Augen des norwegischen Schiedsrichters Hauge rotwürdig wurde.

Auch Spanien hatte mit Rehhagels Griechen seine liebe Mühe, befand sich aber bis zur 66. Minute durch ein Tor von Morientes (28.) auf der Siegerstraße und dem Weg ins Viertelfinale. Dann erzielte der für Werder Bremen spielende, dort aber eher auf der Bank sitzende 23-jährige Angelos Charisteas den nicht unverdienten Ausgleich, denn im zweiten Durchgang gelang es den einsatzfreudigen Griechen immer mehr, der *Selección* ihr Spiel aufzuwingen. „Ottos Piraten machen die Welt verrückt", jubelte die griechische *Sporttime*.

Vor den letzten Spielen führten Griechen und Spanier mit jeweils vier Punkten, gefolgt von Portugal (3) und den bereits ausgeschiedenen Russen (0). Dem Gastgeber drohte somit unverändert das vorzeitige Aus, und beim Gruppenfinale wartete auf die *Selecção* mit der *Selección* kein einfacher Gegner. Während Spanien im iberischen Nachbarschaftsduell bereits ein Remis genügte, mussten die Portugiesen siegen oder auf eine hohe Niederlage Griechenlands gegen die Russen hoffen.

Vom eigenen Anhang frenetisch angefeuert, gewann Portugal vor 47.491 Zuschauern im Lissabonner Estádio Alvalade XXI mit 1:0. Das Tor zum ersten Sieg im iberischen Pflichtderby seit 23 Jahren markierte Nuno Gomes in der 57. Minute. Scolari hatte Ronaldo erstmals von Anfang an spielen lassen, was sich bezahlt machte, denn der Jungstar brachte Schwung ins portugiesische Spiel und harmonierte prächtig mit Altstar Figo.

Zwar verlor Griechenland gegen Russland mit 1:2, rückte aber bei gleicher Punktzahl wie Spanien und einem ebenfalls ausgeglichenen Torverhältnis dank der höheren Zahl geschossener Tore (4:4 gegenüber 2:2) ins Viertelfinale ein. Bei nur zwei Treffern in 270 Minuten hatte die *Selección* auch kein besseres Schicksal verdient. Spaniens Ausscheiden, vor allem aber Griechenlands Weiterkommen in dieser Gruppe war die erste große Sensation des Turniers und doch nur Auftakt zu noch größeren.

Gruppe B: Auftritt Wayne Rooney

In der Gruppe B trennten sich Schweiz und Kroatien bei brüllender Hitze nach einem langweiligen und schwachen Spiel torlos. Der Schweizer Johann Vogel sah in der 50. Minute Gelb-Rot, als er bei einer Spielunterbrechung weiterspielte. Eine harte Entscheidung des portugiesischen Schiedsrichters Cortez Batista, die für Diskussionsstoff sorgte. England ging gegen Frankreich durch ein Tor von Frank Lampard in der 31. Minute in Führung, als dieser einen Freistoß von Beckham per Kopf im französischen Tor versenkte. Die Engländer wirkten aggressiver und engagierter als die Franzosen und sahen lange Zeit wie der Sieger aus. Zumal als der deutsche Schiedsrichter Markus Merk in der 73. Minute im französischen Strafraum auf den Elfmeterpunkt zeigte. Zuvor hatte Silvestre den erst 18-jährigen Wayne Rooney gefoult. Der „stiernackige Youngster" (*Süddeutsche Zeitung*) avancierte zu einer der großen Entdeckungen des Turniers. Doch Beckham scheiterte an Barthez. Englands knappe Führung hielt bis zum Ablauf der regulären Spielzeit. In der ersten Minute der Nachspielzeit verwandelte Zidane einen Freistoß aus 25 Metern zum 1:1. Die Folge war ein nahezu kollektiver Nervenzusammenbruch der *Three Lions*, während die *Équipe Tricolore* spürte, dass hier noch mehr möglich war. In den letzten Spielsekunden schlug Gerrard einen grausamen Rückpass auf David James. Der überforderte Keeper brachte den heranstürmenden Thierry Henry zu Fall. Zidane machte es besser als sein Vereinskollege Beckham und traf vom Elfmeterpunkt zum 2:1.

Frankreich
England
Kroatien
Schweiz

Die wilde 9: Der junge Wayne Rooney sorgte im englischen Team für Furore.

Beim zweiten Auftritt lief es besser für die Engländer, als man die Schweiz mit 3:0 besiegte. Bis zum Halbzeitpfiff waren die Schweizer das bessere Team gewesen. „Lucky, lucky England", schrieb der *Guardian* anschließend. Zur Niederlage der *Nati* trug auch bei, dass man erneut das Spiel in Unterzahl beenden musste, nachdem Bernt Haas in der 60. Minute nach einem groben Foul an Ashley Cole die zweite Gelbe Karte gesehen hatte. Matchwinner war der zweifache Torschütze Wayne Rooney. Mit 18 Jahren, sieben Monaten und drei Wochen war Rooney damit der jüngste Spieler, der je bei einer EM-Endrunde ein Tor erzielt hatte. Ein Rekord, der allerdings nur vier Tage Bestand haben sollte. Zuvor hatte sich Rooney schon zwei Einträge in die englischen Fußballannalen gesichert: Sein erstes Länderspiel hatte der Jungspund bereits am 12. Februar 2003 gegen Australien bestritten, als jüngster englischer Nationalspieler aller Zeiten. Rooney löste damit seinen Mannschaftskameraden Michael Owen ab. Am 6. Oktober 2003 wurde Rooney auch jüngster englischer National-Torschütze aller Zeiten, als er gegen Mazedonien traf.

Weil sich Kroatien und Frankreich unentschieden (2:2) getrennt hatten, lautete die Ausgangssituation vor dem letzten Spieltag: Frankreich vier Punkte, England drei, Kroatien zwei und Schweiz einen. Auch der Tabellenletzte Schweiz besaß somit noch Chancen auf ein Weiterkommen, sofern man die Franzosen besiegte. Allerdings musste Trainer Köbi Kuhn auf den gesperrten Alexander Frei verzichten. Der Torjäger hatte beim Spiel gegen England Steven Gerrard bespuckt. Erste TV-Bilder konnten den Sachverhalt nicht zufriedenstellend klären, weshalb der beschuldigte Spieler, der den Vorfall vehement bestritt, zunächst unbehelligt blieb. Dann legte ausgerechnet das Schweizer Fernsehen mit neuen Aufzeichnungen nach, die Frei der Lüge überführten. Anschließend warf der Schweizer Fußballverband dem TV-Sender mangelhafte patriotische Gesinnung vor. Wenn überhaupt, hätte er die komprimittierenden Bilder erst nach dem Frankreich-Spiel ausstrahlen dürfen.

Kuhn nominierte für das Spiel gegen die *Équipe Tricolore* mit dem im kolumbianischen Santa Marta geborenen 18-jährigen Johan Vonlanthen nur eine Spitze. In der 20. Minute erzielte Zidane das 1:0 für den Europameister, doch nur sechs Minuten später konnte Vonlanthen ausgleichen. Ein Tor, das nicht nur wegen der vorausgegangenen Traumkombination in Erinnerung blieb. Es war das erste Feldtor der Schweiz in einer EM-Endrunde, denn 1996 war der einzige Treffer durch Türkyilmaz vom Elfmeterpunkt erzielt worden. Außerdem hatte die EM-Geschichte nun einen neuen „jüngsten Torschützen aller Zeiten", denn Vonlanthen war erst 18 Jahre und 141 Tage alt und somit noch jünger als Wayne Rooney. Nach dem Ausgleichstreffer waren die Franzosen völlig von der Rolle und durften sich beim genialen Thierry Henry bedanken, dass am

Freudenschrei: Johan Vonlanthen erzielte gegen Frankreich den allerersten Schweizer EM-Treffer aus dem Spiel heraus.

Ende doch noch ein 3:1-Sieg zu Buche stand. Henry traf in den Minuten 76 und 84. Frankreich war nun zwar Gruppensieger, doch daheim diagnostizierten die Medien eine kranke Mannschaft. Tatsächlich hatten *Les Bleus* kaum überzeugen können.

Beste Stimmung herrschte beim letzten Gruppenspiel der Engländer gegen Kroatien, nicht nur, weil 20.000 der 62.000 Zuschauer im Lissabonner Stadion Estádio de Luz Fans der *Three Lions* waren, die von allen auswärtigen Endrundenteilnehmern den größten Anhang mitgebracht hatten. Denn die 20.000 hatten auch Grund zum Jubeln: England gewann mit 4:2, zwei Treffer erzielte der überragende Wayne Rooney.

Gruppe C: Francesco Totti schießt sich raus

Schweden
Dänemark
Italien
Bulgarien

In der Gruppe C trennten sich Italien und Dänemark zum Auftakt torlos. Trotzdem sahen die nur knapp 20.000 Zuschauer in Guimaraes ein gutes Spiel. „Man of the match" war Dänemarks Keeper Thomas Sörensen von Aston Villa. Die Schweden starteten mit einem 5:0-Sieg über Bulgarien. Zweifacher Torschütze war der 33-jährige Henrik Larsson von Celtic Glasgow, der seine Nationalmannschaftskarriere eigentlich beendet hatte, bevor ihn eine Fan-Kampagne ins *Tre-Kronors*-Team zurückholte. Schwedische Fans hatten rund 125.000 Bittbriefe nach Glasgow gesandt, dessen Text der schwedische UEFA-Präsident Lennart Johansson verfasst hatte. Anschließend schickte Ministerpräsident Göran Persson ein Dankestelegramm an Larsson, in dem es hieß: „Alle sehnen sich danach, deine Torgefährlichkeit zu genießen. Mit dir in der Mannschaft kann die EM ein langes Turnier für Schweden werden."

Die Dänen weckten bei ihrem zweiten Auftritt gegen Bulgarien Erinnerungen an „Danish Dynamite" und die EM 1992. Das Team von Trainer Morten Olsen spielte unbefangen und offensiv und gewann durch Tore von John Dahl Tomasson (44.), der sein Geld beim AC Mailand verdiente, und Jesper Grönkjaer (90.+2) hochverdient mit 2:0. Grönkjaer hatte im ersten Spiel noch gefehlt, da seine Mutter kurz vor Turnierbeginn gestorben war. Als der Stürmer vom FC Chelsea nun in der 23. Minute eingewechselt wurde, erhob sich das dänische Publikum, um dem Spieler seinen Respekt zu zollen. Bulgarien war mit dieser zweiten Niederlage ausgeschieden. Null Punkte und 0:7 Tore lautete die Bilanz aus den Duellen mit dem skandinavischen Fußball.

Italien musste gegen Schweden auf Francesco Totti verzichten, denn der hatte im Spiel gegen Dänemark Christian Poulsen bespuckt. Enthüllt wurde dies erst zwei Tage nach dem Spiel durch Bilder des dänischen Fernsehens. Die UEFA sperrte den Sünder für drei Spiele. „Totti hätte der König werden können, jetzt hat er sich selbst rausgeschossen", klagte der *Corriere della Sera* nach dem Verdikt. Totti-Ersatz Antonio Cassano war aber gegen Schweden erfolgreich und brachte in der 37. Minute die *Squadra Azzurra* verdientermaßen mit 1:0 in Führung. Nach der Pause spielten die Schweden aggressiver und druckvoller. Trapattoni verlegte sich derweil auf die Verteidigung der knappen Führung. In der 70. Minute wurde Torschütze Cassano ausgewechselt, in der 82. Minute musste auch Del Piero einer Defensivkraft weichen. Offenbar die falsche Taktik: Drei Minuten später gelang dem 22-jährigen Zlatan Ibrahimovic mit einem frechen Hackentor unter die Torlatte gegen die sturmlosen Italiener noch der Ausgleich.

Ibrahimovic, ein 1,92 m großer, schlacksiger Stürmer, der in Rosengard, einem sozialen Brennpunkt Malmös aufwuchs und seine Karriere beim Immigrantenklub FBK Balkan begann, gehörte zu den großen Entdeckungen des Turniers. Seine frühere Schuldirektorin hatte einmal über ihn gesagt: „Er war der Prototyp eines Jungen, mit dem es böse endet. Während meiner 33 Jahre in der Schule war er einer der fünf unru-

Na, wo soll's denn hingehen? Italienisches Team mit Diskussionsbedarf zwischen Vieri, Cassano, Del Piero, Gattuso und Perrotta. Am Ende der Vorrunde wussten sie, wo es hinging: nach Hause.

higsten Schüler, die ich hatte – ein Krawallbruder." Ibrahimovic konnte dies egal sein. Nach der EM wechselte er von Ajax Amsterdam zu Juventus Turin, wo er einen besser dotierten Vertrag erhielt als die Staatsbeamtin.

Vor dem letzten Spieltag führte Schweden mit vier Punkten und 6:1 Toren vor Dänemark, das ebenfalls vier Punkte und ein Torverhältnis von 2:0 aufwies. Aber auch Italien durfte sich mit zwei Punkten noch Hoffnungen machen, zumal man im letzten Spiel auf die bereits abreisefertigen Bulgaren traf. Tatsächlich schlug die *Squadra Azzurra* ihren harmlosen Gegner mit 2:1, wobei Cassano der Siegtreffer erst in der 5. Minute der Nachspielzeit gelang. Doch zum Entsetzen der Italiener fiel auch im skandinavischen Derby noch ein spätes Tor, womit passiert war, was aus italienischer Sicht nicht passieren durfte: ein Unentschieden. Bis zur 91. Minute hatte Dänemark durch zwei Treffer von Tomasson (28., 66.) mit 2:1 geführt, womit Dänemark und Italien das Viertelfinale erreicht hätten. Dann gelang Mattias Jonson, der ausgerechnet für Bröndby IF Kopenhagen spielte, noch der vielumjubelte Ausgleich für die Blau-Gelben. Italien war damit ungeschlagen ausgeschieden. Ein frustrierter Giovanni Trapattoni: „Fünf Punkte reichen normalerweise für das Viertelfinale." In den

Gruppen A und D reichten Griechenland und den Niederlanden sogar vier Punkte. Bei den Italienern wurden Stimmen laut, die ein skandinavisches Komplott vermuteten, allen voran Keeper Gigi Buffon: „Ich kann nicht glauben, dass sich Dänemark und Schweden so etwas vor den Augen der Welt erlauben dürfen. Andere müssen sich schämen, nicht wir. Das ist eine Schande." Italienische Zeitungen ermittelten, dass es in 97 Begegnungen zwischen Dänen und Schweden nur drei 2:2 gegeben habe. Henrik Larsson widersprach den Verdächtigungen: „Es ist unmöglich, so ein Ergebnis zu arrangieren. Das könnte nicht einmal Steven Spielberg." Ohnehin gab es auch in Italien eine Menge Stimmen, die vorrangig im Trapattoni'schen „Sicherheitsfußball" die Gründe für das Scheitern erblickten. „Sucht nicht immer nur nach Ausreden", forderte *La Repubblica,* „auch wenn das 2:2 zwischen Dänemark und Schweden Zweifel hinterlässt." Vielleicht habe man sich „Denkmäler gebaut, die auf bröckeligen Sockeln stehen". Und *La Stampa*: „Die Wahrheit des Ausscheidens von Italien ist: In dieser Mannschaft steht kein einziger Champion." Für Trapattoni übernahm nun Marcello Lippi die *Squadra Azzurra,* um, wie die *Gazetta dello Sport* hoffte, „eine neue Nationalmannschaft zu gründen". Auch *Tuttosport* war der Auffassung: „Lippi muss ein neues Team formen." An individueller Klasse mangelte es der Mannschaft wahrlich nicht. Italien scheiterte 2004 an der Eitelkeit seiner Stars, an Disziplinlosigkeiten und fehlendem Teamgeist. Zwei Jahre später war es das beste der Welt.

Gruppe D: Deutschland im Jammertal

Tschechien
Niederlande
Deutschland
Lettland

Vor dem Start der DFB-Elf – ausgerechnet gegen den „Erzfeind" Niederlande – überwog die Furcht vor einer erneuten EM-Blamage. Im letzten Testspiel vor der Reise nach Portugal war man den nur noch zweitklassigen Ungarn mit 0:2 unterlegen gewesen. Doch Völlers Truppe schlug sich beim Auftakt überraschend gut. Mit Philipp Lahm (21), Kevin Kuranyi (22) und später noch Bastian Schweinsteiger (19) kamen drei junge Akteure zum Einsatz. Die Deutschen agierten taktisch klug und mit großem Kampfgeist. In der 30. Minute besorgte Thorsten Frings die Führung, die bis zur 81. Minute hielt. Dann konnte Goalgetter Ruud van Nistelrooy von Manchester United noch den Ausgleich für die *Elftal* erzielen.

Zwischen dem krassen Außenseiter Lettland und Tschechien sah es zunächst nach einer Sensation aus. Kurz vor dem Halbzeitpfiff hatte Verpakovskis – wer sonst – die Letten in Führung gebracht, sein siebter Treffer in der lettischen EM-Kampagne. Erst in der 73. Minute konne Milan Baros für die Tschechen ausgleichen – Auftakt einer hinreißenden EM des 22-jährigen Stürmers vom FC Liverpool. In der 85. Minute wies Baros seinem Mitspieler Marek Heinz den Weg zum 2:1.

Auch gegen die Niederlande sollte Baros von sich reden machen. In diesem Spiel, das zu den Highlights des Turniers zählte, ging es vom Anpfiff an munter los; nach

Eine ordentliche Leistung lieferte das DFB-Team gegen die Niederlande ab. Einen guten Beitrag dazu lieferte der nur 19-jährige Bastian Schweinsteiger.

nur 23 Minuten waren bereits drei Tore gefallen. Wilfred Bouma hatte die *Elftal* in der 4. Minute in Führung gebracht, bis dahin hatten die Tschechen bereits zwei gute Chancen vergeben. ManU-Star und Goalgetter Ruud van Nistelrooy erhöhte eine Viertelstunde später auf 2:0. In der 23. Minute konnte der lange, kahlköpfige Jan Koller für die Tschechen auf 1:2 verkürzen. Kurz vor der Pause verpasste der starke Edgar Davids das 3:1 für die Niederlande, als er nur den Pfosten traf. In der 59. Minute holte Bondscoach Dick Advocaat den jungen Arnje Robben vom Feld und brachte dafür den Defensivmann Paul Bosvelt. Ein Wechsel, der anschließend in den Niederlanden spöttisch als „Wechsel des Jahrhunderts" bezeichnet wurde. Denn die Tschechen bekamen nun Oberhand, und statt Robben sorgte fortan ein tschechischer Jungstar für Furore: eben Milan Baros, der in der 71. Minute mit einem fantastischen Volleyschuss von der Strafraumgrenze unter die Latte des niederländischen Tores den Ausgleich markierte. Zuvor war die *Elftal* auf zehn Spieler reduziert worden, nachdem Heitinga wegen wiederholten Foulspiels gegen Nedved vom Platz geflogen war. Zwei Minuten vor dem Abpfiff gelang Smicer auch noch der Siegtreffer für die Tschechen, die mit Pavel Nedved auch den besten Spieler auf dem Platz stellten, wobei ihm Rosicky und Baros kaum nachstanden. Hollands Co-Trainer Wim van Hanegem war fassungslos: „Das kann doch nicht sein. Wir wechseln einen 20-Jährigen aus, der gerade fünf Länderspiele bestritten hat, und schon bricht die Mannschaft zusammen."

In der Heimat geriet Boss Advocaat wegen seiner konservativen Personalpolitik und Defensivtaktik in die Kritik. Der Bondscoach habe viel zu lange an arrivierten alten Spielern festgehalten, die schon bei den vorausgegangenen Großturnieren versagt hätten. Der neutrale Beobachter zeigte sich indes begeistert von einer Partie, die nach Auffassung von Gerald Houllier, Mitglied der Technischen Kommission der UEFA, „Geschichte geschrieben hat". In Deutschland überschrieb der *Tagesspiegel* seinen Spielbericht mit „Schönheit schlägt Schönheit".

Trauerspiel gegen Lettland
Nach dem wider Erwarten guten Auftritt gegen die Niederlande machte sich in Deutschland vorsichtiger Optimismus breit. Doch gegen die Letten, die sich vom Anpfiff an weitgehend darauf beschränkten, ihr Tor mit Mann und Maus zu verteidigen, reichte es nur zu einem torlosen Remis. Dabei hatte das DFB-Team sogar noch Glück. Mit ihren schnellen Konterstürmern Verpakovskis und Prohorenkov wirkten die Letten gefährlicher. In der 65. Minute holte Frank Baumann Wirbelwind Verpakovskis im Strafraum von den Beinen, doch Schiedsrichter Riley ließ weiterspielen. Wolfram Eilenberg konstatierte zum Abschluss des Turniers im *Tagesspiegel:* „Das eigene Spiel gemäß deutscher Tugenden zu organisieren, erlauben sich heute nur noch Mannschaften, denen es bei ihrem Auftritt darum geht, kein Debakel zu erleben. Mannschaften wie Lettland."

Die Lage des DFB-Teams war nun nahezu identisch mit der von 2000. Deutschland musste sein letztes Spiel gewinnen, und erneut ging es gegen einen Gegner, der für das Viertelfinale bereits qualifiziert war und deshalb ein „B-Team" auflaufen ließ. Wie Portugal vier Jahre zuvor verzichteten auch die Tschechen auf einige wichtige Akteure. So fehlten Baros, Poborsky, Rosicky, Koller und Nedved. Unverständlicherweise begann Bundestrainer Rudi Völler mit nur einer Sturmspitze (Kevin Kuranyi). In der 21. Minute gelang Michael Ballack die 1:0-Führung, die Marek Heinz aber nur neun Minuten später egalisieren konnte. Zur zweiten Halbzeit schickte Völler den gerade 20-jährigen Hoffnungsträger Lukas Podolski aufs Feld, der in der 71. Minute auch die Führung auf dem Fuß hatte. Das nächste und letzte Tor fiel aber auf der anderen Seite. In der 77. Minute düpierte der ebenfalls eingewechselte Milan Baros die zehn bzw. acht Jahre älteren Christian Wörns und Jens Nowotny und traf zum 2:1 für die Tschechen. Tomás Rosicky: „Unsere Jungs waren einfach fußballerisch besser."

Der dreifache Europameister war zum zweiten Mal in Folge bereits in der Vorrunde einer EM ausgeschieden und musste erkennen, dass es leichter war, das Viertelfinale einer WM als das des europäischen Wettbewerbs zu erreichen. Denn die Chance, in der Vorrunde auf leichtere Gegner zu treffen, war beim Weltturnier statistisch größer als bei einer EM. Fußball-Deutschland stürzte in eine tiefe Depression, Rudi Völler demissionierte, und der DFB verpflichtete nach einigen Peinlichkeiten in höchster Not einen radikalen Reformer als Nachfolger: Jürgen Klinsmann.

Die Niederlande schlugen Lettland durch zwei Tore von van Nistelrooy (26./Foulelfmeter, 36.) und Roy Makaay (85.) mit 3:0. Wozu das DFB-Team einige Tage zuvor nicht in der Lage war: Die *Elftal* bezwang das lettische Abwehrbollwerk mit lehrbuchhaftem Flügelspiel.

Lukas Podolski, dessen Hereinnahme von den deutschen Fans stürmisch gefeiert wurde, konnte das Blatt nicht mehr wenden. Das DFB-Team verlor 1:2 gegen eine tschechische B-Auswahl, und auf den Rängen war der Katzenjammer grenzenlos.

Ein hohes Spielniveau

2,66 Tore pro Spiel bedeuteten den zweitbesten Schnitt seit der Einführung der „Endrunden-Vorrunde" 1980. Nur die Vorrunde der EM 2000 war mit 65 Treffern noch torreicher, allerdings nur um ein Tor. 20 der 64 Tore 2004 wurden in der Gruppe B erzielt, wofür vor allem England und Frankreich sorgten. Die Gruppe A fiel mit nur zwölf Treffern aus dem Rahmen. Schuld waren nicht nur die Griechen; auch die Portugiesen hatten nicht mehr als vier Tore zustande gebracht, und Spanien gar nur deren zwei.

Die Zuschauer bekamen häufig leidenschaftliche Vorstellungen zu sehen. Da sich die Leistungsunterschiede unter den Teams verringert hatten, war oft das Engagement, mit dem die Spieler zu Werke gingen, ausschlaggebend. Nicht von ungefähr schieden mit den drei „Großen" Italien, Spanien und Deutschland Mannschaften aus, die Leidenschaft vermissen ließen. Der Unterhaltungswert der EM wurde dadurch begünstigt, dass vor dem letzten Spieltag nur die Tschechen bereits im Viertelfinale standen und nur Russland und Bulgarien bereits ausgeschieden waren. Stefan Herrmanns im *Tagesspiegel:* „Am Ende der Gruppenphase gab es gewissermaßen acht Achtelfinalspiele mit K.o.-Charakter."

In der *Frankfurter Rundschau* geriet Thomas Kilchenstein nach Abschluss der Vorrunde zu Recht ins Schwärmen: „Das Niveau dieser Europameisterschaft ist über die Maßen hoch. Es hat vielleicht drei, vier Spiele gegeben, die das hohe Niveau nicht erreichten – etwa die Nullnummer zwischen Kroatien und der Schweiz (eine Partie übrigens mit dem höchsten Anteil an Bundesligaspielern) – doch der ganze Rest bot Fußball vom Allerfeinsten, war Fußball mit Tempo, Esprit, Feuer. Und einem erstaunlich hohen Potenzial. Vielleicht mit Ausnahme der Letten (denen das nun wirklich nicht anzulasten ist) und mit Abstrichen der abwartenden Griechen suchten alle Teams ihr Heil in Sturm und Drang. Abtasten, vorsichtiges Taktieren war gestern, was heute zählt, ist das sofortige Umschalten auf Angriff. Mit Mann und Maus wird der Torerfolg gesucht. Angriff bleibt die beste Verteidigung. Und: Alle sind ständig unterwegs und in Bewegung, das Kollektiv siegt über den Einzelspieler (Ausnahmen: Zidane und Rooney). Dieses Turnier zeigte allein in der Vorrunde eine nie dagewesene Leistungsdichte: England - Frankreich, Schweden - Bulgarien, Spanien - Portugal waren Spiele zum Genießen. Da war alles drin, was das Fußballer-Herz begehrt: Und wurde noch einmal getoppt: durch die Partie Niederlande - Tschechien. Was auch auffiel, ist das Tempo, mit dem Fußball gespielt wurde. Dieser Hochgeschwindigkeits-Fußball mit möglichst wenigen Ball-Kontakten (‚one-touch-football') verlangt von den Akteuren mindestens zweierlei: perfekte Ballbehandlung und eine immense körperliche Fitness. Beides ist, bis auf verschwindende Ausnahmen, gegeben bei diesem Turnier der europäischen Creme de la Creme. Spiele werden nicht entschieden, weil eine Mannschaft konditionell am Ende ist, sondern weil die eine Mannschaft besser ist.

Es gab im Grunde nicht ein ‚unverdient gewonnenes' Spiel, die Sieger waren stets die bessere Elf. Und: Es gab, auch das spricht für ein ausgeglichenes Niveau auf höchstem Level, ganz selten klare Ergebnisse (Ausnahme: Schwedens 5:0 gegen Bulgarien), die meisten Partien waren eng und hart umkämpft. Taktisch setzten die meisten Teams auf die Variante mit einem Stürmer vorne und einer hängenden Spitze dahinter. (...) Viele Teams können verschiedene Systeme dem jeweiligen Spielstand anpassen. Und so ist es kein Wunder, dass praktisch von Spieltag zu Spieltag ein neuer EM-Favorit gekürt wird: Erst war es Frankreich, dann Spanien mit seinem variablen Flügelspiel, dann waren die sexy spielenden Schweden erster Anwärter, auch Portugal mit dem Heimvorteil und natürlich die brillanten Tschechen." Kilchenstein war sich mit den anderen Experten einig, dass sieben der acht Viertelfinalisten das Zeug dazu hätten, den Titel zu holen. Allein den Griechen mochte dies niemand zutrauen.

Viertelfinale: Elfmeterschießen – Gift für England

Die Begegnung **Portugal** gegen **England** geriet zu einer der stimmungsvollsten und spielerisch besten des Turniers. Nicht nur das mittlerweile euphorisierte heimische Publikum, auch die ca. 40.000 (!) gesangsstarken englischen Fans sorgten im Lissabonner Estádio da Luz für eine fantastische Atmosphäre. In Portugals Anfangsformation fehlte Mannschaftskapitän Fernando Couto, der seinen Stammplatz in der Innenverteidigung bereits nach dem missratenen Auftakt gegen Griechenland verloren hatte. Für ihn spielte Ricardo Calvaho, der gegen die Engländer eine herausragende Leistung bot. Nach der Torwart-Personalie und der Degradierung Rui Costas zu einem „Joker" die dritte unpopuläre, aber erfolgträchtige Entscheidung des eigensinnigen Trainers Scolari, der noch eine weitere folgen sollte. Die 62.564 Zuschauer sahen eine dramatische Begegnung, in der die Engländer bereits in der 3. Minute durch Michael Owen in Führung gingen. Damit hielten die von Sven-Göran Eriksson defensiv eingestellten *Three Lions* alle Trümpfe in ihren Händen. Die von den Portugiesen vor dem Anpfiff angekündigte Offensive war nun keine Tugend mehr, sondern pure Not.

In der 27. Minute erhielten Englands Ambitionen einen herben Schlag, als sich Jungstar Wayne Rooney, mit vier Treffern erfolgreichster Torschütze der Vorrunde, den Mittelfuß brach. Den Engländern blieb jetzt nur noch die Defensive. In der 76. Minute nahm Scolari das lebende Fußballdenkmal Figo vom Feld, der ihm zu sehr „für die Galerie" spielte. Figo verkroch sich frustriert in der Kabine und verfolgte den Rest des Spiels am Fernseher – angeblich mit einem Bildchen der Mutter Gottes in seinen Händen. Für ihn brachte der Trainer den 21-jährigen Hélder Postiga, der bei den Tottenham Hotspurs nur dem Schicksal eines Einwechselspielers frönte und dort als größter Fehleinkauf der Vereinsgeschichte gehandelt wurde. Zwei Minuten später durfte auch „Joker" Rui Costa das Spielfeld betreten, womit Scolari auf totale Offensive setzte. Das englische Abwehrbollwerk hielt bis sieben

Minuten vor dem Abpfiff, dann gelang Postiga der frenetisch bejubelte Ausgleich. In der Verlängerung lieferten sich beide Teams einen offenen Schlagabtausch. In der 110. Minute traf auch Scolaris zweite Einwechslung: Rui Costa erzielte mit einem Traumtor die 2:1-Führung für die Hausherren, doch nur fünf Minuten später konnte Frank Lampard für England ausgleichen.

Das folgende Elfmeterschießen sah die Geburt einer neuen portugiesischen Torwartlegende und die Krönung der eigenwilligen Personalpolitik Scolaris. David Beckham schoss Englands ersten Elfer übers Tor, Deco brachte die *Selecção* mit 1:0 in Führung. Owen glich aus, Simao erhöhte auf 2:1, Lampard glich erneut aus, Rui Costa machte es Beckham nach und schoss ebenfalls über die Querlatte, womit ein „echter" Gleichstand erreicht war. Dabei blieb es bis nach dem fünften Durchgang, da John Terry, Bayern-München-Legionär Owen Hargreaves und Ashley Cole für England sowie Ronaldo, Maniche und Postiga für Portugal samt und sonders ihre Elfer verwandeln konnten, wobei insbesondere Hélder Postigas „Schuss" für Gesprächsstoff sorgte. Thomas Kilchenstein berichtete den Lesern der *Frankfurter Rundschau* von einem „Elfer" von „Schwejkscher Dimension: Anlauf, kurzes Abstoppen, mit der Fußspitze den Ball leicht angetippt, so dass die Kugel im sanften Bogen gerade so weit fliegt, dass sie hinter der Linie abtropft. Es ist ein unverschämtes Tor, wenn der Torwart stehen bliebe, könnte er den Ball mit einer Hand fangen, wie eine müde Fliege. Er lag wie ein Käfer auf dem Rücken in der Ecke, lächerlich gemacht." Weiter ging es im K.o.-System, das nun eine schnelle Entscheidung brachte. Vassel scheiterte an Ricardo, der anschließend selbst zum Elfmeterpunkt schritt und zum 6:5 für die Gastgeber einnetzte.

Nach der WM 1990, EM 1996 und WM 1998 war England zum vierten Male bei einem großen Turnier im Elfmeterschießen gescheitert. Die Engländer hatten in Portugal keinen schlechten Eindruck hinterlassen, und Keeper David James verabschiedete sich mit den Worten: „Wir freuen uns jetzt auf die WM 2006, und dann, vermute ich mal, geht alles wieder los." James sollte Recht behalten: In Deutschland schied England erneut im Viertelfinale aus – gegen Portugal und im Elfmeterschießen.

Titelverteidiger **Frankreich** erwartete mit **Griechenland** eine vermeintlich einfache Aufgabe. Doch der Außenseiter siegte durch ein Kopfballtor von Angelos Charisteas in der 65. Minute mit 1:0. Rehhagels Mannen gewannen nicht einmal unverdient, zeigten sie doch erheblich mehr Engagement als die behäbig und fantasielos wirkende *Équipe Tricolore*, die gegen die griechische Taktik kein Mittel fand. Otto Rehhagel brachte es auf den Punkt: „Die Franzosen hatten oft die bessere Ballkontrolle, wir hatten die größere Leidenschaft." In Frankreich konstatierte die Presse das „Ende der Generation Aimé Jacquet". Im Mittelpunkt der Kritik stand der ungeliebte Coach Jacques Santini, trotz einer Bilanz von 28 Spielen, 22 Siegen, vier Unentschieden und zwei Niederlagen, von denen aber eine zu viel war. Santini wurde vorgehalten, er habe die Mannschaft taktisch falsch aufgestellt, zu lange an alten Spielern

Vergeigten ihre Elfer: als erster Schütze David Beckham und als letzter Darius Vassell (links). Wieder einmal scheiterte England bei einem großen Turnier im Elfmeterschießen.

festgehalten, jungen Akteuren keine Chance gegeben und die physische Verfassung seiner Spieler falsch eingeschätzt.

In Griechenland dagegen erreichte das Fußballfieber Rekordtemperatur. Am Fernseher hatten 70% der griechischen Bevölkerung das Viertelfinale verfolgt. Trotz des Einzugs ins Halbfinale ahnte niemand, dass der alte Europameister soeben von seinem Nachfolger besiegt worden war.

Wenig unterhaltsam gestaltete sich die Begegnung **Schweden** gegen **Niederlande**, die auch nach 120 Minuten torlos blieb. Die *Tre Kronors* beschränkten sich auf die Verriegelung ihres Strafraumes und das Zerstören des niederländischen Spiels. Die *Oranjes* spielten zu fantasielos, um die diszipliniert agierende schwedische Viererkette auszuhebeln. Im folgenden Elfmeterschießen behielten die Niederländer im fünften Anlauf bzw. erstmals bei einem großen internationalen Turnier die Oberhand. Nach jeweils fünf Schüssen stand es 4:4. Dann scheiterte Mellberg an van der Sar, während Arnje Robben Isaksson bezwingen konnte.

Milan Baros wie Maradona

Tschechiens Journalisten tauften Milan Baros „Maradona Ostravas", denn in seinen ersten beiden Länderspielen hatte der Stürmer jeweils ein Tor erzielt, dem ein virtuoses Dribbling vorausging, das Erinnerungen an Maradonas legendäres Tor bei der WM 1986 gegen England weckte. Bei seinem Klub FC Liverpool hatte der fünffache EM-Torschütze die letzten Monate auf der Tribüne verbracht. Im September 2003 hatte sich Baros bei einem Ligaspiel in Blackburn den Knöchel gebrochen. Es folgte eine fünfmonatige Zwangspause, in der sein Klub in der Premier League ins Mittelmaß zurückfiel. Als Baros wieder genesen war, besaß sein mittlerweile ob der mageren Resultate unter Druck geratener Coach Gerald Houllier nicht den Mut, den Tschechen zu bringen. Ein Jahr später sollte er mit ihm die Champions League gewinnen.

Ließ sich nach seinem großen Auftritt gegen Dänemark von den Fans feiern: Milan Baros.

Nach den Leistungen der Vorrunde war die Begegnung **Tschechien** gegen **Dänemark** für manche Experten bereits ein vorweggenommenes Endspiel, da die beiden Teams bis dahin am besten individuelle Klasse und mannschaftliche Geschlossenheit zu kombinieren wussten. In Porto verlief eine ausgeglichene erste Halbzeit torlos. In der 49. Minute brachte Jan Koller die zunächst etwas verunsichert wirkenden Tschechen in Führung. Fortan lief das tschechische Kombinationsspiel auf vollen Touren. Eine knappe Viertelstunde nach dem Führungstreffer begann der große Auftritt des Milan Baros. Mit einem Doppelschlag (63., 65.) schoss er seine Farben zu einem klaren 3:0-Sieg und ins Halbfinale.

Die Tschechen hatten zum vierten Mal nach 1960, 1976 und 1996 die Runde der letzten vier erreicht. Deutschland, Spanien und Italien hatten bereits nach der Vorrunde die Segel streichen müssen, Frankreich und England scheiterten im Viertelfinale. Erstmals in der Geschichte der EM konnte keiner der fünf „Großen" das Halbfinale erreichen. Raphael Honigstein prognostizierte in der *Frankfurter Rundschau:* „Die Clubs der G5 werden den europäischen Fußball weiter regieren, ihre Nationalmannschaften die neuen Zwerge sein." Dies war allerdings stark übertrieben. Richtig war indes, dass die kleinen Nationen erheblich aufgeholt hatten. Früher basierte die sportliche Macht der „Großen" auf ihrem größeren Kickerreservoir sowie einer professionelleren Ausbildung und Betreuung. Honigstein: „Der deutsche Bundestrainer konnte so zum Beispiel aus gut 398 Profis, die in der Bundesliga beschäftigt waren, wählen; sein schwedischer Kollege musste aus 300 Profis in der viel schwächeren schwedischen Liga die Mannschaft zusammenstellen – plus einige wenige Legionäre." Nun wurde auch in den kleineren Ländern professionell gearbeitet, und dank dem sogenannten Bosman-Urteil verdingten sich ihre Besten in den europäischen Topligen. 54% der EM-Kicker spielten in den Ligen der G5, wo der Prozentsatz der Einheimischen nur noch um die 40 Prozent betrug. Dadurch, so Honigstein, sei „der qualitative Vorsprung der großen fünf sehr viel geringer geworden: Rudi Völler kann nur noch aus etwa 150 deutschen Profis im Oberhaus auswählen, die Schweden haben 30 Spieler in den fünf großen Ländern sowie 300 Profis in der nicht mehr ganz so schwachen schwedischen Liga. Es hat alle Mannschaften enger zusammengebracht, dass nur noch die Hälfte der Spieler in den Topligen aus deren Heimat sind."

Halbfinale: Portugiesen im Freudentaumel

Die Begegnung **Portugal** gegen **Niederlande** versprach einen fußballerischen Leckerbissen, doch im Lissabonner Estádio Alvalade spielte über weite Strecken nur die *Selecção*. Luis Figo, nach seiner Auswechslung gegen England noch beleidigt, ordnete sich Deco unter und bot als Flügelstürmer eine überragende Partie. Figo war auf den Tag genau 13 Jahre zuvor mit Portugal U-20-Weltmeister geworden.

Bondscoach Dick Advocaat hatte sein Team defensiv eingestellt. Doch nach 26 Minuten konnte Cristiano Ronaldo mit einem Kopfballtor nach einem Eckstoß von Deco das Abwehrbollwerk um Jaap Stam erstmals knacken. Die Portugiesen berannten auch weiterhin das *Oranje*-Tor. In der 39. Minute stockte den ca. 47.000 Zuschauern im Lissabonner Estádio Alvalade der Atem, als Ruud van Nistelrooy nach Vorarbeit von Marc Overmars zum vermeintlichen Ausgleich einschob. Doch Schiedsrichter Anders Frisk erkannte auf Abseits. In der 58. Minute erhöhte Maniche auf 2:0 für Portugal, erneut nach einem Eckstoß von Deco. Nur sechs Minuten später verlängerte Jorge Andrade eine Flanke von van Bronckhorst unglücklich ins eigene Tor. Der „geschenkte Treffer" ließ die Niederländer nun noch einmal hoffen. Advocaat blies zum Angriff, doch die *Selecção* verwaltete den Vorsprung souverän bis zum Schlusspfiff.

Trainer Felipe Scolari wusste, wie man den Spielfluss des Gegners stören konnte. In Brasilien hatte er einmal einen Ball aufs Spielfeld geworfen, um einen gegnerischen Konter zu stoppen. Auch Zeitschinden und Simulieren von Verletzungen gehörten zum Repertoire des Trainers. Gegen die Niederlande wechselte Scolari nun nach deren Anschlusstreffer dreimal aus. Zunächst kam in der 68. Minute Petit für Ronaldo. Sieben Minuten später musste Frisk das Spiel erneut anhalten, als Scolari Nuno Gomes für Pauleta aufs Feld schickte. In der 88. Minute ersetze dann Couto auch noch Mani-

Im Halbfinale gegen die Niederlande war sich Altstar Luis Figo auch für Defensivarbeiten nicht zu schade – hier gegen Edgar Davids.

che. Da sich auch Scolaris Gegenüber Advocaat zu einem Wechsel gezwungen sah – in der 81. Minute betrat van Hooijdonk für Robben den Platz –, musste das Spiel binnen 22 Minuten vier Wechsel verkraften.

Das Turnier schien den häufig als melancholisch eingeschätzten Nationalcharakter der Lusitaner mit einem Schlag zu verändern. Auf den Straßen herrschte Übermut, überall flatterte die Nationalfahne, die Menschen schminkten sich in den Landesfarben Grün und Rot. Sogar in den ehemaligen Kolonien wurde Portugal gefeiert. Coach Felipe Scolari erreichte den Status eines Nationalhelden, und die Nationalhymne avancierte zum Hit wie auch das schmissige EM-Lied „Forca". Staatspräsident Sampaio schwärmte von einem „modernen Patriotismus".

Das Spiel **Griechenland** gegen **Tschechien** war das erste und einzige bei dieser EM, das durch die neu eingeführte „Silver Goal"-Regel entschieden wurde. Die Griechen spielten gewohnt defensiv, einzige echte Spitze war Vryzas, der von einem „hängenden" Charisteas unterstützt wurde. Den Tschechen gelang es nur in der Anfangsphase, den dichten Riegel vor dem griechischen Tor zu durchbrechen. Doch ohne zählbaren Erfolg, denn Rosicky (3.) und Jankulovski (6.) vergaben ihre Chancen. Anschließend herrschte bei den Tschechen weitgehend Ratlosigkeit, die noch vergrößert wurde, als Nedved nach 40 Minuten verletzt aus dem Spiel musste. Da ein Vordringen in den griechischen Strafraum kaum möglich war, versuchte man es mit hohen Bällen, die jedoch von den überragenden Verteidigern Seitaridis und Kapsis abgefangen wurden, bevor sie den Kopf des langen Jan Koller erreichen konnten. In der letzten Minute der ersten Halbzeit der Verlängerung gelang Dellas mit einem Kopfballtor die Entscheidung. Da der Treffer gerade noch im ersten Durchgang fiel, war das „Silver Goal" zugleich ein „Golden Goal".

Der Fußballästhet nahm den Finaleinzug der Griechen mit Wehmut zur Kenntnis, hatte er doch auf ein Finale Portugal gegen Tschechien gehofft. Stattdessen kam es nun zur Wiederholung des Eröffnungsspiels.

Finale: Griechische Minimalisten

Bisher war Lissabon für die *Selecção* ein gutes Pflaster gewesen. Seit 28 Spielen hatte man in der Hauptstadt keine Niederlage erlitten. 62.865 Zuschauer – die griechischen Gäste ausgenommen – im natürlich ausverkauftem Estádio Da Luz hofften, dass dies auch im EM-Finale so bleiben würde.

Es trafen zwei Teams aufeinander, deren Trainer den Wert von Disziplin und Defensive betonten. Wenngleich die Portugiesen zweifelsohne ein spielfreudigeres und technisch versierteres Team als die Griechen waren: Scolari hatte aus den „in romantischer Unbekümmertheit nach vorn stürmenden Portugiesen eine disziplinierte Defensivmannschaft gemacht" (Sven Goldmann im *Tagesspiegel*). Die Mittelfeldspieler bzw. Stürmer Deco, Figo und Jungstar Ronaldo waren zwar die am häufigsten genannten Namen des Teams, aber die Schlüsselspieler des Scolari'schen Systems hießen Ricardo Carvalho und José Andrade und waren Innenverteidiger. Deco, der erst nach der 1:2-Auftaktniederlage gegen Griechenland einen Stammplatz erobern konnte: „Auch ich muss in dieser Mannschaft hart arbeiten." Von allen EM-Teilnehmern hatte Portugal die wenigsten Torchancen zugelassen. Auch Otto Rehhagels wichtigste Akteure waren mit Manndecker (!) Giourkas Seitaridis und Libero (!) Traianos Dellas Defensivkräfte.

Die Portugiesen versuchten die Griechen mit ihrem bewährten 4-2-3-1-System unter Druck zu setzten. Auch Griechenland spielte wie gewohnt, mit einem Libero hinter einer Dreierkette. Doch wussten die Griechen durchaus geschickt auch den Raum zu verteidigen, wie sie überhaupt flexibler und moderner verteidigten, als ihnen gemeinhin nachgesagt wurde. Zum Erstaunen des Publikums wie der *Selecção* boten die Griechen ihrem Gegner nicht nur in läuferischer und kämpferischer Hinsicht Paroli, sondern auch spielerisch. Die Portugiesen konnten gegen den kompakt stehenden und zweikampfstarken Gegner ihr Kombinationsspiel kaum entwickeln. Figo, Deco und Ronaldo verwickelten sich in aufreibende und uneffektive Einzelaktionen. Was blieb, war der Versuch aus der Distanz.

In der 57. Minute kamen die Griechen zu ihrem zweiten Eckstoß. Die von Basinas getretene Ecke köpfte Charisteas zum 1:0 ins Netz, fast eine Kopie des „Silver Goal" gegen Frankreich. Portugal bemühte sich redlich, doch mehr als zwei Chancen für Ronaldo

■ Europameister ohne Stars

Kaum einer der griechischen Akteure stand bei einer großen Adresse des europäischen Fußballs unter Vertrag. Ausnahmen waren Traianos Dellas vom AS Rom und Georgios Karagounis von Inter Mailand, die in ihren Klubs allerdings nicht über den Status von Ergänzungsspielern hinauskamen. Final-Torschütze Angelos Charisteas spielte immerhin beim amtierenden Deutschen Meister Werder Bremen, wo er aber keineswegs zur Stammformation gehörte und in der Saison 2003/04 lediglich vier Tore erzielte. Das Fehlen von Stars erwies sich nicht nur für den Teamgeist von Vorteil. Ermüdungserscheinungen, wie sie die Leistungsträger einiger andere Teams plagten, insbesondere der „Großen", kannten Rehhagels Spieler nicht.

(75.) und Figo (90.) sowie einigen Standardsituationen sprangen dabei nicht heraus. Dabei hatte kein anderer Gegner bei dieser EM den Portugiesen mehr Chancen eingeräumt als ausgerechnet die Griechen. Doch Figo, Ronaldo und Costa hatten sie nicht zu nutzen gewusst. Rehhagels Mannen brachten den Vorsprung erstaunlich souverän über die Runden. Zum fünften Mal in Folge hatte der Ausrichter der EM das Turnier nicht gewinnen können.

Die Griechen hatten in Portugal ihren „Minimalistenfußball" aus den Qualifikationsspielen fortgesetzt. Mit ihnen gewann ein Team das Turnier, das eigentlich gegen den Trend im internationalen Fußball stand. Der neue Europameister schoss in sechs Spielen sieben Tore, kassierte allerdings auch nur vier. Die drei K.o.-Spiele nach der Vorrunde gewann die Rehhagel-Elf jeweils mit 1:0. In insgesamt 14 Qualifikations- und Endrundenspielen traf Griechenland 15-mal, was einem Schnitt von lediglich 1,07 Toren pro Spiel entsprach. Frankreich war vier Jahre zuvor auf immerhin 1,87 gekommen, was auch nicht gerade umwerfend war. *Die Zeit* urteilte über die griechische EM-Kampagne: „Erst schlug Rehhagels Team die Franzosen, dann sogar die Tschechen, am Ende Portugal. Erst machte er die Schönen hässlich, dann machte er die Starken schwach, am Ende die Kreativen ideenlos. Die Griechen verbreiteten eine verblüffende Mitteilung in den Arenen der Europameisterschaft: Rehhageln. Mit einem Torwart und neun Manndeckern ein Spiel gewinnen. Eine Taktik wie aus dem Fußball-Paläolithikum. Mit Rehhagel siegte eine vergessen geglaubte Vergangenheit über das, was man bislang für die Zukunft hielt."

Christoph Biermann schrieb einige Monate später in der *Süddeutschen Zeitung*, „dass Modernität nicht alles ist. Daran hat Otto Rehhagel erinnert. Er gewann mit einem griechischen Nationalteam die Europameisterschaft, das mit Libero und Manndeckern ausdrücklich keinen modernen Fußball spielte. Trotzdem widerlegt dieser Umstand weder die Fußballmoderne noch den ‚Konzeptfußball', denn Otto Rehhagel stellte ... die Balance von spielerischem Talent und (zuvor fehlendem) Gemeinschaftsgefühl her." Hier sah auch der Journalist Günter Rohrbacher-List das Geheimnis des griechischen Wunders: „Das Gemeinschaftsgefühl war es vor allem, das die Griechen nach ihren Erfolgen gegen die Spanier und nach ihrem Gruppensieg in der Qualifikation daran glauben ließ, auch bei der Euro mitmischen zu können. ‚Früher hat jeder gemacht, was er will. Jetzt macht jeder, was er kann', kommentierte Rehhagel den von ihm herbeigeführten

Freudensprung eines Beinahe-Rentners: Otto Rehhagel, in der Bundesliga bereits ausgemustert, stieg in Griechenland zum Volkshelden und „Rehakles" auf.

„Modern ist, wer gewinnt"

Wandel und verwies darauf, seinen Spielern lediglich ‚Ratschläge gegeben' zu haben, an die sie sich in ‚vorbildlicher Weise' gehalten hätten." Rehhagel zum Vorwurf mangelnder Modernität: „Modern ist, wer gewinnt."

Dies reichte wohl für einen Turniersieg aus, für einen längeren Aufenthalt in der Beletage des internationalen Fußballs indes nicht. Der EM-Gewinn blieb ein nicht wiederholbarer Coup, dem keine „griechische Ära" folgte. Nur wenig später versanken die Griechen erneut im Mittelmaß. In der Qualifikation für die WM 2006 landeten sie hinter der Ukraine, Türkei und Dänemark nur auf dem 4. Platz.

Noch nie konnten sich bei einem großen internationalen Turnier so viele junge Kicker in den Vordergrund spielen wie bei der EM 2004: Arnje Robben (20, zwei Tore), Johan Vonlanthen (18, ein Tor), Wayne Rooney (18, vier Tore), Milan Baros (22, fünf Tore), Johnny Heitinga (18), Christiano Ronaldo (19, zwei Tore), Zlatan Ibrahimovic (22, zwei Tore), Antonio Cassano (21, zwei Tore). Selbst bei den gescheiterten Deutschen waren die Jungen – Lukas Podolski (19), Bastian Schweinsteiger (19), Kevin Kuranyi (22) – noch die Auffälligsten. Sie stahlen den Alten die Show, von denen die meisten – mit der Ausnahme von Zidane – nur Mitläufer waren. Ein Grund hierfür war, wie schon bei der WM 2002, die Übermüdung einiger etablierter Spitzenspieler. Besonders strapaziert waren die Stars der „Galaktischen" von Real Madrid, die außer einem ausgiebigen Programm an Pflichtspielen, bedingt durch eine nationale Liga mit 20 Vereinen und die Champions League, auch noch vor der Saison 2003/04 eine ausgiebige Asien-Tournee absolvieren mussten – zwecks Eroberung neuer Märkte. Alle drei Tage ging es in eine andere Stadt, unter schwierigen klimatischen Bedingungen. Auf das Beispiel Raúl wurde bereits verwiesen. Luis Figo kam vor der EM bei Real Madrid in 52 Pflichtspielen zum Einsatz, hinzu kamen elf Spiele für die *Selecção*. David Beckham bestritt 44 Pflichtspiele für die „Galaktischen" plus acht Länderspiele für die *Three Lions*, Zidane war 48-mal für Real und siebenmal für die *Équipe Tricolore* am Ball.

Wer von den Trainern auf die Jugend setzte, wurde in der Regel dafür belohnt. Thomas Kilchenstein in der *Frankfurter Rundschau* über die Stärken der Jugend: „Es sind Spieler, die offenbar vor nichts und niemandem Angst haben, und vor scheinbar großen Namen oder Autoritäten auf dem Rasen schon mal gar nicht, die sozusagen frei von der Leber weg aufspielen, deren Stärke ihre schier grenzenlose Unbekümmertheit ist. Sie machen sich, so hat es den Anschein, deutlich weniger Gedanken über ihr durchaus risikoreiches Tun: Klappt der Trick, ist es gut, klappt er nicht, habe ich es wenigstens probiert, scheint das Motto zu sein."

In Portugal betrat eine Generation die Bühne, die dank verbesserter Ausbildung und dank der revolutionierten medialen Präsentation des Fußballs mehr über das Spiel wusste als jede Generation vor ihr. Aimé Jacquet, der Frankreich 1998 zum WM-Titel geführt hatte: „Wir erleben hier gerade eine neue Generation, die alles schon aus dem Fernsehen kennt und der nichts verborgen bleibt." Die jungen Kicker seien deshalb „ früher reif, sie sind offen, sie sind lässig, sie explodieren förmlich".

Überraschungssieger 2004: Griechenland. Basinas stemmt den Pokal, vor ihm freut sich Torschütze Charisteas.

Das Auftauchen der neuen Generation verstärkte einen Trend, der sich bereits in den vorangegangenen EM- und WM-Turnieren gezeigt hatte: Das Spiel einer Mannschaft wurde nicht mehr auf einzelne Stars zugeschnitten, entscheidend war das gleichgewichtige Funktionieren des gesamten Teams. *Kicker*-Chefredakteur Rainer Holzschuh: „Die Europameisterschaft ... hat, so scheint es, dem Teamgeist zum endgültigen Durchbruch gegenüber dem Rummel um die Superstars verholfen. Kein Zidane oder Henry, kein Beckham oder Raúl, kein Totti oder Del Piero konnte sich selber oder seiner Mannschaft bleibenden Eindruck verschaffen. Selbst Luis Figo schwang sich erst nach der demütigenden Einwechslung gegen England durch Felipe Scolari zum Helden auf. Brillanz wurde erst durch Anpassung an die Team-Struktur möglich. (...) Der mit dem griechischen Team so beeindruckend auftrumpfende Otto Rehhagel hat seine Erfolge immer mit der Philosophie errungen, dass nichts so wichtig ist wie die Einbindung des Einzelnen in die gemeinsamen Ziele. (...) Rehhagel wie Scolari stehen für soliden Fußball. Sie haben Fußball-Europa und damit der Welt klargemacht, welche Prämissen der Erfolg benötigt."

2008

■ Europameisterschaft 2008

Gemeldete Teilnehmer: 52

Austragungsmodus: Endrundenausrichter Österreich und Schweiz automatisch qualifiziert. Qualifikationsspiele mit 50 Mannschaften in 7 Gruppen (6 Gruppen à 7, eine Gruppe mit 8 Mannschaften). Gruppenerste und Gruppenzweite direkt qualifiziert. Endrunde mit 16 Mannschaften. Vorrunde in 4 Gruppen à 4 Teams. Viertelfinale der Gruppenersten und -zweiten, Halbfinale, Finale.

Qualifikationsspiele: 308

Endrundenspiele: 31

EM-Spiele insgesamt: 339

Austragungsland: Österreich, Schweiz (7. - 29. Juni 2008)

Spielorte: Wien (Ernst-Happel-Stadion, 53.008), Klagenfurt (Stadion Klagenfurt, 30.000), Salzburg (EM-Stadion Wels-Siezenheim), Innsbruck (Tivoli Neu, 30.000), Basel (St. Jakob Park, 42.500), Bern (Stade de Suisse Wankdorf, 32.000), Genf (Stade de Genève, 30.000), Zürich (Letzigrund, 30.000)

Hier wurde nur zu Werbezwecken gespielt: Genau ein Jahr vor Anpfiff der EM trafen sich Prominenten-Auswahlen der Gastgeber zu einem Kick in 3.454 Metern Höhe: auf einem Gletscher am Jungfraujoch.

EM 2008
Fußball in den Alpen

Für das Turnier 2008 lagen der UEFA sieben Kandidaturen vor, wobei das Vorbild der erfolgreichen Doppelkandidatur Niederlande / Belgien 2000 offenkundig Schule gemacht hatte: Griechenland trat gemeinsam mit der Türkei an, Kroatien mit Bosnien-Herzegowina, Schottland mit Irland und die Schweiz mit Österreich. In Skandinavien hatten sich mit Dänemark, Schweden, Finnland und Norwegen gleich vier Länder unter dem Etikett „Nordic" zusammengetan. Im Alleingang bewarben sich lediglich Ungarn und Russland.

Am 12. Dezember 2004 votierte das UEFA-Exekutivkomitee für die Kandidatur der Alpenrepubliken Österreich und Schweiz, wohl auch auf Grund ihres Standortvorteils im Herzen Europas. Dementsprechend war man mit dem Motto „Football's best – close to you" angetreten. Aber auch die politischen und finanziellen Garantien beeindruckten das UEFA-Exekutivkomitee. Für die Österreicher war der Zuschlag eine besondere Genugtuung: Der ÖFB hatte sich bereits für die Turniere 1996 und 2004 beworben, 1996 im Alleingang, 2004 mit Ungarn. Die Schweiz hatte erfolglos ihr Interesse für die WM 1998 angemeldet.

Gegen Griechenland / Türkei sprachen das ungelöste Zypern-Problem sowie die weiten Entfernungen zwischen den Spielorten. Außerdem hatten die Griechen mit den Olympischen Sommerspielen 2004 bereits den Zuschlag für ein sportliches Großereignis erhalten. Die schottisch-irische „Kelten-EM" konnte bezüglich der angebotenen Spielstätten nicht überzeugen. Die skandinavische Kandidatur war mit dem Problem behaftet, dass die UEFA für den Ausrichter maximal zwei direkte Startplätze vorsah. Folglich hätten die Skandinavier ihre beiden Teilnehmer zunächst in einem internen Turnier ermitteln müssen, und erstmals wäre damit ein Gastgeberland nicht beim Turnier vertreten gewesen. Die kroatisch-bosnische Kombination war schon deshalb chancenlos, weil der Balkan noch mit den Folgen des Krieges und mit infrastrukturellen Mängeln zu kämpfen hatte. Eine EM in Sarajevo oder Zenica mochte sich kaum jemand vorstellen.

Russlands Kandidatur galt zunächst als aussichtsreich, zumal sie mit einer „go east"-Message verbunden war. Doch wurde sie u.a. durch den Überfall tschetschenischer Terroristen auf ein Moskauer Theater, bei dem über 700 Geiseln genommen wurden, torpediert. Neben der schwierigen Sicherheitslage wurden auch hier die großen Entfernungen zwischen den Spielorten als problematisch erachtet. Außerdem fürchtete man die Moskauer Hooligans und den starken Einfluss der Mafia.

Österreich: Grüße aus dem Jammertal

Mit Österreich und Schweiz erhielten zwei Länder den Zuschlag, die in der Entwicklung des kontinentalen Fußballs eine große Rolle gespielt hatten: die Schweiz als Einfallstor des englischen Spiels und Drehscheibe seiner Verbreitung, Österreich bei der Formulierung einer eigenständigen kontinentalen Spielphilosophie.

Bei großen internationalen Turnieren waren die benachbarten Länder nur einmal aufeinandergetroffen. Allerdings eroberte dieses Spiel einen besonderen Platz nicht nur in den österreichisch-schweizerischen Fußballerinnerungen, sondern auch in den WM-Annalen. Am 26. Juni 1954 besiegte Österreich den WM-Gastgeber Schweiz in Lausanne mit 7:5, bis heute die torreichste Begegnung in der Geschichte der Fußball-Weltmeisterschaft.

Österreichs letzte Teilnahme an einem internationalen Turnier datierte aus dem Jahre 1998, als man sich für die WM in Frankreich qualifizieren konnte. Dort kam das Aus allerdings bereits nach der Vorrunde. Bei einer EM-Endrunde war die einstige kontinentale Fußballmacht noch nie dabei gewesen, wenngleich die Idee einer europäischen Nationenmeisterschaft erstmals im Wien der 1920er das Licht der Welt erblickt hatte. Der Zustand des österreichischen Fußballs war inzwischen dermaßen miserabel, dass die allgemeine Ansicht galt: Österreich würde nur dann an einem großen Turnier teilnehmen können, wenn es als Gastgeber automatisch qualifiziert wäre.

Die 1990er Jahre waren für den österreichischen Fußball mit Peinlichkeiten gepflastert. Zweifelhafte „Highlights" waren die EM-Qualifikationsspiele gegen die Färöer Inseln (1990, 0:1), Spanien (1999, 0:9) und Israel (1999, 0:5). Daran änderte sich vorerst nichts, nachdem Österreich den Zuschlag für die EM 2008 erhalten hatte. Damals hatte Teamchef Hans Krankl noch angekündigt: „Bis 2008 soll eine Mannschaft zur Verfügung stehen, die Österreich würdig vertreten kann." Der einstige „Goleador", der bei der WM 1978 im argentinischen Cordoba zwei Tore zum legendären 3:2-Sieg der Österreicher gegen Deutschland beigesteuert hatte – gewissermaßen die letzte erwähnenswerte Großtat einer österreichischen Nationalelf – konnte seine Ankündigung nicht wahrmachen, denn er wurde bereits im Herbst 2005 vorzeitig entlassen. Sein Nachfolger Josef Hickersberger war in Cordoba ebenfalls dabei gewesen. Für ihn war es bereits die zweite Amtszeit als Nationaltrainer; seine erste wurde durch das Färöer-Debakel beendet.

Der Beginn von Hickersbergers zweitem Versuch geriet zum schlimmen Fiasko: Von den ersten fünf Begegnungen gegen Kanada, Kroatien, Costa Rica, Venezuela und Liechtenstein konnte nicht eine gewonnen werden. Viermal verließ Österreich als Verlierer den Platz, einmal reichte es wenigstens zu einem Remis. Gegen Ende 2006 schien sich Besserung anzudeuten. Die Schweiz wurde nach einer kämpferisch wie spielerisch überraschend guten Vorstellung mit 2:1 besiegt, WM-Teilnehmer Trinidad & Tobago im letzten Spiel des Jahres sogar mit 4:1, wodurch neue Hoffnungen aufkeimten. Doch 2007 konnte die Nationalmannschaft bis zur Sommerpause kein Spiel

Endlich hatten die österreichischen Fans mal wieder Grund zum Jubeln: Im Oktober 2006 besiegte ihre Nationalelf Nachbar Schweiz in Innsbruck mit 2:1.

gewinnen. Gegen Frankreich und Schottland wurde verloren, gegen Malta, Ghana und Paraguay reichte es nur zu Unentschieden. In den fünf Spielen hatte Hickersbergers Team nur zwei Tore zustande gebracht. Bei einigen Begegnungen war selbst das nur 18.000 Zuschauer fassende Wiener Hanappi-Stadion, Spielstätte von Rapid Wien, nicht ausverkauft. Hickersberger: „Wir sind der größte Außenseiter, den es bei diesem Turnier gibt." Nicht ganz ernst gemeinte Stimmen forderten gar einen freiwilligen EM-Verzicht, um einer Blamage zu entgehen. Das Tourismusland Österreich solle sich auf das konzentrieren, was es am besten könnte: einen charmanten Gastgeber abgeben.

Auch die österreichischen Klubs spielten europäisch keine Rolle. Rapid Wien war es in der Saison 2005/06 immerhin gelungen, die Champions League zu erreichen, wo man die Gruppenphase nach sechs Spielen mit null Punkten und 3:15 Toren beendete. Die heimische Liga wurde mit (teuren) Durchschnittskickern aus Osteuropa überschwemmt. Eine Reihe von Klubs plagten erhebliche finanzielle Probleme bis hin zur Insolvenz. Zu den krisengeschüttelten Vereinen zählten auch ehemals renommierte Adressen wie Austria Wien. Die Probleme des ehemaligen Mitropa-Cup-Gewinners waren symptomatisch für den Zustand des heimischen Profifußballs. Im Zeitraum 1999 bis 2007 hatte die Austria rund 100 Spieler verpflichtet, von denen nicht wenige, obwohl nur fußballerisches Mittelmaß im vorgerückten Alter, fürstliche Gehälter bezogen. Sportlich kam die Austria indes nicht vom Fleck.

Eine Ausnahme stellte der vom Unternehmer Dietrich Mateschitz gesponserte Verein Red Bull Salzburg dar, der mit einem Etat von 50 Mio. Euro der Konkurrenz weit enteilte. Personell erweckte der Klub den Eindruck einer Dependance von Bayern München. Das Trainerzepter hielt Maestro Trapattoni, seinen Assistenten gab Lothar

Matthäus. Als die Red Bulls 2006/07 erwartungsgemäß Meister wurden, stand nur ein Österreicher in der Stammelf. Einen Hoffnungsschimmer – wenn auch wohl erst für die Zeit nach der EM – bot 2007 immerhin ein Erfolg österreichischer Nachwuchskicker: Die U-20 drang bei der WM in Kanada bis ins Halbfinale vor, wo man gegen Tschechien mit 0:2 unterlag.

Der kritische Journalist Martin Blumenau vermutete laut *Spiegel*, dass die Ursache für die Misere des österreichischen Fußballs ein tiefer Glaube im Land „an die Wiederkehr einer Wundergeneration" sei und „dass dieser Glaube verantwortlich sei für den ‚taktischen und strategischen Analphabetismus' der einheimischen Trainer. Diese Hoffnung auf eine zufällige Anhäufung von Ausnahmespielern enthebe das nationale Fußballsystem der Pflicht, moderne Strukturen aufzubauen."

Schweiz: Erfolge dank Nachwuchsförderung

Der Schweizer Fußball hatte sich dagegen wesentlich besser entwickelt, auch aufgrund einer völlig anderen Herangehensweise. In den 1970er und 1980er Jahren hatten noch sämtliche internationalen Turniere ohne die Schweiz stattgefunden. Die letzte Teilnahme an einer WM datierte aus dem Jahre 1966 und endete damals nach drei Spielen mit null Punkten und 1:9 Toren. Doch in den 1990ern kehrte die Schweiz auf die internationale Bühne zurück. Das Land qualifizierte sich für die WM-Turniere 1994 und 2006. Außerdem war man bei den EM-Endrunden 1996 und 2004 dabei. 2002 wurde die Schweiz U-17-Europameister, die U-19- und U-21-Teams schafften es europäisch bis ins Halbfinale. Dem Land war es dank einer exzellenten, stark technisch ausgerichteten Nachwuchsförderung gelungen, eine Reihe von Fußballspielern auszubilden, die auf internationalem Niveau kicken konnten. Begünstigt wurde die Nachwuchsarbeit durch die geringe Größe des Landes sowie die starke Stellung des nationalen Verbandes. Beides ermöglichte ein konzentriertes Vorgehen. Zwar zählte die Schweiz nur 150.000 Jugendspieler (in Deutschland waren es 14-mal mehr), dafür gestattete diese Zahl eine erheblich individuellere Betreuung als beim großen Nachbarn. Der SFV schrieb den Klubs vor, wie sie ihre Spieler auszubilden haben. Eine derartige Weisungsbefugnis war in Ländern wie Deutschland, England, Spanien oder Italien angesichts der Macht der großen Klubs undenkbar.

Hatte die *Nati* bis dahin mal mehr „deutsch", mal eher „französisch" gespielt, so wurde nun eine übergreifende Spielkultur entwickelt: *Nati*, Junioren-Nationalmannschaften und der Nachwuchs der Vereine spielten einen konstruktiven, auf Angriff ausgerichteten Fußball mit kompaktem Stellungsspiel und Pressing. Die Spieler wurden für ein bestimmtes System geschult, in dem sie nahezu perfekt funktionierten. „Systemfußball" sollte das weitgehende Fehlen wirklicher Ausnahmefußballer kompensieren. Der für Bayer Leverkusen kickende Tranquillo Barnetta nannte eine weitere Bedingung, um gegen große Gegner zu bestehen: „Wir müssen immer über uns hinauswachsen."

Auch die erfolgreiche Integration der „Secondos" genannten Immigrantenkinder, die in den Nachwuchsmannschaften eine hervorragende Rolle spielten und anschließend auch in die erste Auswahl drängten, stärkte den Schweizer Fußball. Die „Secondos" professionalisierten die im Schweizer Fußball vorherrschende Mentalität, denn diese Kicker kamen aus Ex-Jugoslawien, Italien, Spanien etc., also aus Ländern, in denen der Fußball einen höheren Stellenwert besaß als in der Schweiz. Die Immigrantenkinder gaben sich sehr leistungsorientiert und verfolgten zielstrebig das Berufsziel Profifußball, wobei sie meist auf die Unterstützung ihrer Eltern bauen konnten.

Trainiert wurde die *Nati* von Köbi Kuhn, zuvor Nachwuchstrainer beim SFV. Zum Amtsantritt 2001 hatte er ein Arbeitspapier mit dem Titel „Schweiz, Europameister 2008" verfasst. Im Jahr vor dem Turnier geriet der Schweizer EM-Zug allerdings ins Stocken. Viele Auslandslegionäre wie Philipe Senderos und Johan Djourou (beide Arsenal London), Patrick Müller (Lyon), Raphael Wicky (Hamburger SV) oder Marco Streller (VfB Stuttgart) besaßen bei ihren Klubs keinen Stammplatz, was auf die Qualität der *Nati* drückte. Größter Hoffnungsträger war der für Borussia Dortmund spielende Torjäger Alexander Frei, der es in der Bundesligasaison 2006/07 auf 16 Treffer gebracht hatte. Hingegen überwarf sich Kuhn mit seinem langjährigen Kapitän und Führungsspieler Johann Vogel, den er aus der *Nati* verbannte.

Gegen die DFB-Elf reichte es noch nicht: In Düsseldorf verlor die schweizerische Nati im Februar 2007 mit 1:3. Hier Ludoivic Magnin im Zweikampf mit dem deutschen Jungstar Gomez.

Auch der Schweizer Vereinsfußball präsentierte sich in den Jahren vor der EM besser als der Österreichs. Mit dem FC Basel in der Saison 2002/03 und dem FC Thun 2005/06 konnten sich zwei Klubs für die Champions League qualifizieren. Der FC Basel erreichte hier sogar die zweite Gruppenphase und somit die letzten 16. Im UEFA-Cup brachte es Basel 2005/06 bis ins Viertelfinale.

Die Stadien: Klein, aber fein

Acht Stadien, teils neu gebaut, teils aufwändig renoviert, stehen für die Spiele der EM-Endrunde 2008 zur Verfügung. Architektur und Komfort erfüllen hohe Standards; in puncto Fassungsvermögen ließ man Bescheidenheit walten: Nur zwei Spielstätten, das Wiener Ernst-Happel-Stadion und der Baseler St. Jakob Park, können mehr als 40.000 Besucher aufnehmen.

Sämtliche Stadien in der Schweiz sind Neubauten, wobei der St. Jakob Park bereits 2001 eröffnet wurde. Architekten des St. Jakob Park waren Herzog & de Meuron, die auch für die Münchner Allianz Arena verantwortlich zeichnen. Das Fassungsvermögen des ersten multifunktionalen Stadions in der Schweiz, das auch für Konzerte genutzt wird, beträgt 42.000. Die Arena ist Spielstätte des FC Basel. Teuerster Neubau ist das Stade de Suisse Wankdorf, das am Standort des legendären Wankdorf-Stadions, Schauplatz des WM-Finales von 1954 bzw. des „Wunders von Bern", entstand und 350 Mio. Euro verschlang. Im Stade de Suisse tragen die Young Boys Bern ihre Heimspiele aus.

Multifunktional: St. Jakob Park in Basel.

In Zürich, mit ca. 343.510 Einwohnern die größte Stadt der Schweiz, sollte ursprünglich das Hardtturm-Stadion der Grasshoppers EM-Spielstätte werden. Doch der Um- und Ausbau scheiterte am Einspruch der Bevölkerung des trendigen Viertels im Westen der Stadt. Deshalb wird nun im für 71 Mio. Euro ausgebauten Letzigrund des Lokalrivalen FC Zürich gespielt. Das Stadion, dessen Fassungsvermögen zur WM 31.000 betragen wird, hat sich international weniger durch Fußball denn durch Leichtathletikveranstaltungen einen Namen erworben. So werden im Letzigrund die Golden-League-Meetings ausgetragen. Der vierte Schweizer Spielort liegt mit dem Stade de Genève im französischsprachigen Westen des Landes, in Genf. 30.000 Zuschauer finden Platz in dem Stadion, das von Servette Genf genutzt wird. Insgesamt investierte die Schweiz 612 Mio. Euro in eine EM-fähige Stadionlandschaft.

Anders gestaltete sich die Situation in Österreich. In die vier EM-Arenen wurde mit 163 Mio. Euro deutlich weniger investiert als im Nachbarland. Nur in Klagenfurt entstand unmittelbar vor der EM ein – ohnehin geplanter – Neubau. Die recht neuen Stadien in Innsbruck und Salzburg wurden zur EM ausgebaut, das traditionsreiche Ernst-Happel-Stadion in Wien, das die UEFA als Fünf-Sterne-Stadion führt, lediglich renoviert.

Mythenträchtig: Stade de Suisse Wankdorf in Bern.

Traditionsreich: Ernst-Happel-Stadion in Wien.

Das Wiener Stadion, das bis 1992 aufgrund seiner Lage Praterstadion hieß, ist mit 53.000 Plätzen die größte EM-Arena und wird sieben Spiele sehen: die drei Gruppenspiele Österreichs, zwei Viertelfinals, ein Halbfinale und das Finale. Die Grundsteinlegung erfolgte im November 1928 aus Anlass des zehnjährigen Bestehens der jungen Republik. Bis 1931 wurde nach Plänen des Tübinger Architekten Otto Ernst Schweizer an dem Stadion gebaut; eröffnet wurde es am 11. Juli 1931 mit der 2. Arbeiter Olympiade, dem ambitioniertesten sportpolitischen Projekt in den Jahren des „roten Wien". Das Praterstadion war damals das modernste Stadion Europas. 1956 wurde sein Fassungsvermögen auf 92.708 erweitert. Den Zuschauerrekord hält das Länderspiel Österreich gegen Spanien vom 30. Oktober 1960 (3:0), das von 91.000 besucht wurde. 1964, 1987 und 1990 war das Stadion Austragungsort des Finales im Europapokal der Landesmeister, 1995 der Champions League.

Teuerstes österreichisches EM-Projekt war mit 66 Mio. Euro das neue Stadion im nur 90.000 Einwohner zählenden Klagenfurt. Mit seiner futuristischen Dachkonstruktion gilt das Stadion als architektonisch interessantestes der österreichischen EM-Stadien. Hausherr ist der Retortenklub Austria Kärnten. Weitere Spielstätten sind das EM-Stadion Wals-Siezenheim in Salzburg sowie der neue Tivoli in Innsbruck, wo die

Futuristisch: EM-Stadion in Klagenfurt.

Red Bulls Salzburg bzw. Wacker Innsbruck ihre Heimspiele austragen. Die Stadien in Klagenfurt, Salzburg und Innsbruck verfügen über eine Kapazität von jeweils 30.000. Das EM-Stadion Wals-Siezenheim ist das einzige mit einem Kunstrasen in der österreichischen Liga, der aber für die EM durch Naturrasen ersetzt wird.

In der Öffentlichkeit heiß diskutiert wurde die Zukunft der Stadien nach dem EM-Turnier. Mit Ausnahme des Wiener Ernst-Happel-Stadions sollte – den bescheidenen Ansprüchen des österreichischen Liga-Alltags entsprechend – kräftig zurückgebaut werden: auf 12.000 in Klagenfurt, 15.000 in Innsbruck und 18.000 in Salzburg. Einerseits erschien das realistisch: Im Ligabetrieb kamen in der Saison 2006/07 lediglich 8.900 Zuschauer im Schnitt. Andererseits gab es zumindest in Salzburg andere Ambitionen: Mäzen Dietrich Mateschitz hat mit seinem Klub Red Bull Salzburg die Champions League im Visier und war daher von den Rückbauplänen wenig begeistert. Tatsächlich schaffte er eine Revision dieser Pläne. Demnach soll es beim neuen Fassungsvermögen bleiben – das aber nur wenige Male im Jahr ausgenutzt werden darf. Damit soll eine Belästigung der Anrainer in Grenzen gehalten werden. Insgesamt warf die Stadiondebatte die Frage auf, ob das EM-Projekt für ein Land wie Österreich nicht doch zu groß sei.

Die Qualifikationsspiele

In sieben Gruppen galt es 14 WM-Teilnehmer zu ermitteln, wobei die Gruppen mit sieben oder gar acht Teilnehmern größer waren als in den vergangenen Qualifikationen. Obwohl jeweils die beiden Gruppenbesten automatisch qualifiziert waren und die Relegationsspiele entfielen, wurde mit 308 Qualifikationsspielen daher ein neuer Rekord aufgestellt. Gegenüber 2004 war dies eine Zunahme um 98 Spiele, was prompt die Vertreter der großen Verbände sowie die Champions-League-Klubs auf den Plan rief, die lautstark eine „Vor-Qualifikation" forderten.

Gruppe A In der Gruppe A spielten u.a. die WM-Teilnehmer **Polen**, **Serbien** und **Portugal**. Bei der WM 2006 war Serbien noch als Serbien-Montenegro angetreten, obwohl dieser Staat durch Montenegros Unabhängigkeitserklärung vom Juni 2006 nicht mehr existierte. Montenegro konnte für die EM 2008 nicht mehr melden, da die FIFA den jungen Staat erst im Mai 2007 aufnahm.

Neu dabei war **Kasachstan**, das 2002 von der asiatischen Konföderation in die UEFA übergewechselt war. Komplettiert wurde die Gruppe A durch **Belgien**, **Finnland**, **Armenien** und **Aserbaidschan**. Als einzige Achter-Gruppe erweckte ihr Spielprogramm Assoziationen an die WM-Qualifikation der Südamerikaner.

Favorit war der Vize-Europameister und WM-Vierte Portugal, der nach wie vor vom Brasilianer Felipe Scolari trainiert wurde. Die bei der WM enttäuschenden Polen wurden nun vom 64-jährigen Niederländer Leo Beenhakker betreut, der bei der WM 2006 noch als Trainer des krassen Außenseiters Trinidad & Tobago agiert hatte. Sein neues Team siegte am 11. Oktober 2006 überraschend mit 2:1 gegen Portugal, für die Lusitaner die erste Niederlage in einem WM- oder EM-Qualifikationsspiel seit dem 10. Oktober 1998. Matchwinner der Polen war Ebbie Smolarek von Borussia Dortmund, der beide Tore für seine Farben markierte (9./18.).

Im März 2007 fertigten die Portugiesen Belgien mit einem 4:0-Sieg ab. Bester Mann auf dem Platz war der zweifache Torschütze Cristiano Ronaldo, der auch bei seinem Klub, Manchester United, eine überragende Saison gespielt hatte. Am gleichen Spieltag vermeldete die Gruppe A eine Sensation und Premiere. In Almaty, dem am weitesten östlich gelegenen Spielort in Europa, gelang Kasachstan der erste Pflichtsieg in der Geschichte. Beim historischen 2:1-Sieg über Serbien hießen die Torschützen Ashirbekov (47.) und Zhumaskaliyev (61.). Am Ende könnte es sein, dass die in Kasachstan verlorenen Punkte Serbien im Dreikampf gegen Polen und Portugal fehlen.

Gruppe B Als ausgesprochen stark und ein schwieriges Unterfangen galt die Gruppe B mit Weltmeister **Italien,** Vize-Weltmeister **Frankreich,** WM-Viertelfinalist **Ukraine** und potenziellen Stolpersteinen wie **Schottland, Litauen** und **Georgien.** Traditioneller Außenseiter waren die **Färöer Inseln.** 55 Tage nach dem Gewinn des WM-Titels musste Italien sein erstes EM-Qualifikationsspiel gegen den 65. der Weltrangliste, Litauen, bestreiten. Roberto Donadoni, der die Nachfolge von

Franck Ribery, inzwischen Star des FC Bayern, hatte am 3:1-Sieg seiner Équipe Tricolore über Italien großen Anteil. Hier belauern ihn Perrotta, Barzaghi und Grosso (v.l.).

Weltmeistertrainer Marcello Lippi angetreten hatte, bot immerhin zehn Weltmeister auf. In Neapel gingen die Balten zunächst in Führung. Inzaghi rettete dem Weltmeister wenigstens einen Punkt. Italiens Spiel litt unter der fehlenden Wettkampfpraxis seiner Akteure. Aufgrund des Bestechungsskandals war die Serie A noch nicht angepfiffen worden. Beim zweiten Auftritt der *Squadra Azzurra* kam es im Pariser Stade St. Denis zur Neuauflage des WM-Finales, allerdings ohne zwei der Hauptdarsteller von Berlin. Zinedine Zidane hatte seine Karriere beendet, während Marco Materazzi wegen seines Anteils an der „Kopfstoß-Affäre" eine Sperre von zwei Pflichtspielen verbüßen musste. Die Franzosen präsentierten sich vor 80.000 begeisterten Zuschauern in bestechender Form und gewannen verdient mit 3:1.

Bereits im folgenden Spiel wurde der Vizeweltmeister von den bestenfalls noch als zweitklassig gehandelten Schotten auf den Boden der Tatsachen geholt. Im Glasgower Hampden Park erlitt die *Équipe Tricolore* die erste Auswärtsniederlage in einem Qualifikationsspiel seit 14 Jahren. Im ersten Durchgang agierten die Schotten extrem defensiv (5-4-1). Nach dem Halbzeitpfiff wagten sich die Gastgeber etwas mehr nach vorne und besaßen zwei Torchancen, von denen eine Gary Caldwell in der 67. Minute zum 1:0-Sieg verwandelte. Für die *Bravehearts* war es im dritten Qualifikationsspiel bereits der dritte Sieg. Derweil fiel von den Schultern des italienischen Coaches Donadoni eine Zentnerlast. Aus den ersten beiden Spielen hatte Italien nur einen Punkt geholt, was bei seinen Landsleuten böse Erinnerungen weckte – nach dem Gewinn der Weltmeisterschaft 1992 war Italien bei der folgenden EM bereits in der Qualifikation gescheitert. Beim dritten Auftritt gelang dem Weltmeister nun in Rom mit einem verdienten, aber mühsam erkämpften 2:0-Sieg über die Ukraine, die man bereits im Viertelfinale der WM bezwungen hatte, der erste „Dreier". Die Führung durch Massimo Oddo fiel erst in der 71. Minute und durch Foulelfmeter. Acht Minuten später sorgte Luca Toni für klare Verhältnisse. Wieder dabei: Marco Materazzi, der sich die Bestnote verdiente. Der *Corriere dello Sport* schrieb erleichtert: „Die schlimme Zeit ist vorüber."

Auch Frankreich besiegte die Ukraine mit 2:0. 80.051 Zuschauer im Stade St. Denis bedeuteten einen neuen Zuschauerrekord. Die Franzosen verschafften sich damit eine gute Ausgangsposition für Platz eins. Außenseiter Schottland wurde am 4. Spieltag gestoppt, als man in der Ukraine mit 0:2 unterlag. So deutete alles auf eine Qualifikation von Weltmeister und Vize hin, denn Italien gewann in Georgien mit 3:1 und setzte seinen Aufwärtstrend fort. Auch Schottland wurde in Bari mit 2:0 besiegt, wobei die 7.000 mitgereisten Anhänger der *Bravehearts* in drei Tagen 260.000 Pints verputzten (was ca. 13 Pints pro Person und Tag bedeutete). Und dies, obwohl am Spieltag ab 14 Uhr ein komplettes Alkoholverbot verhängt worden war.

Gruppe C

Die Gruppe C wurde vor allem vom Duell **Griechenland** gegen die **Türkei** geprägt. Der Titelverteidiger wurde weiterhin von Otto Rehhagel trainiert, der unbeirrt an seinen Helden von 2004 festhielt. Beim ersten Spiel in **Moldawien** (1:0) standen neun Europameister von 2004 in der Startformation. Sieben Spieler zählten mehr als 30 Jahre, der Altersdurchschnitt des Teams betrug knapp 30. Anschließend wurde in Griechenland Kritik am 68-jährigen „König Otto" geübt. „Otto, dreh um!', oder: „Rehhagel wieder mit falschen Entscheidungen", lauteten die Schlagzeilen.

Vor dem zweiten Auftritt gegen **Norwegen** eskalierte die Situation, nachdem Rehhagel auf einer Pressekonferenz zu einer heftigen Medienschelte ausgeholt hatte. Der Verband der griechischen Sportjournalisten forderte Rehhagel dazu auf, seine Beschuldigungen zurückzunehmen. Das Athener Sportblatt *Sporttime* schrieb kurz vor dem Spiel: „Eine Scheidung Rehhagel – griechischer Fußball ist vorprogrammiert. Fortsetzung am Samstag." Doch Rehhagels Minimalistenfußball genügte in einer Wasserschlacht, die wegen starken Regenfalls mit 50 Minuten Verspätung angepfiffen wurde, erneut ein Tor zum Sieg.

Beim dritten Auftritt ließ sich das Rehhagel-Team ausnahmsweise nicht lumpen und kam in **Bosnien-Herzegowina** zu einem deutlichen 4:0-Sieg, der allerdings über den Spielverlauf hinwegtäuschte. Am gleichen Abend (11. Oktober 2006) ereignete sich auf **Malta** eine Sensation. Seit dem 5. Juni 1982 hatten die Malteser kein EM-Qualifikationsspiel mehr gewinnen können. Damals schlug man Island mit 2:1. Mit dem gleichen Ergebnis wie seinerzeit Island wurde nun gute 24 Jahre später auch **Ungarn** bezwungen. Held des Abends war der zweifache Torschütze Schembri (14./52.).

Die Türkei musste aufgrund der hässlichen Vorfälle beim WM-Relegationsspiel gegen die Schweiz, als nach dem Schlusspfiff Spieler der *Nati* von ihren türkischen Kollegen und Sicherheitsleuten tätlich angegriffen wurden, drei Heimspiele auf neutralem Boden und ohne Publikum austragen. Spielort war jedes Mal Frankfurt am Main, wo zunächst 2:0 gegen Malta gewonnen wurde. Gegen Moldawien schienen den 35-jährigen Veteranen Hakan Sükür die leeren Ränge eher zu beflügeln. Beim 5:0-Sieg gelangen ihm in seinem 106. Länderspiel vier Tore, womit er die Gesamtzahl seiner Länderspieltreffer auf 50 schraubte. Ihren dritten und letzten Auftritt vor leeren Rängen absolvierten die Türken gegen Norwegen (2:2). In Frankfurt waren lediglich 70 Funktionäre, Sponsoren und Journalisten pro Land zugelassen. Der türkische Fußballverband ließ die Gegengerade und Gästeseite der Arena mit riesigen Plakaten verkleiden, auf denen rot-weiße Fanblöcke aufgemalt waren. Darüber die Sätze: „Denkt ihr, wir lassen euch allein…" und „70 Millionen hätten hier sowieso nicht reingepasst". Auch das Bild des Staatsgründers Kemal Atatürk und die Nationalflagge wurden gezeigt, was den norwegischen Verband zum Protest veranlasste.

Beim „Derby" Griechenland gegen Türkei waren in Piräus türkische Fans aus Sicherheitsgründen nicht zugelassen. Die gleiche Abmachung galt auch für das Rückspiel bezüglich der Fans der Griechen. Ausgerechnet am Vorabend des Nationalfeier-

Drei „Heimspiele" musste die Türkei vor leeren Rängen in der Frankfurter Commerzbank-Arena austragen. Gegen Malta führt Arda Turan einen Eckstoß aus.

tags, an dem die Hellenen des Befreiungskrieges gegen die Osmanen von 1821 gedachten, wurde der Europameister von den Türken auf eigenem Geläuf gedemütigt. Die Gäste gewannen mit 4:1, wobei Griechenlands 35-jähriger Keeper Antonios Nikopolidis kräftig mithalf. 90 Minuten lang hatten griechische Fans dessen Gegenüber Demirel Volkan mit Feuerwerkskörpern traktiert, doch nach dem Schlusspfiff erhoben sie sich und zollten dem Sieger Beifall. Trainer Rehhagel, der wieder mal acht Akteure aus dem EM-Finale von 2004 in die Startformation berufen hatte, stieß mit seiner Personalpolitik auf wachsendes Unverständnis. Während Stürmer Angelos Charisteas, Schütze des Siegtores im EM-Finale 2004, trotz anhaltender Erfolglosigkeit erneut von Beginn an mitwirken durfte, musste mit Theofanis Gekas vom VfL Bochum 63 Minuten lang ein Mann auf der Bank schmoren, der einige Monate später Torschützenkönig der Bundesliga wurde. Griechenlands Arbeitsminister Gerasimos Giakumatos fluchte in Richtung Rehhagel: „Wir haben einen Trainer, der ziemlich viel Geld dafür verdient, eine Rentnertruppe auf den Platz zu schicken." Einige Zeitungen forderten, „Rehhagels Mercedes muss aus dem Verkehr gezogen werden." Die Zeitung *Athlitiki* wurde noch deutlicher: „Pack deine Sachen und geh." Die Zeitung *To Wima* sprach von einer „Trägodie in Piräus".

Doch die Griechen erholten sich vom Türkei-Debakel, schlugen Malta (1:0), Ungarn (2:0) und Moldawien (2:1) und führten im Sommer 2007 mit sechs Siegen und einer Niederlage die Tabelle an. Dabei hatten die Hellenen nur dürftige Vorstellungen geboten. Rehhagels Philosophie war unverändert defensiv geprägt, von einem Spielaufbau war wenig zu sehen, junge Talente erhielten weiterhin keine Chance. Seit dem Amtsantritt von Otto Rehhagel hatte Griechenland von 21 EM-Spielen (Qualifikation und Endrunde) 16 gewonnen, davon zwölf mit nur einem Tor Unterschied, von denen zehn mit einem 1:0 endeten. Der Coach ließ jede Kritik an seiner Person abprallen und handelte gemäß eines von ihm schon zu Bundesligazeiten formulierten Mottos: „Wer oben ist, hat immer Recht."

Gruppe D

Das **DFB-Team** hatte bei der WM 2006 nicht nur durch seinen dritten Platz, sondern vor allem durch eine ansprechende Spielweise die Kritiker nahezu überrumpelt und ein „Sommermärchen" geschrieben. Nach der WM demissionierte der „Reformer" Jürgen Klinsmann und kehrte nach Kalifornien zurück. Nachfolger wurde sein Assistent Joachim Löw, der den neuen Kurs konsequent fortsetzte. Deutschland ging als Favorit in die Gruppe D, in der **Tschechien** und **Irland** als härteste Konkurrenten galten.

30 Jahre nachdem Tschechen und **Slowaken** gemeinsam Europameister geworden waren, trafen die beiden Nationen erstmals in einem Pflichtspiel aufeinander. Für Tschechien war das Spiel zugleich der Einstieg in die Post-Nedved-Ära. Und dieser verlief verheißungsvoll. Angetrieben vom starken Spielmacher Tomás Rosicky, der im Sommer 2006 von Borussia Dortmund zu Arsenal London gewechselt war, kamen die Tschechen in Bratislava zu einem souveränen 3:0-Sieg.

Deutschland gewann beim 191. der Weltrangliste, **San Marino**, mit 13:0 und notierte den höchsten Auswärtssieg in der Geschichte seiner Nationalelf, deren höchsten Sieg seit 1940 (als man Finnland ebenfalls mit 13:0 geschlagen hatte) und zweithöchsten überhaupt: Bei der Olympiade 1912 hatte die DFB-Elf ein Team ausgehungerter Russen mit 16:0 abgefertigt. Für die Mini-Republik San Marino war es die höchste Niederlage in ihrer Fußballgeschichte, in der man überhaupt erst ein Spiel gewinnen konnte. Die Slowaken zeigten sich von ihrer Auftaktniederlage gut erholt und fegten **Wales** in Cardiff mit 5:1 vom Platz. Für die Waliser war dies die höchste Heimniederlage seit einem 1:7 im Jahre 1908 gegen England. Drei der fünf Treffer gingen auf das Konto der für den 1. FC Nürnberg kickenden Marek Mintal und Robert Vittek. Peter Hammer, Experte in Sachen slowakischer Fußball, der die Spieler ins Frankenland gelotst hatte, über die Vorzüge der Kicker aus Bratislava, Kosice, Presov oder Zilina: „Die meisten schießen beidfüßig. Für die Jungs gibt es nur Fußball und Eishockey. Keine Play Station, Computerspiele oder Handys." Doch fehle ihnen „manchmal das Selbstvertrauen. Sie sind zu brav."

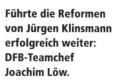

Führte die Reformen von Jürgen Klinsmann erfolgreich weiter: DFB-Teamchef Joachim Löw.

Die Qualifikation für die WM 2006 hatte die Republik Irland in einer „Todesgruppe" nur knapp verpasst. In der Qualifikation zur EM 2008 waren die Iren nach nur zwei Spieltagen schon fast abgeschlagen, denn beim krassen Außenseiter **Zypern** setzte es im Duell zweier Inselstaaten eine deutliche 2:5-Niederlage. Matchwinner war der dreifache Torschütze Michalis Konstantinou von Panathinaikos Athen. Für die Iren war es das größte Debakel seit 1971, als man Österreich – ebenfalls auf dem Weg zur EM-Endrunde – mit 0:6 unterlag. In Nikosia feierte man indes den größten Erfolg in der Fußballgeschichte der Insel. Trainer Angelos Anastassiadis sprach von einem „historischen Sieg", um hinzuzufügen: „Wir dürfen stolz sein, aber nicht glauben, dass wir jetzt der Elite angehören."

In Deutschland sah man dem Auswärtsspiel gegen die Slowaken in Bratislava mit gemischten Gefühlen entgegen. 13 Monate zuvor hatte das DFB-Team hier nach einer katastrophalen Vorstellung eine peinliche 0:2-Niederlage einstecken müssen. Überhaupt hatte die Elf in der Ära Klinsmann auswärts wenig bewegt. In der Saison 2005/06

Gegen Tschechien erzielte Kuranyi beide Treffer zum 2:1-Sieg.

konnten die Deutschen nicht eines ihrer fünf Spiele in fremden Gefilden gewinnen. Doch der Auftritt in Bratislava geriet zu einer Demonstration von Selbstvertrauen und Spielfreude und dokumentierte, wie sehr sich die Mannschaft durch WM-Vorbereitung und WM-Turnier weiterentwickelt hatte. Bereits zur Pause stand es durch Tore von Podolski (13.), Ballack (25.) und Schweinsteiger (36.) 3:0. Im zweiten Durchgang kamen die Slowaken stärker auf, erzielten durch Varga den Anschlusstreffer (58.), doch das letzte Wort hatte das DFB-Team, für das Podolski in der 72. Minute zum Endstand von 4:1 einschob.

Auch gegen Tschechien behielt das DFB-Team in Prag mit 2:1 die Oberhand und bot erneut eine souveräne Vorstellung. Der *Kicker:* „Zum ersten Mal seit dem ‚Wembley-Abrissspiel' am 7. Oktober 2000 (...) hat eine deutsche Nationalelf einen Hochkaräter auf dessen Platz beherrscht und bezwungen." Innenverteidiger Christoph Metzelder ergänzte: „Wir sind die erste deutsche Nationalmannschaft, die so modern auftritt, ein so klares System hat und ihre Spielweise so durchzieht. Und zwar unabhängig davon, wo und gegen wen das Spiel stattfindet."

Irland hielt sich durch einen 1:0-Sieg über Wales im Rennen. Das Tor des Tages für „Ireland" schoss der Spieler namens Ireland. Die irische Auswahl trug erstmals ein Heimspiel im Croke Park aus, dem Stadion der (katholisch-nationalistisch geprägten) Gaelic Athletic Association. Mit einem Fassungsvermögen von 82.500 (einschließlich

Stehplätzen, die bei GAA-Spielen erlaubt waren) zählt es zu den größten Arenen in Europa; statt der „foreign games" werden dort ansonsten Gaelic Football and Hurling gespielt. Die Stadionwahl erwies sich für die FAI als Glücksfall, denn mit 72.539 Zuschauern wurde im Croke Park die größte Heimspielkulisse in der Geschichte der irischen Nationalmannschaft registriert.

Tschechien kam in Cardiff gegen Wales über ein 0:0 nicht hinaus. Dabei gab ein ganz Großer des europäischen Fußballs seinen Abschied als Nationalspieler: Ryan Giggs, der auch für England hätte spielen können, sich aber für seine walisische Heimat entschied. Mit Manchester United hatte Giggs neunmal die englische Meisterschaft, viermal den FA-Cup und einmal die Champions League gewonnen. Fast wäre dem 33-Jährigen in der 64. Minute seines 64. Länderspiels noch ein Tor gelungen, als er fast die gesamte tschechische Abwehr umkurvte, dann aber an Keeper Czech scheiterte.

Dennoch hielt Tschechien den zweiten Tabellenplatz, während das DFB-Team im Sommer 2007 mit fünf Punkten Vorsprung der souveränste aller Tabellenführer in den Qualifikationsgruppen war. Bei seinen Gegnern hatte das DFB-Team zumindest einen Teil des seit der EM 1996 verlorenen Respekts zurückerobert. Nicht nur, weil es erfolgreich agierte, sondern auch aufgrund seiner Spielweise, die sich nicht mehr nur

In der Qualifikation zur EM 2008 zeigte die DFB-Elf in den Auswärtsspielen meist überragende Leistungen. So auch beim 2:1-Erfolg in Prag, bei dem diese Mannschaft auflief: Metzelder, Lehmann, Mertesacker, Jansen, Kuranyi, Ballack (hinten v.l.); Podolski, Lahm, Schneider, Frings, Schweinsteiger (vorn v.l.).

auf sogenannte „deutsche Tugenden" reduzierte, sondern auch Komponenten wie Schnelligkeit, Kreativität und Spielfreude beinhaltete. Lediglich beim 1:1 auf Zypern hatte man sich einen kleinen Ausrutscher geleistet.

Gruppe E

England gehörte zu den großen Enttäuschungen der WM 2006. Entgegen den großspurigen Ankündigungen von Trainer Sven Göran Eriksson kam das Aus bereits im Viertelfinale, als man den Portugiesen nach Elfmeterschießen unterlag. Nachfolger des Schweden wurde mit Steve McClaren wieder ein Einheimischer. McClaren, einst Assistent von Alex Ferguson bei Manchester United, galt als eher „durchschnittliche Erscheinung". Doch nach einem 4:0-Testspielsieg gegen Griechenland schwärmte Raphael Honigstein in der *Frankfurter Rundschau*: „Zum ersten Mal seit vielen Jahren wirkten die Männer von der Insel kollektiv wirklich wie eine Elitetruppe aus der Premier League, sie demonstrierten, was mit dieser Spielergeneration in der Praxis möglich ist: eine ganze Menge." Dass McClaren Real-Madrid-Star David Beckham ausmusterte, stieß im „Mutterland" zunächst durchaus auf Verständnis. So war der einzige Legionär im Team Owen Hargreaves vom FC Bayern München, der in der defensiven Zentrale die Fäden zog. Schon bei der WM war Hargreaves, lange Zeit von den englischen Fans mit Schmähungen bedacht und von den Medien unterschätzt, die positivste Erscheinung bei den *Three Lions* gewesen. Der *Guardian* bezeichnete ihn anschließend als „Eckstein des neuen Englands".

England begann mit zwei Siegen gegen **Andorra** (5:0) und in **Mazedonien** (1:0). Es folgten drei Spiele, in denen McClarens Team nicht ein Tor schoss und nur zwei Punkte holte: Im Rückspiel gegen Mazedonien blamierte es sich – ohne den verletzten Hargreaves – mit einem torlosen Remis. Gegen **Kroatien** verlor England nach schwacher Vorstellung durch Tore des brasilienstämmigen Da Silva (60.) und einem Eigentor von Gerry Neville (68.) mit 0:2. Nevilles Rückpass zu Keeper Robinson sprang von einem Huckel auf dem unebenen Platz über des Keepers Fußspann ins Netz. Auch wenn der Torwart im Prinzip schuldlos war, hatte diese Szene doch Symbolwert. Der *Daily Mail* charakterisierte die Leistung des eigenen Teams als „Komödie", der *Mirror* sprach von einer „Horror Story". Es sei „grässlich, elend, hoffnungslos, unglückselig" gewesen, was die Mannschaft um Kapitän John Terry geboten habe. Der *Independent* konstatierte eine „von Absurdität gekrönte Zusammenhanglosigkeit". In die Kritik gerieten auch McClarens taktische Kompetenzen. In Zagreb hatte der Trainer das System auf ein altmodisches 3-5-2 umgestellt, in dem sich die Spieler offensichtlich nicht zurechtfanden. John Terry musste die Libero-Rolle mimen und irrte orientierungslos herum. Als McClaren wieder zum 4-4-2 zurückkehrte, war es bereits zu spät.

Vom Auswärtsspiel in Tel Aviv gegen **Israel** kehrte eine erneut apathisch wirkende englische Elf nach einer „deprimierenden Partie" *(Observer)* nur mit einem torloses Remis heim. Die mitgereisten englischen Fans skandierten „what a load of rubbish". Bei den Fans firmierte McClaren längst als „McClown", auch aufgrund seiner notorisch gut gelaunten Auftritte nach trostlosen Darbietungen seiner Elf. Zwei 3:0-Siege gegen Andorra in Barcelonas Estadio Olímpico de Montjuice und in **Estland** verschafften McClaren dann erst einmal etwas Luft. In Estland war erstmals wieder David Beckham dabei, dessen Rückkehr in den Medien verlangt worden war und der prompt zwei Tore vorbereitete. England lag nun drei Punkte hinter Spitzenreiter Kroatien, dazwischen befanden sich noch Israel und **Russland**, sodass sich ein Vierkampf um die beiden begehrten Plätze entwickelt hatte.

Für die Gruppe F stand ein Dreikampf zwischen **Spanien**, **Schweden** und **Dänemark** zu erwarten. Den restlichen Gruppenmitgliedern wurde lediglich die Rolle von Statisten eingeräumt. Dies galt auch für den dreifachen WM-Teilnehmer **Nordirland**, dessen letzte Teilnahme an einem großen Turnier über 20 Jahre zurücklag.

Gruppe F

In der FIFA-Rangliste war Nordirland 2005, als der nordirische Verband seinen 125. Geburtstag feierte, zwischenzeitlich auf Rang 124 abgerutscht. Vom Oktober 2001 bis März 2004 waren die Nordiren 1.298 Minuten ohne Torerfolg geblieben. Die tiefe Spaltung der Gesellschaft hatte die sportliche Entwicklung spürbar beeinträchtigt. Im August 2002 hatte Nordirlands Kapitän Neil Lennon, Katholik und bei Glasgow Celtic unter Vertrag, seinen Rücktritt aus der IFA-Auswahl erklärt, nachdem er vor einem Länderspiel gegen Zypern eine Morddrohung protestantischer Paramilitärs erhalten hatte. Der „Fall Lennon", der durch die Weltpresse ging und für erheblichen Wirbel sorgte, sowie der sportliche Verfall der Nationalmannschaft nötigten die IFA zu einem stärkeren Engagement im Kampf gegen das Sektierertum. Das Lagerdenken war nicht nur unter Image-Aspekten verheerend. Aufgrund der geringen Bevölkerung Nordirlands drohte es zudem das ohnehin begrenzte Potenzial, aus dem der Verband seine Auswahlteams rekrutierte, weiter zu reduzieren.

Die EM-Qualifikation begannen die Nordiren zunächst „standesgemäß" mit einer 0:3-Niederlage gegen **Island**. Doch nur wenige Tage später schlug die IFA-Auswahl die Spanier im Belfaster Windsor Park mit 3:2. Dreifacher Torschütze war David Healey von Leeds United, der bereits beim legendären 1:0-Sieg im WM-Qualifikationsspiel gegen England, dem ersten Anzeichen einer Besserung, getroffen hatte. In Dänemark ließen die Nordiren ein torloses Remis folgen, gegen **Lettland** gab es daheim einen knappen 1:0-Sieg. Auch in **Liechtenstein** behielt die IFA-Auswahl mit 4:1 die Oberhand. Healey schlug erneut dreimal zu, dieses Mal mit lupenreinem Hattrick (52., 75., 83.). Healey war damit Nordirlands erster Nationalspieler, dem im Nationaltrikot zwei Hattricks gelangen. Die Partie gegen den Gruppenersten Schweden geriet nun völlig unerwartet zum Topspiel. Die *Tre Kronors* besaßen nach vier Spielen noch immer eine weiße Weste und gingen auch im Belfaster Windsor Park zunächst in der 26. Minute in Führung, doch erneut war es Healey, der die Hausherren mit zwei Treffern in der 31. und 58. Minute auf die Siegerstraße brachte. Damit waren die Nordiren neuer Tabellenführer.

Nicht zu bremsen: Auch gegen Schweden gelang dem Nordiren David Healey ein Hattrick. Hier bejubelt er sein zweites Tor.

Spanien verlor auch das folgende Spiel gegen Schweden in Stockholm (0:2). Bereits nach der Niederlage in Belfast war Spaniens 68-jähriger Trainer Aragonés in die Kritik geraten. Bei der WM in Deutschland hatte sein Team zunächst mit technisch feinem und schnellem Kombinationsfußball beeindruckt, doch im Achtelfinale kam – wie gewohnt – das Aus. Im Rasundastadion skandierten nun 300 mitgereiste Fans der Iberer: „Hau endlich ab, Opa!" Daheim forderte das Sportblatt *El Mundo Deportivo*: „Raus mit ihm!" *Marca* assistierte: „Das hält niemand mehr aus. Es muss unbedingt etwas geschehen." Doch der spanische Fußball-Verband hielt weiterhin am autoritären Haudegen fest.

Für die Spanier bedeuteten drei Punkte aus drei Spielen den schlechtesten Start in der WM- oder EM-Ausscheidung in ihrer Geschichte. Der Europameister von 1964 lief Gefahr, erstmals seit 16 Jahren bei einem Großereignis nicht dabei zu sein. Zuletzt hatten die Iberer bei der EM 1992 in Schweden gefehlt. Und daheim forderten nach den Katalanen nun auch die Basken ihre eigene Nationalelf und deren Anerkennung durch die FIFA. Eine entsprechende Erklärung wurde im Januar 2007 von 35 baskischen Fußballern veröffentlicht. Zu den Unterzeichnern gehörten mehrere Profis der spanischen Erstligisten Athletic Bilbao und Real Sociedad San Sebastián.

In dieser komplizierten Situation erzitterte sich die *Selección* gegen Dänemark in Madrid einen 2:1-Sieg. Die Tore erzielten Fernando Morientes und David Villa vom FC Valencia, zu diesem Zeitpunkt Europas treffsicherstes Sturmduo.

Zu einer denkwürdigen Partie geriet das skandinavische Derby zwischen Dänemark und Schweden. 42.000 Zuschauer sahen ein Fußballfest vom Feinsten, das allerdings vorzeitig abgepfiffen wurde. Schweden startete furios und führte im ausverkauften Kopenhagener „Parken" nach 26 Minuten mit 3:0. Dänemark gab sich nicht geschlagen und konnte nach einer sehenswerten Aufholjagd bis zur 75. Minute ausgleichen. Beide Teams gaben sich mit dem Remis nicht zufrieden. Kurz vor Schluss schubste der eingewechselte Schwede Marcus Rosenberg den Dänen Christian Poulsen, der Rosenberg daraufhin mit der Faust in den Magen schlug. Poulsen sah Rot, und die Schweden erhielten einen Elfmeter. Zu dessen Ausführung kam es jedoch nicht mehr, denn als ein dänischer Fan aufs Spielfeld sprang und den deutschen Referee Herbert Fandel attackierte, brach dieser die Begegnung prompt ab. Am grünen Tisch wurde die Partie mit 3:0 für die *Tre Kronors* gewertet. Außerdem mussten die Dänen die nächsten vier Heimspiele in der EM-Qualifikation mindestens 250 km von Kopenhagen entfernt austragen, davon die erste Partie ohne Zuschauer.

Gruppe G

In der Gruppe G galten die **Niederlande** und **Rumänien** als Favoriten. Bei der WM 2006 hatten die Niederländer, die von Marco van Basten, Held der EM 1988, trainiert wurden, enttäuscht. Zum Auftakt der Qualifikation gab es für die *Elftal* einen mühsamen 1:0-Sieg in **Luxemburg**. Mark van Bommel und Ruud van Nistelrooy erklärten vor dem Auftritt gegen **Bulgarien**, sie würden unter van Basten nicht mehr das orangene Trikot tragen. Beide krisierten die Aufstellungspolitik des Bondscoach, dessen Team aus Sofia ein 1:1-Remis nach Hause brachte.

Auch gegen die sperrigen Rumänen, die einen niederländischen Kombinationsfluss erst gar nicht aufkommen ließen, kam die *Elftal* im Rotterdamer Stadion De Kuip über eine (torlose) Punkteteilung nicht hinaus. Rumänien spielte gegen Bulgarien ebenfalls unentschieden (2:2), sodass sich ein Dreikampf zwischen Rumänen, Bulgaren und Niederländern um die begehrten beiden EM-Plätze entwickelte. Der Rest der Gruppe – neben Luxemburg noch **Slowenien**, **Weißrussland** und **Albanien** – durfte die Endrunde getrost abhaken.

Namen und Daten

...und tschüss! England musste 2004 nach dem Viertelfinale abreisen und bleibt als einzige große europäische Fußballnation bislang ohne EM-Titel.

Lexikon der wichtigen EM-Spieler

*Stand: Juli 2007.
Als „EM-Spiele" werden nur Endrundenspiele gewertet, also bis 1976 lediglich ab Halbfinale.*

Baros, Milan (28.10.1981)

Begann seine Karriere beim tschechischen Traditionsverein Banik Ostrau. Der extrem schnelle und technisch starke Stürmer war bereits im Alter von 18 Jahren Stammspieler des Erstligisten. Wechselte im November 2001 für 5,3 Mio. Euro zum FC Liverpool, wo er jedoch zunächst auf seine Arbeitserlaubnis warten musste. Tschechien war noch kein EU-Land, und jeder Nicht-EU-Spieler im englischen Profifußball musste zur Erlangung der Spielberechtigung eine gewisse Zahl an Länderspielen vorweisen. Auch nachdem ein Arbeitsgericht pro Baros entschieden hatte, kam der Tscheche zunächst nur zu Kurzeinsätzen, da die Konkurrenz im Sturm der „Reds" groß war und nur eine bestimmte Zahl von Nicht-EU-Ausländern auf dem Spielfeld stehen durfte. Im Sommer 2002 wurde Baros mit der tschechischen U-21 Europameister. 2002/03 gelang ihm der Durchbruch in der Premier League. Eine Spielzeit später setzte ihn nach einem vielversprechenden Saisonstart eine schwere Verletzung für einige Monate außer Gefecht. Trotz geringer Spielpraxis nahm ihn Karel Brückner in seinen Kader für die EM 2004 und sollte dies nicht bereuen. In Portugal war der „Ostrau Maradona" einer der auffälligsten Spieler des Turniers und wurde mit fünf Toren Torschützenkönig. 2005 gewann Baros mit dem FC Liverpool die Champions League, doch aufgrund der großen Stürmer-Konkurrenz wurde er bei den „Reds" nie ein richtiger Stammspieler. Zur Saison 2005/06 wechselte der Tscheche für 8,84 Mio. Euro zu Aston Villa. Von dort ging es in der Winterpause 2006/07 zu Olympique Lyon.

■ EM-Teilnehmer 2004. EM-Torschützenkönig 2004. 57 Länderspiele (31) Tore für die Tschechei, davon 5 EM-Spiele (5 Tore)

Barthez, Fabian (28.6.1971)

Der Sohn eines erfolgreichen Rugbyspielers begann seine Profikarriere 1991 beim FC Toulouse. Mit Olympique Marseille holte der Keeper 1993 den Europapokal der Landesmeister. Für seinen Landsmann Bixente Lizerazu war er der „beste und gleichzeitig verrückteste Torwart der Welt". Vor der WM 1998 in Frankreich wurde der Franzose – Markenzeichen: Glatze, Kinnbart und ein kurzärmeliges Torwart-Trikot – als größter Schwachpunkt der *ÉquipeTricolore* gehandelt. Barthez wurden Leichtsinn und eine mangelhafte Strafraumbeherrschung vorgehalten. Doch der sprunggewaltige Keeper absolvierte ein exzellentes Turnier, und Frankreich wurde Weltmeister. Zwei Jahre später wurde das Team mit Barthez zwischen den Pfosten auch noch Europameister. Barthez war damit nach Sepp Maier und Dino Zoff der dritte Torhüter, der sowohl Welt- wie Europameister wurde. Nach der EM 2000 wechselte Barthez für 17 Mio. Euro, zu diesem Zeitpunkt die höchste Summe, die jemals für einen Torwart bezahlt worden war, vom AS Monaco zu Manchester United. Dort konnte der „Welttorhüter des Jahres 2000" aber nur anfangs überzeugen und wurde schließlich zum dritten Torwart degradiert.

Der exzentrische Keeper war stets auch für negative Schlagzeilen gut. 1995 wurde er bei einer Dopingkontrolle des Cannabis-Konsums überführt und für vier Monate gesperrt; doch schon knapp zwei Jahre später erwischte man ihn vor einem Länderspiel erneut mit dem Stoff im Blut. Im März 2000 schlug Barthez bei einem UEFA-Cup-Spiel des AS Monaco einen Balljungen nieder, als dieser das Spielgerät nicht schnell genug hergab. Im Februar 2005 bespuckte der Keeper bei einem Testspiel in Casablanca den Schiedsrichter und wurde für fünf Monate gesperrt. Nationaltrainer Domenech ernannte ihm trotzdem zu seiner Nr. 1 bei der WM 2006, wo die *Équipe Tricolore* Vize-Weltmeister wurde. Anschließend beendete Barthez 35-jährig seine Karriere. Barthez über seinen Abschied: „Ich gehe ohne Bedauern und Bitternis. Dazu habe ich kein Recht, denn ich war immer ein Privilegierter."

■ EM-Teilnehmer 2000, 2004. Europameister 2000. 87 Länderspiele für Frankreich, davon 9 EM-Spiele (0 Tore)

Van Basten, Marco (31.10.1964)

Der niederländische Mittelstürmer begann seine Karriere bei UW Utrecht. 1981 Wechsel zu Ajax Amsterdam, wo er in 132 Erstligaspielen 128 Tore schoss. Von dort ging es 1987 in die italienische Serie A zum AC Mailand, wo zeitgleich auch sein Landsmann Ruud Gullit eintraf. Mit Gullit und einem weiteren Niederländer, Frank Rijkaard, der sich ein Jahr später dem Berlusconi-Klub anschloss, bildete van Basten ein niederländisches Trio, das wesentlichen Anteil am Gewinn des Europapokals der Landesmeister 1989 und 1990 hatte. Beim 4:0-Sieg im Finale 1989 gegen Steaua Bukarest traf van Basten – wie auch Gullit – zweimal. In der Serie A wurde er zweimal Torschützenkönig. Dies schaffte er auch bei der EM 1988, wo er fünf Tore erzielte und obendrein zum besten Spieler des Turniers gekürt wurde. Im Finale gegen die UdSSR gelang ihm ein „Jahrhunderttor", für Franz Beckenbauer „das schwierigste, das ich je gesehen habe". Der komplette Mittelstürmer wurde dreimal „Europas Fußballer des Jahres"(1988, 1989, 1992). Bei der „Jahrhundertwahl" landete er in seinem Heimatland – hinter „König" Johan Cruyff – auf Platz zwei.

Der Niederländer war, trotz einer stattlichen Größe von 1,88 m, körperlich sehr wendig, besaß eine exzellente Ballbehandlung, konnte mit beiden Füßen gut schießen, war kopfballstark und besaß einen ausgeprägten Torinstinkt. 1995 musste er seine Karriere wegen ständiger Verletzungen vorzeitig beenden. Er wechselte ins Trainergewerbe und wurde nach der EM 2004 Bondscoach.

■ EM-Teilnehmer 1988, 1992. Europameister 1988. EM-Torschützenkönig 1988. 56 Länderspiele (24 Tore) für die Niederlande, davon 9 EM-Spiele (5 Tore)

Beckenbauer, Franz (11.9.1945)

Der Bayer interpretierte ab Ende der 1960er Jahre die Position des „Ausputzers" neu und kreierte so den modernen Libero. Beckenbauers internationale Popularität basierte auch auf einer für „undeutsch" erachteten Leichtigkeit des Seins – auf dem Spielfeld wie abseits davon. Die Franzosen bezeichneten ihn als „Libero de charme". Für TV-Moderator Günther Jauch hat Beckenbauer „für das Image der Deutschen im Ausland mehr geleistet als 50 Jahre Diplomatie und 10 Jahre Goethe-Institut zusammen". Beckenbauer war Kapitän der deutschen Nationalelf, die 1972 Europameister wurde – der erste internationale Titel für den DFB seit dem „Wunder von Bern" 1954. Auch im EM-Finale 1976 führte er die DFB-Elf auf den Platz, wo sie jedoch der CSSR nach Elfmeterschießen unterlag. 1972 und 1976 wurde der „Kaiser" „Europas Fußballer des Jahres". 1988 nahm Beckenbauer ein drittes Mal an einer EM teil, dieses Mal als Teamchef der deutschen Nationalmannschaft. Sein Team scheiterte im Halbfinale an den Nie-

derlanden; zwei Jahre später holte es dafür den WM-Titel.
Nach Ende seiner Trainerlaufbahn widmete sich Beckenbauer seinem FC Bayern (Präsident seit 1994), der Verbandsarbeit (Vizepräsident des DFB seit 1998, Mitglied des FIFA-Exekutivkomitees seit 2007) sowie zeitweilig insbesondere der WM 2006 in Deutschland (Präsident des Organisationskomitees). In Deutschland wurde er zum Fußballer des 20. Jahrhunderts gekürt; bei der weltweiten Wahl landete er hinter Pelé und Cruyff auf Platz drei.
■ EM-Teilnehmer 1972, 1976 (jeweils als Spieler), 1988 (Trainer). Europameister 1972, Vize-Europameister 1976. 103 A-Länderspiele (14 Tore) für den DFB, davon 4 EM-Spiele (0 Tore)

Bierhoff, Oliver (1.5.1968)

Sein erstes Länderspiel bestritt der Stürmer 27-jährig und nur wenige Monate vor dem Start der EM 1996 in England. Bierhoff stand zu diesem Zeitpunkt beim italienischen Serie-A-Klub Udinese Calcio unter Vertrag. 1990 hatte er die Bundesliga verlassen, um in Österreich bei Casino Salzburg anzuheuern, was nicht gerade als Beleg für Qualität galt. Umso erstaunter war die deutsche Fußballöffentlichkeit, als sich ein Jahr später Inter Mailand der Dienste des zuweilen ungelenk wirkenden Spielers versicherte. Allerdings lieh Inter die Neuerwerbung gleich an den Zweitligisten Ascoli Calcio aus. Drei Jahre später ging es in die Serie A zu Udinese Calcio, wo Bierhoff zum Torjäger avancierte und in drei Jahren (1995-98) in 86 Spielen 57 Tore schoss.
Im ersten Spiel der EM 1996 durfte Bierhoff sieben Minuten mitwirken, im zweiten 85. Beim dritten Gruppenspiel war Bierhoff ebenso nicht dabei wie im Viertel- und Halbfinale. Seine große Stunde schlug im Finale. Bierhoff wurde in der 69. Minute und beim Spielstand von 0:1 eingewechselt und schoss die DFB-Elf mit zwei Toren zum 2:1-Sieg über Tschechien. 1998 wurde Bierhoff Torschützenkönig der Serie A und wechselte anschließend zum AC Mailand. Auch in der Nationalmannschaft hatte sich der Goalgetter längst fest etabliert. 37 Tore in 70 Länderspielen bedeuten einen Quotienten von 0,528 Toren pro Spiel. Nach der EM 2004 wurde Bierhoff Team-Manager der DFB-Elf und schob maßgeblich die Modernisierung und Professionalisierung von Umfeld und Struktur der Auswahl an.
■ EM-Teilnehmer 1996, 2000. Europameister 1996. 70 Länderspiele (37 Tore) für den DFB, davon 4 EM-Spiele (2 Tore)

Deschamps, Didier (15.10.1968)

Bei der EM 2000 Kapitän des Europameisters Frankreich. In der *Équipe Tricolore* hielt der defensive Mittelfeldspieler, ein Meister der Spieleröffnung, Zinedine Zidane den Rücken frei und galt neben dem Spielmacher als Kopf des erfolgreichen Teams, das zwei Jahre zuvor bereits die WM gewonnen hatte. Deschamps stammte aus der berühmten Jugendschule des FC Nantes. Ende der 1980er Jahre wechselte er zu Olympique Marseille und anschließend in die italienische Serie A zu Juventus Turin. Mit „Juve", wo er 1994-99 kickte, gewann Deschamps 1996 die Champions League und den Weltpokal. Die Saison vor der EM 2000 hatte er in der englischen Premier League bei Chelsea London verbracht. Nach dem Gewinn der EM 2000 beendete Deschamps seine Nationalspielerkarriere.
■ EM-Teilnehmer 1992, 1996, 2000. Europameister 2000. 103 Länderspiele (4 Tore) für Frankreich, davon 13 EM-Spiele (1 Tor)

Dietz, Bernard (22.3.1948)

Der aus einer Bergarbeiterfamilie stammende gelernte Schmied, Kapitän des Europameisters 1980, war ein Vorbild in Sachen Einstellung: „Ich kämpfe in jedem Spiel bis zur Erschöpfung. Das bin ich doch den Leuten schuldig, die ihr

Eintrittsgeld zahlen." Der Triumph von Rom war der einzige Titelgewinn in der langen Karriere des Abwehrspielers, der den größten Teil seiner Profikarriere beim „nicht titelfähigen" MSV Duisburg verbrachte. Zwölf Jahre kickte Dietz für die „Zebras", fünf für Schalke 04; insgesamt bestritt er 495 Bundesligaspiele. Ein lukratives Angebot, an der Seite von Franz Beckenbauer für das internationale Starensemble Cosmos New York zu spielen, lehnte der bodenständige „Ennatz" ab.

■ EM-Teilnehmer 1976, 1980. Europameister 1980, Vize-Europameister 1976. 53 Länderspiele (0 Tore) für den DFB, davon 5 EM-Spiele (0 Tore)

Dzajic, Dragan (30.5.1946)

Der dribbelstarke Linksaußen, der 1963-74 für Roter Stern Belgrad kickte, gehörte zu den auffälligsten Akteuren des jungen Teams Jugoslawiens, das bei der EM 1968 für Furore sorgte. Dzajic war damals einer der weltweit besten Flügelstürmer und wurde in die FIFA-Weltauswahl berufen. Auch bei der WM 1974, wo Jugoslawien die zweite Runde der besten acht erreichte, und bei der EM 1976 war er dabei. 1974-77 spielte Dzajic in Frankreich für OGZ Nizza und SEC Bastia. Anschließend trug er noch einmal für eine Saison das Trikot von Roter Stern, wo er später die Position des Sportdirektors bekleidete. Bei der Jahrhundert-Wahl belegte er in seiner Heimat den 1. Platz. Dzajic trug 53-mal die Kapitänsbinde der *Plavi*.

■ EM-Teilnehmer 1968, 1976. Vize-Europameister 1968, EM-Vierter 1976. 85 A-Länderspiele (23 Tore) für Jugoslawien, davon 5 EM-Spiele (4 Tore)

Fachetti, Giacinto (18.7.1942 - 4.9.2006)
Der einstige Flügelstürmer war der erste moderne Außenverteidiger, der sich permanent ins Angriffsspiel einschaltete. Facchetti war schnell, schuss- und kopfballstark, aber mit Schwächen in der Ballführung. 1968 wurde er mit der *Squadra Azzurra* Europameister und anschließend

Italiens „Fußballer des Jahres". Spielte 1961-78 in der „Ersten" von Inter Mailand und ist bis heute die Inter-Legende schlechthin. Mit Inter (und dem Catenaccio-Verfechter Helenio Herrera) gewann Facchetti 1964 und 1965 den Europapokal der Landesmeister und den Weltpokal. Bei der Wahl von Italiens „Jahrhundertfußballer" wurde er Dritter. 70-mal Kapitän der Nationalelf. Im Januar 2004 wurde Facchetti Inter-Präsident und blieb dies bis zu seinem Tode im September 2006.

■ EM-Teilnehmer 1968. Europameister 1968. 94 Länderspiele (3 Tore) für Italien, davon 3 EM-Spiele (0 Tore)

Figo, Luis (4.11.1972)

Der Mittelfeldspieler ist mit 14 Endrunden-Einsätzen einer von vier EM-Rekordspielern. Ein Titel blieb dem Repräsentanten von Portugals sogenannter „Golden Generation" indes versagt. Bei der EM 2000 scheiterte Figos Portugal im Halbfinale unglücklich an Frankreich, im Finale der EM 2004 an Außenseiter Griechenland. Bei der EM 2000 wurde er zum besten Spieler des Turniers gewählt. Als Juniorenkicker war Figo 1989 U-16-Europameister und 1991 U-19-Weltmeister geworden.

Figo begann seine Profikarriere bei Sporting Lissabon, wo er 1985-95 spielte. Als der Kicker mit der genialen Ballbehandlung 2000 vom FC Barcelona zu Real Madrid wechselte, mussten die Madrilenen an den Erzrivalen 58,2 Mio. Euro überweisen. Mit Real gewann Figo 2002 die Champions League und den Weltpokal. 2000 wurde Portugals Rekordinternationaler „Europas Fußballer des Jahres", 2001 „Weltfußballer des Jahres". In der Heimat wurde er sechsmal in Folge (1995 - 2000) zum besten Kicker gekürt.

■ EM-Teilnehmer 1996, 2000, 2004. Vize-Europameister 2004. 127 Länderspiele (32 Tore) für Portugal, davon 14 EM-Spiele (0 Tore)

Gascoigne, Paul (27.05.1967)

Seine Eltern konnten sich in der Industriestadt Newcastle nur ein Zimmer zur Untermiete leisten. Die Mutter schob in einer Glasfabrik Überstunden, damit sie für ihren Sohn Fußballschuhe kaufen konnte. Dieser wurde beim Straßenkick, aufgrund seiner Neigung zum Übergewicht, die ihn auch noch als Profi verfolgen sollte, lediglich „little fatty" genannt. Der Mittelfeldspieler begann seine Profikarriere bei Newcastle United. 1988 Wechsel zu den Tottenham Hotspurs (Ablöse: 5.2 Mio. Euro), die damals zu den „Big Five" im englischen Fußball zählten und mit denen Gascoigne 1991 den FA-Cup gewann. Im Finale erlitt er allerdings eine schwere Knieverletzung, sodass er nun ein Jahr pausieren musste. 1992 wechselte er für 7,4 Mio. Euro in die italienische Serie A zu Lazio Rom, wo er jedoch in den folgenden drei Jahren, auch bedingt durch weitere Verletzungen, nur auf 47 Spiele (6 Tore) kam. 1995 zurück nach Großbritannien, wo er sich zunächst seiner alten Form näherte und bis 1997 für die Glasgow Rangers kickte. Mit den Rangers holte Gascoigne 1996 das „Double" und wurde im selben Jahr zum schottischen „Fußballer des Jahres" gewählt.

Nach der WM 1990, Gascoignes erster bemerkenswerter Auftritt auf der internationalen Bühne, war der Spieler zur „fleischgewordenen Legende vom Aufstieg des armen Straßenkickers, Idol von Großbritanniens Unterprivilegierten" *(Der Spiegel)* und „der Nation liebsten Nonkonformisten" *(Guardian)* avanciert. Auch bei der EM 1996 gehörte er zu den prägenden Akteuren im englischen Team und erzielte im „Battle of Britain" gegen Schottland einen der schönsten Treffer des Turniers. Doch wie 1990 reichte es nur zum Halbfinale, wo man erneut an Deutschland und im Elfmeterschießen scheiterte.

Anschließend ging es mit Gascoigne fußballerisch und privat stetig bergab, wofür vor allem seine Alkoholexzesse verantwortlich waren. Seine letzte erwähnenswerte fußballerische Tat vollbrachte Gascoigne beim Zweitligisten FC Middlesborough, dem er in der Saison 1997/98 zur Rückkehr in die Erstklassigkeit verhalf. In seiner 2004 erschienenen Autobiographie bekannte der alkohol- und drogensüchtige Kicker: „Ich habe mein ganzes Leben gegen mich selbst gekämpft, und ich habe immer verloren."

■ EM-Teilnehmer 1996. 54 Länderspiele (10 Tore) für England, davon 5 EM-Spiele (1 Tor)

Gullit, Ruud (1.9.1962)

Der Kapitän und Kopf des Europameisters von 1988 wurde als Sohn eines Surinamers und einer Niederländerin in Paramaribo geboren, Hauptstadt von Niederländisch Guyana, das 1975 unabhängig und zur Republik Suriname wurde. Gullit wuchs im Westen Amsterdams auf. Als Dunkelhäutiger machte er schon in jungen Jahren persönliche Erfahrungen mit dem Rassismus. Später engagierte sich der Fußballstar Gullit gegen das rassistische Apartheidregime in Südafrika und den Rassismus im europäischen Fußball. Als Gullit 1987 „Europas Fußballer des Jahres" wurde, widmete er die Trophäe dem zu diesem Zeitpunkt noch im Gefängnis sitzenden Führer des African National Congress (ANC) Nelson Mandela. Gullit gehörte auch zu den Mitbegründern der Anne-Frank-Stiftung: „Ich hasse es, wenn Leute in Unfreiheit leben. Wenn man jemand ist, soll man auch den Mund aufmachen."

Seine Fußballkarriere begann der Stürmer beim Amsterdamer Klub „Meerboys". Sein Debüt in der niederländischen Ehrendivisie feierte er als 17-Jähriger im Trikot von Haarlem. 1982 wechselte Gullit zu Feyenoord Rotterdam, 1985 heuerte er bei PSV Eindhoven an. Von dort ging es 1987 weiter zum AC Mailand, wo mittlerweile Silvio Berlusconi den Ton angab und für den Niederländer die damalige Rekordsumme von 15 Mio. DM zahlte. Bei Milan bildete Gullit mit seinen Landsleuten und *Elftal*-Kollegen Marco van Basten und Frank Rijkaard ein unwiderstehliches Trio und stieg zum Weltstar auf. Höhepunkt seiner Karriere war aber der Gewinn der Europameisterschaft 1988. In den Nieder-

landen brach damals eine regelrechte Gullit-Mania aus; zur EM-Endrunde in Deutschland erschienen Tausende von Oranje-Fans mit Gullit-Perücken. Der sympathische Star beendete seine Profikarriere bei Chelsea London. Im Mai 1996 wurde er dort Spielertrainer und war der erste nichtbritische Westeuropäer, der einen Premier-League-Klub trainierte.
■ EM-Teilnehmer 1988, 1992. Europameister 1988. 65 Länderspiele (16 Tore) für die Niederlande, davon 9 EM-Spiele (1 Tor)

Hrubesch, Horst (17.4.1951)

Das kantige „Kopfballungeheuer" bestritt zwar nur 21 Länderspiele, war jedoch der Held des EM-Finales 1980, in dem er beide Tore zum 2:1-Sieg des DFB-Teams erzielte. Sein Nationalmannschaftsdebüt hatte Hrubesch, der wie der damalige Nationalmannschaftskapitän Dietz aus einem Vorort der Stadt Hamm (Westfalen) stammte, fast 29-jährig erst zwei Monate vor dem EM-Turnier gegeben. Dass er in Italien überhaupt dabei war, hatte er dem Ausfall von Klaus Fischer zu verdanken.

Hrubesch verbrachte seine besten Jahre beim Hamburger SV (1978-83), die auch die besten der „Rothosen" waren und 1983 mit dem Gewinn des Europapokals der Landesmeister endeten. In der Saison 1981/82 wurde Hrubesch Torschützenkönig der Bundesliga. Das WM-Finale 1982 war das letzte Spiel seiner späten und kurzen Nationalspielerkarriere.
■ EM-Teilnehmer 1980. Europameister 1980. 21 Länderspiele (6 Tore) für den DFB, davon 3 EM-Spiele (2 Tore)

Iribar, José Angelo Cortujarena (1.3.1943)

Der legendäre Torwart aus dem Baskenland stand zwischen den Pfosten, als Spanien 1964 mit der Europameisterschaft seinen bis heute einzigen internationalen Titel holte. Iribar war damals der jüngste Spieler des Europameisters; sein Debüt in der *Selección* hatte er erst im März 1964 im Viertelfinale der EM gegeben. Im Finale traf Iribar auf sein Idol Lew Jaschin. Wie der

Russe kleidete sich der Baske stets in Schwarz. Iribar spielte von 1962 bis 1980 für Athletic Bilbao, das nur Spieler mit baskischen Wurzeln duldete. Der Keeper stand in 466 Erstligaspielen zwischen den Pfosten, kam auf 49 Länderspiele und löste damit Ricardo Zamora als Spaniens Rekordnationaltorhüter ab. Einsatz Nr. 50 wurde ihm angeblich aufgrund seiner politischen Gesinnung verweigert – der Torwart bekannte sich als Unterstützer von Herri Batasuna, der politischen Partei der separatistischen ETA. Im Dezember 1976 hissten die Mannschaftskapitäne Iribar und Ignacio Kortabarria vor dem baskische Derby Athletic Bilbao gegen Real Sociedad San Sebastian gemeinsam die baskische Flagge im Mittelkreis. Es war erste Mal, dass diese Fahne nach dem Tod des Diktators Franco öffentlich gezeigt wurde. Seit 1999 betreut Iribar eine baskische Fußballauswahl.
■ EM-Teilnehmer 1964. Europameister 1964. 49 Länderspiele (0 Tore) für Spanien, davon 2 EM-Spiele

Jaschin, Lew Iwanowitsch (22.10.1929 - 20.3.1990)

„Ein Torwart, wie es ihn in der Geschichte des Fußballs vermutlich keinen zweiten gegeben hat. (…) Schwarz gekleidet von Kopf bis Fuß, schlank wie ein Baum mit akkurat nach hinten gestriegeltem Haupthaar – ein Herr zwischen den Pfosten. Während in der westlichen Presse stereotyp von ‚russischen Fußballrobotern', von ‚Abwehr-Apparatschiks' und erfolgsverhinderndem ‚Kollektivismus' geplappert wurde, war der elegante Hüne mit den Krakenarmen längst ein Star mit betonter Individualität." (Ludger Schulze). Der „Welttorhüter des 20. Jahrhunderts" ist wohl die größte aller Torwartlegenden. Jaschin, von den Engländern „schwarzer Panther" und „schwarzer Tintenfisch" genannt, war reaktionsschnell auf der Linie und fangsicher bei hohen Bällen. Und wie nur wenige seiner Generation beherrschte Jaschin zudem das Spiel außerhalb seines Strafraumes.

Sein Aufstieg zum internationalen Superstar begann beim olympischen Turnier 1956 in Melbourne, wo der 1,90 m große Keeper mit der UdSSR die Goldmedaille holte. 1960 gewann Jaschin mit der *Sbornaja* die erstmals ausgetragene Europameisterschaft. 1963 wurde er in die FIFA-Weltauswahl berufen und als erster und bis heute einziger Torwart zum „Europäischen Fußballer des Jahres" gewählt. Daheim spielte Jaschin 20 Jahre nur für einen Klub – Dynamo Moskau. Als er im Mai 1971 42-jährig mit einem Spiel gegen die FIFA-Weltauswahl seinen Abschied feierte, kamen 103.000 Zuschauer ins Moskauer Leninstadion.

Nach eigenem Bekunden bereits seit seinem 8. Lebensjahr Raucher, verbrachte der „schwarze Panther" die Halbzeit gewöhnlich mit einer Zigarette auf der Toilette. Sein Nikotinkonsum wurde ihm später zum Verhängnis. Dem Keeper wurde zunächst ein Unterschenkel amputiert, später erkrankte er auch noch an Magenkrebs. 1989 hob ihn Michail Gorbatschow in den Rang eines „Helden der sozialistischen Arbeit". Franz Beckenbauer: „Lew strahlte eine menschliche Wärme aus, die in unserer Branche nicht so häufig ist."

■ EM-Teilnehmer 1960, 1964. Europameister 1960, Vizeeuropameister 1964. 78 Länderspiele (0 Tore) für die UdSSR, davon 4 EM-Spiele

Klinsmann, Jürgen (30. 7.1964)

Kapitän und neben Sammer Kopf des Europameisters 1996. Der technisch eher unbeholfene, aber ungemein ehrgeizige und „torgeile" Stürmer spielte damals für den FC Bayern München. Seine beste Saison als Vereinsspieler hatte er 1994/95 im Austragungsland der EURO verbracht. Klinsmann, der für Tottenham Hotspur spielte, brachte es in der Premier League auf 41 Einsätze und 20 Tore. Am Ende der Saison wurde der deutsche Legionär als erst dritter Ausländer überhaupt zum „Fußballer des Jahres" gewählt. Ebenfalls 1995 wurde er „Vize" bei der Wahl von „Europas Fußballer des Jahres". Sein bestes Spiel im Dress der Nationalmannschaft hatte er allerdings bereits bei der WM 1990 im Achtelfinale gegen die Niederlande absolviert und damit einen entscheidenden Beitrag zum späteren Titelgewinn geleistet. Der polyglotte Profi aus dem Schwabenland spielte außer in München und London auch noch für Kickers und VfB Stuttgart, Inter Mailand, AS Monaco und Sampdoria Genua. Nach der EURO 2004 wurde er Teamchef der DFB-Elf, modernisierte deren Spielstil und wurde bei der WM 2006 Dritter.

■ EM-Teilnehmer 1988, 1992, 1996. Europameister 1996, Vize-Europameister 1992. 108 Länderspiele (47 Tore) für den DFB, davon 13 EM-Spiele (5 Tore)

Köpke, Andreas (12.3.1962)

Der Keeper war einer der Leistungsträger des Europameisters von 1996. Köpke parierte je einen Elfer im Vorrundenspiel gegen Italien und im Elfmeterschießen des Halbfinales gegen England. Aber auch sonst hielt der gebürtige Berliner glänzend und war ein großer Rückhalt seines Teams. Die EM 1992 hatte Köpke auf der Bank verbracht, ebenso die WM 1994 (obwohl 1993 zum „Fußballer des Jahres" gewählt), als Berti Vogts erneut dem Kölner Bodo Illgner den Vorzug gab, was der Bundestrainer anschließend bitter bereute. Mit „nur" 1,82 m war Köpke bei der EM 1996 der kleinste unter den drei Keepern im DFB-Kaders. Oliver Kahn maß sechs Zentimeter mehr, Oliver Reck sogar elf. Und auch elf Feldspieler waren größer.

Köpke zeichnete sich durch große Sprungkraft, Ruhe und Souveränität aus. Mit seinen Vereinen hatte der Keeper allerdings Pech. Köpke stand niemals bei einer Topadresse im Tor, sondern erlebte mit dem 1. FC Nürnberg und Eintracht Frankfurt drei Bundesliga-Abstiege. Zuvor war er mit dem SC Charlottenburg und Hertha

BSC auch aus der 2. Bundesliga abgestiegen. Nach der EM 1996 wechselte Köpke zu Olympique Marseille und wurde dort in der Meisterschaft 1997/98 Vierter – seine beste Platzierung als Vereinsspieler. Nach der WM 1998 beendete der sympathische Keeper seine Nationalspielerkarriere. Vor der WM 2006 berief ihn Teamchef Klinsmann zum Torwarttrainer der Nationalelf.
■ EM-Teilnehmer 1992, 1996. Europameister 1996, Vize-Europameister 1992. 59 Länderspiele (0 Tore) für den DFB, davon 6 EM-Spiele

Laudrup, Brian (22.2.1969)

Der jüngere der Laudrup-Brüder gehörte zu den Leistungsträgern des Überraschungs-Europameisters 1992. 1989 wechselte der kurzbeinige dribbelstarke Stürmer, ein Fußballer wie aus dem Bilderbuch, in die Bundesliga, wo er ein Jahr bei Bayer Uerdingen und zwei beim FC Bayern verbrachte. Die Darbietungen des Dänen besaßen großen Unterhaltungswert, doch Laudrup überwarf sich mit Bayern-Coach Ribbeck und beging die Todsünde, „Kaiser" Franz Beckenbauer zu kritisieren. Deshalb wurde er für die damals stattliche Summe von 11 Mio. Euro an den AC Florenz verkauft, für den er eine Saison spielte (1992/93). Von dort ging es zum AC Mailand, allerdings ebenfalls nur für eine Spielzeit (1993/94). Es folgten die erfolgreichsten Jahre des Vereinsspielers Brian Laudrup. Bei den Glasgow Rangers (1994-98) tauften ihn die Fans „Prince of Denmark". 1995 und 1997 wurde Laudrup in Schottland zum „Fußballer des Jahres" gewählt, in seiner Heimat wurde ihm diese Ehre 1989, 1992, 1995 und 1997 zuteil. Brian Laudrup beendete seine Profikarriere bei Ajax Amsterdam.
■ EM-Teilnehmer 1992, 1996. Europameister 1992. 82 Länderspiele (21 Tore) für Dänemark, davon 8 EM-Spiele (3 Tore)

Laudrup, Michael (15.6.1964)
Beim einzigen internationalen Triumph Dänemarks war der größte Fußballer in der Geschichte des kleinen Landes nicht dabei. Vor der

EM-Endrunde 1992 hatte sich der dreifache Turnierteilnehmer mit dem damaligen Dänen-Coach Richard Möller-Nielsen überworfen. Dänemarks „Jahrhundertfußballer" Michael Laudrup gehörte eine Dekade lang zu den weltweit besten Fußballspielern. Der Stürmer und Mittelfeldspieler wechselte 1983 19-jährig von Bröndby Kopenhagen zu Juventus Turin, wurde von „Juve" allerdings zunächst für zwei Jahre an Lazio Rom ausgeliehen, da Italiens Verband in diesen Jahren lediglich zwei Ausländer pro Klub duldete – und diese hießen in Turin Michel Platini und Zbigniew Boniek. 1985 gewann Laudrup mit „Juve" den Weltpokal. Ein Jahr zuvor war er mit Dänemark bei der EM in Frankreich bis ins Halbfinale vorgedrungen. Laudrup avancierte zum populärsten Repräsentanten des „Danish Dynamite" der 1980er Jahre, der die etablierte Fußballlandschaft aufmischte. 1989 nahm der FC Barcelona den Dänen unter Vertrag, wo er eine wichtige Säule in Johan Cruyffs Dreamteam wurde. 1992 gewann Laudrup mit „Barça" den Europapokal der Landesmeister. 1994-96 trug er das Trikot von Real Madrid. Sein letztes internationales Turnier spielte der Weinexperte und -händler mit der WM 1998, wo der mittlerweile 34-Jährige noch einmal zur Hochform auflief. TV-Kommentator Marcel Reif sah „Tricks zum Niederknien".
■ EM-Teilnehmer 1984, 1988, 1996. 104 Länderspiele (37 Tore) für Dänemark, davon 9 EM-Spiele (1 Tor)

Maier, Josef (28.2.1944)

Die „Katze von Anzing", wie Maier wegen seiner Sprungkraft getauft wurde, bildete mit Franz Beckenbauer und Gerd Müller viele Jahre das Rückgrat des FC Bayern wie auch der Nationalelf. Sein erstes Turnier war die WM

1966, bei der er 22-jährig noch die Bank drückte. Sein letztes die WM 1978, bei der er 34 Jahre zählte. Mit 95 Länderspielen ist der vierfache WM- und zweifache EM-Teilnehmer unverändert Rekordtorhüter der deutschen Nationalelf. Maier galt als riskant spielender und kreativer Torwart. Bei der Wahl des „Welttorhüters des Jahrhunderts" landete er hinter Lew Jaschin, Gordon Banks und Dino Zoff auf Platz vier.

■ EM-Teilnehmer 1972, 1976. Europameister 1972, Vize-Europameister 1976. 95 Länderspiele (0 Tore) für den DFB, davon 4 EM-Spiele

Maldini, Paolo (16.6.1968)

Der Verteidiger spielte seit seinem zehnten Lebensjahr für den AC Mailand. Am 11. März 2007 bestritt Maldini anlässlich des Stadtderbys gegen Inter sein 600. Serie-A-Spiel für die *Rossineri*, mit denen er fünfmal den Europapokal der Landesmeister bzw. die Champions League gewann. Mit 126 Länderspielen ist der Abwehrspieler, der in seinem Fach viele Jahre lang zu den Besten der Welt zählte, Italiens Rekordnationalspieler. 74-mal trug Maldini die Kapitänsbinde der *Squadra Azzurra*. Der dreifache EM-Endrundenteilnehmer bestach durch Technik, Eleganz und taktische Reife. Für den Trainer Arrigo Sacchi war er der „Prototyp des modernen Profis". Maldini bestritt neben den EM- auch noch vier WM-Turniere, konnte mit Italien aber keinen Titel holen.

■ EM-Teilnehmer 1988, 1996, 2000. Vizeeuropameister 2000. 126 Länderspiele (7 Tore) für Italien, davon 13 EM-Spiele (0 Tore)

Matthäus, Lothar (21.3.1961)
Sein erstes EM-Spiel war zugleich auch sein Länderspieldebüt. Bei der EM 1980 wurde der 19-jährige Matthäus in der 73. Minute des Vorrundenspiels gegen die Niederlande für Kapitän Bernard Dietz eingewechselt. Es blieb sein einziger Einsatz bei dieser EM-Endrunde. Der Mittelfeldspieler nahm aber noch an drei weiteren EM-Endrunden teil, darunter die „Pleiteturniere" 1984 und 2000. 1992 (Vize-Europameister)

und 1996 (Europameister) fehlte Matthäus hingegen. Der Kapitän der deutschen Weltmeisterelf von 1990 erlitt während seiner Karriere, die er größtenteils bei Inter Mailand (1988-92) und Bayern München (1984-88, 1992-2000) verbrachte, mehrere schwere Verletzungen, konnte aber anschließend stets ein erfolgreiches Comeback feiern. Der *Kicker* bescheinigte ihm eine „bewundernswerte, selbstquälerische Energieleistung". 1990 wurde Matthäus „Fußballer des Jahres" in Europa, 1990 und 1991 „Weltfußballer des Jahres" und 1990 sogar „Weltsportler des Jahres" – ein Titel, der vor ihm nur zwei weiteren Fußballspielern verliehen worden war: Maradona und Pelé. Seine notorische Schwatzhaftigkeit allerdings verhinderte Matthäus' Aufstieg zum allseits geachteten Fußball-Denkmal.

■ EM-Teilnehmer 1980, 1984, 1988, 2000. Europameister 1980. 150 Länderspiele (23 Tore) für den DFB, davon 11 EM-Spiele (1 Tor)

Müller, Gerd (3.11.1945)

Der untersetzte Torjäger mit den voluminösen Oberschenkeln war ein typischer Strafraumspieler, der selbst hart bedrängt und auf engstem Raum zum Torabschluss kam. Sein Mitspieler Franz Beckenbauer: „Er ist ein Phänomen. Ich sehe auf der ganzen Welt keinen, der in seine Fußstapfen treten kann." 68 Tore in 62 Einsätzen im Nationaltrikot bedeuten 1,1 Tore pro Spiel. Bei der EM-Endrunde 1972 erzielte Müller vier der fünf Tore des DFB-Teams, das mit einem überzeugenden 3:0-Sieg über die UdSSR Europameister wurde.

Mit dem FC Bayern München, für den Müller in 585 Pflichtspielen 533 Tore schoss, wurde der Torjäger viermal Deutscher Meister, viermal DFB-Pokalsieger und gewann dreimal in Folge

den Europapokal der Landesmeister. 1970 wurde Müller als erster Deutscher Europas „Fußballer des Jahres".
■ EM-Teilnehmer 1972. Europameister 1972. 62 Länderspiele (68 Tore) für den DFB, davon 2 EM-Spiele (4 Tore)

Nedved, Pavel (30.8.1972)

Der tschechische Weltklassefußballer aus Skálna im böhmischen Vogtland spielte vor dem EM-Turnier 1996 bei Sparta Prag (1992-96). Bei der EM war der laufstarke, beidfüßig kickende und mit einer präzisen Schusstechnik ausgestattete Mittelfeldspieler einer der Leistungsträger des späteren Vize-Europameisters. Anschließend zu Lazio Rom. Mit Lazio wurde Nedved 2000 Meister, der erste Meistertitel für den Klub seit 1974. Im Sommer 2001 wurde Nedved für 41,2 Mio. Euro an Juventus Turin verkauft, wo er die Nachfolge des zu Real Madrid gewechselten Zinedine Zidane antreten sollte. 2003 wurde Nedved Europas „Fußballer des Jahres" und war damit nach Josef Masopust (1963) der zweite Tscheche, dem diese Ehre zuteil wurde. Bei der EM 2004 führte Nedved die Tschechen als Kapitän aufs Feld, verletzte sich aber im Halbfinale, das sein Team daraufhin gegen die Griechen durch ein „Silver Goal" verlor. Nedved beendete seine Nationalspielerkarriere im August 2006. Juventus Turin blieb er auch nach dem Zwangsabstieg der „alten Dame" im Sommer 2006 treu.
■ EM-Teilnehmer 1996, 2000, 2004. Vizeeuropameister 1996. 91 Länderspiele (18 Tore) für Tschechien, davon 12 EM-Spiele (1 Tor)

Netzer, Günter (14.9.1944)
Der geniale Spielmacher von Borussia Mönchengladbach gehörte zu den Schlüsselfiguren der deutschen Nationalelf, die 1972 den EM-Titel holte und seither als zumindest eine der besten in der Geschichte des deutschen Fußballs gilt. Seinen größten Auftritt hatte Netzer im Viertelfinale gegen England, als er im Londoner Wembleystadion gemeinsam mit Franz Beckenbauer überragend Regie führte. Bundestrainer Helmut Schön: „Es war Netzers größtes Spiel, er führte alles vor, was ein Weltklassemann beherrschen kann." Karl-Heinz Bohrer schrieb damals in einem legendär gewordenen Beitrag

für die *Frankfurter Allgemeine Zeitung*: „Der aus der Tiefe des Raumes plötzlich hervorstoßende Netzer hatte ‚Thrill', das ist das Ereignis, das nicht erwartete Manöver, das ist die Verwandlung von Geometrie in Energie, die vor Glück wahnsinnig machende Explosion im Strafraum...." Nur so lange, wie Netzer „aus der Tiefe des Raumes kam, so lange währte wirklich die deutsche Fußballherrlichkeit".
Die EM 1972 blieb Netzers einziger großer Turnierauftritt im Dress der DFB-Elf. Er sollte seine Form aus dem Jahr 1972 nie wieder erreichen. Bei der WM 1974 kam der mittlerweile für Real Madrid kickende Spielmacher, dem es an Fitness mangelte, nur auf einen Kurzeinsatz im verloren gegangenen Spiel gegen die DDR. Am WM-Triumph hatte er nur insofern Anteil, dass er im Training vor dem Finale gegen die Niederlande deren Spielmacher Johan Cruyff dubeln durfte.
■ EM-Teilnehmer 1972. Europameister 1972. 37 Länderspiele (6 Tore) für den DFB, davon 2 EM-Spiele

Panenka, Antonin (2.12.1948)

Verwandelte den entscheidenden Elfer im EM-Finale 1976. Ludger Schulze: „Ein schnauzbärtiger Kerl mit Augen, aus denen die gesammelte List eines Fußballer-Lebens blickte, setzte den Schlusspunkt unter das Kapitel EM '76. Zu sagen, er hätte den deutschen Torwart Sepp Maier düpiert, wäre eine gelinde Untertreibung. Die kickende Reinkarnation des braven Soldaten Schwejk ließ Maier so lange auf der Linie zappeln, bis der Schlussmann sich für eine Ecke entscheiden musste. Als ‚die Katze aus Anzing' hilflos am Boden kroch, schob Panenka die Kugel über die Linie mit der Ruhe eines Wirtshausbesuchers, der sein drittes Urpilsener bestellt." Es war das neunte Mal in der Saison 1975/76, dass Panenka auf diese rotzfreche Weise einen Elfer versenkte. Die Methode ging als „Panenka-Heber" in die Fußballsprache ein.

Der Mittelfeldspieler, aufgrund seiner Spielübersicht auch „Mann mit den Radaraugen" genannt, spielte 1956-80 bei Bohemians Prag. Panenka erhielt zahlreiche Angebote aus dem Ausland, doch die „realsozialistischen" tschechoslowakischen Fußballfunktionäre gestatteten nur solchen Kickern einen Wechsel in den Westen, die das 32. Lebensjahr erreicht und mindestens 45 Länderspiele absolviert hatten. 1980 bzw. unmittelbar nach seinem 32. Geburtstag unterschrieb Panenka bei Rapid Wien, obwohl ihm lukrativere Angebote – u.a. aus Spanien – vorlagen. Nach 1985 spielte er noch sechs Jahre für VSE St. Pölten und anschließend kleinere österreichische Klubs, bevor er seine Spielerkarriere 45-jährig beendete.

■ EM-Teilnehmer 1976, 1980. Europameister 1976, EM-Dritter 1980. 59 Länderspiele (17 Tore) für die Tschechoslowakei, davon 6 EM-Spiele (3 Tore)

Platini, Michel (21.6.1955)

Der Star der EM 1984 war ein Sohn italienischer Einwanderer nach Lothringen. Platini prägte das Turnier in ähnlicher Weise wie Pelé die WM 1958 und 1970 und Maradona die WM 1986. Bis heute gilt er als bester EM-Spieler aller Zeiten, denn kein anderer Akteur spielte in einer Endrunde durchgängig auf so hohem Niveau wie Platini. Der Franzose erzielte neun Tore in der Endrunde 1984, so viele wie vor und nach ihm kein anderer Spieler. Ludger Schulze: „Mit seinen genialen Pässen zerteilte er das Spielfeld in abgezirkelte Planquadrate, verschärfte das Tempo oder verschleppte es – je nach Belieben. Michel Platini bewegte sich 450 EM-Minuten auf dem höchstem Niveau, das einer erreichen kann. Und als ihm seine Kritiker hinterher Girlanden zu winden versuchten, verschlug es ihnen die Sprache; eine solch perfekte Leistung ist mit den Begriffen des Sports nicht zu skizzieren." Platini wurde „Mozart des Fußballs" getauft.

In 49 seiner 72 Länderspiele war Platini Kapitän der *Équipe Tricolore*. Als Vereinsspieler 1979-82 bei St. Etienne. Nach der WM 1982, wo Frankreich im Halbfinale unglücklich an Deutschland scheiterte, wechselte der Regisseur zu Juventus Turin. Mit „Juve" gewann Platini u.a. 1985 den Europapokal der Landesmeister und den Weltpokal. Platini wurde dreimal in Folge „Europas Fußballer des Jahres" (1983-85). Die Zeitschrift *France Football* wählte ihn zum französischen Jahrhundertfußballer.

1988-92 war Platini Nationaltrainer Frankreichs, 1993-98 Vizepräsident des OK für die WM 1998 in Frankreich, seit 2001 Vizepräsident des französischen Fußballverbandes, seit 2002 im UEFA- und FIFA-Exekutivkomitee. Im Januar 2007 wurde Platini – als erster ehemaliger Fußballer – zum Präsidenten der UEFA gewählt. Platini gerierte sich als Anwalt der Interessen der kleineren Mitgliedsverbände: „Ich verstehe, dass der Fußball zum Geschäft wird, aber ich denke, er muss einen Schritt zurückgehen, um seine soziale Verantwortung zu begreifen."

■ EM-Teilnehmer 19984 (Spieler), 1992 (Trainer). Europameister 1984. 72 A-Länderspiele (41 Tore) für Frankreich, davon 5 EM-Spiele (9 Tore)

Poborsky, Karel (30.3.1973)

Bei der EM 1996 gelang dem Tschechen mit einem 20-Meter-Heber gegen Portugal eines der schönsten Tore des Turniers. Nach der EM wechselte der technisch starke Mittelfeldspieler von Slavia Prag zu Manchester United. Doch Poborsky kam mit der Spielweise in der Premier League nicht zurecht und zog eineinhalb Jahre später entnervt zu Benfica Lissabon. Zur Saison 2000/01 Wechsel in die italienische Serie A zu Lazio Rom, wo er zum Publikumsliebling avancierte. Im Sommer 2002 kehrte Poborsky in die Heimat zurück und wurde bei Sparta Prag zum bestbezahlten Spieler der tschechischen Liga. Im August 2004 war er der erste tschechische Nationalspieler, der die 100-Länderspiele-Marke erreichte. Poborsky beendete seine Karriere Pfingsten 2007. Mit 118 Länderspielen ist der Tscheche Rekordnationalspieler seines Landes, mit 14 EM-Endrundeneinsätzen einer von vier Rekordspielern des Turniers.

■ EM-Teilnehmer 1996, 2000, 2004. Vize-Europameister 1996. 118 Länderspiele (8 Tore) für Tschechien, davon 14 EM-Spiele (1 Tor)

Rijkaard, Frank (30.9.1962)

Der Niederländer surinamischer Herkunft stieg Ende der 1980er zu einem der weltbesten defensiven Mittelfeldspieler auf und gehörte zu den Schlüsselspielern des Europameisters 1988. Rijkaard firmierte einige Jahre als Anschauungsobjekt für den modernen Defensivspieler und war diesbezüglich eine „typisch holländische" Kreation. Denn im offensiv ausgerichteten und die Ästhetik betonenden niederländischen Fußball musste ein Defensivspieler schon extrem „modern" sein, d.h. technisch stark und mit Offensivfähigkeiten ausgestattet, um aus dem Schatten seiner stürmenden Kollegen zu treten. Rijkaard spielte wie seine *Elftal*-Kollegen Gullit und van Basten für den AC Mailand, mit dem er 1989 und 1990 den Europapokal der Landesmeister gewann. 1993 kehrte er zu Ajax Amsterdam zurück, wo er bereits 1979-87 gespielt hatte. Mit Ajax gewann er 1995 zum dritten Mal den prestigeträchtigsten der europäischen Vereinswettbewerbe, der nun Champions League hieß.

Nach der WM 1998 wurde Rijkaard zum Bondscoach berufen. Bei der EM 2000 führte er die Niederlande ins Halbfinale, wo sie gegen Italien nach Elfmeterschießen unterlag. Anschließend trat ein enttäuschter Rijkaard zurück. Seit Sommer 2003 Trainer beim FC Barcelona, mit dem er 2006 die Champions League gewann – sein vierter Triumph in diesem Wettbewerb.

■ EM-Teilnehmer 1988, 1992 (Spieler), 2000 (Trainer). Europameister 1988. 73 Länderspiele (10 Tore) für die Niederlande, davon 9 EM-Spiele (2 Tore)

Riva, Luigi (7.11.1944)

Der linksfüßige Kicker gehörte ab Mitte der 1960er für ein Jahrzehnt zu den besten Stürmern der Welt. Riva spielte nie für einen der großen Klubs aus dem Norden Italiens, sondern verbrachte seine Profikarriere ausschließlich bei Cagliari Calcio (1963-76). Schoss in 289 Ligaspielen 156 Tore. 1970 wurde Riva mit Cagliari Meister, bis heute der einzige Meistertitel für den Klub von der Insel Sardinien. Gewann 1967, 1969 und 1970 in der Serie A die Torjägerkanone. Im zweiten EM-Finale 1968 erzielte Riva für Italien das Führungstor und avancierte zum „Matchwinner". Im Halbfinale wie im ersten Finale hatte Riva verletzt gefehlt. Zwei Jahre nach dem Gewinn der EM erreichte der Torjäger mit Italien das Halbfinale der WM.

■ EM-Teilnehmer 1968. Europameister 1968. 42 Länderspiele (35 Tore) für Italien, davon 1 EM-Spiel/1 Tor

Ronaldo, Cristiano / Cristiano Messias Ronaldo Santos Aveira (5.2.1985)

Begann seine Karriere beim spanischen Inselverein CD Nacional Madeira. 1997 als Zwölfjähriger Wechsel zu Sporting Lissabon, wo er mit 17 sein Profidebüt gab. Im Sommer 2003 wechselte der Tempodribbler mit Tordrang, der vor allem im linken Mittelfeld zu finden ist, für 17.5 Mio. Euro zu Manchester United, wo er die Nr. 7 von David Beckham erbte. ManU-Coach Alex Ferguson: „Er ist einer der aufregendsten Spieler, die ich je gesehen habe." Und Ronaldos Landsmann Luis Figo: „Der

hat Dinger drauf, macht Sachen mit dem Ball, in einer Geschwindigkeit – so schnell kann ich gar nicht gucken."
Sein Debüt in Portugals Nationalmannschaft feierte Ronaldo 18-jährig im August 2003. Bei der EURO 2004 jüngster Spieler der *Selecção* und Torschütze im Eröffnungsspiel gegen Griechenland sowie im Halbfinale gegen die Niederlande. 2006/07 war Ronaldos bislang beste Saison, als er mit Manchester United die Premiership gewann und das Halbfinale der Champions League erreichte.
■ EM-Teilnehmer 2004. Vize-Europameister 2004. 46 Länderspiele (17 Tore) für Portugal, davon 6 EM-Spiele (2 Tore)

Rooney, Wayne (24.10.1988)

Der Sohn eines arbeitslosen Preisboxers aus dem heruntergekommenen Liverpooler Stadtteil Toxteth war die Sensation der EM 2004. Im ersten Spiel Englands gegen Frankreich holte der bullige, antrittsschnelle 18-Jährige einen Elfmeter heraus, in den folgenden Gruppenspielen gegen die Schweiz und Kroatien erzielte er insgesamt vier Tore. Im Viertelfinale gegen Portugal brach Rooney sich nach 20 Minuten und einem Zusammenstoß mit Jorge Andrade den Mittelfuß, und England schied aus. Rooney wurde ins „EURO 2004 All Star"-Team gewählt. Für vier Tage war er jüngster Torschütze in der EM-Geschichte gewesen, dann löste ihn der Schweizer Johan Vonlanthen ab.
Seine Karriere hatte Rooney beim FC Everton begonnen. 2002/03 wurde er 16-jährig in den Profikader geholt. Rooney bestritt in seiner ersten Saison 31 Spiele, erzielte sechs Tore, kassierte aber auch 13 Gelbe Karten, was auf die zuweilen harte Gangart des draufgängerischen Stürmers verweist. Sein Debüt in der Nationalelf gab er 17-jährig am 12. Februar 2003. Nach der EM wechselte Rooney für 35 Mio. Euro zu Manchester United. *Der Spiegel* schrieb über die Popularität des „Wunderkindes": „Die Massen lieben ihn, gerade weil er nicht den Modefimmel eines David Beckham besitzt und nicht so klosterschülerbrav daherkommt wie Michael Owen. Rooney verkörpert den Urtyp britischer Fußballkultur. Er trägt eine Metzger-Frisur, hat abstehende Ohren und einen Stiernacken. Er personifiziert das Märchen des armen Straßenkickers. ‚Becks' riecht nach Parfum, ‚Roonaldo' riecht nach Männerschweiß." Wegen seines Lebenswandels wird Rooney auch als neuer Paul Gascoigne gehandelt. Dieser riet ihm freilich, „einfach alles nur anders zu machen als ich".
■ EM-Teilnehmer 2004. 38 Länderspiele (12 Tore) für England, davon 4 EM-Spiele (4 Tore)

Rummenigge, Karl-Heinz (25.9.1955)

Trotz eher durchwachsener Vorstellungen wurde Rummenigge zum besten Spieler der EM 1980 gewählt. Ludger Schulze über die zweifelhafte Wahl: „Der Blonde mit den mächtigen Oberschenkeln heftete sich in Italien den Orden ans Revers, der ihn als Star der internationalen Szene auswies. Der Größte, der er kraft seines Talents hätte werden können, ist er nicht geworden. Rummenigge hat stets die mittlere Spur genommen, und in der Beurteilung seiner Karriere liegt er exakt zwischen seinem einstigen Lehrmeister Franz Beckenbauer (‚Der wird nie einer') und dessen späteren Schüler Lothar Matthäus, aus dem es nach einem Duell einmal herausprudelte: ‚Ich habe gegen Zico und Maradona gespielt und weiß jetzt, wer der beste Fußballer der Welt ist: Karl-Heinz Rummenigge.'"
Der Westfale kam 1974 von Borussia Lippstadt zum FC Bayern München, mit dem er in den folgenden zehn Jahren zweimal den Europapokal der Landesmeister, einmal den Weltpokal, zwei deutsche Meistertitel und zweimal den DFB-Pokal gewann. Außerdem wurde Rummenigge dreimal Bundesliga-Torschützenkönig, 1980 und 1981 wurde der Rechtsaußen Europas „Fußballer des Jahres". Nach der EM 1984 wechselte er zu Inter Mailand, wo er in den folgenden drei Jahren in 64 Serie-A-Einsätzen 24 Tore erzielte. Rummenigge, 51-mal Kapitän der DFB-

Elf, beendete seine Nationalspielerkarriere mit dem WM-Finale 1986.
- EM-Teilnehmer 1980, 1984. Europameister 1980. 95 Länderspiele für den DFB (45 Tore), davon 7 EM-Spiele (1 Tor)

Sammer, Matthias (5.9.1967)

Der aus Dresden stammende Mittelfeldspieler war die spielbestimmende Figur beim deutschen EM-Sieg 1996 und Leithammel des DFB-Teams. Vor der Wiedervereinigung hatte Sammer bereits 23-mal das Trikot der DDR getragen. Beim letzten Auftritt der DDR-Elf gegen Belgien in Brüssel war Sammer Kapitän und schoss die letzten beiden Tore in deren Geschichte. Sammer galt als Beleg für die exzellente Nachwuchsarbeit in der DDR. 1990 Wechsel von Dynamo Dresden zum VfB Stuttgart, mit dem er 1992 Deutscher Meister wurde. Im selben Jahr trat Sammer mit der EM in Schweden erstmals bei einem großen Turnier im Trikot des DFB auf. Anschließend für 11,5 Mio. DM zu Inter Mailand, zu diesem Zeitpunkt der teuerste Transfer eines deutschen Spielers. Nach nur einem halben Jahr kehrte Sammer in die Bundesliga zurück, wo ihn Borussia Dortmund unter Vertrag nahm. Die Jahre 1995-97 gerieten zu den erfolgreichsten in der Karriere Sammers: 1995 und 1996 wurde er mit dem BVB Deutscher Meister, 1997 Champions-League-Sieger. Und mit der Nationalelf gewann Sammer die EM 1996 in England. Im selben Jahr wurde Sammer Europas „Fußballer des Jahres".

Sammer interpretierte die Libero-Rolle neu, indem er als freier Mann übers gesamte Spielfeld schwirrte und sich nicht nur dann ins Angriffsspiel einschaltete, wenn es galt, das Spiel herumzureißen. Der *Stern* schrieb: „Sammer ist das Gehirn und der Schrittmacher und das Kraftwerk. (...) Intuitiv bestimmte er das Spiel seiner Mannschaft. Trieb an, verzögerte, verlagerte die Stoßrichtung der Angriffe, gruppierte die Reihen der Verteidigung um und spielte mehr als einmal unwiderstehlich die Rolle des Matchwinners." Aufgrund einer Knieverletzung musste Sammer seine Karriere frühzeitig beenden. Später als Bundesligatrainer tätig (Deutscher Meister 2002 mit dem BVB), seit 2006 Sportdirektor beim DFB.
- EM-Teilnehmer 1992, 1996. Europameister 1996, Vizeeuropameister 1992. 74 Länderspiele (14 Tore) für den DFB, davon 10 EM-Spiele (2 Tore)

Schmeichel, Peter (18.3.1963)

Dänemarks „Jahrhunderttorwart" begann zunächst als Handballspieler. Erst mit 17 Jahren entschied er sich für den Fußball. Schmeichel war bereits gute 23 Jahre alt, als er zu Bröndby IF Kopenhagen, Dänemarks bekanntester Fußballadresse, wechselte. Zuvor hütete er bei Gladsaxe Kopenhagen, wo er in den Wintermonaten im Handballteam spielte, und Hvidore IK das Tor. 1988 nahm Schmeichel mit der EM erstmals an einem großen internationalen Turnier teil. 1990 wurde er in seiner Heimat erstmals „Fußballer des Jahres". Nach vier nationalen Meistertiteln mit Bröndby wechselte Schmeichel 1991 zu Manchester United, wo er als Nr. 1 die erfolgreichste Ära der Vereinsgeschichte mitgestalten durfte. Der dänische Hüne wurde mit ManU fünfmal englischer Meister, gewann dreimal den FA-Cup und als Krönung 1999 die Champions League.

Der größte Triumph in seiner Karriere war allerdings wohl der sensationelle Gewinn der EM 1992 mit Dänemark, zu dem Schmeichel erheblich beitrug. Im Elfmeterschießen des Halbfinales gegen die Niederlande parierte er einen Elfer Marco van Bastens. Ebenfalls 1992 wurde Schmeichel zum „Welttorhüter" gewählt, ein Jahr später erfolgte seine Wiederwahl. Auch bei den EM-Turnieren 1996 und 2000 stand er zwischen den Pfosten und ist mit Lothar Matthäus und dem Niederländer Aaron Winter der einzige Spieler, der bei vier Endrunden dabei war.
- EM-Teilnehmer 1988, 1992, 1996, 2000. Europameister 1992. 129 Länderspiele (0 Tore), davon 13 EM-Spiele

Schumacher, Harald (6.3.1954)

Seine Vorbilder hießen Toni Turek und Fritz Herkenrath. Harald „Toni" Schumacher wechselte 1972 18-jährig von seinem Stammverein Schwarz-Weiß Düren zum Profiklub 1. FC Köln. In seinen ersten Profijahren galt Schumacher als Unsicherheitsfaktor und „Zappelphilipp", weshalb er zur Saison 1977/78 das Trikot mit der Nr. 1 an eine Neuverpflichtung abgeben sollte. Doch der Neue kam nicht. Stattdessen stieg Schumacher zu einem Keeper der Extraklasse auf und hatte wesentlichen Anteil daran, dass der 1. FC Köln 1978 das „Double" aus Meisterschaft und DFB-Pokal gewann. Sein Debüt in der DFB-Elf feierte Schumacher am 26. Mai 1979. Dass Schumacher dann bereits bei der EM 1980 die Nr. 1 im deutschen Tor war, hatte er dem Umstand zu verdanken, dass sich mit Norbert Nigbur just jener Keeper verletzte, den der 1. FC Köln im Sommer 1977 als neuen Stammkeeper verpflichten wollte. In Italien war der 26-jährige Schumacher ein starker Rückhalt der DFB-Elf und ließ in den vier Spielen nur drei Gegentreffer zu. Die Fachpresse pries seine Reflexe, sein sicheres Stellungsspiel sowie seine weiten Faustabwehren.

Bei der EM 1984 schied das DFB-Team bereits nach der Vorrunde aus. Schumacher gehörte zu den wenigen Spielern, die trotzdem gute Kritiken erhielten. Im selben Jahr wurde der Keeper erstmals zum „Fußballer des Jahres" in Deutschland gewählt. Im März 1987 veröffentlichte Schumacher eine Autobiographie mit dem Titel „Anpfiff – Enthüllungen über den deutschen Fußball". Der DFB reagierte mit dem vorzeitigen Abpfiff der Nationalspielerkarriere des Keepers. Auch beim 1. FC Köln wurde Schumacher geschasst, der nun in die Türkei zu Fenerbahce Istanbul flüchtete. Dort wurde er auf Anhieb Meister und zum „Torhüter des Jahres" gewählt.

■ EM-Teilnehmer 1980, 1984. Europameister 1980. 76 Länderspiele (0 Tore) für den DFB, davon 7 EM-Spiele

Schuster, Bernd (22.12.1959)

Der „blonde Engel" war im Alter von 20 Jahren bereits Spielmacher der deutschen Nationalelf und der beste Spieler bei der EM 1980. Dass nicht er, sondern Rummenigge diesen offiziellen Titel erhielt, lag wohl daran, dass Schuster nur zwei Spiele über die volle Distanz absolvierte. Bei der anschließenden Wahl zum „Fußballer des Jahres" in Europa landete Schuster auf Platz zwei. Doch die EM 1980 sollte Schusters einziges großes Turnier bleiben. An der WM 1982 konnte er verletzungsbedingt nicht teilnehmen. Später überwarf er sich mit dem damaligen Bundestrainer Jupp Derwall. 1986 erklärte er sich nur gegen Zahlung einer Prämie von 1 Mio. DM zur Rückkehr in die Nationalelf bereit. 1990 ignorierte ihn Teamchef Beckenbauer, 1994 kopierte dies Vogts.

Nach der EM 1980 wechselte Schuster vom 1. FC Köln zum FC Barcelona. Dort zeigte er „eine Brillanz am Ball, wie sie nach ihm im deutschen Fußball keiner mehr hatte. Ein großer Blonder, ein Spielmacher wie Netzer, – und doch einer, der das Dilemma dieses Spielertypus verkörperte. Es wurde das ewige Problem deutscher Spielmacher: entweder Macho oder Mimose, entweder zu egomanisch wie Schuster und Effenberg oder zu sanft-verletzlich wie Bein, Scholl, Deisler – nie die goldene Mitte aus Ego und Eleganz, aus Aggression und Integration." (Christian Eichler in der *FAZ am Sonntag*). Nach acht Jahren „Barça" Wechsel zu Real Madrid (1988-90), anschließend noch drei Jahre beim Lokalrivalen Atletico (1990-93). Nach 13 Jahren Spanien kehrte Schuster nach Deutschland zurück, wo er noch drei Jahre für Bayer Leverkusen spielte (1993-96) und das Kunststück fertigbrachte, bei der Wahl des „Tores des Jahres" die Plätze eins bis drei zu belegen. Als Trainer zurück nach Spanien; im Sommer 2007 wurde das „Barça"-Mitglied Trainer bei Real Madrid.

■ EM-Teilnehmer 1980. Europameister 1980. 21 Länderspiele (4 Tore) für Deutschland, davon 2 EM-Spiele (0 Tore)

Shearer, Alan (13.8.1970)

Der aus Newcastle stammende Stürmer erzielte in 17 Jahren Profifußball für seine Vereine (Southampton, Blackburn Rovers, Newcastle United) und die englische Nationalelf insgesamt 422 Tore. Mit 260 Toren führt Shearer die „ewige Torschützenliste" der Premier League an. In der „ewigen Torschützenliste" der EM liegt Shearer mit sieben Treffern bislang hinter Platini auf Platz zwei. Bei der EM 1996 gewann er mit fünf Toren die Torschützenkanone.
■ EM-Teilnehmer 1992, 1996, 2000. 63 Länderspiele (30 Tore) für England, davon 8 EM-Spiele (7 Tore)

Suarez, Luis Miramontes (3.5.1935)

Der geniale Offensivspieler und Spielgestalter, aufgrund seines Spielverständnisses auch „Architekt" genannt, begann seine Profikarriere bei Deportivo La Coruña. 1954 Wechsel zum FC Barcelona, wo er zum Star der Mannschaft avancierte. 1961 nahm ihn Inter Mailand unter Vertrag und zahlte dafür an „Barça" die Rekordablöse von 2,8 Mio. DM. Suarez' Jahresgehalt soll 700.000 DM betragen haben. Mit Inter gewann er 1964 und 1965 den Europapokal der Landesmeister. Seine letzten Profijahre verbrachte er bei Sampdoria Genua (1970-73). Suarez, der häufig mit Pelé verglichen wurde, bestritt für „Barça", Inter und Sampdoria insgesamt 545 Ligaspiele (165 Tore). 1960 wurde Suarez Europas „Fußballer des Jahres" – neben Di Stefano bis heute der einzige Spanier, dem diese Ehre zuteil wurde. Bei der EM 1964 war der 29-jährige Suarez in einer jungen spanischen Mannschaft ein wichtiger Leistungsträger. Aufgrund seines Italien-Engagements kam einer der größten Fußballer der spanischen und europäischen Fußballgeschichte nur auf 32 Länderspiele für die *Selección*.
■ EM-Teilnehmer 1964. Europameister 1964. 32 Länderspiele (13 Tore) für Spanien, davon 2 EM-Spiele (0 Tore)

Thuram, Lilian (1.1.1972)

Der geniale Innenverteidiger der französischen Nationalelf wuchs in Guadeloupe auf. Thuram begann seine Profikarriere 1990 beim AS Monaco. 1996 Wechsel in die italienische Serie A, zunächst zum AC Parma, 2001 zu Juventus Turin. Mit einer Ablöse von 35 Mio. Euro war Thuram damals der teuerste Abwehrspieler der Welt. Nach dem Zwangsabstieg „Juves" verließ der mittlerweile 34-Jährige im Sommer 2006 Italien und schloss sich dem FC Barcelona an. Thurams erstes internationales Turnier war die EM 1996. Seine einzigen beiden Tore im Nationaltrikot erzielte Frankreichs Rekordinternationaler im Halbfinale der WM 1998 gegen Kroatien (2:1). Die *Équipe Tricolore* wurde mit Thuram Weltmeister und zwei Jahre später auch Europameister. Mit 14 Endrundeneinsätzen gehört er zu den Rekordspielern der EM.
In seiner Branche ist Thuram der Vorkämpfer gegen den Rassismus schlechthin. 2001 erhielt er den Charity Award des europaweiten Anti-Rassismus-Netzwerks FARE (Football Against Racism in Europe). Die französische Regierung berief den Fußballer in ihren Integrationsrat. Als 2005 in den Pariser Banlieus schwere Unruhen ausbrachen, avancierte Thuram zum lautstärksten und populärsten Gegenspieler des autoritären konservativen Innenministers und späteren Staatspräsidenten Nicolas Sarkozy, der die randalierenden Jugendlichen als „Gesindel" und „Taugenichtse" beschimpfte und zur Reinigung der Banlieus von diesen Menschen mit Hochdruckreinigern aufrief. Thuram: „Wenn Sie diese Menschen als Gesindel bezeichnen, fühle ich mich auch angesprochen, da ich auch aus einem Banlieu komme."
■ EM-Teilnehmer 1996, 2000, 2004. Europameister 2000. 130 Länderspiele (2 Tore) für Frankreich, davon 14 EM-Spiele

Trézéguet, David (15.10.1977)

Der Sohn des argentinischen Fußballers Jorge Trézéguet, der französischer Abstammung war, verbrachte seine Juniorenjahre in Argentinien beim Club Atlético Platense. 1995 Wechsel zum AS Monaco, mit dem er 1997 französischer Meister wurde – mit Thierry Henry als Sturmpartner. 1996 hatte Trézéguet mit Frankreich die U-19-EM gewonnen. Im Finale der EM 2000 erzielte der eingewechselte Trézéguet in der 103. Minute das „Golden Goal" für seine Équipe Tricolore. Im Finale der WM 2006 war der hochgewachsene Stürmer (1,90 m) weniger vom Glück verfolgt. Beim Elfmeterschießen war er der einzige Schütze, der verschoss, wodurch Italien Weltmeister wurde. Seit Sommer 2000 bei Juventus Turin. Der AS Monaco kassierte beim Wechsel 22 Mio. Euro. 2002 Torschützenkönig in der Serie A und Italiens „Fußballer des Jahres". Trézéguet blieb auch nach „Juves" Zwangsabstieg 2006 und trug in der folgenden Saison zum sofortigen Wiederaufstieg bei.

■ EM-Teilnehmer 2000, 2004. Europameister 2000. 69 Länderspiele (34 Tore) für Frankreich, davon 7 EM-Spiele (3 Tore)

Viktor, Ivo (21.5.1942)

Der legendäre tschechische Keeper stellte sich erstmals im Alter von 14 Jahren zwischen die Pfosten. Sein Klub hieß damals Sparta Sternberk. Viktor, dessen Stärken Ruhe und Abgeklärtheit waren, spielte von 1963 bis zu seinem Karriereende 1977 bei Dukla Prag und war 17-mal Kapitän der tschechoslowakischen Nationalelf. Bei der EM 1976 wurde er zum besten Keeper des Turniers gekürt. Im selben Jahr landete er bei der Wahl von Europas „Fußballer des Jahres" auf Platz drei. In der Heimat wurde Viktor fünfmal (1968, 1972, 1973, 1975 und natürlich 1976) zum „Fußballer des Jahres" gewählt. Der beste Torhüter Tschechiens wird heute alljährlich mit dem „Ivo-Viktor-Preis" ausgezeichnet.

■ EM-Teilnehmer 1976. Europameister 1976. 63 Länderspiele (0 Tore) für die Tschechoslowakei, davon 2 EM-Spiele

Zagorakis, Theodoros (27.10.1971)

Mannschaftskapitän des Überraschungs-Europameisters von 2004. Der Mittelfeld- und Abwehrspieler wurde anschließend zum „Spieler der EURO 2004" gewählt. Gerard Houllier, französisches Mitglied der Technischen UEFA-Kommission: „Im Verlauf des Turniers und auch im Finale gegen Portugal hat er Führungsqualitäten, spielerische sowie technische Fähigkeiten und seinen Charakter gezeigt." Nach dem Finale war Zagorakis auch als „Man of the match" ausgezeichnet worden. Bei der Wahl von Europas „Fußballer des Jahres" landete er im EM-Jahr auf Platz fünf. Zagorakis spielte 1992-98 bei PAOK Saloniki. Im Sommer 1998 Wechsel in die englische Premier League zu Leicester City (für 1,2 Mio. Euro). Zwei Jahre später kehrte Zagorakis zurück in die griechische Heimat, wo er sich AEK Athen anschloss. Von dort ging es nach der EM 2004, wegen ausstehender Gehaltszahlungen, zum FC Bologna. 2005-07 spielte Griechenlands Rekordinternationaler noch einmal für PAOK Saloniki, wo er seine Profikarriere ausklingen ließ. Sein letztes Länderspiel bestritt Zagorakis im Oktober 2006 in der EM-Qualifikation gegen Bosnien-Herzegowina (4:0). In seiner langjährigen Nationalspielerkarriere verpasste der Grieche niemals ein Länderspiel wegen einer Verletzung.

■ EM-Teilnehmer 2004. Europameister 2004. 119 Länderspiele (3 Tore), davon 6 EM-Spiele (0 Tore)

Zidane, Zinedine (23.6.1972)

„Bei Zidane beginnt der Ball sich wohl zu fühlen." So die *Frankfurter Rundschau* über den französischen Mittelfeldstrategen. *Der Spiegel* beschrieb ihn als „Feinmechaniker des Fußballgeschäfts". Für den *Kicker* repräsentierte Zidanes Auftritt beim EM-Turnier 2000 „eine selten erlebte Symbiose aus brillanter, unberechenbarer Technik, fulminanter Schusskraft, strategischen Fähigkeiten, eines ausgeprägten Gefühls für Rhythmuswechsel" und „immenser Willenskraft". Zidane sei eine „filigrane Kampfmaschine".

Zidane, Sohn algerischer Einwanderer und in Marseilles Einwandererviertel Cité Castellane aufgewachsen, war die zentrale Figur im französischen Multi-Kulti-Team, das 1998 Welt- und 2000 Europameister wurde. 1998 wurde die „weiße Katze" Europas „Fußballer des Jahres", 1998, 2000, 2003 „Weltfußballer des Jahres" und 1998 „Weltsportler des Jahres".

Dabei hatte Zidane auf dem Weg zum Weltstar so manches Hindernis aus dem Weg zu räumen. Als er 14 war, wurde er zu einem Sichtungslehrgang in Aix-de-Provence nicht zugelassen, weil „er nicht aussieht wie ein Franzose". Zidane spielte als Profi zunächst für AS Cannes (1986-92), Girondins Bordeaux (1992-96) und Juventus Turin (1996-2001). Im Sommer 2001 wechselte der Franzose für 76 Mio. Euro zu Real Madrid und war damit der teuerste Einkauf in der Geschichte des Klubs. Mit Zidane gewann Real 2002 im Jahr seines 100. Jubiläums zum neunten Mal den Europapokal der Landesmeister bzw. die Champions League. Beim 2:1-Finalsieg über Bayer Leverkusen erzielte Zidane mit einem genialen Treffer das Siegtor. Nach der WM 2006, bei der er mit der *Équipe Tricolore* Vizeweltmeister wurde, beendete Zidane seine Profilaufbahn. Mit 14 Einsätzen ist er einer der vier EM-Rekordspieler.

■ EM-Teilnehmer 1996, 2000, 2004. Europameister 2000. 108 Länderspiele (31 Tore) für Frankreich, davon 14 EM-Spiele (5 Tore)

Zoff, Dino (18.2.1942)

Seinen ersten Titel mit Italien errang der Keeper als 26-Jähriger 1968 mit dem Gewinn der Europameisterschaft. Seinen letzten Titel 14 Jahre später als 40-Jähriger 1982 mit dem Gewinn der Weltmeisterschaft. Bei der EM 2000 führte Zoff die *Squadra Azzurra* dann als Trainer bis ins Finale.

Zoff wollte „immer nur ins Tor, schon als vierjähriges Kind. Ich denke, es war eine Berufung. Ich wollte nie ein Stürmer oder Mittelfeldspieler sein." Der Keeper Zoff glänzte mit überragendem Stellungsspiel, Ruhe und Souveränität. „Dino Nazionale" kassierte in mehr als der Hälfte seiner 112. Länderspiele kein Gegentor und musste 1.142 Länderspielminuten in Folge nicht hinter sich greifen. Zoff trug 59-mal die Kapitänsbinde der *Squadra Azzurra*. Bei der Wahl des „Welttorhüters des 20. Jahrhunderts" landete er hinter Lew Jaschin und Gordon Banks auf Platz drei. Für seinen Klub Juventus Turin bestritt Zoff 570 Spiele in der Serie A, davon 332 ohne Unterbrechung. Das simple Geheimnis einer derartig langen Karriere: „Ich habe stets solide gelebt." Ludger Schulze über den Torwart: „Viele Experten haben sich gefragt, was den Torwart eigentlich so heraushebe unter Seinesgleichen, und zuckten am Ende ratlos mit den Achseln. Nüchtern, solide, aufmerksam und entschlossen sind auch andere mit der Nummer 1. Doch von Flair keine Spur, kein Gedanke an die schräge Verrücktheit des Schlussmannes, Zoff hielt, was zu halten war – basta. Nur – an einen Fehler des schönen Italieners, an irgendeinen, kann sich niemand erinnern."

■ EM-Teilnehmer 1968, 1980 (Spieler), 2000 (Trainer). Europameister 1968, EM-Vierter 1980 (Spieler), Vizeeuropameister 2000 (Trainer). 112 Länderspiele (0 Tore) für Italien, davon 7 EM-Spiele

Statistik der EM-Turniere

1960

Qualifikation: Irland - Tschechoslowakei 2:0, 0:4.
Achtelfinale
Sowjetunion - Ungarn 3:1, 1:0; Spanien - Polen 4:2, 3:0; Rumänien - Türkei 3:0, 0:2; Tschechoslowakei - Dänemark 2:2, 5:1; Portugal - DDR 2:0, 3:2; Jugoslawien - Bulgarien 2:0, 1:1; Frankreich - Griechenland 7:1, 1:1; Österreich - Norwegen 1:0, 5:2.
Viertelfinale
Tschechoslowakei - Rumänien 2:0, 3:0; Jugoslawien - Portugal 1:2, 5:1; Frankreich -Österreich 5:2, 4:2; Spanien gegen Sowjetunion nicht angetreten.

Endrunde (Frankreich, 6. - 10. Juli 1960)
Halbfinale:
Sowjetunion - Tschechoslowakei 3:0 (Marseille)
Jugoslawien - Frankreich 5:4 (Paris)
Spiel um 3. Platz:
Tschechoslowakei - Frankreich 2:0 (Marseille)
Finale: Sowjetunion - Jugoslawien 2:1 n.V. (Paris)
Europameister 1960: Sowjetunion

1964

Vorrunde
Norwegen - Schweden 0:2,1:1; Dänemark - Malta 6:1,3:1; Irland -Island 4:2,1:1; England - Frankreich 1:1,2:5; Polen - Nordirland 0:2, 0:2; Spanien - Rumänien 6:0, 1 :3; Jugoslawien - Belgien 3:2, 1:0; Ungarn - Wales 3:1, 1:1; Bulgarien - Portugal 3:1, 1:3, 1:0 (Rom); Niederlande - Schweiz 3:1, 1:1; DDR - Tschechoslowakei 2:1, 1:1; Italien - Türkei 6:0, 1 :0; Griechenland gegen Albanien nicht angetreten.
Achtelfinale
Spanien - Nordirland 1:1, 1:0; Jugoslawien - Schweden 0:0, 2:3; Dänemark - Albanien 4:0, 0:1; Österreich - Irland 0:0 2:3; Luxemburg - Niederlande 1:1, 2:1 (beide Spiele in den Niederlanden); Bulgarien - Frankreich 1:0,1:3; Sowjetunion - Italien 2:0,1:1; DDR - Ungarn 1 :2,3:3.
Viertelfinale
Luxemburg - Dänemark 3:3, 2:2, 0:1 (Amsterdam); Spanien - Irland 5:1, 2:0; Frankreich - Ungarn 1:3, 1:2; Schweden - Sowjetunion 1:1, 1:3.

Endrunde (Spanien, 17. - 21. Juni 1964)
Halbfinale:
Spanien - Ungarn n. V. 2:1 (Madrid)
Sowjetunion - Dänemark 3:0 (Barcelona)
Spiel um 3. Platz:
Ungarn - Dänemark 3:1 n.V. (Barcelona)
Finale: Spanien - Sowjetunion 2:1 (Madrid)
Europameister 1964: Spanien

1968

Qualifikation
Gruppe 1: Spanien - Tschechoslowakei 2:1, 0:1; Spanien -Irland 2:0, 0:0; Spanien - Türkei 2:0, 0:0; Tschechoslowakei - Irland 2:0, 1:2; Tschechoslowakei - Türkei - 3:0, 0:0; Irland - Türkei 2:1, 1:2. Qualifiziert: Spanien.
Gruppe 2: Bulgarien - Portugal 1 :0, 0:0; Bulgarien - Schweden 3:0, 2:0; Bulgarien - Norwegen 4:2, 0:0; Portugal - Schweden 1:2, 1:1 ; Portugal - Norwegen 2:1 , 2:1; Schweden - Norwegen 5:2,1:3. Qualifiziert: Bulgarien.
Gruppe 3: Sowjetunion - Griechenland 4:0, 1:0; Sowjetunion - Österreich 4:3, 0:1; Sowjetunion - Finnland 2:0, 5:2; Griechenland - Österreich 4:1, 1:1 abgebrochen (nicht gewertet); Griechenland - Finnland 2:1, 1:1 Österreich - Finnland 2:1,0:0. Qualifiziert: Sowjetunion.
Gruppe 4: Jugoslawien - Deutschland 1:0, 1:3; Jugoslawien - Albanien 4:0, 2:0; Deutschland - Albanien 6:0, 0:0. Qualifiziert: Jugoslawien.
Gruppe 5: Ungarn - DDR 3:1, 0:1; Ungarn - Niederlande 2:1, 2:2; Ungarn - Dänemark 6:0, 2:0;

DDR - Niederlande 4:3,0:1; DDR - Dänemark 3:2, 1:1; Niederlande - Dänemark 2:0,2:3. Qualifiziert Ungarn.
Gruppe 6: Italien - Rumänien 3:1, 1 :0; Italien - Schweiz 4:0, 2:2; Italien - Zypern 5:0, 2:0; Rumänien - Schweiz 4:2, 1 :7; Rumänien - Zypern 7:0, 5:1; Schweiz - Zypern 5:0, 1 :2. Qualifiziert: Italien.
Gruppe 7: Frankreich - Belgien 1:1, 1 :2; Frankreich - Polen 2:1, 4:1; Frankreich - Luxemburg 3:1,3:0; Belgien - Polen 2:4, 1:3; Belgien - Luxemburg 3:0, 5:0; Polen - Luxemburg 4:0, 0:0. Qualifiziert: Frankreich..
Gruppe 8: England - Schottland 2:3, 1:1; England - Wales 5:1, 3:0; England - Nordirland 2:0, 2:0; Schottland - Wales 3:2, 1:1; Schottland - Nordirland 2:1,0:1; Wales - Nordirland 2:0, 0:0. Qualifiziert: England.

Viertelfinale
Frankreich - Jugoslawien 1:1, 1:5; Bulgarien - Italien 3:2, 0:2; Ungarn - Sowjetunion 2:0, 0:3; England - Spanien 1 :0, 2:1.

Endrunde (Italien, 5. - 10. Juni 1968)
Halbfinale:
Italien - Sowjetunion n. V. 0:0, Los für Italien (Neapel)
Jugoslawien - England 1:0 (Florenz)
Spiel um 3. Platz: England - Sowjetunion 2:0 (Rom)
Finale: Italien - Jugoslawien 1:1 n.V. (Rom)
Wiederholungsspiel: Italien - Jugoslawien 2:0 (Rom)
Europameister 1968: Italien

1972

Qualifikation
Gruppe 1: Rumänien - Tschechoslowakei 2:1, 0:1; Rumänien - Wales 2:0, 0:0; Rumänien - Finnland 3:0, 4:0; Tschechoslowakei - Wales 1:0, 3:1; Tschechoslowakei - Finnland 1:1, 4:0; Wales - Finnland 3:0, 1:0. Qualifiziert: Rumänien.
Gruppe 2: Ungarn - Bulgarien 2:0, 0:3; Ungarn - Frankreich 1:1, 2:0; Ungarn - Norwegen 4:0, 3:1; Bulgarien - Frankreich 2:1, 1:2; Bulgarien - Norwegen 1:1, 4:1; Frankreich - Norwegen 3:1, 3:1. Qualifiziert: Ungarn.
Gruppe 3: England - Schweiz 1:1, 3:2; England - Griechenland 3:0, 2:0; England - Malta 5:0, 1:0; Schweiz - Griechenland 1:0, 1:0; Schweiz - Malta 5:0, 2:1; Griechenland - Malta 2:0, 1:1. Qualifiziert: England.

Gruppe 4: Sowjetunion - Spanien 2:1, 0:0; Sowjetunion - Nordirland 1:0, 1:1; Sowjetunion - Zypern 6:1, 3:1; Spanien - Nordirland 3:0, 1:1; Spanien - Zypern 7:0, 2:0; Nordirland - Zypern 5:0, 3:0. Qualifiziert: Sowjetunion.
Gruppe 5: Belgien - Portugal 3:0, 1:1; Belgien - Schottland 3:0, 0:1; Belgien - Dänemark 2:0, 2:1; Portugal - Schottland 2:0, 1:2; Portugal - Dänemark 5:0, 1:0; Schottland - Dänemark 1:0, 0:1. Qualifiziert: Belgien.
Gruppe 6: Italien - Österreich 2:2, 2:1; Italien - Schweden 3:0, 0:0; Italien -Irland 3:0, 2:1; Österreich - Schweden 1 :0,0:1; Österreich - Irland 6:0, 4:1; Schweden - Irland 1:0, 1:1. Qualifiziert: Italien.
Gruppe 7: Jugoslawien - Niederlande 2:0, 1:1; Jugoslawien - DDR 0:0, 2:1; Jugoslawien - Luxemburg 0:0, 2:0; Niederlande - DDR 3:2, 0:1; Niederlande - Luxemburg 6:0, 8:0; DDR - Luxemburg 2:1,5:0. Qualifiziert: Jugoslawien.
Gruppe 8: Deutschland - Polen 0:0, 3:1; Deutschland - Türkei 1:1, 3:0; Deutschland - Albanien 2:0, 1:0; Polen - Türkei 5:1, 0:1; Polen - Albanien 3:0, 1:1; Türkei - Albanien 2:1,0:3. Qualifiziert: Deutschland.

Viertelfinale
England - Deutschland 1:3, 0:0; Italien - Belgien 0:0, 1:2; Jugoslawien - Sowjetunion 0:0, 0:3; Ungarn - Rumänien 1:1, 2:2, 2:1 (Belgrad).

Endrunde (Belgien, 14. - 18. Juni 1972)
Halbfinale:
Sowjetunion - Ungarn 1:0 (Brüssel)
Belgien - Deutschland 1:2 (Antwerpen)
Spiel um 3. Platz: Belgien - Ungarn 2:1 (Lüttich)
Finale: Deutschland - Sowjetunion 3:0 (Brüssel)
Europameister 1972: Deutschland

1976

Qualifikation
Gruppe 1: Tschechoslowakei - England 2:1, 0:3; Tschechoslowakei - Portugal 5:0, 1:1; Tschechoslowakei - Zypern 4:0, 3:0; England - Portugal 0:0, 1:1; England - Zypern 5:0, 1:0; Portugal - Zypern 1:0, 2:0. Qualifiziert: Tschechoslowakei.
Gruppe 2: Wales - Ungarn 2:0, 2:1; Wales -

Österreich 1:0, 1:2; Wales - Luxemburg 5:0, 3:1; Ungarn - Österreich 2:1, 0:0; Ungarn - Luxemburg 8:1, 4:2; Österreich - Luxemburg 6:2, 2:1. Qualifiziert: Wales.
Gruppe 3: Jugoslawien - Nordirland 1:0, 0:1 ; Jugoslawien - Schweden 3:0, 2:1 ; Jugoslawien - Norwegen 3:1, 3:1; Nordirland - Schweden 1:2, 2:0; Nordirland - Norwegen 3:0, 1:2; Schweden - Norwegen 3:1, 2:0. Qualifiziert: Jugoslawien.
Gruppe 4: Spanien - Rumänien 1:1, 2:2; Spanien - Schottland 1:1, 2:1; Spanien - Dänemark 2:0, 2:1; Rumänien - Schottland 1:1, 1:1; Rumänien - Dänemark 6:1, 0:0; Schottland - Dänemark 3:1, 1:0. Qualifiziert: Spanien.
Gruppe 5: Niederlande - Polen 3:0, 1:4; Niederlande - Italien 3:1, 0:1; Niederlande - Finnland 4:1, 3:1; Polen - Italien 0:0, 0:0; Polen - Finnland 3:0, 2:1; Italien - Finnland 0:0, 1:0. Qualifiziert: Niederlande.
Gruppe 6: Sowjetunion - Irland 2:1, 0:3; Sowjetunion - Türkei 3:0, 0:1 ;Sowjetunion - Schweiz 4:1, 1:0; Irland - Türkei 4:0, 1:1; Irland - Schweiz 2:1, 0:1; Türkei - Schweiz 2:1, 1:1. Qualifiziert: Sowjetunion.
Gruppe 7: Belgien - DDR 1:2, 0:0; Belgien - Frankreich 2:1, 0:0; Belgien - Island 1:0, 2:0; DDR - Frankreich 2:1, 2:2; DDR - Island 1:1, 1:2; Frankreich - Island 3:0, 0:0. Qualifiziert: Belgien.
Gruppe 8: Deutschland - Griechenland 1:1, 2:2; Deutschland - Bulgarien 1:0, 1:1; Deutschland - Malta 8:0, 1:0; Griechenland - Bulgarien 2:1, 3:3; Griechenland - Malta 4:0, 0:2; Bulgarien - Malta 5:0, 2:0. Qualifiziert: Deutschland.

Viertelfinale
Spanien - Deutschland 1:1, 0:2; Niederlande - Belgien 5:0, 2:1; Jugoslawien - Wales 2:0, 1:1; Tschechoslowakei - Sowjetunion 2:0, 2:2.

Endrunde (Jugoslawien, 16. - 20. Juni 1976)
Halbfinale:
Tschechoslowakei - Niederlande n. V. 3:1 (Zagreb)
Jugoslawien - Deutschland n. V. 2:4 (Belgrad)
Spiel um 3. Platz:
Niederlande - Jugoslawien 3:2 (Zagreb) n. V.
Finale: Tschechoslowakei - Deutschland n. V. 2:2 nV., 5:3 i.E. (Belgrad)
Europameister 1976: Tschechoslowakei

1980

Qualifikation
Gruppe 1: England - Nordirland 4:0, 5:1; England - Irland 2:0, 1:1; England - Bulgarien 2:0, 3:0; England - Dänemark 1:0, 4:3; Nordirland - Irland 1:0, 0:0; Nordirland - Bulgarien 2:0, 2:0; Nordirland - Dänemark 2:1, 0:4; Irland - Bulgarien 3:0, 0:1; Irland - Dänemark 2:0, 3:3; Bulgarien - Dänemark 3:0, 2:2. Qualifiziert: England.
Gruppe 2: Belgien - Österreich 1:1, 0:0; Belgien - Portugal 2:0, 1:1; Belgien - Schottland 2:0, 3:1; Belgien - Norwegen 1:1, 2:1; Österreich - Portugal 1:2, 2:1; Österreich - Schottland 3:2, 1:1; Österreich - Norwegen 4:0, 2:0; Portugal- Schottland 1:0, 1:4; Portugal - Norwegen 3:1, 1:0; Schottland - Norwegen 3:2, 4:0. Qualifiziert: Belgien.
Gruppe 3: Spanien - Jugoslawien 0:1, 2:1; Spanien - Rumänien 1:0, 2:2; Spanien - Zypern 5:0, 3:1; Jugoslawien - Rumänien 2:1, 2:3; Jugoslawien - Zypern 5:0, 3:0; Rumänien - Zypern 2:0, 1:1. Qualifiziert: Spanien.
Gruppe 4: Niederlande - Polen 1:1, 0:2; Niederlande - DDR 3:0, 3:2; Niederlande - Schweiz 3:0, 3:1; Niederlande - Island 3:0, 4:0; Polen - DDR 1:1, 1:2; Polen - Schweiz 2:0, 2:0; Polen-Island 2:0, 2:0; DDR - Schweiz 5:2, 2:0; DDR - Island 3:1, 3:0; Schweiz - Island 2:0, 2:1. Qualifiziert: Niederlande.
Gruppe 5: Tschechoslowakei - Frankreich 2:0, 1:2; Tschechoslowakei - Schweden 4:1, 3:1; Tschechoslowakei - Luxemburg 4:0, 3:0; Frankreich - Schweden 2:2, 3:1; Schweden - Luxemburg 3:0, 1:1; Frankreich - Luxemburg 3:0, 3:1. Qualifiziert: Tschechoslowakei.
Gruppe 6: Griechenland - Ungarn 4:1, 0:0; Griechenland - Finnland 8:1, 0:3,1:8; Griechenland - Sowjetunion 1:0, 0:2; Ungarn - Finnland 3:1, 1:2; Ungarn - Sowjetunion 2:0, 2:2; Finnland - UdSSR 1:1, 2:2. Qualifiziert: Griechenland.
Gruppe 7: Deutschland - Türkei 2:0, 0:0; Deutschland - Wales 5:1, 2:0; Deutschland-Malta 8:0, 0:0; Türkei - Wales 1:0, 0:1; Türkei - Malta 2:1, 2:1; Wales - Malta 7:0, 2:0. Qualifiziert: Deutschland.

Italien als Ausrichter automatisch qualifiziert.

Endrunde (Italien, 11. - 22. Juni 1980)
Gruppe 1: Deutschland - Tschechoslowakei 1:0 (Rom), Griechenland - Niederlande 0:1 (Neapel), Deutschland - Niederlande 3:2 (Neapel), Tschechoslowakei - Griechenland 3:1 (Rom),

Deutschland - Griechenland 0:0 (Turin), Tschechoslowakei - Niederlande 1:1 (Mailand).

1. Deutschland	4:2	5-1
2. Tschechoslow.	4:3	3-3
3. Niederlande	4:4	3-3
4. Griechenland	1:4	1-5

Gruppe 2: Belgien - England 1:1 (Turin), Spanien - Italien 0:0 (Mailand), Spanien - Belgien 1:2 (Mailand), Italien - England 1:0 (Turin), Spanien - England 1:2 (Neapel), Italien - Belgien 0:0 (Rom).

1. Belgien	3:2	4-2
2. Italien	1:0	4-2
3. England	3:3	3-3
4. Spanien	2:4	1-5

Spiel um 3. Platz:
Tschechoslowakei - Italien 1:1 n.V., 9:8 i.E.
Finale: Deutschland - Belgien 2:1 (Rom)
Europameister 1980: Deutschland

1984

Qualifikation
Gruppe 1: Belgien - Schweiz 3:0,1:3; Belgien - DDR 2:1, 2:1; Belgien - Schottland 3:2, 1:1; Schweiz - DDR 0:0, 0:3; Schweiz - Schottland 2:0, 2:2; DDR - Schottland - DDR 2:1, 0:2. Qualifiziert: Belgien.
Gruppe 2: Portugal - Sowjetunion 1:0, 0:5; Portugal - Polen 2:1, 1:0; Portugal - Finnland 5:0, 2:0; Sowjetunion - Finnland 2:0, 1:0; Sowjetunion - Polen 2:0, 1:1; Polen - Finnland 1:1, 3:2.
Qualifiziert: Portugal.
Gruppe 3: Dänemark - England 2:2, 1:0; Dänemark - Griechenland 1:0, 2:0; Dänemark - Ungarn 3:1, 0:1; Dänemark - Luxemburg 6:0, 2:1; England - Griechenland 0:0, 3:0; England - Ungarn 2:0, 3:0; England - Luxemburg 9:0, 4:0; Griechenland - Ungarn 2:2, 3:2; Griechenland - Luxemburg 1:0, 2:0 ; Ungarn - Luxemburg 6:2, 6:2. Qualifiziert: Dänemark.
Gruppe 4: Jugoslawien - Wales 4:4, 1:1; Jugoslawien - Bulgarien 3:2, 1:0; Jugoslawien - Norwegen 2:1, 1:3; Wales - Bulgarien 1:0, 0:1; Wales - Norwegen 1:0, 0:0; Bulgarien - Norwegen 2:2, 2:1. Qualifiziert: Jugoslawien.
Gruppe 5: Rumänien - Schweden 2:0, 1:0; Rumänien - Tschechoslowakei 0:1, 1:1; Rumänien - Italien 1:0, 0:0; Rumänien - Zypern 3:1, 1:0; Schweden - Tschechoslowakei 1:0, 2:2; Schweden - Italien 2:0, 3:0; Schweden - Zypern 5:0, 1:0; Tschechoslowakei - Italien 2:0, 2:2; Tschechoslowakei - Zypern 6:0, 1:1; Italien - Zypern 3:1, 1:1. Qualifiziert: Rumänien.
Gruppe 6: Deutschland - Nordirland 0:1, 0:1; Deutschland - Österreich 3:0, 0:0; Deutschland - Türkei 5:1, 3:0; Deutschland - Albanien 2:1, 2:1; Nordirland - Österreich 3:1,0:2; Nordir-land - Türkei 2:1, 0:1; Nordirland - Albanien 1:0, 0:0; Österreich - Türkei 4:0, 1:3; Österreich - Albanien 5:0, 2:1; Türkei - Albanien 1:0, 1:1. Qualifiziert: Deutschland.
Gruppe 7: Spanien - Niederlande 1:0, 1:2; Spanien - Irland 2:0, 3:3; Spanien - Island 1:0, 1:0; Spanien - Malta 12:1, 3:2; Niederlande - Irland 2:1, 3:2; Niederlande - Island 3:0, 1:1; Niederlande - Malta 5:0, 6:0; Irland - Island 2:0, 3:0; Irland - Malta 8:0, 1:0; Island - Malta 1:0, 1:2. Qualifiziert: Spanien.
Frankreich als Ausrichter automatisch qualifiziert.

Endrunde (Frankreich 12. - 27. Juni)
Gruppe 1: Frankreich - Dänemark 1:0 (Paris); Belgien - Jugoslawien 2:0 (Lens); Frankreich - Belgien 5:0 (Nantes), Dänemark - Jugoslawien 5:0 (Lyon), Frankreich - Jugoslawien 3:2 (St. Etienne), Dänemark - Belgien 3:2 (Straßburg).

1. Frankreich	9:2	6-0
2. Dänemark	8:3	4-2
3. Belgien	4:8	2-4
4. Jugoslawien	2:10	0-6

Gruppe 2: Deutschland - Portugal 0:0 (Straßburg), Rumänien - Spanien 1:1 (St. Etienne), Deutschland - Rumänien 2:1 (Lens), Portugal - Spanien 1:1 (Marseille), Deutschland - Spanien 0:1 (Paris), Portugal - Rumänien 1:0 (Nantes).

1. Spanien	3:2	4-2
2. Portugal	2:1	4-2
3. Deutschland	2:2	3-3
4. Rumänien	2:4	1-5

Halbfinale:
Frankreich - Portugal 3:2 n.V. (Marseille)
Spanien - Dänemark 1:1 n.V., 5:4 i.E. (Lyon).
Finale: Frankreich - Spanien 2:0 (Paris)
Europameister 1984: Frankreich

1988

Qualifikation
Gruppe 1: Spanien - Rumänien 1:0, 1:3; Spanien - Österreich 2:0, 3:2; Spanien - Albanien 5:0, 2:1; Rumänien - Österreich 4:0, 0:0; Rumänien - Albanien 5:1, 1:0; Österreich - Albanien 3:0, 1:0. Qualifiziert: Spanien.
Gruppe 2: Italien - Schweden 2:1, 0:1; Italien - Portugal 3:0, 1:0; Italien - Schweiz 3:2, 0:0; Italien - Malta 5:0, 2:0; Schweden - Portugal 0:1, 1:1; Schweden - Schweiz 2:0, 1:1; Schweden - Malta 1:0, 5:0; Portugal- Schweiz 0:0, 1:1; Portugal - Malta 2:2, 1:0; Schweiz - Malta 4:1, 1:1. Qualifiziert: Italien.
Gruppe 3: Sowjetunion - DDR 2:0, 1:1; Sowjetunion - Frankreich 1:1, 2:0; Sowjetunion - Island 2:0, 1:1; Sowjetunion - Norwegen 4:0, 1:0; DDR - Frankreich 0:0, 1:0; DDR - Island 2:0, 6:0; DDR - Norwegen 3:1, 0:0; Frankreich - Island 2:0, 0:0; Frankreich - Norwegen 1:1, 0:2; Island - Norwegen 2:1,1:0. Qualifiziert: Sowjetunion.
Gruppe 4: England - Jugoslawien - 2:0, 4:1; England - Nordirland 2:0, 3:0; England - Türkei 8:0, 0:0; Jugoslawien - Nordirland 3:0, 2:1; Jugoslawien - Türkei 4:0, 3:2; Nordirland - Türkei 1:0, 0:0. Qualifiziert: England.
Gruppe 5: Niederlande - Griechenland 1:1, 3:0; Niederlande - Ungarn 2:0, 1:0; Niederlande - Polen 0:0, 2:0; Niederlande - Zypern 4:0, 2:0; Griechenland - Ungarn 2:1 , 0:3; Griechenland - Polen 1:0, 1:2; Griechenland - Zypern 3:1, 4:2; Ungarn - Polen 5:3, 2:3; Ungarn - Zypern 1:0, 1:0; Polen - Zypern 0:0, 1 :0. Qualifiziert: Niederlande.
Gruppe 6: Dänemark - Tschechoslowakei 1:1, 0:0; Dänemark - Wales 1:0, 0:1; Dänemark - Finnland 1:0, 1:0; Tschechoslowakei - Wales 2:0, 1:1; Tschechoslowakei - Finnland 3:0, 0:3; Wales - Finnland 4:0, 1:1. Qualifiziert: Dänemark.
Gruppe 7: Irland - Bulgarien 2:0, 1:2; Irland - Belgien 0:0, 2:2; Irland - Schottland 0:0, 1:0; Irland - Luxemburg 2:1, 2:0; Bulgarien - Belgien 2:0, 1:1; Bulgarien - Schottland 0:1, 0:0; Bulgarien - Luxemburg 3:0, 4:1; Belgien - Schottland 4:1, 0:2; Belgien - Luxemburg 3:0, 6:0; Schottland - Luxemburg 3:0, 0:0. Qualifiziert: Irland.

Deutschland als Ausrichter automatisch qualifiziert.

Endrunde (Deutschland, 10. - 25. Juni 1988)
Gruppe 1: Deutschland - Italien 1:1 (Düsseldorf), Dänemark - Spanien 2:3 (Hannover), Deutschland - Dänemark 2:0 (Gelsenkirchen), Italien - Spanien 1:0 (Frankfurt), Deutschland - Spanien 2:0 (München), Italien - Dänemark 2:0 (Köln).

1. Deutschland	5:1	5-1
2. Italien	4:1	5-1
3. Spanien	3:5	2-4
4. Dänemark	2:7	0-6

Gruppe 2: England - Irland 0:1 (Stuttgart), Niederlande - Sowjetunion 0:1 (Köln), England - Niederlande 1:3 (Düsseldorf), Irland - Sowjetunion 1:1 (Hannover), England - Sowjetunion 1:3 (Frankfurt), Irland - Niederlande 0:1 (Gelsenkirchen).

1. Sowjetunion	5:2	5-1
2. Niederlande	4:2	4-2
3. Irland	2:2	3-3
4. England	2:7	0-6

Halbfinale:
Deutschland - Niederlande 1 :2 (Hamburg)
Sowjetunion - Italien 2:0 (Stuttgart).
Finale: Niederlande - Sowjetunion 2:0 (München)
Europameister 1988: Niederlande

1992

Qualifikation
Gruppe 1: Frankreich - Tschechoslowakei 2:1, 2:1; Frankreich - Spanien 3:1, 2:1; Frankreich - Island 3:1, 2:1; Frankreich - Albanien 5:0, 1:0; Tschechoslowakei - Spanien 3:2, 1:2; Tschechoslowakei - Island 1:0, 1:0; Tschechoslowakei - Albanien 2:1, 2:0; Spanien - Island 2:1, 0:2; Spanien - Albanien 9:0, Rückspiel nicht ausgetragen; Island - Albanien 2:0, 0:1. Qualifiziert: Frankreich.
Gruppe 2: Schottland - Schweiz 2:1, 2:2; Schottland - Rumänien 2:1, 0:1; Schottland - Bulgarien 1:1, 1:1; Schottland - San Marino 4:0, 2:0; Schweiz - Rumänien 0:0, 0:1; Schweiz - Bulgarien 2:0, 3:2; Schweiz - San Marino 7:0, 4:0; Rumänien - Bulgarien 0:3, 1:1; Rumänien - San Marino 6:0, 3:1; Bulgarien - San Marino 4:0, 3:0. Qualifiziert: Schottland.
Gruppe 3: Sowjetunion - Italien 0:0, 0:0; Sowjetunion - Norwegen 2:0, 1:0; Sowjet-union - Ungarn 2:2, 1:0, 2:2; Sowjetunion - Zypern 4:0, 3:0; Italien - Norwegen 1:1, 1:2; Italien - Ungarn 3:1, 1:1; Italien - Zypern 2:0, 4:0; Norwegen - Ungarn 0:0, 0:0; Norwegen - Zypern 3:0, 3:0; Ungarn - Zypern 4:2,

2:0. Qualifiziert: Sowjetunion (ab 1991 als GUS)
Gruppe 4: Jugoslawien - Dänemark 1:2, 2:0; Jugoslawien - Nordirland 4:1, 2:0; Jugoslawien - Österreich 4:1, 2:0; Jugoslawien - Färöer 7:0, 2:0; Dänemark - Nordirland 2:1, 1:1; Dänemark - Österreich 2:1, 3:0 ; Dänemark - Färöer 4:1,4:0; Nordirland - Österreich 2:1, 0:0; Nordirland - Färöer 1:1, 5:0; Österreich - Färöer 3:0, 0:1. Qualifiziert: Jugoslawien; aufgrund des Bosnien-Krieges und UN-Sanktionen von Endrunde ausgeschlossen; nachträglich qualifiziert: Dänemark
Gruppe 5: Deutschland - Wales 4:1, 0:1; Deutschland - Belgien 1:0, 1:0; Deutschland - Luxemburg 4:0, 3:2; Wales - Belgien 3:1, 1:1; Wales - Luxemburg 1:0, 1:0; Belgien - Luxemburg 3:0, 2:0. Qualifiziert: Deutschland.
Gruppe 6: Niederlande - Portugal 1:0, 0:1; Niederlande - Griechenland 2:0, 2:0; Nieder-lande - Finnland 2:0, 1:1; Niederlande - Malta 1:0, 8:0; Portugal - Griechenland 1:0, 2:3; Portugal - Finnland 1:0, 0:0; Portugal - Malta 5:0, 1:0; Griechenland - Finnland 2:0, 1:1; Griechenland - Malta 4:0, 1:1; Finnland - Malta 2:0, 1:1. Qualifiziert: Niederlande.
Gruppe 7: England - Irland 1:1, 1:1; England - Polen 2:0, 1:1; England - Türkei 1:0, 1:0; Irland - Polen 0:0, 3:3; Irland - Türkei 5:0, 3:1; Polen - Türkei 3:0, 1:0. Qualifiziert: England.
Schweden als Ausrichter automatisch qualifiziert.

Endrunde (Schweden, 10. - 26. Juni 1992)
Gruppe 1: Schweden - Frankreich 1: 1 (Stockholm), Dänemark - England 0:0 (Malmö), Frankreich - England 0:0 (Malmö), Schweden - Dänemark 1:0 (Stockholm), Schweden - England 2:1 (Stockholm), Frankreich - Dänemark 1:2 (Malmö).

1. Schweden		4:2	5-1
2. Dänemark		2:2	3-3
3. Frankreich		2:3	2-4
4. England		1:2	2-4

Gruppe 2: GUS - Deutschland 1:1 (Norrköping), Niederlande - Schottland 1:0 (Göteborg), Schottland - Deutschland 0:2 (Norrköplng), Niederlande - GUS 0:0 (Göteborg), Niederlande - Deutschland 3:1 (Göteborg), Schottland - GUS 3:0 (Norrköping).

1. Niederland		4:1	5-1
2. Deutschland		4:4	3-3
3. Schottland		3:3	2-4
4. GUS		1:4	2-4

Halbfinale:
Schweden - Deutschland 2:3 (Stockholm)
Dänemark - Niederlande 2:2 n.V., 5:4 i.E.
Finale: Dänemark - Deutschland 2:0 (Göteborg)
Europameister 1992: Dänemark

1996

Qualifikation
Gruppe 1: Rumänien - Frankreich 1:3, 0:0; Rumänien - Slowakei 3:2, 2:0; Rumänien - Polen 2:1, 0:0; Rumänien - Israel 2:1, 1:1; Rumänien - Aserbaidschan 3:0, 4:1; Frankreich - Slowakei 4:0, 0:0; Frankreich - Polen 1:1, 0:0; Frankreich - Israel 2:0, 0:0; Frankreich - Aserbaidschan 10:0, 2:0; Slowakei - Polen 4:1, 0:5; Slowakei - Israel 1:0, 2:2; Slowakei - Aserbaidschan 4:1,1:0; Polen - Israel 4:3, 1:2; Polen - Aserbaidschan 1:0, 0:0; Israel - Aserbaidschan 2:0, 2:0.
Qualifiziert: Rumänien, Frankreich.
Gruppe 2: Spanien - Dänemark 3:0, 1:1; Spanien - Belgien 1:1, 4:1; Spanien - Mazedonien 3:0, 2:0; Spanien - Zypern 6:0, 2:1; Spanien - Armenien 1:0, 2:0; Dänemark - Belgien 3:1, 3:1; Dänemark - Mazedonien 1:0, 1:1; Dänemark - Zypern 4:0, 1:1; Dänemark - Armenien 3:1, 2:0; Belgien - Mazedonien 1:1, 5:0; Belgien - Zypern 2:0, 1:1; Belgien - Armenien 2:0, 2:0; Mazedonien - Zypern 3:0, 1:1; Mazedonien - Armenien 1:2, 2:2; Zypern - Armenien 2:0, 0:0. Qualifiziert: Spanien, Dänemark.
Gruppe 3: Schweiz - Türkei 1:2, 2:1; Schweiz - Schweden 4:2, 0:0; Schweiz - Ungarn 3:0, 2:2; Schweiz - Island 1:0, 2:0; Türkei - Schweden 2:1, 2:2; Türkei - Ungarn 2:0, 2:2; Türkei - Island 5:0, 0:0; Schweden - Ungarn 2:0, 0:1; Schweden - Island 1:1, 1:0; Ungarn - Island 1:0, 1:2.
Qualifiziert: Schweiz, Türkei.
Gruppe 4: Kroatien - Italien 1:1, 2:1; Kroatien - Litauen 2:0, 0:0; Kroatien - Ukraine 4:0, 0:1; Kroatien - Slowenien 2:0, 2:1; Kroatien - Estland 7:1, 2:0; Italien - Litauen 4:0, 1:0; Italien - Ukraine 3:1 ,2:0; Italien - Slowenien 1:0, 1:1; Italien - Estland 4:1, 2:0; Litauen - Ukraine 1:3, 2:0; Litauen - Slowenien 2:1, 2:1; Litauen - Estland 5:0, 1:0; Ukraine - Slowenien 0:0, 2:3; Ukraine - Estland 3:0, 1:0; Slowenien - Estland 3:0, 3:1.
Qualifiziert: Kroatien, Italien.

Gruppe 5: Tschechien - Niederlande 3:1, 0:0; Tschechien - Norwegen 2:0, 1:1; Tschechien - Weißrussland 4:2, 2:0; Tschechien - Luxemburg 3:0, 0:1 ; Tschechien - Malta 6:1, 0:0; Niederlande - Norwegen 3:0, 1:1; Niederlande - Weißrussland 1:0, 0:1; Niederlande - Luxemburg 5:0, 4:0; Niederlande - Malta 4:0, 4:0; Norwegen - Weißrussland 1:0, 4:0; Norwegen - Luxemburg 5:0, 2:0; Norwegen - Malta 2:0, 1:0; Weißrussland - Luxemburg 2:0, 0:0; Weißrussland - Malta 1:1, 2:0; Luxemburg - Malta 1:0, 1:0. Qualifiziert: Tschechien.

Gruppe 6: Portugal - Irland 3:0, 0:1; Portugal - Nordirland 1:1, 2:1; Portugal - Österreich 1:0, 1:1; Portugal - Lettland 3:2, 3:1; Portugal - Liechtenstein 8:0, 7:0; Irland - Nordirland 1:1, 4:0; Irland - Österreich 1:3, 1:3; Irland - Lettland 2:1, 3:0; Irland - Liechtenstein 4:0, 0:0; Nordirland - Österreich 5:3, 2:1; Nordirland - Lettland 1:2, 1:0; Nordirland - Liechtenstein 4:1, 4:0; Österreich - Lettland 5:0, 2:3; Österreich - Liechtenstein 7:0, 4:0; Lettland - Liechtenstein 1:0, 1:0. Qualifiziert: Portugal.

Gruppe 7: Deutschland - Bulgarien 3:1, 2:3; Deutschland - Georgien 4:1, 2:0; Deutschland - Moldawien 6:1, 3:0; Deutschland - Wales 1:1, 2:1; Deutschland - Albanien 2:1, 2:1; Bulgarien - Georgien 2:0, 1:2; Bulgarien - Moldawien 4:1, 3:0; Bulgarien - Wales 3:1, 3:0; Bulgarien - Albanien 3:0, 1:1; Georgien - Moldawien 0:1, 2:3; Georgien - Wales 5:0, 1:0; Georgien - Albanien 2:0, 1:0; Moldawien - Wales 3:2, 0:1; Moldawien - Albanien 2:3, 0:3; Wales - Albanien 2:0, 1:1.
Qualifiziert: Deutschland, Bulgarien.

Gruppe 8: Russland - Schottland 0:0, 1:1; Russland - Griechenland 2:1, 3:0; Russland - Finnland 3:1, 6:0; Russland - Färöer 3:0, 5:2; Russland - San Marino 4:0, 7:0; Schottland - Griechenland 1:0, 0:1; Schottland - Finnland 1:0, 2:0; Schottland - Färöer 5:1, 2:0; Schottland - San Marino 5:0, 2:0; Griechenland - Finnland 4:0, 1:2; Griechenland - Färöer 5:0, 5:1; Griechenland - San Marino 2:0, 4:0; Finnland - Färöer 5:0, 4:0; Finnland - San Marino 4:1, 2:0; Färöer - San Marino 3:0, 3:1.
Qualifiziert: Russland, Schottland.

Play-off der schlechtesten Gruppenzweiten: Niederlande - Irland 2:0 (Liverpool).
Qualifiziert: Niederlande.
England als Ausrichter automatisch qualifiziert.

Endrunde (England, 8. - 30. Juni 1996)
Gruppe A: England - Schweiz 1:1 (London), Niederlande - Schottland 0:0 (Birmingham), Schweiz - Niederlande 0:2 (Birmingham), Schottland - England 0:2 (London), Schottland - Schweiz 1:0 (Birmingham), Niederlande - England 1:4 (London).

1. England	7:2	7
2. Niederlande	3:4	4
3. Schottland	1:2	4
4. Schweiz	1:4	1

Gruppe B: Spanien - Bulgarien 1:1 (Leeds), Rumänien - Frankreich 0:1 (Newcastle), Bulgarien - Rumänien 1:0 (Newcastle), Frankreich - Spanien 1:1 (Leeds), Frankreich - Bulgarien 3:1 (Newcastle), Rumänien - Spanien 1:2 (Leads).

1. Frankreich	5:2	7
2. Spanien	4:3	5
3. Bulgarien	3:4	4
4. Rumänien	1:4	0

Gruppe C: Italien - Russland 2:1 (Liverpool), Deutschland - Tschechien 2:0 (Manchester), Tschechien - Italien 2:1 (Liverpool), Russland - Deutschland 0:3 (Manchester), Russland - Tschechien 3:3 (Liverpool), Italien - Deutschland 0:0 (Manchester).

1. Deutschland	5:0	7
2. Tschechien	5:6	4
3. Italien	3:3	4
4. Russland	4:8	1

Gruppe D: Dänemark - Portugal 1:1 (Sheffield), Türkei - Kroatien 0:1 (Nottingham), Portugal - Türkei 1:0 (Nottingham), Kroatien - Dänemark 3:0 (Sheffield), Kroatien - Portugal 0:3 (Nottingham), Türkei - Dänemark 0:3 (Sheffield).

1. Portugal	5:1	7
2. Kroatien	4:3	6
3. Dänemark	4:4	4
4. Türkei	0:5	0

Viertelfinale: Frankreich - Niederlande. 0:0 n.V., 5:4 i.E. (Liverpool), Spanien - England 2:2 n.V., 2:4 i.E. (London), Deutschland - Kroatien 2:1 (Manchester), Tschechien - Portugal 1:0 (Birmingham).
Halbfinale:
Deutschland - England 1:1 n.V., 6:5 i.E. (London)
Tschechien - Frankreich 0:0 n.V., 6:5 i.E. (Manchester)
Finale: Deutschland - Tschechien 2:1 („Golden Goal") (London)
Europameister 1996: Deutschland

2000

Qualifikation

Gruppe 1: Italien - Dänemark 2:3, 2:1; Italien - Schweiz 2:0, 0:0; Italien - Wales 4:0, 2:0; Italien - Weißrussland 1:1, 0:0; Dänemark - Schweiz 2:1, 1:1; Dänemark - Wales 1:2, 2:0 (in Liverpool); Dänemark - Weißrussland 1:0, 0:0; Schweiz - Wales 2:0, 2:0; Schweiz - Weißrussland 2:0, 1:0; Wales - Weißrussland 3:2, 2:1. Qualifiziert: Italien.

Gruppe 2: Norwegen - Slowenien 4:0, 2:1; Norwegen - Griechenland 1:0, 2:0; Norwegen - Lettland 1:3, 2:1; Norwegen - Albanien 2:2, 2:1; Norwegen - Georgien 1:0, 4:1; Slowenien - Griechenland 0:3, 2:2; Slowenien - Lettland 1:0, 2:1; Slowenien - Albanien 2:0, 1:0; Slowenien - Georgien 2:1, 1:1; Griechenland - Lettland 1:2, 0:0; Griechenland - Albanien 2:0, 0:0; Griechenland - Georgien 3:0, 2:1; Lettland - Albanien 0:0, 3:3; Lettland - Georgien 1:0, 2:2; Albanien - Georgien 2:1, 0:1. Qualifiziert: Norwegen.

Gruppe 3: Deutschland - Türkei 0:0, 0:1; Deutschland - Finnland 2:0, 2:1; Deutschland - Nordirland 4:0, 3:0; Deutschland - Moldawien 6:1, 3:1; Türkei - Finnland 1:3, 4:2; Türkei - Nordirland 3:0, 3:0; Türkei - Moldawien 2:0, 1:1; Finnland - Nordirland 4:1, 0:1; Finnland - Moldawien 3:2, 0:0; Nordirland - Moldawien 2:2, 0:0. Qualifiziert: Deutschland.

Gruppe 4: Frankreich - Ukraine 0:0, 0:0; Frankreich - Russland 2:3, 3:2; Frankreich - Island 3:2, 1:1; Frankreich - Armenien 2:0, 3:2; Frankreich - Andorra 2:0, 1:0 (in Barcelona); Ukraine - Russland 3:2, 1:1; Ukraine - Island 1:1, 1:0; Ukraine - Armenien 2:0, 0:0; Andorra - Ukraine 0:2, 0:4; Ukraine - Andorra 4:0, 2:0; Russland - Island 1:0, 0:1; Russland - Armenien 2:0, 3:0; Russland - Andorra 6:1, 2:1; Island - Armenien 2:0, 0:0; Island - Andorra 3:0, 2:0; Armenien - Andorra 3:1, 3:0. Qualifiziert: Frankreich.

Gruppe 5: Schweden - England 2:1, 0:0; Schweden - Polen 2:0, 1:0; Schweden - Bulgarien 1:0, 1:0; Schweden - Luxemburg 2:0, 1:0; England - Polen 3:1, 0:0; England - Bulgarien 0:0, 1:1; England - Luxemburg 6:0, 3:0; Polen - Bulgarien 2:0, 3:0; Polen - Luxemburg 3:0, 3:2; Bulgarien - Luxemburg 3:0, 2:0. Qualifiziert: Schweden.

Gruppe 6: Spanien - Israel 3:0, 2:1; Spanien - Österreich 9:0, 3:1; Spanien - Zypern 8:0, 2:3; Spanien - San Marino 9:0, 6:0; Israel - Österreich 5:0, 1:1; Israel - Zypern 3:0, 2:3; Israel - San Marino 8:0, 5:0; Österreich - Zypern 3:1, 3:0; Österreich - San Marino 7:0, 4:1; Zypern - San Marino 4:0, 1:0. Qualifiziert: Spanien.

Gruppe 7: Rumänien - Portugal 1:1, 1:0; Rumänien - Slowakei 0:0, 5:1; Rumänien - Ungarn 2:0, 1:1; Rumänien - Aserbaidschan 4:0, 1:0; Rumänien - Liechtenstein 7:0, 3:0; Portugal - Slowakei 1:0, 3:0; Portugal - Ungarn 3:0, 3:1; Portugal - Aserbaidschan 7:0, 1:1; Portugal - Liechtenstein 8:0, 5:0; Slowakei - Ungarn 0:0, 1:0; Slowakei - Aserbaidschan 3:0, 1:0; Slowakei - Liechtenstein 2:0, 4:0; Ungarn - Aserbaidschan 3:0, 4:0; Ungarn - Liechtenstein 5:0, 0:0; Aserbaidschan - Liechtenstein 4:0; 1:2. Qualifiziert: Rumänien.

Gruppe 8: Jugoslawien - Irland 1:0, 1:2; Jugoslawien - Kroatien 0:0, 2:2; Jugoslawien - Mazedonien 3:1, 4:2; Jugoslawien - Malta 4:1 (in Saloniki), 3:0; Irland - Kroatien 2:0, 0:1; Irland - Mazedonien 1:0, 1:1; Irland - Malta 5:0, 3:2; Kroatien - Mazedonien 3:2, 1:1; Kroatien - Malta 2:1, 4:1; Mazedonien - Malta 4:0, 2:1. Qualifiziert: Jugoslawien.

Gruppe 9: Tschechien - Schottland 3:2, 2:1; Tschechien - Bosnien-Herzegowina 3:0, 3:1; Tschechien - Litauen 2:0, 4:0; Tschechien - Estland 4:1, 2:0; Tschechien - Färöer 2:0, 1:0; Schottland - Bosnien-Herzegowina 1:0, 2:1; Schottland - Litauen 3:0, 0:0; Schottland - Estland 3:2, 0:0; Schottland - Färöer 2:1, 1:1; Bosnien-Herzegowina - Litauen 2:0, 2:4; Bosnien-Herzegowina - Estland 1:1, 4:1; Bosnien-Herzegowina - Färöer 1:0, 2:2; Litauen - Estland 1:2, 2:1; Litauen - Färöer 0:0, 1:0; Estland - Färöer 5:0, 2:0. Qualifiziert: Tschechien.

Play Offs der Gruppenzweiten: Irland - Türkei 1:1, 0:0; Israel - Dänemark 0:5, 0:3; Schottland - England 0:2, 1:0; Slowenien - Ukraine 2:1, 1:1. Qualifiziert: Türkei, Dänemark, England, Slowenien sowie Portugal als bester Gruppenzweiter. Niederlande und Belgien als Ausrichter automatisch qualifiziert.

Endrunde (Niederlande und Belgien, 10. Juni - 2. Juli 2000)

Gruppe A: Deutschland - Rumänien 1:1 (Lüttich), Portugal - England 3:2 (Eindhoven), Rumänien - Portugal 0:1 (Arnheim), England - Deutschland 1:0 (Charleroi), Portugal - Deutschland 3:0 (Rotterdam), England - Rumänien 2:3 (Charleroi).

1. Portugal	7:2	9
2. Rumänien	4:4	4
3. England	5:6	3
4. Deutschland	1:5	1

Gruppe B: Belgien - Schweden 2:1 (Brüssel), Türkei - Italien 1:2 (Arnheim), Italien - Belgien 2:0 (Brüssel), Schweden - Türkei 0:0 (Eindhoven), Türkei - Belgien 2:0 (Brüssel), Italien - Schweden 2:1 (Eindhoven).

1. Italien	6:2	9
2. Türkei	3:2	4
3. Belgien	2:5	3
4. Schweden	2:4	1

Gruppe C: Spanien - Norwegen 0:1 (Rotterdam), Jugoslawien - Slowenien 3:3 (Charleroi), Slowenien - Spanien 1:2 (Amsterdam), Norwegen - Jugoslawien 0:1 (Lüttich), Slowenien - Norwegen 0:0 (Arnheim), Jugoslawien - Spanien 3:4 (Brügge).

1. Spanien	6:5	6
2. Jugoslawien	7:7	4
3. Norwegen	1:1	4
4. Slowenien	4:5	2

Gruppe D: Frankreich - Dänemark 3:0 (Brügge), Niederlande - Tschechien 1:0 (Amsterdam), Tschechien - Frankreich 1:2 (Brügge), Dänemark - Niederlande 0:3 (Rotterdam), Dänemark - Tschechien 0:2 (Lüttich), Frankreich - Niederlande 2:3 (Amsterdam).

1. Niederlande	7:2	9
2. Frankreich	7:4	6
3. Tschechien	3:3	3
4. Dänemark	0:8	0

Viertelfinale: Türkei - Portugal 0:2 (Amsterdam), Italien - Rumänien 2:0 (Brüssel); Niederlande - Jugoslawien 6:1 (Rotterdam), Spanien - Frankreich 1:2 (Brügge).
Halbfinale:
Frankreich - Portugal 2:1 n.V. (Brüssel)
Italien - Niederlande 0:0 n.V., 3:1 i.E. (Amsterdam).
Finale: Frankreich - Italien 2:1 („Golden Goal") (Rotterdam).
Europameister 2000: Frankreich

2004

Qualifikation
Gruppe 1: Frankreich - Slowenien 5:0, 2:0; Frankreich - Israel 3:0, 2:1 (in Palermo); Frankreich - Zypern 5:0, 2:1; Frankreich - Malta 6:0, 4:0; Slowenien - Israel 3:1, 0:0 (in Antalya); Slowenien - Zypern 4:1, 2:2; Slowenien - Malta 3:0, 3:1; Israel-Zypern 2:0 (in Palermo), 1:1; Israel - Malta 2:2 (in Antalya), 2:0; Zypern - Malta 2:1, 2:1.
Qualifiziert: Frankreich.
Gruppe 2: Dänemark - Norwegen 1:0, 2:2; Dänemark - Rumänien 2:2, 5:2; Dänemark - Bosnien-Herzegowina 0:2, 1:1; Dänemark - Luxemburg 2:0, 2:0; Norwegen - Rumänien 1:1, 1:0; Norwegen - Bosnien-Herzegowina 2:0, 0:1; Norwegen - Luxemburg 1:0, 2:0; Rumänien - Bosnien-Herzegowina 2:0, 3:0; Rumänien - Luxemburg 4:0, 7:0; Bosnien-Herzegowina - Luxemburg 2:0, 1:0. Qualifiziert: Dänemark.
Gruppe 3: Tschechien - Niederlande 3:1, 1:1; Tschechien - Österreich 4:0, 3:2; Tschechien - Moldawien 5:0, 2:0; Tschechien - Weißrussland 2:0, 3:1; Niederlande - Österreich 3:1, 3:0; Niederlande - Moldawien 5:0, 2:1; Niederlande - Weißrussland 3:0, 2:0; Österreich - Moldawien 2:0, 0:1; Österreich - Weißrussland 5:0, 2:0, Moldawien - Weißrussland 2:1, 1:2. Qualifiziert: Tschechien.
Gruppe 4: Schweden - Lettland 0:1, 0:0; Schweden - Polen 3:0, 2:0; Schweden - Ungarn 1:1, 2:1; Schweden - San Marino 5:0, 6:0; Lettland - Polen 0:2, 1:0; Lettland - Ungarn 3:1, 1:3; Lettland - San Marino 3:0, 1:0; Polen - Ungarn 0:0, 2:1; Polen - San Marino 5:0, 2:0; Ungarn - San Marino 3:0, 5:0.
Qualifiziert: Schweden.
Gruppe 5: Deutschland - Schottland 2:1, 1:1; Deutschland - Island 3:0, 0:0; Deutschland - Litauen 1:1, 2:0; Deutschland - Färöer 2:1, 2:0; Schottland - Island 2:1, 2:0; Schottland - Litauen 1:0, 0:1; Schottland - Färöer 3:1, 2:2; Island - Litauen 3:0, 3:0; Island - Färöer 2:1, 2:1; Litauen - Färöer 2:0, 3:1.
Qualifiziert: Deutschland.
Gruppe 6: Griechenland - Spanien 0:2, 1:0; Griechenland - Ukraine 1:0, 0:2; Griechenland - Armenien 2:0, 1:0; Griechenland - Nordirland 1:0, 2:0; Spanien - Ukraine 2:1, 2:2; Spanien - Armenien 3:0, 4:0; Spanien - Nordirland 3:0, 0:0; Ukraine - Armenien 4:3, 2:2; Ukraine - Nordirland 0:0, 0:0; Armenien - Nordirland 1:0, 1:0. Qualifiziert: Griechenland.
Gruppe 7: England - Türkei 2:0, 0:0; England - Slowakei 2:1, 2:1; England - Mazedonien 2:2, 2:1; England - Liechtenstein 2:0, 2:0; Türkei - Slowakei 3:0, 1:0; Türkei - Mazedonien 3:2, 2:1; Türkei - Liechtenstein 5:0, 3:0; Slowakei - Mazedonien 1:1, 2:0; Slowakei - Liechtenstein 4:0, 2:0; Mazedonien - Liechtenstein 3:1, 1:1. Qualifiziert: England.
Gruppe 8: Bulgarien - Kroatien 2:0, 0:1; Bulgarien - Belgien 2:2, 2:0; Bulgarien - Estland 2:0, 0:0,

Bulgarien - Andorra 2:1, 3:0; Kroatien - Belgien 4:0, 1:2; Kroatien - Estland 0:0, 1:0; Kroatien - Andorra 2:0, 3:0; Belgien - Estland 2:0, 1:0; Belgien - Andorra 3:0, 1:0; Estland - Andorra 2:0, 2:0. Qualifiziert: Bulgarien.

Gruppe 9: Italien - Wales 4:0, 1:2; Italien - Serbien und Montenegro 1:1, 1:1; Italien - Finnland 2:0, 2:0; Italien - Aserbaidschan 4:0, 2:0; Wales - Serbien und Montenegro 2:3, 0:1; Wales - Finnland 1:1, 2:0; Wales - Aserbaidschan 4:0, 2:0; Serbien und Montenegro - Finnland 2:0, 0:3; Serbien und Montenegro - Aserbaidschan 2:2, 1:2; Finnland - Aserbaidschan 3:0, 2:1. Qualifiziert: Italien.

Gruppe 10: Schweiz - Russland 2:2; 1:4; Schweiz - Irland 2:0, 2:1; Schweiz - Albanien 3:2, 1:1; Schweiz - Georgien 4:1, 0:0; Russland - Irland 4:2, 1:1; Russland - Albanien 4:1, 1:3; Russland - Georgien 3:1, 0:1; Irland - Albanien 2:1, 0:0; Irland - Georgien 2:0, 2:1; Albanien - Georgien 3:1, 0:3. Qualifiziert: Schweiz.

Play Offs der Gruppenzweiten:
Lettland - Türkei 1:0, 2:2; Schottland - Niederlande 1:0, 0:6; Kroatien - Slowenien 1:1, 1:0; Russland - Wales 0:0, 1:0; Spanien - Norwegen 2:1, 3:0. Qualifiziert: Lettland, Niederlande, Kroatien, Russland und Spanien.
Portugal als Ausrichter automatisch qualifiziert.

Endrunde (Portugal, 12. - 4. Juli 2004)
Gruppe A:
Portugal - Griechenland 1:2 (Porto); Spanien - Russland 1:0 (Faro-Loulé); Griechenland - Spanien 1:1 (Porto); Russland - Portugal 0:2 (Lissabon); Spanien -Portugal 0:1 (Lissabon); Russland - Griechenland 2:1 (Faro-Loulé).

1. Portugal	4:2	6
2. Griechenland	4:4	4
3. Spanien	2:2	4
4. Russland	2:4	3

Gruppe B:
Schweiz - Kroatien 0:0 (Leiria); Frankreich - England 2:1 (Lissabon); England - Schweiz 3:0 (Coimbra); Kroatien - Frankreich 2:2 (Leiria); Schweiz - Frankreich 1:3 (Coimbra); Kroatien - England 2:4 (Lissabon).

1. Frankreich	7:4	7
2. England	8:4	6
3. Kroatien	4:6	2
4. Schweiz	1:6	1

Gruppe C:
Dänemark - Italien 0:0 (Guimaraes); Schweden - Bulgarien 5:0 (Lissabon); Bulgarien - Dänemark 0:2 (Braga); Italien - Schweden 1:1 (Porto); Italien - Bulgarien 2:1 (Guimaraes); Dänemark - Schweden 2:2 (Porto).

1. Schweden	8:3	5
2. Dänemark	4:2	5
3. Italien	3:2	5
4. Bulgarien	1:9	0

Gruppe D:
Tschechien - Lettland 2:1 (Aveiro); Deutschland - Niederlande 1:1 (Porto); Lettland - Deutschland 0:0 (Porto); Niederlande - Tschechien 2:3 (Aveiro); Niederlande - Lettland 3:0 (Braga); Deutschland - Tschechien 1:2 (Lissabon).

1. Tschechien	7:4	9
2. Niederlande	6:4	4
3. Deutschland	2:3	2
4. Lettland	1:5	1

Viertelfinale:
Portugal - England 2:2 n.V., 6:5 i.E. (Lissabon); Frankreich - Griechenland 0:1 (Lissabon); Schweden - Niederlande 0:0 n.V., 4:5 i.E. (Faro-Loulé); Tschechien - Dänemark 3:0 (Porto).
Halbfinale:
Portugal - Niederlande 2:1 (Lissabon)
Griechenland - Tschechien 1:0 n.V. (Porto)
Finale: Griechenland - Portugal 1:0 (Lissabon)
Europameister 2004: Griechenland

Torschützenkönige der EM-Endrunden

1960 Heutte (Frankreich), Iwanow, Ponedjelnik (beide Sowjetunion), Jerkovic, Galic (beide Jugoslawien), je 2 Tore
1964 Pereda (Spanien), Novak (Ungarn), je 2 Tore
1968 Dzajic (Jugoslawien), 2 Tore
1972 G. Müller (Deutschland), 4 Tore
1976 D. Müller (Deutschland), 4 Tore
1980 K. Allofs (Deutschland), 3 Tore
1984 Platini (Frankreich), 9 Tore
1988 Van Basten (Niederlande), 5 Tore
1992 Bergkamp (Niederlande), Brolin (Schweden), Larsen (Dänemark), Riedle (Deutschland), je 3 Tore
1996 Shearer (England), 5 Tore
2000 Kluivert (Niederlande), Milosevic (Jugoslawien), je 5 Tore
2004 Baros (Tschechien), 5 Tore

Ewige Torschützen-Rangliste aller EM-Endrunden

9 Tore:
Michel Platini (Frankreich): 1984 (9)
7 Tore:
Alan Shearer (England): 1996 (5), 2000 (2)
6 Tore:
Patrick Kluivert (Niederlande): 1996 (1), 2000 (5)
5 Tore:
Marco van Basten (Niederlande): 1988 (5)
Milan Baros (Tschechien): 2004 (5)
Jürgen Klinsmann (Deutschland): 1988 (1), 1992 (1), 1996 (3)
Zinedine Zidane (Frankreich): 2000 (2), 2004 (3)
4 Tore:
Dragan Dzajic (Jugoslawien): 1968 (2), 1976 (2)
Nuno Gomes (Portugal): 2000 (4)
Henrik Larsson (Schweden): 2000 (1), 2004 (3)
Dieter Müller (Deutschland): 1976 (4)
Gerd Müller (Deutschland): 1972 (4)
Wayne Rooney (England): 2004 (4)
Vladimir Smicer (Tschechien): 1996 (1), 2000 (2), 2004 (1)
Rudi Völler (Deutschland): 1984 (2), 1988 (2)

Spieler mit den meisten Endrunden-Einsätzen

Je 14 Spiele:
Luis Figo (Portugal; 1996, 2000, 2004)
Karel Poborsk (Tschechien; 1996, 2000, 2004)
Lilian Thuram (Frankreich; 1999, 2000, 2004)
Zinedine Zidane (Frankreich; 1996, 2000, 2004)

Je 13 Spiele:
Dennis Bergkamp (Niederlande; 1992, 1996, 2000)
Laurent Blanc (Frankreich; 1992, 1996, 2000)
Philip Cocu (Niederlande; 1996, 2000, 2004)
Didier Dechamps (Frankreich; 1992, 1996, 2000)
Thomas Häßler (Deutschland; 1992, 1996, 2000)
Jürgen Klinsmann (Deutschland; 1988, 1992, 1996)
Paolo Maldini (Italien; 1988, 1996, 2000)
Peter Schmeichel (Dänemark; 1988, 1992, 1996, 2000)
Edwin van der Sar (Niederlande; 1996, 2000, 2004)

Je 12 Spiele:
Andreas Brehme (Deutschland; 1984, 1988, 1992)
Edgar Davids (Niederlande; 1996, 2000, 2004)
Marcel Desailly (Frankreich; 1996, 2000, 2004)
Bixente Lizerazu (Frankreich; 1996, 2000, 2004)
Fernando Manuel Silva Couto (Portugal; 1996, 2000, 2004)
Pavel Nedvéd (Tschechien; 1996, 2000, 2004)

Spieler mit den meisten Turnierteilnahmen

Je 4 Teilnahmen:
Lothar Matthäus (Deutschland; 1980, 1984, 1988, 2000)
Peter Schmeichel (Dänemark, 1988, 1992, 1996, 2000)
Aron Winter (Niederlande; 1988, 1992, 1996, 2000)

EM-Ländertabelle 1960 - 2004

Platz	Land	EM*	Titel	Vize	Sp	g	u	v	Tore	Punkte
1.	Deutschland	9	3	2	32	15	10	7	44:32	55
2.	Niederlande	7	1	0	28	14	8	6	42:26	50
3.	Frankreich	6	2	0	25	14	6	5	45:28	48
4.	Italien	6	1	1	23	10	10	3	24:14	40
5.	Spanien	7	1	1	24	8	8	8	26:28	32
6.	Portugal	4	0	1	19	10	1	5	27:16	31
7.	England	7	0	0	23	7	7	9	31:28	28
8.	Sowjetunion/GUS	6	1	3	16	7	4	5	18:16	25
9.	Dänemark	7	1	0	24	6	6	12	26:38	24
10.	Tschechien	3	0	1	14	7	2	5	20:16	23
11.	Schweden	3	0	0	11	3	5	3	16:12	14
12.	Griechenland	2	1	0	9	4	2	3	8:8	14
13.	Belgien	4	0	1	12	4	2	6	13:20	14
14.	Tschechoslowakei	3	1	0	8	3	3	2	12:10	12
15.	Jugoslawien	5	0	2	14	3	2	9	22:39	11
16.	Kroatien	2	0	0	7	2	2	3	9:11	8
17.	Schottland	2	0	0	6	2	1	3	4:5	7
18.	Rumänien	3	0	0	10	1	2	7	7:14	5
19.	Irland	1	0	0	3	1	1	1	2:2	4
20.	Norwegen	1	0	0	3	1	1	1	1:1	4
21.	Russland	2	0	0	6	1	1	4	6:12	4
22.	Türkei	2	0	0	7	1	1	5	3:9	4
23.	Bulgarien	2	0	0	6	1	1	4	4:13	4
24.	Ungarn	2	0	0	4	1	0	3	5:6	3
25.	Slowenien	1	0	0	3	0	2	1	4:5	2
26.	Schweiz	2	0	0	6	0	2	4	2:10	2
27.	Lettland	1	0	0	3	0	1	2	1:5	1

* EM-Endrunden-Teilnahmen

Die Autoren

Dietrich Schulze-Marmeling
Jahrgang 1956, lebt und arbeitet als Autor und Lektor in Altenberge bei Münster. Zahlreiche Veröffentlichungen zu fußballhistorischen Themen, u.a. „Die Geschichte der Fußball-Weltmeisterschaft" (4. Aufl. 2006), „Die Geschichte der deutschen Fußball-Nationalmannschaft" (Herausgeber, 3. Aufl. 2007), „Davidstern und Lederball" (Herausgeber, 2003) sowie über die Vereine Borussia Dortmund (4. Aufl. 2005) und Bayern München (3. Aufl. 2006).

Hubert Dahlkamp
Jahrgang 1954, lebt und arbeitet als Lehrer und freier Autor in Dortmund. Co-Autor u.a. der Bücher „Die Geschichte der deutschen Fußball-Nationalmannschaft" (2007), „Die Geschichte der Fußball-Weltmeisterschaft" (2006, mit Schulze-Marmeling) sowie „Nicht alle Helden tragen Gelb. Die Geschichte der Tour de France" (3. Aufl. 2005, mit Ralf Schröder).

Fotonachweis

Fotos Innenteil:
Agentur Horst Müller: Seiten 6/7, 8, 38, 40, 95, 96, 123, 131, 133, 135, 151, 156, 159, 161 (2), 175 (2), 181, 182, 183, 188, 189, 195, 199, 203, 205 (2), 210, 211, 213, 223, 227, 229, 235, 239, 241, 243, 253, 257, 259, 268, 273, 275, 288, 293, 295, 299, 300, 303, 307, 309 (2), 311, 316, 318, 321, 325, 328, 329, 331, 332, 333, 337, 339, 340, 343, 345, 347, 356, 368, 370, 375, 377 (2), 381, 382, 397, 407, 408, 409, 412, 415
picture alliance / dpa: Seiten 57, 58, 61, 81, 83, 219, 231, 237, 251, 261, 265 (2), 281, 287, 291, 323, 353, 354, 363 (r), 365, 373, 384, 387 (2), 389, 392, 395, 398, 399, 400, 401, 403, 405
Keystone / dpa: Seiten 287, 297, 360, 371
Weitere Fotos: Privatarchive

Bücher zur Fußballgeschichte

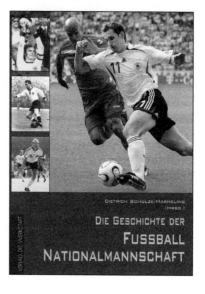

D. Schulze-Marmeling / Hubert Dahlkamp
Die Geschichte der Fußball-Weltmeisterschaft
672 Seiten, geb., 310 Fotos
ISBN 978-3-89533-531-0
4., akt. Auflage, € 26,90
Die komplette WM-Geschichte – von den Anfängen 1930 bis zum grandiosen Turnier 2006 – spannend erzählt, kompetent kommentiert und eindrucksvoll bebildert.
„Ein Standardwerk" (taz).

Dietrich Schulze-Marmeling (Hrsg.)
Die Geschichte der Fußball-Nationalmannschaft
ca. 640 S., geb., Fotos
ISBN 978-3-89533-578-5
3. Auflage, ca. € 29,80
Erscheint im Nov. 2007
Die 100-jährige Historie der Nationalmannschaft: viel Glanz und ein wenig Schatten.
„Ein Standardwerk, süffig zu lesen und gründlich recherchiert." (NDR)

VERLAG DIE WERKSTATT
www.werkstatt-verlag.de